PAUL ZSOLNAY VERLAG

IVAN FALLON

Der unaufhaltsame Aufstieg

Das Werbe-Imperium der Brüder Saatchi & Saatchi

Aus dem Englischen von Jobst-Christian Rojahn

PAUL ZSOLNAY VERLAG
WIEN – DARMSTADT

Alle Rechte vorbehalten, insbesondere das des öffentlichen Vortrags,
der Übertragung durch Rundfunk und Fernsehen, auch einzelner Teile.
© Paul Zsolnay Verlag Gesellschaft m.b.H., Wien/Darmstadt 1989
Titel der englischen Ausgabe: The Brothers. The Rise & Rise of Saatchi & Saatchi.
© Ivan Fallon 1988

Umschlag und Einband: Oliver Zehner, Wien
Satz: Ursula Riepl, Angela Sellner / Schatzl's DTP / Wien
Druck und Bindung: May & Co., Darmstadt
Printed in Germany
ISBN 3-552-04122-2

CIP-Titelaufnahme der Deutschen Bibliothek

Fallon, Ivan:
Der unaufhaltsame Aufstieg: das Werbe-Imperium der Brüder
Saatchi & Saatchi / Ivan Fallon. Aus d. Engl. von Jobst-Christian Rojahn. –
Wien; Darmstadt: Zsolnay, 1989
Einheitssacht.: The Brothers <dt.>
ISBN 3-553-04122-2

Der unaufhaltsame Aufstieg

Für Sue, Tania, Lara und Padraic Robert

INHALT

	Danksagung	9
	Vorwort	13
1	Da Babylon in Staub und Asche fiel	18
2	Der Weg nach oben	34
3	Swinging Goodge Street	52
4	„Ein verdammt guter Name"	69
5	Die Zeit ist reif für eine neue Form der Werbung	85
6	Die goldenen Tage von Soho	104
7	Der dritte Bruder	145
8	Eine umgekehrte Übernahme	164
9	Number One	184
10	„Labour isn't working"	212
11	Tim Bell am Scheideweg	241
12	Auf zur Madison Avenue!	253
13	Die Globalisierung	280
14	Das Übernahme-Karussell	308
15	Die Neuordnung	330
16	Josephine und Maurice	362
17	Die Wahl von 1987	379
18	Kaufen wir doch eine Bank!	417
19	Ein Bollwerk fällt	445
20	„Minimal Art" und „Großes Geld"	466
21	„Das bedeutendste Unternehmen"	488
22	Die Krise?	499
	Bibliographie	505
	Register	508

DANKSAGUNG

Die ursprüngliche Idee zu diesem Buch stammt von Richard Cohen, der mich auch dazu überredete, während es Frank Delaney war, der mich erstmals als Autor ins Gespräch brachte. Die Brüder Saatchi waren alles andere als begeistert, als ich ihnen das Vorhaben ankündigte – sie waren schon von zu vielen interessierten Autoren angesprochen worden und hatten noch stets jegliche Zusammenarbeit verweigert. Schließlich erklärte ich Maurice, daß ich das Buch ungeachtet seines Zögerns schreiben werde, es sei denn, er und Charles seien so sehr dagegen, daß sie alle meine Kontakte zu ihrer Familie, ihren Angestellten und Freunden unterbinden würden. Mir war nur allzu bewußt, daß sie, hätten sie dies gewollt, genug Wege hätten blockieren zu können, um es mir unmöglich zu machen, mein Buch zu schreiben – ich brauchte ja vor allem den Zugang zu *ihnen*. Endlich sagten sie zu, mich nicht zu behindern, und nachdem dieses Versprechen gegeben worden war, war insbesondere Maurice sehr großzügig, was die Zeit anbetraf, die er mir zur Verfügung stellte. Ich konnte mich nun jederzeit an alle Mitarbeiter von Saatchi & Saatchi auf der ganzen Welt wenden, wobei meine Interviews keinerlei Bedingungen unterworfen waren außer der einen, die die Saatchis allen Journalisten auferlegen, bevor sie die Erlaubnis erteilen, Mitarbeiter ihres Hauses zu befragen: sie – die Brüder – dürfen niemals direkt zitiert werden, d.h. die jeweils gegebene Information darf zwar verwendet, ihnen aber nur indirekt zugeschrieben werden. Das erschien mir ein geringer Preis, vor allem weil unter diesen Umständen die Mitarbeiter der Saatchis sehr viel bereitwilliger waren, ihre Meinung zu äußern und der Fülle von Anekdoten über die Brüder neue hinzuzufügen, die jeder Saatchi-Mann sammelt.

Im Verlauf meiner weiteren Recherchen fand ich heraus, daß es schon einen Trampelpfad zu den Türen der meisten jener Leute gab, die ich um ein Interview ersuchte. In der Vergangenheit hatte die Mehrzahl von ihnen den Wunsch der Brüder respektiert, nicht in das Scheinwerferlicht der Öffentlichkeit geraten zu wollen, und ihre Türen nicht geöffnet. Häufig sprachen sich selbst noch diejenigen, die Streit mit den Brüdern gehabt hatten, mit ihnen ab, bevor sie einwilligten, mich zu empfangen – aber keiner von denen, an die ich mich wandte, weigerte sich, mit mir zu sprechen, und ohne Unterschied erwiesen sie sich als freimütig und oftmals auch kritisch. Die Vorgänge von ferne beobachtend, müssen sich die Brüder manchmal gefragt haben, was ich da wohl alles entdecken mochte, aber sie versuchten doch niemals, irgendeine Kontrolle darüber auszuüben, an wen ich mich wandte und was ich in Erfahrung zu bringen vermochte. Und sie versuchten auch nicht, einen irgendwie gearteten Einfluß darauf zu nehmen, was ich über sie schrieb. Ich legte ihnen den ersten Entwurf meines Manuskriptes vor, den ich im übrigen auch anderen zeigte, die unmittelbar betroffen waren, Tim Bell eingeschlossen. Daraus resultierten eine Reihe von Änderungen, allerdings zumeist nur im Sinne einer ausführlicheren Darstellung der Details. Andere ließen mich nach Durchsicht des Manuskriptes wissen, daß die Brüder wegen einiger in meinem Buch enthaltener Materialien beunruhigt seien, aber diese selbst haben mich nie ersucht, irgend etwas zu streichen, und ihre mir entgegengebrachte Freundlichkeit war keinerlei Schwankungen ausgesetzt. Ich bin ihnen dafür und für alle mir direkt gewährte Hilfe sehr dankbar.

Dieses Buch basiert auf mehr als einhundert Interviews, die ich in London und New York mit den meisten jener Leute führte, die einen engeren Kontakt zu den Brüdern hatten, sei es nun geschäftlich oder aber im Bereich der Kunst, der Politik oder in anderen Sphären. Zum Glück für mich war für viele dieser Menschen die Verbindung mit den Saatchis ein denkwürdiges Ereignis, ja oftmals der Höhepunkt ihres Daseins, so daß ihre Erinnerungen daran sehr lebendig geblieben waren. Darüber hinaus ist die Zeitspanne, um die es hier geht, kurz genug, um zu gewährleisten, daß diese Erinnerungen noch einigermaßen frisch sind. Die meisten der Hauptfiguren dieser Geschichte sind etwa im gleichen Alter wie die Brüder, also Anfang oder Mitte vierzig, und außerdem liegen die wichtigsten Ereignisse noch nicht so sehr lange zurück, da Saatchi & Saatchi ja erst 1970 gegründet wurde. Eine ganze Reihe von Leuten interviewte ich mehr als einmal, manche bis zu einem halben Dutzend mal. Wo immer möglich, habe ich die Aussagen dokumentiert, aber häufig sprachen meine jeweiligen Partner sehr viel freier, wenn das nicht geschah, was ich respektiert habe. Bei direkten Zitaten habe ich mich stets bemüht, sie von den Beteiligten auf ihre Korrektheit hin überprüfen zu lassen.

Allen voran bin ich Naim Dangoor für seine unschätzbare Hilfe und seinen Rat in allen Fragen der irakisch-jüdischen Geschichte dankbar, ferner Barry Day für seine Beratung sowohl hinsichtlich politischer Werbung als auch der amerikanischen Werbeindustrie allgemein, und all jenen, die mir ihre Zeit widmeten, insbesondere Tim Bell, dem es kein Vergnügen bereitet haben kann, manche der geschilderten Ereignisse noch einmal durchleben zu müssen, und Jeremy Sinclair, Michael Dobbs, Martin Sorrell, Brian Basham, Frank Lowe, Milt Gossett, Carl Spielvogel und noch vielen anderen. So auch Lindsay Masters und Christine Barker, die sich mir nicht nur für Interviews zur Verfügung stellten, sondern mir auch Zugang zum Archiv der Zeitschrift *Campaign* gewährten. Mein Dank gilt des weiteren Gordon Phillips vom History of Advertising Trust, und Edward Booth-Clibborn, der mir das Archiv der Designers & Art Directors-Association (D&AD) öffnete.

Zu jenen, die ich interviewt habe, gehörten:

Terry Bannister
Christine Barker
Brian Basham
Tim Bell
Professor Percy Cohen
Edward Booth-Clibborn
Frankie Cadwell
John Chiene
Sir Robert Clark
Ron Collins
Ross Cramer
Charles Crane
Nick Crean
Geoff Culmer

Frank Lowe
Sir Kit MacMahon
Chris Martin
Lindsay Masters
Marisa Masters
Simon Mellor
Victor Millar
Bill Muirhead
Sean O'Connor
Greg Ostroff
Cecil Parkinson
Sir Gordon Reece
Norman Rosenthal
David Saatchi

Naim Dangoor
David Davis
Herman Davies
Barry Day
Michael Dobbs
Rodney Fitch
Milt Gossett
Kenneth Gill
Michael Green
James Gulliver
Hans Haacke
Josephine Hart
John Hegarty
Robert Heller
Michael Heseltine
Keith Hopkins
Lord King
Fred Krantz
Jennifer Laing

Alan Siegel
Nick Serota
Robert Shulman
Anthony Simonds-Gooding
Jeremy Sinclair
Violette Shamash
Stella Shamoon
Martin Sorrell
Carl Spielvogel
David Sylvester
Alan Tilby
Norman Tebbit
Vanni Treves
Michael Wahl
Ed Wax
Brian Wolfson
Marina Vaizey
Roy Warman
Lord Young

Zu diesen Personen kommt noch eine Reihe von anderen hinzu, die nur unter der Bedingung zu einem Gespräch bereit waren, daß ihr Name nicht genannt würde – auch diesen gilt mein Dank. Ich zitiere ferner einige der vielen Artikel und anderen Materialien über die Gebrüder Saatchi und ihre Geschichte, wobei ich mich vor allem an die Veröffentlichungen in der Fachpresse gehalten habe.

Besonderer Dank gebührt Richard Cohen, dem besten Lektor, den ein Autor bekommen kann, ferner Lynden Stafford, die ein makelloses Manuskript erstellte, und Vivienne Schuster, meiner Agentin. Ganz besonders dankbar bin ich auch Laurence Good für seine Recherchen und die enorme Arbeit, die er geleistet hat, ferner seinem Vater John, Francis Anderson und meiner Tochter Tania. Vor allen anderen aber muß ich meiner Frau Sue Dank sagen, die mehr Stunden in dieses Buch investiert hat als ich selbst – und das nicht nur mit Blick auf Nachforschungen und Interviews, sondern auch hinsichtlich aller anderen für seine Fertigstellung wesentlichen Aspekte.

I.F.

VORWORT

Jeremy Sinclairs erster Gedanke an jenem Frühjahrsmorgen des Jahres 1970 war auch sein bester. Konnte man nicht statt einer schwangeren jungen Frau, die um Hilfe bat, einen schwangeren Mann nehmen? Sinclair, 23 Jahre alt, arbeitete als Werbetexter am Entwurf einer wenig vielversprechenden und schwierigen Kampagne: Es ging darum, jungen Leuten den Gedanken der Empfängnisverhütung nahezubringen, und dies im wesentlichen vermittels jener Art von Postern, wie sie in den Wartezimmern von Ärzten und Zahnärzten die Wände zierten. Man hatte zwar die Endphase der Epoche der sexuellen Befreiung erreicht, die in den sechziger Jahren über Großbritannien heraufgezogen war, aber noch lange nicht jenen Punkt, da AIDS den Gebrauch von Kondomen zu einem öffentlich diskutierten Thema gemacht hatte. Er mußte also Wirkung erzielen, ohne allzu deutlich werden zu können.

Die Idee des schwangeren Mannes inspirierte Sinclair zu dem begleitenden Text, den er sich zögernd notierte:

„Wären Sie vorsichtiger, wenn Sie es wären, der schwanger würde?"

Das gefiel ihm. Es paßte zu den Vorgaben des Health Education Council, der Regierungsstelle, die der kleinen Werbeberatungsfirma Cramer Saatchi diesen Auftrag erteilt hatte, mit dem sich das gesamte Büro nun schon seit Tagen herumschlug. Sinclair stellte sich das Bild eines jungen Mannes mit dem stark gewölbten Bauch einer Schwangeren vor – und kam dann schließlich doch zu dem Schluß, daß das wohl zu weit ginge. Er hielt an dem Text fest, verwarf aber das Bild, weil es ihm „halt doch ein bißchen abartig" vorkam. Den Rest des Tages dachten er und Bill Atherton, der Art-Director, der mit ihm zusammen an dem Projekt arbeitete, über andere Möglichkeiten der visuellen Umsetzung der gefundenen Textzeile nach. Ihnen war nur zu klar, daß sie ihrem Chef bald mal etwas vorlegen mußten, und Sinclair, ein schüchterner, schmächtiger junger Mann, der gerade erst vor zwei Jahren das Watford College of Art absolviert hatte, fürchtete wie alle anderen, die in dem winzigen Büro in einer Nebenstraße der Tottenham Court Road arbeiteten, den Zorn und Spott von Charles Saatchi. Saatchi, obwohl kaum älter als Sinclair, hatte sich in der Werbebranche bereits einen Namen gemacht. Es war Sinclair, der mit dem Satz „Zwei Anzeigen pro Tag vollendet, und der Rausschmiß ist erst mal abgewendet" die hektische, vorwärtstreibende Atmosphäre charakterisiert hatte, die Saatchi um sich herum geschaffen hatte. Einige der aus der Firma stammenden Werbungen gehörten zu den besten jener Zeit – aber Charles forderte von seinem Team beständig mehr und bessere Arbeit.

Schließlich stiegen Sinclair und Atherton die wenigen Stufen hinauf, die von ihrem Büro, das sie mit noch vier weiteren Mitarbeitern teilten, zu dem weiten, hellen Raum führten, in dem Saatchi und sein Partner Ross Cramer saßen. Bei den Rohentwürfen, die sie vorführen wollten, war derjenige mit dem schwangeren Mann nicht dabei – Sinclair hatte ihn zurückgehalten, obwohl er nur zu genau wußte, daß Charles etwas ganz anderes, etwas wirklich Besonderes für dieses Projekt haben wollte. Seine Kampagne gegen das Rauchen mit ihren schonungslos warnenden Hinweisen auf Bronchitis, Kreislauferkrankungen und Emphyseme hatte Hunderte von Leuten dazu gebracht, sich unter Protest an den Health Education Council zu wenden. Die Zeitung *Sun* hatte Charles Saatchi ein Porträt gewidmet, das die Überschrift trug „Der Mann, der dem halben Land Angst eingejagt hat". Darin hieß es, seine Anzeigen ließen frühere Kampagnen „wie Kinderkram" aussehen, zielten sie doch auf den „Schlag in den Magen" ab, auf den „Schlag, der dir die Luft nimmt und dich zurückwirft". Diesmal, das wußte Sinclair, wollte Charles sogar noch weiter gehen.

Charles sah man damals seine 26 Jahre nicht an – er war ein dunkler, schlanker Mann von etwas über ein Meter achtzig Größe und mit schwarzem Kraushaar über einem schmalen, düsteren Gesicht. Seine Stimmung konnte innerhalb weniger Sekunden umschlagen – von Wut, wenn ihm etwas nicht gefiel, in eine große, ansteckende Freude, wenn er mit einer Arbeit zufrieden war. Der Anflug von Furcht, mit dem sich Sinclair ihm nun näherte, wurde nur durch die Zuneigung kompensiert, die Saatchi in gleicher Weise zu erwecken vermochte.

Das sollte einer der enthusiastischeren Tage von Charles Saatchi werden. Ihm gefiel der Gedanke, den Sinclair da verfolgte. „Der Text ist gut", sagte er. „Ich mag diesen Satz." Er sah die von ihnen vorbereiteten Bildentwürfe durch und verwarf sie einen nach dem anderen. „Laß den Text, der ist gut", schloß er. „Aber laßt uns den anders visualisieren."

Schon fast zum Gehen gewandt, erwähnte Sinclair das von ihm verworfene Konzept. „Ich hatte da die Idee, mit einem schwangeren Mann zu arbeiten."

Sinclair hatte nicht einmal eine grobe Skizze angefertigt, aber es bedurfte auch gar keiner langen Beschreibungen. Charles erfaßte den Gedanken sofort. „Das ist großartig", sagte er. „Laß uns dazu mal einen Entwurf sehen."

Eine Stunde später kamen Sinclair und Atherton mit der Skizze eines Mannes mit stark vorgewölbtem Bauch zurück.

„Das ist es", sagte Charles. „Das ist's!!!"

Er schoß aus dem Büro, um den Entwurf John Hegarty zu zeigen, dem jungen Art-Director, der ebenfalls an diesem Projekt gearbeitet hatte. Hegarty war gerade bis zu der Textzeile vorgedrungen „Wer hat denn Ihre Tochter aufgeklärt?", die das Bild einer Schülerin in knappem Sporttrikot ergänzte. Ihm genügte ein einziger Blick auf Sinclairs Entwurf.

„Es hätte mich fast umgehauen", erinnert er sich. „Das war das Beste, was ich je gesehen hatte. Die Schlichtheit und Kühnheit waren geradezu hinreißend." Schweigend zerriß er die Ergebnisse seines eigenen Bemühens und ging an diesem Abend „deprimiert und überwältigt" nach Hause.

Innerhalb weniger Wochen wurde der schwangere Mann dann zu der Werbung, über die in ganz Großbritannien am meisten gesprochen wurde. Ihr Witz und ihre Direktheit erregten überall Aufsehen, und die überraschende Umkehrung der Geschlechterrollen verstärkte ihre Wirkung ungemein. Der Gesundheitsminister Richard Crossman runzelte die Stirn, als ihm die Anzeige zum ersten Mal vorgelegt wurde, aber dann genehmigte er sie doch.

Andere Leute waren der Ansicht, daß selbst im so freizügigen Großbritannien eine Regierungsbehörde nicht so weit gehen dürfe. Die Presse griff diese Debatte auf, und in kürzester Zeit war der „schwangere Mann" Gegenstand landesweiter Diskussionen. Der Health Education Council, eine nüchterne Behörde, die bereits durch die Anti-Raucher-Kampagne von Charles Saatchi in die Schlagzeilen geraten war, sah sich entweder wegen ihres Wagemutes gepriesen oder wegen ihres Mangels an Diskretion geschmäht. Dann entdeckte ihn das *Time*-Magazin, und der schwangere Mann avancierte zu einer internationalen Berühmtheit, wurde er doch aller Welt als eines der besten Beispiele dafür präsentiert, was für kühne und kreative Dinge in der britischen Werbewelt vor sich gingen. Zudem sollte er dann auch noch eine Reihe von Auszeichnungen gewinnen und als Klassiker seiner Art in alle Lehrbücher der Werbung eingehen.

Für Charles Saatchi kam dieser ganze Wirbel genau zur richtigen Zeit. In diesem Frühjahr nämlich, gerade als sein Büro an dieser Anzeigenwerbung arbeitete, hatte er einen sehr wichtigen Entschluß gefaßt. Seine Partnerschaft mit Ross Cramer war sehr erfolgreich gewesen – ihr verdankten sie beide schließlich, daß sie inzwischen zu den am besten verdienenden jungen Leuten in ganz Großbritannien gehörten. Aber ihm genügte das nicht, er wollte mehr, nämlich seine eigene Agentur. Und die Publicity, die ihm der schwangere Mann verschafft hatte und die den ganzen Sommer über anhielt, war genau das, was er brauchte.

Als sich Ross Cramer entschied, lieber Filme machen zu wollen als in das neue Unternehmen seines Partners überzuwechseln, fand Charles schnell Ersatz in Gestalt seines 24 Jahre alten Bruders Maurice, der zu dieser Zeit als Angestellter bei Haymarket Publishing arbeitete, der Presseagentur von Michael Heseltine. Maurice, akademischer Überflieger und Gewinner einer Goldmedaille der London School of Economics, hatte den Vorschlag seines Professors, eine Universitätskarriere einzuschlagen, dankend abgelehnt und sich für eine Tätigkeit in der freien Wirtschaft entschieden, die bei der britischen Intelligenz jener Jahre nicht gerade hoch im Kurs stand. Ihn aber hatte das erstmals mit einem Bereich in Berührung gebracht, in dem er einmal zu den größten Spielern auf der ganzen Welt gehören sollte.

Tagelang diskutierten die Brüder darüber, wie ihre neue Agentur heißen sollte. Der Name Saatchi war ja an sich schon ungewöhnlich genug. Zwei Saatchis aber machten ihn noch denkwürdiger – warum sich das also nicht zunutze machen? Im Herbst dieses Jahres 1970 waren Charles und Maurice Saatchi dann soweit, daß sie ihre Firma gründen konnten – ein Unternehmen, das im Verlauf von siebzehn Jahren nicht nur die größte, sondern auch die bekannteste Werbeagentur der Welt werden sollte.

Saatchi & Saatchi.

1
DA BABYLON IN STAUB UND ASCHE FIEL

Im Sommer 1985 trat ein New Yorker Investmentbanker an Michael Wahl, Gründer und Eigner eines der größten Verkaufsförderungs-Unternehmen der Vereinigten Staaten, mit der Anfrage heran, ob er daran interessiert sei, an Saatchi & Saatchi zu verkaufen. Wahls Antwort darauf lautete: „Nein, ich möchte nicht an die Japaner verkaufen." Es gibt eine Fülle ähnlicher Geschichten. Manchmal werden die Saatchi-Brüder für Italiener gehalten, manchmal für Amerikaner, und gelegentlich fragen sich sogar Leute, die für sie arbeiten, ob es sie überhaupt gibt. Als im Jahre 1987 das neue Büro einer Tochterfirma von Saatchi & Saatchi im Mittleren Westen der Vereinigten Staaten eröffnet wurde, posierte das Management dieser Zweigstelle neben lebensgroßen Pappbildern der beiden Brüder. Alle Versammelten waren überzeugt davon, daß sie ihren Bossen wohl kaum je näherkommen würden.

Auch wenn ihr Name in der Geschäftswelt durchaus ein Begriff ist, werden Charles und Maurice Saatchi doch von mehr Legenden und falschen Vorstellungen umgeben als andere prominente Vertreter der Wirtschaft. In Großbritannien gefiel man sich viele Jahre lang darin, von ihnen als von den „italienischen Eisverkäufern" zu sprechen, die das Räderwerk der konservativen Parteimaschinerie schmierten und in Schuß hielten. Sie waren die beiden Jungs, die Margaret Thatchers Stimme und Frisur verändert und sie mit Hilfe von Anzeigen und Werbekampagnen in die Downing Street befördert hatten – ja, die auch alle ihre weiteren Aktivitäten bestimmten und steuerten. Sie galten als Emporkömmlinge mit stark überzogenem Ehrgeiz, die nur allzubald von ihrem Schicksal ereilt werden würden. Sie ruinierten, so meinte man, mit ihrem nicht zu stillenden Hunger nach Größe, Macht und Geld die Werte und das Können der Madison Avenue – oder was davon noch übrig war. Aber – wer waren sie wirklich? Wo kamen sie her? Was unterschied sie in dieser Welt voller ehrgeiziger Geschäftsleute und Unternehmensaufkäufer von der Masse?

Als sie in der Werbeindustrie die größten der Welt geworden waren, stand in den meisten der nun in Zeitungen und Zeitschriften veröffentlichten Porträts, daß sie irakisch-jüdischer Herkunft seien. Dort stand aber zumeist auch, daß ihr Vater „vor dem Krieg" oder gar „während des Krieges" aus dem Irak nach Großbritannien emigriert sei, womit impliziert war, daß die beiden Brüder erst nach seiner Ankunft dort geboren worden waren. Das bislang einzige Buch über sie (*The Saatchi & Saatchi Story* von Philip Kleinman) geht mit nur einem Satz auf diesen Hintergrund ein, in dem festgestellt wird, daß sie „die mittleren beiden von vier Söhnen eines im Norden Londons ansässig gewordenen irakisch-jüdischen Geschäftsmannes" seien. In dem Versuch, zwei Männer in eine Schablone zu pressen, die in keine hineinpassen, wiederholen sich in den Artikeln über sie stets die gleichen Anekdoten. Die beiden haben ja das außerordentliche Kunststück fertiggebracht, ihren Namen überall auf der Welt bekannt zu machen, ohne dabei ihr Privatleben preisgegeben zu haben. Sie haben zwar die Mythenbildung nicht gefördert, haben aber auch nichts unternommen, ihr entgegenzuwirken, kam es ihnen doch durchaus entgegen, wenn der Nimbus des Wunderbaren wuchs und gedieh. Selbst diejenigen, die viele Jahre lang mit ihnen und für sie arbeiteten, wissen nur wenig über ihr Privatleben. In der freien Welt hat wohl schon jeder, der über ein Fernsehgerät verfügt, einen ihrer Werbespots gesehen, kennt jeder, der in der Branche tätig ist, die Saatchi-Legende. Aber nur wenige kennen die wahre Geschichte.

Charles Nathan Saatchi, zweiter Sohn von Nathan und Daisy Saatchi, wurde am 9. Juni 1943 in Bagdad in eine Großfamilie hineingeboren, zu der buchstäblich Dutzende von Tanten, Großeltern, Kusinen und Bediensteten gehörten. Nathan Saatchi war ein wohlhabender Textilhändler, der Baumwolle und Baumwollerzeugnisse aus Europa importierte und mit seinem Bruder, der auch sein Geschäftspartner war, ein großes Haus teilte, das über mehrere Flügel verfügte. Diese große, eng zusammen und in Wohlstand, ja sogar Luxus lebende Familie war durchaus typisch für die Existenzweise der irakisch-jüdischen bürgerlichen Bevölkerung der damaligen Zeit.

Charles war der zweite Sohn – sein älterer Bruder David war 1937 geboren worden –, und die Ankunft dieses weiteren Kindes ließ Nathan zu dem Entschluß gelangen, daß es an der Zeit sei, in ein neues Haus umzuziehen. Vielleicht hatte er sich auch mit seinem Bruder überworfen, vielleicht war er auf Grund seiner vielen Reisen inzwischen „verwestlichter" als jener – jedenfalls zog Nathan 1943 in ein eigenes Haus, das er in einem der Vororte gekauft hatte. Auch da gab es Diener und Helfer, und es blieb ein – an westlichen Maßstäben gemessen – großer Hausstand. In dem neuen Haus kam 1946 Maurice Nathan Saatchi zur Welt.

Zwischen der Geburt des zweiten und des dritten Sohnes veränderte sich das politische Klima im Irak in sehr drastischer Weise. Als Charles mitten im Krieg geboren wurde, ging es noch relativ friedlich zu, obwohl zwei Jahre zuvor, nämlich am 18. April 1941, Raschid Ali al-Gayani, ein Mann mit arabisch-nationalistischen Sympathien und prodeutscher Haltung, eine neue Regierung gebildet hatte, zu welcher folgerichtig auch Elemente gehörten, die für ihre Verbindungen zum nationalsozialistischen Deutschland und ihre anti-jüdische Einstellung bekannt waren. Einen Monat später, als Rommels Truppen auf Ägypten vorrückten, erklärte Raschid Ali Großbritannien den Krieg – und damit begann die Drangsalierung einer Gemeinschaft, die seit babylonischen Zeiten in Bagdad gewachsen und gediehen war. In den zwanziger und dreißiger Jahren waren mehr als fünfzig Prozent des Handels und der Finanzen in jüdischer Hand gewesen. Nun aber kam es zu Ereignissen, die zum zweiten Exil der ältesten Gemeinde der jüdischen Diaspora und zum Ende eines fünfundzwanzig Jahrhunderte währenden Aufenthaltes in einem Land führten, das von grundlegender Bedeutung für die Kultur und die Lehren der jüdischen Religion gewesen war. Die Regierung von Raschid Ali war zwar von kurzer Lebensdauer (sie floh Ende Mai, als sich die britischen Truppen den Außenbezirken Bagdads näherten), aber in der Folge dieser Flucht, und während die Briten noch mit der Besetzung der

Stadt warteten, wandten sich demobilisierte irakische Soldaten gegen die Juden, töteten 170 oder 180 von ihnen und verletzten viele weitere.

Als die Deutschen Tobruk einnahmen, wurde diese Nachricht von den nationalistischen Kreisen in Bagdad mit offenem Jubel begrüßt. Der Sturz Raschid Alis und die Schlacht von El Alamein zu Ende des Jahres 1942 ließen diese nationalistischen Aufwallungen schnell wieder abklingen, und 1943 deutete noch kaum etwas auf das Trauma hin, das nur wenige Jahre später entstehen sollte. Die letzten Jahre des Zweiten Weltkrieges beschterten der irakischen Wirtschaft sogar ein beträchtliches Wachstum. „Der Handel blühte, die Preise stiegen täglich an und mit ihnen die Gewinnspannen, und im Bereich der Finanzen ging es äußerst lebhaft zu", schrieb Nissim Rejwan, ein ehemaliger irakischer Journalist, in seinem Buch *The Jews of Iraq*. Die Juden dominierten natürlich in diesen Bereichen der Wirtschaft, und nur wenige ahnten die bevorstehende Katastrophe. „Die Juden, zumal die der älteren Generation, vergaßen das Trauma von 1941 praktisch vollkommen und widmeten sich voll und ganz ihren alltäglichen Geschäften", meint Rejwan.

Die Familie Saatchi gehörte zwar nicht zu den ganz Reichen, deren Schlösser und Villen am Ufer des Tigris lagen, der mitten durch die Stadt fließt, aber sie war immerhin doch recht wohlhabend. Wörtlich übersetzt, bedeutet *sa'atchi* „Uhrmacher", obwohl es im Irak niemals eine Uhrenindustrie gegeben hat. Die Familie hat den Ursprung ihres Namens schon lange vergessen, wenn sie ihn jemals gewußt haben sollte. Nathan glaubt, daß er auf seine Vorfahren in Wien zurückgeht, andere sind der Ansicht, daß er aus Venedig stamme. Nathan wurde – wie auch sein Vater – in Bagdad geboren, und die Familie war dort schon seit Generationen ansässig. Zu Zeiten Nathans gab es nur wenige Urkunden, die Hochzeiten oder Geburten festhielten, und diese wenigen wurden entweder in den Tagen des Osmanischen Reiches oder später nach dem Zweiten Weltkrieg beim Exodus der jüdischen Bevölkerung vernichtet.

Andere Emigranten aus Bagdad bringen die Saatchis tatsächlich mit dem Uhren- und Schmuckhandel in Verbindung, wofür es aber keine Beweise gibt. Zu der Zeit, da die Jungen geboren wurden, bestanden Nathans geschäftliche Aktivitäten in der Hauptsache darin, seine Waren in Europa einzukaufen und sie dann in den Irak, in den Libanon, nach Syrien und in andere Länder des Nahen Ostens zu importieren. Bilder von Bagdad aus dieser Zeit zeigen eine gleichförmige Ansammlung von unangestrichenen, eingeschossigen Häusern, die sich an die beiden Flußufer schmiegten und oft vom Wasser überspült wurden, wenn der Fluß mal wieder über die Ufer trat. Das Stadtzentrum, von wo aus Nathan Saatchi und sein Bruder ihre Geschäfte lenkten, war reich an geschäftigen, palmengesäumten Durchgangsstraßen, die damals schon mit Autos, Lastwagen und Bussen verstopft waren – Bagdad war schon seit Jahrhunderten der Schnittpunkt der Handelswege Südwestasiens, Knotenpunkt der Ost und West verbindenden Karawanenstraßen. Es beherrschte den Euphrat und den Tigris, lag in der Nähe des Punktes, bis zu dem der Tigris schiffbar war, über den in Bagdad nur eine einzige Bootsbrücke führte. Ein Flugplatz war schon vor dem Krieg gebaut worden, während die Eisenbahnstrecke, die Bagdad mit dem Bosporus verbindet, erst 1940 fertiggestellt wurde. Die Stadt war aber schon vorher, nämlich in der Zeit etwa seit der Jahrhundertwende, zunehmend verwestlicht. 1947, also in dem Jahr, in dem die Saatchis Bagdad verließen, beklagte ein guter Kenner des Ortes: „Der Reisende, der gerne eine rein östliche Stadt zu sehen bekommen möchte, wird eine solche nicht in Bagdad finden, abgesehen vielleicht nur von den kleinen Nebengäßchen und ein paar alten Moscheen, die noch vorhanden sind."

Einige Stadtviertel hatten zwar ihren orientalischen Charakter lange erhalten können, aber im Verlauf des 20. Jahrhunderts war Bagdad dann einem so starken Wandel ausgesetzt, daß auch sie kaum mehr wiederzuerkennen waren. Etliche der Hauptstraßen waren begradigt und asphaltiert worden, so daß ein Großteil der Stadt für Motorfahrzeuge zugänglich wurde. Es gab einen Telefon- und einen Taxidienst, und an die Stelle der alten Kanäle und höchst ungesunden Methoden der Wassergewinnung aus dem Tigris war endlich ein modernes Leitungssystem getreten. Zu den unauslöschlichen Erinnerungen Davids gehören die Eismänner, die das Eis für die Kühlschränke der Saatchis lieferten, und der in den heißen Klimazonen verbreitete Brauch, am Nachmittag ein paar Stunden zu ruhen. Nach den meisten vorliegenden Daten hatte Bagdad 1938 etwa 400 000 Einwohner, also etwa doppelt so viele wie zwanzig Jahre zuvor. Im Stadtzentrum überlebten zwar noch ein paar der alten, überdachten Basare, aber zur Zeit der Geburt von Charles Saatchi hatten sich schon Läden und Kaufhäuser im westlichen Stil durchgesetzt.

Nathan Saatchi ist ein kleiner, schmächtiger Mann, der wie die meisten irakischen Juden der bürgerlichen Mittelklasse über eine gute Erziehung und Bildung verfügt. Die vorherrschende ausländische Kultur war die französische gewesen, aber auch die Briten waren seit 1917 immer wieder in dieser Weltgegend präsent gewesen und hatten ebenfalls ihre Spuren hinterlassen. Viele der gebildeten Juden aus Bagdad sprechen bis zu fünf Sprachen, Englisch und Französisch eingeschlossen. Die wichtigste gesprochene Sprache ist das irakische Arabisch, dem Englisch als zweite Sprache folgt. Nathan bediente sich wie alle seine Altersgenossen der uralten Institution des Heiratsvermittlers, als es an der Zeit war, sich eine Frau zu suchen – die Geschichte ist überliefert, wie ihm bedeutet wurde, zu einer ganz bestimmten Zeit an dem Fenster eines ganz bestimmten Hauses vorbeizugehen, dort würde ein hübsches Mädchen erscheinen. Daisy (viele Juden in Bagdad trugen damals ausländische Vornamen, zumeist französische oder englische) Ezer hatte eine von der französischen Regierung finanzierte Mädchenschule in Bagdad besucht und stammte aus ähnlichen bürgerlichen Verhältnissen wie Nathan. Sie war siebzehn, als sie 1936 den um zwölf Jahre älteren Nathan heiratete.

Nathan und Daisy waren in einer jüdischen Gemeinschaft aufgewachsen, die kaum etwas von den Pogromen und dem Antisemitismus zu spüren bekam, welche ihre askenasischen Brüder in Osteuropa zu dieser Zeit erdulden mußten. Als die Briten Bagdad im Jahre 1917 besetzten, stellten die Juden mit 80 000 der 202 000 Einwohner die größte Bevölkerungsgruppe der Stadt. Die anderen Gruppen waren Sunniten, Schiiten, Türken, Christen und Kurden, und sie alle lebten im großen und ganzen recht harmonisch zusammen. Die Juden waren bei weitem am wohlhabendsten und gebildetsten, und sie verfügten über weltweite Geschäftsverbindungen – viele davon zu Bagdader Juden, die im Laufe der Zeiten weitergezogen waren, nach Indien, England (die Sassoons etwa waren aus Bagdad zugewandert) und in den Fernen Osten (die Kadooris in Hong Kong stammen aus Bagdad). Unter der Jahrhunderte währenden Herrschaft der Osmanen war den Juden der Status einer „geschützten Minderheit" zuerkannt worden, und in jüngster Zeit waren sie dann zu gleichberechtigten Staatsbürgern avanciert, die die gleichen Rechte hatten wie ihre islamischen Nachbarn. Zum Entsetzen der jüdischen Bevölkerung sahen die Briten nach dem Ersten Weltkrieg für Syrien und Mesopotamien (wie der Irak damals noch hieß) die Errichtung einheimischer Regierungen vor. 1921 ersuchten die Juden um die britische Staatsbürgerschaft, was aber abgelehnt wurde, und so beobachteten sie mit einiger Unruhe, wie Amir Faisal, der Sohn von Sharaf Hussein ibn'Ali, welcher den arabischen Aufstand gegen den osmanischen Sultan angeführt hatte, auf Betreiben des legendären Colonel T. E. Lawrence aus Mekka geholt wurde, um an die Spitze des Königreiches Irak zu treten, des ersten arabischen Landes, das von Großbritannien unabhängig wurde.

Eine Zeit lang ging es den Juden jedoch noch gut. Einer von ihnen, Sassoon Heskel, wurde sogar Finanzminister, während ein anderer Jude dem Obersten Gerichtshof als Richter angehörte. In dem 1925 erstmals zusammengetretenen Parlament waren fünf von zweiunddreißig Abgeordneten Juden. Erst ab Mitte der dreißiger Jahre (parallel zum Aufstieg des Nationalsozialismus in Europa) begann sich die Lage zu verändern. Aber es gab noch keine Anzeichen, daß eine 2500 Jahre alte Geschichte ihrem Ende zuging.

Wenige der Juden der Generation von Charles und Maurice Saatchi verfügen über mehr als eine oberflächliche Kenntnis der Kultur, die sie da hinter sich gelassen haben, während die Angehörigen der Generation von Nathan und Daisy noch voll und ganz von ihr geprägt sind. Die hebräischen Verbindungen zum Irak gehen auf die Zeit zurück, als sich Abraham, der allererste Hebräer (der Name bedeutet „von der anderen Seite", womit gesagt war, daß er vom anderen Ufer des Euphrat stammte), aus dem südlichen Irak nach Kanaan aufmachte, um eine neue Nation zu begründen, deren Bestimmung es nach seiner Überzeugung war, der Welt die Kunde von Gott zu bringen. Zwölf Jahrhunderte später, 597 v.Chr., wurden König Jehojachin und zahlreiche der führenden Bürger von Juda als Sklaven nach Babylon (Bagdad) verschleppt. Wieder elf Jahre später, 586 v.Chr., kam es dann zu einem der zentralen Ereignisse der jüdischen Geschichte. Der babylonische König Nebukadnezar machte Jerusalem dem Erdboden gleich, aber entgegen der Legende tötete oder versklavte er keineswegs alle Einwohner der Stadt, sondern schickte nur die gesamte Aristokratie der Juden nach Babylon ins Exil. Das waren die Handwerker, Ärzte, Priester – praktisch alle ausgebildeten und gebildeten Bürger. Nur arme Bauern blieben in den vom Krieg verwüsteten Tälern der judäischen Hügel zurück. Die meisten Historiker führen die Entstehung der eigentlichen jüdischen Religion auf diese Deportation zurück. „Im Feuerofen des Exils und der Heimsuchung verwandelte sich Juda in ein neues, geläutertes und gereinigtes Volk – die Juden", schrieb Rabbi Isidore Epstein. „Sich schnell über die Erde verbreitend, brachten die Juden allen Orten, an denen sie sich niederließen, eine neue Botschaft, den Judaismus. Geformt und genährt von einem Glauben, der jedem Wandel der Verhältnisse oder der Umwelt gegenüber unempfindlich war, überlebte der Judaismus nicht nur die Gefangenschaft, sondern entwickelte eine Dynamik, die ihn die Welt gefangennehmen lassen sollte."

Die Juden hatten Babylonien stets als die Wiege ihrer Zivilisation angesehen – es war dies ja die Stätte des Turmbaus zu Babel, Noahs, des Garten Eden und des Ursprungs vieler anderer Glaubensinhalte. Die Babylonier sprachen eine Sprache, die dem Hebräisch der Juden sehr ähnlich war, ja in einigen Städten Babyloniens waren die Sprachen sogar gänzlich identisch. Die Juden wurden durchaus nicht mit unbarmherziger Härte behandelt, sondern bekamen Obstbäume und Weingärten, Land und Häuser zugesprochen und durften sogar das Gold und den Schmuck behalten, die sie aus Jerusalem mitgebracht hatten. Folgt man dem jüdischen Historiker Naim Dangoor, so „nahmen sie allmählich die Stellung von Siedlern und nicht mehr so sehr die von Gefangenen ein." Als der persische König Cyrus der Große Babylon unterwarf und versuchte, die Juden zu repatriieren, kehrten nur 40 000 in die alte Heimat zurück. 80 000 dagegen blieben, von den Persern ermutigt, und lebten glücklich und zufrieden in dem reichen Land an den Wassern von Babylon, obgleich sie nach dem Psalm noch immer weinten, wenn sie Zions gedachten.

Dangoor, dessen Großvater noch Oberrabbi von Bagdad gewesen war, weist darauf hin, daß die Juden dieser Stadt Gestalten wie den Hohepriester Josua, den Schreiber Esra, den Propheten Nehemia und den großen Rabbi Hillel zu ihren Vorfahren zählen können, letzterer ein sanftmütiger Philosoph und Lehrer, dessen berühmtester und unvergeßlichster Ausspruch lautet: „Wenn ich nicht für mich bin, wer soll dann für mich sein? Und wenn ich nur für mich bin, was bin ich dann? Und wenn nicht jetzt, wann dann?" Es sind dies Worte, die in eigentümlicher Weise an die Philosophie der Saatchis erinnern.

Es gab eine Zeit, da gehörten dem Judentum von Babylon rund eine Million Menschen an, wahrscheinlich die größte Gruppe der jüdischen Weltbevölkerung. In dieser Gemeinschaft entstand eines der kostbarsten Juwele der jüdischen Geschichte, nämlich der Babylonische Talmud, der zwischen dem fünften und dem zweiten vorchristlichen Jahrhundert entstand. Und Babylonien vermittelte den Juden noch etwas anderes – ihre Liebe zum Geschäft. In Judäa waren die Juden in erster Linie ein agrarisches Volk gewesen: Bauern, Siedler, Viehzüchter und Händler. Um in der Fremde überleben und ihre Kultur erhalten zu können, mußten sie sich wandeln und anpassen. Nissim Rejwan schrieb dazu: „In Babylonien lernten die Juden die Berufe des Kaufmanns, Händlers, Geldverleihers und Bankiers kennen – Berufe, die ihnen bis zum heutigen Tage besonders lieb geblieben sind."

Ungeachtet dieses geschichtlichen Hintergrundes beschlossen Nathan und Daisy zu der Zeit, da Charles vier Jahre alt und sein Bruder Maurice noch ein Baby war, ihr Leben im Irak aufzugeben und mit eben so viel von ihrer Habe, wie sie mitnehmen konnten, das Land zu verlassen. Sie gehörten damit zu den Vorboten eines – im Verhältnis gesehen – gewaltigen Exodus. Innerhalb nur weniger Jahre folgten ihnen etwa 120 000 weitere Juden, und nur 15 000 blieben im Irak zurück. Nach den Massenhinrichtungen von Juden im Jahre 1969 gingen bis auf ein paar wenige Hundert ältere Juden in Bagdad auch die restlichen Überlebenden außer Landes. Wie die *Jerusalem Post* im Jahre 1986 erklärte: „Kein anderer Exodus der jüdischen Geschichte mit Ausnahme des Auszuges aus Ägypten läßt sich, was Dramatik und Spontaneität anbetrifft, mit dem der irakischen Juden vergleichen."

Die eigentlichen Schwierigkeiten begannen für die Juden im Irak ein paar Monate nach dem Ende des Zweiten Weltkrieges, als es in der arabischen Welt zu folgenschweren Ereignissen kam. So wurde die Arabische Liga gegründet – vor allem mit dem Ziel, die

Entstehung eines jüdischen Staates in Palästina zu verhindern. In diesem Zusammenhang veränderte sich auch im Irak die Haltung gegenüber der jüdischen Minderheit. Es wurden Maßnahmen ergriffen, um die Zahl der im öffentlichen Dienst tätigen Juden zu reduzieren. Der Hebräischunterricht wurde Beschränkungen unterworfen, alle Kontakte mit Palästina wurden untersagt, und die jüdischen Geschäftsleute wurden gezwungen, Moslems als Partner aufzunehmen. Es wurde für die Juden zudem zunehmend schwieriger, Zugang zu den staatlichen Schulen und zu den Universitäten zu erhalten. Regierungsbeamte sprachen dunkel davon, daß der politische Zionismus „die Atmosphäre vergifte". Bald wurde den Juden verboten, Land zu kaufen. Zu Beginn des Jahres 1947 kam eine Verordnung heraus, nach der alle Juden, die das Land verlassen wollten, eine Kaution von £ 1500 zu hinterlegen hatten, ganz unabhängig vom Zweck ihrer Reise. Wenig später wurden jüdische Kinder nicht mehr in die staatlichen Schulen aufgenommen.

1946 reiste Nathan Saatchi einmal mehr nach Großbritannien, kaufte dort ein paar Spinnereien auf und hielt nach einem Haus Ausschau. Er spielte mit dem Gedanken, nach Kanada oder in die Vereinigten Staaten zu gehen, aber sein Herz gehörte doch London. Ein Onkel von ihm war schon in den dreißiger Jahren nach England gegangen, aber sie hatten kaum Kontakt, so daß für Nathan alles darauf hinauslief, in einem fremden Land, das er kaum kannte, Wurzeln zu finden. Er und Daisy sprachen zwar Englisch, dies aber mit hörbar nahöstlichem Akzent. Nathan war fast ein Jahr unterwegs, und so war er bei der Geburt seines Sohnes Maurice am 21. Juni 1946 nicht in Bagdad.

Die irakische Wirtschaft erlebte in dieser Zeit eine ihrer schlimmsten Rezessionen, was zum Teil eine Folge der gewaltigen Inflation der Kriegsjahre war. Das Geschäft der Saatchis hatte unter dieser Entwicklung schwer zu leiden, sodaß sie gar nicht mehr so viel zurücklassen mußten. 1947 verkauften er und sein Bruder ihr Unternehmen, und Nathan und Daisy gingen mit ihren drei Kindern nach Großbritannien. Das Vermögen der Juden, die das Land erst nach 1949 verließen, wurde zur Gänze konfisziert, während Nathan seines wahrscheinlich noch zum Teil retten konnte. Bei den irakischen Emigranten jener Zeit sind unzählige Geschichten von in Zahnpastatuben herausgeschmuggelten Goldmünzen und in Strümpfe geschobenen Diamantohrringen überliefert. „Mein Vater, der ungefähr zur gleichen Zeit herauskam wie die Saatchis, brachte nur das mit, was er in seinen Taschen unterbringen konnte, und das war so gut wie nichts", berichtet ein sephardischer Jude. „Er hatte in Bagdad ein großes Geschäft besessen, aber in England kam er mit nicht mehr an, als was etwa einem normalen Jahreseinkommen entsprach. Meine Mutter beklagt noch heute all den vielen Schmuck, den sie zurückgelassen hatte. Das tun sie alle."

Nathan kam der Katastrophe um einige Jahre zuvor. Maurice auf Daisys Armen, bestieg die Familie den Zug in den Libanon, dort ein Schiff nach Marseille und dort ein anderes nach England. Die Reise dauerte drei Monate. Daisy widerstrebte es weit mehr als Nathan, das Land zu verlassen, aber für eine Frau ihrer Generation war es gar keine Frage, daß sie ihrem Manne folgte.

Nach ihrer Ankunft bezogen sie zunächst ein Haus im Ossulton Way am Rande des Golfclubgeländes von Hampstead, also in einem der besseren Viertel Nordlondons. Einige Jahre lang war ihr Leben sehr einsam. Sie hatten ein warmes, freundliches, großes Heim mit einem Haus vertauscht, das, gemessen an britischen Maßstäben, zwar immer noch groß war, das nun aber nicht mehr von einer weitverzweigten Großfamilie und einer zahlreichen Dienerschaft bevölkert wurde. Das Klima war kalt, und die Jungen entdeckten schon bald, daß sie nicht einmal Schokolade kaufen konnten – das Leben in London war noch stark von den Nachkriegsrationierungen geprägt. Viele der Freunde und Besucher der Saatchis waren Leidensgefährten aus Bagdad, Menschen, die in den späten vierziger Jahren nach London strömten, aber im Hause der Saatchis wurde auf Anordnung Nathans trotzdem nur Englisch gesprochen. Sogar die Bitte um Essen mußte auf Englisch vorgetragen werden, oder es gab nichts. David, nun zehn Jahre alt, sprach nur Arabisch und wurde deshalb in ein Internat nach Brighton geschickt, wo er sich so schnell wie möglich mit der britischen Lebensart vertraut machen sollte. Es dauerte nicht lange, da trug er nur noch Kavalleriehosen und Sportsakkos und begeisterte sich für typisch britische Sportarten. Und sein Englisch hatte, auch wenn es in grammatischer Hinsicht keineswegs perfekt war, doch einen guten britischen Akzent.

Die wohlhabenden irakischen Juden gingen damals zumeist

entweder in die Vereinigten Staaten oder nach Großbritannien. Die ärmeren hingegen zogen in der Regel nach Israel, wo sie bald Gegenstand neuer Vorurteile wurden: Die askenasischen Juden, in der Mehrzahl Flüchtlinge aus Deutschland und Osteuropa, sahen auf diese sehr viel mehr traditionsverhafteten und weitaus weniger verwestlichten Menschen herab. Ein eigenartiges Vorurteil. Wie Stephen Birmingham in seinem Buch *Our Crowd*, das die Geschichte der jüdischen Bankiersfamilien in New York nachzeichnet, schreibt: „In der ungeschriebenen Hierarchie des Weltjudentums werden die Sephardim von den anderen und sich selbst als die vornehmsten aller Juden angesehen, können sie doch für ihre Kultur in Anspruch nehmen, daß sie, was die Einheit und das Leiden anbetrifft, die längste Geschichte aufweist." Die sephardischen Juden, die die großen Bankhäuser New Yorks gründeten – Namen wie Nathan, Hendricke, Cardozo, Baruch oder Lazarus wären hier zu nennen – waren aber zumeist erst nach einer langen Reise dorthin gelangt, die vor etlichen Jahrhunderten in Spanien begonnen hatte, von wo sie im selben Jahr vertrieben worden waren, in dem Kolumbus Amerika entdeckt hatte. Die Sephardim dagegen, die nun in den neu gegründeten Staat Israel kamen oder die weiter in die Vereinigten Staaten oder nach England zogen, waren im allgemeinen noch nicht verwestlicht, obwohl es bei den wohlhabenderen Familien in den zwanziger und dreißiger Jahren durchaus üblich geworden war, ihre Kinder auf englische Schulen zu schicken.

Die Saatchi-Brüder nahmen die englischen Lebensformen sehr schnell an, während es ihren Eltern sehr viel schwerer wurde, sich daran anzupassen. Nathan brauchte trotzdem nicht lange, um sein Geschäft neu wieder aufzubauen, und als 1954 sein vierter Sohn Philip geboren wurde, sah er sich zu einem neuerlichen Umzug in der Lage, diesmal in ein großes Haus in der Hampstead Lane in Highgate, heute eine der teuersten und begehrtesten Wohngegenden Londons. Eine alte Freundin der Familie aus den Tagen in Bagdad erinnert sich an einen Besuch im Jahre 1961, als die Saatchis bereits wieder über ein „hübsches kleines Haus mit sieben Schlafzimmern" verfügten. In Wirklichkeit waren es sogar noch mehr.

Wie viele jüdische Familien beachteten auch die Saatchis strikt die Vorschriften ihrer Religion, und Kollegen von Charles und

Maurice können sich daran erinnern, daß die beiden noch nach Jahren geschäftliche Besprechungen verließen, um am Freitagabend rechtzeitig im Hause ihrer Eltern zu sein. Obschon die Sephardim in Großbritannien ihre eigenen Synagogen haben (etwa die Spanisch-Portugiesische Synagoge in der Lauderdale Road in London, wo Nathan Ältester ist), gab es hier nicht jene Spannungen zwischen ihnen und den Askenasim wie in Israel. Die jüdische Bevölkerung Großbritanniens, die sich in den dreißiger und vierziger Jahren stark vergrößert hatte, zählte immer noch nur 350 000 Menschen, und jeder Neuzugang wurde durchaus begrüßt.

Die Saatchis konnten zudem die Entdeckung machen, daß im Großbritannien der Nachkriegszeit Juden bereits in allen Lebensbereichen – vom Handel über die Politik bis zu den Künsten – erfolgreich tätig waren. Etliche irakische Juden hatten im öffentlichen Leben Fuß gefaßt, anderen sollte das schon bald ebenfalls gelingen. So hatten die Sassoons zum Beispiel Siegfried hervorgebracht, diesen höchst ungewöhnlichen Kriegshelden und Dichter, aber auch Bankiers und Börsenmakler. Robert Sheldon wurde Minister in der Regierung Wilson und ist heute ein führender Parlamentsabgeordneter der Labour Party. Derek Ezra, heute Lord Ezra, wurde Chairman des National Coal Board und später, 1984, führendes Mitglied der Social Democratic Party. Selim Zilkha gründete Mothercare. Wieder andere waren im Bereich der Medien erfolgreich – so etwa Alan Yentob, einer der leitenden Leute der BBC, oder die Finanzjournalistin Stella Shamoon.

Mit wachsendem Erfolg bewegten sich Nathan und Daisy mit zunehmender Selbstsicherheit durch London. Freunde beschreiben Daisy als eine große, vitale und sehr tatkräftige Frau mit unendlich viel Humor, die stets lebhaftesten Anteil an allem nimmt. „Sie ist durch und durch treibende Kraft", meinte eine Freundin der Familie über sie. „Sie hat Einfluß auf jeden und hat mich ganz gewiß stark beeinflußt. Sie verfügt über so viel Unternehmungsgeist. Für eine Frau ihrer Herkunft, in diesem Umfeld geboren, erscheint es geradezu unglaublich, wie offen, wach und klug sie ist, wieviel sie auf dem Kasten hat." Eine andere Freundin aus der Zeit des gemeinsamen Schulbesuchs in Bagdad, Violette Shamash, weiß von einem Einkauf Daisys bei Harrods zu erzählen. Ihre Söhne hatten zu dieser Zeit den Namen der Familie schon weithin berühmt gemacht, und als sie ihren Namen eintrug, meinte der Angestellte: „Oh, sind Sie vielleicht mit den Brüdern Saatchi und Saatchi verwandt?" Woraufhin Daisy mit Bestimmtheit antwortete: „Nein, die sind mit mir verwandt." Alle vier Söhne wuchsen zu großen, kräftigen Männern heran – sie alle sind einen Meter achtzig groß oder größer und überragen ihren schmächtigen Vater. Nathan wird von Freunden als „ein reizender alter Herr" beschrieben, als „sehr kultivierter und würdevoller, vieler Sprachen mächtiger Mann, der noch immer täglich in sein Büro geht." Er ist inzwischen über achtzig Jahre alt.

Als es an der Zeit war, an die schulische Erziehung ihrer Söhne zu denken, entdeckten die Saatchis, daß die Kinder vieler anderer irakischer Juden alle eine bestimmte Privatschule besuchten, deren Atmosphäre aber durch und durch englisch war. Es gibt ein Bild von den drei älteren Saatchi-Brüdern, das bei einem Kindergeburtstag im Jahre 1951 aufgenommen worden ist (also im Jahre der Massenflucht aus dem Irak), das sie zusammen mit Kindern anderer Familien aus der alten Heimat zeigt – so etwa mit Jonathan Bekhar, heute ein überaus angesehener Börsenmakler in der Londoner City, mit den Shamoons und anderen. Interessanterweise sind alle vierzehn Kinder auf dem Foto irakisch-jüdischer Herkunft, ein Hinweis, welch enger Zusammenhalt damals zwischen den irakischen Juden bestand. „Keiner von uns war wirklich noch Bagdader Einflüssen ausgesetzt", sagt einer von ihnen, der etwa im Alter der Brüder Saatchi ist. „Wir kamen alle ungefähr zur gleichen Zeit nach England, und so wie für Charles und Maurice sind auch für mich die ersten Erinnerungen die an das Leben in diesem Lande. Wir paßten uns sehr schnell an."

In der Mitte der fünfziger Jahre geriet die Familie Saatchi dann in eine finanzielle Krise. Pakistan und Indien produzierten nämlich inzwischen sehr viel preisgünstigere Textilien als die britischen Spinnereien, und Nathan stand trotz all seiner Klugheit und harten Arbeit vor dem Ruin. David erinnert sich, wie er eines Tages auf den Stufen des Hauses saß, als der Vater heimkam und seine Taschen ausleerte. Ein paar Münzen fielen heraus. „Das ist alles, was ich noch habe", sagte er. Aber die Krise währte nur kurz. Innerhalb weniger Monate war Nathan mit einer neuen Firma wieder da und nutzte seine alten Kontakte im Nahen Osten, um neue Geschäfte und Exportschienen zu eröffnen.

Die Brüder wechselten schon bald in die öffentlichen Schulen

Nordlondons über. David war kein sonderlich erfolgreicher Schüler. Sein Vater drängte ihn zu einem Universitätsstudium, aber daran hatte er keinerlei Interesse. Nach heftigsten Auseinandersetzungen mit dem Vater trat er in die Luftwaffe ein, um den damals noch allgemeinen Wehrdienst abzuleisten. Wie viele andere junge Leute auch fand David zunächst Gefallen daran, er begann nun, sich vom Vater zu lösen und unabhängig zu werden. Die nächsten drei Jahre lang befaßte er sich mit Buchhaltung und Rechnungswesen, was ihm verhaßt war, ihm aber doch zu der Chance verhalf, die er brauchte. Einer seiner Kunden war Besitzer einer kleinen Apotheke, die er gern verkaufen wollte. Da David fand, daß der Verkaufswert viel zu niedrig angesetzt war, schlug er seinem Vater vor, sie zu kaufen. Nathan war vom Unternehmungsgeist seines Sohnes so beeindruckt, daß er ihm das Geld dafür lieh. David kaufte also die Apotheke und verkaufte sie nach zwei Jahren mit erheblichem Gewinn weiter, so daß er nicht nur seine Schulden zurückzahlen konnte, sondern immer noch ein kleines Vermögen übrig behielt. Nathan war höchst unglücklich, als David plötzlich nach Israel gehen wollte, um dort in einem Kibbuz zu leben – statt in das Familienunternehmen einzutreten. Im Endeffekt ließ er sich dann aber doch nicht in Israel nieder, sondern reiste die folgenden vier oder fünf Jahre in der Welt herum, lebte sechs Monate in Paris, fuhr nach Ägypten und sonstwohin. Zwischen zwei Reisen kaufte er ein Appartement in London und fing an, „dieses schlechte Theaterstück" zu schreiben. Schließlich trat er, inzwischen 27 Jahre alt, doch in die Firma des Vaters ein, aber die Welt des Handels wollte ihm nicht zusagen. 1967 kam es zu einem Familiendrama, als sich David aufmachte, um mit der israelischen Armee gegen Ägypten zu ziehen. Dieser – es war der Sechs-Tage-Krieg – war aber schon vorbei, als er in Israel ankam. Immerhin lieferte ihm das den Vorwand, den er brauchte, um ohne einen erneuten Streit aus dem Geschäft seines Vaters wieder auszusteigen. Von Israel trieb es ihn weiter in die Vereinigten Staaten, von dort für eine Weile zurück nach Großbritannien, von wo aus er dann endgültig in die Staaten emigrierte. Er lebt heute als erfolgreicher Rohstoffmakler in New York und möchte sich eines Tages ganz der Bildhauerei widmen.

Charles war, obwohl ohne Frage überaus klug, ebenfalls kein sonderlich guter Schüler. Ein halbes Jahrhundert zuvor hatten die Sassoons ihren Siegfried nach Eton und Cambridge geschickt –

Charles aber besuchte das etwas bescheidenere Christ's College in Finchley, eine staatliche Schule aus dem 19. Jahrhundert nur für Jungen, die durch nichts Besonderes hervortrat. Und auch er hinterließ dort keinen tieferen Eindruck, obwohl man sich seiner mit einer gewissen Zuneigung erinnert. Sein Französischlehrer, Ron Oliver, erinnert sich: „Ich gab in Französisch mein Bestes, aber er schien trotzdem absolut gar nichts zu lernen. Er hatte einfach keinen Sinn für Sprachen. Aber wenn Charlie auch kein hervorragender Schüler war, so gehörte er doch zu der Art von Jungen, wie sie alle Mütter gerne hätscheln, denn er sah wahrlich engelhaft aus. Er war ganz gewißlich kein Gelehrtentyp, sondern wie so viele andere jüdische Jungen auch ein echter Draufgänger."

Selbst in Mathematik zeichnete sich Charles nicht aus. Sein Lehrer erinnert sich an ihn als an „den Jungen, der ständig raufte, ständig wegen schlechten Betragens nachsitzen mußte. Er interessierte sich überhaupt nicht für die schulischen Aktivitäten, die Clubs und den Sport. Er gehörte zu den Jungen, bei denen man sich öfter fragt, was wohl je aus ihnen werden soll." Ein Schulfoto aus dem Jahr 1956 zeigt Charles als gutgewachsenen Dreizehnjährigen mit rundem, ernstem Gesicht unter einer Fülle von schwarzem, krausem Haar, zu dieser Zeit schon einer der größten Jungen in seiner Schule.

Sowohl Lehrer als auch Schüler erinnern seine vorwärtstreibende Energie und Ungeduld, eine Art aufgestaute Kraft, die ihn von den anderen abhob und die eines Tages mit Sicherheit in sinnvolle Bahnen gelenkt und zu irgend etwas gut sein würde – aber was würde das sein?

2

DER WEG NACH OBEN

Viele Aussagen über ihn vermitteln den Eindruck, als gehöre Charles zu jenen Menschen, die gleichsam von Geburt an ihrem ureigensten Weg folgen. Als Heranwachsenden schien ihn nie etwas von dem ablenken zu können, was er erreichen wollte. David erinnert sich noch daran, wie Charles mitten in der Finanzkrise seines Vaters zwei bequeme Stühle haben wollte und Nathan sich weigerte, sie anzuschaffen. Da entwarf und baute Charles eben selbst einen – er war von grober Machart und unprofessionell, aber David war doch erstaunt, als er ihn sah. Der Stuhl war wohl durchdacht und mit einem guten Auge für Proportionen zusammengebaut worden. „Im Design dieses Stuhles steckte wirklich viel drin", sagt David. Charles gab Nathan beständig Anlaß zu Besorgnis, und es kam zu schweren Auseinandersetzungen über seine Kleidung (schon sehr früh trug Charles Jeans), sein Haar (das er schon lang trug, als dies noch nicht Mode war), seine Rock'n'-Roll-Musik und seinen unbeugsamen Willen. Nathan selbst war ja nicht eben ein schwacher Charakter, weshalb diese Konfrontationen mit seinem eigenwilligen Sohn im Teenageralter wohl unvermeidbar waren.

Trotz allem aber war es eine liebevolle und glückliche Familie. Nathan und Daisy gestanden ihren Söhnen beachtliche Freiräume zu – sie durften sogar Mädchen mit nach Hause bringen, wenn diese nur das Haus zur Frühstückszeit wieder verlassen hatten. Und sie konnten im Keller Parties veranstalten, vorausgesetzt, sie störten nicht den übrigen Haushalt.

Charles ging mit 17 Jahren von der Schule ab, nachdem er in den letzten Monaten dort nur wenig oder gar nichts mehr getan hatte. Darauf folgte, wie sich Freunde erinnern, eine Zeit wilder Partybesuche – er dirigierte dann eine Gruppe seiner Kumpane, mit Lederjacken angetan und oft auf Motorrädern, durch die Stadt, und sie platzten in Parties hinein, zu denen sie gar nicht eingeladen waren, kamen spät nach Hause und führten ganz allgemein das wilde Leben der jungen Leute jener Ära, des frühen „Swinging London". Ein Freund kann sich noch daran erinnern, daß Charles stets auf das hübscheste Mädchen im Raum zusteuerte, selbst wenn es sich dabei um die Freundin des Gastgebers handelte, so daß die Abende nicht selten mit heftigen Kämpfen endeten. Schon bald fuhr Charles in die Vereinigten Staaten, wo er ein Jahr damit zugebracht zu haben scheint, sich im Land umzusehen. Während dieser Zeit war er ein unersättlicher Fernsehzuschauer, der sowohl die TV-Kultur als auch die Werbung in sich aufnahm. Es ist nicht bekannt, was Nathan und Daisy, die beide in einer streng religiösen und arbeitsorientierten Gemeinschaft aufgewachsen waren, von alledem hielten – fest steht nur, daß Charles ihnen und ihrem Hause auch weiterhin verbunden blieb. Er wohnte selbst dann noch bei ihnen, als er schon längst Millionär geworden war, und verließ sein Elternhaus erst im Alter von 29 Jahren, als er heiratete.

Charles entwickelte noch eine andere Leidenschaft, die er auch an Maurice weitergab. „Sie waren echte Autonarren", berichtet ein Freund. „Sie pflegten jede Woche zu Rennen zu gehen, überall in England. Silverstone, Aintree, Brand's Hatch – es gab immer irgendwo ein Rennen." Und Charles schaute dabei nicht nur zu – er fuhr selbst mit. Als er 20 war und Maurice 17, überredeten die beiden ihre Mutter, ihren ganz normalen Mini gegen einen Mini Cooper S einzutauschen, der eine aufgemotzte Version des querliegenden Motors unter der Haube hatte, ein Auto, das sich in den sechziger Jahren bei Rallyes und Tourenwagenrennen großer Beliebtheit erfreute. Es war nicht das allerpraktischste Auto, um damit zum Einkaufen zu fahren, und dies um so weniger, als Charles und Maurice ihn zu einem Renn-Mini umgebaut, d.h. die Sitze herausgenommen, alle Polsterungen und Dämmung entfernt und den entsprechenden Auspuff eingebaut hatten. Der Mutter scheint das aber alles nichts ausgemacht zu haben. Charles fuhr die Rennen, und Maurice begleitete ihn als sein treuer Anhänger und Mechaniker. Charles baute einige Unfälle, aber sie gingen glimpflich aus.

Maurice war – mit seinem Bruder verglichen – ruhiger, scheuer und in akademischem Sinn sehr viel gescheiter. Er besuchte auch eine andere Schule, nämlich die Tollington Grammar School, wo er stets zu den Klassenbesten gehörte. Im Jahr 1964 gewann er zu Nathans und Daisys großer Freude einen Studienplatz an der London School of Economics (LSE), einer akademischen Institution, die den Erfordernissen der Zeit wahrscheinlich weitaus mehr entsprach als jede andere. Auch die LSE expandierte damals sehr schnell. Im Herbst dieses Jahres 1964, als Maurice sein Studium aufnahm, ließ sie der Andrang der Studienanfänger und Postgraduierten aus aller Welt, vornehmlich aus den Vereinigten Staaten, förmlich aus allen Nähten platzen.

In diesem Herbst standen auch Wahlen an, und der *Beaver*, die wöchentlich erscheinende Studentenzeitung der LSE, begrüßte wie viele andere vergleichbare Blätter die von der Labour Partei gegebene Zusage einer „Wissenschaftsrevolution und der Eröffnung neuer technologischer Perspektiven" unter Führung des Mannes, von dem die Partei hoffte, daß er der nächste Premierminister sein werde, Harold Wilson. Zu den Labour-Abgeordneten, die am 10. Oktober die dreizehnjährige Toryherrschaft siegreich beendeten, gehörten sechzehn Absolventen der LSE. Die politisch aktiven Studenten dieser Zeit neigten sehr deutlich der Linken zu. Auf diese Zusammenhänge wies einer der akademischen Lehrer der LSE, Thomas Bottomore, hin, der die Auffassung vertrat, daß es eine enge Verbindung zwischen der Soziologie und dem Sozialismus gebe und daß die LSE über das größte und beste Soziologische Institut in ganz Großbritannien verfüge. Dort studierte Maurice Soziologie als Hauptfach. Bottomore bezeichnete sich selbst als radikalen Sozialisten, weit links von der LP, und behauptete, daß die LSE als Universität, an der Laski und Tawney gelehrt hätten, eine linke Institution sei.

Während der drei Jahre, die Maurice an der LSE zubrachte, erlebte die Begeisterung für die Labour-Regierung, die Beatles, Mary Quant, Erfinderin des Minirocks, und „Swinging London" ihren Höhepunkt. Das College sollte nach den Worten des LSE-Professors Kenneth Minogue zum „Zentrum des Wirbelsturms werden, der über alle Universitäten hereinbrach." Im Verlauf der bald immer heftiger werdenden Studentenproteste kam es auch zu einer Demonstration gegen die UDI in Rhodesien, bei der zwölf Studenten vor dem Rhodesia House festgenommen wurden, woraufhin die Studenten der LSE zur Downing Street zogen. Im Winter 1965–66, also im zweiten Studienjahr von Maurice, kam es innerhalb der Studentengewerkschaften zu heftigen Auseinandersetzungen zwischen rechten und linken Gruppierungen, deren Gegenstand eine Resolution zur Entsendung von Delegierten zum „Friedensrat für Vietnam" war. Professor Minogue tat zwar später die politischen Diskussionen, die in den sechziger Jahren an der LSE geführt wurden, mit der Feststellung ab, das sei alles „lediglich marxistischer Brei" gewesen („Da gab es keinen Platon, keinen Hobbes, keinen Mill... sie war blutleer, zu wenig intellektuell, und berief sich nur auf eine einzige Tradition des politischen Inputs."), aber für diejenigen, die an dem Geschehen beteiligt waren und an den regelmäßigen Demonstrationen gegen die Apartheid in Südafrika, gegen den Vietnamkrieg oder für die atomare Abrüstung teilnahmen, war das alles doch überaus beeindruckend.

Maurice erinnert sich, daß ihn das alles damals erstaunlich wenig berührte. Er war nicht uninteressiert an Politik, aber sie gehörte keineswegs zu seinen Leidenschaften. Wie einer seiner Professoren sagt, beobachtete er den politischen Aufruhr und die Studentendemonstrationen an der LSE „mit skeptischem Blick". Professor Percy Cohen, bis heute das Bindeglied zwischen Maurice und der LSE, war damals sein Lehrer in Soziologie und meint, der junge Saatchi sei „kein leichtgläubiger Konsument politischer Ideologien" gewesen. Er erinnert sich seiner als eines hervorragenden Studenten – aber auch als eines Menschen, der nicht die Aufmerksamkeit auf sich zog. Cohen gewann eher den Eindruck, daß Maurice daran gelegen war, nicht groß aufzufallen. In den Tutorenkursen äußerte er sich nur selten, aber wenn er etwas sagte, dann hatte das Hand und Fuß. Seine Professoren registrierten schon damals viele jener Eigenschaften, die später auch seine Kollegen an ihm beobachteten. Cohen erinnert sich an die Angewohnheit von Maurice, genau zuzuhören, zu beobachten und sich nicht zu schnell festzulegen. „Man konnte sich einfach nicht vorstellen, daß er jemals in Panik geraten würde." Zugleich vermißte Cohen etwas anderes: Maurice übernahm Stil und Methodik seines Tutors, wie er sein Leben lang die Kernpunkte der Lehren anderer übernehmen sollte. Cohen verfügte über großes Geschick, wenn es darum ging, ein Argument zu entwickeln und dabei behutsam alle Detailanalysen und Fakten einzubeziehen, die ihm erforderlich erschienen, um die einzelnen Punkte zu belegen. Er äußerte niemals etwas Allgemeingültiges, ohne es nicht augenblicklich durch konkrete Beispiele zu untermauern. Maurice fand diese Form der Darlegung außerordentlich wirkungsvoll und bediente sich ihrer später immer wieder bei Präsentationen oder Auseinandersetzungen.

Eigentümlicherweise war weder die Wirtschafts- noch die Politikwissenschaft das Lieblingsfach von Maurice. Es war die Soziologie, worin er schließlich während seines Abschlußjahres eine Auszeichnung gewann. Cohen schreibt Maurices besonderes Interesse für dieses Fach seiner irakischen Herkunft zu: Die Soziologie mit ihrer Erforschung von Klassenstrukturen, Hierarchien, Institutionen und des gesamten komplexen Aufbaus einer Gesellschaft sei, wie er meint, in idealer Weise geeignet, die Gesellschaft eines Gastlandes verstehen zu lernen und so mit ihr zurechtzukommen.

Cohen war so beeindruckt von den geistigen Fähigkeiten und von der Selbstdisziplin seines Schülers, daß er versuchte, ihn zu einer akademischen Laufbahn zu überreden. Selbst zwanzig Jahre später wird man den Eindruck nicht los, daß er es als persönlichen Triumph betrachtet hätte, wenn Maurice nicht Werbezar, sondern Soziologieprofessor geworden wäre. Maurice war jedoch entschlossen, in die Wirtschaft zu gehen – er war unberührt von dem vorherrschenden Mißtrauen, ja, von der Verachtung, die man der Wirtschaft und dem Kapitalismus allgemein in akademischen Kreisen (und vor allem in der LSE) entgegenbrachte. Nachdem er die Abschlußprüfung hinter sich gebracht hatte, gab Saatchi seinem Tutor die Telefonnummer, unter der er zu erreichen war, und bat Cohen, ihm das Ergebnis der Prüfung durchzugeben. Als Cohen dann bei den Saatchis anrief, um mitzuteilen, daß Maurice mit Auszeichnung bestanden habe, war ein anderes Familienmitglied am Apparat, das, wie sich Cohen erinnert, mit großer Freude auf die Nachricht reagierte, was ihm den Eindruck eines sehr engen Familienzusammenhalts vermittelte.

In der Zwischenzeit war Charles dabei, sich zu etablieren. Er trat im Jahre 1960 erstmals in eine Werbeagentur ein – und sie war ihm ein Graus. „Es war eine sehr schlechte Agentur, und er hielt das, was sie da machten, für großen Mist", erzählt ein Kollege aus diesen frühen Zeiten. Es mag durchaus sein, daß ein junger und ungeduldiger Charles nicht mit dem Mangel an Größe und Effizienz zurechtkommen konnte, aber noch wahrscheinlicher ist, daß ihm seine eigene untergeordnete Position nicht behagte. Die Zeitschrift „Fortune" schrieb 1986 in einem Porträt der Saatchis, Charles habe „auf sehr altmodische Weise in der Werbung angefangen, nämlich mit 18 Jahren als Bürojunge in einer Agentur, stieg dann allerdings sehr schnell zu ihrem Startexter auf." Aber das vereinfacht die ganze Geschichte doch ein wenig zu sehr. Die gleiche Zeitschrift hatte zwei Jahre zuvor berichtet, die Saatchis seien „Söhne eines einigermaßen wohlhabenden Textilfabrikanten im Norden Londons, dessen sephardische Vorfahren vor Generationen nach London kamen." Was Charles anbetrifft, so kehrte er nämlich in Wahrheit dieser ersten Agentur – wie überhaupt der Werbung – für eine Zeit den Rücken und war erst einmal arbeitslos. Und dann gab es da auch eine Zeit, in der er ein College in der Charing Cross Road besuchte und dort Design studierte, wahrscheinlich auf Drängen des Vaters hin. Selbst als er keinen Job hatte, blieb er übrigens, wie Freunde sich erinnern, stets an gepflegter Kleidung interessiert (ein Interesse, welches Maurice mit ihm teilte) – immer schien er irgendeinen Schneider an der Hand zu haben, der ihm zu einem Bruchteil der üblichen Kosten Anzüge fertigte, welche dem Standard des Westens entsprachen und oft Muster aufwiesen, die erst einige Jahre später in Mode kommen sollten.

Seine erste echte Chance in der Welt der Werbung bekam Charles, als er 22 Jahre alt war (zwei Jahre vor dem Studienabschluß von Maurice). 1965 stellte ihn Jack Stanley, Creative Director bei Benton & Bowles, einer großen, in amerikanischem Besitz befindlichen Agentur in Knightsbridge, als Texter ein. John Hegarty, damals 21jähriger Art-Director, arbeitete eines Morgens an seinem Tisch, als Stanley den Kopf in das winzige Büro steckte und verkündete, er habe einen neuen Mann als Texter angeheuert. „Ich möchte, daß er mit Ihnen zusammen arbeitet, also sehen Sie mal zu, was Sie mit ihm anfangen können."

Bei Benton & Bowles fand Charles eine Tätigkeit, die ihm entsprach. Hegarty profilierte sich bereits als vielversprechender Art-Director, und Stanley muß einigermaßen beeindruckt von Charles gewesen sein, um ihn sogleich diesem zuzuteilen. „In jenen Tagen waren gute Art-Directors noch schwer zu finden", meint Hegarty. „Aber gute Texter noch schwerer. Das war Charles' erster Job in diesem Metier, aber er war ohne Frage sehr gut." Jack Stanley wußte, daß er ein Risiko einging. Er sagt: „Er hatte noch nie als Texter gearbeitet. Er sagte nicht viel, aber was er sagte, klang vernünftig. Was mich am meisten an ihm beeindruckte, das war seine Zielstrebigkeit." Stanley sah sich bald schon bestätigt. Nach zwanzig Jahren ist es oft schwierig, die Ansichten von frühen Vorgesetzten und Kollegen von Charles Saatchi richtig einzuordnen oder zu bewerten, denn viele Leute neigen dazu, ihre eigene Bedeutung für seine Karriere zu übertreiben, oder aber auch anzudeuten, daß sein Ruf stark überzogen sei. Aber Stanley wurde immerhin schon 1968 von der Zeitschrift *Campaign* interviewt, lange bevor Saatchi über die Grenzen der Werbewelt hinaus bekannt geworden war. Und er sagte schon damals: „Charles ist ein wirklich guter Texter. Er hat ein Herz für die Menschen, was wichtig ist, wenn man die Verbraucher nicht einfach als einen Haufen gesichtsloser Käufer behandeln will. Er hat viel Phantasie und zudem kaufmännisches Verständnis."

Es dauerte nicht lange, bis Charles zur bestimmenden Figur des kleinen Zwei-Mann-Teams geworden war, aber Hegarty machte die Zusammenarbeit mit ihm großen Spaß, und er erinnert sich gern an den Strom von Ideen und an die Energie, die von Charles ausgingen. „Er war wirklich toll, und wir hatten eine großartige Zeit zusammen." Sie waren aber beide noch unerfahrene Burschen in den Diensten einer Agentur, die nicht gerade wegen ihres Interesses an blendenden Ideen berühmt war. „In der Zeit unserer Zusammenarbeit wurde er als junger Praktikant angesehen, und wir bekamen nur völlig unausgegorene Vorgaben auf den Tisch", berichtet Hegarty. „Wir bekamen halt irgendwelche Sachen zugeschoben, und dann war man gespannt, was für Verrücktheiten wir uns ausdenken würden." Nur wenige der Saatchi-Hegarty-Ideen erreichten die Kunden oder gediehen gar zu einer fertigen Anzeige. Hegarty erinnert sich an die Atmosphäre als eine, welche auf die neue Generation jener, die um die Mitte der sechziger Jahre die

Arbeit in der Werbebranche aufnahmen, verdummend oder beklemmend wirken mußte. „Die Agenturen wurden von Managern beherrscht, die im Prinzip alle in irgendeiner Form Budgetverwalter waren und keinerlei Verständnis für unsere unerhörten Ideen hatten, von denen sie meinten, sie würden das Geschäft verderben und die Kunden in Verwirrung stürzen." Er und viele seiner jungen Kollegen gehörten zu den ersten in Großbritannien, die sich schon auf der Kunsthochschule oder auf dem College für eine Karriere in der Werbung entschieden hatten – und die dann entdecken mußten, daß ihre Chefs häufig ehemalige Journalisten, Offiziere, Marketingleute und anderes waren, die auf irgendeine Weise in diese Branche geraten waren und sie als zweite Wahl ansahen. „Wir aber waren nicht nur auf der Durchreise. Wir waren nicht auf dem Weg zu unserem ersten Roman, arbeiteten nicht in einer Dachkammer in Chelsea an irgendwelchen Gemälden. Nein, wir wollten wirklich und wahrhaftig in der Werbung arbeiten."

Charles war bereits zweieinhalb Monate bei Benton & Bowles tätig, als er Ross Cramer kennenlernte. Cramer war fünf Jahre älter als er und Leitender Art-Director. Die beiden trafen sich eines Tages eher zufällig. Cramer stand an seinem Zeichenbrett und arbeitete an einem Poster, auf dem Biggles und Dan Dare abgebildet waren, und bemerkte den großen jungen Mann kaum, der ihm über die Schulter sah, als dieser plötzlich sagte:

„Das ist ja phantastisch, das gefällt mir wirklich gut."

Daraufhin fingen sie an, über ihre jeweiligen Vorstellungen von Werbung zu sprechen, und Cramer ging auf die Interessen von Charles und auf seine Analyse des Materials, das die Londoner Agenturen damals produzierten, ein. Saatchi unterteilte das meiste davon in zwei Kategorien – die Sachen waren entweder „phantastisch" oder „Scheiße", wobei jedoch hinter dieser höchst simplen Bewertung ein scharfer analytischer Verstand erkennbar wurde. Charles kam nun häufig an Cramers Tisch und schloß sich ihm schon bald als die zweite Hälfte seines Teams an. Das geschah mit Jack Stanleys tatkräftiger Unterstützung. Stanley erinnert sich, daß er es war, der damals die entsprechende Initiative ergriff, „und mein Gefühl gab mir recht. Sie bildeten ein gutes Team." John Hegarty verübelte Charles diesen Schritt nicht. „Es war gut für ihn", sagte er, und die beiden blieben auch weiterhin gute Freunde.

Das war der Beginn der wichtigsten geschäftlichen Partnerschaft, die Charles Saatchi je einging, sieht man einmal von der mit seinem Bruder Maurice ab. Cramer war ein sehr geistreicher und attraktiver Mann und stand stets überall im Mittelpunkt. Für Charles war er die perfekte Ergänzung. „Wir kamen eben wahnsinnig gut miteinander aus", sagt Cramer. „Er war von allem so begeistert." Cramer war der Diplomat des Zweierteams, und während der folgenden fünf Jahre sollten aus ihrer Zusammenarbeit einige der besten Werbungen der Zeit entstehen. Das aber sollte nicht unter dem Dach der Agentur Benton & Bowles passieren, von der selbst Cramer inzwischen genug hatte. „Das war eine der schlechtesten Agenturen, für die man arbeiten konnte", meint er heute. Benton & Bowles stellten zwar begabte junge Leute ein, hatten dann aber keine Ahnung, was sie mit ihnen anfangen sollten. Wie so viele große Agenturen waren sie nicht sehr an kreativer Arbeit interessiert, erkannten jedoch schwach, daß ihre Kunden danach verlangten. Unter den vielen Auszeichnungen, die Saatchi und Cramer miteinander einsammelten, war keine einzige für eine bei Benton & Bowles angefertigte Arbeit.

Bei dieser Agentur gab es im übrigen noch einen weiteren Menschen, dem Charles sogar noch näher kommen sollte als allen anderen. Doris Dibley, von Kollegen als „kühle Hitchcock-Blondine" beschrieben, war eine Amerikanerin, die am Smith College, das an der Ostküste der Vereinigten Staaten in hohem Ansehen steht, Französisch und Kunstgeschichte studiert, dann einen Rennfahrer namens Hugh Dibley geheiratet und ihren Wohnsitz nach London verlegt hatte. Sie war drei Jahre älter als Charles und wie er als Texter tätig. Sollte es bei Benton & Bowles eine Beziehung zwischen ihnen gegeben haben, so war sie allen verborgen geblieben – aber im April 1973, als Charles 29 und Doris 32 Jahre alt war, heirateten sie.

Cramer und Saatchi blieben nicht mehr lange bei Benton & Bowles. Cramer erinnert sich, wie sie eines Tages in ihrem „gräßlichen Büro" hockten und versuchten, mit irgendeiner Arbeit voranzukommen. Nur wenig war ihren Chefs recht, und beide waren zunehmend frustriert. „Benton & Bowles behandelte die Entwurfsabteilung, als ob wir der reinste Müll wären", sagt Cramer, „und gab gleichzeitig in der Chefetage gewaltige Summen aus." In dem Versuch, die beiden Mitarbeiter wieder versöhnlicher zu stimmen, hatte man eine Inneneinrichtungsfirma engagiert, die ihren Arbeitsbereich verschönern sollte. Das aber brachte das Faß zum Überlaufen. „Farbe kleckerte auf unsere ganze Arbeit runter", erinnert sich Cramer, der vor Wut kochte, als ein alter Freund von ihm, ein Fotograf namens Bob Brooks, hereinschneite. Brooks war selbst einmal in der Werbung tätig gewesen und hatte viele Auszeichnungen für seine Arbeiten gewonnen, weshalb er sich stets lebhaft für Cramers Karriere interessiert hatte. Als Cramer und Saatchi ihm ihr Leid klagten, sagte er schlicht: „Geht zu Collett", womit er Collett Dickinson Pearce meinte, damals eine noch neue, sehr kreative Agentur. Er erbot sich, eine Unterredung mit Colin Millward, dem Creative Director, zu arrangieren. Millward war Cramer natürlich ein Begriff, denn „er war der beste Creative Director in ganz London." Schon eine halbe Stunde später rief Brooks wieder an, er hatte bereits ein Treffen vereinbart. Bei dieser Zusammenkunft führte Cramer das Wort und stellte einige der gemeinsamen Arbeiten vor. Charles hielt sich im Hintergrund und nickte respektvoll mit dem Kopf. Millward wollte Cramer sofort haben, nicht aber Charles. Ross Cramer bestand jedoch darauf, daß sie nur beide zusammen zu haben seien, und schließlich meinte Millward: „Zum Teufel auch, aber gut, wer den Drehorgelmann haben will, muß ja auch den Affen kaufen!" Sie bekamen den Job, und Millward lernte den Affen schon bald sehr schätzen. Benton & Bowles unternahm einen eher symbolischen Versuch, die beiden zu halten. „Ich wußte, daß wir sie nicht an uns binden konnten", sagte Jack Stanley 1968 in einem Interview. „Wir erhöhten dauernd ihre Bezüge, aber bei einem solchen Talent muß ganz einfach irgendwann eine Agentur auftauchen, die mehr bieten kann." Er wünschte ihnen alles Gute und bemerkte, sie seien „eines von den wenigen Teams, die zusammenarbeiten können und die für eine Zeit zusammenbleiben. Sie stehen sich gegenseitig höchst kritisch gegenüber und sind nicht so leicht zufriedenzustellen. Das ist im Werbegeschäft eine große Tugend."

Als sie 1966 bei Collett Dickinson Pearce anfingen, eroberte diese Agentur, wahrscheinlich eine der kreativsten ihrer Art, Neuland. Von John Pearce gegründet (der bei Coleman Prentis & Varley gearbeitet hatte), war sie in britischem Beisitz, noch klein genug, um entsprechend hungrig zu sein, aber schon groß genug, um einige attraktive Etats zu verwalten. Sie zog damals einige der größten Talente der Branche an sich. Der junge David Puttnam arbeitete dort, und so auch Alan Parker, der sich später genauso wie der erstere einen Namen in der Filmindustrie machte. Ferner gab es da Ron Collins, einen Art-Director, der später seine eigene Agentur aufmachte, nämlich White Collins Rutherford Scott, und der schon einen Ruf hatte, als das Gespann Cramer/Saatchi ins Haus kam. Aber selbst in dieser so überaus kreativen Gruppe war Charles eine Ausnahmeerscheinung – nicht nur wegen der Originalität seiner Texte und oftmals verblüffenden Ideen, sondern auch wegen seiner Ungeduld mit Kunden und Vorgesetzten gleichermaßen. Ein Texterkollege erinnert sich an einen Zug von Saatchis Charakter, der immer deutlicher in Erscheinung trat: „Charlie war der vor sich hin brütende Typ des manischen Texters, so einer, der den Kunden nahelegt, sich doch zu verpissen, und aus Konferenzen rausstürmt, wenn sie seine Arbeit nicht abnehmen wollen. Er hatte verrückt lange Haare und echt ausgefallene Klamotten – und wahnsinnige Autos obendrein."

In Wirklichkeit legte er sich die langen Haare und extravaganten Anzüge erst zu, nachdem er schon etliche Monate bei CDP gearbeitet hatte. Bis dahin pflegte er sich stets bemerkenswert unauffällig zu kleiden. Cramer erinnert sich noch an seine zunächst sehr viel größere Neigung, „andeutungsweise dem Stil der amerikanischen Ostküstenelite zu huldigen", an seine Vorliebe für konservative Anzüge und Krawatten. Cramer machte Charles dann mit dem Manne bekannt, der ihm fortan seine Anzüge schneiderte. Der Prominentenschneider Major arbeitete beispielsweise auch für Terence Donovan, einen der erfolgreichsten Fotografen dieser Tage. Charles war so beeindruckt, daß er sofort ein Dutzend dreiteilige Anzüge bei Major in Auftrag gab – Anzüge mit breiten Aufschlägen und dick wattierten Schultern, ganz im Trend der Zeit. Er und Cramer trugen sogar Uhrketten. Aber als Kontrast zu seinen Anzügen ließ Charles sein krauses Haar ungeschnitten und ungezähmt wuchern. „Er sah wie ein strubbelhaariger Mohr aus", sagt Cramer. „Genauso wie der auf den Marmeladegläsern von Robertson."

Niemand nahm daran Anstoß, am wenigsten Colin Millward, ein Künstler, an den sich Charles später gänzlich untypisch als an ein „Werbegenie" erinnern sollte. Das hinderte Millward und Saatchi aber nicht daran, auch weiterhin ihre Differenzen zu haben. Ron Collins, fünf Jahre älter als Charles, erinnert sich daran, wie er einmal in Millwards Büro kam, als Charles gerade herausrauschte und dabei den erschrockenen Millward fortgesetzt mit unflätigen Ausdrücken überschüttete. Dem Creative Director hatte einer von Saatchis Texten nicht gefallen. „Wenn ihm nicht gefiel, was ich gemacht hatte", meinte Collins, „dann ging ich eben und überarbeitete die Sache, wie jeder andere auch. Wenn er aber die Arbeit von Charles kritisierte, dann meinte dieser, er solle ihn doch mal – und marschierte hinaus."

Nichtsdestoweniger erwarb sich Charles seinen Ruf als einer der besten Texter, den die britische Werbeindustrie in den letzten 25 Jahren erlebt hatte, in seiner Zeit bei CDP. „Dort erlebte er seinen Durchbruch", meint Cramer. „Das war sein eigentlicher Start." In diesem ersten Jahr bei CDP, also 1966, gewannen die beiden eine Auszeichnung der Werbeindustrie für eine Serie für das Londoner Kaufhaus Selfridge, mit solchen Texten wie: „Warnung an alle Unterzwölfjährigen: Sollten euch eure Eltern von sich aus einen Besuch der Spielwarenabteilung von Selfridge anbieten, so seid auf der Hut. Das könnte Bestechung sein, um euch zu unserem Friseur zu kriegen!" Oder: „Die wertvollsten Stücke, die Ladendiebe bei Selfridge verschwinden lassen, sind die Mädchen unserer Kosmetikabteilung." Heute erscheint das vielleicht abgedroschen, aber damals war es sehr wirkungsvoll. Und es weckte die Aufmerksamkeit der Branche.

Im folgenden Jahr erregten Cramer und Saatchi mit ihrer Arbeit für Ford noch größeres Aufsehen. Der Werbeetat von Ford war keine gewöhnliche Sache – er war nicht nur groß und angesehen, sondern auch sehr begehrt, und die kleine, aber kreative Agentur CDP hatte ihn gegen so große Konkurrenten wie Mather (später Ogilvy & Mather) gewonnen. Es war ihr erster multinationaler Etat. Die Tatsache, daß Charles und Cramer darauf angesetzt wurden, sagt sehr viel über den Ruf aus, den sich die beiden inzwischen erworben hatten.

Rick Martindale, zu jener Zeit Marketingchef bei Ford, erinnert sich noch gut an die Gespräche mit CDP. Mather hatte eine schnörkellose, zurückhaltende, technisch ausgerichtete Anzeigenserie vorgelegt. Dann aber kam John Pearce, Chef von CDP, mit einem weiteren seiner leitenden Angestellten, mit Geoffrey Pattie (der später Minister in der Regierung Thatcher wurde), und beide konnten weitaus phantasievollere Vorschläge präsentieren. Selbst der sehr konservative Präsident von Ford, William Batty, und sein Generaldirektor Terence Beckett waren beeindruckt.

Batty war bekannt für seinen Abscheu vor Wildlederschuhen, langen Haaren und jeder anderen Andeutung von Unkorrektheit in Kleidung oder Aussehen. Martindale weiß zu berichten, daß sich Batty vor dem Lift aufzustellen pflegte, wenn seine Manager um 8.15 Uhr zur Arbeit erschienen, und Leute wieder nach Hause schickte, die die falschen Schuhe anhatten. „Eigentlich war er ein wirklich netter Kerl", sagt Martindale, „aber er vertrat nun einmal diesen Standpunkt – und alle fürchteten sich und zitterten vor ihm." Es kam der Zeitpunkt, da er einfach mal mit dem Cramer-Saatchi-Team zusammenkommen mußte, das inzwischen ein paar erstklassige Anzeigen geschaffen hatte. Es handelte sich in der Mehrzahl um das, was man als „long copy ads" bezeichnet, also um Anzeigen mit relativ viel Text (aus der Feder von Charles) und einem geringen Bildanteil. Einer dieser Texte lautete beispielsweise:

> Parken macht großen Spaß, vor allem hinterher, wenn du das Auto wieder rausholen willst und entdeckst, daß dir vorn ganze zehn Zentimeter und hinten zwölf als Spielraum bleiben, und es ist heiß, und die Sonne hat den Wagen in ein türkisches Bad verwandelt, und du kurbelst am Lenkrad, erst rechts herum und dann links herum, und du schwitzt und kurbelst am Lenkrad herum und fluchst und kurbelst am Lenkrad herum, und knirsch-krach zerspringt ein Rücklicht, dann bist du schließlich raus und fühlst dich fabelhaft, da kommt eine kleine alte Dame in einem riesigen Zodiac daher und versucht, in deine Lücke reinzukommen, und sie dreht das Steuer lässig mit einem Finger und – alles was recht ist – gleitet in einem Rutsch rein, und du möchtest auf der Stelle tot sein.

Es gab noch weitere in dieser Art und auch solche, die später ausgezeichnet wurden – so etwa die Anzeige, die einen neuen Cortina zeigte, der gerade ein älteres und langsameres Modell überholte: „Sie erscheinen gleich – ihr Verschwinden aber ist sehr unterschiedlich." ("They appear the same – but disappear differently.") Die Ford-Leute waren ebenso tief beeindruckt wie die gesamte Branche. Charles Saatchi wurde als aufgehender Stern am Werbehimmel registriert.

Martindale arrangierte schließlich einen Abend, an dem Charles Saatchi und Ross Cramer nach Essex fuhren, um dort mit dem Ford-Management einschließlich William Battys zusammenzutreffen. John Pearce, der Chef von CDP, eine sehr seriöse Erscheinung mit einem kleinen Kneifer auf der Nase, und Geoffrey Pattie erreichten als erste den Country Club von Ford, den man für diese Zusammenkunft ausersehen hatte. „Alles lief glatt und man redete über Autos und solche Sachen, als ich Charles eintreffen sah", erzählt Martindale. „Und der hatte diese Afrolook-Frisur, einen wirklich irren Wuschelkopf, die Haare standen ihm rundherum zwölf Zentimeter vom Kopf ab." Martindale machte die Herren miteinander bekannt, und Batty beherrschte sich lange genug, um die Vertreter von CDP mit korrekter Höflichkeit begrüßen zu können. „Aber ich konnte wohl sehen, wie Bills Gesicht erstarrte", berichtet Martindale weiter. „Und ich konnte auch sehen, daß er sich ernstlich fragte, was er wohl tun solle. Er überdachte seine schizophrene Lage, weil *Time* diese Sache über die Swinging Sixties gebracht hatte und man von uns allen glaubte, daß wir uns in einem gewaltigen Aufschwung der Modernität befänden – und da stand das nun alles leibhaftig vor ihm, und er entschied sich wohl, sich dem besser anzuschließen als dagegen anzugehen."

Batty nahm seinen Marketingdirektor beiseite und flüsterte: „Wie ist denn *der* hierher gekommen?" Dabei deutete er mit dem Kopf in die Richtung von Charles Saatchi.

Martindale war auf diese Frage vorbereitet. „Ich glaube, in seinem Ferrari, Bill", antwortete er.

„Und das gab ihm absolut den Rest", erzählt er weiter. „Batty dachte wohl: ,Herrjeh, so ist das also. Also bin ich es, mit dem etwas nicht stimmt. Ich bin der, der eigenartig aussieht.' Er hätte sich fast seine Armee-Krawatte heruntergerissen und weggeworfen. Der Abend wurde ein voller Erfolg."

Während dieser Zeit ihrer Arbeit am Ford-Etat fand sich Charles Saatchi erstmals im Verlaufe seiner Karriere im Mittelpunkt einer heftigen Kontroverse. Die Regeln des Instituts of Practitioners in Advertising (IPA) untersagten damals „herabsetzende Texte", also die vergleichende Werbung, die auf Konkurrenzprodukte

Bezug nimmt. (Diese Regeln sind inzwischen in Großbritannien abgeändert worden.) Das Team Cramer-Saatchi hatte jedoch eine Ford-Werbung produziert, welche die Vorzüge des Spitzenmodells Ford Executive mit denen weitaus teurerer Modelle von Jaguar, Rover oder Mercedes vergleich. Da hieß es: „Der Ford Executive besteht jeden Vergleich mit diesen Automobilen." Das schuf einigen Wirbel, der die Wirkung dieser Werbung erhöhte und vor allem Cramer und Charles Saatchi von den Stärken der Methode überzeugte, die sie in den folgenden Jahren immer wieder anwenden sollten. „Was heißt herabsetzende Werbung?" fragte Cramer damals in einem Interview. „Wie kann man denn den Verkauf einer Produktes fördern, ohne etwas Nachteiliges über die Konkurrenz zu sagen? Wenn uns eine vergleichende Werbung ans Ziel bringt, dann benutzen wir sie auch." Weniger umstritten waren Ford-Anzeigen wie etwa diese: „Bei einigen Wagen der 2-Liter-Klasse zahlen Sie für den Namen. Ford stellt Ihnen nur das Auto in Rechnung." Noch nach zwanzig Jahren lassen sich diese Ford-Anzeigen gut anschauen – sie sind besser als manche der heutigen. Alan Parker hatte bei einigen die Hand im Spiel, ebenso Robin Wight, später an Wight Collins Rutherford Scott beteiligt.

Inzwischen waren Cramer und Saatchi zu beachtlichem Ruhm gelangt. Charles gehörte nun auch zu den höchstbezahlten Mitarbeitern von CDP. Ron Collins, der älter war und schon sehr viel länger für diese Agentur arbeitete, erinnert sich, daß Saatchi immer wieder zu Pearce oder Millward marschierte, um darauf hinzuweisen, daß er mehr Geld wert sei – und „dies gewöhnlich auch auf seine bloße Bitte hin erhielt. Und er bat fortwährend." Saatchi und Cramer hatten bei Collett mit einem Jahresgehalt von £ 3500 angefangen, was für damalige Verhältnisse gut, wenn auch nicht gerade spektakulär war. Charles steigerte das auf £ 9000, als Cramer einmal in die Vereinigten Staaten gereist war, um sich anzusehen, was man dort in der Werbung so machte – vor allem bei Doyle Dane Bernbach. Charles ließ – zum Schein – durchblicken, daß Cramer mit ein paar Arbeitsproben die Runde bei den großen Agenturen mache und daß sie beide wohl schon bald zu Doyle Dane wechseln würden. Als Cramer nach Hause zurück kehrte, entdeckte er überrascht, daß man ihm eine ganz beachtliche Gehaltserhöhung zugebilligt hatte.

Ungefähr zu dieser Zeit fuhr Charles einen offenen Lincoln Continental. Ein Auto, das überall auf der Welt Aufsehen erregt, ganz besonders aber in London, wo es damals nur sehr wenige US-Import-Autos gab. Charles lebte noch immer bei seinen Eltern, hatte kaum hohe Lebenshaltungskosten und schien den Großteil seines Geldes für seine Autos auszugeben. Ein Jaguar 3.85 kostete zu dieser Zeit 1741 Pfund, ein Mercedes 200 nur 1895 Pfund und ein Ford Executive, für den Charles ja so nachhaltig warb, kam auf 1567 Pfund, so daß er sich bei seinem Gehalt durchaus jedes Auto leisten konnte, auf das er Lust hatte. Freunde erinnern sich, daß es damals auch noch einen Ferrari gab, aber Charles hatte insgesamt so viele Autos, daß niemand – nicht einmal Maurice – den genauen Überblick behalten konnte.

In Interviews aus jener Zeit wird Charles als „verschlossen und grüblerisch" beschrieben, und die Berichte über ihn sind durchsetzt mit Bemerkungen wie: „Cramer bestreitet die Unterhaltung zumeist ganz allein, während Saatchi nur gelegentlich etwas mit freundlicher Gleichgültigkeit beisteuert." So nahe sich Charles und Cramer auch waren, so verband sie im wesentlichen doch nur eine Arbeitsbeziehung. Nur selten trafen sie sich nach Feierabend oder am Wochenende. Cramer war verheiratet und hatte Kinder, während Charles Junggeselle war mit vielen wechselnden Freundinnen. Cramer hatte das Gefühl, daß Charles eine Gruppe von engen Freunden hatte, mit denen er sich abends traf, um mit ihnen Karten zu spielen oder gelegentlich ins Kino zu gehen. Charles besuchte Cramer ein paarmal zu Hause und gewann dessen Kinder lieb – Cramer erinnert sich noch daran, wie ihn einmal seine Frau im Büro anrief, weil eines der Kinder sich bei einem Unfall verletzt hatte und ins Krankenhaus eingeliefert worden war. Charles sei daraufhin genauso besorgt gewesen wie er selbst und habe ihn in seinem Ferrari im Höllentempo durch den Londoner Verkehr zum Krankenhaus gefahren. Alles sei glimpflich abgelaufen, aber Charles sei noch Tage danach wegen des Kindes besorgt gewesen.

Charles gefiel die ganze Atmosphäre bei Collett ungeheuer gut. Anders als früher begegnete er Menschen, die er nicht kannte, mit wachsender Schüchternheit, schloß aber bei CDP einige Freundschaften fürs Leben. Vor allem mit David Puttnam schloß er enge Freundschaft, und sie verbrachten ihren Urlaub zusammen auf

Mallorca. Charles überwand einmal sogar seine ihm noch heute eigene Scheu und gab im Hause seiner Eltern eine Party. Cramer, Puttnam, Alan Parker und andere Kollegen von CDP fuhren also hinaus nach Hampstead zu dem großen Haus, das dem herrschaftlichen Kenwood House fast unmittelbar gegenüberlag. Ein riesiger Tisch war dort aufgebaut, auf dem die verschiedensten Köstlichkeiten standen. „Der Tisch war so groß, daß Puttnam und ich alle Platten und Teller zu seinem einen Ende hinschoben." Charles selbst war keine große Hilfe und Cramer gewann den Eindruck, daß er noch nie in seinem Leben einen Drink eingeschenkt hatte. „Jemand bat um einen Gin Tonic, woraufhin Charles das Glas einfach mit Gin füllte." Niemand kann erinnern, daß Charles selbst damals etwas trank, und auch später nahm er kaum jemals mehr als gelegentlich ein Glas Wein zu sich. Überall im Zimmer standen Familienfotos herum, von denen einige die Großeltern Saatchi in ihrer traditionellen irakischen Tracht zeigten, und die zahlreichen gereichten Speisen hatten unverkennbar orientalischen Charakter.

Obwohl es ihm dort so gut gefiel, blieb Charles nicht bei Collett. Für die nächste Veränderung war John Hegarty verantwortlich, sein alter Freund von Benton & Bowles. Hegarty war dort rausgeflogen, weil er, wie er heute sagt, den Leuten dort auf die Nerven fiel, und war dann bei der kleinen Agentur John Collins & Partners gelandet. Das war nicht gerade eine sehr eindrucksvolle Agentur, obwohl ein paar sehr begabte Leute für sie arbeiteten – vor allem Richard Cope, der zu dieser Zeit dort eine Gestaltungsabteilung mit guten, kreativen Mitarbeitern aufzubauen versuchte. Cope fragte Hegarty, wer seiner Ansicht nach die besten Leute seien. „Die zwei, die ich am besten kenne und vor denen ich die größte Hochachtung habe, sind Ross Cramer und Charles Saatchi", antwortete ihm daraufhin Hegarty. „Warum reden wir nicht mal mit ihnen?"

Das taten sie, und im Jahr 1967 entschlossen sich Cramer und Saatchi, den Sprung zu wagen. Es war für alle Beteiligten eine Katastrophe. Einige behaupten, daß die beiden mit dem Chef von Collins, mit Andrew Blair, nicht klarkamen, aber Hegarty nennt einen anderen Grund: „Das ging deshalb alles schief, weil es da keinen gab, der verstand, wie so ein Laden funktioniert... der verstand, was Ross und Charlie wollten – und was ich wollte."

Charles ging 1968 anläßlich eines Interviews mit *Campaign* selbst auf diese Episode ein und sagte: „Es war das ein böse gescheiterter Versuch. Hauptsächlich deshalb, glaube ich, weil wir nicht gewillt waren, uns um winzig kleine Kunden zu bemühen. In den Agenturen wird zu viel getratscht und klug dahergeredet."

Das Bündnis hielt sechs Monate, dann hatten Cramer und Saatchi genug. Sie waren es nun auch überdrüssig, für andere Agenturen zu arbeiten – aus sehr verschiedenen Gründen: Charles, weil es ihm zuwider war, Befehle von anderen entgegennehmen zu müssen, und Cramer, weil er das ganze System nicht mochte, nach welchem die Agenturen arbeiteten

So kamen sie denn auf eine neue Idee: Sie wollten eine Beratungsfirma gründen, die auf der Basis freier Mitarbeit interessierten Kunden die Entwicklung von Werbekampagnen anbieten sollte. Sowohl Ross Cramer als auch Charles Saatchi trauten sich ohne weiteres zu, kreative Werbung machen zu können, die damals noch eine große Mangelware war. Sie wollten ein kleines Team zusammenstellen, sich ein Büro suchen und dann die selbständige Arbeit aufnehmen.

3

SWINGING GOODGE STREET

Als sich Charles Saatchi und Ross Cramer selbständig machten, konnten sie noch nicht wissen, daß sie sich kopfüber in eine Zeit hineinstürzten, die sich als die interessanteste und aufregendste der britischen Nachkriegsgeschichte erweisen sollte – ganz besonders für die Werbebranche. Die satirische Revue *Beyond the Fringe*, in der das begabte Quartett Dudley Moore, Peter Cook, Jonathan Miller und Alan Bennett auftrat, schaffte via Oxford und Edinburgh den Sprung nach London, wo ihre Art des Humors bald zum Kult wurde, insbesondere bei der Jugend. Dazu kam wenig später eine noch lautere Stimme, nämlich die Fernsehsatire, die die alte Ordnung verspottete und eine nachhaltige Wirkung auf die jüngere Generation hatte. *That Was The Week That Was* war eine Sendung, die wöchentlich über das Establishment herzog und David Frost zum Ruhm verhalf und stand – wie später *Monty Python's Flying Circus* – für eine neue Form von respektlosem Humor, die in den folgenden zehn Jahren auch die in Großbritannien produzierte Werbung stark beeinflussen sollte, deren Witz und Humor sich dann wiederum auf den viel direkteren Werbestil der New Yorker Agenturen auswirkten.

Vieles von alledem hat nicht überdauert, aber zumindest ein Jahrzehnt lang wirkte es überaus belebend. Das Fernsehen stellte anläßlich des Wahlkampfes von 1964 erstmals die Schwächen des traditionellen Systems in Gestalt von Alec Douglas-Home bloß und verwies auf die Stärke der neuen Politik, welche durch Harold Wilson verkörpert wurden. Ein anderes Produkt der Mittelschicht, nämlich Margaret Hilda Thatcher, arbeitete sich durch die politische Hierarchie nach oben, um schließlich einem Kabinett vorzustehen, dem ein paar Monate lang und erstmals seit Menschengedenken keine Absolventen von Eton angehörten – bis dann die alte Ordnung zurückschlug.

Großbritannien war in diesen Jahren von allen Ländern vielleicht wirklich das schwungvollste. In der Welt der Musik gaben die Beatles, die Who und die Rolling Stones den Ton an, und selbst die Modeszene, die so lange von den schicken und teuren Pariser Couturiers beherrscht worden war, orientierte sich nun an London. Mary Quant und Ossie Clark erlangten internationale Berühmtheit, und die Carnaby Street in der Nähe des Oxford Circus entwickelte sich zu einem der bekanntesten Modezentren Europas. King's Road und Portobello Road wurden zu Zielen einer internationalen Pilgerschar. Für Modefotografen aus dem Londoner East End wie Brian Duffy, Terence Donovan und David Bailey war dies eine außerordentlich erfolgreiche Zeit. Charles Saatchi und seine Altersgenossen erlebten ein ganz neues Gefühl der Befreiung von althergebrachten Formen und Förmlichkeiten.

Die späten sechziger Jahre sahen den ersten Menschen auf dem Mond, wurden Zeuge der ersten Herztransplantation durch Dr. Christiaan Barnard, erlebten die Legalisierung homosexueller Akte zwischen Erwachsenen, die Concorde, Maos Kulturrevolution. Sie wurden ferner Zeuge der Pariser Studentenunruhen von 1968, die beinah de Gaulle zu Fall gebracht hätten, der blutigen Zusammenstöße beim Parteitag der Demokraten in Chicago, der sowjetischen Invasion in der ČSSR, der massiven Anti-Vietnam-Demonstrationen vor der amerikanischen Botschaft in London, und der Besetzung von Universitäten allüberall. An der LSE beschwor der *Beaver* den 68er-Jahrgang der Studenten, sich gegen das Establishment zu erheben, und machte seiner Enttäuschung Luft, als die Studenten die Revolution nicht gar so sehnlich herbeiwünschten wie er.

Charles Saatchi hatte an dem kulturellen Veränderungsprozeß seine Freude, wohingegen es sein Vater – wie so mancher Vater damals – schwer fand, mit dem Wandel und mit den Angriffen auf so viele der alten Ideale wie etwa Patriotismus, Religion oder Monarchie fertig zu werden. Charles aber stand mit seiner Begeisterung für neue Moden und Ideen, mit seinem instinktiven Verlangen nach Veränderungen und mit seiner Abneigung gegen den

Status quo in der vordersten Reihe – nicht der handfesten, ganz konkreten Revolution, die da stattfand, sondern in der der kulturellen und emotionalen. Und das galt auch für seine Freunde und Partner. Maurice dagegen beobachtete die Vorgänge eher aus der Distanz mit intellektueller Neugier, er reagierte auf sie eher mit dem Kopf als mit dem Gefühl. Aber auf seine eigene Art und Weise nahm er genauso intensiv an allem Anteil wie Charles. Und die Lehren, die er aus seinen Beobachtungen zog, sollten für ihn eine größere Bedeutung und Dauer haben als für die meisten anderen Angehörigen seiner Generation.

Von außen sah das Gebäude in der Goodge Street keineswegs sehr einladend aus. Im Parterre befand sich ein Restaurant mit Namen „The Golden Egg", eines jener Kettenrestaurants amerikanischen Stils, die in den sechziger Jahren in England auftauchten und deren Angebot halbwegs zwischen Fast Food und gehobenem Speiselokal lag. Um die Ecke entwickelte sich Tottenham Court Road schnell zum Londoner Zentrum für preisgünstige Elektroartikel, die dort nach dem Motto „Hoch stapeln und billig raushauen" verkauft wurden. Im Westen gab es teure Restaurants wie „L'Etoile" und „White Tower", welche sich bei den Managern der großen Werbeagenturen, die sich in dieser Gegend niedergelassen hatten, großer Beliebtheit erfreuten. Und im Osten war die City, das Finanzzentrum Großbritanniens, das später eine so entscheidende Bedeutung für die Saatchis gewinnen sollte.

Man schrieb den Januar 1968, und es war reiner Zufall, daß es gerade zu diesem Zeitpunkt einige der begabtesten Leute aus der Welt der Medien in die Büroräume in der Goodge Street zog, die man durch einen kleinen Eingang neben dem „Golden Egg" erreichte. David Puttnam, der in die Filmproduktion strebte, kehrte der Werbung den Rücken und startete eine Fotoagentur. Erst 26 Jahre alt, avancierte er schon bald zum Agenten der bekanntesten Fotografen in Großbritannien und kassierte 25 Prozent der Einkünfte so bedeutender Leute wie David Bailey, David Montgomery, Sid Robertson und Mel Sokolsky, von denen keiner weniger als £ 35 000 im Jahr umsetzte, was ihm ein durchaus solides Einkommen sicherte. Alan Parker, der nach dem Ausscheiden von Charles Saatchi zunächst zum Star von Collett Dickinson Pearce geworden war, schloß sich schon kurz danach David Puttnam an, um noch später ebenfalls sein Glück in der Filmindustrie zu suchen.

Auf der obersten Etage befand sich eine Agentur für Design namens Klein Peters. Sie bestand aus Lou Klein, einem hochbegabten Amerikaner, und Michael Peters, der einer der führenden Designer der siebziger und achtziger Jahre werden sollte – vor allem auf dem Gebiet der Inneneinrichtung von Geschäften. Dann gab es da noch einen jungen Werbemann mit Namen Charles Boase, der in den siebziger und achtziger Jahren mit der von ihm gegründeten Agentur Boase Massimi Pollitt zu einem der schärfsten Rivalen von Saatchi & Saatchi wurde.

Im Frühjahr 1968 zogen Ross Cramer, nun 29 Jahre alt, und Charles Saatchi, inzwischen 24jährig, in ihr erstes eigenes Büro in eben diesem Gebäude in der Goodge Street ein.

Puttnam, Parker, Cramer und Saatchi waren jung, energiegeladen und kreativ, sie litten unter keinem Mangel an Selbstvertrauen oder Plänen zur Veränderung einer Welt, von der sie dem Image des Swinging London zum Trotz den Eindruck hatten, daß sie noch um Jahrzehnte hinter dem herhinkte, was sich in New York oder andernorts tat.

In diesem Jahr 1968 wurden die führenden Leute der britischen Film-, Fernseh-, Design- und Werbebranche für eine Ausstellung unter dem Motto „It's Great! Britain" nach New York entsandt. Ein anderer befähigter Designer der sechziger Jahre, Rodney Fitch, gestaltete die Präsentation. „Ich traf damals mit den Topleuten von Werbung, Design und Werbefilm zusammen und lernte bei dieser Gelegenheit auch Puttnam, Cramer und Saatchi kennen", erinnert sich Fitch. Puttnam war so beeindruckt von der Arbeit von Rodney Fitch, daß er ihm die Ausgestaltung seiner Geschäftsräume übertrug. Er wollte etwas ganz Besonderes haben. „Ich machte ihm ein wirklich hübsches Büro", berichtet Fitch. „Alles in grünem Flanell, wie ein Billardtisch." Da Cramer und Saatchi ihre neuen Büroräume gleichzeitig bezogen, entwarf Fitch beide Büros und gestaltete einen gemeinsamen Empfangsbereich. Für Cramer und Saatchi wählte er weißes Formica, ein Material, das Charles für alle seine späteren Büros beibehielt, das damals aber noch völlig neu für die Werbewelt war.

Viel Platz stand Fitch nicht zur Verfügung – im Grunde genommen nur zwei Räume. Der größere und hellere, den man über eine kleine Treppe erreichte, war das Büro der beiden Agentureigentümer, während der kleinere für die vier oder fünf geplanten Mitarbeiter vorgesehen war. Trotz des beschränkten Platzangebots haben alle, die in diesen Räumen gearbeitet haben, sie als einen idealen Ort für ihr Vorhaben in Erinnerung. Charles meinte später sogar, daß er erst wieder ein so schönes Büro wie in der Goodge Street bekommen habe, als Saatchi & Saatchi die größte Werbeagentur der Welt geworden und er in die Lower Regent Street umgezogen war. „Bis dahin hatten Texter und Art-Directors auf verschiedenen Etagen gearbeitet", berichtet Fitch. „Ihr Kontakt waren die für die jeweiligen Werbeetats zuständigen Direktoren, gemeinsame Konferenzen und ähnliches. Die Saatchi-Leute aber führten etwas Neues ein und bemühten sich gleichermaßen intensiv um Wort und Bild. Deshalb erfand ich diese großen weißen Tische, an denen die Art-Directors und Texter zusammenarbeiteten."

Charles war inzwischen ein wohlhabender junger Mann. Er hatte es zu einem dunkelblauen Rolls Royce Corniche gebracht und besaß in dieser Zeit auch einen Aston Martin. Er trug die Anzüge nach neuester Mode und ließ sich in den besten Salons frisieren. Der strubbelige Mohrenkopf war dahin – er trug das Haar jetzt zwar immer noch modisch lang, aber die Lockenfülle lag eng am Kopf an, und die Koteletten reichten nicht über die Ohren hinaus. Er lebte noch immer bei den Eltern in Hampstead, verbrachte aber die meisten seiner Abende nach wie vor mit Freunden.

In der Werbebranche war er nun eine Berühmtheit – aber das nicht nur wegen seiner Kampagnen, sondern auch auf Grund seiner PR-Erfolge in eigener Sache. Charles hatte schnell begriffen, daß Publicity wesentlich dazu beitragen kann, den Weg zum Erfolg abzukürzen. Niemand in der Werbebranche (und auch in vielen anderen) vor ihm und nach ihm hat so beharrlich an seiner Publicity gearbeitet wie Charles Saatchi. Wichtigstes Mittel dazu war ihm die Fachpresse, vor allem die wöchentlich erscheinende Zeitschrift *World Press News*, die Vorläuferin von *Campaign*, aber gelegentlich schwappte das auch in andere Medien über – so stellte ihn beispielsweise der Londoner *Evening Standard* als den jungen Mann vor, der in den späten sechziger Jahre das meiste Geld verdient hatte. Kollegen bemerkten schon sehr früh, daß es irgendwie immer *seine* Anzeigen zu sein schienen, über die die Branchenpresse schrieb, daß es immer *seine* Kontroversen waren, die Schlagzeilen machten. Bei direkter Begegnung eigentümlich scheu, führte Charles seine Ein-Mann-Pressekampagne über das Telefon und mit großer Disziplin und Routine. So wußte er stets genau, wann die Zeitschriften *Campaign* und *Ad Weekly* in Druck gingen, so daß er seine Stories zeitgerecht durchgeben konnte. Diese Geschichten handelten keineswegs immer nur von ihm selbst oder von seinen Freunden, sondern er sammelte darüber hinaus so viel Branchenklatsch wie er nur konnte, Stories von Werbeetats, die in andere Hände übergegangen waren, oder von Leuten, die die Agentur gewechselt hatten oder gefeuert worden waren, und gab alles telefonisch an die Redaktionen weiter. Als Gegenleistung erwartete er sich ein gewisses wohlwollendes Interesse an seinen eigenen Aktivitäten, was er auch bekam.

Charles Saatchi kultivierte seinen Ruf aber auch noch auf andere Art: Er bemühte sich ständig um Anerkennung für die Qualität seiner Arbeit. Edward Booth-Clibborn, Vorsitzender der Designers & Art Directors Association (D&AD), die 1962 ins Leben gerufen worden war, um im Bereich der visuellen Kommunikation zu höchsten Qualitätsmaßstäben zu ermutigen, erinnert sich an Charles als einen der aktivsten unter den jungen Werbeleuten, wenn es darum ging, seine Arbeiten der Jury zu unterbreiten, die alljährlich die besten Arbeiten auswählte, sie in einem Jahresbericht veröffentlichte und mit Preisen auszeichnete. 1967 gehörte die bei CDP konzipierte Selfridge-Werbung dazu, im folgenden Jahr die Kampagne für Ford. Wichtiger als dieser Erfolg war aber ein anderer Effekt: Die Nennung im Jahresbericht der D&AD machte jene auf Charles aufmerksam, an denen ihm besonderes gelegen war – die Werbebranche, Marketingleute und Kunden. In jenen Tagen war die Abwerbung von Kunden noch untersagt, aber jeder, der nach einer neuen Werbeagentur Ausschau hielt, würde sich diesen Jahresbericht ansehen und darin auf den Namen Charles Saatchi stoßen.

Es ging dabei aber um noch mehr. Der kreative Prozeß hat Charles stets fasziniert, auch wenn er in gleichem Maße an seiner kommerziellen Verwertung interessiert war. Er hatte seine eigene Begabung zum Werbetexter entdeckt, von der er vor seinem Start keine Ahnung gehabt hatte – obwohl er schon immer der Meinung gewesen war, daß er schon zu irgend etwas taugen werde. Das hätte ebensogut das Schreiben von Drehbüchern sein können, wenn ihn die Umstände in diese Richtung gelenkt hätten, was ja auch beinah der Fall gewesen wäre. Das Abfassen von Werbetexten genießt auch heute noch keine sehr hohe Wertschätzung als kreative Tätigkeit, aber in den sechziger Jahren hätte man Charles noch schlichtweg ausgelacht, wenn er Texten als Kunstform bezeichnet hätte. Genau das war aber seine Überzeugung, und er widmete sich dieser Sache mit der gleichen Leidenschaft, die er später für seine Kunstsammlung aufbringen sollte. Booth-Clibborn hegt nicht den geringsten Zweifel an Saatchis künstlerischer Begabung. „Er war schon außergewöhnlich", meint er. „Es war damals die Zeit des Durchbruchs der kreativen Arbeit in diesem Land. Bis dahin kopierten wir den amerikanischen Slang, nun aber bedienten wir uns erstmals in der Werbung unserer eigenen Sprache. Und diese Leute, allen voran Alan Parker und Charles Saatchi, begannen damit, auch Umgangssprache einzusetzen, was ihren Arbeiten eine ganz eigene Identität gab. Charles Saatchi war sich sehr wohl bewußt, daß er Arbeiten produzierte, die vor allem durch die D&AD-Auszeichnungen Aufmerksamkeit fanden, aber er und einige der anderen glaubten damals auch wirklich an die D&AD und an das, wofür sie stand. Sie waren innerhalb der Werbebranche eine isolierte Gruppe, aber sie glaubten an eine Verbesserung des Standards, und das war entscheidend." Booth-Clibborn reiste regelmäßig in die Vereinigten Staaten, studierte dort den Stand der Entwicklung und gab dann zu Hause seine Erkenntnisse in Vorträgen weiter. Charles saß zumeist unter den Zuhörern.

Die Beratungsfirma, die sie Cramer Saatchi nannten, entsprach eher einer Situation in Ländern wie Japan. Dort ist es durchaus üblich, daß die großen Unternehmen Aufträge an solche Beratungsfirmen delegieren. Cramer und Saatchi arbeiteten dabei als direkte Auftragsnehmer von Agenturen, die die Entwicklung von Konzeptionen bei ihnen in Auftrag gaben und diese dann nach Fertigstellung als eigene weiterlieferten. Theoretisch sollte es so zwar keinerlei Kontakte zu den jeweiligen Kunden geben, aber in der Praxis sah das oft doch anders aus. Diejenigen, die Charles kennen, sind der Ansicht, daß ihn zum damaligen Zeitpunkt – was für spätere Zeiten nicht auch gelten muß – die konzeptionelle

Arbeit mehr interessierte als Geldverdienen. „Er muß gewußt haben, daß die Leute einen nicht einfach dafür bezahlen, daß man Ideen hat", meint John Hegarty. „Geld macht man damit, daß man Ideen macht, nicht damit, daß man sie hat." Cramer nahm sich also des Geschäftlichen an, während Charles Saatchi vorläufig durchaus damit zufrieden war, sich um die kreative Seite zu kümmern.

Hegarty stieß schon bald als Mitarbeiter zu ihnen. Und dann kam ein noch weitaus jüngerer Mann dazu, der gerade erst das Watford Art College absolviert hatte. Jeremy Sinclair erschien schüchtern zum Interview, zeigte ein paar Arbeitsproben vor und bekam mitgeteilt: „Kommen Sie wieder – aber melden Sie das Arbeitslosengeld noch nicht ab." Als er wiederkam, bot man ihm einen Job als Junior-Texter mit einem Wochenlohn von £ 10 an.

Die Idee war nun, daß immer zwei Mitarbeiter zusammenarbeiten sollten, nämlich jeweils ein Texter und ein Art-Director. Cramer und Saatchi setzten ihre Kooperation fort, die sich schon bei drei Agenturen und knapp drei Jahre lang bewährt hatte. Hegarty, ein Art-Director, heuerte zunächst Mike Coughlan als seinen Texter an, aber als dieser nach einem Jahr wieder ausschied, tat er sich mit einem anderen jungen Werbetexter zusammen, der wie er von CDP kam, nämlich Chris Martin. Und Sinclair, der sich wohl nie hätte träumen lassen, daß er einmal Chef der größten Werbeagentur der Welt werden würde, arbeitete mit Bill Atherton zusammen, ebenfalls ein Nachwuchsmann, der direkt vom London College of Printing kam, wie schon Hegarty und Martin. Dann gab es noch eine Sekretärin namens Gail – und das war das ganze Team von Cramer Saatchi.

Die Beratungsfirma machte es Charles möglich, sich an etwas zu versuchen, was er schon immer gern einmal getan hätte und was ihn noch heute fasziniert, die Filmproduktion. Der Umstand, daß er im gleichen Gebäude wie David Puttnam und Alan Parker arbeitete, bot die ideale Gelegenheit dazu, und schon wenige Monate nach dem Start der Beratungsfirma steckte Charles in seinem ersten diesbezüglichen Projekt. Werbeberater konnten wahrscheinlich mehr als nur Werbetexte schreiben – sie konnten auch Drehbücher verfassen. Ross Cramer machte mit gleicher Begeisterung mit.

„Wissen Sie, Charlie war insgeheim schon immer überzeugt davon, daß er David Puttnam zum Film gebracht hat", sagt einer vom damaligen Team. Dem würde Charles selbst nie zustimmen, war es doch umgekehrt gerade Puttnam, der um ein Haar ihn zum Film hinübergezogen hätte. Sie entwickelten miteinander drei Handlungsskizzen, die Puttnam dann der Filmindustrie andienen wollte. „Eine dieser Geschichten basierte auf einer Idee von Puttnam – es ging um ein kleines Mädchen, das im Alter von elf Jahren mit seinem Freund zusammen von zu Hause ausriß, um ihn zu heiraten. Der ursprüngliche Titel lautete *Melody*, wurde aber in *SWALK* umgeändert – ‚sealed with a loving kiss' – Ross und Charles schrieben das Script und das Szenario, und Alan Parker, machte dann ein Filmdrehbuch daraus", erzählt Hegarty. Der Film wurde zwar gedreht, verschwand aber spurlos in der Versenkung. „Schrecklicher Film, soll aber in Japan mit Erfolg gelaufen sein", sagt einer vom Team. David Puttnam reiste damit immerhin nach New York, um ihn dort unterzubringen, knüpfte allerlei Beziehungen und nutzte diese zum Aufbau seiner eigenen großen Karriere.

Charles sollte sich später beim Rückblick auf seine diesbezüglichen Anstrengungen förmlich krümmen. Da gab es beispielsweise eine Satire auf *The Carpetbaggars*, für die Charles und Cramer die Story entwarfen – eine Arbeit, auf die keiner von beiden stolz ist. Hegarty äußert sich sehr viel freundlicher über die Drehbücher der beiden als diese selbst. „Sie waren gar nicht schlecht. Charlie ist ein sehr guter Autor, nicht nur von Werbetexten." Eine Zeit lang dachten einige Mitarbeiter von Cramer Saatchi, die Firma würde sich wohl langsam von der Werbung verabschiedeten, da sich Charles immer mehr für das Filmgeschäft interessierte. Wenn ein paar seiner Drehbücher Erfolg gehabt hätten, wäre das auch wahrscheinlich geschehen. Dann hätte es Saatchi & Saatchi wohl nie gegeben. Charles widerspricht dieser Ansicht nicht. Wenn auch nur eines davon halbwegs gut gewesen wäre, so meinte er später einmal, dann wäre sehr wohl denkbar gewesen, daß er zusammen mit Puttnam nach Hollywood aufgebrochen wäre. Diese Idee ist für ihn auch heute noch nicht reizlos, und über die Jahre hinweg nahm er stets lebhaften Anteil an Puttnams Karriere, diskutierte mit ihm über die Filme, an denen dieser gerade arbeitete, ließ ich vom Tratsch und den Problemen Hollywoods berichten und wünschte sich ein wenig, er wäre dort. Auch Ross Cramer zappelte an dieser Angelschnur und sah sich bereits im Filmgeschäft.

Die Beratungsfirma bekam jedoch immer mehr Aufträge, und Puttnam wie auch Parker gingen bald eigene Wege, um dann Filme wie *Midnight Express, Bugsy Malone, Birdy* und viele andere zu machen. Ob Charles nun ernsthaft an eine Veränderung gedacht hatte oder nicht – er war ja erst Mitte zwanzig – die Ereignisse und sein Erfolg trieben ihn letztlich zu einem weiteren Schritt, tiefer hinein in die Welt der Werbung. Etwa fünfzehn der zwanzig Spitzenagenturen in London hatten bereits die Dienste seiner Beratungsfirma in Anspruch genommen. Das Geld floß in Strömen, und der Ruf des Unternehmens verbesserte sich fortlaufend. Und dann wandte sich die Firma Cramer Saatchi – langsam, aber unaufhaltsam – von ihrem Konzept ab, Kundenaufträge niemals direkt zu übernehmen. Anlaß zu diesem Bruch war der Werbeetat des Health Education Council, der – wie jener der Konservativen Partei ein Jahrzehnt später – zwar nicht sehr viel Geld einbrachte, aber für die Reputation der Saatchis von entscheidender Bedeutung war als jeder andere.

Der HEC, dem für seine Arbeit nur knapp bemessene Regierungsgelder zur Verfügung standen, war für die Produktion von Broschüren, Anzeigen und Plakaten zuständig, welche die Menschen vor den Gefahren warnen sollten, denen sie sich aussetzten, wenn sie sich nicht die Zähne putzten oder die Hände wuschen. Ross Cramer gewann diesen Kunden für ihre Firma. Eins seiner Kinder ging in die selbe Schule wie das einer Mitarbeiterin der HEC. Als sie einmal vor der Schule auf ihre Kinder gewartet hatten, waren sie über Werbung ins Gespräch gekommen, und die Frau hatte gemeint, daß ihre Chefin, Hilda Robins, an einer professionelleren Gestaltung der Aufklärungsmaterialien interessiert sein könnte. Sie wolle die Firma mal ins Gespräch bringen.

Charles ahnte damals wohl kaum, wie wichtig dieser kleine Etat einmal für ihn werden sollte. Bei der ersten Anzeigenserie ging es um das Rauchen – noch lange bevor das Royal College of Surgeons den bis dahin umfangreichsten Bericht vorgelegt hatte, der den Zusammenhang zwischen Rauchen und Krebs eindeutig nachwies. Trotzdem nahm in Großbritannien bereits der Druck auf die Labour-Regierung zu, den Tabakverkauf einzuschränken, auch wenn die Tabaksteuer eine wesentliche Staatseinnahme darstellte. Die Aufgabe, die Öffentlichkeit zu einer Reduzierung des Tabakkonsums zu überreden, fiel dem HEC zu – und in der Folge dann Cramer Saatchi. Charles übernahm sie mit großer Begeisterung.

Es war eine seiner produktivsten Phasen. Die eindrücklichste der für den HEC produzierten Anzeigen zeigte eine Hand, die eine gläserne Untertasse hält, in die flüssiger Teer hineingegossen wird. Darunter ist zu lesen: „Teer und Ausfluß, die sich in der Lunge des Durchschnittsrauchers ansammeln." Eine andere zeigte eine schmutzige Hand, die mit einer Nagelbürste bearbeitet wird, und darüber steht: „Deine Lunge kannst du nicht sauberschrubben."

Viele dieser Anzeigen gegen das Rauchen waren so gut, daß sie von der D&AD in ihren Jahresbericht aufgenommen wurden. Die Kampagne lief beinahe so lange wie Cramer Saatchi existierte und löste einen beachtlichen Wirbel in den Medien aus, was Charles eine noch größere Publicity bescherte. Und wieder war er mit großem Geschick darauf bedacht, sie zu kultivieren. Manchmal arbeitete die gesamte Firma an diesen Anzeigen, wobei Charles stets unmittelbar daran beteiligt war, viele Texte selbst schrieb oder die der anderen überarbeitete. „Im *Evening Standard* erschienen die Anzeigen doppelseitig, in allen überregionalen Blättern ganzseitig – sie waren einfach überall", sagt Chris Martin. „Das war zu einer Zeit, als eine ganze Seite im *Daily Express* wahrscheinlich noch der Gipfel aller Werbemittel war – so wie heute 60 Sekunden bei *News at Ten*. Und wir gewannen alle möglichen Preise."

Aufgrund der Anti-Raucher-Kampagne beschäftigten sich nun auch die überregionalen Blätter mit Saatchi. Die *Sun*, die gerade erst ein paar Jahre des Neubeginns unter Rupert Murdoch hinter sich hatte, widmete ihm und Cramer eine ganze Seite. Ein großes Foto zeigte die beiden bei der Arbeit an neuen Anzeigen und vor einem riesigen Poster mit der Zeile „Deine Lunge kannst du nicht sauberschrubben". „Einmal in der Woche pokert Charles mit seinen Freunden", begann der Artikel. „Aber während des vergangenen Monats – oder auch schon länger – hat er sich weit weniger für das Spiel als für die Tatsache interessiert, daß es leichter geworden ist, die Karten zu erkennen. Der Zigarettenqualm über dem

Tisch wird merklich dünner." Alle Welt, so *Sun*, scheine im Gefolge der „bemerkenswert erfolgreichen" Saatchi-Kampagne das Rauchen aufzugeben. Charles – und das ist so ungefähr die einzige direkte Äußerung gegenüber einer Zeitung, die es von ihm gibt – wird mit den Worten zitiert: „Natürlich schockieren diese Inserate. Aber die Wahrheit ist nun mal erschreckend. Wir haben nichts anderes getan, als so viele Fakten über die Folgen des Rauchens auszugraben wie möglich und sie unverblümt, unbarmherzig und nüchtern zu präsentieren."

Der Reporter der *Sun* hob besonders die Versicherung von Charles hervor, daß eben diese Fakten ihn selbst so tief beeindruckt hätten, daß er seinen Zigarettenkonsum von dreißig täglich auf zwei reduziert habe, während andere Mitglieder des Teams das Rauchen sogar gänzlich aufgegeben hätten. (Charles ist allerdings rückfällig geworden – wahrscheinlich raucht er inzwischen wieder dreißig Zigaretten.)

Der Wirbel um diese Werbekampagne war jedoch noch nichts gegen die Publicity, die Charles einer anderen HEC-Anzeige verdankte, nämlich der mit dem schwangeren Mann, die sich Jeremy Sinclair ausgedacht hatte. Das war im Jahr 1970 und kam gerade rechtzeitig zu dem bisher größten Ereignis im Leben von Charles Saatchi: Er hatte sich eben zu diesem Zeitpunkt entscheiden, zusammen mit seinem Bruder eine eigene Agentur zu eröffnen.

Während Charles an seinem Geschäft und seiner Reputation arbeitete, machte auch Maurice seinen Weg. Er hatte sein Studium der Soziologie mit Auszeichnung abgeschlossen und eine Goldmedaille für seine akademischen Leistungen gewonnen. Dann hatte er sich auf die Suche nach einem Job begeben. Mit seiner Persönlichkeit und mit seiner Fähigkeit, komplexe Zusammenhänge schnell zu erfassen und allgemeinverständlich darzustellen, hätte man Maurice wahrscheinlich mehr oder weniger jede Aufgabe übertragen können, die er zu übernehmen bereit gewesen wäre. Um die Mitte der sechziger Jahre grasten die großen Konzerne die Universitäten auf der Suche nach begabtem Management-Nachwuchs ab, war das Angebot an Stellen doch sehr viel größer als die Zahl der geeigneten Hochschulabsolventen. Selbst ein durchschnittlicher Absolvent konnte es leicht auf ein Dutzend Angebote bringen – und Maurice überragte den Durchschnitt um einiges.

Möglicherweise beeinflußt von der engen Beziehung seines Bruders zur Fachpresse, entschied er sich für einen Job bei Haymarket Publishing, einer kleinen, aber sehr schnell wachsenden Medien-Gruppe, zu der einige Publikationen gehörten, die für Charles von großem Interesse waren. Die Leute von Haymarket waren zu dieser Zeit einmal Michael Heseltine, einer der gescheitesten der jüngeren konservativen Parlamentsabgeordneten und einer der besten Redner der Tories, und sein Partner Lindsay Masters. Die beiden hatten die meisten Titel der so gut wie bankrotten British Printing Corporation abgekauft. Eine davon war die *World Press News*, die Maurice als außergewöhnlich langweilig erinnert – diese Zeitschrift existierte schon seit Jahren, und sie berichtete irgendwie über die Ereignisse in Fleet Street und in der Welt der Werbung. Sie hatte keine Knüller, keinen interessanten Klatsch, keinen Einfluß.

Maurice bewarb sich gerade zu dieser Zeit um eine Stelle als Trainee, als Heseltine und Masters dabei waren, der *World Press News* eine attraktivere Aufmachung zu verpassen und sie verjüngt wieder ins Rennen zu schicken. Masters führte das Interview mit Maurice und er kann sich noch gut an dieses Gespräch erinnern. Nach den üblichen Fragen war er von dem jungen Saatchi so angetan, daß er ihm eine Stelle anbot.

„Wann können Sie anfangen?" Sie unterhielten sich eine Weile darüber, dann blickte Maurice plötzlich erstaunt auf und meinte:

„Wir haben aber noch gar nicht über die Gehaltsfrage gesprochen."

Jetzt war es an Masters, erstaunt dreinzublicken. Damals gab es in der britischen Wirtschaft ein einheitliches Anfangsgehalt für Hochschulabsolventen, das sich auf rund £ 1000 im Jahr belief. Das könne er ihm bieten, erklärte Masters.

„Ah", sagte darauf Maurice, „dafür kann ich leider nicht kommen."

Masters wollte wissen, wieso nicht.

„Wissen Sie, ich habe ein entsetzlich teures Auto, das ich bei dem Gehalt aufgeben müßte."

Masters staunte erneut. Dann fragte er, für wieviel Maurice denn dann kommen würde.

„Es müßten schon mindestens 2000 pro Jahr sein", sagte dieser mit Entschiedenheit. Masters stimmte milde zu. Er erzählte diese Geschichte Jahre später, um zu verdeutlichen, welchen Eindruck der junge Saatchi von Anfang an auf ihn gemacht hatte.

Maurice arbeitete nun als Assistent von Masters und Heseltine, zumeist aber für Masters, dem er bei der Planung eine Zeitschrift half, die *Campaign* heißen sollte. Später schrieben viele das Verdienst am Erfolg dieser neuen Publikation dem verantwortlichen Redakteur Michael Jackson zu, wohingegen Maurice den Ruhm stets Heseltine und Masters zuschrieb, die ein ganz neues Format dafür erfunden hatten, das sich auch auf eine Reihe anderer Zeitschriften positiv auswirken und die finanzielle Lage von Haymarket Publishing ganz entscheidend verbessern sollte. Heseltines Beteiligung erreichte zuletzt einen Wert von mehr als 25 Millionen Pfund und machte ihn zu einem der reichsten Abgeordneten des Landes. *Campaign* war von Anfang an ein Erfolg, weil sie gut gemacht war. Die Zeitschrift brachte auf der ersten Seite Nachrichten aus der Werbeindustrie und im Inneren dann gut geschriebene Artikel und Kommentare. So wurde sie schließlich auch zum bevorzugten Sprachrohr von Charles Saatchi, der hier in den folgenden 17 Jahren all die Nachrichten und den Klatsch unterbrachte, die er unermüdlich zusammentrug – wofür man ihm mit einem beständigen Nachschub an positiven Geschichten über seine eigene Firma dankte.

Dutzende junger Hochschulabsolventen sind vor und nach Maurice Saatchi durch die Hände von Masters und Heseltine gegangen. Er war nur drei Jahre lang bei ihnen und schon wieder aus ihrem Leben verschwunden, als er erst ganze 24 Jahre alt war. Und doch erinnern sich beide noch sehr lebhaft an ihn.

„Mir ist dieser aufgeweckte Bursche als eine wirkliche Bereicherung erinnerlich", sagt Heseltine. „Er nahm nicht einfach nur Anweisungen entgegen oder führte sie aus, sondern er war stets ein Gesprächspartner. Man hörte auf seine Vorschläge, und seine Einsichten und Analysen waren überaus wertvoll. Ich kann mich mit Bestimmtheit daran erinnern, daß ich sehr bald zu der Überzeugung gelangte, es da mit einem wirklichen As zu tun zu haben."

Meistens arbeitete Maurice eng mit Masters zusammen, und sowohl dieser als auch seine italienische Frau Marisa lernten ihn sehr schätzen. Gemeinsam mit Masters war er auch noch am Start anderer Zeitschriften beteiligt, vor allem von *Accountancy Age,* von der Masters meint, daß sie Maurice mehr oder weniger allein entwickeln habe. Ansonsten war Maurice für die Koordination zuständig, eine Aufgabe, derer er sich mit Brillanz entledigte:

„Maurice lernte hier viel, was das Verkaufen anbetrifft", sagt Masters. „Er war einer von den Leuten, die das gesamte Verlagsgeschäft ganz instinktiv zu beherrschen schienen. Manche Menschen lernen dadurch, daß sie so herumstolpern und auf die Nase fallen, um sich dann wieder hochzurappeln. Maurice fällt nicht oft auf die Nase. Er scheint das alles im Blut zu haben." Er trug den Titel eines Business Development Managers, machte aber in Wirklichkeit von der Projektplanung bis zum Anzeigenverkauf so gut wie alles. „Er war unsere Ein-Mann-Forschungs-und-Entwicklungsabteilung", sagt Masters.

Im Unterschied zu den meisten Verlagen verfügte Haymarket über eine sorgfältig geführte Kundenkartei, Karten in Blechschränken, und Maurice und andere Mitarbeiter waren gehalten, sie zu nutzen und täglich eine festgelegte Anzahl von Telefongesprächen mit potentiellen Anzeigenkunden zu führen. Heute wären die Daten natürlich alle in der EDV gespeichert – aber gemessen an den damaligen Möglichkeiten war das doch eine recht fortschrittliche und zweckmäßige Methode. Die Arbeit war nicht leicht, zuweilen auch recht demütigend, brachte ihm gleichwohl aber auch eine unschätzbare Erfahrung, die Maurice später sehr zustatten kam, als er sich seinem Bruder anschloß. Haymarket Publishing hatte in jenen Jahren einen ungeheuren Schwung und wurde schließlich zu einem Unternehmen, das viele Millionen Pfund im Jahr umsetzte. Maurice war später überzeugt, daß Masters und Heseltine, wäre der letztere 1970 nicht Minister der neuen konservativen Regierung unter Ted Heath geworden, das Unternehmen gemeinsam zu einem solchen von Murdochscher Größe hätten machen können. Er beobachtete Heseltine oft bei der Arbeit, wenn dieser sich um weitere Zeitschriften bemühte, die für eine Übernahme in Frage kamen, und half ihm, mögliche Objekte ausfindig zu machen. „Wir schickten einen Standardbrief an die Chefs aller Verlagshäuser, in dem wir die Übernahme anboten", erzählt Heseltine. „Wir verschickten Hunderte von Briefen, und wenn es uns dann gelang, zwei Zeitschriften pro Jahr aufzukaufen, so war das in Ordnung. Eigentlich reicht schon eine, damit sich die Sache auszahlt." Heseltine erzählt von einem Mann in Kanada, der nach Erhalt eines dieser Briefe bei ihm anrief. „Wir sind gerade dabei, an Thomson zu verkaufen, und ich habe soeben Ihren Brief erhalten. Thomson ist uns ein wenig zu groß und wir möchten nicht an ihn verkaufen. Sind Sie wirklich interessiert?" Heseltine wurde sofort aktiv, arbeitete die ganze Nacht durch und kaufte dann einen medizinischen Fachverlag, der Haymarket seitdem einiges an Gewinn gebracht hat. Für Maurice war das eine Offenbarung, und er saugte System und Stil in sich auf wie ein Schwamm. So, wie er an der LSE von Professor Cohen die Kunst gelernt hatte, Argumente zusammenzufassen und überzeugend vorzutragen, so lernte er nun die Methodik von Heseltine und Masters.

Wie sein Bruder, so lebte auch Maurice noch bei den Eltern. Er verdiente weitaus weniger (er war bei £ 3000 p.a. angelangt, als er bei Haymarket ausschied), aber doch genug, um seiner Leidenschaft für Autos frönen zu können. Zum großen Erstaunen aller Mitarbeiter von Haymarket kam der hochgewachsene, eulenhaft aussehende Maurice mit einer Corvette des Baujahrs 1966 zur Arbeit, einem amerikanischen Sportwagen, der in Großbritannien kaum zu bekommen war. Auch er trug elegante Anzüge, wenngleich von konservativerem Schnitt als die von Charles.

Maurice war ein außergewöhnlicher Vierundzwanzigjähriger. Für Lindsay Masters, der ihn am besten kannte, war es völlig klar, daß er auf dem direkten Wege zur Spitze war, ganz gleichgültig, was immer er anfangen würde. Sein Charme, der sich hinter einem etwas schüchternen und zurückhaltenden Betragen verbarg, nahm das ganze Unternehmen schnell für ihn ein. Er arbeitete hart und überlegt und konzentrierte seine Kräfte und seine Intelligenz. Seine Befähigung zu originellen Einfällen unterschied ihn schon damals von anderen jungen Leuten seines Alters und sollte sich später für seine eigene Zukunft, aber auch für die seines Bruders als so überaus wichtig erweisen.

Im Frühjahr 1970 war Charles an dem Punkt angelangt, wo er unbedingt seine eigene Agentur aufmachen wollte. Es irritierte ihn zu sehr, daß die eigene kreative Arbeit letztlich immer den Agenturen gehörte, für die seine Firma arbeitete. Er verfügte nun über ein „Kernteam" und über so etwas wie einen Namen, und dies wie auch der Erfolg der Anti-Raucher-Anzeigenkampagne ließen ihn fest davon überzeugt sein, neue Kunden für sich gewinnen zu können. Er hatte genug von der Welt der Agenturen gesehen, um das meiste davon nicht sonderlich zu mögen. Mit Ausnahme dessen, was sein alter Arbeitgeber Collett Dickinson Pearce und noch eine oder zwei andere Agenturen produzierten, zeichnete sich die britische Werbung seiner Meinung nach keineswegs durch besondere Kreativität aus. Wenn sie sich am Wochenende zu Hause trafen, machte Maurice, der ja die Werbung als Kunde und durch die Arbeit für *Campaign* von außen sah, dem Bruder Mut und bestärkte ihn in seinem Vorhaben. Charles wiederum war von den analytischen Fähigkeiten des Bruders, von dessen Gabe, die Stärken und Schwächen des Werbegeschäftes so genau benennen zu können, ebenso tief beeindruckt wie von seiner Disziplin und Tüchtigkeit.

Beide Brüder können sich nicht genau erinnern, wann sich Charles entschloß, Maurice in sein neues Unternehmen zu holen. Aber Maurice bereitete sich bereits im Frühjahr 1970 auf einen solchen Wechsel vor. Ross Cramer zeigte sich zum Erstaunen von Charles weit weniger begeistert von dessen Plänen. „Ich glaube, ich habe genug davon", beschied er Charles. „Ich möchte lieber gehen und Regie führen. Ich habe mich immer intensiver mit dem Film und mit der Drehbuchschreiberei, die wir da mal zusammen angefangen haben, befaßt und denke, daß meine Liebe dem gehört." Er wolle, so sagte er, sich seinen Lebensunterhalt mit Werbefilmen verdienen und später dann, wenn alles gut liefe, zum Spielfilm wechseln. (Daraus wurde nie etwas – aber Ross Cramer hat beim Werbefilm erfolgreich Karriere gemacht.)

„Charlie beschwor ihn, das nicht zu tun", erzählt Hegarty, „weil sie so ein gutes Team, so gute Kumpel und was noch alles wären. Ross war wirklich ein toller Kerl, ein phantastischer Bursche. Aber er sagte: ‚Nein, ich werde das nicht mögen, was hier passiert, es wird einfach langweilig sein' – und er ließ sich nicht von seinem Entschluß abbringen zu gehen. Da holte Charlie seinen Bruder, um die neue Agentur zu starten."

Ursprünglich, so berichtet Hegarty, sollte die Agentur Saatchi Cramer & Saatchi heißen. Da Cramer nun aber nicht mitmachen wollte, mußte sie einen anderen Namen bekommen.

4
„EIN VERDAMMT GUTER NAME"

Mitte Mai 1970 trat Charles Saatchi aus dem Büro, das er mit Ross Cramer teilte, blieb auf der obersten Treppenstufe stehen, sah in den Raum unter sich hinab und bat um Aufmerksamkeit. Er habe ein paar Neuigkeiten mitzuteilen, die sie alle betrafen. Die Tage der Beratungsfirma, so sagte er, näherten sich ihrem Ende. Sie würden bald nicht mehr für andere Agenturen arbeiten, die das Beste an kreativer Arbeit, das von Cramer Saatchi komme, als ihr Werk ausgäben. Von nun an würden sie für sich selbst in ihrer eigenen Agentur arbeiten, dies mit einem ganz neuen Denken und einer neuen Einstellung zu ihrem Geschäft. Die zwei Jahre der Beratungsfirma, die ja zur Zeit ihrer Gründung etwas gänzlich Neues gewesen sei, hätten nicht nur den Beweis erbracht, daß sie es schaffen könnten, sondern auch den, daß wirklich Bedarf für eine vor allem an der Absatzsteigerung orientierte Agentur bestünde. Sie würden noch ein paar Leute brauchen, und er habe sich diesbezüglich auch schon Gedanken gemacht. Und sie würden umziehen müssen – er sei, so fügte er noch hinzu, schon auf der Suche nach neuen Räumen.

Es war eine kurze Rede und eine der wenigen, die Charles Saatchi je gehalten hat. Er habe aber nicht nur gute, sondern auch ein paar schlechte Nachrichten. Cramer wolle aus der Firma ausscheiden. Er habe schon einmal in der Welt der Agenturen gearbeitet und keine Lust, dorthin zurückzukehren. David Puttnams und Alan Parkers große Begeisterung für den Film habe ihn auf den Geschmack gebracht. Er wolle sich mit dem Fotografen Terence Donovan zusammentun und mit diesem Filme machen, Werbefilme und vielleicht auch andere.

Diese Mitteilung verursachte einige Bestürzung. Cramer war zwar erst Anfang 30, im Vergleich mit allen anderen aber ein Veteran. Er übte zudem einen beruhigenden, ausgleichenden Einfluß auf diese Gruppe von jungen Textern und Graphikern aus, von denen keiner älter als 26 war. Sie alle mochten und respektierten ihn – er war der einzige, der es mit Charles aufnehmen, der einzige, der ihm, wenn es sein mußte, seine verwegeneren und extravaganten Ideen ausreden konnte. Sein Ausscheiden bedeutete einen wirklichen Verlust.

Er habe aber, so fuhr Charles Saatchi fort, schon eine Vorstellung, wer seinen Platz einnehmen solle. Cramer werde ersetzt – und hier hielten seine Zuhörer für einen Augenblick den Atem an – durch seinen Bruder Maurice. Alle sahen sich verdutzt an. Sie wußten, daß der junge Saatchi bei Haymarket arbeitete und noch nie für eine Agentur tätig gewesen war. Wie sollte er Cramer ersetzen können? Charles dagegen schien kaum Bedenken zu haben. Maurice, so meinte er, habe eben andere Qualitäten. Da Cramer gehe, müsse der Name geändert werden – aus Cramer Saatchi solle nun Saatchi & Saatchi werden. „Das ist ein verdammt guter Name für eine neue Werbeagentur", sagte er. „Saatchi & Saatchi, das ist so bizarr, daß es keiner so schnell wieder vergessen wird."

„Ich erinnere mich noch, daß er sogar so etwas wie einen Witz machte", erzählt Chris Martin, der als Texter dabei war. „Er sagte, sie müßten unbedingt einen neuen Namen haben, den sich die Leute merken würden, und deswegen habe er seinen Bruder geholt – es klang fast so, als sei das der einzige Grund dafür."

Martin hatte Maurice bis dahin noch nie gesehen, aber er hatte keine Einwände – er war 23 Jahre alt, leistete gute Arbeit und hing an dem Mann, den er als einen der kreativsten in der gesamten britischen Werbeindustrie ansah. Wenn Charles Saatchi seine eigene Werbeagentur aufmachen wollte, so würde er nur allzu gern dabei mitmachen. John Hegarty dagegen, der Charles Saatchi schon länger als die anderen kannte, hatte Bedenken. Er war Maurice schon ein paarmal begegnet. „Ich fand ihn einen großartigen Jungen, einen wirklich netten Kerl. Aber ich konnte nicht so recht sehen, was er uns bringen sollte."

Hegarty nahm also Charles Saatchi beiseite. „Sag mal, Charlie, ist das dein Ernst?" fing er an. „Er ist doch erst 24. Bist du sicher, daß das weise ist? Es ist schon schlimm genug, daß wir alle nur

Werbefritzen sind und es kein gestandenes Management gibt, aber was, so frage ich dich... soll da dein Bruder beisteuern? Bist du sicher, daß das richtig ist?"

Charles schätzte Hegarty sehr, und es lag ihm viel daran, daß dieser bei dem neuen Unternehmen mitmachte. Da Cramer ausschied, konnte Hegarty mit einiger Berechtigung erwarten, an seiner Stelle zum Partner aufzusteigen. Es war Charles durchaus klar, daß nicht alle seinen Bruder von ganzem Herzen willkommen heißen würden. „Nun, es mag nicht richtig sein", sagte er schließlich, „aber ich will dir was sagen, John. Was immer auch passiert, auf Maurice kann ich mich verlassen. Und er wird einem nie in den Rücken fallen. Das ist mehr wert als ein Dutzend Geschäftsleute, die uns hineinreiten könnten."

Hegarty drang nicht weiter in Charles, und er fand auch seine eigene Loyalität nicht in Frage gestellt. Auch er war von dem neuen Unternehmen begeistert, und wenn Charlie der Ansicht war, daß sein Bruder zum Erfolg beitragen würde, dann akzeptierte er das. Auch Jeremy Sinclair hatte nichts gegen das Vorhaben einzuwenden. Er stand zu Charles und unterstützte ihn nach Kräften, wie er das auch in den folgenden siebzehn Jahren tun sollte.

„Die Saatchis traten zum genau richtigen Zeitpunkt an – beziehungsweise ihre Eltern", schrieb Jeremy Bullmore, Chairman von J.Walter Thompson in London, im Oktober 1987 im *Guardian*. „In der Zeit vor dem Phänomen Saatchi waren wir in einer relativ kleinen Branche – im ganzen Land nur 15 000 Leute – an Namenlosigkeit gewöhnt. Der Firmenname keiner einzigen Agentur war ein Begriff, nur sehr wenige Leute wußten, was die Agenturen überhaupt machten, die City von London hatte noch nie unsere Bekanntschaft gemacht und legte auch gar keinen Wert darauf – das beruhte durchaus auf Gegenseitigkeit. Noch wichtiger aber war, daß man uns zu dem Glauben erzogen hatte, es sei die Aufgabe der Agenturen, Marken profitabel und Kunden berühmt zu machen, selbst dabei aber dezent im Hintergrund und anonym zu bleiben." Das beschreibt sehr genau den Standpunkt, der viele Jahre lang von der älteren Generation der Werbeleute vertreten wurde, und es sollte noch lange dauern, bis die Agenturen allgemein den Wert erkannten, den die Publicity für sie selbst hatte – etwas, was Charles von Anfang an klar gewesen war.

Bullmore wies aber auch noch auf etwas anderes hin, was nur

sehr langsam in das Bewußtsein der Branche eingedrungen war. In den siebziger Jahren seien die gängigen Überzeugungen der Intellektuellen, sowohl in Großbritannien als auch in den Vereinigten Staaten, „noch tief geprägt von dem Buch *Die geheimen Verführer*, ein Werk, das wohl nur wenige wirklich gelesen hatten, von Priestleys *Admass* und John K. Galbraiths *Gesellschaft im Überfluß*. Nur wenige bemerkten damals, daß dieser Sektor der britischen Wirtschaft schneller, aufgeschlossener, wettbewerbsfähiger und effizienter war als jeder andere."

Die Saatchis waren der Auffassung, daß das nur für einen kleinen Teilbereich der Branche galt. Charles war von den organisatorischen oder kreativen Fähigkeiten der meisten großen Agenturen ziemlich unbeeindruckt, und Maurice hatte genug gesehen, um zu wissen, daß die Werbeindustrie eine ganze Menge von Leuten wie Michael Heseltine und Lindsay Masters und ihren Methoden lernen konnte. Die Branche war schlecht organisiert, und die Zeit war durchaus reif für die Expansionspläne der Saatchis, im Bereich der Finanzen wie der Kunden. Trotz der starken Übermacht der multinationalen Agenturen war die Konzentration in der Branche bemerkenswert gering – es gab über 600 Agenturen, von denen aber keine einzige auf mehr als fünf Prozent des Gesamtumsatzes der Werbeindustrie kam. Die Börse hatte keine hohe Meinung von der Branche und tat sie als ein Geschäft ab, das vornehmlich zum Wohle der Agenturinhaber betrieben wurde und nur geringen Gewinn abwarf, der mit größter Wahrscheinlichkeit gänzlich wieder dahin war, wenn die Auftraggeber die Agentur wechselten oder die kreativen Talente gingen, um sich ergiebigere Weidegründe zu suchen (ein Irrtum, wie wir später noch sehen werden). Die Werbebranche war erstaunlich anfällig gegenüber so entschlossenen Menschen wie Charles Saatchi, ja sogar noch anfälliger gegenüber einem Mann, der so gescheit und so organisiert war wie sein jüngerer Bruder.

Der Firmenname Saatchi & Saatchi war keineswegs so einfach zustande gekommen, wie es nach der Rede von Charles, die er an jenem Tage in der Goodge Street hielt, den Anschein haben mochte. Die ursprüngliche Absicht war gewesen, die Beratungsfirma Cramer Saatchi in eine Agentur gleichen Namens umzuwandeln.

Dann aber hatte Charles, der von der Geschäftstüchtigkeit seines Bruders beeindruckt und sich stets im klaren darüber war, daß kreative Werbeleute nicht unbedingt auch gute Geschäftsleute sind, den Entschluß gefaßt, Maurice zum Eintritt in seine Firma zu bewegen und dieser dann einen Namen zu geben wie etwa Saatchi, Cramer & Saatchi. Als Ross Cramer nicht mitzog, hatte Charles ganz neu über die Frage der Benennung nachdenken müssen. Zu Hause führten die beiden Saatchis lange Gespräche, an denen sich oft auch die Eltern und Brüder beteiligten. Saatchi – das war, wenn man an die normalen Kunden dachte, doch ein sehr seltsamer Name. Was würde er für sie für eine Bedeutung haben? Andererseits hatte sich die Beratungsfirma bei denen, die sich in der Werbung auskannten, einen so guten Ruf erworben, daß viele Kunden sie sehr wohl auch direkt angesprochen hatten.

Man diskutierte alle nur erdenklichen Möglichkeiten. Am Ende waren sich die Brüder aber doch einig, daß Saatchi & Saatchi zwar ein bizarrer Firmenname sei, daß sie aber, da sie ihn nun mal nicht ändern konnten, das Beste daraus machen mußten. „Der Name Saatchi ist etwas, was wir nicht einfach begraben können", sagte Charles. „Wir tragen ihn nun mal, also laß ihn uns zu einem Aktivposten machen."

Diese Diskussionen fanden natürlich lange vor dem Zeitpunkt statt, da Charles seine Rede vor den Mitarbeitern hielt. Als dann aber das ganze Vorhaben öffentlich geworden war, ging man ernsthaft an Gründungsvorbereitungen. Hegarty, Martin und Sinclair waren bereit, bei dem neuen Unternehmen anzufangen, was bedeutete, daß dieses von Anfang an über eine „Kernzelle" von sehr fähigen Leuten verfügte, die alle schon einen Namen hatten. Obwohl er immer noch Mitinhaber der Beratungsfirma war, verschwand Cramer lautlos aus ihrem beruflichen Leben, und stattdessen konnte man nun den großgewachsenen, jungenhaft aussehenden und bebrillten Maurice geschäftig ein und aus eilen und dickleibige Aktenmappen und Ordner herbeischleppen sehen. Die Büros in der Goodge Street, die während dieser Übergangsphase auch weiterhin genutzt wurden, waren bequem, luftig und ihnen allen angenehm, waren aber zweifellos für die neue Firma nicht geeignet. Das neue Büro mußte mehr Mitarbeiter aufnehmen und für Kunden leichter erreichbar sein, man konnte ihnen kaum zumuten, die Treppen bis zum alten Büro in der 4. Etage hinaufzuklettern. Die Firma brauchte einen Konferenz- und Vorführraum, wo man mit den Kunden verhandeln und ihnen Entwürfe und Konzeptionen zeigen konnte. Noch sehr viel wichtiger war es allerdings für Charles, Räume zu finden, die sich so gut „verkleiden" ließen, daß sie den Anschein erweckten, seiner kleinen Firma gehöre das ganze Gebäude, d.h. nicht nur die eine Etage, die sie sich höchstens leisten konnten. Trotz all dieser Anforderungen hatten die Saatchis schnell Erfolg und bis zur Mitte des Sommers etwas Geeignetes gefunden.

Der Golden Square ist eine Oase inmitten der geschäftigen, multikulturellen Welt von Soho, umgeben von einem Gewirr schäbiger kleiner Sträßchen voller Striptease-Lokale, Pornokinos und Kioske, an denen man Sex-Videos und die entsprechenden Magazine bekommt. Ganz in der Nähe liegt Chinatown mit einer Fülle kleiner Restaurants, die die beste chinesische Küche auf der ganzen Welt bieten. Im Süden, nur ein paar Häuserblocks entfernt, befindet sich der Piccadilly Circus. Der Golden Square selbst ist baumbestanden und erstaunlich abgeschieden. Dort sind die Hauptquartiere einiger der größten Textilfirmen und Fernsehgesellschaften Großbritanniens, und die altehrwürdigen viktorianischen Fassaden bergen zudem die Büros von Anwaltskanzleien und Consultingfirmen, von Wein- und Spirituosenlieferanten der gehobenen Art, einen Schneider, der Tweedanzüge und -kostüme für die Oberschicht fertigt, und die eine oder andere Textil-Gallerie. Im Umkreis weniger Minuten gibt es Hunderte von Studios und Fotolabors, die für Film und Fernsehen arbeiten. Es gab bessere Adressen im Werbeland, aber diese war schon recht gut.

Charles gefiel das Erscheinungsbild des Hauses am Golden Square Nr. 6 sofort, als ihm Maurice und der Makler das Gebäude zeigten. Es war eines der elegantesten an dem Platz, mit steinernen Säulen und einer großen Lünette über dem Portal, und es vermittelte das Gefühl, daß die Firmen in den darin befindlichen Büroräumen ehrenhaft, seriös und schon lange hier ansässig waren. Die Saatchis mieteten das Erdgeschoß und das Souterrain an. Die zur Verfügung stehende Fläche war zwar kaum größer als die der Räume in der Goodge Street, aber sie bot – bei einigermaßen einfallsreichem Design – die Möglichkeit, sie viel großzügiger erscheinen zu lassen. Die Ausgestaltung wurde wiederum Rodney Fitch übertragen, der inzwischen durch seine Zusammenarbeit mit

Terence Conran berühmt geworden war. Conran wiederum hatte mit seinen Habitat-Geschäften, die auf Kiefernholzmöbel sowie moderne Küchenausrüstungen aus Massivholz, Glas und Edelstahl spezialisiert waren, bei den jüngeren, modebewußteren Vertretern der Mittelklasse große Erfolge erzielt. Fitch nahm schon bald die Arbeit am Golden Square auf, wobei er sich an die sehr detaillierten Instruktionen von Charles und Maurice hielt. Der Hauptbereich im hellen Parterre sollte im wesentlichen eine offene Fläche bleiben und den Eindruck erwecken, es seien noch mehr Räume vorhanden, nur den Blicken des Besuchers entzogen. „Das war sehr clever gemacht", sagt Hegarty, „und sah wirklich schick aus, irgendwie elegant. Wenn man bei Agenturen reinkommt, will man nun mal das Gefühl von Energie haben, von Leuten, die was schaffen – und das war alles so entworfen, um genau das zu vermitteln." Einige der besten Anzeigen wurden stark vergrößert und an die Wand gehängt, was heute wesentliche Zierde aller Empfangsbereiche im Werbeland ist, damals aber noch ungewöhnlich war. Fitch installierte etwa anderthalb Meter hohe, versetzbare Zwischenwände, so daß man, wenn man sich zu einem Gespräch niedersetzte, ein gewisses Maß an Ruhe und Abgeschiedenheit hatte, jeder aber, der stand, einen Überblick über das gewinnen konnte, was im Raum vor sich ging. Der eigentliche Empfangsbereich war durch eine etwas höhere Zwischenwand abgetrennt, über die der wartende Kunde kaum hinwegblicken, hinter der er aber die Geräusche emsigster Betriebsamkeit vernehmen konnte. Der Raum hatte eine hohe Decke, und die Fenster waren mit modernen Jalousien versehen. Der Arbeitsbereich wurde durch vier große, weiß beschichtete Tische unterteilt, die als Zeichen- und Arbeitstische dienten und zwischen denen Durchgänge freigelassen waren. Im Hintergrund befanden sich drei kleinere Büros, die noch Teil des Hauptraumes, aber so abgetrennt waren, daß man dort ungestört mit Kunden verhandeln oder telefonieren konnte. In der entferntesten Ecke führte eine Wendeltreppe in das Kellergeschoß hinunter, wo es einen Vorführraum mit einem großen Tisch für Konferenzen und Besprechungen gab.

Krönung des ganzen war etwas, was typisch für Charles war. Es ließ eine Messingplatte anfertigen, wie sie überall um den Platz herum auf die Anwaltskanzleien und Steuerberaterbüros hinwies. In dezenter schwarzer Schrift stand da nur „Saatchi & Saatchi".

Das war alles, womit der Außenwelt angezeigt wurde, was im Inneren des Gebäudes zu finden sei.

Das Büro und seine Inneneinrichtung waren jedoch ein Kinderspiel verglichen mit der Notwendigkeit, ein paar potente Kunden an Land zu ziehen. Zu diesem Zeitpunkt hatte die Beratungsfirma Cramer Saatchi nur einen namhaften Auftraggeber aufzuweisen, bei dem Charles sicher sein konnte, daß er ihm treu bleiben würde, nämlich den Health Education Council. In diesen letzten Monaten vor dem Start der neuen Agentur versuchte Charles also, den Ruhm, den ihm die Gesundheitskampagne eingetragen hatte, in jeder nur erdenklichen Weise für die Kundenwerbung zu nutzen.

Um der Fairneß willen muß gesagt sein, daß Charles ja auch durchaus etwas vorzuweisen hatte, worauf er stolz sein durfte. Die Arbeit für den HEC hatte anfangs vor allem darin bestanden, Broschüren und Poster zu gestalten, eine Arbeit, die Charles im wesentlichen seinen jungen Mitarbeitern, also Jeremy Sinclair, John Hegarty und Mike Coughlan überlassen hatte. Vor allem Coughlan konnte noch aus nichtssagendem Material aufregende Anzeigen machen. Sie alle aber verhehlten nie, daß es sehr oft der Beitrag von Charles war, der aus ihren Ideen aufsehenerregende Werbung gemacht hatte. Das galt für die Anzeige mit dem schwangeren Mann ebenso wie für das „Fliege in Ihrem Essen"-Plakat, das seinerzeit große Beachtung gefunden hatte. Es war dies eine der ersten Arbeiten, die Cramer Saatchi für den HEC produzieren sollten, und Charles hatte sich etwas überaus Wagemutiges gewünscht. Die Vorgabe war, daß auf möglichst anschauliche Weise die gesundheitlichen Risiken verdeutlicht werden sollten, die sich ergaben, wenn man Fliegen auch nur in die Nähe von Speisen kommen ließ. Charles hatte in einem alten medizinischen Handbuch einen Artikel gefunden, in dem beschrieben war, wie sich Fliegen, um von den Speisen fressen zu können, auf ihnen übergeben und dann „das Erbrochene einstampfen, bis die Speise verflüssigt ist, wobei sie gemeinhin auch noch ein paar Krankheitserreger mit einarbeiten. Wenn dann alles gut ist und fließt, saugen sie das alles wieder ein, während sie wahrscheinlich gleichzeitig einiges an Kot ausscheiden."

Coughlan gab dieser ganzen Geschichte dann den gehörigen Pfiff, indem er daruntersetzte: „Und wenn sie mit dem Essen fertig sind, dann sind Sie dran."

Weitaus berühmter war natürlich die Anzeige mit dem schwangeren Mann geworden, die bis auf den heutigen Tag sehr gerne Charles Saatchi zugeschrieben wird und der er zur Zeit der Gründung von Saatchi & Saatchi am meisten seinen Ruf verdankte. „Jahre später, als wir die erste Agentur in New York kauften, war das einzige, was sie dort von uns wußten, daß wir diese Anzeige gemacht hatten", erinnert sich ein Saatchi-Mann. Sie kam gerade frisch vom Zeichenbrett, als Charles seine Planung einer eigenen Agentur abgeschlossen hatte, und er griff danach wie nach einem Geschenk des Himmels, um seinem neuen Laden eine entsprechende Publicity zu verschaffen. Um diese Anzeige, die zu der bekanntesten werden sollte, die sie je produzierten, ranken sich mehr Legenden als um jede andere. 1987 entstand an der Harvard Business School eine Fallstudie über Saatchi & Saatchi, in der es heißt: „Ein erster Durchbruch gelang der Agentur 1975, als sie die berühmte Anzeige mit dem schwangeren Mann schuf. Ihr verdankte Saatchi & Saatchi den Ruf, die kreativste Werbeagentur im ganzen Vereinigten Königreich zu sein."

In Wirklichkeit war, wie wir ja schon gesehen haben, diese Werbung fünf Jahre früher entstanden, nämlich zu der Zeit, als aus der Beratungsfirma die Agentur entstand. Und Charles' Anteil daran war keineswegs so bedeutend, wie es die Legende später gern haben wollte. Die Anzeige war das Werk von Jeremy Sinclair, und die grafische Gestaltung stammte von Bill Atherton. Das alleinige Verdienst von Charles war es jedoch, die dadurch gewonnene Publicity höchst geschickt genutzt zu haben. Es gab, wie Sinclair befürchtet hatte, zwar heftige Kritik von den verschiedensten Seiten, aber auch sehr viele anerkennende Stimmen. Niemand aber erwähnte dabei je Cramer Saatchi – in jenen Tagen gingen sowohl Lob als auch Tadel allein an die Adresse des Werbungstreibenden, während die Agenturen ungenannt im Hintergrund blieben. Die Branche jedoch wußte (oder meinte zu wissen), von wem die Anzeige stammte, und Charles sorgte dafür, daß auch seine potentielle Kundschaft das erfuhr. Er hat niemals versucht, Sinclairs Verdienst zu schmälern oder es gar gänzlich für sich in Anspruch zu nehmen. Aber er stellte sicher, daß es stets mit dem Namen Cramer Saatchi in Verbindung gebracht wurde. Die Geschichte beschäftigte die Presse viele Monate lang, bis in die Zeit der letzten Tage in der Goodge Street und des Beginns am Golden Square.

Und auch später tauchte sie immer wieder und in höchst unerwarteter Weise wieder auf. Zum Beispiel hatte etwa ein Jahr später der Mann, der für die Anzeige Modell gestanden hatte, einen Fahrradunfall und mußte mit gebrochenem Bein ins Krankenhaus eingeliefert werden. Dort trieb ihn die *Sun* auf, fotografierte ihn und brachte einen Bericht unter der Überschrift: DER MANN, RUND UND DRALL, KAM ÜBEL ZU FALL.

Der Health Education Council war aber schließlich nur ein Kunde, und die Brüder brauchten unbedingt mehr. Charles hatte einen Freund bei seiner alten Agentur, bei Collett Dickinson Pearce, einen Juniortexter namens Danny Levine, der die Arbeiten Cramer Saatchi bewunderte. Levines Vater war Direktor des Citrus Marketing Board of Israel, das die israelischen Orangen und Zitronen unter der Marke Jaffa weltweit vertrieb, und hatte den Plan, sich den wachsenden Boykott der südafrikanischen Orangen zunutze zu machen und eine entsprechende Offensive auf dem britischen Markt zu starten. Levine schlug seinem Vater vor, es doch mal mit der vielversprechenden neuen Agentur der Saatchis zu versuchen; die sei sehr kreativ und hungrig, da für sie ja schließlich viel auf dem Spiele stehe, und die sich deshalb dem Auftrag auch intensivst widmen werde, was man bei den großen Agenturen nicht unbedingt erwarten könne. Und so wurden die Saatchis zur Abgabe eines Angebots aufgefordert und verbrachten Tage mit der Ausarbeitung. Sie bekamen den Etat, aber die Kampagne, die sie für ihre bis dahin beste hielten, konnten sie nicht realisieren. Jeremy Sinclair und Bill Atherton hatten eine Serie von Anzeigen und Spots mit biblischer Atmosphäre geschaffen – etwa nach dem Motto: „Und Gott sprach, es werde die Orange..." Die ITCA jedoch, die die gesamte britische Fernsehwerbung überwachte, lehnte die Serie mit der Begründung ab, sie sei „antijüdisch". Die Kontrollbehörde ließ sich auch nicht durch die Bitten von Produzent und Auftraggeber erweichen, die darauf verwiesen, daß sie selbst doch Juden seien und „diese Werbung mochten – und die Israelis ebenso."

Zunächst hatten die Brüder nun zwei bedeutende Kunden, brauchten aber zumindest drei Etats, um ihre Agentur eröffnen zu können, sonst wäre das finanzielle Glücksspiel noch gewagter gewesen als ohnehin. Entsprechende Aussichten ergaben sich dann relativ schnell: Die Fernsehgesellschaft Granada TV hatte zwar –

an den Maßstäben der großen Agenturen gemessen – keinen Riesenetat zu bieten, suchte aber gerade in diesem Sommer eine Agentur für eine neue Kampagne zur Förderung des Verleihgeschäftes. Der verantwortliche Mann bei Granada TV war Brian Wolfson, heute Chef des Unternehmens, dem das Wembley Stadion gehört, damals noch ein junger Manager, der sich in diese harten Geschäft einen Namen machen wollte. Maurice hörte über seine *Campaign*-Kontakte von ihm, rief ihn an und fragte, ob sie ihm ein Angebot machen dürften. Wolfson, von dieser Anfrage überrascht, stimmte zu. Wiederum arbeitete das Team mit allen Kräften an dem Präsentationsmaterial, aber als es dann soweit war, ergab sich für Charles ein ganz anderes Problem: Sie hatten noch keine geeigneten Räume für die Vorführung ihrer Konzeption. In der Goodge Street, wo sie zu dieser Zeit ja noch die Beratungsfirma betrieben, gab es keine Projektionsmöglichkeiten – sie hatten bis dahin ja immer die der Agenturen benutzen können, für die sie jeweils gerade arbeiteten. Die Räume am Golden Square waren noch nicht fertig – was sollte man also machen?

Zufällig war einer der letzten Aufträge der Firma Cramer Saatchi eine konzeptionelle Arbeit für die winzige Agentur Bowman Harris. Der Kunde war eine australische Firma, und sobald es fertig war, flog das gesamte Bowman-Harris-Team – drei oder vier Leute – mit dem Material nach Australien. Bowman Harris hatte schicke Räume in der Nähe des Berkeley Square, und da gab es auch die erforderlichen Vorführmöglichkeiten. „Charlie wußte plötzlich, daß das die Lösung war", erinnert sich Chris Martin.

„Da er genau wußte, daß sie alle in Australien waren, rief er das Mädchen am Empfang an und sagte: ‚Ich melde mich nur, um sicherzustellen, daß alles für die Vorführung des Granada-Materials vorbereitet ist.' – ‚Davon weiß ich ja aber gar nichts', sagte das Mädchen. ‚Ach, hat Arnold Bowman Sie nicht informiert? Er war damit einverstanden, daß wir den Konferenzraum für diese Vorführung benutzen, wo doch im Augenblick sowieso niemand von ihnen da ist.' Natürlich sagte das Mädchen daraufhin ‚In Ordnung', und Charles fuhr fort: ‚Gibt es da einen Dia-Projektor? Und könnte uns jemand Tee und ein paar Kekse bringen?' Und so geht dann dieses schöne Abstauberstück über die Bühne, in dem der Kunde zu einem sehr schicken Büro dirigiert wird, wo tatsächlich ein Schild mit ‚Saatchi & Saatchi' an der Tür prangt, Charles ihn in

Empfang nimmt, und John Hegarty und Maurice das Material vorstellen. Und sie kamen in die Goodge Street zurück und hatten diesen Kundenetat gewonnen! Es war einfach wunderbar."

Noch wichtiger als neue Kunden waren die richtigen neuen Mitarbeiter für die Agentur. Charles beschloß, auf die Verbindungsmänner zu verzichten, also auf die Kontakter, die bei den meisten Agenturen das Bindeglied zwischen Werbeteam und Auftraggeber bilden. Er hielt sie für eine unnötige und eher schädliche Einrichtung, weil sie lediglich dem direkten Gespräch zwischen dem Kunden und dem Werbeteam im Wege stünden. Alle Teammitglieder müßten bereit sein, diese Aufgabe selbst zu übernehmen (ein Großteil dieser Arbeit fiel dann Maurice zu). Charles brauchte Leute mit ganz besonderen Fähigkeiten, vom Typus jener Mitarbeiter, die in der Goodge Street anzutreffen waren und sich durch Jugendlichkeit, Kreativität und Aggressivität auszeichneten. Das Geheimnis manch eines späteren Erfolges war die Gabe von Charles Saatchi, genau solche Mitarbeiter zu finden. Die meisten der sieben jungen Leute, die sein erstes Team bildeten, gründeten später ihre eigenen Agenturen oder gelangten in anderen Bereichen ganz nach oben. Sie sind heute fast ausnahmslos wohlhabende, selbständige und etablierte Unternehmer, obwohl sie durchwegs erst knapp über 40 Jahre alt sind.

Es kamen aber durchaus nicht alle, die er gerne für seine neue Agentur gewonnen hätte, zu ihm, und die Liste derer, die absagten, ist fast so interessant wie die der Mitarbeiter, die bei ihm anheuerten. Zum Beispiel wollte Maurice einen Mann aus der Nahrungsmittelbranche engagieren, um sich wirksamer und mit mehr Erfolgschancen um einige der großen Werbeetats des Food- und Konsumgütersektors bemühen zu können. (Dieser Gedanke war nicht so ganz neu – eine ganze Reihe von Agenturen beschäftigten schon mit unterschiedlichem Erfolg Mitarbeiter, die in Supermärkten gearbeitet hatten.) So verbrachte Maurice Wochen damit, einen jungen Supermarkt-Manager namens Ian McLaurin zu umwerben. Noch keine 30 Jahre alt, war McLaurin bereits Chef der Northern Division von Tesco, damals die aggressivste Nahrungsmittel-Einzelhandelskette des Landes. McLaurin reizte das Angebot sehr, aber am Ende überzeugte ihn seine Geschäftsführung davon, daß er auch bei Tesco durchaus gute Aufstiegschancen hätte. Und die hatte er in der Tat – heute ist er Präsident dieses Unternehmens.

Maurice hatte noch andere gute Ideen. Noch bevor die Agentur ihre Arbeit aufgenommen hatte, schlug er vor, den Kunden gleich noch einen weiteren Service anzubieten, nämlich eine Unternehmensberatung, war er doch der Ansicht, daß sie und die Werbung eine Einheit bildeten.

Maurice war wohl dank seines analytischen Verstandes besser als sein Bruder in der Lage, Entwicklungstrends zu erkennen. Für ihn war ganz offenkundig einer der Mängel der Werbebranche, daß sie das Image hatte, „sehr höflich und oberflächlich, ja sogar ein bißchen verrückt zu sein. Die Leute, die dort arbeiten, sehen ihre Tätigkeit eher als ein Hobby an." Die Beschäftigten im Bereich der Unternehmensberatung repräsentierten dagegen einen ganz anderen Typ, nämlich einen professionelleren und intellektuelleren, der, so war er überzeugt, auf der geschäftlichen Ebene einen wertvollen Beitrag leisten konnte. Es sagt viel über die damalige Beziehung zwischen Charles und seinem 24jährigen Bruder aus, daß er diesen nicht nur anhörte, sondern ihn auch ermutigte, sein Vorhaben zu realisieren.

Wann immer ihm die Ausarbeitung von Angeboten Zeit dazu ließ, versuchte er einen jungen Mitarbeiter von McKinsey, der damals wahrscheinlich weltweit bedeutendsten Unternehmensberatung, zu gewinnen. Maurice entfaltete seinen ganzen Charme, um den jungen Mann herüberzuholen, aber dieser entschied sich schließlich doch, bei McKinsey zu bleiben – heute ist Peter Foy einer der Teilhaber dieses Unternehmens.

Noch ein weiterer Versuch scheiterte, was später eine beträchtliche – und positive – Bedeutung für die Agentur haben sollte. Bei ihr sollte dem sogenannten „Mediamann" eine Schlüsselrolle zukommen, also dem Mitarbeiter, der bei den Zeitungen den Anzeigenraum und bei den Fernsehsendern die Sendezeit einkauft. Charles trug in diesem Sommer jedem, der ihm zuhören wollte, seine Theorie vor, daß die Werbeagenturen ihren Kunden einen wesentlich besseren Service bieten könnten, wenn sie die Werbemittel billig einkaufen und den Kunden eine angemessene Provision berechnen würden, statt an dem damals (und noch immer gängigen) System festzuhalten.

So erhielten die anerkannten Agenturen zum Beispiel einen Rabatt von 15 Prozent auf den Preis des gekauften Anzeigenraumes, berechneten ihren Kunden aber den vollen Preis, d.h. sie erzielten ihren Gewinn im wesentlichen über diesen ihnen gewährten Preisnachlaß. Diese Anomalie stammte aus den Zeiten, da die Werbeagenturen noch für die Zeitungen und Zeitschriften arbeiteten und den Anzeigenraum nicht ein-, sondern verkauften. Obwohl sie sich schon lange vor dem Zweiten Weltkrieg vom Verzum Einkäufer gewandelt hatten, war das System der Berechnung unverändert erhalten geblieben. Die Werbebranche arbeitete fast wie ein Kartell, das althergebrachte Verfahren war bequem, und die Kunden erhoben keine Einwände.

Damit sein Plan funktionierte – und es gab viele Skeptiker –, brauchte Charles einen versierten Mediaspezialisten. Paul Greene, der damals als der beste Mediadisponent der Branche angesehen wurde, fand den Gedanken, für eine neue Agentur tätig zu werden, ebenso verlockend wie die Vorstellung von Charles, im Bereich des Mediaeinkaufs durch aggressive und einfallsreichere Verhandlungstaktik einiges zu erreichen – ganz besonders bei den Fernsehgesellschaften. Noch mehr aber sagte ihm dann der Gedanke zu, für eigene Rechnung zu arbeiten. Einige seiner Kollegen hatten sich schon als Mediamakler selbständig gemacht, und letztlich sah auch Greene diesen Weg als reizvoller an. Wenige Wochen vor Eröffnung der Agentur sagte er endgültig ab. Heute ist das von ihm gegründete Unternehmen, die Media Buying Services, in höchstem Maße erfolgreich.

Bei den Saatchis schlug die Nachricht vom Rückzug Greenes wie eine Bombe ein. „Paul Greene nahm an einer Besprechung teil, lernte die Leute von Jaffa kennen, mit denen wir damals gerade verhandelten, und stieg dann im letzten, ja, im allerletzten Moment aus", berichtet John Hegarty. Charles hatte an diesem Tage gerade einen Brief an die für die Medien zuständige Behörde, bei der auch jede Agentur registriert sein muß, diktiert und in diesem Schreiben Greene als einen der Direktoren aufgeführt. Chris Martin erinnert sich: „Charlie sagte plötzlich zu seiner Sekretärin Gail: ‚Schicken Sie den Brief nicht ab.' Gail sagte daraufhin: ‚Ich hab ihn doch aber schon eingesteckt.' Charlie fragte: ‚Wo?' Sie: ‚Tja, entweder habe ich ihn in den Briefkasten in der Goodge Street oder in den an der Tottenham Court Road gesteckt. Oder hab ich ihn vielleicht irgendwo unterwegs eingeworfen?' Sie konnte sich nicht mehr erinnern. Am Ende hatten wir sechs Briefkästen, die in Frage kamen. Jetzt wurde Charlie wild, drückte drei oder vier Leuten fünf Pfund in die Hand und trug ihnen auf: ‚Los, stellt euch neben die Postkästen, bis der Kerl kommt, der sie leert. Und dann besticht den Briefträger, damit er den Brief rausrückt.' Auch Maurice, Charles, Gail und Hegarty zogen los. Und sie bekamen den Brief wieder. Und von Paul Greene ward nichts mehr gehört. Dafür aber trat Tim Bell auf."

Als sich die Saatchis danach erkundigten, wer nach Greene der beste Werbedisponent sei, nannte man ihnen Bell. Ein Anruf von Maurice genügte, und innerhalb weniger Stunden war er zur Stelle. Bell mußte nicht erst lange zu einem Eintritt in das neue Unternehmen überredet werden – er war bereits ein Fan des Hauses. „Charlie Saatchi war mein Idol", sagt er heute. „Ich hielt ihn für ein Genie – und das tue ich immer noch. Für mich war er derjenige, der die Anzeige mit dem schwangeren Mann gemacht hatte, die beste, die mir je vor die Augen gekommen war. Ich entdeckte erst später, daß das gar nicht stimmte. Zu jener Zeit aber sah ich in ihm einen neuen Bill Bernbach. Die Welt der Werbung war in diesen Tagen schrecklich langweilig und verdummend. Charles repräsentierte für mich Spannung und Kreativität."

„Fortuna meinte es damals wirklich gut mit Charles und Maurice, als Paul ging und Tim kam", meint Hegarty. „Es geschieht ja so oft im Leben, daß man da etwas zugemessen bekommt, was einem als ein schwerer Schlag erscheint, was sich dann aber doch als ein Riesenglück herausstellt. Paul Greene war ein hervorragender Mediahändler, aber als Persönlichkeit paßte er nicht zu Charles und Maurice. Das Großartige an Tim war, daß er sie zu ergänzen vermochte, und ohne ihn hätten die beiden ihre Agentur niemals zu dem machen können, was sie heute ist."

Tim Bell war damals 27 Jahre alt, also fast zwei Jahre älter als Charles. Etwas über einsachtzig groß, schlank und gutaussehend, hatte er schon bei Geers Gross, einer der neueren und interessanteren Agenturen (und eine der wenigen, von denen Charles Saatchi etwas hielt) rasche Karriere gemacht. Sein Charme sollte im Laufe der Jahre geradezu legendär werden, weit über die Grenzen der Werbebranche hinaus. In einem späteren Porträt heißt es, Bell gehöre zu jenen Menschen, „bei denen selbst noch die Hunde über die Straße gelaufen kommen, um sich von ihm treten zu lassen." Allen erschien er als der bestmögliche Ersatz für den so beliebten Ross Cramer. „Äußerlich ähnelten sie sich auch sehr stark. Sie hatten beide dieses ziemlich helle Haar", sagt Hegarty. „Und auch charakterlich waren sich Tim und Ross ähnlich. Sie waren beide sehr liebenswürdig und ließen nie erkennen, wenn sie sich mal mies fühlten. Sie standen stets im Mittelpunkt der Ereignisse, wußten sehr gut, welche kleinen Dinge es waren, die die Leute bei Laune hielten, und waren groß darin, die Truppe auf Zack zu bringen."

5

„DIE ZEIT IST REIF FÜR EINE NEUE FORM DER WERBUNG"

Zu Ende des Sommers 1970 hatten die Saatchis die meisten der talentierten Leute überzeugt, die sie sich als Mitarbeiter wünschten. Ron Collins, 29 Jahre alt, galt als einer der führenden Art-Directors der Zeit – später gründete er die Werbeagentur Wight Collins Rutherford Scott. Alan Tilby kam von CDP, wo er sich auch schon einen Namen gemacht hatte. Mit Hegarty, Sinclair, Atherton und Martin war da ein insgesamt junges Team beisammen, dessen Mitglieder alle dem gestalterischen Bereich zugehörten, ausgenommen nur Maurice und Bell. Aber wie außergewöhnlich war diese Gruppe? Jedes einzelne Teammitglied hätte fast mit Sicherheit auch in jeder anderen Agentur Karriere machen können – was ja dann bei vielen später auch der Fall war, nachdem sie bei den Saatchis wieder ausgeschieden waren. Aber es gab schließlich Dutzende ebenso begabter junger Männer und Frauen in der damaligen Londoner Werbewelt. Die Branche bot hohe Einkommen, holte sich junge Leute direkt von den Kunsthochschulen und Universitäten, und es gab viele, die wie Hegarty und Sinclair die Werbung ganz bewußt zu ihrem Beruf gemacht hatten. Während die Industrie ihren Verfall fortsetzte und die Finanzwelt der City in einer Flaute steckte, bot die Werbung Aussicht auf eine attraktive und glanzvolle Karriere.

Was machte also das Neun-Mann-Team, das die Brüder Saatchi in diesem Sommer zusammenbrachten, so besonders? Einige Faktoren werden da erkennbar. Zu einem wesentlichen Teil liegt die

Antwort – jedenfalls mit Sicherheit in diesem frühen Stadium – in dem Charakter, der Energie und der Tatkraft von Charles Saatchi, sowie auch in der Fähigkeit, andere zu motivieren und die besten Fähigkeiten in ihnen zu wecken. Hegarty spricht noch heute von der ganz besonderen Atmosphäre, die Charles zu schaffen verstand – ein Klima, das fast schon an Angst grenzte, aber an Angst in einem positiven Sinne. „Kreativität ist, glaube ich, ein Ausdruck der Ungewißheit", meint Hegarty. „Sie verdankt sich dem Wunsch nach Anerkennung. Der kreative Funke wird gerade in einem Klima des Selbstzweifels zur Entzündung gezwungen." Charles habe so eine Art gehabt, sagt er, „aus deinen Fähigkeiten eine noch größere kreative Leistung herauszuholen."

Die Rolle von Maurice darf nicht unterschätzt werden. Das Verhältnis zwischen den Brüdern hat sich im Laufe der Jahre gewandelt. Als ich die Arbeit an diesem Buch aufnahm und zu recherchieren begann, gelangte ich zunächst auf Grund meiner Interview mit den Mitarbeitern des frühen Saatchi-Teams zu der Ansicht, daß Charles die meisten Ideen zu verdanken gewesen, daß die Gesamtregie und die Konzepte von ihm gekommen wären, und daß Maurice zumindest in den ersten vier oder fünf Jahren im wesentlichen als gescheiter und offensichtlich sehr befähigter Assistent fungiert und sich ihrer Durchführung gewidmet hätte. Erst wenn man die wichtigsten Entscheidungen, die in diesem frühen Stadium getroffen wurden, und auch die einschneidenderen aus späteren Jahren genauer betrachtet, wird einem klar, daß es nicht ganz so war. Der ungeheure Ehrgeiz, der dringende Wunsch, größer, reicher, berühmter zu sein – eben einfach mehr als jeder andere – das war das, was vor allem Charles auszeichnete. Aber auf seine eigene, so ganz anders geartete Weise war Maurice genauso ehrgeizig. Das System und die Planungen, die Saatchi & Saatchi schon innerhalb weniger Monate nach dem Start zu mehr als einer durchschnittlichen Werbeagentur machten, waren allein sein Werk – Charles unternahm nicht einmal den Versuch, sie zu verstehen. Und auch die Übernahmepläne, die schon bald ausgebrütet wurden, stammten von ihm. Maurice zeichnete für die meisten der weiterreichenden Pläne verantwortlich – so auch für den, einen Unternehmensberatungsdienst zu schaffen. Wahrscheinlich war in diesen frühen Tagen Charles die treibende Kraft, aber ohne Maurice hätte er wohl nie an eine Aktiengesellschaft, an die Veränderung der Einstellung der Londoner City zur Werbeindustrie, an die weltweite Ausdehnung der Firmenaktivitäten und an noch so vieles andere mehr gedacht, was Saatchi & Saatchi zu dem gemacht hat, was es heute ist. Maurice hätte wohl auch ohne Charles ein großes Wirtschaftsimperium aufgebaut, wo immer er tätig geworden wäre. Lindsay Masters sagt, daß er ihm auch für jedes andere Vorhaben Kapital verschafft hätte – eine Zeit lang hätte er den Eindruck gehabt, Maurice wolle ein eigenes Verlagsgeschäft aufbauen. Die Zusammenarbeit der Brüder gestaltete sich so eng und gut, daß es die Menschen zunehmend unmöglich fanden, sich den einen ohne den anderen vorzustellen. Aber es war nie, nicht einmal in den Anfangszeiten, die Beziehung zwischen einem dominierenden Charles und einem „kleinen Bruder" Maurice, wie sie selbst manche derer, die unmittelbar mit den beiden zusammenarbeiteten, einschätzten.

In diesem frühen Stadium war das alles jedoch auch noch nicht so deutlich zu erkennen, selbst für Hegarty und Sinclair nicht. Keiner von ihnen hatte eine genaue Vorstellung davon, was aus dem allen einmal werden sollte – sie wußten nur, daß sie gescheite junge Leute waren, die ihre eigene neue Firma mit ein paar guten Ideen, einem schillernden, aber hinsichtlich ihrer Kreativität guten Ruf, einem Kundentrio und sonst nicht viel mehr zu starten bereit waren. Sinclair war ohne Frage ein hochbegabter Texter, vielleicht der talentierteste seiner Zeit überhaupt. Tim Bell sollte sich schon bald als ein ganz außergewöhnlich guter Kontakter erweisen, den wohl jeder Agenturchef gern engagiert hätte. Aber die Geschichte der Werbung kennt etliche Beispiele vielversprechender junger Leute, die ihre eigene Agentur gründeten und innerhalb nur einer Generation zu einem großen Erfolg machten. Ohne Maurice wäre ihr Vorhaben weder sonderlich neu noch auffällig anders gewesen. Sie hätten sicher in jedem Falle behauptet, daß sie anders seien, daß sie die überkommenen Formen sprengen und eine ganz neue Art von Werbeagentur aufbauen würden, natürlich. Welche neue Firma tut das nicht? Es wäre zu dieser Zeit schwer gewesen, die chemische Formel zu entdecken, die von all den kleinen „Läden", die damals gegründet wurden, ausgerechnet diesen zu so riesiger Größe anwachsen und zu einem so festen Bestandteil der Wirtschaft der achtziger Jahre werden ließ. Achtzehn Jahre später konnte Charles den Katalysator benennen, dem diese Entwicklung zuzuschreiben war: sein jüngerer Bruder. Aber das konnte er damals noch nicht wissen.

Charles und Maurice haben stets eine bemerkenswerte Fähigkeit bewiesen, gute Leute zu wählen, die immer genau die richtigen für den jeweils erreichten Entwicklungsstand des Unternehmens waren. Diese Mitarbeiter würden sich für eine bestimmte Phase der Entwicklung als ideal geeignet erweisen, ihre Arbeit tun und dann wieder gehen – oder hinter dem Aufstieg der Brüder herhinken. Von dem ersten Team konnte nur Jeremy Sinclair in den folgenden siebzehn Jahren mit dem Schritt der Brüder mithalten. Alle anderen – einschließlich Bells – wechselten die Firma oder suchten die Unabhängigkeit. Für jeden neuen Entwicklungsschritt des Unternehmens bedurfte es anderer Spezialkenntnisse und Erfahrungen, und die Saatchis zögerten nicht, auszuziehen und die richtigen Leute zu suchen.

Charles verachtete stets die Branche, in der er selbst tätig war, und verlieh in diesem Sommer 1970 immer wieder seiner Überzeugung Ausdruck, daß die meiste Werbung schlichtweg Geldverschwendung sei – die Werbetreibenden könnten genausogut auch eine Grube ausheben und ihr Geld darin vergraben. Immer wieder wies er auf ganzseitige Anzeigen hin, die, dessen war er sich sicher, „buchstäblich niemand" je las. Er behauptete unermüdlich, daß sein Team wirklich kreativ sei und daß er die beste Werbung in ganz Großbritannien machen werde. Allein schon die Tatsache, daß seine Beratungsfirma so erfolgreich gewesen sei, zeige deutlich, wie groß die internen Probleme der großen Agenturen seien. Sie hätten selbst keine Ideen und sich deshalb an ihn wenden müssen, damit er ihnen aus der Klemme helfe. Man solle sich doch nur einmal ansehen, was er für den HEC produziert habe. Man solle sich seine Kampagne gegen das Rauchen anschauen, die so wirkungsvoll gewesen sei, daß sogar er selbst sich zu einer Einschränkung seines Tabakkonsums gedrängt gesehen habe.

Viele fanden Charles arrogant und anmaßend, voller Hybris und ziemlich unsympathisch. Die Wirklichkeit, nämlich die Führung der eigenen Agentur und der Kampf um Etats würde ihn schon bald, so prophezeiten sie, auf den Boden der Tatsachen herunterholen. In jedem Falle sei das, was ihm vorschwebe, nicht zu realisieren. Er wolle mit einer Reihe von Branchentraditionen brechen, aber das hätten auch schon andere versucht und ganz schnell wieder gelassen. Keine Verbindungsmänner mehr? Gut, Geers Gross schaffte das, aber es bedeutete für die im kreativen Bereich tätigen Mitarbeiter eine unerträgliche Belastung, wenn sie sowohl Kunden betreuen als auch eine einfallsreiche Werbung produzieren sollten. Höhere Rabatte seitens der Medien und Weitergabe an die Kunden? Das waren doch nur Tricks, Zahlenspielereien. Die Kunden würden das ganze ohnedies nicht verstehen und auch gar nicht versuchen (das Team würde das schon bald genug bei Granada Television Rentals erleben können). Firmen auf gut Glück anrufen? Das würde diese nur verärgern und ihnen keinen einzigen Kunden einbringen, jedenfalls keinen guten. Die großen Werbeetats würden doch nicht den Betreuer wechseln, bloß weil da irgend so ein vierundzwanzigjähriger Jüngling anrief und sagte: „He, wir sind eine neue Agentur mit ein paar guten Ideen und hätten gerne Ihren Etat, bitte schön."

Die Kritik ließ Charles entweder kalt oder er ignorierte sie. Er wollte beachtet werden – und das erreichte er. Keiner neuen Agentur war vor ihrem Start je von der Branchenpresse ein solches Maß an Aufmerksamkeit geschenkt worden. In diesem Sommer kümmerte er sich vor allem darum, daß *Campaign* regelmäßig mit Geschichten beliefert wurde, und trieb seine Mitarbeiter zu stets größeren diesbezüglichen Bemühungen an. „Er pflegte an jedem Montag vor dem Druck von *Campaign* im Büro herumzugehen", erzählt Chris Martin, „und zu sagen: ‚Los, her mit einer Geschichte für *Campaign*. Zieht los und rein in die Pubs, jedes kleinste Gerücht, das ihr in der vergangenen Woche gehört habt, gebt alles her, und ich leite es weiter. Und wenn ihr nichts wißt, dann erfindet was!' Und in jeder Woche meldete er sich bei der Zeitschrift und hatte eine Story für sie. Nicht notwendigerweise was über die Saatchis. Die standen Woche für Woche auf der Titelseite. Das zu schaffen war unglaublich zeitaufwendig, aber Charles ließ sich davon nicht abhalten."

Dieser Sommer des Jahres 1970 war für die beiden Brüder ein überaus arbeitsreicher – sie führten Präsentationen in den Büros in der Goodge Street durch, saßen Rodney Fitch wegen der neuen Räumlichkeiten am Golden Square im Nacken und arbeiteten die Geschäftspläne aus. Hegarty, Sinclair und Martin waren an den Druck gewöhnt, den Charles zu machen pflegte, und er bekümmerte sie nicht allzu sehr, solange sie nicht Gegenstand seiner Irritation waren. In all den Jahren, die sie ihn nun schon kannten, hatten sie häufig genug beobachten können, wie er in Wut geraten war und dann kübelweise Beleidigungen und Flüche über dem Haupte des unglücklichen Opfers ausgegossen hatte. Man sprach dann kläglich davon, daß Charles einen mal wieder „zusammengeschlagen" habe, verbal natürlich. Sie hatten gesehen, wie er grafische Entwürfe, die Arbeit von Tagen, einfach zerrissen hatte, wenn sie ihm nicht gefielen, wobei er dann die Fetzen im ganzen Büro herumgestreut und gebrüllt hatte, daß das alles eine „verdammte Scheiße" sei. Wenn es um die Arbeiten ging, die aus seiner Firma hinausgingen, dann war er zu keinerlei Kompromiß bereit. Mehr als einmal schon hatte der eine oder andere von ihnen einem Kunden Konzeptionen vorgelegt, die dessen Zustimmung gefunden hatten – nur um dann zu erleben, daß Charles alles in Stücke riß, weil es *ihm* nicht gefiel. „Zum Teufel mit dem Kunden, was versteht *der* schon davon?" Aber er war dann auch unermüdlich, um eine Werbung so hinzubekommen, daß der Auftraggeber zufrieden damit sein konnte. „Er war in der Lage, eine ganze Nacht lang über einen einzigen Punkt zu diskutieren", sagt einer vom Team. „Er sagte dann immer und immer wieder: ‚Ich versteh einfach nicht, was du da zu machen versuchst. Jetzt erzähl mal, was du sagen willst.' Er hat einen unglaublich klaren Verstand, der ihn geradewegs zum Kern eines Problems gelangen läßt." Wie alle anderen, so lernte auch Sinclair sehr schnell, das Gespräch mit Charles auf Elementares zu beschränken. Er hatte kein Interesse daran, über Werbung zu philosophieren und zu theoretisieren und beantwortete jeden diesbezüglichen Versuch mit dem ungeduldigen Ausspruch: „Ja doch, ja doch, behalt du deine Philosophie für dich und sag mir nur, worum's dir geht."

Die Mittel für die Firmengründung aufzutreiben war die Aufgabe von Maurice und er widmete sich ihr mit großem Eifer. Die Brüder brauchten £ 25 000. Sie wollten zwar einige Mitarbeiter als Teilhaber aufnehmen, die Kontrolle sollte aber bei ihnen bleiben. Charles hatte bereits viel Geld verdient, bevor er mit Cramer die Beratungsfirma ins Leben gerufen hatte. Er lebte zwar bei seinen Eltern, gespart hatte er jedoch nicht viel. 1970 verdiente er etwa 25 000 Pfund, und das war damals für einen 26jährigen ein gewaltiges Einkommen. Aber dafür fuhr er auch einen Rolls Royce Corniche, kleidete sich nach der neuesten Mode und lebte im allgemeinen ein angenehmes Leben. Die £ 3000, die Maurice jährlich bei Haymarket verdiente, waren zwar für einen jungen Mann von 23 Jahren auch nicht gerade schlecht, aber große Rücklagen ließen sich davon nicht abzweigen, schon gar nicht mit dem Corvette Stingray vor der Tür. Von ihrem Vater wollten die Saatchi-Brüder kein Geld borgen, sondern es „draußen" aufnehmen.

Es ist bezeichnend für das Verhältnis zwischen Maurice und seinem damaligen Noch-Chef Lindsay Masters, daß er sich an eben diesen wandte – und daß Masters auf die Anfrage seines jungen Assistenten einging. Als Maurice seinen Chef davon unterrichtete, daß er von Haymarket zu seinem Bruder wechseln wollte, versuchte Masters zunächst, ihm das auszureden. Als er aber merkte, daß das hoffnungslos war, entschloß er sich, ihn mit Rat, Kontakten und Büroräumen zu unterstützen, bis die Zeit des endgültigen Wechsels gekommen war. „Ich mochte ihn sehr", erinnert er sich. „Er hatte vorzügliche Arbeit für uns geleistet, und man fühlte sich ihm sehr zugetan." Während der Monate nach seiner Kündigung, also während der Übergangszeit, in der sich die Beratungsfirma zur Agentur wandelte, arbeitete Maurice weiter bei Haymarket, wo ihn dann Masters öfters dabei ertappte, wie er mit Budgets und Finanzierungsplänen für Saatchi & Saatchi befaßt war. „Ich hatte nichts dagegen, das ging schon in Ordnung."

Als Maurice Masters um £ 25 000 bat, erklärte ihm dieser, daß er da einige Schwierigkeiten sähe. Da die Zeitschrift *Campaign* zu Haymarket gehöre, stelle sich ihm die Frage, ob es so ganz richtig sei, in ein Unternehmen zu investieren, über das das Blatt berichten würde. Er erbot sich aber, andere Leute für das Projekt zu interessieren. Masters war natürlich ein vermögender Mann, der noch weitaus vermögendere Freunde hatte.

Es erscheint typisch für die Geschichte von Saatchi & Saatchi, daß es sich bei diesen Investoren nicht um irgendwelche Namenlose handelte. Mary Quant hatte 1970 den Gipfel ihre Ruhmes – oder ihrer Bekanntheit – erklommen, war sie doch gerade erst mit etwas ganz Neuem auf den Markt gekommen, nämlich mit ihrem „Make-Up to Make Love In" („Das Make-up für die Liebe"), eine Kosmetikserie für Mädchen, die es ihnen erlauben sollte, „die ganze Nacht zu küssen und zu schmusen, ohne hinterher ganz verschmiert auszusehen". Sie hatte ihren ursprünglichen Geschäftspartner, Alexander Plunket-Greene, geheiratet, und es waren diese beiden und ein weiterer ihrer Teilhaber, Archie McNair, an die sich Masters in jenem Sommer wandte. Maurice Saatchi sei, so erklärte er ihnen, ein überaus gescheiter junger Mann, der bei ihm arbeite und der £ 25 000 brauche, da er mit seinem Bruder zusammen eine eigene Firma gründen wolle. Ob sie ihm zu helfen bereit wären? „Würden Sie denn da investieren?" wurde er gefragt. Masters erklärte, daß er das sehr gern würde, daß es aber zu Interessenskonflikten kommen könne, weshalb er es vorzöge, davon Abstand zu nehmen. Mary Quant und ihr Mann erklärten sich einverstanden – aber nur unter der Bedingung, daß sich Masters ebenfalls beteiligen würde. Dieser stimmte zögernd zu und steuerte einen Teil zu der notwendigen Summe bei. Er blieb seinen Prinzipien aber treu und sprach mit keinem *Campaign*-Redakteur je über das Saatchi-Unternehmen. „Wir alle sahen darin eigentlich mehr eine wohlmeinende, freundliche Geste als eine ernsthafte Investition", meint Masters. Sein Partner Michael Heseltine war sehr viel lebhafter an einer Beteiligung interessiert, aber dafür war es leider zu spät – Heseltine war einer der intelligenten jungen Minister in der neugebildeten Regierung Heath. Hinsichtlich der geschäftlichen Beteiligungen von Amtsträgern gibt es strenge Bestimmungen, und Heseltines Position war damit unvereinbar.

Über die Beteiligung von Masters gibt es eine aufschlußreiche kleine Geschichte. Viele der Gespräche zwischen ihm und Maurice fanden bei ihm zu Hause statt, und seine Frau Marisa gesteht heute, daß sie damals noch andere Pläne mit dem jungen Saatchi hatte. Ihre älteste Tochter hatte ungefähr das gleiche Alter wie Maurice und Marisa betrachtete ihn als eine ideale Partie für sie. An einigen Abenden brachte sie das Mädchen mit in das Zimmer, in dem die Männer saßen und diskutierten. Aber wenn es dann immer später wurde und Maurice seine Planungen und Argumente vortrug, schlief das Mädchen einfach ein. So wurde nichts aus dieser Romanze.

Marisa Masters selbst war an den Plänen von Maurice sehr interessiert. Sie hatte in London als Übersetzerin gearbeitet und verwahrte ihre Ersparnisse in einem hübschen viktorianischen Kästchen, das sie bei einer Auktion ersteigert hatte. Das war ihr „kleiner Notgroschen", wie ihn alle guten Italienerinnen beiseite legen, ohne ihrem Mann etwas davon zu sagen. Das hübsche Kästchen samt Notgroschen lag sicher in einem Banksafe, handelte es sich doch immerhin um £ 6000. Die wollte sie nun in das neue Unternehmen von Maurice investieren.

Ihr Mann wollte davon aber nichts wissen. Er hätte sich wegen möglicher Interessenskonflikte an die Quants gewandt, und aus den gleichen Gründen könne auch sie sich nicht beteiligen. Wenn sie sich an die damaligen Ereignisse erinnert, reagiert Marisa noch immer sehr heftig und gefühlsbetont. „Ich wollte mein Geld Maurice geben, weil ich ihn als Mensch sehr mochte und ihm so sehr vertraute. Ich mochte ihn wirklich. Ich bat Lindsay um die Erlaubnis. Ich sagte, ich würde mich unter meinem italienischen Mädchennamen Lassandro beteiligen. Es sei das erstemal in meinem Leben, daß ich mein Geld nutzen wolle, das erstemal auch, daß ich wisse, daß ich jemandem voll und ganz vertrauen könne. Er aber war nach wie vor dagegen. Ich sagte, ich würde das Geld Mary Quant geben, sie könne es ja dann unter ihrem Namen investieren, ich würde nicht einmal irgendwelche Dokumente in Händen haben. Ich bettelte, ich weinte. Aber nein, er wollte nicht."

Für den Fall, daß er sich doch noch erweichen lassen würde, fuhr sie mit Lindsays Chauffeur zur Bank und holte das viktorianische Kästchen. Sie versteckte es im Badezimmer und wartete. Die Gespräche zwischen Masters, Maurice und Mary Quant zogen sich wochenlang hin. Lindsay wollte nach wie vor nicht, daß sich Marisa beteiligte – teilweise aus moralischen Gründen, teilweise aber auch, weil er so eine neue Firma nicht für den geeigneten Ort hielt, um dort seinen „Notgroschen" zu deponieren. Ein paar Monate später gingen die Masters zu einem Empfang. Als sie nach Hause zurückkehrten, entdeckten sie, daß ein Fenster an der Rückseite ihres Hauses eingeschlagen worden war. Der Einbrecher hatte das viktorianische Kästchen gefunden, es mit ihren eigenen Werkzeugen aufgebrochen und den „Notgroschen" mitgehen heißen. „Ich heulte drei Monate lang vor Wut und Scham." Erst Jahre später erfuhr sie, daß sich Lindsay schließlich doch beteiligt hatte.

Die Brüder hatten nun das Kapital, und das war allein Maurice zu verdanken – ein weiteres Beispiel seiner Bedeutung für das neue Unternehmen. Er hatte inzwischen einen detaillierten Fünfjahresplan ausgearbeitet, der in der erhofften Notierung an der Börse mündete. Die Firma würde für dieses Ziel im zweiten Jahr £ 25 000 erlösen müssen, £ 50 000 im dritten, £ 125 000 im vierten und £ 250 000 im fünften Jahr. Das war der Finanzierungsplan, den er Masters und Mary Quant vorgelegt hatte. Jetzt zeigte er ihn auch dem Chef der Coutts Bank, der tief beeindruckt war. „Er sagte, es sei die beste Planung für ein neues Unternehmen, die er je gesehen habe", erzählte Maurice später seinem Bruder.

Alles verlief jetzt nach Plan. Es war ein weiterer Glücksfall, daß sich die Wirtschaft unter der neuen Regierung Heath langsam erholte. Beide Brüder interessierten sich damals nicht sehr für Politik, und insbesondere Charles tat alle Politiker als höchst nutzlose Menschen ab. Die Wirtschaft hatte durchaus noch ihre Strukturschwächen, aber was die Werbeindustrie anbetraf, so konnte diese ja sowohl mit ausländischen als auch mit britischen Firmen zusammenarbeiten – es war ganz unerheblich, wer die Waren herstellte, solange es nur Leute gab, die das Geld hatten, um sie zu kaufen.

Viele Jahre später kam es zu lebhaften Spekulationen darüber, was den Saatchis damals eigentlich vorgeschwebt haben mochte. Waren sie mit der Absicht an den Start gegangen, die größte Werbeagentur Großbritanniens zu werden, gar die größte der Welt? Waren sie darauf aus gewesen, die Werbung zu revolutionieren und nicht nur London, sondern auch die Madison Avenue im Sturm zu erobern, ihren Namen zu einem weltweit vertrauten Begriff zu machen und ein Konglomerat von Dienstleistungsbetrieben zusammenzubringen, das einmal das größte der Welt sein würde? Die 1987 von der Harvard Business School angefertigte Analyse kam zu dem Schluß, daß „es das ursprüngliche Vorhaben von Saatchi & Saatchi war, die seriöse britische Werbewelt aufzurütteln und die kreativste Werbung im ganzen Land zu produzieren." Als sie 1970 anfingen, wäre den Brüdern das wohl noch als eine sehr ehrgeizige Zielsetzung erschienen, aber gemessen an dem, was sie bis heute erreicht haben, nimmt sie sich eher bescheiden aus.

„Sie schienen stets zu meinen, daß der ganze Markt der ihre sei, nicht nur die Werbung", sagt Chris Martin. Diese Aussage wird bestätigt durch ihre Versuche, gleich am Beginn einen Supermarkt-Leiter und einen Unternehmensberater für eine Mitarbeit zu gewinnen. Jeremy Sinclair erinnert sich an die drei folgenden

Ziele der neuen Agentur: „Wir wollten groß sein, wir wollten gut sein, und wir wollten Gewinn machen. Wir hatten diese drei Ziele alle sehr deutlich vor Augen." Mary Quant und Lindsay Masters waren der Ansicht, daß sie da ein paar helle junge Leute unterstützten, die mit ein bißchen Glück vielleicht ein wenig mehr schaffen konnten als in der Werbewelt nur zu überleben. Die Unternehmensplanung, die ihnen Maurice mit all dem Geschick des versierten Kundenwerbers präsentiert hatte, ließ in nichts erkennen, daß ihre Firma einmal mehr sein werde als eine Werbeagentur mittlerer Größe. Selbst diejenigen, die unmittelbar beteiligt waren, glaubten nicht ernsthaft, daß sich ihre Tätigkeit grundlegend von der anderer Agenturen unterschied.

Was sie begriffen war, daß Charles und Maurice außerordentlich ehrgeizig, einfallsreich und voller Energie waren. Aber selbst das wird im Nachhinein stark übertrieben. „Ein gewaltiger Ehrgeiz brannte hinter seiner Eulenbrille, als Maurice 1970 mit seinem Bruder zusammen in das Werbegeschäft einstieg", hieß es 1984 in *Fortune*. Niemand, der die Brüder damals kannte, hätte wohl Maurice in diesem Bilde wiedererkannt – was nicht schwer zu sehen war, war lediglich, daß es die Saatchis einmal zu etwas bringen würden. Sie hatten ein paar hochbegabte junge Mitarbeiter um sich geschart, die alle von ihnen angesteckt waren. Alle Branchenneulinge wußten aus eigener Erfahrung, wie verwundbar die übrige Werbewelt war. Bei günstigen Voraussetzungen sollte es nicht gänzlich unmöglich sein, eine Nische zu finden, um ordentlich zu verdienen – und gleichzeitig Spaß daran zu haben.

Robert Heller, damals Herausgeber von *Management Today*, der die Saatchis wahrscheinlich besser kannte als die meisten anderen, entdeckte einen sehr viel weiterreichenden Ehrgeiz bei ihnen. Er schrieb 1987: „Sie traten zu einer Zeit an, als die wachsende amerikanische Dominanz von einer Werbung begleitet wurde, die durchwegs fade und repetitiv war. Das bot britischen Agenturen – zumeist neu im Geschäft – die Chance, für die Römer der Madison Avenue die Rolle der Griechen zu spielen. Eine hochbegabte Flut brillanter britischer Werbekonzeptionen führte zu einem Wandel der Ansprüche und des Stils. Und die Saatchis hatten ihren Anteil an dieser Entwicklung. Der Unterschied war nur der, daß ihr Ehrgeiz eben auch römisches Format hatte. Sie wollten ein Weltreich."

Es gibt keinerlei Beweise dafür, daß dem wirklich so war. Jahre später fällt es selbst den Brüdern schwer, sich daran zu erinnern, wie ihre Motive ursprünglich gewesen waren. Sei dachten damals jedenfalls noch nicht an eine „Globalisierung", sondern allenfalls vage an Vorstöße über die Grenzen der Werbeindustrie hinaus – und auch das nur im Sinne zusätzlicher Serviceangebote, deren primäre Aufgabe es war, ihnen im Bereich der Werbung neue Kunden zuzuführen. Eine internationale Agentur – dieser Gedanke lag noch in weiter Ferne, und diesbezügliche Pläne, so sagt Maurice, entstanden erst einige Jahre nach der Gründung ihrer Londoner Agentur. „Damals hofften wir lediglich, daß die Agentur nicht scheitern würde", meint Maurice. Das aber ist mit größter Wahrscheinlichkeit eine Rationalisierung, das genaue Gegenteil der Darstellung von Heller und *Fortune*. Die Saatchis hatten größere Ziele als Maurice zu erinnern geruht.

„Ich kann mich nicht entsinnen, jemals gedacht zu haben ,O Mann, das wird mal ein enormer Erfolg werden'", sagt Martin. Und doch war ihm schon vor dem Start der Agentur klar, daß die Sache ihre ganz eigene Dimension hatte: „Charlie pokerte gern mit seinen Freunden – das war in jenen Tagen wirklich sein Schönstes. Und diese Freunde waren alles Jungs aus Nordlondon, mit denen er zur Schule gegangen und aufgewachsen war. Ich weiß, daß die Tatsache großen Einfluß auf ihn hatte, daß die meisten dieser Freunde in die City oder ins Immobiliengeschäft oder wohin auch immer gegangen waren und da das große Geld machten. Ich kann mich daran erinnern, daß er eines Tages äußerte, das Motiv für die Gründung von Saatchi & Saatchi sei darin zu suchen, daß er mit einem Haufen jüdischer Jungen zur Schule gegangen sei, die es inzwischen alle zum Millionär gebracht hätten, worauf sie auch alle aus gewesen wären. Obwohl er ein schnelles Auto fuhr und ein hohes Einkommen hatte, gelangte er doch nie zu jenem Reichtum, den die anderen inzwischen angesammelt hatten. Deshalb, so denke ich, sagte sich Charlie: ,Gut, ich bin nun mal in diesem Geschäft tätig geworden, und mein Stolz sagt mir, daß ich nie zugeben könnte, daß das ein Fehler war, ich mich also in die City absetze und etwas anderes anfange. So werde ich jetzt also hier Geld machen, verdammt noch mal.'"

Mag sein, daß das auch eine Rolle spielte. Aber dabei war dies doch eher das Terrain von Maurice. Der erfaßte die finanziellen

Aspekte ganz instinktiv und in einer Art und Weise, in der es Charles nie möglich sein würde. Er knüpfte die Kontakte in der Londoner City und entwickelte beträchtliches Geschick im Umgang mit Bankern, Maklern und Redakteuren. Die Menschen sollten ihn auf eine ganz andere Art und Weise schätzen lernen als seinen Bruder Charles, und er wiederum würde sich in den Finanz- und Werbezirkeln Londons und New Yorks viel mehr Freunde als Feinde machen. Die Brüder können beide, wenn sie wollen, attraktiv, klug und witzig sein – der wesentliche Unterschied ist der, daß Charles keine besonderen Anstrengungen unternimmt, neue Freundschaften zu schließen oder alte aufrecht zu erhalten. Maurice dagegen läßt zwar noch immer nur sehr wenige Menschen nah an sich heran, aber er bemüht sich stets emsig um eine Vielzahl von Bekannten und Kontakten. Er polierte und vervollkommnete den ihm angeborenen Charme und setzt ihn bei Kollegen wie potentiellen Kunden gleichermaßen ein. Als die Agentur zu einer erst nationalen, dann multinationalen Gesellschaft anwuchs, erwiesen sich diese Eigenschaften als sehr wesentlich. Maurice war für den mühelosen Umgang mit einer großen Organisation, mit dem großen Geschäft und mit dem großen Geld förmlich geboren.

Auch Charles sollte mit dem Unternehmen wachsen, und seine Vorstellungskraft, seine Energie und sein Ehrgeiz ließen ihn über den Horizont hinausblicken. Aber seine beste Zeit hatte er damals, als die Agentur noch jung und das, was sie hervorbrachte, wesentlich noch sein Werk war – bei entsprechender Mitwirkung einiger intelligenter und kreativer Leute wie Sinclair, Hegarty und Collins, die er um sich versammelt hatte.

Eine ganze Reihe von Freunden und entfernten Verwandten der Saatchis bekleideten während dieser Anfangsjahre führende Positionen in der City, und das Gespräch drehte sich beständig um Aktienkurse und Firmenübernahmen. Es war die Ära solcher Gestalten wie Jim Slater, die Zeit, in der etliche junge Leute ein Vermögen damit machten, daß sie seriöse alte Unternehmen aufkauften und dann „ausschlachteten". Charles Saatchi war in dieser Welt genauso zu Hause wie in der der Werbung, aber es war doch Maurice, der erkannte, daß der Weg zum wirklich großen Geld über die City führte, und daß man am schnellsten dorthin gelangte, wenn man Unternehmen aufkaufte. In den Vereinigten Staaten wurden die Werbeagenturen gerade mit großer Schnelligkeit in Aktiengesellschaften umgewandelt – fast jeden Monat ging eine an die Börse –, und obwohl damals so gut wie alle in Schwierigkeiten gerieten, erschien die Idee doch verlockend. In London war der Gang einer Werbeagentur an die Börse noch etwas gänzlich Neues, und die beiden, die diesen Weg bereits eingeschlagen hatten, wurden in Investorenkreisen nicht eben hoch geachtet, was sich in niedrigen Kursen niederschlug. Eine dieser beiden Agenturen war Dorland Advertising, die John Bentley, ein junger Senkrechtstarter, 1971 wegen ihrer Vermögenswerte übernahm und bereits drei Monate später wieder verkaufte – nun abzüglich ihres Vermögens. Dorland wurde später dem Saatchi-Imperium einverleibt und ist heute unter der Ägide der Brüder die zweitgrößte Agentur in London – nach Saatchi & Saatchi. Die andere börsennotierte Agentur, S.H. Benson, landete auf Umwegen im Konzern von Ogilvy & Mather, einer amerikanischen Agentur, die der Schotte David Ogilvy gegründet hatte.

Im Jahre 1970 aber waren beide noch selbständig an der Börse notiert, und trotz ihrer bescheidenen Bewertung dachte auch Maurice in diese Richtung. Schon während der Anfangsphase sprach er immer wieder von Übernahmeplänen, was den anderen mehr als verwegen erschien.

In jenem Sommer lernte Maurice Vanni Treves näher kennen, den Anwalt, der das Quant-Konsortium vertrat. Treves ist heute Hauptteilhaber von McFarlane und gehört seit 1987 zum Vorstand von Saatchi & Saatchi. Mit Blick auf die Gründung einer Aktiengesellschaft arbeitete Treves eine Beteiligungsstruktur und eine Satzung für Maurice aus, die dieser dann zum Bestandteil seines Fünfjahresplanes machte. In diesem Sommer führte er mehrfache Gespräche in der City darüber. Die Brüder sprachen auch mit ihren Verwandten und Freunden darüber, um deren Ansichten zu erfahren. Was die Beschaffung der Mittel anbetraf, so machten sie sich deswegen keine großen Sorgen – das war der leichtere Teil. Auf der anderen Seite aber lag ihnen sehr daran, das Kapital nicht zu breit zu streuen und sicherzustellen, daß Investoren wie Quant und Masters nur stimmlose Aktien erhielten, dennoch aber einen ansprechenden Gewinn erzielten.

Die Anteile wurden nun so aufgeteilt, daß die Brüder jeweils 40 Prozent erhielten und das Quant-Konsortium 15 Prozent. Die verbleibenden 5 Prozent gingen an Ron Collins, Tim Bell und John Hegarty, wobei Collins und Bell die größten Stücke abbekamen. Wieder und wieder sprachen Maurice und Treves die Details durch, während Charles unablässig um Berichte über den Stand der Entwicklung, um Änderungen und um die Aufnahme oftmals völlig unpraktikabler Klauseln bat, welche gewährleisten sollten, daß die Brüder jederzeit die Kontrolle über das Unternehmen behielten.

Die meisten Firmengründer hätten nun wohl das Gefühl gehabt, genug getan zu haben, um einen erfolgreichen Start zu sichern. Die beinahe wöchentlichen *Campaign*-Artikel erzeugten in der Branche eine Atmosphäre erwartungsvoller Spannung. Drei namhafte Etats waren an Land gezogen und stellten sicher, daß die meisten Rechnungen bezahlt werden konnten, selbst wenn keine weiteren Klienten mehr dazugekommen wären. Das Team stand bereit. Die neuen Räume machten Fortschritte – Fitch ließ gerade den Fußboden verlegen (Linoleum in zwei verschiedenen Beigetönen, das in breiten Streifen diagonal verlegt wurde). Die £ 25 000 waren aufgebracht und die entsprechenden Bankverbindungen hergestellt. Die Anzeige mit dem schwangeren Mann sorgte noch für Gesprächsstoff und den Ruhm von Charles Saatchi, der als *das* kreative Genie der britischen Werbung angesehen wurde.

Und doch reichte ihm dies alles noch nicht aus. Er suchte noch irgendeine weitere Aktion, die über die Grenzen der Werbelandschaft hinaus Wirkung zeigte, die die Agentur von Anfang an als etwas wirklich anderes auswies, sie deutlich abhob von der Masse der „normalen" Werbeunternehmen und auch die Phantasie der „Außenwelt" anregte. Anfang September hatte er es schließlich gefunden.

Der 13. September war ein Sonntag, der Tag vor der offiziellen Eröffnung der Agentur. An diesem Tag erschien eine ganzseitige Anzeige auf Seite 7 der *Sunday Times* mit der Überschrift: „Warum ich glaube, daß es an der Zeit für eine neue Form der Werbung ist." Die Anzeige hat £ 6000 gekostet, fast ein Viertel ihres Kapitals. Maurice Saatchi äußerte später einmal: „Diese Anzeige machte uns bekannt." Das heißt aber wohl, ihr eine allzu große Bedeutung zuzuerkennen. Die meisten Leser der *Sunday Times.*, damals wie heute etwa 1,4 Millionen, übersahen die Anzeige so gut wie gänzlich. Sie war für sie uninteressant, auch gar nicht an sie gerichtet. Was damit erreicht werden sollte, und auch erreicht wurde, war, die Branche zu überraschen, für Gesprächsstoff zu sorgen und der neuen Agentur den Ruf der Kühnheit und des Ideenreichtums einzutragen. Und in allen diesen Punkten war sie ein voller Erfolg.

„Ich kann mich noch daran erinnern, wie ich diese Anzeige las", sagt Bill Muirhead, der im Frühjahr 1972 zu den Saatchis kam. „Sie jagte mir einen kalten Schauer den Rücken runter. Ich war ein ehrgeiziger Kontakter, und da war diese Anzeige und verkündete mir, daß ich reine Platzverschwendung sei, daß der Verbindungsmann überflüssig sei."

Noch nie hatte jemand derartiges getan. „Das nahm den Leuten den Atem. Es war der erste Schritt, den Firmennamen zum Begriff zu machen, war ein Vorspiel zu dem erfolgreichen Versuch, die Werbung aus einer gewerkschaftspflichtigen Industrie herauszulösen", sagt Chris Martin. Er prägte sich diese Lektion gut ein. Als er Jahre später seine eigene Agentur aufmachte, tat er genau das gleiche und veröffentlichte eine ganzseitige Anzeige, die verkündete: „Jetzt repräsentieren die berühmten Brüder eine ‚Megaagentur'. Nun sind sie nicht mehr die Wurfgeschosse, sondern die Zielscheibe."

Die Anzeige in der *Sunday Times* war zwar kostspielig, aber eine weitere clevere Eigenwerbung. Um volle Wirkung erzielen zu können, mußte der Text nach Ansicht der Brüder einem bestimmten, namentlich genannten Autor zugeschrieben werden können. Dafür engagierten sie Robert Heller, dessen *Management Today* zu den Publikationen von Haymarket gehörte. Heller schrieb auch eine wöchentliche Kolumne über Management im *Observer* und hatte ferner eine Reihe von Büchern zu Fragen des Managements geschrieben. Die Brüder gaben ihm einen Rohentwurf, was sie ungefähr gesagt haben wollten, und Heller arbeitete das aus. „Das war so ziemlich der leichteste Auftrag, den ich je erhielt", sagt er.

Für alle, die Charles kannten und ihm und seinem Bruder in diesem Sommer zugehört hatten, war das alles nicht neu. Ausgangspunktes des Textes war die Feststellung, daß die meiste Werbung pure Geldverschwendung sei. Der zentrale Gedanke, der hinter der sehr einfachen Einstellung von Charles zur Werbung steht, wurde im dritten Absatz angesprochen: „Die Verauslagung von Geld, das den Anteilseignern gehört, ist nur dann gerechtfertigt, wenn sie auf gleicher Ebene zu einem quantifizierbaren, angemessenen Gewinn führt, nämlich zu finanziellem Gewinn. In der Sprache der Werbung heißt das, daß eine Kampagne nur dann von Erfolg gekrönt ist, wenn sie dazu beiträgt, den Absatz des Auftraggebers zu steigern, und dies auf eine ebenso effektive wie wirtschaftliche Weise."

Heller zitierte dann das Ergebnis einer jüngst in *Management Today* erschienenen Untersuchung, daß die meiste Werbung gar nicht dieses Ziel verfolge, sondern darauf abziele, das Image eines Unternehmens zu verbessern oder die Bekanntheit einer Marke zu vergrößern. „Image und Markenbewußtsein sind bedeutungslos, wenn sie nicht den Umsatz steigern – der Test ist das Bare in der Kasse, und diese Prüfung zu bestehen ist sehr viel schwerer als ein Image zu schaffen oder eine Auszeichnung zu gewinnen." Heller stellte dann einige der Punkte heraus, in denen sich nach dem Willen von Charles die neue Agentur von allen anderen unterscheiden sollte. Da war der Angriff auf den Kontakter, den Verbindungsmann „zwischen dem Werbungtreibenden und den Leuten, die dafür bezahlt werden, daß sie dessen Werbung gestalten". Andere in der Branche versuchten schon, hier neue Wege zu gehen. Heller verwies darauf, daß KMP ein neues Großraumbüro eingerichtet hatte, in welchem Grafiker, Texter und Kundenbetreuer zusammenarbeiteten. Lonsdale Crowther hatte sich in selbständige Einheiten mit jeweils eigenen gestalterisch und administrativ tätigen Mitarbeitern aufgeteilt. Saatchi & Saatchi aber würden noch sehr viel weitergehen – dort werde man den Kontakter gänzlich abschaffen und durch einen „Koordinator" ersetzen, „der vom Kunden keine Aufträge in Empfang nimmt, der den Textern und Grafikern keine Aufträge erteilt, der keine Konzeptionen beurteilt und der solche dem Kunden auch nicht präsentiert, sondern der den im kreativen Bereich tätigen Mitarbeitern die täglich anfallende administrative Arbeit abnimmt."

Das war stark übertrieben. Es gab unter den Mitarbeitern von Saatchi & Saatchi keine „Koordinatoren", wenn man nicht Maurice als solchen zählte. Die Texter und Art-Directors hatten vielmehr die Aufgabe des Kundenbetreuers mit zu übernehmen, wofür sich einige Mitarbeiter wie etwa Jeremy Sinclair als ziemlich ungeeignet ansahen – und das mit Recht. Schon wenige Wochen nach

Eröffnung der Agentur war Charles Saatchi emsig bemüht, Kontakter anzuheuern, und ein Jahr später hatte er bereits wieder sechs in seinen Diensten, die fast genau den Job machten, den er in seiner Anzeige so barsch verurteilt hatte.

Heller ging sodann auf die Erfolge der Beratungsfirma Cramer Saatchi ein und hob besonders hervor, daß diese deshalb so groß gewesen sei, weil man sich auf ganz neue Weise mit Uraltproblemen der Werbung auseinandergesetzt habe – just so wie Bill Bernbach: Er „kehrte mit der unerfreulichen Nachricht zu seinem Kunden Avis zurück, die Agentur könne über Avis beim besten Willen nicht mehr sagen, als daß das Unternehmen die Nummer Zwei sei – der Rest ist Werbe- und Verkaufsgeschichte." Der Werbeslogan lautete dann: „We try harder – we are only Number Two." Saatchi & Saatchi seien gewillt, die „Frische" der Beratungsfirma mit in die Agentur hinüberzunehmen.

Und dann kam der Abschnitt, der die gesamte Werbeindustrie aufhorchen ließ. Saatchi & Saatchi würden, so hieß es da, nicht die traditionell übliche Provision in Höhe von 15 Prozent des jeweiligen Umsatzes nehmen, sondern ihre Forderung werde sich auf durchschnittlich 22 Prozent belaufen, die der Auftraggeber zu zahlen habe. Bislang galt, daß eine Agentur, wenn sie beispielsweise eine Anzeige um £ 10 000 schaltete, 15 Prozent Rabatt bekam. Sie zahlte also nur £ 8500, stellte ihrem Kunden aber die £ 10 000 in Rechnung, d.h. die Differenz machte ihren Gewinn aus. Die Agenturen hatten deshalb ein begründetes Interesse daran, daß ihnen die Medien höchstmögliche Kosten berechneten. Die Kosten für Gestaltung und Herstellung der Werbung wurden dem Kunden direkt berechnet. Die Gegenleistung für die geforderte Provision von 22 Prozent sei, so hieß es in der Anzeige weiter, die Zusage, „Raum und Zeit so billig wie nur möglich einzukaufen". Das war die Aufgabe von Tim Bell. „Die Masche war die, daß unser Mediaeinkauf günstiger sein würde als der aller anderen", sagt John Hegarty. „Wir sagten zu, daß der Kunde mit seinen Media-Aufwendungen sehr viel weiter kommen würde als bisher. Charlie wollte die 15 Prozent über Bord werfen und 22 Prozent berechnen, garantierte dafür aber Einsparungen bei den Media-Kosten, was bedeutete, daß der Kunde im Endeffekt sogar weniger als 15 Prozent zu zahlen haben würde. In der Praxis klappte das nicht ganz so. Es war wirklich eine brillante Art, mit Zahlen herumzujonglieren." Wie so viele in der Anzeige propagierte Ideen wurde auch diese schon bald wieder fallengelassen. Ganz ohne Zweifel agierte Saatchi & Saatchi von Anfang an im Mediaeinkauf sehr aggressiv, und das ist auch eins der Merkmale dieses Unternehmens geblieben. Aber die angepriesene Methode der Kostenberechnung setzte sich nicht durch, und das überkommene System, laut Anzeige „im Absterben", ist bemerkenswert unversehrt erhalten geblieben.

Heller lieferte sein Manuskript bei den Saatchis ab, aber als der Zeitpunkt der Veröffentlichung näherrückte, beschlichen ihn doch Zweifel. Er beriet sich mit Lindsay Masters und anderen Haymarket-Leuten und entschied dann, daß es für den Herausgeber einer unabhängigen Zeitschrift vielleicht doch nicht ratsam sei, die neue Agentur durch Nennung seines Namens in der Anzeige so kräftig zu unterstützen. Das aber brachte die Brüder in arge Verlegenheit, denn wer sollte nun als Autor des Anzeigentextes genannt werden? Sie verfielen auf Jeremy Sinclair.

Später haben die Brüder behauptet, es sei stets ihre Absicht gewesen, Sinclairs Namen in der Anzeige zu nennen, aber das ist nur eines von vielen Beispielen für ihre „Fähigkeit, die Geschichte umzuschreiben". Sinclair jedenfalls war verwirrt, als man ihm mitteilte, daß er als Autor des Textes genannt werden würde. Er hatte doch so herzlich wenig mit dieser Anzeige zu tun, die nun nahezu vier Millionen Leser der *Sunday Times* zu Gesicht bekommen sollten. Es ist bezeichnend, daß die beiden Saatchis ihren Namen nicht dafür hergeben wollten, obwohl die neue Agentur ihn doch trug und sie zudem den Text ja im wesentlichen selbst verfaßt hatten. Für die „Außenwelt" war der Autor ein weitgehend unbekannter Texter namens Jeremy Sinclair. Die Insider aber wußten sehr wohl, wer in Wirklichkeit dahinter stand.

Die Brüder waren viel zu aufgeregt, um die Auslieferung der Zeitung abwarten zu können. Am Samstagabend, als die Rotationsmaschinen anliefen, um die Auflage auszudrucken – sie war und ist die höchste in der westlichen Welt –, gingen Charles, Maurice und John Hegarty zur Druckerei in die Gray's Inn Road, um dabei zu sein. „Wir gingen dann sogar direkt in den Maschinensaal rein", erzählt John Hegarty. „Und ich kann mich noch erinnern, daß ich dachte: Tod und Teufel, da sind wir. Als wir starteten, da starteten wir richtig!"

6

DIE GOLDENEN TAGE VON SOHO

Die Gebrüder Saatchi starteten ihre kleine Agentur, ohne sich der zukunftsweisenden Veränderungen um sie herum deutlich bewußt zu sein. Selbst Historiker erkennen ja einen Wandel oft erst lange nach seinem Abschluß, und beide Saatchis hatten nur wenig von einem Historiker an sich. Was sie erfaßten, war eine Industrie, die sehr schnell wuchs – die Gesamtaufwendungen für Werbung hatten sich in Großbritannien in den fünfziger Jahren verdreifacht und in den sechziger Jahren noch einmal verdoppelt. Dieses Wachstum war selbst noch aus der Froschperspektive erkennbar gewesen, und sowohl Charles als auch Maurice hatten einen guten Blick für weiterreichende Perspektiven.

„Der aktuelle Witz in der Werbebranche lautete: Was möchtest du lieber tun, spazierengehen oder Geld machen? Antwort: Geld machen, denn das ist viel weniger anstrengend", erzählt ein hochrangiger Saatchi-Manager. Charles war sich sehr wohl im klaren darüber, daß die Werbebranche überhaupt erst an der Schwelle zu tiefergreifenden Veränderungen und – weitaus wichtiger – größeren Geschäftsmöglichkeiten stand. In Großbritannien begann das Farbfernsehen seinen Siegeszug und den Agenturen, die das neue Medium am besten zu nutzen verstanden, sollte bald eine beherrschende Position zufallen. Rückblickend erscheint das alles selbstverständlich, aber es gab selbst in den späten sechziger Jahren in London noch Agenturen, die mit dem Werbefernsehen große Schwierigkeiten hatten, ob nun in Farbe oder Schwarz-Weiß. Die Männer an der Spitze dieser Agenturen waren in einer Zeit groß geworden, in der die Printmedien dominiert hatten, und obwohl sie die Bedeutung des Werbefernsehens für ihre Industrie durchaus erkannten (wie J.K. Galbraith es formuliert hat, „macht das Fernsehen eine Form der Überredung möglich, die auf kein Minimum an Bildung oder Intelligenz mehr angewiesen ist"), konnte sie sich doch nie so richtig damit anfreunden. Jetzt drängte die Generation, die mit dem Fernsehen aufgewachsen war, schon im Kindesalter die Werbespots lieben gelernt und die dazugehörigen Melodien vor sich hingesummt hatte, ungeduldig nach oben. Charles war schon immer ein leidenschaftlicher „Fernseher", ein begeisterter Anhänger von Seifenopern und Serien, aber auch schon von Kindesbeinen an ein Fan eingängiger Werbefilme. Seine Mitarbeiter erinnern sich, daß er die Programme in den Tageszeitungen durchackerte und dabei vor sich hin murmelte: „Was gibt's denn heute in der Glotze?" Bisher war seine Arbeit hauptsächlich vom gedruckten Wort bestimmt, doch jetzt schlug eigentlich erst seine Stunde.

Für die siebziger Jahre zeichnete sich eine Hochkonjunktur im Konsumbereich ab – und die Fernsehwerbung sollte die Bresche schlagen. Wenn auch das Farbfernsehen – in den Vereinigten Staaten schon weit verbreitet – in Großbritannien noch in den Kinderschuhen steckte und erst 10 Prozent der Haushalte über ein entsprechendes Gerät verfügten, so waren doch eben diese Geräte ein absoluter Verkaufsschlager. Im Juni 1970 waren die Konservativen an die Regierung zurückgekehrt und hatten ihr Versprechen erneuert, die Wirtschaft des Landes sanieren und den Verbrauch ankurbeln zu wollen. Angesichts des Anbruchs dieser neuen Ära und auch angesichts des neuen Mediums waren die „altmodischen" Agenturen gegenüber den jungen ganz entschieden im Nachteil, boten die Newcomer doch nun jene Art von kreativer Arbeit an, die selbst noch die traditionsverhaftetsten Kunden ansprach. Unter diesem Aspekt nahmen die neueren Agenturen den Wettbewerb auf, und die Entwicklung sollte ihnen Recht geben.

Charles Saatchi und seine Freunde hatten auch schon eine Bewegung ausgemacht, die von der konventionellen Arbeit der etablierten multinationalen Agenturen wegführte, hin zu einer neuen Art der Werbung. Es war schon in den drei Jahren des Bestehens der Werbeberatung Cramer Saatchi deutlich geworden, daß die Klienten nach einem kreativeren Denken verlangten. Die Saatchis waren zu der Ansicht gelangt, daß es für die Werbung höchste Zeit sei, den Wandlungsprozeß Großbritanniens nachzuvollziehen. Sie übersahen dabei, daß sich auch die größeren Agenturen weiterentwickelten. Kein Bereich des wirtschaftlichen Lebens ist statisch, auch wenn dies dem Außenstehenden so erscheinen mag – und Charles Saatchi war nie ein „Insider" in dem Sinne, daß er über eine intime Kenntnis der strategischen Überlegungen der größeren Agenturen verfügt hätte. Das Bild, das die Brüder von ihrer Branche hatten, und das nie so ganz der Wirklichkeit entsprach, war das einer „weichen" Industrie, d.h. einer, die schlecht geführt, unterkapitalisiert und sowohl in konzeptioneller als auch in finanzieller Hinsicht verwundbar gegenüber Neulingen war, die die Bereitschaft mitbrachten, hart zu arbeiten, und die nicht durch das schwere Gepäck der traditionellen Werte ihrer Branche behindert wurden. Sie hätten der Ansicht von Jeremy Bullmore von J. Walter Thompson (JWT) nie und nimmer zugestimmt, daß die Werbeindustrie des Jahres 1970 flexibler, wettbewerbsfähiger und effizienter als jeder andere Wirtschaftszweig sei.

Sollte Bullmores Einschätzung der Lage zutreffen, dann wäre die Leistung der Saatchis noch höher zu bewerten, sollten sie doch in dem folgenden Jahrzehnt ihre Branche von Grund auf „umkrempeln" und die Vormachtstellung, die JWT damals inne hatte, nicht nur herausfordern, sondern sogar brechen. Bullmores Ansicht wird jedoch von anderen Vertretern der Saatchi-Generation nicht geteilt. Viele von ihnen hatten selbst bei den besser geführten Agenturen das Gefühl, ersticken zu müssen. John Hegarty mochte ja gescherzt haben, als er einmal sagte, daß bei Benton & Bowles, wo er und Charles angefangen hatten, „ein Punkt am Ende einer Schlagzeile schon als kreativer Durchbruch angesehen wurde", aber ein Körnchen Wahrheit steckte wohl doch darin. In den frühen sechziger Jahren kursierte der Witz, alle Zeitungsinserate von JWT bestünden aus einer Schlagzeile, einer viereckigen Illustration, ein paar Textzeilen darunter und einem Coupon in der rechten unteren Ecke. Aber dieser Spott ist wohl ungerecht. Wäre die Arbeit von JWT in London tatsächlich nicht wettbewerbsfähig und effizient gewesen, hätte diese Agentur kaum ihre Spitzenposition so lange behaupten können. Nur galt das eben nicht für alle Agenturen. In jedem Falle hatte es Charles Saatchi erstaunlich leicht, seiner Agentur den Ruf zu verschaffen, „kreativ" zu sein. Es sollte nicht vergessen werden, daß Charles zumindest teilweise durch seine Erfahrungen bei CDP und seine Zusammenarbeit mit Ross Cramer geprägt war. Und auch der Einfluß einiger älterer Werbeleute, mit denen er zu tun gehabt hatte, wie John Salmon und Colin Millward bei CDP, darf nicht unterschätzt werden, wiewohl Charles selbst in seiner Dankbarkeit nicht eben großzügig war. Eine Reihe von intelligenten jungen Leuten mit einer ähnlichen kreativen Schulung und Zielsetzung wie Charles strebten zur gleichen Zeit in die gleiche Richtung wie er. Anders als ihre „Väter" hatten sie keine distanzierte Einstellung zu ihrem Beruf, und sie litten nicht unter dem sozialen Stigma, das der Werbung bis dato angehaftet hatte.

Kenneth Galbraith ließ seinem Bestseller von 1958, *Gesellschaft im Überfluß*, zwei weitere Bände folgen, in denen die Ansicht bekräftigt wurde, Werbung sei die von großen Unternehmen angewandte Methode, den Verbraucher so zu „manipulieren", daß er ein Bedürfnis nach Waren und Dienstleistungen entwickle – und dies vor allem, um den Zielen der großen Unternehmen zu entsprechen. In den späten sechziger Jahren war Galbraith noch immer ein vielbeachteter Liberaler. Die neue Generation jedoch war schon viel stärker von Leuten wie Bill Bernbach und David Ogilvy beeinflußt als von Vance Packard und Kenneth Galbraith, und Charles Saatchi, der nur selten ein Buch zur Hand nahm, war zudem noch mit einem vollkommenen Mangel an Selbstbeobachtung gesegnet.

Wichtig ist, daß 1970 eine neue Ära begann – nicht nur für die Werbung. Viele Veränderungen, die die vorangegangenen Jahre bestimmt hatten, wurden abgeschlossen. Die Entwicklungstrends in Verbrauch, Gesellschaft und Wirtschaft traten in eine neue Phase ein. In der Anfangszeit hatte die bloße Neuheit der Fernsehspots eine große Wirkung auf die Seher garantiert und damit den Absatz in dramatischer Weise gesteigert. Bis 1970 war diese Neuheit aber bereits wieder abgenutzt, und sowohl die Unternehmen als auch die Konsumenten verlangten nach neuen Formen der Werbung. In den Vereinigten Staaten hatten sich diese Entwicklung schon vollzogen. Die sechziger Jahre hatten dort einen Werbestil hervorgebracht, der die vorangegangenen Jahrzehnte an Einfallsreichtum übertraf, was aber an Großbritannien weitgehend vorübergegangen war. Dort gab es noch viele Unternehmen, die nicht etwa darüber debattierten, zu welcher Werbeagentur sie gehen sollten, sondern darüber, ob sie überhaupt werben sollten. Der unregelmäßige, aber doch beträchtliche Anstieg der Verbraucherausgaben in Großbritannien während der fünfziger und sechziger Jahre verlangsamte sich in den siebziger Jahren wieder. Zusammensetzung und Gewohnheiten der arbeitenden Bevölkerung hatten sich in den Nachkriegsjahren entscheidend gewandelt – so war etwa die Zahl der arbeitenden Frauen stark angestiegen, was zu einem gesteigerten Bedarf an Fertiggerichten und zentralisierten Einkaufsmöglichkeiten geführt hatte. An die Stelle des kleinen Tante-Emma-Ladens an der Ecke war der Supermarkt getreten, der sehr viel schneller auf Markenerfolge reagieren konnte und eine ganz besondere Vorliebe für solche Produkte zeigte, für die ihm Fernsehen geworben wurde. All das war den Saatchis durchaus nicht verborgen geblieben, weshalb sie ja auch versucht hatten, Ian McLaurin dazu zu bewegen, Tesco zu verlassen und zu ihnen zu kommen.

In diesen Jahren herrschte, zumindest an heutigen Maßstäben gemessen, noch eine relative Vollbeschäftigung, und doch trat das Land trotz der Versprechungen von Edward Heath und seines Schatzkanzlers Tony Barber in eine lange Phase hoher Inflationsraten und eines weitaus unsteteren Wirtschaftswachstums ein, als man es während des vorausgegangenen Jahrzehnts erlebt hatte. Der wahre Fusionsboom der späten sechziger Jahre war von der Labour Regierung gefördert worden, die eine eigene Behörde, die Industrial Reorganization Corporation, eingerichtete hatte, um mit größeren Unternehmenseinheiten die Wirtschaft besser für den Konkurrenzkampf mit Kontinentaleuropa und Amerika zu rüsten. Unter Heath sollte Großbritannien ja der Europäischen Gemeinschaft beitreten, und für zumindest ein paar Jahre herrschte die Devise: „Die Größe bringt's". Britische Produkte wurden von ausländischen Konkurrenzerzeugnissen aus dem Feld geschlagen, die den Vorteil sehr viel größerer heimischer Märkte für sich hatten, und nur Zusammenschlüsse – möglichst auf internationaler, grenzüberschreitender Ebene – würden das ändern können. Der Gedanke war zwar richtig, aber die Art der Verwirklichung total falsch, und schon innerhalb weniger Jahre gerieten etliche der großen Fusionen in Mißkredit, vor allem die der beiden führenden Automobilbauer Leyland und British Motor Corporation im Jahr

1968, sowie die zahlreichen sehr umstrittenen Übernahmen, die auf das Konto von Jim Slater und anderen Senkrechtstartern in der City gingen. Wenngleich das damals noch nicht viele wußten, war der Trend zur Größe 1970 eigentlich schon dabei, sich zu überleben und der – gleichermaßen kurzlebigen – Einsicht „Small ist beautiful" zu weichen.

1970 hatte noch ein anderer Trend seinen Höhepunkt erreicht, ohne daß dem jemand besondere Aufmerksamkeit geschenkt hätte. Das Zeitalter der großen Multis hatte einen Wandel in Richtung der „Globalisierung" bewirkt – später die Doktrin der Saatchis. Über diesen Begriff wurde damals noch selten außerhalb der Harvard-Hörsäle gesprochen, in denen Professor Theodore Levitt, der später sehr wichtig für die Brüder werden sollte, seine Vorlesungen hielt. In Europa wurden 1970 die großen multinationalen Konzerne wie beispielsweise IBM, Ford, Shell, Bayer oder die schwedische SKF-Gruppe als unheimliche Organisationen angesehen, die zu fürchten und zu verabscheuen waren. Ihre Jahresumsätze lagen so hoch wie das Bruttosozialprodukt vieler Länder, ihre Wachstumsraten noch weit höher. Sie konnten – und taten dies ja auch – riesige Geldsummen von einer Währung in die andere transferieren und so Finanzkrisen auslösen. Sie konnten – zumindest theoretisch – die Produktion von einem Land in ein anders verlegen, wenn hier Streiks drohten oder sich dort günstigere Voraussetzungen boten – womit ihnen eine Macht gegeben war, die sie den Gewerkschaften überaus verhaßt sein ließ.

Die meisten der multinationalen Konzerne befanden sich in amerikanischer Hand, und ihre Ablehnung war unauflöslich mit dem starken Anti-Amerikanismus verbunden, der in Großbritannien zwar weniger verbreitet war als in anderen europäischen Ländern, aber zweifellos auch hier ein Faktor von zunehmender Bedeutung war. 1970 hatte Jean-Jacques Servan-Schreiber seinen klassischen Angriff auf die amerikanische Wirtschaft veröffentlicht, *Die amerikanische Herausforderung*, und war damit in Großbritannien auf ebensogroßes Interesse gestoßen wie andernorts auch. Im folgenden Jahr erschien ein britisches Gegenstück, *The American Takeover of Britain* der beiden *Daily Express*-Journalisten James McMillan und Bernard Harris, die alle in Großbritannien angebotenen amerikanischen Markenartikel auflisteten und dann die Frage stellten: „Inwieweit gefährdet die wirtschaftliche Abhängigkeit von den Vereinigten Staaten die politische Unabhängigkeit Großbritanniens?" Rückblickend wirken viele der Befürchtungen und Vorhersagen von Servan-Schreiber, McMillan, Harris und anderen Autoren auf ihren Spuren absurd, aber das könnten auch die Kritiker von Galbraith sagen, vor allem nachdem sich im Lauf der achtziger Jahre sowohl in Großbritannien als auch in den Vereinigten Staaten eine markt- und angebotsorientierte Wirtschaftspolitik durchgesetzt hat.

Es erscheint wert, hier kurz innezuhalten und einige dieser damaligen Befürchtungen von McMillan und Harris zu vergegenwärtigen – nicht um sie lächerlich zu machen, sondern um die damals allgemein vorherrschende Auffassung zu charakterisieren. Es beunruhige sie nicht, so schrieben sie, daß sich acht der vierzehn größten Agenturen im Vereinigten Königreich in amerikanischem Besitz befänden und viele von den anderen eng mit amerikanischen Unternehmen verbunden seien, „sondern weit mehr, daß die Entwicklung der Werbung im 20. Jahrhundert das britische Leben so stark beeinflußt hat und daß eben diese Werbung weitgehend amerikanischen Ursprungs ist."

Die Autoren führten auch Beispiele an: Abgepackte Fleischwaren wurden ursprünglich in den Supermärkten deshalb angeboten, weil amerikanische Marktforscher im Dienste amerikanischer Agenturen herausgefunden hatten, daß Frauen „insgeheim die beim Schlachter übliche Diskussion über die zu wählenden Fleischstücke fürchten". Auch Fertigbackmischungen waren infolge einer „psychiatrischen Untersuchung des weiblichen Menstruationszyklus und des damit verbundenen emotionalen Zustandes" aus den Vereinigten Staaten nach Großbritannien eingeführt worden. Selbst „Swinging London" war durch die Einführung von Plakatwerbung für Unterwäsche noch munterer geworden: „Ich träumte, daß ich mit meinem BH von Maidenform den ganzen Verkehr aufhielt." In den sechziger Jahren gab es in Großbritannien die gleiche Ablehnung neuer Forschungs- und Verpackungsmethoden wie in den Vereinigten Staaten nach dem Erscheinen von Packards *Die große Versuchung* und *Die geheimen Verführer*. „Die amerikanische Werbung kennt schon lange den in den esoterischen Bereichen wie Motivforschung und Tiefenanalyse bewanderten Heilpraktiker", schrieben McMillan und Harris. „Die sind nun auch im Vereinigten Königreich am Werk. Für die Werbung gilt mehr als für jeden anderen Wirtschaftszweig: ‚Was Amerika heute macht, wird Großbritannien morgen tun.'"

1970 war das eine sehr weitverbreitete Auffassung, und sie mag den Saatchis ihren Aufstieg insofern erleichtert haben, als sich möglicherweise immer mehr britische Unternehmen zu der Ansicht bekehrten, daß sie, wenn sie nun schon werben müßten, dafür genausogut auch eine britische Agentur engagieren könnten.

Der Aufstieg der großen amerikanischen Agenturen war mit dem Aufstieg der Multis Hand in Hand gegangen – so wie derjenige amerikanischer Banken, Wirtschaftsprüfer und anderer Dienste, die den großen Herstellern ebenfalls in die Internationalität gefolgt waren. In seinem 1971 erschienenen Buch *The Multinationals* schreibt Christopher Tugendhat: „Der Vormarsch der Multis läßt sich mit dem einer Armee vergleichen, der eine riesige Schar von Mitläufern folgt. Wenn sich ein Großunternehmen in einem neuen Markt einnistet, dann hat es gerne vertraute Gesichter um sich und sucht vorzugsweise den Rat der dort operierenden Töchter jener Firmen, die ihm auch schon zu Hause zu Diensten sind."

So arbeiteten etwa die britischen Tochterunternehmen von Chrysler und Gulf Oil in PR-Fragen mit der amerikanischen Agentur Young & Rubicam zusammen, während Young & Rubicam wiederum ein Konto beim Londoner Ableger der First National City Bank of New York (wie sie damals noch hieß) hatte. 1937 hatten ganze vier amerikanische Werbeagenturen Zweigniederlassungen außerhalb der Vereinigten Staaten gehabt – 1960 waren es schon 36 mit insgesamt 281 Büros im Ausland. Vor dem Aufstieg der Saatchis waren nur vier der zwanzig größten Agenturen in britischer Hand. Die 1899 von J. Walter Thompson gegründete Agentur hatte 1960 einen Jahresumsatz von 14,7 Millionen Pfund und war damit etwa doppelt so groß wie ihr schärfster heimischer Rivale, S.H. Benson, der mit 6,9 Millionen den zweiten Platz einnahm. Die Vormachtstellung von JWT bei den großen amerikanischen Etats wurde erst bedroht, als in den fünfziger Jahren weiter amerikanische Agenturen auf der Londoner Szene erschienen. So eröffneten Young & Rubicam, Foote Cone & Belding und Ted Bates ihre eigenen Büros in London und boten ihre Dienste den selben Kunden an, die sie zu Hause in Amerika auch betreuten.

Christopher Tugendhat war ebenfalls von der bei den Kommentatoren und Politikern der damaligen Zeit weitverbreiteten Furcht beseelt, die Multis – und vor allem die amerikanischen – könnten so groß werden, daß sie zu einer ernsthaften Bedrohung für die Regierungen würden. Professor Howard Perlmutter sagte 1968 voraus, daß die Weltwirtschaft bis 1985 von etwa 200 bis 300 großen internationalen Konzernen beherrscht werden würde, die dann für den größten Teil der Industrieproduktion verantwortlich zeichnen würden. Giovanni Agnelli von Fiat wies warnend darauf hin, daß die Konzentration in der Weltautoindustrie noch größer sein werde. „Am Ende wird es noch die drei amerikanischen Hersteller und einen britischen geben. Der Rest wird sich in zwei oder drei Konzernen zusammenfinden." Da wußte Agnelli noch nichts von den Japanern oder vom Zustand der britischen Automobilindustrie, die nie wieder eine bedeutende Rolle auf der Weltbühne spielen, sich höchstens noch in einzelnen „Nischen" behaupten können würde. Und es sahen auch nicht viele Leute voraus, daß die großen amerikanischen Multis um die Mitte der siebziger Jahre anfangen würden, den Rückzug anzutreten, womit die Bedrohung der Regierungen – stets eher behauptet als real – wieder kleiner werden sollte.

Die Multis setzten sich aus weitgehend autonomen Unternehmen zusammen, die in den verschiedensten Ländern der Welt operierten und deren Beziehungen zur Muttergesellschaft im wesentlichen über die Finanzstruktur lief. Ford produzierte in Großbritannien eine ganz andere Modellreihe als Ford in Deutschland, und die Autos beider hatten wiederum nur wenig Ähnlichkeit mit denen der Muttergesellschaft in Dearborn, USA. Von den späten sechziger Jahren an verstärkte sich dann jedoch weltweit der Wunsch nach gemeinsamen Produkten. Das Ergebnis war, wie Theodore Levitt schrieb, eine „neue wirtschaftliche Realität – das explosive Entstehen globaler Märkte für global standardisierte Produkte, gigantische Weltmärkte von zuvor kaum vorstellbarer Größe." Er prophezeite, daß sich diese Bestrebungen in den siebziger und achtziger Jahren sowohl aneinander angleichen als auch ein höheres Niveau erreichen würden. Die Unternehmen, die das erkannten, würden „die Konkurrenten vernichten, die in behindernden, weil überholten Ansichten über das Funktionieren der modernen Welt befangen sind". Levitt predigte diese Botschaft schon lange, bevor die Saatchis ihn hörten, und es ist nur im

Rückblick möglich, den Wandel von „multinational" zu „global" zu erkennen.

Die Planungen der Saatchis erreichten 1970 noch nicht ganz globale Dimensionen. In der Vorbereitungsphase seines Fünfjahresplanes hatte Maurice das Umsatzwachstum in der Werbebranche studiert und nach seinen einzelnen Quellen aufgeschlüsselt. Jeder konnte sehen, wie sehr das Werbefernsehen dem Geschäft nützte. Für die Agenturen war es ein herrliches Medium, sie konnten erstmals zur Verdeutlichung ihrer Aussagen Ton und Bewegung einsetzen, die Zuschauer direkt daheim erreichen und eine Werbebotschaft im Verlaufe eines Abends mehrfach wiederholen. Bei einer Zeitungsanzeige ist es ja ganz dem Leser überlassen zu entscheiden, ob er sie lesen will oder nicht, und wenn ja, für welche Teile er sich interessiert. Beim Fernsehapparat – vor allem natürlich vor der Einführung der Fernbedienung – hatte man nur die Wahl, ihn anzuschalten oder nicht, und wenn ja, welches Programm, BBC oder ITV. Stark verbesserte Infratestverfahren hatten es schon möglich gemacht, Größe und Zusammensetzung eines Fernsehpublikums zu jeder beliebigen Zeit einigermaßen genau zu schätzen. Zudem steigerte das Fernsehen die Einnahmen der Agenturen ganz wesentlich, erhielten sie doch für jede Ausstrahlung eines Spots eine Provision von 15 Prozent.

Dennoch waren die britischen Agenturen jämmerlich schlecht auf das Werbefernsehen vorbereitet. Obwohl es hätte klar sein müssen, daß die Trends, die sich in den Vereinigten Staaten schon in den vierziger und fünfziger Jahren abzeichneten, am Ende auch für Großbritannien an Gültigkeit gewinnen würden, hatte selbst die neue Generation der Werbefachleute, Charles Saatchi eingeschlossen, den Hauptteil ihrer kreativen Arbeit auf dem Gebiet der gedruckten Werbemittel geleistet. Die frühen britischen Werbespots zeigen deutlich, wie unsicher ihre Schöpfer noch im Umgang mit dem neuen Medium waren – die Werbefilme waren viel zu lang, setzten auf Darsteller, Werte und Sprache der Mittelklasse, vermittelten ihre Botschaft quälend langsam und wiederholten sie beständig. Sie waren in schwarz-weiß gedreht und schlecht ausgeleuchtet. Genau besehen, handelte es sich um „Filmbearbeitungen" von nicht sonderlich guten Zeitungsanzeigen.

In ihrem Bemühen um die Qualität der Fernsehwerbung orientierten sich die Agenturen an der allein maßgeblichen Instanz, den

Vereinigte Staaten. „Die Fernsehwerbung war eine amerikanische Erfindung", schrieb David Bernstein in einem Essay über das Werbefernsehen. „Die britischen Agenturen studierten die amerikanischen Streifen. Wenn die Agentur in amerikanischem Besitz war, dann erteilten die Produzenten und Autoren ihren britischen Kollegen den entsprechenden Unterricht." Die amerikanischen Agenturen nahmen sich der britischen Produzenten an, was sich nicht immer als hilfreich erwies, denn diese sammelten dann ihre Erfahrungen im Rahmen gesponserter Programme, die es ja in Großbritannien gar nicht gab. Wie Terry Nevett, Professor für Marketing, in seinem Buch *Advertising in Britain* schreibt, war ein anderer Weg der, daß die in Großbritannien tätigen Agenturen „alternde Theaterleute anheuerten, deren Beitrag dann noch um einiges fragwürdiger war".

An diesem Zustand änderte sich im Verlauf der sechziger Jahre einiges, allmählich lernten die britischen Agenturen ihre Lektion. Im Jahr 1963 zum Beispiel gründete Jim Garrett seine eigene Produktionsfirma, die Werbespots für die Agenturen herstellte – und bald schon produzierten er und auch andere Arbeiten von hoher Qualität. Zu der Zeit, als schließlich die Saatchis ihre Agentur starteten, war das Werbefernsehen bereits erwachsen geworden. „Wir blickten alle voller Erwartung den siebziger Jahren entgegen, die uns die kreative Revolution bringen sollten, zehn Jahre nach den Vereinigten Staaten zwar, dafür aber hinsichtlich ihrer Langzeitwirkung sehr viel bedeutsamer", sagte Tim Bell später. „Es hat mich immer fasziniert, daß die amerikanischen Agenturen, die ja in den sechziger Jahren die britische Werbung beherrschten, nie die vorzügliche Arbeit, die sie bei sich zu Hause leisteten, in ihren kolonialen Außenposten, das Vereinigte Königreich, exportierten."

Die Saatchis erkannten auch noch einen anderen Trend zunächst nur sehr verschwommen, der sich später aber als überaus wichtig für sie herausstellen sollte, nämlich die Entwicklung hin zu sehr viel subtileren Formen der Finanzierung. Die späten fünfziger und die sechziger Jahre mögen ja eine Zeit des wirtschaftlichen Wachstums gewesen sein, aber es gab nicht sehr viele Werbeleute, die daran interessiert gewesen wären, ihre Agentur wie ein Wirtschaftsunternehmen zu betreiben. Das sollte sich bald ändern. Die kleineren Agenturen waren zumeist Personengesellschaften, und nach der britischen Steuergesetzgebung darf eine solche Gesellschaft kein Kapital bilden. Selbst wenn es sich um im Handelsregister eingetragene Gesellschaften handelte, waren diese zumeist zu einer Zeit gegründet worden, als dazu noch kein großes Kapital erforderlich gewesen war. Mit der Expansion wurde jedoch auch das Kapital wichtig, und manche Agentur mußte sich hoch verschulden, um die steigenden Media-Aufwendungen ihrer Kunden vorfinanzieren zu können. In dem Versuch, mit den Amerikanern zu konkurrieren, boten die britischen Agenturen zunehmend eine Vielzahl von kostenlosen, nicht mit der Werbung direkt verknüpften Diensten wie Marketing und Öffentlichkeitsarbeit an. Dabei griff man häufig auf amerikanische Mitarbeiter zurück, weil man ja in den Vereinigten Staaten über die größte Erfahrung auf diesen neuen Gebieten verfügte. Wie McMillan und Harris in ihrem Buch anmerkten, setzte sich die britische Werbeindustrie heftig gegen die Amerikaner zur Wehr, dies „aber notgedrungen mit Waffen, die in Amerika ausgewählt und entwickelt worden waren".

Der Konjunkturrückgang in der zweiten Hälfte der sechziger Jahre sowie die neue, verhaßte Selective Employment Tax bescherten der Werbeindustrie Arbeitslosigkeit und Fusionen. 1970 waren die meisten der nicht in amerikanischem Besitz befindlichen Agenturen, selbst solche mit großem Namen und gutem Ruf, finanziell so geschwächt, daß sie ein leichtes Opfer für Übernahmeangebote wurden. Charles und Maurice Saatchi war das von dem Augenblick an klar, da sie ihre eigene Agentur starteten, und sie waren jederzeit gewillt, sich diese Situation zunutze zu machen.

Ein paar Agenturen hatten den Gang an die Börse versucht, aber das war ein noch weitaus gefährlicheres Spiel. Die Werbeagenturen standen bei der City angesichts ihrer hohen Kosten, niedrigen Erlöse und der Tatsache, daß Lust und Laune eines Klienten sie wieder vom Markt verschwinden lassen konnte, in keinem hohen Ansehen. David Ogilvy hatte seine Agentur Ogilvy & Mather 1966 gleichzeitig an der New Yorker und an der Londoner Börse eingeführt, womit sie die erste und einzige war, die an beiden Plätzen gehandelt wurde – bis dann Saatchi & Saatchi fünfzehn Jahre später den gleichen Schritt tat. Aber selbst seine Aktien wurden nie ein begehrtes Papier, und Ogilvy, der so viel dazu beigetragen hat, das Erscheinungsbild der Werbeindustrie zu prägen, hat wohl nie die Wichtigkeit einer hohen finanziellen Bewertung begriffen. Das räuberische Treiben eines John Bentley, von dem im vorigen Kapitel ja bereits die Rede war, stand erst noch bevor, aber jede Agentur war sich dieser Gefahr nur allzu bewußt. Es war unvermeidlich, daß irgendwann einmal jemand – und das mußte ja nicht Bentley sein – entdecken würde, daß beispielsweise der Vermögenswert von S.H. Benson, 1893 gegründet und eines der am stabilsten etablierten Häuser, weit größer war als der Börsenwert. In diesem Falle war das Jacob Rothschild, der Benson dann für £ 4,9 Millionen erwarb und – entsprechend einer vorherigen Absprache – die Werbeagentur an Ogilvy & Mather weiterverkaufte, an deren Spitze eben jener David Ogilvy stand, der sich später so kritisch zu den großen Fusionen in der Werbebranche der achtziger Jahre äußern sollte. Rothschild behielt – wie Bentley – die Vermögenswerte zurück, und sein Handel mit Ogilvy ermöglichte es ihm, diese mit großem Gewinn auszuschlachten. Als Bentley das gleiche getan hatte, war er auf Entrüstung gestoßen – Rothschild aber wurde als Retter begrüßt.

Risiken der hier geschilderten Art mögen auch für die Entwicklung von Saatchi & Saatchi von einiger Bedeutung gewesen sein. Jedenfalls war man dort schon früh entschlossen, wenn irgend möglich nicht in Immobilien oder andere Sachwerte zu investieren, um so die Gefahr eine Übernahme zu verringern.

Im Augenblick jedoch konnten die Saatchis ihre Attacken noch ganz auf die Schwachstellen der Werbeindustrie konzentrieren. Sie konnten – und taten das ja in ihrer Anzeige in der *Sunday Times* auch – auf Untersuchungen verweisen, die gezeigt hatten, wie wenig wirksam die meisten gegenwärtigen Werbungen waren. Maurice förderte Untersuchungen von Gallup zutage, die zu dem Ergebnis gekommen waren, daß etliche vierfarbige Anzeigen in einer Tageszeitung nur von ganzen 5 Prozent der Leser wahrgenommen worden waren. „Die schiere Macht der Werbung ist allemal so groß, daß sie auch noch bei einem Mangel an Durchdringung erfolgreich zu sein vermag, der für manch eine andere Industrie das sichere Ende bedeuten würde", merkte er dazu an. Weitere Untersuchungen bestätigten noch eine andere Ansicht. Wie die Saatchis in ihrer Anzeige schrieben, war festgestellt worden, „daß sich viele Herstellerfirmen ganz schlicht ... zu solchen Werbezielen bekannten wie ‚Imageverbesserung für Produkte unseres Hauses' oder ‚Verbesserung des Images des Unternehmens' oder ‚Schaffung von Markenbewußtsein'. Diese Ziele rangierten für sie vor dem der ‚Absatzsteigerung', das irgendwie als minderwertig angesehen wurde. Da haben wir ein Beispiel für einen altbekannten Managementfehler – man stellt die Mittel über den Zweck."

In späteren Jahren sollte Saatchi & Saatchi nicht davor zurückschrecken, selbst Werbung dieser Art zu produzieren, aber im September 1970 war man noch eifrig darauf bedacht, einen Großteil der von der Werbebranche allgemein akzeptierten Vorstellungen und Glaubenssätze aufs Korn zu nehmen.

Was sich in der Londoner Werbelandschaft wahrscheinlich mehr als alles andere veränderte, waren die Menschen. 1970 war die Vorkriegs-Generation in der Werbeindustrie fast gänzlich abgetreten. Was dann unmittelbar nach 1945 eingeströmt war, das waren nicht selten Männer gewesen, die schon über dreißig Jahre alt und bei der Werbung gelandet waren, weil ihnen eben nichts anderes eingefallen war. Dann aber kam das Werbefernsehen und machte die Werbung erstmals zu einer aufregenden und attraktiven Sache. „Die Generation, die in den späten fünfziger und sechziger Jahren anfing, veränderte nicht nur das Werbefernsehen, sondern zugleich auch die Agenturen selbst", sagt Bell. Das Auftreten zunächst von Collett Dickinson Pearce, dann von Saatchi & Saatchi und Boase Massimi Pollitt als besonders kreative Werbeagenturen sollte sich nachhaltig auf die Werbeindustrie auswirken. 1970 kam den Printmedien mit Blick auf die Werbung nur noch eine unterstützende Funktion zu – man bediente sich ihrer vornehmlich dann, wenn die Einzelheiten eines Produkts oder eines Angebots so kompliziert waren, daß es ausführlicher Erklärungen bedurfte. In einer durchschnittlichen Agentur, die die Werbung für eine Vielzahl von Verbrauchsgütern machte, entfielen nun 85 bis 90 Prozent des Etats auf die Fernsehwerbung. In kleinerem Umfange gab es noch die Kino- und Radiowerbung, aber die Vormachtstellung des Fernsehens war eindeutig.

Es ist nicht uninteressant, den relativen Standort von Saatchi & Saatchi und der damals führenden Agentur, nämlich J.Walter Thompson, im Jahr 1970 zu betrachten. Zwischen den beiden Weltkriegen war JWT der Konkurrenz haushoch überlegen gewesen. 1970 war diese Agentur, obwohl der Abstand zu den Verfolgern kleiner geworden war, noch immer die Nummer Eins – mit einem Umsatz von über £ 24 Millionen und einem Gewinn von mehr als £ 300 000. Charles Saatchi startete seine Agentur mit ganzen neun Mitarbeitern – JWT beschäftigte allein in London über 1000. Saatchi & Saatchi hatte fünf Etats, großzügig ausgelegt, JWT verwaltete 100. JWT hatte überall auf der Welt Büros und Niederlassungen mit noch einmal 1000 Mitarbeitern – die Saatchis hatten ihr Büro am Golden Square, Erdgeschoß und Souterrain. Es war gänzlich undenkbar, daß Saatchi & Saatchi jemals in der Lage sein würde, JWT herauszufordern – oder doch? Douglas C. West, der die Geschichte des Hauses JWT von 1919 bis 1970 geschrieben hat, behauptet, daß 1970 „der Wettbewerb mit der damals noch winzigen Agentur Saatchi & Saatchi seinen Anfang nahm, der bis zum heutigen Tag andauert". Zumindest er nahm also die Sache ernst, wenn auch erst im Nachhinein. JWT sah das alles 1970 noch nicht so, und auch die Kunden dieser Agentur erst recht nicht.

Die Eröffnungs-Anzeige in der *Sunday Times* erschien am 13. September, und *Campaign* brachte schon am Freitag davor einen Aufmacher unter der Überschrift „Saatchi startet Agentur mit £ 1 Mill.". Die Agentureröffnung war das beherrschende Thema der Ausgabe dieser Woche. Die Zeitschrift brachte auch Fotos von den Brüdern – Charles, das Haar nun von dezenter Länge, in hellem Anzug und mit gestreifter Krawatte, und Maurice, das Haar länger, gesetzter in dunkles Tuch gekleidet. Der Artikel verkündete, daß Charles, „Teilhaber und Texter der angesehenen Werbeberatung Cramer Saatchi", sich nun selbständig mache. Er werde fünf Etats mit einem Gesamtvolumen von eine Million Pfund verwalten, hieß es da. Maurice wurde erst im vierten Absatz erwähnt – er werde für Kundenwerbung und das „Marketing der Agentur" zuständig sein.

Der *Campaign*-Artikel enthielt ein paar Irrtümer, die zum Bestandteil der Saatchi-Legende wurden. Auch die großzügigste Etatberechnung hätte niemals ein Volumen von einer Million Pfund nur annähernd ergeben können – die Mitarbeiter der Agentur meinen, daß die betreuten Etats zusammen nicht mehr als £ 250 000 wert gewesen seien und „Charlie nur die Entwicklung vorwegnahm, wie er das immer tat." Das ist ein für ihn typischer

Wesenszug: Verkünde, du habest den und den Umsatz gemacht – und dann zieh los und mach ihn.

Ferner war da die Frage der Geldgeber – kein Wort von Mary Quant, ihrem Mann oder Lindsay Masters. „Die Agentur wird von einer Finanzgruppe der City und einer beträchtlichen Investition des älteren Bruders getragen." Es wäre wohl auch ein wenig peinlich für *Campaign* gewesen, hätte man darüber schreiben müssen, daß der eigene Boß zu den Anteilseignern der neuen Agentur gehörte, auch wenn sich Masters nur zögernd und dann in bester Absicht beteiligt hatte. Sein kurzes finanzielles Engagement blieb jahrelang ein Geheimnis.

Natürlich gab es keine „City-Gruppe", es sie denn, man bezeichnete die Plunket-Greenes als „City", weil sie sich regelmäßig in der dortigen Kanzlei von Vanni Treves zu Besprechungen mit Maurice über die Beteiligung getroffen hatten. Ebensowenig traf es zu, daß der „ältere Bruder" tief in die Tasche gegriffen hatte – Charles hatte zum Kapital nichts beigesteuert.

Im Innenteil brachte *Campaign* ein ganzseitiges „Porträt" der neuen Agentur, dazu Interviews mit beiden Brüdern, die sich im Gegensatz zu ihrer späteren legendären Zurückhaltung recht gesprächig gezeigt hatten. „Beide sind leicht erregbar, hören sich sehr ähnlich an, benutzen die gleichen Ausdrücke (die meiste Werbung ist entweder ‚phantastisch' oder ‚Scheiße'). Wenn der eine zu reden aufhört, nimmt der andere sofort den Faden auf und spricht weiter. Beide sind von dem ansteckenden Enthusiasmus des anderen ganz erfüllt."

Charles legte großes Gewicht auf den Kreativbereich und hob dabei die Bedeutung von zwei neuen Mitarbeitern der Agentur besonders hervor: Ron Collins kam von Doyle Dane Bernbach, Alan Tilby von Collett Dickinson Pearce (wo auch Collins zur gleichen Zeit wie Charles gearbeitet hatte). „Kreativität ist die Hauptaufgabe und die eine der beiden Serviceleistungen, die eine Agentur ausschließlich anbieten sollte – die andere ist der Media-Einkauf", sagte Charles. „Diese beiden Leistungen sind erforderlich, damit eine Agentur ihre einzige Funktion erfüllen kann: die Produkte des Kunden zu verkaufen. Andere Aufgaben gibt es für uns nicht." Charles ging auch auf das ein, was er schon den ganzen Sommer über gepredigt hatte, daß es bei ihnen keine eigenen Kontakter geben werde, sondern daß alle im kreativen Bereich tätigen Werbefachleute direkt mit den Klienten zusammenarbeiten würden. „Alle unsere kreativen Leute müssen sich wie Verkäufer verhalten", sagte Charles. „Sie müssen sich beständig in die Lage des Kunden versetzen. Sie müssen sich selbst in der Position dessen sehen, der ein ganzes Lager voll von dem Produkt hat, das da gerade verkauft werden soll. Die meisten Agenturen haben ihre Basisfunktion – das Verkaufen – durch Legenden und Geheimniskrämerei um Marketing und Marktforschung ersetzt. Sie und ihre Kunden sind viel zu hochgestochen geworden, wiewohl Werbung doch etwas gar nicht Hochgestochenes ist. Werbung ist ein einfaches Geschäft."

Es zahlt sich aus, diesen Kommentar noch eingehender zu betrachten, nicht zuletzt deshalb, weil er zu den längsten gehört, die Charles jemals veröffentlicht hat. Darin steckt eine ganze Menge Scheinheiligkeit, hat er selbst doch später Kundenkontakt geradezu verabscheut. Er mag ja durchaus ernsthaft der Ansicht gewesen sein, daß sich alle seine mit der Gestaltung der Werbung befaßten Mitarbeiter besser direkt mit den Klienten auseinandersetzen sollten als in traditioneller Manier einen Kontakter zwischenzuschalten, aber er hatte durchaus nicht die Absicht, das auch auf sich selbst zu beziehen. *Campaign* erlaubte sich diesbezüglich eine skeptische Bemerkung: „Es wird interessant sein zu sehen, ob sich das Konzept in der Praxis als so sinnvoll erweisen wird, wie es die Gebrüder Saatchi ganz entschieden glauben." Die weitere Entwicklung sollte zeigen, daß es das nicht war.

Aber noch etwas anderes ist aufschlußreich an diesem Interview. 1970 boten laut Charles die meisten Londoner Agenturen zusätzliche Leistungen wie etwa eine gründliche Marktforschung oder eine Erfolgskontrolle an. JWT hatte schon 1964 sogenannte „kreative Workshops" geschaffen, die ermitteln sollten, wie Werbung eigentlich funktioniert. Aufgrund der Ergebnisse dieser Untersuchungen hatte man dann ein kompliziertes System entwickelt, das die Bezeichnung „T-Plan" erhielt und davon ausging, daß Werbung ein „Stimulus" sei, der einen „Respons", eine Reaktion erzeuge. Andere Agenturen entwickelten ihre eigenen Varianten, die alle dem Versuch dienten, zu einer technisch-wissenschaftlichen Disziplin zu machen, was bislang davon weit entfernt gewesen war. Charles aber wollte von all dem nichts wissen. Forschung? Wenn er die brauchte, dann würde er sie kaufen. Bei

Werbung handelte es sich allein darum, den Absatz der Waren oder Dienstleistungen eines Kunden zu steigern. Gute kreative Arbeit und ein guter Media-Einkauf – das war alles, worum es da ging. „Sie werden sagen, daß wir keine der zusätzlichen Leistungen anbieten. Dann werden wir sagen: ‚Wir verstehen einfach nicht, welche anderen das denn sein sollen.' Aber was immer wir sagen, sie werden es nicht verstehen."

Es ist nicht schwer, die Schwachstellen in den Aussagen von Charles zu entdecken. Er hatte noch nie eine eigene Agentur geleitet und würde schon bald einige wichtige Lektionen erhalten. Saatchi & Saatchi bietet seinen Klienten heute jeden nur erdenklichen Service an – von der Werbung bis zur Unternehmensberatung und Dienstleistungen wie Rechtsgutachten, Verpackung, Direktverkauf und Öffentlichkeitsarbeit. Und doch zeigt das, was Charles sagte, auch ein gewisses Maß an Folgerichtigkeit. Für ihn war – und ist – Werbung eine im Grunde genommen einfache Sache. Seine ganz spezielle Gabe war es, einen komplizierten Sachverhalt in eine knappe, zielgerichtete Botschaft umsetzen zu können. Das leistete er in seinen besten kreativen Augenblicken und das hämmerte er seinen Mitarbeitern beständig als das wichtigste ein. Seine außergewöhnliche Fähigkeit, den „Jargon" und die Verwicklungen zu durchschauen, die sich unausweichlich in jeder Branche einschleichen, ist stets eine der Säulen gewesen, auf denen Saatchi & Saatchi ruhte – und das nicht nur als kleine Werbeagentur, sondern auch als voll entwickeltes Großunternehmen. Charles hatte schon damals das Gefühl, daß wissenschaftliche Untersuchungen und andere moderne Verfahrensweisen dem eigentlichen Zweck der Werbung auch im Wege stehen können, der letztlich einzig und allein der Verkauf ist.

Saatchi & Saatchi bestand eben eine Woche, als John Hegarty bei einem Empfang Doris Dibley kennenlernte, die ihm einige Scheu einflößte. Die großgewachsene, langbeinige amerikanische Werbetexterin tauchte immer häufiger in der Gesellschaft von Charles Saatchi auf, und es war Hegarty bald klar, daß die beiden mehr als nur Freundschaft miteinander verband.

„Na, wie steht's denn so, John", erkundigte sich Doris.

„Es läuft ganz großartig, Doris", sagte Hegarty. „Man hat einfach das Gefühl, daß sich da was bewegen wird. Es ist nicht wie bei anderen. Die Art, wie das Büro gestaltet ist, die Art, wie das alles aussieht, das Gefühl, daß das etwas ganz Neues in der Werbung ist – ich glaube wirklich, daß da etwas Großes draus wird."

Das bedeutete nun freilich nicht, daß das Leben am Golden Square bequem gewesen wäre. Von Anfang an war die Atmosphäre spannungsgeladen, und das nicht immer nur in positivem Sinne. Und doch erinnern sich die meisten derer, die damals zur Saatchi-Mannschaft gehörten, später an diese Zeit als an das „Goldene Zeitalter" von Saatchi & Saatchi, womit ebenso auf die historische Epoche wie auf die Firmenadresse angespielt wird. Ron Collins, der um einige Jahre älter war als die anderen, konnte sich nur schwer eingewöhnen und dem Schrittempo anpassen, das Charles forderte. Andere dagegen fühlten sich dabei überaus wohl. Tim Bell, der eigentlich als Media-Einkäufer eingestellt worden war, spielte schon bald eine weit bedeutendere Rolle, nicht zuletzt auf Grund seiner Persönlichkeit. Wie selbstverständlich wurde er innerhalb nur weniger Monate zur Nummer Drei nach Charles und Maurice. Nicht, daß das eine allzu große Bedeutung gehabt hätte – es war nie und nimmer eine Frage, wer der Boß war.

Charles war vom frühen Morgen bis zum späten Abend in seinem kleinen Reich unterwegs. Obwohl zwei der abgetrennten Räume im hinteren Teil des Büros, in dem alle anderen saßen, für Maurice und ihn vorgesehen waren, konnte man ihn selten dort antreffen. „Das Büro von Charles war immer da, wo er sich gerade befand, und das war gelegentlich auch mitten auf meinem Tisch, wo er dann mit übergeschlagenen Beinen hockte, und sich die anderen alle um ihn versammelten, um ihm ihre Einfälle und Vorschläge zuzurufen", erzählt John Hegarty.

Obwohl Charles so lebhaft wie eh und je war, entdeckte Hegarty, der ihn von allen schon am längsten kannte, doch einen ganz neuen Zug an ihm. „Von dem Tag an, da Charlie den Entschluß gefaßt hatte, eine eigene Agentur aufzumachen, veränderte er sich vollkommen", sagt er. „Aus diesem verrückten Kreativen, der schrie und zeterte und aus Konferenzen stürmte, wurde plötzlich ein Geschäftsmann. Er ließ sich die Haare abschneiden, er trug dezente Anzüge, er kaufte sich Club-Krawatten, die zu tragen er nicht die geringste Berechtigung hatte, ging zu Turnbull & Asser und ließ sich Hemden schneidern. Es war unglaublich."

Charles betonte allen anderen gegenüber immer und immer wieder, wie wichtig es sei, den Eindruck zu erwecken, daß die Agentur größer, beschäftigter und etablierter sei, als sie es in Wirklichkeit war. Die Büros waren schon diesem Ziel entsprechend gestaltet worden. Und Maurice setzte noch eines drauf, als er Bill Atherton beauftragte, für Saatchi & Saatchi einen dezenten Briefkopf zu entwerfen. „Laß uns wie ein Bankhaus aussehen", instruierte er ihn.

In diesen Anfangszeiten kümmerte sich Charles auch noch selbst um Kunden – und das mit Geschick und Zuvorkommenheit. Niemand in der Agentur hatte auch nur den geringsten Zweifel, daß er überaus charmant und umgänglich sein konnte, wenn er wollte, aber alle hatten seine Laune auch schon in Wut und Verachtung umschlagen sehen und ihn sich in einen Menschen verwandeln sehen, der es fertigbrachte, Klienten – wie bedeutend sie auch immer sein mochten – zu behandeln, als seien sie seine Untergebenen. Mehrere Monate lang aber war er, obwohl er im Büro herumtobte und nach größeren Anstrengungen, mehr Aufträgen und besseren Ideen schrie, den Kunden gegenüber bemerkenswer beherrscht. „Es war, als ob da jemand einen Schalter umgelegt hätte", meint Hegarty. „Er legte größten Wert darauf, das richtige Image und die richtige Publicity zu bekommen. Wenn Klienten hereinkamen, dachten die wahrscheinlich bei sich: ‚Mensch, ich muß mit diesen Kreativ-Freaks reden, und die tragen wahrscheinlich alle psychedelische Hemden oder sowas', aber stattdessen trafen sie auf Charles und der sah aus wie ein eleganter Bankmanager."

Während Charles die kreative Produktion bestimmte, Präsentationen vorbereitete und auch selbst durchführte, kümmerte sich Maurice um die Beschaffung weiterer Aufträge. Er hatte bei Haymarket einiges gelernt und dort die nervtötenden, aber höchst wirkungsvollen Methoden übernommen, die Michael Heseltine so erfolgreich für sich zu nutzen verstanden hatte. Der wichtigste Grundsatz war, daß man umso mehr Aufträge bekam, je mehr man herumtelefonierte – etwas, was in der Werbeindustrie gänzlich unbekannt war, wo sich die Agenturen üblicherweise auf Verbindungen, mündliche Empfehlungen und ihren guten Ruf verlassen hatten. Maurice äußerte sich Charles gegenüber höchst begeistert über die Methoden von Haymarket, und dieser erkannte schnell die Möglichkeiten, die sie der neuen Agentur eröffneten. Haymarket war – unter der Regie von Heseltine und Masters – wahrscheinlich der damals fortschrittlichste Verlag, was den organisierten Verkauf von Anzeigenraum betraf. Die Saatchis gedachten nun, die gleiche Technik, ja, das gleiche Namens- und Telefonverzeichnis zu nutzen, um weitere Etats zu akquirieren. Haymarket verlangte von seinen Verkäufern 25 Anrufe täglich, denn das hielt man für das Maximum dessen, was sich vernünftigerweise bewältigen ließ. Und von der Geburtsstunde der Agentur Saatchi & Saatchi an saß Maurice in einem der kleinen rückwärtigen Büros und arbeitete sich durch einen Karteikasten von Firmennamen hindurch – fünfundzwanzig an jedem Tag.

Noch nach Jahren kann Maurice seine kleine Einführung auswendig hersagen: „Hallo, mein Name ist Maurice Saatchi und wir sind eine neue Werbeagentur. Obwohl Sie wahrscheinlich im Augenblick durchaus mit der für Sie arbeitenden Agentur zufrieden sind, meine ich doch, daß es für Sie interessant sein könnte, einmal mit uns zu reden und sich eine Präsentation anzusehen, die wir gern für Sie vorbereiten."

Selbst für die jüngeren Mitglieder des Teams bedeutete diese Methode der Kundenwerbung einen Schock. Keiner hatte dergleichen je erlebt – oder auch nur davon gehört. Das Vorgehen verstieß gegen alle Regeln der Branche, nach denen eine solche „Kaperei" ausdrücklich untersagt war. Die Saatchis hatten sich jedoch noch nie viel um Konventionen gekümmert, und schon bald beteiligte sich auch Tim Bell an diesen Telefonaktionen. Selbst Charles schnappte sich in ruhigeren Augenblicken eine Kartei und rief Firmen an, wobei er allerdings nie seinen eigenen Namen nannte, sondern den von Bell, Ron Collins, Jeremy Sinclair oder auch einen frei erfundenen benützte.

Und die Sache funktionierte. „Die Leute kamen in Strömen zu uns herein", berichtet Hegarty. „Es war einfach phänomenal." Die Umsetzung dieses Erfolges in tatsächliche Aufträge war natürlich eine ganz andere Sache, aber man war sich im klaren darüber, daß das seine Zeit brauchen würde. Sie legten erst einmal das Fundament, streuten die Saat aus. „Man kriegt jemanden dazu, zu einem Gespräch vorbeizukommen, und drei Monate später erinnert er sich dann an einen und kommt wieder. Sechs Monate später überprüft er seinen Etat und sucht einen dann vielleicht erneut auf", erklärte Maurice den anderen – just so, wie einst Heseltine ihm die Sache nahegebracht hatte.

Viele Marketing-Chefs waren indigniert, wenn sie solche Anrufe à la „Mein Name ist Maurice Saatchi" erhielten, aber das scherte niemanden am Golden Square. Bell und Maurice machten es zu einem kleinen Spielchen, die besten Begründungen für einen ablehnenden Bescheid zitieren zu können, und alles bog sich vor Lachen, wenn sie aus ihren Büros im Hintergrund herausgewankt kamen und die neueste Ablehnung vortrugen. In diesen ersten Wochen lernten alle sehr schnell, den jüngeren Saatchi wegen seiner Disziplin, seines Einsatzes und auch seines Humors zu respektieren und zu schätzen.

„Maurice war großartig", sagt Hegarty. „Er kam oft aus seinem Büro, verkündete etwa: ‚Wieder hat einer den Hörer auf die Gabel geknallt', und lachte sich kaputt. Und Charles stimmte in das Gelächter ein und sagte dann: ‚Los, mach daß du hineinkommst, Gelächter, du hast noch 24 Anrufe zu machen.' Und Maurice kehrte an seinen Platz zurück und hängte sich wieder an sein altes Telefon."

Wenn der Marketing-Mann am anderen Ende der Leitung aber Interesse zeigte, dann lud Maurice ihn ein, zum Golden Square zu kommen und sich eine „Hauspräsentation" anzusehen. Marketing-Leute waren so etwas gewöhnt, und außerdem wurde so viel über die neue Agentur geredet, daß sie hinreichend neugierig waren, um sich das einmal anzusehen. Und dann erlebten sie eine Überraschung. Normalerweise stellte sich eine Agentur bei so einer Präsentation dem Kunden vor und erzählte ihm alles, was dieser über sie wissen sollte, nicht aber das, was sie über ihn wußte. Maurice jedoch machte seine Hausaufgaben stets mit großem Fleiß, und wenn dann der Eingeladene erschien, unterbreitete er ihm im Verlauf des Gesprächs auch eine Analyse seiner Position, so wie er – Maurice – sie beurteilte. „Das wurde bald zu so etwas wie einem Witz in der Agentur, wo die Leutchen oft sagten: ‚Großer Gott, du hast wohl unsere jüngsten Untersuchungsergebnisse zu Gesicht bekommen!'", erinnert sich ein Saatchi-Mann. Diese Vorgangsweise war zwar ein einfaches, aber wirkungsvolles Stück Marketing – Maurice nutzte die Firmenkartei und die gesammelten Zeitungsausschnitte gut, und oft genügte ihm eine einstündige Recherche, um die grundlegenden Probleme oder

Möglichkeiten eines Unternehmens benennen zu können.

Maurice selbst erinnert sich an diese Zeit mit gemischten Gefühlen. Sie war für ihn sehr hart, zugleich aber auch sehr anregend. Er und sein Bruder bauten eine eigene Firma auf und verdienten ein Vermögen! Sie holten sich David Perring für die finanziellen Dinge – er ist noch immer bei ihnen –, aber Maurice blieb doch zusätzlich zu der Jagd auf neue Kunden, der Vorbereitung und Durchführung von Präsentationen und den Jobs, die er schnell übernahm, wenn irgendwo einer ausfiel, auch noch die Aufgabe, der Gruppe der Anteilseigner, die durch Lindsay Masters und die Plunket-Greenes repräsentiert wurde, Bericht zu erstatten. Das bedeutete, daß er alle paar Monate in der Kanzlei von Vanni Treves erscheinen mußte, um dort den Stand der Entwicklungen zu erläutern. Treves erinnert sich, daß der jugendliche und schlacksige Maurice damals eine seltsame Mischung von Scheu und Zuversicht an den Tag legte, wenn er bei diesen Treffen die neuesten Zahlen präsentierte. Jahre später stellen die Sitzungsprotokolle eine überaus interessante Lektüre dar. „Maurice Saatchi berichtete, daß er sich wegen des monatlichen Mietzinses von £ 1100 Sorgen mache", heißt es da etwa. Aber wenn sich Maurice tatsächlich Sorgen machte, dann war er nach Einschätzung von Treves der einzige, der das tat. Die Anteilseigner jedenfalls waren mehr als zufrieden mit ihrer Investition und mit der Qualität der Berichte. Diese Zusammenkünfte begründeten die lebenslange Beziehung zwischen Treves und den Saatchis, vor allem aber auch die große Hochachtung, die Treves vor Maurice hat.

Vom ersten Tag an waren alle schwer beschäftigt. Der wichtigste Etat war noch immer der des HEC, und man arbeitet zu diesem Zeitpunkt mit Hochdruck an einer neuen Kampagne gegen das Rauchen. Der „schwangere Mann" hatte die Erwartungen hoch gespannt, und Charles wußte, wieviel darauf ankam, daß sie diese neue Kampagne richtig hinbekamen. Es handelte sich diesmal nicht um eine einfache „Werbung", sondern um eine Aktion, die auf eine „Einstellungsänderung" abzielte – etwas, das in dieser Art in Großbritannien zum ersten Mal versucht wurde. Der erste Fernseh-Werbespot der neuen Agentur zeigte von einer Klippe ins Meer springende Lemminge, und immer wieder dazwischen eingeblendet Bilder von Pendlern in London, die Zigaretten rauchend über die Waterloo Bridge hasteten. Die Stimme im Off sagte dazu:

„In der Arktis gibt es ein seltsames Nagetier, Lemming genannt, das sich Jahr für Jahr von einer Klippe stürzt. Als wollte es sterben. In Großbritannien gibt es Tausende von Männern und Frauen, die Jahr um Jahr Zigaretten rauchen. Als wollten sie sterben."

Die Kampagne, ein Werk von Jeremy Sinclair, erwies sich als ebenso kontrovers wie viele der früheren Arbeiten von Charles – genau das, was er hatte erreichen wollen. „Das war der Durchbruch für Saatchi & Saatchi", meint Tim Bell, „denn der Streit darüber sorgte dafür, daß sich die Tageszeitungen mit der Agentur befaßten – etwas, was im Verlauf der Jahre immer häufiger geschah, bis sie wirklich zu einem Begriff geworden war." Zusätzlich zu den Fernsehspots wurde noch eine Anzeigenserie produziert, die zum Beispiel einen Quizmaster zeigte, der versprach, daß man für vierzig Zigaretten am Tag eine chronische Bronchitis gewinnen würde. Eine andere Anzeige, die wiederum von Jeremy Sinclair stammte, trug die Überschrift: „Ich gewöhnte mir das Rauchen dadurch ab, daß ich Pflaumen aß." Darunter standen drei Spalten Text, mit hilfreichen Vorschlägen, wie man sich das Rauchen abgewöhnen konnte – zum Beispiel durch Pflaumenessen, Kaugummikauen und sogar durch Hypnose. „Über jede dieser Anzeigen wurde gesprochen", sagt Bell.

All das war nicht ganz frei von Scheinheiligkeit. Einige Saatchi-Mitarbeiter waren Kettenraucher, und Charles, der angekündigt hatte, er werde das Rauchen aufgeben, blieb Gelegenheitsraucher. Ron Collins erinnert sich, wie eines Tages ein Fernsehteam aufkreuzte, um ein Gespräch mit Charles über die Anti-Raucher-Kampagne aufzuzeichnen. Dieser sprach stockend und war nervös, und es bedurfte mehrerer Aufnahmen, bis er endlich seine rechtschaffene Verurteilung des Rauchens überzeugend hinbekommen hatte. Von dieser Erfahrung total erschöpft, wartete er, bis das Aufnahmeteam endlich fort war, und sagte dann: „Scheiße, gib mir mal einer 'ne Zigarette. Ich muß unbedingt mal eine rauchen." In jenen frühen Tagen konnte er eine Tugend daraus machen, daß er gegen das Rauchen war, auch wenn der Raum, in dem er arbeitet, total verqualmt war.

Einige Agenturen fanden es zeitgemäß, sich damit brüsten zu können, daß sie keine Zigaretten-Etats zu den ihren zählten. Bill Bernbach in New York war 33 Jahre lang stolz auf diese Abstinenz gewesen, aber nur elf Wochen nach seinem Tod übernahm seine

Agentur, Doyle Dane Bernbach, die Betreuung von Philip Morris. Auch Ogilvy & Mather nahm viele Jahre lang eine solch ablehnende Haltung ein. Bei Saatchi & Saatchi dauerte es bis 1983, bis man dort – nach der Trennung vom Health Education Council – den ersten Zigarettenhersteller („Silk Cut") als Kunden übernahm, für den man unter anderem eine (später preisgekrönte) Anzeige gestaltete, auf der eine Schere zu sehen war, die in Seide schnitt. Bis heute ist dieser Interessenkonflikt – hier die Gestaltung von Kampagnen gegen das Rauchen, da die Arbeit für die Hersteller von Zigaretten – unaufgelöst geblieben. So geriet Saatchi & Saatchi beispielsweise im April 1988 in die Schlagzeilen, als RJR Nabisco, der amerikanische Nahrungsmittel- und Tabakkonzern, seinen Etat bei Saatchi um 84 Millionen Dollar kürzte, weil eine andere Agentur des Saatchi-Konzerns einen Werbespot für Northwest Airlines produziert hatte, in dem Passagiere gezeigt wurden, die ein allgemeines Rauchverbot in Flugzeugen entschieden begrüßten. Die Tatsache, daß Saatchi & Saatchi keine der von Nabisco hergestellten Tabakwaren betreute, änderte nicht das geringste.

Ron Collins und Alan Tilby galten als die beiden „Schwergewichte" im Bereich der kreativen Gestaltung – sie waren ja auch geholt worden, um den Ruf des Teams, das aus zumeist noch unbekannten jungen Leuten bestand, festigen und vergrößern zu helfen. Collins und Tilby wurden auf den Jaffa-Etat angesetzt. Sie entdeckten schon bald, daß sie nicht gut miteinander auskamen, obwohl sie einen der vier großen weißen Tische ganz für sich hatten. Collins hatte bei CDP und bei Doyle Dane Bernbach eine Reihe von Auszeichnungen gewonnen. Seine Kampagne für den Cognac Martell – mit Bildern von Szenen in Frankreich, darunter ein Hochzeitsempfang im Freien – hatte ihm eine beträchtliche Reputation verschafft. Gewissenhaft und gründlich wie er war, war es ihm lieb, wenn er einige Wochen Zeit hatte, um für ein bestimmtes Projekt zu recherchieren und in Ruhe darüber nachzudenken. Er war ganz und gar nicht damit einverstanden, daß in den meisten Agenturen der Art Director hinter dem Texter rangierte, und er war entschlossen, dies bei Saatchi & Saatchi zu ändern. Tilby, ein kleiner, gedrungener Mann, der erheblich weniger „geschliffen" war als der stilbewußte Collins, irritierte diesen dadurch, daß er die Füße auf den Tisch zu legen pflegte, während er unablässig Texte und Bilder aus Zeitungen und Zeitschriften ausschnitt. Wie Collins, so war auch Tilby ein gewissenhafter Arbeiter und fand es ebenfalls schwer, sich auf das Arbeitstempo einzustellen, das Charles verlangte.

Die anderen beiden Teams, also Jeremy Sinclair und Bill Atherton an einem Tisch, und John Hegarty und Chris Martin an einem dritten, waren mit dem Arbeitsstil von Charles Saatchi schon vertraut, also mit dem ständigen Druck, schnell und gut arbeiten zu müssen (das „Zwei Anzeigen pro Tag"-Syndrom), mit dem ständigen Angetriebenwerden und der Ungeduld, mit der manchmal brüsken Ablehnung von Material, das vorzubereiten Wochen gedauert hatte – und mit der besonderen Gabe von Charles, das Wesen eine Kampagne so schnell erfassen zu können. Collins und Tilby, die beiden einzigen Neuen im kreativen Bereich, konnten sich mit diesem Arbeitsstil überhaupt nicht anfreunden, weshalb die anderen sie für „primadonnenhaft" hielten. Chris Martin meint, die beiden seien „nicht sehr beeindruckt von dem Saatchi-Unternehmen" gewesen, eine Feststellung, die durch die Gespräche mit ihnen bestätigt wird. Das Ziel der Jaffa-Werbung war es, die Briten dazu zu bringen, mehr israelische Zitrusfrüchte zu essen, vor allem die wenig geschätzte Pampelmuse. Collins und Tilby fanden die Zeile „Und bisher haben Sie nur Zucker darauf gestreut" – womit suggeriert werden sollte, daß man Pampelmusen auf verschiedenste Weise verzehren konnte. Für einen Mann mit den Gaben Ron Collins war das alles fades Zeug, aber er mühte sich trotzdem redlich. Als Charles sich verächtlich über seine Arbeit ausließ, stiefelte er aus dem Büro und wurde ein paar Tage lang nicht mehr gesehen. Als er dann zurückkehrte, entdeckte er, daß Charles seine Kampagne abgesegnet hatte – die später auch ausgezeichnet wurde.

Das aber war alles noch nichts im Vergleich mit dem Streit, der zwischen ihm und Tim Bell, der ja inzwischen hauptsächlich als Kontakter arbeitete, ausbrach, als dieser es einmal gewagt hatte, eines seiner Layouts abzuändern. Die häufigen Zusammenstöße zwischen den beiden sind in der Branche Legende geworden. Damals stürmte Collins in das Büro von Charles Saatchi und drohte mit seiner Kündigung. In dem großen Büro draußen wurde es ganz still, als die Stimmen in dem kleinen immer lauter wurden. Drei Leute – Ron Collins eingeschlossen – haben den Höhepunkt dieser Auseinandersetzung geschildert, der erreicht war, als Charles plötzlich schrie: „Wer, zum Teufel, glaubst du eigentlich, wer du bist, Ron – Michel Scheißer Angelo, oder was?"

Collins erlebte oft aber auch einen ganz anderen Charles. Einer der neuen Klienten von Saatchi & Saatchi war ein Londoner Geschäft mit Namen Escalade. Das war ein kleiner Etat. Collins erinnert sich, daß er den Kunden einmal aufsuchte, um mit ihm die neueste Zeitschriftenanzeige durchzusprechen, auf der ein paar in Frankreich hergestellter Jeans zu sehen sein sollten, die Escalade für £ 5,25 anbieten wollte – damals ein recht hoher Preis für Jeans. Collins kam nach der Besprechung in das Büro zurück und klagte, daß ihm dazu überhaupt nichts Besonderes einfiele. Charles schnappte sich sofort Stift und Papier und sagte:

„Also, dann laß uns mal sehen. Das sind französische Jeans, ja? Was heißt ‚französische Jeans' auf Französisch?"

Collins' Schulfranzösisch reichte aus, um ihn zu „Les Jeans Français" gelangen zu lassen.

Charles notierte sich das. „Und was können wir sonst noch über sie sagen?"

Collins meinte zögernd, daß die Jeans sowohl von Männern als auch von Frauen zu tragen seien.

„Gut", sagte Charles. „Was heißt das auf Französisch?"

Collins diktierte ihm „pour un homme et une femme" und fügte noch das Wort „Escalade" an. Charles und er setzten sodann in Gemeinschaftsarbeit die Schlußzeile darunter: „Une belle bargain à £ 5.25".

Sie hatten dafür ganze zehn Minuten gebraucht. Charles warf den Stift auf den Tisch und sagte: „Also los, beschaff ein schönes Bild mit einem Pärchen in diesen Jeans und raus damit."

Wie so vieles, was Charles machte, erregte die Anzeige Aufmerksamkeit und erhielt eine Auszeichnung. „Die Leute sprachen mich darauf an und sagten: ‚Das ist eine nette Anzeige'", berichtet Collins.

Trotz solcher glücklicher Augenblicke konnte Collins keinen Gefallen an dem hektischen Treiben finden, das die frühen Tage von Saatchi & Saatchi bestimmte. Hegarty, obwohl arg mitgenommen davon, erinnert diese Zeit ganz anders. „Charlie spornte stets zu großer Anspannung an, damit noch bessere Arbeit geleistet würde. Das war immer eine konstruktive Spannung, falls das was sagt. Während des Gestaltungsprozesses kam es beileibe nicht zu heftigen Auseinandersetzungen, weil er etwa gemeint hätte, die Konzeption sei zu kühn. Viel eher sagte er: ‚Ich denke, das ist noch nicht kreativ genug. Ich meine, du gehst noch nicht weit genug.' Es konnte passieren, daß deine kreativen Kräfte total erschöpft waren, weil du so viel in das Projekt investiert hattest, und er meinte ganz einfach nur: ‚Ich glaube, du könntest da durchaus noch weiter gehen.'"

Diese typische Aussage über Charles ist wesentlich für die Beantwortung der Frage: „Was ist so Besonderes an ihm?" Es kann gar keinen Zweifel daran geben, daß er eine ganz außergewöhnliche kreative Begabung hatte und hat, aber schließlich gab es doch auch noch viele andere, die nicht minder talentiert waren und die trotzdem nicht annähernd seinen Erfolg hatten. Genau da aber kommt sein von den ersten Tagen an sichtbarer typischer Wesenszug ins Spiel, den einmal jemand mit dem Bild des „Funken" zu beschreiben versucht hat, der unbeugsame Drang, einen Schritt weiter zu gehen als alle anderen. Einer seiner lebenslangen Freunde, ein Mann, der auf seinem Gebiet genauso erfolgreich war wie Charles auf dem seinen, sagt über ihn: „Charles ist ein Visionär. Er hat ungeheuer viel auf dem Kasten und mehr Mut als alle Menschen, die mir je begegnet sind. Er erzählt einem von einer Idee, die er hat, und man denkt, der macht nur Scherze, so unglaublich klingt das alles. Und dann hat er den Mumm, das anzupacken und zu machen." Und die andere Seite? „Keiner, der nicht mit Charles stritte", sagt der Freund. „Es gibt Zeiten, da ist er unausstehlich und macht die fürchterlichsten Sachen, aber man verzeiht ihm das immer wieder, weil es eben Charles ist. Am Ende muß man einfach einräumen, daß der Bursche anders ist als andere, daß die normalen Maßstäbe auf ihn nicht anwendbar sind." Diese Eigenschaften von Charles traten noch weitaus deutlicher bei den unternehmerischen Sprüngen zutage, die er später machte, als er erst einmal in das Übernahme-Spiel eingestiegen war.

Den meisten Druck übte Charles zweifellos auf Maurice aus, den er in diesen frühen Tagen fast schon als einen Teil von sich selbst ansah. Die anderen begriffen sehr bald, daß es kein Zufall war, daß an der Tür der Name der beiden Brüder stand, denn die beiden verband eine Beziehung, wie sie nur Brüder zueinander entwickeln können – vor allem aber Brüder, die in einer sehr geschlossenen familiären Umgebung groß geworden sind. Ihre

Auseinandersetzungen wurden berühmt, und jeder Saatchi-Mann hat eine Geschichte à la „Charles schlägt Maurice zusammen" parat. In den meisten Artikeln über die Saatchis findet sich die Geschichte, wie Charles seinen Bruder einst mit einem Stuhl traktierte, und alle, die in ihrem Büro gearbeitet haben, erzählen von solchen Vorfällen. Manche können sich erinnern, daß Charles seinen Bruder einmal anschrie: „Wir stammen niemals aus ein und demselben Mutterleib!", auch ein fester Bestandteil des Saatchi-Mythos, und Tim Bell betrat eines Tages gerade in dem Moment das Büro, als ein Stuhl durch die Luft flog und Charles sich duckte – aber zu spät. Ein Direktor von Saatchi & Saatchi berichtet: „Das Ausmaß an Gewalttätigkeit war manchmal erschreckend. Sie waren zwei jüdische Brüder, und es war niemandem erlaubt, sich in irgendeiner Weise einzumischen. Sie selbst hatten das alles zehn Minuten später schon wieder vergessen – jedenfalls Charles. Tim sah sich stets in der Rolle des dritten Bruders und konnte nie begreifen, warum sie ihn nicht als solchen akzeptierten. Er war der einzige, der versuchte, die beiden auseinanderzubringen, wenn sie stritten, aber alles, was dabei herauskam, war, daß sie ihn einfach überfuhren. Tim bekam auch mal einen Stuhl ab, als er ihnen in den Weg geriet. Gegen einen Eindringling machten die Brüder immer gemeinsam Front. So wenige Menschen versuchten, so viel zu erreichen wie die beiden, und das mußte zu großen Spannungen führen. Aber die Leute verstanden das, und wir konnten alle durchaus damit leben."

Andere erinnern sich noch, wie sie gelegentlich Besuchern erklären mußten, was es mit dem Lärm irgendwo im Büro auf sich hatte: „Keine Bange, das sind nur unsere Chefs, die eine Meinungsverschiedenheit haben."

„Die Kunden mochten das", sagt ein leitender Mitarbeiter. „Das war genau die Art von kreativer Spannung, die ihrem eigenen Leben fehlte. Die kamen aus den Midlands oder aus irgendeiner anderen biederen Gegend und begegneten hier einer Verrücktheit, wie sie in ihrer eigenen Welt niemals toleriert worden wäre – und das fanden sie einfach großartig."

Charles war beileibe nicht der einzige, der brüllte, denn die anderen übernahmen seinen Ton, und manchmal tobten im ganzen Büro wahre Beschimpfungsschlachten. Maurice, mit seinen Kräften am Ende, ging dann spazieren. Ebenso Tim Bell. Das gab Anlaß zu einem ganz neuen Wettkampf, bei dem es darum ging, wer weiter gelaufen war. An einem Tag lief Maurice etwa eine halbe Meile, also fast bis zum Piccadilly Circus, aber Bell war noch weiter weg marschiert. Wenn sie dann beide ins Büro zurückkamen, wartete Charles schon auf sie und hatte den Streit wahrscheinlich längst vergessen.

Aber alle erlebten auch, daß die Wutausbrüche von Charles innerhalb weniger Minuten in Freundlichkeit und großen Charme umschlagen konnten. Ron Collins meinte, daß es eigentlich drei Brüder Saatchi in der Agentur gegeben habe, nämlich Charles, Maurice und Charles. „Charles bestand aus zwei Menschen, der eine war der netteste, charmanteste, witzigste, den man sich denken konnte, der andere ein absolutes Ekel."

Maurice war niemals tödlich beleidigt. Bell dagegen litt weit mehr – unter der Zurückweisung als „dritter Bruder" ebenso wie unter den ständigen Kränkungen. „Und doch kamen alle immer wieder zurück", sagt er selbst. „Man kann einen Streit mit Charles einfach nicht gewinnen. Er brüllt dich an, seine Beleidigungen sind oftmals geradezu verblüffend, und er würde nie zugeben, daß er im Unrecht ist."

Selbst jene, die Charles Saatchi nicht übermäßig mochten, fanden die Atmosphäre in dem kleinen Büro am Golden Square höchst belebend. „Man mußte vor allem lernen, Kritik einzustecken", sagt Alan Tilby, heute Chef der Kreativ-Abteilung von Boase Massimi Pollitt. „Man hielt seine Arbeit hoch, und alle schrien ‚Scheiße!'. Das war im Grunde genommen eine großartige Atmosphäre, weil einem alle Flausen und Spinnereien ausgetrieben wurden. Man lebte in einer Umgebung, die von härtestem Wettbewerb bestimmt war." Tilby fand die Arbeit bei Saatchi & Saatchi ganz anders als die bei CDP, woher ja die meisten von ihnen – direkt oder indirekt – gekommen waren. „Bei Collett hatten wir uns daran gewöhnt, in einer irgendwie verdorbenen Umwelt zu arbeiten, denn da konnte man hingehen und Sachen noch mal neu anfangen. Oder den Kontakter zum Klienten zurückschicken, wenn er das Konzept nicht an den Mann gebracht hatte. Das war eine elitäre Organisation, und Ron Collins und ich waren an diese Form des Daseins gewöhnt. Bei Saatchi war das anders – da ging's nicht so großzügig zu, man mußte schwer ran."

Kleinlich oder nicht – Tilby war davon angetan, daß Charles zu keinen Kompromissen bereit war, zumindest am Anfang nicht. Einmal hatte sich die Firma Escalade geweigert, eine der von Saatchi & Saatchi produzierten Anzeigen anzunehmen, und er und Collins waren in die Agentur zurückgekehrt, um Charles Bericht zu erstatten.

„Also, wir sind dagewesen, und sie wollen's nicht akzeptieren", sagte Tilby.

Charles Saatchi explodierte daraufhin. „Sag ihnen, daß sie's zusammenrollen und sich sonst wohin stecken sollen, wenn sie's nicht haben wollen!"

Tilby und Collins waren also wieder zu Escalade gezogen, um dem Kunden diese Botschaft zu überbringen, wenn auch in abgeschwächter Form. „Das ist schon stark", hatte der Escalade-Manager meint, die Anzeige dann aber doch akzeptiert.

Andererseits entging es Hegarty, der ein Bewunderer von Charles Saatchi war, nicht, daß sich bereits in diesem ersten Jahr der Kompromiß bei ihnen einzuschleichen begann. Schon wenige Wochen, nachdem sie den Etat von Granada TV bekommen hatten, begriff jeder bei Saatchi, daß sie ihn nie hätten übernehmen sollen. Das TV-Verleihgeschäft, eine britische Spezialität, erlebte mit der Ausbreitung des Farbfernsehens ein enormes Wachstum, und Granada hatte – kurz nach der Vergabe des Etats an Saatchi & Saatchi – das sehr viel größere Unternehmen Robinson Rentals geschluckt. Diese erfolgreiche Firma betrieb eine konservative Geschäftspolitik und hatte höchstens lokale Werbung betrieben. Das war nicht so ganz unsinnig, denn man wollte unbedingt erreichen, daß sich die Entleiher von Fernsehgeräten an das jeweils nächstgelegene Geschäft in ihrer Wohngegend wandten. Die Führung von Robinson hielt nichts von einer landesweiten Werbekampagne und hatte folglich keinerlei Interesse an den kreativen Ideen von Saatchi & Saatchi. Andererseits widerstrebte es Charles, einen Etat zurückzugeben, selbst wenn er noch so wenig aussichtsreich war. Die Beziehung zu Granada wurde zunehmend gespannter, da die Marketing-Leute dieses Unternehmens alles außer den seriösesten Anzeigen ablehnten. Dennoch gelang es Charles, dem Klienten gegenüber höflich zu bleiben. John Hegarty erinnert sich, daß Charles einmal nach ihrer Rückkehr von Granada wütend äußerte: „Gut, wenn sie Scheiße haben wollen, dann werde ich ihnen eben Scheiße liefern. Ich werde ihnen die beste

Scheiße liefern, die sie je gesehen haben. Wenn's das ist, wonach ihnen der Sinn steht, dann sollen sie's haben."

Die Agentur wuchs, und weitere Mitarbeiter wurden eingestellt. Bell beteiligte sich an einigen Präsentationen, und da sich dabei herausstellte, daß Maurice und er diese Aufgabe besser bewältigten als man gehofft hatte, übernahm Charles sie bald nur noch dann, wenn sich das als unumgänglich erwies. So bestand zum Beispiel der Marketing-Chef von Audi darauf, daß Charles selbst das Konzept von Saatchi & Saatchi präsentieren müsse, damit die Agentur vielleicht den Etat bekäme. Charles folgte wütend dieser Forderung, baute aber kleine anti-deutsche Scherzchen in seine Darbietung ein und führte sich überhaupt so ungehörig auf, wie es ihm nur möglich war. Es interessierte ihn überhaupt nicht im geringsten, daß Audi eine angesehene Firma war, die einen stattlichen Etat zu vergeben hatte. Audi bot Saatchi & Saatchi dann tatsächlich den Etat an, aber sie übernahmen ihn am Ende doch nicht – an dem Tag, an dem die Zusage von Audi einging, offerierte British Leyland der Agentur seinen Gesamtetat. Man entschied sich für BL.

Ein anderer Saatchi-Mann erinnert sich an ein Angebot an Hygena, einen der führenden Küchen-Hersteller. Man hatte sich sehr sorgfältig vorbereitet, und Charles kam dann dazu, um die Präsentation zu machen. Der Saatchi-Mann beschreibt das Ereignis folgendermaßen: „Irgendwie spürte er, daß das alles nicht so gut lief, und deshalb hielt er in seinem Vortrag inne. Das war schon ein herrliches Stück Theater, denn er hatte einen riesigen Haufen von Entwürfen vorzuführen, den er aber einfach aus der Hand legte, um dann schweigend um den Tisch herumzugehen. Und ich dachte so bei mir: ‚Der tut gleich irgendwas Verrücktes, irgendwas passiert gleich.' Alle blickten nur noch ihn an. Er nahm eine Zigarettenschachtel auf (er rauchte nie genug, um selber welche zu haben), nahm eine heraus und steckte sie sich an. Das schien Stunden zu dauern, die Spannung war fürchterlich. Dann ging er an seinen Platz zurück und machte mit der Präsentation weiter. Ich konnte sehen, wie der Klient ihm sofort seine volle Aufmerksamkeit zuwandte. Charles führte die Präsentation zu Ende, verließ dann den Raum, ohne den Kunden noch weiter zu beachten, und versteckte sich, bis wir alle rauskamen, um zu erfahren, ob wir den Etat bekommen hatten." Diesmal bekamen sie ihn nicht.

Bell wurde bald überall in der Agentur eingesetzt und konnte deshalb den Media-Einkauf nicht mehr allein bewältigen. Er suchte selbst einen neuen Mitarbeiter – seine eigene Nummer Zwei – aus, nämlich Roy Warman, einen großen, hageren Media-Spezialisten von Geers Gross. Warman gefiel die Atmosphäre bei Saatchi & Saatchi von Anfang an (er ist heute Mitgeschäftsführer der Agentur). Die anderen konnten miterleben, wenn er sich in seinen wenigen freien Minuten an der Telefonaktion von Maurice beteiligte. „Mein Name ist Roy Warman, also W-A-R-M-A-N, von Saatchi & Saatchi, ich buchstabiere S-A-A-T-C-H-I, und das noch einmal. Wir sind eine neue Werbeagentur mit eigenen Vorstellungen, die Ihnen, wie wir glauben, nützlich sein könnten, und ich möchte deshalb anfragen..." In 99 von 100 Fällen lautete die Antwort „Nein", und das manchmal sehr heftig, aber Warman beteiligte sich mit großem Spaß an dem Spielchen von Bell und Maurice, die beste Begründung für eine Absage zu finden, und stimmte fröhlich in das Gelächter der Versammelten ein.

Als Warman 1971 zur Agentur kam, war diese gerade vier Monate alt. Ein weiterer Mann, der später ebenfalls auf der Saatchi-Leiter sehr weit nach oben klettern sollte, kam wenig später neu dazu, nämlich Bill Muirhead, ein großer, blonder Australier im Alter von 24 Jahren. Das Interview mit ihm fand im Frühjahr 1971 statt, und er wurde als erster Mitarbeiter eingestellt, der sich ausschließlich der Aufgabe der Etatverwaltung widmen und Bell und Maurice entlasten sollte, die auch auf diesem Gebiet hatten tätig werden müssen. Das Arbeitsklima am Golden Square schlug Muirhead sofort in seinen Bann. Es war zwar Soho und das war nicht gerade gutbürgerlich, aber es war immerhin eine sehr achtbare Unbürgerlichkeit. Das Messingschild an der Tür hätte einem Zahnarzt oder Anwalt zur Ehre gereichen können. Er wußte nur wenig über die Geschichte der Firma und gewann deshalb den Eindruck, daß es sie wohl schon seit einiger Zeit dort geben müsse. Die riesigen vergrößerten Anzeigen an der Wand waren in London damals noch recht ungewöhnlich. Am Empfang saßen zwei hübsche Mädchen in Miniröcken. Der abgetrennte Empfangsbereich, die halbhohen Stellwände, die großen Arbeitstische, die Arbeitskopien im Hintergrund und der Konferenzraum im Keller – alles erschien gediegen und groß, und Bill Muirhead hatte den Eindruck, daß das gesamte Gebäude Saatchi & Saatchi gehörte.

Diese Wirkung des Büros entsprach ganz den Zielsetzungen der Brüder. Charles und Maurice hatten viel Zeit mit Rodney Fitch zusammen verbracht, und alle, die in den Büros am Golden Square gearbeitet haben, bestätigen, daß die Gestaltung der Räume und ihre ganze Atmosphäre tatsächlich das Bild der Agentur vermittelte, das den Planern vorgeschwebt hatte: jung, kreativ, dynamisch, überlegt. David Ogilvy hatte lange genug die Bedeutung des äußeren Erscheinungsbildes der Arbeitsräume einer Agentur betont: „Wenn sie mit schlechtem Geschmack eingerichtet sind, dann sind wir ungehobelte Rohlinge. Wenn sie altmodisch aussehen, sind wir verkalkte Tattergreise. Wenn sie zu aufwendig gestaltet sind, sind wir eingebildete Fatzken. Wenn sie schmuddelig aussehen, sehen wir ineffizient aus." Ogilvys Text war für Werbeleute fast so etwas wie die Bibel. Charles jedoch gelangte weit eher durch Intuition an sein Ziel als durch einen bewußten Lernprozeß. Am Golden Square legte er für die Agentur einen Stil fest, den sie niemals ganz verloren hat, auch nicht unter den später so erheblich veränderten Bedingungen.

Während Muirhead noch am Empfang saß, erschien plötzlich ein Kopf über der Trennwand und betrachtete ihn sehr eingehend. Bevor er noch etwas sagen konnte, war der Kopf wieder verschwunden, und wenig später wurde er eine Wendeltreppe hinunter und in einen ovalen, fensterlosen Raum gebeten. Darin befanden sich Aluminiumstühle, ein langer, schwarzer Tisch und auf dem Fußboden ein Strohteppich – alles sehr modern und sauber. Er wurde von Maurice Saatchi interviewt, den er als „liebenswürdig und intelligent" in Erinnerung behalten hat. Auch Tim Bell lungerte herum und schob Maurice gelegentlich kleine Zettel zu. Alle schienen jung und voller Energie und beständig in Bewegung. Auf dem Weg nach draußen kam Muirhead wieder an demselben Kopf vorbei, der ihn schon zuvor über die Trennwand hinweg angeschaut hatte, nun aber gehörte ein Körper dazu. Charles Saatchi beachtete ihn jedoch nicht weiter – er war wohl zufrieden mit dem, was er beim ersten Mal gesehen hatte. Muirhead arbeitete schon bald an seinem ersten Etat – der *Daily Mail* – den Saatchi & Saatchi etwa zur gleichen Zeit wie ihn bekommen hatte. Der „Neue" wurde zum Kontakter ernannt, und nach ein paar Wochen ging er zu seiner ersten Besprechung mit dem Klienten in die Fleet Street. Schon etwa eine Stunde nach seinem Aufbruch war er wieder in der Agentur und suchte verzweifelt nach den Unterlagen für die *Daily Mail* – Mike Johnson, der beim Briefing gewesen war, hatte vergessen, den Auftrag weiterzuleiten. John Hegarty, der für die Gestaltung zuständig sein sollte, produzierte in aller Eile entsprechende Entwürfe, und Muirhead begab sich erneut zur *Daily Mail*, um das Material dort zu präsentieren. Da er ziemlich spät dran war, nahm er ein Taxi – etwas ganz Unerhörtes für einen jungen Saatchi-Mitarbeiter, die üblicherweise Bus oder U-Bahn benutzen sollten. Im Taxi besah er sich erstmals, was Hegarty ihm in die Hand gedrückt hatte – und entdeckte zu seinem Entsetzen, daß er die Anzeige nicht verstand. Als er bereits im Lift stand, legte er sich eine entsprechende Eröffnung zurecht. Er würde sagen: „Das ist ein ganz außergewöhnlich schwieriges Briefing gewesen und wir haben echt damit gerungen. Ich glaube, daß wir das Problem auch noch nicht gelöst haben. Das hier zeigt, wie weit wir bisher gekommen sind."

Ein paar Minuten später hielt er dem Marketing-Chef der *Daily Mail* diesen kleinen Vortrag, legte die Entwürfe vor und wartet auf einen Wutanfall.

„Das ist ganz großartig", sagte der Marketing-Mann jedoch. „Wunderbar! Das gefällt mir gut."

Ein verwirrter und sprachloser Muirhead kehrte zum Golden Square zurück, um dort über das Vorgefallene zu berichten. Er verstand die Anzeige noch immer nicht, aber er hatte sie verkauft, weshalb er sich dachte, das könnte eine neue, entwicklungsfähige Methode sein, wenn er nur wüßte, wie sie wirklich funktionierte. In diesem Augenblick erschien aber Charles Saatchi. Er nahm die Entwürfe auf.

„Was ist denn das wieder für eine Scheiße!" schrie er. John Hegarty saß am Nebentisch und beobachtete die Szene mit Bangen. Muirhead erklärte, daß das die Anzeige sei, mit der die *Daily Mail* am folgenden Tag für sich selbst werben werde.

„Aber das ist doch ein Scheißdreck", sagte Charles. Der Entwurf war auf einen festen Karton geklebt, was ihn nicht daran hinderte, die Skizze in Stücke zu reißen und auf den Boden zu werfen.

„Aber dem Kunden gefällt das", brachte Muirhead hervor.

„Dann wirst du ihn halt anrufen und ihm sagen, daß wir noch was Besseres machen werden."

Muirhead rief bei der *Daily Mail* an. „Erinnern Sie sich an die Anzeige, die Ihnen so gut gefallen hat? Uns ist etwas noch Besseres eingefallen."

Charles setzte sich ihm gegenüber und fragte nach den Vorgaben. Dann machte er sich an die Arbeit, und Muirhead löste mit dem Ergebnis bei der *Daily Mail* noch größere Begeisterung aus. „Das war das Erstaunlichste, was mir je in meinem Leben begegnet war", erzählte Muirhead später einem Freund. Ein anderer Saatchi-Mann, der die Geschichte miterlebt hatte, sagt: „Bill bewunderte Charles nach dieser Episode sehr, denn mit seinem sicheren und schnellen Urteilsvermögen hatte er dessen anfänglichen Gedanken bestätigt. Viele Leute sehen sich ein Gemälde an und sagen ‚Großartig!', aber das meinen sie gar nicht, weil sie das Bild nicht wirklich verstehen. Charles sagte: ‚Das verstehe ich nicht – das ist Scheißdreck', und war bereit, einem Kunden ins Gesicht zu sagen, daß das, was dem gefiel, Mist war."

Jeder bei Saatchi & Saatchi kennt die Geschichte, wie Charles den Raumpfleger spielte. Wie die Geschichte mit der Stühlewerferei taucht auch sie in Porträts und Features über das Unternehmen immer wieder auf. Wie bei den meisten Anekdoten ist an ihr etwas Wahres dran, auch wenn sie im Laufe der Jahre ganz sicherlich einige Ausschmückung erfahren hat.

Der Vorfall ereignete sich im Jahr 1972, als die Agentur am Golden Square eigentlich schon aus allen Nähten platzte, aber noch keine neuen Räume gefunden waren. Einer der bedeutenden Kunden, hinter denen die Agentur her war, war die Nähmaschinengruppe Singer, die in den frühen siebziger Jahren in sehr beachtlichem Umfang Werbung machte. Es war ein hartes Stück Arbeit gewesen, aber man hatte endlich doch erreicht, daß sich Singer bereit erklärte, zu einer Präsentation zu erscheinen. Maurice und sein Team machten sich unverzüglich ans Werk und stellten umfangreiche Recherchen an, und am Abend vor dem vereinbarten Termin gab es mit Charles eine richtige Generalprobe. Ihm lag sehr daran, daß das Büro voll und geschäftig erschien, daß also kurz nach der Mittagspause, wenn die Singer-Mannschaft auf den Plan trat, ausreichend viele Leute da waren. Alle sollten ihre Freunde und Bekannten anrufen und sie bitten, doch mal um diese Zeit bei der Agentur vorbeizuschauen. Alle Mitarbeiter müßten am Telefon hängen oder so tun, als sprächen sie mit Klienten. Man erzählt sich, daß Charles, als ihm am nächsten Tag immer noch zu wenig los war, Leute auf die Straße schickte, die Passanten jeweils £ 5 dafür bieten sollten, daß sie hereinkamen und Mitarbeiter spielten. „Wir holten uns Fensterputzer, Lieferwagenfahrer und Verkäufer rein und sagten denen: ‚Tut so, als wenn ihr mit jemandem telefoniert'", erzählt ein Saatchi-Mitarbeiter. Tim Bell bestätigte die Geschichte, und sogar die Brüder kichern, wenn man sie darauf anspricht.

Wie dem auch sei – die Singer-Leute erschienen gegen drei Uhr nachmittags und betraten ein Büro, in dem es wie in einem Bienenstock zuging. Man bat sie in das Besprechungszimmer im Souterrain, und Bell und Maurice begannen mit ihrer Präsentation. Es wurde eine wahre Marathon-Sitzung, bis eine halbe Stunde vor Mitternacht – keiner konnte sich erinnern, je eine so lange Präsentation mitgemacht zu haben. Charles, der zu dieser Zeit nur noch selten direkt mit Kunden zusammentraf, ging hin und wieder in den kleinen Vorführraum direkt hinter dem Konferenzzimmer und spähte durch das dicke Glas in der Tür. Er konnte nichts hören, aber seine Leute drinnen konnten den Kopf mit dem unverkennbaren schwarzen Kraushaar deutlich erkennen. Schließlich war er die Warterei leid und langweilte sich, weshalb er nach Hause ging, sich umzog und in Jeans und Jackett ins Büro zurückkehrte. Er hatte gerade den großen Büroraum betreten, als er die anderen die Wendeltreppe heraufkommen hörte. Es war zu spät, ungesehen und ungehört zu verschwinden, und ihn überkam die Angst, daß einer von seinem Team auf ihn zutreten und ihn den Gästen vorstellen könnte, was in diesem Augenblick das letzte war, woran ihm lag. Blitzschnell schnappte er sich also ein Tuch und fing an, die Stellwände abzuwischen. Maurice, Tim Bell und Roy Warman durchschauten natürlich den Trick und unterdrückten das Lachen, während Charles mit gesenktem Kopf wie wild weiterputzte. Maurice konnte der Versuchung nicht widerstehen. Als er die Gäste zur Tür geleitete, hielt er kurz an und sagte laut: „Wenn Sie damit dann fertig sind, machen Sie doch bitte gleich noch mein Büro." Ein finsterer Blick verhieß dem Bruder nichts Gutes, aber der übersah ihn und genoß den flüchtigen Augenblick seiner Überlegenheit. „Gott allein weiß, was er hinterher von Charles zu hören bekam!" sagt ein Augenzeuge.

Chris Martin erzählt noch eine andere Anekdote – die Geschichte von den „Golden-Square-Stühlen". Bevor sie nach Soho umgezogen waren, hatte Charles die Sekretärin Gail zu Habitat geschickt, wo sie preiswerte, leichte und moderne Stühle kaufen sollte. „Das waren solche Klappstühle mit Lehnen aus Segeltuch, solche, auf die man hinten ‚Regie' draufdruckt", berichtet Martin. Sie waren allerdings den Belastungen nicht gewachsen – einer nach dem anderen ging kaputt, und man stapelte sie an der Rückwand des Konferenzraumes im Keller auf. „Wenn jemand von der Statur eines Charles Saatchi sie auf das Haupt seines Bruders herabsausen läßt, dann bleiben solche Stühle nicht lange heil", erklärt Martin. „Also gab es da nach ein paar Monaten diesen Haufen von Kleinholz und Segeltuch, der einmal diese Stühle gewesen war. Und den erblickte eines Tages Charles, und er sagte: ‚Bringen Sie diese verdammten Stühle wieder zu Habitat, Gail, und verlangen Sie unser Geld zurück!'"

Die Agentur wuchs beständig weiter. Die von Maurice ein Jahr lang unerbittlich durchgehaltene Telefonaktion mit den täglichen 25 Gesprächen brachte neue Kunden, manche besser, manche schlechter. Es gab auch welche, die die Agentur testeten. Great Universal Stores, eines der gerissensten Unternehmen in ganz Großbritannien, bat um ein Angebot für einen Etat und stellte weitere in Aussicht, wenn man mit diesem zu positiven Ergebnissen komme. Es handelte sich dabei um einen heruntergewirtschafteten Jeans-Hersteller, den GUS im Rahmen einer größeren Übernahme gekauft hatte. Es gab zu dieser Zeit eine Überproduktion von Jeans, und der besagte Hersteller machte Verluste. Aber die Saatchis hatten sich unablässig um GUS-Etats bemüht – und hier hatten sie nun endlich die Möglichkeit zu zeigen, was sie konnten. „Sie hatten uns gegenüber die Einstellung: ‚Okay, ihr seid arrogante Hunde und meint, ihr wärt besser als alle anderen. Dann seht doch also mal zu, was ihr aus dem hier machen könnt'", erzählt ein Saatchi-Mitarbeiter.

Und Saatchi reagierte auf die Herausforderung von GUS. Damals zeichnete sich ein Trend zu Designer-Jeans ab, und das Saatchi-Team sah da vielversprechende Perspektiven, die eine genauere Erkundung wert waren. Warum nicht modischere, höherpreisige Jeans produzieren und sie mit harten Bandagen vermarkten? Roy Warman erhielt die Aufgabe übertragen, die Präsentation bei GUS zu machen, und so reiste er denn nach Speke in der Nähe von Liverpool. Vor seiner Abreise protestierte er schüchtern bei Charles. „Ich mag das hier ganz und gar nicht, ich werd's da nämlich mit eine total feindselig eingestellten Horde zu tun kriegen." Charles gab sich überraschend versöhnlich. „Sieh die Sache doch mal so", sagte er. „Wenn's ihnen nicht gefällt, dann siehst du sie nie wieder. Wenn sie's aber gut finden, dann kriegen wir den Etat. Alles, was du tun kannst, ist, dein Bestes zu geben. Auf denn!"

Eine ähnliche Ermutigung durch Charles ist auch einem anderen Saatchi-Mann erinnerlich, der dazu anmerkt: „Das ist so typisch für ihn. Es ist sein ‚Schau nicht auf andere hinab'-Syndrom. Laß die Leute ihre Fehler machen. Bring sie wegen ihrer Begriffsstutzigkeit um, aber nicht wegen der Versuche, die sie unternehmen."

Warman bekam den Etat, aber ein paar Monate später – gerade als der Absatz wieder zu steigen anfing – verkaufte GUS die Firma, wie das von Anfang an geplant gewesen war. „GUS hatte sich das ganz schlau ausgedacht: Wenn sie uns den Etat gaben und für wenig Geld das Image der Firma aufpolierten, dann konnten sie dafür fünfmal soviel fordern, wie sie dafür bezahlt hatten", sagt Hegarty. GUS wurde aber dennoch ein dauerhafter Kunde von Saatchi & Saatchi und vergab mehrere seiner größeren Etats an die Agentur – und das ist bis heute so geblieben.

Aber es gab auch noch andere „harte" Etats – aus einigen konnte Saatchi nichts machen, andere wuchsen enorm an. „Die großen Unternehmen sagten sich: ‚Gut, diese Kerle mögen verrückt sein oder klug oder dumm – wir überlassen ihnen jetzt mal dieses leidige Problem, mit dem wir uns schon so lange herumschlagen, und sehen halt mal zu, was sie daraus machen können'", sagt Hegarty. „Das war die Art von Bewährungsprobe, die man bei ihnen bestehen mußte."

Wie in den Anfangstagen versorgte Charles nach wie vor *Campaign* und die übrige Fachpresse mit Informationen, und nach wie vor verstieß Saatchi & Saatchi gegen die geltende Regel, nach der es unstatthaft war, einer anderen Agentur ihre Klienten abspenstig zu machen. Diese Regel wurde später auf Grund der Aktivitäten von Saatchi & Saatchi geändert. Und schließlich gab es da noch Tim Bell, inzwischen „Hauptmoderator" ihrer Präsentationen, der wesentlichen Anteil daran hatte, daß neue Etats gewonnen werden konnten. Aber es war noch immer Charles, der den Stil der Präsentationen bestimmte und der Art und Weise ihrer Durchführung größte Aufmerksamkeit schenkte. „Charles beharrte darauf, daß wir etwas gegen die unausrottbare Ansicht unternehmen müßten, wir seien eine Gruppe verrückter Kreativer", berichtet Hegarty. Bei den Präsentationen spielten Schaubilder und Diagramme eine große Rolle, und so bestand Charles darauf, daß immer auch ein Schaubild dabei war, welches den Aufbau der Firma zeigte, und daß derjenige, der die Präsentation machte, das Thema Organisation nicht aussparte. Zu diesem Bestreben gehörte auch, daß er in der kleinen Mannschaft immer mehr Titel einführte. „Ich war stellvertretender Leiter des Bereichs Artwork, ein anderer war Leiter dieses Bereichs, er selbst war aufsichtsführender Werbeberater und so weiter, bis hinab zu dem Burschen im Studio, Melvynne Redford. Einer schrieb dessen Namen mal M-E-L-V-I-N, und daraufhin sagte ein anderer: ‚So schreibt Melvynne seinen Namen aber nicht!' Darauf Charles: ‚Ihr seid wohl bescheuert, das sieht ja ganz so aus, als wär das ein Irrer. Ich will's so buchstabiert haben!' Und von da an blieb Melvynne eben Melvin."

Maurices monatliche Umsatzberichte und Erfolgsrechnungen für Vanni Treves geben einen faszinierenden Einblick in die geschäftliche Entwicklung der frühen Jahre. Am 3. Mai 1972 zum Beispiel – Saatchi & Saatchi war nun zwanzig Monate alt – schrieb Treves an Archie McNair, den Geschäftspartner von Mary Quant, daß die Saatchis „jetzt sehr intensiv daran arbeiten, den ersten wirklich großen Kunden zu gewinnen, was in ihren Augen den Durchbruch bedeuten würde" (es handelte sich um die Bemühungen um Singer). Treves vermittelt in diesem Brief schon etwas von dem Eindruck, den der jüngere Saatchi-Bruder auf ihn machte. „Wenn man Maurice Glauben schenkt (und es gibt keinen Grund, das nicht zu tun), dann breitet sich der gute Ruf der Agentur sehr schnell aus, halten viele Leute die Qualität ihrer Arbeit sowie ihre Ideen für unübertroffen." Die Saatchis hätten die Absicht, so fuhr er fort, ihrerseits Mittel für Werbung aufzuwenden, „um diesem nun entstehenden Goodwill seine Schwungkraft zu erhalten". Ihre einzige Befürchtung gelte der Aussicht, dabei einen großen Teil der augenblicklich verfügbaren Mittel (£ 13 480) auf einmal ausgeben zu müssen". Treves war inzwischen vollkommen überzeugt davon, daß die Brüder den Durchbruch schaffen würden, und meinte in seinem Brief an McNair, daß sie sich das wohl auch „verdient" hätten. Um diese Zeit mahnte er im übrigen bei Maurice an, daß die Zinsen für die Kapitalbeteiligung Mary Quants noch nicht eingegangen seien, schien aber beruhigt zu sein, als Maurice ihm antwortete, die diesbezügliche Rechnung von Mary Quant sei fehlerhaft gewesen und eine berichtigte Ausfertigung habe lange auf sich warten lassen. Treves stand der Geschäftsgebarung der Saatchis durchaus nicht unkritisch gegenüber. „Es ist die Politik von Saatchi & Saatchi, alle Gläubiger zumindest einen Monat warten zu lassen", hielt er einmal fest. „Ich persönlich halte das für keine gute Politik, aber die Entscheidung darüber liegt allein beim Vorstand." Mit „Vorstand" waren natürlich die Plunket-Greenes sowie Archie McNair gemeint.

Im Sommer 1972 hatte Maurice gute Nachrichten für den Vorstand und Treves. Die Agentur hatte ihr Planziel erreicht. Sie hatten in ihrem ersten Jahr fast £ 20 000 Gewinn erzielt und verfügten nun über genug Klienten, um wirklich lebensfähig zu sein. Und das zweite Jahr ließ sich gut an. Man expandierte und würde am Golden Square zusätzliche Räume anmieten. Man sprach immer mehr über die Agentur, und ihr Ruf, eine wirklich kreative Werbung zu machen, hatte sich fest etabliert. Die erste Hürde – das Überleben – war somit geschafft. Jetzt war die Zeit für Größeres gekommen.

7

DER DRITTE BRUDER

Im Jahr 1972 hatte Charles Saatchi entdeckt, daß er über zwei unvorhergesehene Aktivposten verfügte. Der eine war Maurice, der sich in die Werbeindustrie hineingefunden hatte, als sei er für sie geboren worden. Er war nicht übermäßig mit der kreativen Seite des Geschäfts befaßt, obwohl er oft schüchterne Vorschläge machte, bewährte sich aber nun auf Grund seiner ganz anders gearteten Qualitäten. Innerhalb weniger Wochen hatte er sich die Achtung aller anderen Mitarbeiter erworben, weil er die ziemlich komplexen taktischen und strategischen Aspekte zu erfassen vermochte, die unlösbar mit der Leitung einer Agentur und der Verwaltung von Werbeetats verbunden sind. Einige von ihnen hatten zwar eine Kunsthochschule besucht, aber er war der einzige, der einen Universitätsabschluß hatte, und sie lernten schon bald seine intellektuellen Fähigkeiten schätzen, die auch seine mangelnde Erfahrung aufwogen. Er erwies sich zudem als hervorragender Könner, was die Akquisition neuer Etats und die Durchführung von Präsentationen anbetraf. Obwohl er sehr zurückhaltend war und man ihm seine 26 Jahre nicht ansah, hatte er eine eigentümliche Überredungsgabe, die er in späteren Jahren noch sehr viel wirkungsvoller einzusetzen vermochte. Und schließlich war er in Fragen der Organisation ein wahres Naturtalent und sorgte neben den unzähligen Aufgaben, die ihm Charles übertrug, auch dafür, daß die normale Büromaschinerie reibungslos lief.

Den anderen Aktivposten verdankte Charles ebenso seinem Glück wie seiner guten Urteilsfähigkeit. Bei der Besetzung des

Postens eines Media-Einkäufers war ja die Wahl erst spät auf Tim Bell gefallen, und niemand, nicht einmal Charles, hätte damals vorhersehen können, wie wichtig er einmal für die Agentur werden würde. Anders als die meisten anderen entstammte er der bürgerlichen Mittelschicht, und die Werbung war durchaus nicht sein Traumberuf gewesen. Er war 1941 in London geboren worden und dort auch aufgewachsen. Seine Mutter war Australierin, deren zweiter Mann, Tims Stiefvater, Stadtrat und Bürgermeister des Stadtbezirks Marylebone war. Tim hatte ein Gymnasium im Norden Londons besucht, und als Teenager wollte er Jazz-Musiker werden. Er spielte verschiedene Instrumente, so etwa Trompete, Klavier und Vibraphon, allerdings keines davon gut genug, um sich damit seinen Lebensunterhalt verdienen zu können. Mit neunzehn, so erzählt er, „beschloß meine Mutter, daß sie mich nicht mehr länger da zu Hause herumhängen haben wollte." Also schickte sie ihn zum Büro der Arbeitsvermittlung von Stella Fisher in der Fleet Street. In Großbritannien herrschte zu dieser Zeit noch Vollbeschäftigung, und es war keinerlei Problem, für einen aufgeweckten jungen Mann von angenehmem Äußeren einen geeigneten Job zu finden. Er war mit drei Umschlägen für Vorstellungsgespräche nach Hause zurückgekehrt – bei einem Verlag, einer Versicherungsgesellschaft oder bei ABC Television. Bell hatte sich für ABC Television entschieden: „Es war ja meine Generation, die fast unbewußt die Macht des Fernsehens und – schlußfolgernd – auch die der Werbung im Fernsehen erkannte." Als er sich allerdings für ABC entschieden hatte, hatte er an Werbung zuallerletzt gedacht. „Ich sah mich als zukünftigen Star – als Schauspieler oder Regisseur." Stattdessen hatte man ihm die Aufgabe zugewiesen, Pappkärtchen auf der großen Tafel in der Werbeabteilung hin und her zu schieben – das war sein Einstieg in die Werbeindustrie.

Zwei Jahre später war er dann als Media-Einkäufer zur Werbeagentur Colman Prentis & Varley gewechselt (die unter anderem auch für die Konservative Partei tätig war). Von dort war er dann zur Agentur Hobson Bates gegangen (die später von der amerikanischen Agentur Ted Bates übernommen wurde, welche wiederum ihrerseits dann zu einem Teil von Saatchi & Saatchi wurde), wo er die Leitung der Media-Abteilung übernommen hatte. Schließlich war er als Media-Chef zu Geers Gross weitergezogen – und dort hatte ihn der Anruf der Saatchis erreicht. Nach allem, was man so über ihn hört, war er zu jener Zeit arrogant und aufbrausend, gleichwohl aber sehr beliebt.

In der neuen Agentur war er bald für viele der Mittelpunkt. John Hegarty mochte ihn sofort, wie auch alle anderen, ausgenommen vielleicht Ron Collins, der nicht mit ihm zurechtkam.

Der Media-Einkauf, also das Aushandeln günstiger Konditionen für den Kauf von Fernsehzeit und Anzeigenraum, sollte ja bei der neuen Agentur eine ganz zentrale Rolle spielen, aber Bell wuchs schon innerhalb von nur drei Monaten aus dieser Aufgabe heraus. Die gewaltige Arbeitsbelastung beflügelte ihn, und häufig übernachtete er im Büro, unter einem der Tische, wenn sie die Nacht durcharbeiteten, um eine Präsentation vorzubereiten oder eine neue Kampagne zu entwerfen. Er war stets als einer der ersten im Büro und ging als einer der letzten, eine Gewohnheit, die er die meiste Zeit beibehielt, die er für Saatchi & Saatchi tätig war.

Bells besondere Stärke waren Präsentationen. Charles war den Klienten gegenüber verlegen, ungeduldig oder grob. Maurice war da schon sehr viel besser, obwohl ihm noch das Selbstvertrauen fehlte, um ganz aus sich herauszugehen. Bell dagegen begegnete Klienten mit einem Charme, der später immer wieder anerkennend hervorgehoben wurde. Charles und Maurice setzten diese Gabe schnell nutzbringend ein.

„Tim war der beste Moderator, mit dem ich je zusammengearbeitet habe", sagt einer vom Saatchi-Team. Er erinnert sich noch daran, wie Bell einen von ihm erarbeiteten Entwurf vorstellte. Am Ende hatte sich der Kunde an den jüngeren Saatchi gewandt, der still dagesessen war und zugeschaut hatte, und in Anwesenheit von Tim Bell gemeint: „Sie haben da wirklich einen brillanten Kontakter, Maurice."

„Ich weiß", hatte Maurice einfach nur geantwortet.

„Tim hatte, wie ich wußte, die Arbeit noch nie gesehen, und deshalb hatte er auch einen frischen, ganz unverstellten Blick dafür", berichtet der Saatchi-Mann. „Ich meine, ein Haufen Strategien, eine Menge Logik, Zielvorgaben, Vorarbeiten gehen in so eine Präsentation für einen größeren Etat ein, und er hatte nichts davon gesehen. Und der stellt unsere Ausarbeitungen vor, macht's zum ersten Mal, und ich denke bei mir: Wie bringt dieser Mensch das bloß fertig? Das ist einfach genial!"

Das mag ein bißchen übertrieben sein, denn rein technisch ist eine Kundenpräsentation keine schwierige Sache, wie immer die Bedingungen auch aussehen mögen. Was die Saatchi-Leute da erlebten, das war ein Tim Bell, der dieses Geschäft einfach besser beherrschte als sie und dem es nicht die geringste Mühe zu machen schien. Er hätte sich eigentlich kaum je vorzubereiten brauchen, aber er tat das meistens dennoch. Je schwerer die Aufgabe war, desto mehr Spaß machte sie ihm. Und doch entging den anderen nicht, daß er trotz seines beachtlichen Selbstvertrauens die Brüder zu brauchen schien. „Ich dachte manchmal, daß er bei seinen großartigen Präsentationen mehr um Maurice warb als um den Kunden", meint ein Mitarbeiter aus diesen frühen Tagen.

„Tim verehrte Charles zutiefst", sagt ein anderer. „In späteren Jahren wurde dieser sehr, sehr wichtig für ihn, aber in den Anfangszeiten, da waren das noch beide, Maurice und Charles." Die meisten derjenigen, die Bell gut kennen, meinen, er sei irgendwie unvollständig, als könne er ohne die Brüder – vor allem ohne Charles – nicht wirklich funktionieren. „Die Agentur hatte in diesen frühen Zeiten etwas ganz Besonderes an sich, und das war Charles. Bis 1978 war er der Katalysator, das Zentrum, die treibende Kraft", sagt ein leitender Saatchi-Mitarbeiter. „Tim aber möchte, daß alles harmonisch ist, möchte, daß alle gut miteinander auskommen. Ihm fehlte das Zeug dazu, einen eigenen Laden aufzumachen." – „Man hatte das Gefühl, daß es Charles überhaupt nichts ausgemacht hätte, wenn der ganze Laden den Bach runtergegangen wäre – er war bereit, diese Art von Risiko einzugehen", sagt ein anderer Saatchi-Mann. „Er war ein echter Unternehmer. Das ging Tim ab."

Bell hatte wesentlichen Anteil an der Entwicklung eines der bedeutenden Etats der Agentur, nämlich dem von British Leyland. Keith Hopkins, der Chef der PR-Abteilung von BL, die damals noch einen Marktanteil von über 40 Prozent in Großbritannien hatte, war 1970 mit den Brüdern Saatchi zusammengetroffen. Leylands Werbeleiter David Welch, der heute für Saatchi & Saatchi tätig ist, hatte eine Zusammenkunft in einem Restaurant am Shepherd Market arrangiert. Zu dieser Zeit, meint Hopkins, war noch gar keine Rede davon, daß Saatchi & Saatchi irgendeinen Werbeauftrag für British Leyland ausführen sollte, aber schon wenig später war es den Saatchis gelungen, einen Fuß in die Tür zu bekommen. Sie hatten nämlich einen winzigen Etat aus dem Bereich der

Unternehmenswerbung übertragen bekommen und arbeiteten direkt für das Büro des Chairman von BL, Lord Stokes, am Berkeley Square.

Dann setzte Welch durch, daß die Saatchis den größeren, aber immer noch bescheidenen Etat von Triumph bekamen, einer der kleineren, damals noch zu British Leyland gehörenden Marken. Martin und Hegarty arbeiteten das Material aus, und Charles beschloß, daß er selbst es in ihrem Konferenzzimmer am Golden Square vorstellen werde. Das war wieder einer dieser Tage, an denen das Büro „aufgefüllt" werden mußte. „Charlie ging raus und holte Leute von der Straße rein", erzählt Martin. „Er ging einfach auf sie zu und sagte: ‚Also, hier haben Sie ein Pfund, kommen Sie rein und sorgen Sie dafür, daß Leben in die Räume da kommt.'"

Welch erschien damals mit einer ganzen Reihe von Triumph-Managern, und die ganze Gesellschaft wurde von Charles, der einen tadellosen blauen Nadelstreif-Anzug trug und sich von seiner besten Seite zeigte, in Empfang genommen und die Wendeltreppe hinunter geleitet. Als sie ein paar Stunden später wieder heraufkamen, war Charles noch immer der vollendete Gastgeber – sah sich dann aber mit einer höchst unangenehmen Überraschung konfrontiert. Inzwischen war es nämlich etwa halb sieben geworden, und das ganze Büro war leer – bis auf einen Mann, dem Charles in diesem Augenblick wahrscheinlich höchst ungern begegnete. Joe Andrews betrieb ein Fotostudio und arbeitete gelegentlich als freier Mitarbeiter bei Saatchi & Saatchi. Er war eine außergewöhnliche Erscheinung. Chris Martin beschreibt ihn: „Er hatte langes, strähniges Haar, das ihm bis zur Hüfte hinabreichte, und dabei einen in der Mitte völlig kahlen Schädel, trug riesige Piratenohrringe, Makeup, Jeans, die mehr Bein zeigten als bedeckten, eine Lederjacke, riesige Cowboystiefel mit klirrenden Sporen und als Krönung des Ganzen einen Stetson. Und er war taub und trug eine riesengroße Hörhilfe."

Dieser Andrews war zudem laut, fröhlich und ein waschechter Cockney. Er stand gerade am Empfang, um irgendeinen Auftrag abzuholen, als er den Kopf von Charles über einer der Trennwände erscheinen sah, worauf er ihn sogleich in seiner überschwenglichen Art begrüßte. „Meine Fresse, Charlie, noch immer am Rumwerkeln, was?" schrie er. Nach Martins Bericht legte er Charles sodann den Arm um den Hals und verabreichte ihm einen schmatzenden Kuß auf die Wange, der Lippenstift hinterließ – aber die anderen können sich nicht erinnern, daß er soweit gegangen wäre. Erzählt Martin: „Charlie raunte ihm zu: ‚Hör mal, Joe, nett dich zu sehen, aber ich hab grad ein paar Kunden da.' Und Joe sagte: ‚Tut mir leid, Charlie, hab ich dir jetzt alles vermasselt, was?' Und die Leyland-Leute kugelten sich vor Lachen. Es war so komisch – ich bin sicher, daß eigentlich dieser Auftritt die Entscheidung brachte." Hegarty und Martin erinnern sich, daß Charles die ganze Sache bemerkenswert gut durchstand und weder seinen Humor noch seine guten Manieren vergaß, sondern die Herren von Triumph und Joe Andrews förmlich miteinander bekannt machte. Das war im übrigen eine der letzten Präsentationen, die er persönlich durchführte.

Es dauerte ein ganzes Jahr, bis sie wieder mit Keith Hopkins zu tun bekamen. Zu Anfang der siebziger Jahre hatten die Schwierigkeiten von BL katastrophale Formen angenommen, der Marktanteil des Unternehmens war in den Keller gerutscht. Alle Hoffnungen ruhten nun auf einem völlig neuen Modell, dem Austin 1800–2200, der später in „Princess" umgetauft wurde und mit dem BL seine besten Designer und Ingenieure betraut hatte. Vor dem Verkaufsstart dieses Wagens bildete Lord Stokes sein Management um und übertrug Hopkins die alles entscheidende Position des Chefs von Austin-Morris, des Zweiges von BL also, der für den Massenmarkt zuständig war. Von einem Scheitern des Modells „Princess" würde sich Austin-Morris nie wieder erholen können, weshalb der Verkaufsstart des Wagens besonders Gewicht hatte.

Hopkins lud nun alle für BL tätigen Agenturen ein, sich um den „Princess"-Etat zu bewerben und Werbekonzepte auszuarbeiten. Benton & Bowles, Masius Wynne-Williams, Dorland und Murray Parry reisten alle brav nach Longbridge bei Coventry, um den Auftrag zu gewinnen. Im letzten Augenblick hatte Hopkins auch Saatchi & Saatchi in den „Schönheitswettbewerb" mit aufgenommen und dies damit begründet, daß die Agentur einigen Wirbel in der Werbewelt mache, gute Arbeit für Triumph zu leisten scheine, er deshalb also glaube, daß es interessant sein könne, einmal zu sehen, was sie so zu bieten hätte. „Man sagte mir, die gehen ran, die sind gut – hab ein Auge auf diese Leute!"

Die Präsentation fand im Konferenzzentrum des riesigen Werkes in Longbridge statt, damals eine der größten Fertigungsstätten in ganz Großbritannien. Als Hopkins hereinkam, war er verblüfft angesichts der Größe der Saatchi-Abordnung. „Gott und die Welt schienen da herbeigeeilt zu sein, während mein Team aus ganzen drei oder vier Leuten bestand." Hopkins entdeckte in der Saatchi-Menge nur ein Gesicht, das ihm vage bekannt vorkam, – „einen pubertierenden Jüngling mit einer großen Brille, der kaum etwas sagte" – das war Maurice. Aber eigentlich kannte er keinen und wußte nicht so recht, was er von dem allen halten sollte.

Bis zu diesem Augenblick hatte Hopkins noch nie etwas von Tim Bell gehört, der aufstand und sich und seine Kollegen vorstellte. Dann begann er mit der Präsentation, die ganz auf die Frage abgestellt war, wie man das neue Auto einem zögernden Publikum verkaufen könne. „Er nahm uns alle absolut gefangen", sagt Hopkins. „Als er fertig war, wußte ich, daß ich den Kerl an meiner Seite haben wollte. Keiner der anderen trat groß in Erscheinung, sie reichten ihm nur Texte oder Zeichnungen zu. Das war die beste Präsentation, die ich jemals erlebt habe. Und natürlich fiel meine Entscheidung zu ihren Gunsten aus – ich gab ihnen den Etat und in der Folgezeit noch etliche mehr. Das war allein Tims Werk, seines ganz allein."

„Princess" wurde allerdings nie zu einem großen Erfolg, aber das war weniger der Werbung anzulasten als eher den Schwächen im Design und allerlei Produktionsmängeln. Saatchi & Saatchi produzierte nicht einfach nur die Werbung, sondern man entwickelte darüber hinaus eine Marketing-Strategie, die British Leyland dann für seine gesamte Angebotspalette übernahm. „Wir hatten da ein Konzept, das wir ‚Superdeal' nannten und das zur erfolgreichsten aller umfassenden Kampagnen wurde", berichtet Hopkins. „Wir hatten so schrecklich viele Autos abzusetzen, und wir erzielten tatsächlich phänomenale Verkaufserfolge. Das ‚Superdeal'-Konzept war Tims und mein Werk. Wir arbeiteten da wirklich eng zusammen. Dann zogen wir noch eine gewaltige Fernsehkampagne durch, um den Begriff der Leyland-Autos auch auf alle unsere kleineren Marken zu übertragen."

Die Entscheidung von Saatchi & Saatchi gegen Audi hatte sich durchaus als richtig erwiesen. Zum Unglück von Hopkins und der gesamten britischen Automobilindustrie wurde aber praktisch jedes der im Rahmen der ‚Superdeal'-Aktion abgesetzten Autos mit Verlust verkauft. In den siebziger und achtziger Jahren konnten die Reste des Unternehmens nur noch mit beträchtlichen staatlichen Finanzspritzen am Leben erhalten werden. Der große und prestigeträchtige Werbeetat schmolz natürlich immer mehr dahin. Kein noch so großer Werbeaufwand konnte den Absatz von Autos steigern, die als überholt, unzuverlässig und in technischer Hinsicht der Flut von japanischen und kontinentaleuropäischen Wagen, die bald den britischen Markt beherrschten, unterlegen angesehen wurden. Heute werben verschiedene Saatchi-Agenturen in aller Welt für Marken wie Renault, Nissan, Saab, American Motors, Mercedes, Toyota und Chevrolet.

Niemand zweifelte je daran, daß Charles trotz all seiner Erregbarkeit und Brüllerei über innere Kühle und das sehr klar denkende Gehirn eines Geschäftsmannes verfügte. Die Risiken, die er einging, waren immer kalkuliert. In diesen frühen Tagen wuchs sein Ehrgeiz beständig an, was in gleichem Maße auch auf Maurice zutraf. Vielleicht ist dieser ihr Ehrgeiz so geartet, daß er stets über das Machbare hinausreicht. Die Ungeduld, mit der Charles nach oben strebte, zum großen Geld, war nach diesem Jahr weit größer als in den Anfangstagen der Agentur. Wieder und wieder verkündete er, daß Saatchi & Saatchi eines Tages die größte Agentur sein werde, zunächst von Großbritannien, dann der Welt – dies zu einer Zeit, da das völlig absurd erschien, und seine Zuhörer wandten sich eher verwirrt und verlegen ab. Aber er war immer ein kluger und harter Geschäftsmann, der nicht einen Zentimeter Boden preisgab, wenn er das nicht wollte. Aus dieser frühen Zeit gibt es viele Beispiele für seine unnachgiebige, geschäftsorientierte Haltung, wenn es etwa um die Senkung von Kosten oder die Verhandlungen mit Subunternehmern ging. Hegarty erinnert sich daran, daß einmal irgendeine Illustration für die Jaffa-Werbung nicht termingerecht geliefert wurde und Charles sich daraufhin weigerte, dafür zu bezahlen. „Die brachten dann ihre Anwälte mit, um die Lage zu erörtern, waren sich aber überhaupt nicht im klaren darüber, mit wem sie es zu tun hatten – sie meinten, sie könnten sich mal gemütlich zusammensetzen und die Sache in aller Ruhe besprechen. Er aber gab ihnen einfach zu verstehen, sie sollten sich gefälligst verpissen. Er dächte gar nicht daran, die Rechnung zu bezahlen, und wenn sie Klage erheben wollten, dann bitte schön. ‚Sie haben nicht geliefert, und ich zahle nicht. Sie hätten uns vorher sagen sollen, daß Sie nicht liefern können.' Es ist ja auch immer denkbar, daß ein Auftragnehmer sagt: ‚Also wissen Sie, die Sache wird sehr eng, aber wir werden tun, was wir können.' Nicht so bei Charlie."

Bell fand es durchaus auch ganz witzig, wenn Charles einmal eine Niederlage einstecken mußte. Da war zum Beispiel die Geschichte mit der Rechnung von Rodney Fitch. Dieser war der Ansicht, daß man ihm für seine Arbeit am Golden Square noch Geld schuldig geblieben sei, Charles jedoch wollte oder konnte nicht zahlen. Es ging um eine kleine Summe, etwa £ 1800. Fitch meint: „Dieser Geschichte verdanke ich meine Einführung in die Welt der Finanzen. Bis dahin war ich – und bin es vielleicht noch – ein schlichter Designer." Charles verweigerte jedes Gespräch mit ihm, und Tim Bell mußte ihn immer wieder vertrösten. „Schließlich schlug mein Anwalt vor, daß wir eine Exekutionsorder gegen ihn erwirken sollten, was auch durchging. Das schlug ein wie eine Bombe."

Bell erinnert sich noch sehr gut an diese Episode. „Charles wußte nicht, was ein Pfändungsbeschluß ist und schmiß das Schreiben einfach in den Papierkorb. Er erzählte niemandem etwas davon, bis schließlich die Vollstreckungsbeamten erschienen."

Ein Pfändungsbeschluß gehört nicht zu den Dingen, die man übersehen darf. Er führte dazu, daß die Konten der Saatchis eingefroren wurden, was bedeutete, daß sie weder Mitarbeiter noch Lieferanten bezahlen konnten, bevor sie nicht die Rechnung von Fitch beglichen hatten. Bell erfuhr das, als er seinen Vater anrief, der Jurist war und ihm erläutern konnte, wie ernst die Sache zu nehmen war. „Charles kochte vor Wut und lief tagelang schimpfend herum", erzählt Bell. Fitch wiederum hatte eine wertvolle Lektion gelernt: „Das ist eine höchst wundervolle Einrichtung. Ich habe seitdem mehrfach davon Gebrauch gemacht, und man bekommt dann sein Geld auf der Stelle. Charles war wegen dieser Geschichte sehr verbittert, deshalb fand ich es um so amüsanter, daß sie mich, als sie in die Lower Regent Street umzogen, wieder um meine Mithilfe gebeten haben."

Bell illustriert mit dieser Geschichte (die er bei einer Tischrede im Londoner Hilton Hotel zum besten gab, bei der Fitch oben an der Tafel neben ihm saß) vor allem ihre damalige Naivität in geschäftlichen Dingen. Sie lernten schnell, aber Charles und Maurice schneller als Bell, weil sie einen angeborenen Sinn für diese Dinge hatten. Ihm flößte es beinahe Scheu ein, wenn er die Starrköpfigkeit sah, die die Brüder im Umgang mit Lieferanten und Gläubigern an den Tag legten, und er empfand echten Respekt angesichts der Art und Weise, wie sie neue Etats handhabten und ihre Agentur durch Zukäufe vergrößerten.

Bell ist seinem Wesen nach sanfter und liebenswürdiger als die Brüder, und er war stets gewillt, viel für eine gute Atmosphäre und ein angenehmes Arbeitsklima zu tun. Er litt unter den brüderlichen Auseinandersetzungen und konnte nicht begreifen, daß das für sie ganz normal war. „Tim pflegte immer zu sagen: ‚Sie haben mich bloß als Schiedsrichter eingestellt', wenn er mal wieder zu ihnen reinging und versuchte, sie auseinanderzubringen und zu verhindern, daß sie sich gegenseitig in Stücke rissen", sagt Chris Martin. „Und raus kam er dann wieder mit den zerbrochenen Stühlen. Aber Tim war für die ganze Agentur sehr wichtig – er war der geborene Werbemann. Als sie zu wachsen anfing, da war er der Katalysator." Andere teilten die Ansicht Martins, Bell sei „der geborene Werbemann", nicht. Ein leitender Saatchi-Mann (keiner der Brüder) entdeckt bei Tim eine schwache Stelle: „Tim war absolut unfähig, eine Werbung zu beurteilen", meint er. „Er konnte sie weder beurteilen noch machen. Seine Kunden hatten immer den Eindruck, daß er die Sachen geschrieben und gestaltet und alle Arbeit allein gemacht hätte. Er hatte das nie behauptet, aber er vermittelte einem dieses Gefühl. Sein Urteil ging manchmal ganz gefährlich daneben, und wenn man das Gegenteil von dem gemacht hätte, was er sagte, dann hätte man wahrscheinlich genau richtig gelegen. Wenn man ihm aber erst einmal gesagt hatte, daß das und das eine großartige Arbeit sei, dann zog er los und verkaufte sie mit Glanz und Gloria."

Was Bell mehr als alles andere erstrebte, war die Erweiterung der Zweierherrschaft Charles' und Maurices zu einem Dreigestirn, wobei er nicht nur an den Bereich der Arbeit dachte, sondern auch an den privaten. Angesichts dessen, was er leistete, und auch angesichts der Winzigkeit der Agentur schien das nicht einmal unmöglich zu sein. Aber die Brüder dachten darüber nicht einmal nach. Mit seinen Bemühungen wuchs seine Kränkung, und jedes Jahr nahm dieses Gefühl der Erniedrigung zu. Bis heute hat Bell nicht verstanden, warum er ausgeschlossen wurde. Die Gründe dafür sind wahrscheinlich komplex und haben möglicherweise auch etwas mit der Herkunft der Brüder zu tun – sie waren sich ihres irakisch-jüdischen Hintergrundes sehr bewußt, und vor allem Charles fand es immer wieder schwer, seine privaten Interessen und Passionen mit jemandem zu teilen, der nicht zur Familie gehörte. Chris Martin verwies auf etwas, was auch andere bemerkt haben: Je weiter unten man in der Hierarchie stand, desto weniger wurde man von Charles attackiert – je höher man stieg, desto mehr wurde man zum Ziel seines Zorns. Maurice hatte da die Hauptlast zu tragen, aber Bell geriet ebenfalls zunehmend in diesen Bereich. „Er machte dich am Vormittag zur Schnecke, sprach den ganzen Nachmittag kein Wort mir dir, und rief dich um zehn Uhr abends an, um Frieden mit dir zu schließen – nicht etwa aber, um sich zu entschuldigen. Das hat er niemals getan." Im Falle Bells hatte das „Zur-Schnecke-Machen" rein verbalen Charakter, außer er geriet zwischen die Brüder, aber er fand es doch mehr als anstrengend, mit Charles mitzukommen. „Er spielt Kopfspiele mit den Menschen, die ganze Zeit. Das gehört zu seinem Wesen. Er hat immer alles total unter Kontrolle, er denkt mit Lichtgeschwindigkeit, kennt das Ende deiner Sätze noch vor dir und spielt mit dir häufig nur so um des intellektuellen Vergnügens willen." Und wenn er noch so erfolgreich war – Charles verlangte immer noch mehr von ihm.

Am Ende des zweiten Jahres kamen er und Maurice zu dem Schluß, daß es ihrem Unternehmen nun gut genug ging, um Charles ein Auto zu kaufen. Die meisten Modelle hatte er schon gehabt, deshalb mußte es jetzt ein ganz besonderes sein – also ein Rolls Royce (der jenen ersetzen sollte, den Charles anläßlich des Starts der Agentur verkauft hatte). „Er war so hundsgemein zu uns gewesen, und da dachten wir, daß ihn das vielleicht dazu bringen würde, sich uns gegenüber besser aufzuführen", sagt Bell. „Aber es bewirkte nichts dergleichen."

Auch Charles hatte schon an einen Rolls Royce gedacht. Die anderen können sich noch erinnern, wie er jedesmal, wenn die Rede auf Geld kam, die rhetorische Frage an David Perring, den Buchhalter, richtete: „Kann ich mir wohl jetzt einen Rolls Royce leisten, David?" Und Perring verneinte regelmäßig – bis er eines Tages plötzlich sagte: „Ja, doch, einen gebrauchten."

Eines Morgens rauschte Charles durch die Tür herein und rief: „Los, wir fahren alle aus!" Draußen stand ein gebrauchter Rolls Royce, den er bei Jack Barclay am Berkeley Square, dem größten Rolls Royce-Händler im Westend, für eine Probefahrt geholt hatte. Die Ausfahrt wurde kein Erfolg. Nach Martins Bericht mußten sie vor einer Ampel in der Shaftesbury Avenue halten, und da schob sich ein anderer Rolls Royce neben sie. Am Steuer saß Terence Donovan, ein Mann aus dem Eastend, der zu einem der führenden – und höchstbezahlten – Fotografen der sechziger Jahre aufgestiegen war. Charles erkannte ihn und wollte sein Fenster hinunterkurbeln, um ihn zu begrüßen, bekam die Scheibe aber gar nicht erst ganz hinunter. „Terry fährt einen von den ganz neuen, einen mit elektrischen Fensterhebern, es summt leise, und er lehnt sich heraus und ruft: ‚Was ist los, Charlie, kannst du dir keinen neueren leisten?' Dann summt es wieder leise, sein Fenster ist schon wieder oben und er auf und davon. Charlie fuhr geradewegs zum Berkeley Square zurück, stellte das Auto bei John Barclay vor die Tür und erklärte ihm, daß er es nicht haben wollte."

Schließlich bestellten Maurice und Tim Bell ihm einen Rolls Royce Corniche – und Bell bekam einen Porsche. Den fuhr er allerdings nach zwei Tagen zu Schrott, als er ihn in einer Tiefgarage rückwärts gegen eine Rampe setzte. Aber der Agentur ging es zunehmend besser, so daß sie auch höhere Gehälter zahlen und jene angemessen entlohnen konnte, die nach Ansicht der Gebrüder Saatchi gute Arbeit leisteten. Bill Muirhead kam eines Morgens ins Büro und fand auf der Ecke seines Tisches einen Briefumschlag. Darin lag ein Scheck in Höhe eines doppelten Monatsgehalts – ein Geschenk von den Brüdern. Ein andermal berichtete ihm seine Frau, daß eine Firma, die Swimmingpools baute, dagewesen war, um den Garten auszumessen – Charles hatte Erkundigungen darüber eingezogen, was Muirhead sich vielleicht wünschen würde, und da hatte ihm jemand gesagt, Bill sei doch Australier und alle Australier seien leidenschaftliche Schwimmer. Bill Muirhead war das alles höchst peinlich, denn ein Swimmingpool hatte in ihrem kleinen Reihenhausgarten keinen Platz.

Bell war inzwischen der höchstrangige Angestellte der Agentur, aber eben immer noch nur Angestellter – er hielt zwar eine kleine Beteiligung, aber es war doch unzweifelhaft die Agentur der Brüder, mit ihrem Namen an der Tür. Und doch erwog er niemals – wie Ron Collins, Alan Tilby, ja selbst John Hegarty und Chris Martin – ernsthaft den Gedanken, sich nach etwas anderem umzusehen, eine eigene Agentur aufzumachen oder anderweitig sein Glück zu versuchen. Die Agentur Saatchi & Saatchi war ganz eindeutig auf dem Weg nach oben, und Bell ging mit ihr.

Gegen Ende des zweiten Jahres beschlossen die Saatchis, die Geldgeber, die ihnen ihren Start ermöglicht hatten, also Lindsay Masters, Mary Quant und ihren Mann Alexander Plunket-Greene auszuzahlen. Die Brüder waren so klug gewesen, für den Großteil des zum Aufbau der Firma benötigten Geldes nur Obligationen ausgegeben zu haben, die mit keinem Rechtsanspruch auf Anteil verbunden waren. Die Beteiligung von Masters und den Plunket-Greenes, die bei der Cannon Holding lag, betrug 15 Prozent, und die Saatchis wollten sie gerne zurückhaben, bevor die Agentur zu wertvoll wurde. Sie strebten ja den Gang an die Börse an, und 15 Prozent konnten dann eine ganze Menge Geld bedeuten. Es war gut gewesen, mit dem Kapital von Mary Quant und ihrem Mann arbeiten zu können, aber man hatte sie nie um etwas anderes gebeten als zu investieren. Deshalb war es jetzt vielleicht möglich, sie zu einem Verkauf zu überreden – wenn man ihnen einen ausreichend großen Anreiz bieten konnte.

Maurice nahm über Vanni Treves vorsichtig, aber zielstrebig die Verhandlungen auf. Mary Quant und ihr Mann hatten es mit einem Verkauf nicht eilig, Lindsay Masters noch weniger. „Sehen Sie, Ihre Beteiligung hat doch einen guten Gewinn gebracht, und wir würden die Anteile nun gerne zurückkaufen", sagte Maurice. Schließlich konnte er sie überreden, wenn es auch bei Masters etwas länger dauerte. Aber am Ende willigte auch er in den Verkauf ein. Seine Frau Marisa erzählte Maurice später einmal, ihr Vertrauen in die Saatchis sei so groß gewesen, daß sie niemals verkauft hätte – was auf lange Sicht teuer geworden wäre. Keine der beteiligten Parteien kann sich genau daran erinnern, um wieviel Geld es damals eigentlich gegangen war, aber die meisten sind sich einig, daß es sich um eine Größenordnung um die £ 100 000 gehandelt haben muß. Die Investoren hatten also demnach ihr Kapital vervierfacht und traten relativ zufrieden ab, während die Saatchis nun ihre Position wesentlich gefestigt hatten.

Später blickten natürlich alle zurück und versuchten – wie Marisa – zu errechnen, wieviel sie hätten verdienen können, wenn sie damals nicht ausgestiegen wären. Das wären gut und gerne einige Millionen gewesen. Auch Michael Heseltine denkt über diese Frage nach. Masters hatte ihm ja angeboten, ihn als Partner aufzunehmen, als er in Saatchi & Saatchi investiert hatte – wie sie ja in den meisten Dingen partnerschaftlich agiert hatten. Heseltine aber hatte abgelehnt, weil er eben zum Minister der neuen Regierung Heath ernannt worden war. Erst später gelangte er zu der Überzeugung, daß er wohl doch zu viele Skrupel gehabt hatte. Er hatte, so meint er heute, vor lauter Besorgnis, nichts falsch zu machen, „die Beschränkungen mißverstanden, denen Minister unterworfen sind". Jedenfalls hatte er Masters abgesagt – ein Mißverständnis, das den Saatchis durchaus zuträglich war. Heseltine bemerkte dazu: „Wirklich interessant ist die Tatsache, daß Maurice diese nicht unbeträchtlichen Anteile so schnell zurückkaufen wollte. Und obwohl ich an den Verhandlungen nie teilgenommen habe (ich hatte da ja kein Geld investiert), habe ich doch einiges davon mitbekommen, von den Angeboten und Gegen-Angeboten, den Schmeicheleien und Überredungskünsten, die die Saatchis einsetzten, um die Geldgeber abfinden zu können. Die interessante Frage, die ein Historiker mal stellen und die kein Mensch je beantworten können wird, ist die: Wäre es ihnen im Falle, daß ich beteiligt gewesen wäre, auch gelungen, uns auszukaufen? Wenn Lindsay nicht allein, sondern ich bei den Gesprächen dabei, wir also zu zweit gewesen wären, dann hätten wir uns vielleicht gegenseitig den Rücken gestärkt. Ob Maurice dann ans Ziel gelangt wäre – das habe ich mich oft mit Vergnügen gefragt."

Das Problem, wie man bei den anderen noch verbliebenen Anteilen verfahren sollte, erwies sich als weniger schwierig. Ron Collins berichtet, wie er eines Tages in das Büro von Charles beordert wurde, wo dieser ihm unvermittelt kundtat, daß „er da ein Problem" habe.

„Du hältst nämlich mehr Anteile als Tim Bell."

„Ich weiß, Charles, aber das war Bestandteil meines Anstellungsvertrages."

„Du verstehst mich nicht. Du hast da ein Problem. Und ich möchte jetzt gerne von dir wissen, was du diesbezüglich zu tun gedenkst."

Es dämmerte Collins nur langsam, daß er eben aufgefordert worden war, einige seiner Anteile an Bell abzutreten. Das erschütterte ihn und er weigerte sich. Charles, so meint Collins, habe alles so dargestellt, als sei das *sein* Problem, obwohl er bei genauerem Zusehen doch nicht das geringste damit zu tun hatte. Bell nahm ganz eindeutig eine höhere Position in der Hierarchie ein, obgleich er, Collins, älter und berufserfahrener und zum Zeitpunkt seiner Einstellung der „Senior" unter den Mitarbeitern gewesen war.

Er beschloß zu gehen. Als er Charles davon in Kenntnis setzte, kam er auch auf die Frage der Anteile zu sprechen. Collins hatte wie die anderen auch noch weniger Ahnung in finanziellen Dingen als Charles. Er hatte die legendären Anteile noch niemals gesehen, die Maurice irgendwo unter Verschluß hielt. Als er bei Saatchi & Saatchi angefangen hatte, hatte er einen wortreichen Vertrag überreicht bekommen, der sehr eindrucksvoll aussah. „Er stritt sich andauernd wegen irgendwelcher Klauseln in diesem Vertrag herum", sagt Hegarty. „Deshalb unterschrieb er ihn auch nie."

Bei den alten Saatchi-Hasen kursiert noch immer die Geschichte, daß Charles, als Collins sich nach seinen Anteilen erkundigte, ihm bedeutet habe, daß das nur „Anteilsoptionen" gewesen wären.

„Na schön, was ist dann also mit meinen Anteilsoptionen?"

„Oh, wir haben beschlossen, sie nicht anzunehmen", soll Charles ganz beiläufig erklärt haben.

Collins selbst dementiert diese haarsträubende Geschichte nicht, meint aber, daß er, bei all seiner Naivität in Finanzdingen, ganz so dumm nun auch wieder nicht gewesen sei. Wie dem auch sei – Tatsache bleibt, daß er ohne Anteile und ohne irgendeine Abfindung bei Saatchi & Saatchi ausschied. Bell erhielt später für seine kleinere Beteiligung über drei Millionen Pfund. Collins konsultierte zwar einen Anwalt, aber der mußte ihm sagen, daß der Vertrag, den er da hatte, ob nun unterschrieben oder nicht, kaum das Papier wert war, auf dem er geschrieben war. Er hätte die Firma trotzdem verklagen können, entschied sich dann aber gegen eine solche Auseinandersetzung. Collins ist inzwischen durch seine Teilhaberschaft bei Wight Collins Rutherford Scott zu Wohlstand gelangt und lebt und arbeitet in einem schönen Haus in Essex.

Collins blieb nicht der einzige, der sich von Saatchi & Saatchi löste. Alan Tilby hielt es nur etwas länger als ein Jahr im Haus. Er war als Verantwortlicher für die Fernsehspots geholt worden, aber in jenen Anfangszeiten hatte die Agentur noch nicht viel Arbeit auf diesem Gebiet. Er war mit Charles aneinandergeraten, als Alan Parkers erster Spielfilm anlief und dieser ihn – die beiden waren miteinander befreundet – zu einer Voraufführung mitten am Nachmittag eingeladen hatte. Charles zeigte sich darob alles andere als erbaut. „In Ordnung, du kannst gehen, aber du mußt die Zeit nach Feierabend einarbeiten." Ein wutschnaubender Tilby stampfte davon. Wie Collins, so konnte auch er sich nicht mit der Atmosphäre bei Saatchi & Saatchi anfreunden. Außerdem war er nicht gerade zuversichtlich, was seine eigenen Aussichten, aber auch die der Agentur anbetraf. „Um ehrlich zu sein, ich konnte nicht sehen, daß irgendwas daraus werden würde." Tilby sitzt mir hinter seinem riesigen Schreibtisch bei Boase Massimi Pollitt (den er im Sommer 1988 wieder aufgegeben hat) gegenüber und lacht schallend über seine eigene Kurzsichtigkeit.

Die Saatchis trauerten weder Collins noch Tilby lange nach, aber als auch John Hegarty und Chris Martin zu gehen beschlossen, war das etwas ganz anderes. Hegarty hatte schon mehr als fünf Jahre für Charles gearbeitet, als er 1973 den Entschluß faßte weiterzuziehen, und beide Brüder mochten ihn wirklich sehr. „Ich glaube, ich ging damals, weil ich – ganz zu Recht – daran dachte, daß der Name der Agentur Saatchi & Saatchi war. Charlie war der Chef, es war seine Agentur, er würde sie auf seine Weise führen, und das würde mir nicht die Möglichkeit geben, das zu tun, was ich tun wollte", sagt Hegarty. „Ich kündigte – und Charlie sprach zwei Jahre lang nicht mehr mit mir. Irgendwie ging es um die ‚Familie', und ich verließ sie." Hegarty führte zwar den Titel eines „Associate Director", aber er war klug genug zu wissen, daß er niemals als Partner in Betracht gezogen werden würde. Wie Collins, so schied auch er aus, um seine eigene Agentur zu gründen, nämlich Bartle Bogle Hegarty, wo auch er es zu einigem Reichtum gebracht hat.

„Charlie war schrecklich bestürzt, als wir gingen", erinnert sich Chris Martin. „Er zitterte sogar – ich habe ihn niemals zuvor so fassungslos gesehen. Nicht wegen meines Ausscheidens, sondern wegen Hegarty, der ja eine so große Rolle bei seiner Karriere gespielt hatte. Er wußte, daß John überaus begabt war (was er ja auch unter Beweis gestellt hat), aber es war doch mehr als nur das. Ich glaube, Charlie hatte diesen jüdischen Familiensinn, der ihn wünschen ließ, daß sie alle beieinander blieben – du warst ihnen gegenüber loyal, und sie waren es dir gegenüber ebenso – und da gingen wir nun fort."

Es gab eine Zeit, da auch Jeremy Sinclair, der älteste und (heute) neben Maurice engste Mitarbeiter von Charles, mit dem Gedanken eines Wechsels spielte. Im Unterschied zu Hegarty, Bell und Collins hatte er beim Start der Agentur keine Anteile (oder auch „Anteilsoptionen") erhalten. Inzwischen hatte es sich längst überall herumgesprochen, daß die Anzeige mit dem schwangeren Mann von ihm stammte, und er war als erster der Firma von der Konkurrenz angesprochen worden. Ron Collins erinnert sich, daß Charles, als das passierte, mit Sinclair in die winzige Parkanlage in der Mitte des Golden Square ging und stundenlang mit ihm redete. Als es dunkel wurde, saßen sie noch immer dort. Schließlich kehrten sie ins Büro zurück, und Sinclair strahlte vor Begeisterung. Er würde nicht gehen. „Diese Agentur wird einmal die größte und beste auf der ganzen Welt werden", soll er nach Collins geäußert haben.

Aber es gingen nicht nur Mitarbeiter, sondern es wurden auch neue eingestellt. Da war Terry Bannister, später Mitglied der Geschäftsführung der Agentur, der von einem Kunden, der Firma Fison, kam. Ferner kam Ron Leagas, später ebenfalls Mitglied der Geschäftsführung. Nun waren nur noch wenige der ursprünglichen Mannschaft übrig, von denen sich vor allem Roy Warman und Bill Muirhead als wichtige Mitarbeiter erwiesen.

Die Abgänge festigten Tim Bells Position als die Nummer Drei nach den Brüdern. Er nahm seine Aufgabe zunehmend ernster und versuchte angestrengt, einige der Dinge, die er bei anderen Agenturen gelernt hatte, auf Saatchi & Saatchi zu übertragen. Er verhielt sich ganz so, wie es nach seinem Verständnis einem guten leitenden Angestellten zukam, obwohl seine Erfahrungen auf dem Gebiet des Management durchaus beschränkt waren. In der Zeit vor seinem Ausscheiden lag er den Saatchis dauernd in den Ohren, sie sollten ordentliche Geschäftsleitungssitzungen abhalten: „Charlie setzte nie welche an. Er sagte nur: ‚Wozu denn?' Und Tim antwortete darauf etwa: ‚Das mußt du machen, Charlie, schließlich bauen wir hier ein großes Unternehmen auf.' Aber Charlie weigerte sich auch weiterhin und meinte beharrlich: ‚Warum sollte ich zu einer solchen Sitzung gehen? Wir haben doch alle Entscheidungen getroffen, oder nicht? Geh halt rum und informier alle.' Es imponierte einem schon irgendwie, daß er keinen nutzlosen Scheiß in seinem Betrieb haben wollte. Und das waren Sitzungen für ihn. Wie er es ausdrückte: ‚Macht entsteht dadurch, daß man eine gute Anzeige schafft. Das ist die Macht in diesem Gewerbe. Wenn du Macht haben willst, dann mach eine gute Anzeige.'"

Ungefähr zu dieser Zeit begann die Branchenpresse, Bell als „dritten Bruder" zu bezeichnen. Bell gefiel das – vielleicht war er sogar selbst der Initiator, wenngleich er das heute bestreitet. „Ich nahm das als großes Kompliment. Aber die beiden mochten den Gedanken gar nicht, daß da dieser Mittelklässler mit ihnen in Verbindung gebracht wurde." Die Saatchis haben wahrscheinlich nie auch nur einen einzigen Gedanken an die Klassenzugehörigkeit von Bell verschwendet – wie bei ihm, ist auch ihr Akzent „klassenlos", vor allem der von Maurice (die Brüder haben im übrigen unheimlich ähnliche Stimmen, und am Telefon oder wenn man bei einem Gespräch die Augen schließen würde, ist es fast unmöglich, sie auseinander zu halten). Es sollte aber noch zehn Jahre dauern, bis Bell endlich begriffen hatte, daß er niemals ein dritter Bruder werden würde, nicht einmal ein adoptierter. Er fing aber an, sich über sich selbst lustig zu machen, er sei wohl eher das &-Zeichen in Saatchi & Saatchi als der dritte Bruder.

Andere äußerten später ihre eigenen Ansichten zu der Frage, welchen Beitrag Bell zum Aufbau des Unternehmens geleistet hat, ob Charles und Maurice auch ohne ihn eine so große Agentur hätten schaffen können. Hegarty, der seit seinem Ausscheiden bei Saatchi & Saatchi im Jahre 1973 keinen Kontakt mehr zu Bell gehabt hat, meint etwa: „Ich bin aufrichtig davon überzeugt, daß Tim der dritte Saatchi war. Charlie mag in vielem anderer Meinung sein, aber ich glaube, er würde wohl der Auffassung zustimmen, daß Tim einen großen Beitrag geleistet hat. Charlie war einfach großartig darin, bei jedem, der mit ihm zusammenarbeitete, das Beste zum Vorschein kommen zu lassen, und er machte sich die Fähigkeiten Bells voll und ganz zunutze, um aus seiner guten Agentur eine noch bessere zu machen. So wie Maurice ein wunderbares Gegengewicht zu Charles bildete, so bildete Tim ein wunderbares Gegengewicht zu den beiden. Und alle drei bildeten ein wunderbares Trio."

Ende 1973 fingen Gestalt und Aufbau der Agentur an, sich rapide zu verändern. Saatchi & Saatchi hatte nun überall am Golden Square Büroräume angemietet, um die ständig wachsende Zahl der Mitarbeiter unterbringen zu können. Maurice und Bell sorgten dafür, daß das Unternehmen wie ein solches geführt wurde, während Charles schon begann, sich zurückzuziehen, und weit weniger mit den neuen Mitarbeitern zu tun hatte als früher. Er traf nun auch mit keinen Kunden mehr zusammen – selbst dann nicht, wenn diese einen eventuellen Auftrag davon abhängig machten. Das Unternehmen wuchs in gleichem Maße durch neue Etats wie durch neue Geschäftsbereiche. Es war an der Zeit, in neue und größere Räumlichkeiten umzuziehen. Die Tage am Golden Square waren vorüber, und mit ihnen verflüchtigte sich die Atmosphäre der kreativen, unter Hochdruck arbeitenden „Ideenschmiede", die so kennzeichnend für die Anfangsphase der Agentur gewesen war. Saatchi & Saatchi war jetzt ein Wirtschaftsunternehmen – mit allen seinen Vor- und Nachteilen.

8

EINE UMGEKEHRTE ÜBERNAHME

Am Ende des zweiten Geschäftsjahres konnte Saatchi & Saatchi einen Gewinn von £ 90 000 ausweisen – nach Abzug der Gehälter, Steuern und sonstigen Unkosten. Das war kein schlechtes Ergebnis für eine neue Firma, auf jeden Fall genug, um den neuen Rolls Royce von Charles bezahlen zu können. Das dritte Jahr war ebenfalls gut, auch wenn der Gewinn nur um £ 10 000 auf £ 100 000 anstieg. Dann aber kam 1974, das Jahr, in dem die Werbeindustrie ihre seit Jahren schlimmste Rezession erlebte. Und natürlich nicht nur die Werbeindustrie – die Zeit zwischen dem November 1973 und dem Frühjahr 1975 war für Großbritannien eine der düstersten seit dem 2. Weltkrieg. Die Saatchis sahen sich zum ersten Mal in ihrem Unternehmerleben mit ernsthaften finanziellen Schwierigkeiten konfrontiert.

Der Yom-Kippur-Krieg und die unmittelbar darauf folgende Verdreifachung des Ölpreises trafen Großbritannien in einem äußerst ungünstigen Augenblick. Schon lange vor dieser ersten Ölkrise war die britische Wirtschaft in ernste Schwierigkeiten geraten. Die konservative Regierung Heath hatte auf einen plötzlichen Anstieg der Arbeitslosenzahlen im Winter 1971–1972 überreagiert, die Steuern drastisch gesenkt und die Beschränkungen der Ausgaben der öffentlichen Hand aufgehoben. Durch die Rettungssanktionen für die Werftindustrie am Upper Clyde und für Rolls Royce hatte die Regierung, wie der Wirtschaftswissenschaftler Sam Brittan meinte, „jeder lahmen Ente eine Einladung überreicht, sich im Falle der Not doch an das Wirtschaftsministerium zu wenden".

Als Ergebnis dieser Politik wuchs die Wirtschaft von Mitte 1972 an immer schneller und erreichte bis Mitte 1973 eine Wachstumsrate von 6 Prozent – eine verzweifelte Überhitzung, die auch schon die Inflationsrate merklich ansteigen ließ. Die Bauindustrie war überlastet; Hoover rationierte seine Waschmaschinen-Lieferungen an den Einzelhandel; die Industrie meldete Mangel an Stahlbeton, Stahl und Bauholz; Elektromotoren waren so knapp, daß es zu Lieferverzögerungen von zwölf Monaten kam. Auf dem Arbeitsmarkt erreicht die Zahl der offenen Stellen einen Rekordtiefstand, und trotz einer restriktiven Lohnpolitik der Regierung stiegen die Löhne und Gehälter rapide. Wirtschaftsexperten warnten vor den ernsten Folgen, die zu erwarten standen, wenn man die Geldmenge um 20 Prozent anwachsen ließ, und im Sommer 1973 kam es zu einer Krise des Pfundes, der die Regierung dadurch begegnete, das sie den Diskontsatz von 7,5 auf 11,5 Prozent hinaufsetzte.

In der Werbung herrschte Hochkonjunktur, und die Saatchis, wie alle anderen auch von der allgemeinen Euphorie angesteckt, gaben das Geld mit vollen Händen aus – für den Umzug in neue Büros in der Lower Regent Street, für neue Autos und für neue Mitarbeiter. Für den Mann auf der Straße war es eine Zeit des Überflusses – es wurde für buchstäblich alles mehr Geld ausgegeben, vor allem von der Regierung. Die Immobilienpreise schossen in die Höhe und erreichten den Punkt, an dem ein ganz neues, „Gazumping" genanntes Phänomen auftrat: Käufer überredeten Verkäufer, einen bestehenden Vertrag mit einem anderen Interessenten – gegen einen gewissen Aufschlag – zu vergessen und ihnen das Objekt zu verkaufen. Auch die gewerblich genutzten Immobilien erlebten einen noch nie dagewesenen Boom. Die Preise lagen weit über dem Niveau, bei dem die Mieteinnahmen noch zur Abdeckung der Zinszahlungen ausgereicht hätten. Und eine Flut von neuen, weitgehend unkontrollierten Teilzahlungs- und Kundenkreditbanken vergaben Darlehen an alle, die sie haben wollten, wobei sie mit Fernsehgeräten und kostenlosen Ferienreisen lockten.

Das Ende kam abrupt. Die Panik der Regierung Heath setzte Anfang November 1973 ein, als die Auswirkungen des Nahostkrieges sichtbar wurden. Der Ölpreis hatte in den sechziger Jahren durchwegs zwischen $ 1 und $ 3 pro Barrel gelegen, war Mitte

1973 auf $ 3 geklettert – und stieg nun in einem Rutsch auf $ 12. Das OPEC-Kartell machte erstmals gemeinsame Sache und gewann durch die Drosselung der Fördermengen nachhaltigen Einfluß auf die Preisentwicklung. Großbritannien, noch ohne sein eigenes Nordseeöl, wurde von der Rationierung und dem Preisanstieg gleichermaßen hart getroffen. Und noch viel schlimmer: Die Bergarbeitergewerkschaft, die schon zwei Jahre zuvor einen Streik siegreich beendet hatte, verweigerte ab November die Leistung von Überstunden. Im Dezember rief Heath den Notstand aus, es wurde nur noch drei Tage pro Woche gearbeitet, und selbst in den Büros der City ging das Licht aus. Zögernd schrieb Heath Neuwahlen für Ende Februar 1974 aus – es ging um die Entscheidung, wer denn nun eigentlich das Land regiere, die Regierung oder die Gewerkschaften. Er verlor diese Wahlen nur knapp, aber eine weitere Wahl im Oktober brachte den Regierungswechsel.

Die neue Labour-Regierung stand so weit links wie noch keine andere zuvor in Großbritannien, zumindest in den ersten achtzehn Monaten ihrer Amtszeit, als sie – um wiederum Sam Brittan zu zitieren – so tat, als würden „Gewerkschaftsführer ungeachtet aller Lohnforderungen und restriktiven Praktiken mit Regierungsgeldern gerettet werden, wenn sie ihre Mitglieder durch überhöhte Lohnforderungen um ihre Jobs brachten". Die Labour-Regierung der Jahre von 1964 bis 1970 hatte soziale und liberalisierende Reformen hinterlassen, die vernünftig und von Bestand waren. Die wirtschaftliche Zielsetzung war Wachstum ohne Inflation gewesen. Die Wirtschaftspolitik der neuen Labour-Regierung verfolgte dagegen zwei Hauptziele: die Umverteilung des Wohlstandes und die Förderung gewerkschaftlicher Anliegen. Die schlecht vorbereitete Schenkungs- und Erbschaftssteuer war eine Attacke auf die Klasse der Besitzenden, und Industrie wie Finanzwelt bekamen die Auswirkungen der neuen Frontstellung in Whitehall zu spüren. Nicht alle geplanten Maßnahmen wurden durchgezogen, aber die offizielle Rhetorik nahm Profit und Vermögensbildung unter Dauerbeschuß. Industrie und City waren demoralisiert. Die neue Regierung setzte die Politik der Rettung lahmer Enten fort, zu denen nicht zuletzt British Leyland und der britische Ableger von Chrysler gehörten. Der Versuch, die Wirtschaft aus Inflation und Rezession herauszulotsen, führte zu einer enormen Auslandsverschuldung.

All diese Entwicklungen mündeten in der schwersten Finanzkrise und dem schlimmsten Börsenkrach, die Großbritannien bislang in diesem Jahrhundert erlebt hatte – noch um einiges ärger als im Jahr 1929. Die Wirtschaft stürzte in eine gewaltige Rezession, und es sollte mehr als ein Dutzend Jahre dauern, bevor die Industrieproduktion wieder den Stand von vor 1973 zu erreichen vermochte. Der nominelle Kurs der Aktien fiel um 70 Prozent, der inflationsbereinigte um fast 90 Prozent – so wie beim Zusammenbruch der Wall Street in den Jahren 1929 bis 1933. In dieser Situation ließ die Konservative Partei 1975 Edward Heath fallen und wählte erstmals in ihrer Geschichte eine Frau an die Spitze, nämlich Margaret Thatcher, welche eine Gruppe von Leuten um sich sammelte, die zunehmend unter den Einfluß der Lehrer der von Professor Milton Friedmann begründeten Chicagoer Schule und ihrer britischen Gefolgsleute Ralph Harris und Arthur Seldon vom Institute of Economic Affairs gerieten. Dieser politische Wechsel sollte in den kommenden Jahren von großer Bedeutung für die Saatchis sein.

Zu jenem Zeitpunkt jedoch verschwendeten die Brüder noch kaum einen Gedanken an Margaret Thatcher und den Monetarismus, hatten sie doch ihre eigenen Probleme. Denn wie so viele andere britische Unternehmen waren auch sie in erhebliche Schwierigkeiten geraten.

Mit den ersten Monaten der Rezession waren die Brüder noch ganz gut fertig geworden. Sie hatten das Jahr 1974 mit einem Umsatz von 10,8 Millionen Pfund, einem Gewinn von £ 190 000 und dem 19. Platz auf der Rangliste der Agenturen abgeschlossen. Ganz Werbeland mußte jedoch erleben, daß mit Fortschreiten des Jahres die Situation immer schwieriger wurde. Die Gesamtaufwendungen für Werbung waren von inflationsbereinigten 554 Millionen Pfund im Jahr 1970 (dem Jahr der Gründung von Saatchi & Saatchi) auf 716 Millionen im Jahr 1973 gestiegen, also um 30 Prozent. Was den Nennwert der Aufwendungen anbetraf, so stiegen sie von 554 Millionen auf 874 Millionen, d.h. um 60 Prozent. Niemand in der gesamten Werbeindustrie konnte auch nur ahnen, daß es zehn Jahre dauern würde, bis die realen Werbeaufwendungen das Niveau von 1973 wieder erreichen bzw. daß sie drei Jahre hintereinander dramatisch absinken und 1976 auf ihrem tiefsten Stand landen würden.

Wenn Charles und Maurice das gewußt hätten, dann hätten sie ganz sicher nicht wiederum Rodney Fitch engagiert, um von ihm die neuen Büroräume in der Lower Regent Street ausgestalten zu lassen. Die Brüder hatten sich den Zusammenbruch des Immobilienmarktes zunutze gemacht und einen Pachtvertrag für das gesamte Gebäude erworben. Die Vorgabe für Fitch war die gleiche wie für die Räume am Golden Square: „Laß uns größer aussehen als wir sind." Die Räume in der Lower Regent Street waren zuvor von den Cunard Line genutzt worden (als diese noch mit der „Queen Mary" und der „Queen Elizabeth" über den Atlantik fuhr), und die Schiffahrtslinie hatte einen sehr hübschen Empfangsbereich mit einer Menge Marmor hinterlassen. Das Gebäude bot natürlich viel mehr Raum als der Golden Square. Aber Saatchi & Saatchi mußte jetzt mehr Mitarbeiter unterbringen, wuchs das Unternehmen doch zu einer Agentur von respektabler Größe.

Um die Weihnachtszeit dieses Jahres wurde Maurice jedoch plötzlich auch das Ausmaß einiger Fehler bewußt, die sie begangen hatten. Besonderen Anlaß zu Besorgnis bot zunächst eine Firma namens George J. Smith, die sie für £ 90 00 gekauft hatten. Erst später entdeckten sie, daß deren Verbindlichkeiten viel größer waren als in der Bilanz ausgewiesen. Und die Außenstände der Agentur waren dafür geringer als angenommen. Sie hatten also ein Unternehmen gekauft, das so gut wie zahlungsunfähig war.

Gerade als die Auswirkungen dieser Transaktion deutlich wurden, hatte jemand – jeder leugnet die Urheberschaft – die Idee zu einem Streich. Im Dezember gab es sonst immer Weihnachtsgeld, aber angesichts der Probleme hatten die Brüder beschlossen, es diesmal zu streichen. Tim Bell, der nun als Geschäftsführer tätig war, ließ daraufhin allen Mitarbeitern eine entsprechende Notiz zugehen. In diesem Jahr, so hieß es da, würde es kein Weihnachtsgeld geben, aber um zu zeigen, daß das Haus die geleistete Arbeit anerkenne, würden alle ein „kleines Geschenk" erhalten. Ein paar Tage später kam eine weitere Notiz, scheinbar vom Büroleiter Tony Hewitson unterschrieben, in der es hieß, daß er in Ergänzung der Verlautbarung von Tim Bell mitzuteilen habe, daß alle – statt des Weihnachtsgeldes – die Wahl zwischen ein paar Firmenanteilen und einem Truthahn hätten. „Bitte lassen Sie uns Ihre Bestellung schnell zugehen", hieß es weiter, „denn die Truthähne gehen uns aus."

Selbst einige der älteren Mitarbeiter nahmen diese Mitteilung ernst. Bill Muirhead nahm sich vor, seine Frau zu fragen, ob sie schon für das Weihnachtsessen eingekauft hätte, während sich einige Sekretärinnen bei Maurice erkundigten, wo sie denn die Truthähne abholen könnten. Niemand interessierte sich für die Firmenanteile. Maurice fand das alles überhaupt nicht komisch. Hewitson, der vollkommen unschuldig war, wurde zu Maurice zitiert und war von der vernichtenden Standpauke seines Chefs so benommen, daß er zugab, diese Notiz ausgesandt zu haben. Um ein Haar wäre er gefeuert worden – etwas, was bei Saatchi & Saatchi nur sehr selten vorkam.

Genau am Weihnachtsabend bekamen die Brüder die Folgen der Konjunkturschwäche mit aller Härte zu spüren: Am 21. Dezember verloren sie ihren größten Einzeletat, denn die Singer-Nähmaschinengruppe, die sie vor zwei Jahren unter so großen Mühen für sich gewonnen hatten, zog sich zurück. Das bedeutete die Einbuße fast der Hälfte des Etatvolumens der Agentur, und Maurice und die Finanzabteilung hatten sich sogleich daran gemacht, die Auswirkungen auf die Finanzsituation des kommenden Jahres zu errechnen. Und diese Zahlen lagen am Weihnachtsabend vor und besagten, daß die Agentur für 1975 einen größeren Verlust zu erwarten habe.

Von der britischen Industrie war im kommenden Jahr keine Hilfe zu erhoffen. Weltweit näherte sich die Rezession ihrem tiefsten Punkt, und man hielt es für möglich, daß die Londoner Börse bis zum Frühjahr aufgehört haben würde zu bestehen. Altersgenossen der Saatchis, die in den Jahren 1967 bis 1973 in der City zu einem Vermögen gekommen waren, stürzten sogar noch schneller ab als sie aufgestiegen waren – ihr papierener Wohlstand hatte sich verflüchtigt und war durch unmögliche Anleihen ersetzt worden. Maurice ging an diesem Weihnachtsabend mit dem sicheren Gefühl nach Hause, daß das Ende der Welt unmittelbar bevorstünde.

Es ist jedoch eine der großen Stärken der Brüder, daß sie in schwierigen Situationen überhaupt erst richtig aufblühen. Sie suchen solche Notlagen nicht gerade, wie das andere Unternehmer in gewisser Weise tun (zum Beispiel ein Mann wie Tiny Rowland), aber sie fürchten sich auch nicht vor ihnen. Wenn sie Probleme haben, dann entwickeln sie die außergewöhnliche Fähigkeit, diese auch zu lösen. „Die Brüder sehen eigentlich nie irgendwelche Hindernisse", sagt Anthony Simonds-Gooding, der sie ein Jahrzehnt später kennenlernte. „Sie gehen einfach immer geradeaus weiter und drehen sich dann um und sagen: ‚Ach, das war ein Hindernis?'" Es paßt vollkommen zur Geschichte ihrer zukünftigen Entwicklung, daß sie aus ihren gegenwärtigen Schwierigkeiten Lehren zogen – und die Möglichkeiten zu weiterer Expansion darin entdeckten.

Sie stellten sich ihren Problemen auf die Art und Weise, die sie am besten beherrschten: Sie warben noch aggressiver um neue Kunden, versuchten, noch mehr aus den Etats herauszuholen, die sie bereits verwalteten, und sparten Kosten ein. Der Januar 1975, mit dem Konkurs von Burmah Oil, brachten den Tiefstpunkt der Jahrhundertbaisse an der Londoner Börse – von da an ging es wieder aufwärts.

Ende September dieses Jahres, also am Ende ihres Geschäftsjahres, war die Agentur Saatchi & Saatchi nicht nur solvent, sondern konnte sogar einen stattlichen Gewinn vorweisen. Sie war im Verlauf dieses Jahres nicht pleite gegangen, sondern der Gewinn war von £ 190 000 auf £ 400 000 gestiegen, also um 113 Prozent. Sie hatten die Krise gemeistert – und daraus gelernt, daß es bei der Expansion auch Irrwege geben konnte.

Die Brüder hatten 1973 damit begonnen, andere Agenturen aufzukaufen, wobei sie sich ähnlicher Methoden bedienten wie bei ihrer Suche nach neuen Aufträgen. Maurice wurde zusätzlich zu seinen Telefonaktionen nun auch für den entsprechenden brieflichen Kontakt zur Konkurrenz zuständig. Er arbeitete den Wortlaut dieser Schreiben sehr sorgfältig aus, denn es mußte alles vermieden werden, was kränkend hätte wirken können – und das war angesichts der Tatsache, daß diese winzige Agentur ihr Interesse am Kauf auch sehr viel etablierterer und größerer Firmen bekundete, gar nicht so einfach. Andererseits sollte dieses Interesse auch durchaus ernst genommen werden. Michael Heseltine hatte ja ein ähnliches Verfahren bei Haymarket erprobt, und Maurice hatte beobachten können, wie wirkungsvoll es war. Der Grundgedanke war der, eine größtmögliche Zahl von Leuten oder Firmen anzuschreiben, um sicherzustellen, daß einem keiner entging – auch wenn die Anzahl der Fehlanzeigen immer hoch sein würde, hatte man zugleich doch gute Chancen, jemanden anzusprechen, der gerade zu diesem Zeitpunkt Verkaufsüberlegungen anstellte oder der doch zumindest den Brief aufhob, um später darauf zurückzukommen.

Die Briefe von Maurice waren höflich, aber auch direkt. „Ich bin sicher, daß dies das letzte ist, woran Sie im Augenblick denken, aber ich habe mich gefragt, ob Sie es nicht doch als einer Überlegung wert ansehen könnten, Ihr Unternehmen zu veräußern", begann er etwa. Solche Briefe gingen stapelweise raus – und sie gingen auch an die damaligen Giganten der Branche, wo sie für große Heiterkeit sorgten. Man erzählt sich die Geschichte, wie ausgerechnet Jack Wynne-Williams, das würdige Haupt von Masius Wynne-Williams (nach einer Reihe von Zusammenschlüssen ist inzwischen die in amerikanischem Besitz befindliche Agentur D'Arcy Masius Benton & Bowles daraus geworden), der einzigen damals ernstzunehmenden Rivalin von JWT im Kampf um die Spitzenposition, just einen solchen Brief erhielt. Er soll Maurice geantwortet haben, daß er mal in seiner Portokasse nachschauen werde, ob genug Kleingeld drin sei, um Saatchi & Saatchi zu kaufen. Maurice kann sich an diese Geschichte nicht erinnern. Es gibt da auch noch die andere und wahrscheinlich zutreffendere, wie nämlich bei einer Konferenz der IPA der Chef einer Agentur einen dieser Briefe von Maurice aus der Tasche gezogen und mit dem Übernahmeangebot geprotzt hatte, das an diesem Tage bei ihm eingegangen war. Woraufhin drei andere Agenturbosse gleiche Briefe hervorgeholt hatten.

Es kam zu Gesprächen mit mehreren Werbeagenturen, so etwa mit Boase Massimi Pollitt, den alten Freunden aus den Tagen in der Goodge Street, oder mit Murray Parry. Ferner ließ Charles bei *Campaign* durchsickern, daß er dabei sei, den Kauf einer Agentur in den USA zu prüfen – große Sprüche für einen solchen Winzling wie Saatchi & Saatchi. Ein anderer *Campaign*-Artikel berichtete von der Gründung einer Tochterfirma in Paris, Saatchi Damour, die es in Wirklichkeit aber nie gab. Ob das nun Absicht war oder nicht (das erstere ist das wahrscheinlichere) – in der Werbewelt breitete sich jedenfalls die Botschaft aus, daß Saatchi & Saatchi dabei sei, sich zu einer umtriebigen internationalen Agentur zu mausern.

Die Brüder führten auch eine Reihe von Gesprächen, die zwar zunächst ergebnislos verliefen, später aber zu dem vielleicht wichtigsten Handel führten, den sie jemals abschlossen. S.T. Garland Advertising Service war 1928 von Sydney Garland, einem ehemaligen Anzeigenverkäufer der *Daily Mail*, gegründet worden und hatte 1960 zu jenen alteingesessenen britischen Agenturen gehört, durch deren Übernahme die großen amerikanischen Firmen versuchten, in London festen Fuß zu fassen. In diesem Falle nun war es die Agentur Compton Advertising in New York gewesen, die 49 Prozent von Garland (mit einer Option auf weitere 2 Prozent) erworben hatte, um nun über ihren neu gegründeten britischen Ableger Compton UK Partners die in Garland-Compton umbenannte Agentur, ihre hundertprozentige Tochter, wirksam zu kontrollieren. Anfang der siebziger Jahre aber gerieten einige der Manager von Garland-Compton mit der amerikanischen „Mutter" in Konflikt, weshalb sie den Plan ausarbeiteten, mit ihrem Unternehmen an die Börse zu gehen, um dadurch den Besitzanteil der Amerikaner zu „verdünnen" und selbst einen hübschen Gewinn zu erzielen. Der Garland-Mann, der hinter dem allen steckte, war Ken Gill. Er war es auch, dem es schließlich gelang, die Amerikaner dazu zu überreden, dem Plan ihren Segen zu geben. Alles weitere lag danach nicht mehr in seinen Händen, sondern in denen eines der gerissensten City-Haie jener Tage. Pat Matthews war Chef der First National Finance Corporation, eines jener Teilzahlungs- und Finanzierungsinstitute neuen Stils, das ein paar Jahre später in aufsehenerregende Schwierigkeiten geraten sollte und von der Bank of England gerettet werden mußte.

Matthews beschäftigte ein Büro voller junger Leute, die pausenlos alle Aktiengesellschaften unter die Lupe nahmen, um bei ihnen nach verborgenen Werten oder sonstigen Möglichkeiten für einen schnellen Gewinn zu suchen. Eines der Unternehmen, auf das sie aufmerksam geworden waren, war die Birmingham Crematorium Company, ein Bestattungsunternehmen in Birmingham, von dessen Vermögenswerten aber mit der makabren Ausnahme einer Knochenzerkleinerungsapparatur nichts mehr übriggeblieben war. Es war eine „Firmenhülse", also ein Unternehmen, das weder Vermögen noch Verdienst aufweist, aus historischen Gründen aber an der Börse notiert bleibt. Vor der entsprechenden Abänderung der Regeln stellten solche Firmenhülsen eine bequeme Abkürzung auf dem Weg zur Börse dar, denn sie machten es einem anderen Unternehmen möglich, die langwierige Prozedur der Börseneinführung mit allen ihren strengen Anforderungen und Maßgaben zu umgehen.

Für Unternehmer vom Schlage eines Pat Matthews war es ein beliebtes Spielchen, eine Firma aufzukaufen, ihrer Vermögenswerte zu entkleiden und dann ein anderes Unternehmen in die übriggebliebene „Hülse" hineinzustecken. In diesem speziellen Falle nun wurde Compton UK Partners in die „Hülse" der Birmingham Crematorium Company gesteckt, die neue Aktien dafür ausgab, woraufhin Compton UK Partners zu seinem alten Namen zurückkehrte. Durch diese kleine Operation war aus einem Privatunternehmen ein „öffentliches" geworden, d.h. eine Aktiengesellschaft. Gill, der nun Vorstandsvorsitzender wurde, geriet auf diese Weise kurzzeitig in den Besitz einer Knochenzerkleinerungsmaschine. Er verkaufte sie hastig weiter, ohne sie jemals gesehen zu haben.

Matthews war nun zum Aktionär geworden, entsandte einen seiner Leute in den Vorstand und sah sich nach weiteren Übernahmeobjekten für Gill um. Dieser war's zufrieden, hatte er doch schon frühzeitig erkannt, wie vorteilhaft Größe für eine Agentur war – und auch, daß viele Agenturen keinerlei Vorstellung von ihrem Wert hatten. Er fand Gefallen an dem Übernahmespiel und streckte die Fühler zu verschiedenen kleineren Agenturen aus, von denen sich Compton dann einige auch einverleibte. Um diese Zeit baten ihn die Leute von Matthews in die City zu einem Treffen mit zwei jungen Männern, die, da gleichfalls an Fusionsmöglichkeiten interessiert, vielleicht von Interesse für ihn waren.

Ken Gill und die Brüder trafen sich also erstmals 1973 in einer Bank in der Fenchurch Street. Die beiden befragten Gill sehr eingehend. Wie war er an die Börse gelangt? Was hatte sich dadurch für die Agentur geändert? Welche Etats verwaltete er? Was hielt er von der Arbeit für Procter & Gamble? Compton betreute eine Reihe von Klienten, für die die Saatchis viel gegeben hätten – Procter & Gamble, das weltweit größte werbungtreibende Unternehmen mit seinem außergewöhnlich gut organisierten Marketing und der riesigen Anzahl von Marken, war ihr Traum. Compton arbeitete zudem für Rowntree, United Biscuits und verschiedene andere wirklich erstklassige Häuser. Gill seinerseits war an den Brüdern sehr interessiert, aber nicht mit Blick auf einen möglichen Kauf – damals jedenfalls noch nicht. Die beiden sprachen höchst anregend über die zukünftige Entwicklung der Werbeindustrie und über internationale Netzwerke – das Wort „global" war dabei allerdings noch nicht über ihre Lippen gekommen. Man trennte sich und sah sich drei Jahre lang nicht wieder.

Die Saatchis tätigten 1973 ein paar Käufe. Da war eine kleine Firma namens Brogan Developers, die dazu diente, die wachsende Kunstsammlung von Charles bei sich aufzunehmen, und ferner – zum Preis von £ 130 000 – eine Agentur in Manchester, E.G. Dawes, welche den Brüdern die Möglichkeit gab, ihre dortige Zweigstelle zu vergrößern, die sie ebenfalls 1973 eingerichtet hatten, um vor Ort die Werbung für das zur GUS gehörende Great Clowes Warehouse zu machen.

Die schlechte Konjunkturlage von 1974 eröffnete ihnen noch weitaus bessere Möglichkeiten. Der Erwerb von Notley Advertising, heute schon fast in Vergessenheit geraten, war ein voller Erfolg und von großer Bedeutung, denn er ließ Saatchi & Saatchi fast zu doppelter Größe anwachsen und kostete fast nichts – die Notley-Leute wurden übernommen (einige von ihnen sind heute noch da), wodurch sich die Zahl der Mitarbeiter beträchtlich vergrößerte. Gleiches galt auch für das Geschäftsvolumen. Das Auftauchen so vieler neuer Gesichter auf einmal war für einen alten Hasen wie Jeremy Sinclair ein rechter „Kulturschock" und bedeutete zudem, daß eine Übersiedlung nicht mehr zu umgehen war. Die Übernahme von Notley gab den Ausschlag für die Lower Regent Street.

Dann kam der schon erwähnte Kauf von George J. Smith, in Manchester ansässig und mit einem Büro in London. Charles soll diesen Flop Maurice angelastet haben, und mehr als ein Saatchi-Mann bringt die Geschichte von dem herumfliegenden Stuhl mit diesem Neuerwerb in Verbindung.

Immerhin aber hatten die Brüder inzwischen genug gelernt, um zu wissen, was bei zukünftigen Übernahmen zu tun war – und was zu lassen. Im Herbst 1975 planten sie einen Coup, der sie auf einen Schlag zu einer der größten Agenturen machen würde. Keine der späteren Übernahmeoperationen sollte je wieder so spannend sein oder eine vergleichbare Wirkung haben.

Die Übernahme von Compton, der damals elftgrößten Agentur Großbritanniens mit etlichen sehr potenten Klienten und einem

Etatvolumen von 17,44 Millionen Pfund, durch Saatchi & Saatchi kam auf ziemlich sonderbare Weise in Gang. Maurice rief Ron Rimmer an, den Geschäftsführer von Garland-Compton, da sie einen Manager suchten, und er fragte Rimmer, ob er nicht vielleicht interessiert sei. Rimmer erzählte Ken Gill von diesem Gespräch, der wiederum von seinem Treffen mit den Brüdern berichtete.

„Gehen Sie doch mal hin und hören Sie sich an, was die so zu sagen haben", schlug er Rimmer vor. „Versuchen wir so viel wie möglich herauszufinden."

Maurice wußte nicht, daß auch Gill intensiv nach Möglichkeiten Ausschau hielt, seine Agentur zu vergrößern. Dieser hatte das Gefühl, daß sich Garland-Compton in allzu ausgefahrenen Gleisen bewegte, es ihnen an „Biß" fehlte, weshalb er seiner Agentur gern ein paar von den jungen Werbetalenten der Londoner Szene zugeführt hätte. Er hatte sich lange mit Ronnie Kirkwood unterhalten, der 1970 – zur gleichen Zeit wie die Saatchis – eine eigene Agentur, die Kirkwood Company, aufgemacht hatte. Er hatte mit John Pearce von Collett Dickinson Pearce gesprochen, mit Martin Boase von Boase Massimi Pollitt und mit noch vielen anderen, wobei er häufig auf die Spuren der Saatchis gestoßen war, die offensichtlich eine gleiche Linie verfolgten. Waren sie jetzt vielleicht hinter ihm her? Aus irgendeinem Grunde hatte er keinen jener Briefe erhalten, die Maurice an alle anderen Agenturen verschickt hatte, und er hatte das fast als Kränkung empfunden. Jetzt aber hatte sich die Situation verändert.

Rimmer berichtete ihm, daß die Saatchis an ihm, Rimmer, als Administrator interessiert seien. Das war verwirrend, den schließlich war Tim Bell doch als Geschäftsführer da? Wieso brauchten sie dann einen Administrator? Gill beschloß, der Geschichte genauer nachzugehen. Sein Konzern wimmelte von guten Administratoren – was er aber nicht hatte, das waren helle und kreative junge Leute, die seiner etwas zu seriösen und ehrwürdigen Agentur neues Leben einhauchen konnten. Und soweit er sich noch an sie zu erinnern vermochte, schienen die Saatchis seinen diesbezüglichen Vorstellungen sehr nahe zu kommen.

Deshalb setzte sich nun Gill mit den Saatchis in Verbindung – und es dauerte nur wenige Tage, da verhandelten sie bereits ernsthaft miteinander. Diese Gespräche dauerten Monate, da beide Seiten sehr sorgfältig über die Auswirkungen eines solchen Schrittes nachdachten und auch die Frage der Strukturierung einer neuen, im Falle ihrer Einigung neu aufzubauenden Gruppe intensiv diskutierten.

Es waren schwierige Verhandlungen, zumal für Gill, der ja auch die Zustimmung seiner wichtigsten Kunden, seiner Mitarbeiter und seiner Aktionäre zu einer Fusion brauchte. Von diesen drei Gruppen sollte sich die der Aktionäre als die schwierigste erweisen (obwohl die Mitarbeiter auch nicht gerade leicht zu überzeugen waren). Compton in New York hielt immerhin noch 49 Prozent, und natürlich brauchte man die Einwilligung des größten Aktionärs. Gill rief deshalb in New York an und sprach mit Milton Gossett, dem fünfzigjährigen Präsidenten von Compton, mit dem er befreundet war.

Gill skizzierte das Problem, mit dem er sich da herumschlug. Der Londoner Compton-Ableger sei eine gute, solide, für das Alltagsgeschäft sehr taugliche Agentur, erklärte er, aber er könne unter den Jüngeren niemanden entdecken, der ihr den notwendigen neuen Schwung geben könne, und es beunruhige ihn, keinen geeigneten Nachfolger zu sehen. Der Gewinn der Agentur sei in diesem Jahr zurückgegangen, und sie stehe nun im Gesamtumsatz nur noch an elfter Stelle. Er hätte da jedoch diese beiden jungen Männer getroffen, deren Werbung zum Besten gehöre, was er je gesehen habe, und die sowohl in finanzieller Hinsicht als auch in kreativer wirklich gut seien. Er denke nun daran, ihre Agentur zu übernehmen und sie dazu zu gewinnen, das Ganze dann auf neuen Kurs zu bringen. Er fände es begrüßenswert, wenn Gossett mal mit ihnen zusammentreffen würde.

Gossett sollte einmal – ebenso wie Gill – eine bedeutende Rolle im geschäftlichen Leben der Brüder spielen. Die Agentur Compton in New York, deren Leitung er im Laufe dieses Jahres übernehmen sollte, war ein genaues Abbild ihrer Kundenliste, elitär, konventionell und konservativ. Gossett selbst war jedoch alles andere als elitär und hatte im Unterschied zu den meisten Mitarbeitern des Hauses keinen Hochschulabschluß vorzuweisen. Sein Studium, einige Semester Technik, war von nicht allzu großem praktischem Nutzen für seinen Job, sei es zunächst als Texter, später dann als Präsident. Er war im Jahr 1949 zu Compton gekommen und hatte „am Anfang eine Karre rumgeschoben, Post verteilt und erfahren, daß Media keine griechische Göttin war." Er ist noch heute bei Compton.

Auf Gills Einladung hin reiste er nach London, um die Saatchis kennenzulernen. Bevor er mit ihnen zusammentraf, machte er erst einmal die Bekanntschaft von Tim Bell, von dem er sofort sehr beeindruckt war. Obwohl Bell nicht der obersten Führung von Saatchi & Saatchi angehörte, war er doch immerhin Managing Director und würde auch im Falle einer Übernahme für das neue Gemeinschaftsunternehmen tätig werden. Folgt man den Aussagen der Brüder, so war Bell anfangs gegen eine Fusion. Gossett gewann diesen Eindruck jedoch nicht. Bell zeigte ihm einige der besten Saatchi & Saatchi-Werbungen, und Gossett erinnert sich, daß ihn das völlig sprachlos gemacht hatte. „Als ich diese Arbeiten sah, verliebte ich mich regelrecht in sie", erzählte er später einem Freund. Und so arrangierte Gill ein Zusammentreffen von Gossett und Stu Mitchell, dem Vorstandsvorsitzenden von Compton, mit den Brüdern Saatchi.

Diese Begegnung war kein großer Erfolg. Sie fand in der Wohnung von Ken Gill in der Down Street nicht weit vom Piccadilly Circus statt. Mitchell war um einiges konventioneller als Gossett und wollte überzeugt werden. Und es sah nicht so aus, als sollte das gelingen. Der erste Eindruck, den die Saatchis machten, war nicht ganz der, den sich Gill gewünscht hatte. „Diese beiden schwarzhaarigen und sehr emotionalen jungen Leute kamen herein wie wilde Tiere", sagt einer von der Compton-Delegation, „und wir waren ihre Feinde. Wir repräsentierten die Tradition. Stu Mitchell sagte so ungefähr vier Worte, und da stapften sie schon wieder davon." Keiner kann sich mehr daran erinnern, was das wohl für vier Wörter gewesen sein könnten – „wahrscheinlich ‚immer der Reihe nach' oder irgend etwas in der Art", spöttelt ein Compton-Mann.

Für Gill war das ein schwerer Rückschlag, denn er hatte inzwischen sein Herz an dieses Projekt gehängt. Mitchell reiste nach New York zurück. Er war dagegen. Gossett jedoch, von Gill bestärkt, pflichtete dem nicht bei. „Alles, was ich da sehe, ist erstklassige kreative Arbeit, zwei Burschen, die ein wenig flatterhaft sind, und einen, der einfach großartig ist, nämlich Tim Bell. Was mich anbetrifft, so finde ich ihre Agentur toll – warum sollten wir's also nicht machen?" Gill gelang es, die Brüder zu weiteren Zusammenkünften in seine Wohnung zurückzubringen, und es kam zu vernünftigen Gesprächen.

Je mehr die Brüder über Garland-Compton nachdachten, desto mehr gefiel ihnen der Gedanke, diese Agentur an sich zu bringen, sie mit ihrer eigenen zu verschmelzen und dann den ganzen Laden zu managen. Und das erschien ihnen nicht nur aus Gründen der Größenordnung einleuchtend. Sie hatten inzwischen ja einiges durchgemacht. Der Schock des Verlustes von Singer steckte ihnen noch in den Knochen, und im Zusammenhang damit gab es auch längerfristige Erwägungen, die eine Rolle spielten. Sie hatten sich, das war ihnen klar geworden, in der Branche zwar den Ruf einer kreativen Ideenschmiede erworben, aber auf Dauer würde das nicht ausreichen. Sie besaßen kaum Kunden im Bereich der verpackten Verbrauchsgüter, also keine Seifenflocken, abgepackten Nahrungsmittel oder andere Supermarkt-Artikel, was alles zu den wirklich großen Werbeetats gehörte. Sie hatten keinen Ruf auf dem Gebiet des Marketing erworben, obwohl sie ja gerade das schon bei ihrem Start im Jahre 1970 als wesentliches Ziel definiert hatten. Und sie waren gerade erst an den Punkt gelangt, wo sie begriffen, wie schwer es war, sich gleichzeitig einen guten Ruf als Werbe- und Marketingexperten zu erwerben, denn beides steht in mancherlei Widerspruch zueinander. In den Augen der Klienten unterteilte sich die Welt in gescheite, kreative Leute wie die Saatchis und ihr Team, und größere, konservativere Unternehmen, deren Stärke eben das Marketing war. Garland-Compton gehörte weitgehend diesem letzteren Lager an, während Saatchi & Saatchi – ganz gleichgültig, wie schnell die Agentur wuchs – niemals allein dorthin gelangen würde. Der Gedanke, das eigene kreative Potential und die Marketing-Reputation des Hauses Garland-Compton zusammenzuführen, bekam etwas Unwiderstehliches. Später erregte sie der kritische Vorwurf, der Zusammenschluß bedeutete angesichts des Konflikts zwischen Kreativität und Marketing, daß da eine Ehe in der Hölle geschlossen worden sei, ebenso wie die Prophezeiungen ihres alsbaldigen Scheiterns. „Das ist eine Ehe, die im Himmel geschlossen wird", meinte Maurice in jenem Sommer zu seinem Bruder, sah er doch noch weit deutlicher, welche großen Möglichkeiten ihnen dieser Schritt eröffnete. Hatten sie am Anfang noch gezögert, so trieben sie nun die Verhandlungen schneller voran.

Compton war nicht der einzige Aktionär, dessen Meinung Gill in Erfahrung zu bringen versuchte. James Gulliver wurde im Jahre 1975 allgemein als einer der intelligentesten und fähigsten Manager in ganz Großbritannien angesehen. Er war der Sohn eines Lebensmittelhändlers in dem kleinen, für seine Whiskybrennereien bekannten Städtchen Campbeltown in Argyllshire, hatte an der Universität von Glasgow Maschinenbau studiert und dann ein Fulbright-Stipendium für das Georgia Institute of Technology gewonnen. Mit Mitte zwanzig war er der Protegé des kanadischen Lebensmitteleinzelhändlers Garfield Weston, dem die britische Supermarkt-Kette Fine Fare und das Londoner Nobelgeschäft Fortnum & Mason gehörten. Im Alter von 33 Jahren war Gulliver bereits Hauptgeschäftsführer von Fine Fare – und kurz darauf war dann Ken Gill bei ihm erschienen und hatte sich um die Verwaltung des Fine Fare-Werbeetats beworben. Nach den ersten, eher etwas holprigen Jahren waren die beiden Freunde geworden, und ihre Beziehung hatte auch den späteren Bruch zwischen Weston und Gulliver überlebt. Gulliver hatte nun 1975 ein eigenes Unternehmen, James Gulliver Associates, gegründet, das unter anderem auch Serviceleistungen wie Management- oder Personalberatung anbot. Bei Compton hatte er sich eingekauft, als das Unternehmen an die Börse gegangen war – er besaß knapp unter 10 Prozent der Aktien. Auch er war also nicht ganz bedeutungslos für die angestrebte Fusion.

Gill bat ihn um entsprechende Empfehlungen hinsichtlich einer möglichen Übereinkunft mit den Saatchis. Sollte man einen solchen Schritt überhaupt tun? Gulliver, der ein kleines Büro in der 3. Etage des Compton-Gebäudes in der Charlotte Street hatte, war anfangs ganz und gar nicht von dem Ersuchen Gills begeistert. Er war gerade vollauf mit einer Reihe von eigenen Investitionen beschäftigt, setzte dann aber doch einen der cleveren jungen Leute, die er um sich gesammelt hatte, auf die Sache an. Dieser junge Mann war Martin Sorrell.

Sorrell, ein einunddreißigjähriger, kleiner schwarzhaariger Mann mit dicker Brille, war als einziger Sohn jüdischer Eltern im Norden Londons zur Welt gekommen. Sein Vater betrieb ein einträgliches Elektrogeschäft, und Sorrell war in gutbürgerlichen Verhältnissen aufgewachsen, die denen der Saatchis nicht unähnlich waren. Als Teenager hatte Sorrell in den Vereinigten Staaten die Wahlkampagne des Kennedy-Clans miterlebt und ein anhaltendes Interesse für Marketing und Werbung entwickelt. Er hatte in Cambridge ein Studium der Wirtschaftswissenschaften abgeschlossen und war danach an die Harvard Business School gegangen. Wieder zurück in London, hatte er bei der im Bereich des Sport- und Personal-Management tätigen Firma Mark McCormack gearbeitet, um dann 1975 – eben als die Compton-Saatchi-Geschichte anfing – zu Gulliver zu wechseln.

Wenige Tage nach Aufnahme der Arbeit sagte James Gulliver zu ihm: „Also, ich bin da an Compton beteiligt, und Kenneth Gill hat mich gebeten, ihn in der Frage zu beraten, ob er Saatchi & Saatchi übernehmen soll."

Saatchi & Saatchi? Sorrell kannte den Namen zwar, den er an dem Bürohaus in der Lower Regent Street gelesen hatte, aber er wußte nicht, daß es sich um eine Londoner Werbeagentur handelte. „Ich dachte, das wäre so eine neue japanische Hi-Fi-Firma", sagt er.

Gulliver klärte ihn ungeduldig darüber auf, wer die Saatchis seien, und was er, Sorrell, tun solle. Er fügte noch hinzu, daß er gegen diesen Handel sei (was er Gill nicht gesagt hatte), daß Sorrell sich die Sache aber mal unvoreingenommen ansehen sollte.

Inzwischen hatten die Verhandlungen zwischen Gill und den Brüdern Fortschritte gemacht. Zu Ende des Sommers 1975 waren sie einer Einigung sehr nahe, die so aussah, daß die Saatchis ihre Agentur an Compton verkaufen und dafür eine entsprechende Aktienbeteiligung erhalten würden, nämlich 36 Prozent des Stammkapitals der vergrößerten Unternehmensgruppe, während sich der Anteil von Compton New York von 49 auf 26 Prozent verringern würde. Gulliver hielt noch immer nicht sehr viel davon, Sorrell jedoch interessierte sich immer mehr für die Saatchis mit ihrer schnellen Auffassungsgabe und ihrer Art, Dinge anders anzugehen als andere. Gill war unbeirrt für die Fusion, und Gossett, der nun Nachfolger von Mitchell geworden war, war bereit mitzuspielen.

Angesichts dieser Situation beschloß Gill, daß es an der Zeit sei, die Haltung der bedeutenderen Kunden in Erfahrung zu bringen. Sie hatten – wie die großen Aktionäre oder die Mitarbeiter – durchaus die Möglichkeit, ihr Veto einzulegen. Wenn zum Beispiel Procter & Gamble ihn wissen ließ, daß der Konzern seine

Etats bei ihm abziehen würde, dann würde es in gar keinem Falle eine Fusion geben. P&G ist jedoch peinlichst darauf bedacht, sich nicht in die inneren unternehmerischen Angelegenheiten seiner Werbeagenturen einzumischen – es sei denn, daß den zum Konzern gehörenden Marken Schaden drohe. Trotzdem mußte man diesen gewichtigen Auftraggeber natürlich von der Richtigkeit der geplanten Maßnahmen überzeugen. Die P&G-Leute kannten und schätzten Gill sehr und hörten höflich zu, als er ihnen das Vorhaben erläuterte.

„Nun, Kenneth, wenn es das ist, was Sie gern machen möchten, dann werden wir Ihnen keine Steine in den Weg legen", sagte einer der leitenden P&G-Manager schließlich. „Aber ich hoffe, daß Sie Recht behalten werden."

„Da bin ich mir sicher", antwortete Gill. „Sie werden einen tollen Service geboten bekommen, wirkliche Spitze. Gute kreative Arbeit, Sie werden Ihre Freude daran haben."

Der P&G-Mann wußte genug von den Saatchis und ihrem Ruf, um gewisse Zweifel zu haben. „Na, wir werden ja sehen", sagte er.

„Sie werden sehen", meinte Gill daraufhin. „Es wird Ihnen wirklich gefallen, da gebe ich Ihnen mein Wort. Wenn nicht, würden Sie mich feuern, und deshalb liegt es ganz in meinem Interesse, daß es so ist."

P&G äußerte den Wunsch, daß ein vergrößertes Team auf den Etat angesetzt würde, und Gill war nur zu gern bereit, diesem Wunsch zu entsprechen.

Rowntree Mackintosh und andere größere Klienten vertraten eine ähnliche Auffassung: „Wenn Sie diesen Schritt tun wollen, dann soll uns das recht sein." Nur einem einzigen Kunden, nämlich Ideal Toys, gefiel die Sache nicht, und er zog seinen Etat ab.

Die Brüder bestanden auf einer Bedingung, von der abzugehen sie nicht bereit waren: der Name Saatchi & Saatchi mußte beibehalten werden. Das war ein schwieriger Punkt. Technisch gesehen wurde Saatchi & Saatchi von Compton übernommen, auch wenn sich alle darüber im klaren waren, daß es sich dabei um eine „umgekehrte Übernahme" handelte, würden die Saatchis doch als größter Aktionär die Oberhand gewinnen. Gill versuchte alles, um den Brüdern ihren Wunsch auszureden, und auch Gossett war gar nicht einverstanden. Zugleich konnte Gill jedoch den Wert des Namens durchaus einschätzen – und darüber hinaus auch die

Cleverness von Charles, mit der dieser gerade die Eigenart des Namens zu nutzen verstand. So beschloß man nach langem Hin und Her, daß die durch diese Übernahme entstehende neue Agentur den Namen Saatchi & Saatchi Garland-Compton erhalten sollte. Und in der Tat gab es ein ganzes Jahrzehnt lang keine Werbeagentur mit Namen Saatchi & Saatchi mehr. Allerdings war das Image und der Ruf der Brüder so gut, daß alle Welt und sogar die Mitarbeiter der neuen Agentur stets nur von Saatchi & Saatchi sprachen.

Auch Gill selbst hatte einen Punkt, in dem er nicht bereit war nachzugeben: Die Brüder sollten mit Sack und Pack in seine Büroräume in der Charlotte Street umziehen. Sie waren seinerzeit von Hobson Bates speziell als Arbeitsräume für eine Werbeagentur geplant und gebaut worden, und Gill hielt nicht viel von dem Saatchi-Büro in der Lower Regent Street (das sich ironischerweise genau dort befand, wo er heute sein Büro hat). Charles wollte zunächst nicht umziehen, gab dann aber zögernd nach. Später war er von den neuen Räumen begeistert.

Im September waren die Verträge unterschriftsreif. Bisher war nichts durchgesickert, wogegen sie sich auch dadurch, daß sie stets nur in Gills Wohnung zusammengekommen waren, abzusichern versucht hatten. Schließlich war es nur noch eine Woche bis zu dem Tag, an dem man das Zusammengehen bekanntgeben wollte, als Gill die neueste Ausgabe von *Ad Weekly* aufschlug und einen schlimmen Schock erlitt. Da stand nämlich zu lesen, daß Charles Saatchi in einem Gespräch hervorgehoben habe, wie sehr er die Arbeit von Garland-Compton schätze – eine für ihn nicht gerade typische Aussage. Wütend rief Gill Charles an.

„Um Himmels willen, was soll denn das? Damit haben Sie die ganze Sache torpediert", sagte er. „Das ist doch eine viel zu deutliche Aussage – jeder wird wissen, was Sie vorhaben."

Ein paar Minuten später erhielt Gill einen Anruf von Bob Gross, dem Chef von Geers Gross. „Glückwunsch!" sagte dieser.

„Wofür denn?" fragte Gill zurück und versuchte, möglichst ahnungslos zu klingen.

Gross lachte nur.

Bob Gross blieb jedoch der einzige, der die Geschichte durchschaut hatte – und der einzige von Gills Agentur-Kollegen, der sein Vorhaben guthieß. Wenige Stunden, nachdem die Nachricht an die Öffentlichkeit gegeben worden war, meldeten sich die meisten Chefs der Londoner Werbeagenturen telefonisch bei Gill, um ihm zu sagen, wie sehr er diesen Schritt noch bereuen werde. Die Saatchis waren nicht eben populär und der Gedanke, daß da eine der ältesten und konservativsten Agenturen in ihre Hände geraten war, erfüllte die gesamte Branche mit einem gewissen Unbehagen (und mit Neid). Mit einem Mal waren die Saatchis so vom 13. Platz auf der Rangliste der Agenturen auf den fünften vorgerückt. Es war der Beginn wirklicher Größe.

Ken Gill und in diesem Falle auch Milton Gossett in New York bekamen aber schon bald einen weiteren Schlag versetzt. Sie hatten darauf bestanden, daß ihr Abschluß mit den Saatchis der Außenwelt als Fusion „verkauft" werden sollte, wobei Garland-Compton der würdige Ehrenplatz des Seniorpartners belassen, zugleich aber auch die große Bedeutung der Saatchis für das neue Unternehmen herausgestellt werden sollte. „Eine Agentur mit einem sehr viel ausgeprägteren Profil als das unsere war zu uns gezogen, und nun sollte das Ganze als wunderbare Hochzeit angezeigt werden", sagt einer der alten Compton-Mitarbeiter. „Hohe Kreativität auf ihrer Seite und das renomierte Marketing auf der von Garland-Compton." Die Bekanntgabe sollte mit größtmöglichem Feingefühl erfolgen, um die Mitarbeiter von Garland-Compton nicht zu verprellen und zu vermeiden, daß Compton New York das Gesicht verlor.

Die am folgenden Freitag erscheinende Ausgabe von *Campaign* hatte deshalb die Wirkung einer Bombe. Auf der Titelseite stand die Schlagzeile: „Saatchi schluckt die Compton-Gruppe". Der dazugehörende Artikel hielt sich zwar durchaus an die Fakten, aber die Überschrift reichte völlig aus, um großen Schaden anzurichten. Die Schockwelle erreichte schnell New York, wo Gossett so in Wut geriet, wie das noch nie jemand erlebt hatte. In London saß Ken Gill und war wie am Boden zerstört – Freunde berichten, er habe Tränen in den Augen gehabt, als er den Handel mit den Saatchis zu erklären versucht habe. Das war der bittere Anfang einer Zusammenarbeit, die sich später als sehr erfolgreich und harmonisch erweisen sollte.

9
NUMBER ONE

In Maurice Saatchis Büro in der 6. Etage eben jenes Gebäudes in der Regent Street, aus dem sie ein Jahrzehnt zuvor ausgezogen und in das sie dann 1985 zurückgekehrt waren, blicken er und Jeremy Sinclair auf den Zusammenschluß mit Compton zurück. Für sie ist es der vielleicht erfolgreichste Handel, den sie je abschlossen, ein Schritt, der sich positiver auswirkte, als sie je zu hoffen gewagt hätten, obwohl sie bei ihrem Umzug in die Charlotte Street durchaus nicht pessimistisch gestimmt gewesen waren. Andererseits waren sie doch auch ein bißchen nervös gewesen. Als sie vom Golden Square in die Regent Street übersiedelten, hatte jeder gewußt, daß nun die Zeiten unwiederbringlich vorbei waren, als sie alle in einem Raum saßen, sich Grobheiten an den Kopf warfen, sich gegenseitig absurde Spitznamen gaben und Erfolg oder Scheitern jeder einzelnen Anzeige ihrer aller Sache war. Im Compton-Gebäude herrschte wiederum eine ganz andere Atmosphäre.

Compton beschäftigte in der Charlotte Street 180 Mitarbeiter. Saatchi & Saatchi kam durch eigene Einstellungen und vor allem durch die Übernahme von Notley inzwischen auf 100 Beschäftigte. Zusammengenommen war das noch immer weniger als ein Drittel der Größe von JWT und einiger anderer großer Agenturen in London – weltweit gesehen war man nachgerade ein Zwerg. Verglichen mit den neun Mitarbeitern vor etwas über fünf Jahren war das Wachstum aber ganz beträchtlich.

Maurice und Sinclair entdecken einen der Hauptgründe dafür, daß sie mit dieser schnellen Vergrößerung fertig geworden waren, darin, daß sie mit dem Kauf von Notley bereits einen „Probelauf" absolviert hätten. Die Übernahme dieser Agentur wird in den Firmenporträts von Saatchi & Saatchi nur selten erwähnt, und Außenstehende messen ihr kaum eine Bedeutung bei. Für die Brüder und ihre engsten Mitarbeiter, wie Sinclair, gilt sie als der Prototyp einer umfangreicheren Serienfertigung. Maurice diente sie dazu, seine eigene Form der Übernahme einzuführen, nämlich das „Abverdienen", bei dem eine Anzahlung geleistet und der Rest dann – je nach Entwicklung – in einem Zeitraum von fünf oder zehn Jahren abbezahlt wurde. Das sollte sich in der Zukunft noch als lebenswichtig erweisen. Maurice entdeckte außerdem, wiewohl erst nach dem Kauf, daß Notley einmal die größte Agentur in Großbritannien gewesen war, diese Position im Verlauf der Jahre dann aber wieder eingebüßt hatte. Bevor sie die Kontrolle übernahmen, hatten die Saatchis Notley für die „toteste" Agentur der Werbeindustrie gehalten - und fanden dann zu ihrer eigenen Überraschung dort eine Reihe von fähigen und begabten Leuten, ein paar sehr interessante Ideen, die sie schnell für ihr eigenes System übernahmen, sowie Organisationsformen und Verfahrensweisen vor, die in mancher Beziehung besser waren als ihre eigenen, recht handgestrickten Methoden. Sinclair meint, daß ihnen ohne diesen Probelauf bei der Übernahme von Garland-Compton die Umstellung sehr viel schwerer gefallen wäre. Der Notley-Kauf ließ die Saatchis und ihr Team zu der wesentlichen Einsicht gelangen, daß es leichter war, andere Unternehmen so zu integrieren, wie sie waren, als zu versuchen, ihnen die eigenen Bedingungen zu oktroyieren.

Es gibt aber noch einen anderen Grund, um mit Befriedigung auf den Erwerb von Compton zurückzublicken. Die Saatchis hatten sich 1975 über die landläufige Meinung hinweggesetzt, daß kreative „Läden" einerseits und Wirtschaftsdienste andererseits nicht in ein und dasselbe Lager gehörten. Sie hatten also die beiden Unternehmen nicht einfach als zwei zur gleichen Gruppe gehörige Tochtergesellschaften behandelt (so sollten sie später mit vielen ihrer Neuerwerbungen verfahren), sondern sie zu einer Einheit verschmolzen und aus zwei Agenturen eine einzige, größere gemacht. Wie zuvor schon erwähnt, waren die Saatchis bis zu diesem Augenblick nicht in der Lage gewesen, einen kompetenten Marketing-Service zu bieten. Sie waren zwar 1970 mit der erklärten Absicht angetreten, selbst einen solchen Dienst aufbauen zu wollen, hatten dann aber nicht den richtigen Mann für diese Aufgabe gewinnen können. Wenn damals Ian McLaurin zu ihnen gekommen wäre, hätte das vielleicht eine andere Entwicklung genommen, auch wenn wahrscheinlicher ist, daß in der hektischen Atmosphäre der Anfangszeit ein solcher Marketing-Service kaum hätte gedeihen können. Die großen Klienten aus dem Bereich der abgepackten Produkte, also Unternehmen wie Procter & Gamble oder Rowntree, hätten den Golden Square nicht unbedingt zu schätzen gewußt.

Zufall oder nicht, der Zusammenschluß mit Garland-Compton war strategisch überaus sinnvoll – und die Brüder sorgten dafür, daß er das dann auch in praktischer Hinsicht wurde. Das neue Unternehmen war der Konkurrenz nun in vielen Punkten überlegen. Vielleicht hatte ja eben die Furcht vor diesen Möglichkeiten die Chefs der anderen großen Agenturen veranlaßt, ihrem alten Freund Ken Gill davon abzuraten, sich mit den Saatchis einzulassen. Man muß jedoch bezweifeln, daß wirklich viele der anderen, die ja den Traditionen ihrer Branche so stark verhaftet waren, die Bedeutung dieses Schrittes erkannten. Natürlich konnten sie die damit verbundenen Schwierigkeiten sehen, auf die sie Gill ja auch besorgt hinwiesen. Aber als dann der Schritt getan war, lösten sich die Probleme im Frontalangriff der Saatchis in Luft auf. Einmal mehr waren diese entweder unfähig, Hindernisse zu sehen, oder aber einfach entschlossen, sie nicht zur Kenntnis zu nehmen. In diesem Falle hatten sie die Möglichkeit erkannt, etwas zu tun, was sie seit jeher tun wollten, und waren direkt auf ihr Ziel losgegangen. Es sollte dies ihre erfolgreichste unternehmerische Aktion sein und bleiben.

Kurz nach Bekanntgabe der Fusion berief Milt Gossett von Compton New York eine Vorstandssitzung ein. Er und seine leitenden Mitarbeiter waren noch immer von der *Campaign*-Schlagzeile schockiert. Die Klagen der Garland-Compton-Mitarbeiter aus London waren echt und nicht ganz unberechtigt. Sie hätten sich mit dem Saatchi-Handel nur einverstanden erklärt, weil sie davon ausgegangen seien, daß Compton Saatchi & Saatchi übernähme, daß Gill dabei die Zufuhr neuer Talente und Energien im Auge gehabt habe und daß Garland Compton als die größere Agentur das Übergewicht behalten würde. Schließlich zögen doch die Saatchis auch in ihr Gebäude, bliebe Gill Chef der Agentur, wären sie doch die etablierteste, am längsten an der Börse notierende Werbeagentur und hätten so viele namhafte Klienten. Nun aber hätten sie gelesen, daß sie es seien, die übernommen würden.

Gill war so tief getroffen, daß er nicht an der Sitzung teilnehmen wollte, aber Gossett besänftigte ihn und bestand auf seinem Erscheinen. Gossett selbst war nicht weniger beunruhigt, aber er sah die Sache unter pragmatischen Gesichtspunkten. Wie Gill, so war auch er dem Saatchi-Zauber erlegen und wollte, daß die Fusion zu einem Erfolg würde. In Situationen wie diesen gab es doch immer einen praktikablen Ausweg – man mußte nur der Presse alle Schuld anlasten. Er konnte erklären, daß *Campaign* die ganze Sache völlig falsch dargestellt und aus dem Zusammenhang gerissen hatte, und dann auf ihre eigene Pressemitteilung verweisen, die alles zurechtrückte und die Mißverständnisse ausräumte. Gossett beschwor also seinen Vorstand, der *Campaign*-Schlagzeile und dem Artikel keine weitere Beachtung zu schenken. Das werde eine wahrhaft große Hochzeit werden, und die Saatchis seien großartige Jungs. Der Vorstand ließ sich schließlich dazu überreden, der Londoner Abmachung zuzustimmen, aber es kam keine Freude auf. „Das war 'ne harte Nuß", sagte Gossett hinterher zu Ken Gill.

Hatte *Campaign* die Sache wirklich so falsch verstanden? Weder Charles und Maurice noch Tim Bell hatten die geringsten Zweifel: Sie übernahmen Garland-Compton. Wie das ganz konkret und im Detail geschah, war ohne Belang – die Bedeutung dieser Operation war kristallklar.

Es hätte jedoch auch einen erfahrenen Journalisten einige Recherchen gekostet, das herauszubekommen. Alle Verlautbarungen zielten nämlich darauf ab, jede Demütigung der Compton-Leute zu vermeiden und sie davon zu überzeugen, daß es sich um die Verbindung zweier gleichberechtigter Partner handelte. Zum Beispiel berichtete die *Times* am 25. September 1975 über den Zusammenschluß unter der Überschrift: „Fusion läßt eine der größten Agenturen des Vereinigten Königreiches entstehen", und schrieb, daß Compton Partners, „ein an der Börse notierendes Unternehmen, das schon seit mehr als siebzig Jahren im Geschäft ist", mit der Agentur Saatchi & Saatchi fusioniere, „die erst vor fünf Jahren gegründet wurde, gleichwohl aber eine beachtliche Wachstumsrate vorzuweisen hat". In dem Artikel heißt es weiter, daß Charles Saatchi und Kenneth Gill gleichberechtigte Vorstandsvorsitzende sein würden, daß der Schritt Saatchi & Saatchi zu einem Büro in New York verhelfe („ein lang genährter Wunsch") und daß beide Unternehmen den Zusammenschluß begrüßten – Saatchi & Saatchi, weil man dadurch Zugang zur Börse und zu „stark erweiterten Operationsmöglichkeiten" gewinne, und Compton, weil damit der Zugewinn eines „neuen und aggressiven jungen Managements sowie eines hohen Kreativpotentials" verbunden sei. Das war der Tenor aller Blätter, die über das Ereignis berichteten – nicht etwa, weil sie sich sonderlich für die Saatchis interessiert hätten, sondern weil Compton eine Aktiengesellschaft war und deshalb ihre Aufmerksamkeit verdiente.

Campaign dagegen kümmerte sich nicht um die PR-Schönfärberei, sondern erklärte, daß Garland-Compton in Wirklichkeit von Saatchi & Saatchi übernommen worden sei. In London ging man davon aus, daß *Campaign* seine Informationen von Charles bezogen hatte, was wohl auch stimmen wird. Jeder hatte ja auch in der Vorwoche diese Bemerkung von ihm gelesen, und seine engen Beziehungen zur Branchenpresse waren bekannt. Innerhalb Garland-Compton hatte ihm der *Campaign*-Artikel geschadet, aber außerhalb bestärkte er ganz sicherlich sehr viele in der Ansicht, daß Saatchi & Saatchi vorwärts marschierte und die Initiative ergriffen hatte – und nicht Garland-Compton.

Es war dies das erste Mal, daß sich die Finanzpresse mit den Saatchis beschäftigte. Von nun an geschah das regelmäßig, aber eigentümlicherweise übertrug Charles, dem doch so viel daran lag, daß er und seine Aktionen in der Fachpresse Erwähnung fanden, sein Interesse nie auf den Wirtschaftsteil der Tageszeitungen, wo er wahrscheinlich sehr viel mehr Beachtung hätte finden können. Das übernahm Maurice, der damit aus dem Schatten seines Bruders trat. Mitte der siebziger Jahre hatten viele Aktiengesellschaften entdeckt, daß ein gutes Image bei der Presse auch ihrer Reputation in der City überaus zuträglich sein konnte – und damit auch dem Börsenkurs. Und ein hoher Kurs bedeutete, daß man bei Übernahmen nicht so viel zu zahlen hatte. Es gab eine Menge PR-Agenturen, die den Saatchis raten konnten, was man zu tun hatte, um das zu erreichen. James Gulliver, in der Schnelligkeit seines Denkens, in seinem gewaltigen Ehrgeiz und in seiner Tatkraft Charles nicht unähnlich, hätte das tun können, wenn man ihn darum gebeten hätte, denn er hatte gelernt, wie man mit der Finanzpresse gut auskam. Bis zum heutigen Tag aber haben nur ganz wenige Finanzjournalisten in London Charles kennengelernt. In New York gibt es gar keinen. Das liegt nicht daran, daß Charles etwa nicht mit Zahlen umgehen könnte – er versteht Bilanzen sehr wohl zu lesen. Aber so sehr er sich ganz und gar zu Hause fühlt, wenn es um die Erörterung von Anzeigen oder Werbekampagnen geht, so unbehaglich fühlt er sich bei manchen anderen Fragenkomplexen. Dazu kommt, daß er Menschen gegenüber, die er nicht sehr gut kennt, sehr zurückhaltend ist – und mit zunehmendem Alter hat er immer weniger Anstrengungen unternommen, neue Bekanntschaften zu machen.

Die Fusion mit Garland-Compton bedeutete wahrscheinlich einen Wendepunkt in der Beziehung der beiden Brüder. Bis dahin hatte Charles nicht nur die Agentur beherrscht, sondern auch seinen jüngeren Bruder. Maurice hatte sich seinen Platz als Partner mehr als verdient, aber er war halt immer „Junior" und damit derjenige gewesen, der sich geduckt hatte, wenn die Stühle flogen. Er stritt zwar mit Charles, aber es schien immer dieser seinen Willen zu bekommen. Charles hatte in der Treibhausatmosphäre am Golden Square eine absolut dominierende Rolle gespielt, und auch in der Regent Street war sein Einfluß noch entscheidend gewesen. Nun aber war Saatchi & Saatchi eine Aktiengesellschaft mit Anteilseignern außerhalb des Unternehmens, mit annähernd 300 Beschäftigten und mit aggressiven Plänen geworden, die Börsennotierung zur Verbesserung ihrer Position zu nutzen. Dazu bedurfte es neuer Kenntnisse und neuer Strategien – und beides war nicht die Sache von Charles. Schon deshalb nicht, weil es da um Dinge ging, die ihn nicht interessierten – und Charles hat wohl in seinem ganzen Leben nie etwas getan, was ihn nicht interessiert hat. Schließlich hatte er ja auch seinen jüngeren Bruder, den er wahrscheinlich noch immer als seinen verlängerten Arm ansah und der das alles für ihn erledigte.

Man sollte sich die Bedeutung dieser Entwicklung vor Augen führen. Beide Brüder sind heute fest davon überzeugt, daß die

Möglichkeit, die Börse zur Beschaffung von Risikokapital für neue, weiterführende Geschäftsaktivitäten zu nutzen, von diesem Zeitpunkt an der für ihr Wachstum entscheidende Faktor war. In nachdenklicher Stimmung erkennt Charles ohne Einschränkung an, daß er in diesem Punkt in der Schuld von Maurice steht. Hätte er sein Unternehmen zusammen mit Ross Cramer oder mit Martin Boase oder mit seinem alten Freund Frank Lowe oder selbst mit Tim Bell aufgebaut, dann wäre dabei wohl eine Agentur von ansehnlicher Größe, ja möglicherweise die größte Großbritanniens herausgekommen und er hätte ein Leben in Wohlstand geführt. Er hatte hervorragende Führungsqualitäten, brachte ein hohes Maß an Kreativität mit und zudem die Gabe, andere begabte Leute zu finden und zu motivieren. Es gab jedoch in der Welt der Werbung sehr viele durchaus ähnlich befähigte Leute, von denen sich Charles keineswegs in überwältigendem Maße abhob. Was jetzt weit eher von Belang war, war die Tatsache, daß sich Saatchi & Saatchi nicht nur auf die Talente von Charles stützten konnte, sondern zugleich auch auf die nun sehr viel wichtigeren unternehmerischen Fähigkeiten von Maurice. So, wie es Charles in jedem Falle zu einem angenehmen Leben gebracht hätte, so hätte Maurice mit an Sicherheit grenzender Wahrscheinlichkeit in jedem Wirtschaftszweig ein großes Unternehmen aufbauen können. Lindsay Masters und Michael Heseltine hatten das sofort erkannt, und selbst ein so außergewöhnlicher Finanzmann wie Martin Sorrell konnte nicht umhin, ihn zu bewundern.

Charles hat wahrscheinlich niemals daran gedacht, einen der beiden Vorstandsposten des neuen Unternehmens für sich zu beanspruchen – er konnte den Gedanken nicht ertragen, vor einer Aktionärsversammlung aufstehen oder eine Vorstandssitzung leiten oder Gespräche in der City führen, kurz all die Dinge tun zu müssen, die von den höchsten Führungskräften eine Aktiengesellschaft nun einmal erwartet werden. Diese Seite des Geschäfts überließ er ganz dem Bruder. Maurice war ja nicht einfach nur gut im Umgang mit Zahlen – nein, er hatte auch das Interesse und die Fähigkeit, jene Denkprozesse, die ihn schon in seiner Zeit an der LSE bei Professor Cohen so ungemein fasziniert hatten, auf die Werbung als eine Industrie anzuwenden. Er versuchte, die Ursachen des schlechten Images und der niedrigen Börsenkurse der Werbeindustrie zu ergründen – und als er zufrieden festgestellt hatte, daß diese Behandlung seitens der City und der Börse unverdient war, machte er sich mit der ihm eigenen Mischung von Zurückhaltung und Charme daran, auch andere davon zu überzeugen. Das sollte Jahre dauern, aber es zahlte sich weit mehr aus, als er selbst es vielleicht jemals erhofft hatte. Mit diesem Engagement öffnete er Saatchi & Saatchi die Wege zu eine Expansion, welche weit über das hinausging, was Charles trotz seines ungeheuren Ehrgeizes allein hätte schaffen können. Um das Bild zu ändern, das die Investoren von Saatchi & Saatchi als einer Werbeagentur hatten, mußte er das Image der gesamten Branche ändern. Die Tatsache, daß ihm das gelang, machte es in den kommenden Jahren auch vielen anderen Agenturen möglich, Saatchi & Saatchi auf dem Weg an die Börse zu folgen. Und es sollte allein dadurch, daß man die hohe Bewertung des Unternehmens seitens der Börse zur Aufnahme von Kapital nutzen konnte, möglich werden, daß die Bastionen der New Yorker Madison Avenue schließlich in die Hände der Briten fielen.

Jennifer Laing gehörte zu den Mitarbeitern von Garland-Compton, die sich bei einer Betriebsversammlung eingefunden hatten, um sich eine Ansprache ihrer neuen Arbeitgeber anzuhören. Die Tochter eines Chirurgen bezeichnete ihren Entschluß, zu Garland-Compton zu gehen, stets als „ersten wirklichen Glücksfall". Sie hatte sich schnell vom Trainee zum Kontakter hochgearbeitet und betreute zur Zeit des Zusammenschlusses mit Saatchi & Saatchi den Rowntree-Etat. Sie war 24 Jahre alt und galt in der Londoner Werbewelt bereits als einer ihrer hellsten Köpfe. Sie war ebenso begierig zu erfahren, was ihnen bevorstand, wie alle ihre Kollegen, denn schließlich hatte ihnen die *Campaign*-Schlagzeile einen gehörigen Schrecken eingejagt.

Und da sah sie zum ersten Mal Tim Bell. Er erschien im hinteren Teil des Raumes und schritt selbstsicher durch die Schar der wartenden Compton-Mitarbeiter nach vorn. Er trug einen hellbraunen Anzug, und die Sonne hatte seine Haut gebräunt und sein Haar gebleicht. Charles Saatchi neben ihm trug klassischen Nadelstreif. Bell, eine Zigarette in der Hand, erklärte seinen Zuhörern, daß dieser Zusammenschluß das Aufregendste sei, was sie alle in ihrem bisherigen Dasein erlebt hätten; sie würden zur größten und berühmtesten Agentur der Welt werden; die Vereinigung der beiden Teams würde sie unschlagbar machen, und sie würden bedeutende neue Aufgaben übernehmen und riesige neue Etats erhalten. Er werde für die Zusammenführung der beiden Unternehmen verantwortlich sein und freue sich auf die Zusammenarbeit mit allen, die sich bei dieser Versammlung eingefunden hätten. „Er erklärte uns das alles mit dieser so herrlich sexy klingenden Stimme", erzählt Jennifer Laing. „Es war einfach faszinierend, die Wirkung auf die Zuhörer zu beobachten."

Als Bell geendet hatte, stand Charles auf und hielt die längste Rede, die man je von ihm gehört hat. Er machte seine Sache gut, unterstrich noch einmal, daß dies eine Fusion sei, und sagte, daß er der Zusammenarbeit mit Kenneth Gill und mit ihnen allen erwartungsvoll entgegensehe. Am Ende war die *Campaign*-Schlagzeile mehr als wiedergutgemacht. „Das war ein Erdrutsch", sagt Jennifer Laing. „Alle verließen den Raum mit dem Gefühl, daß sie wirklich gern für diese Burschen da arbeiten würden. Ich erinnere mich, daß sich jemand zu mir umdrehte und sagte: ‚Also, Jen, das da eben war dein Eintritt in die Werbeindustrie.'"

Ein frühes Opfer der Übernahme wurde Ron Rimmer, der Mann, der sie ganz unbeabsichtigt ausgelöst hatte. Er hatte bereitwillig Tim Bell als seinen neuen Chef akzeptiert und neue Aufgaben im Finanzbereich übernommen. Schon nach wenigen Monaten kündigte er jedoch und ging zu McCann Erickson. „Es waren wohl die Arbeitsmethoden, die ihm Kummer machten", meint ein früherer Kollege von ihm. „Er verstand dieses ganze hitzige Gehabe überhaupt nicht."

Es war aber schon ein Nachfolger in Sicht. Der Zusammenschluß von Garland-Compton und Saatchi & Saatchi war im September 1975 erfolgt. Vier Monate später, also im Januar 1976, schlug Martin Sorrell seinem Chef vor, den Brüdern Saatchi den Beratungs-Service von James Gulliver Associates anzubieten. Sie hatten sich während der Übernahmeverhandlungen öfter gesehen, und Martin Sorrell hatte sich sehr gut mit ihnen verstanden. Gulliver hatte nichts dagegen. Er hatte gerade ein neues Büro außerhalb Londons, in Welwyn Garden City, bezogen und ein Unternehmen gegründet, das zehn Jahre später 2,5 Millionen Pfund für die Übernahme einer Gruppe schottischer Whisky-Brennereien bot, dann aber auf Grund unfairer und wahrscheinlich ungesetzlicher Winkelzüge seines Widerparts Guinness diesem unterlag, was sich zu dem größten Wirtschaftsskandal des Jahrzehnts auswuchs. Gulliver, Sorrell und Alistair Grant, der zweite Stellvertreter Gullivers (heute Vorstandsvorsitzender von Argyll Foods, Eigner der Safeway-Supermärkte und drittgrößter Nahrungsmittel-Einzelhändler Großbritanniens) trafen sich zum Mittagessen, um über das Beratungsangebot zu sprechen. Gulliver war ein sehr förmlicher Gastgeber und es wurde stets das gleiche serviert, nämlich Seezunge. Sorrell beobachtete amüsiert den Gesichtsausdruck Gullivers, als Maurice, der in jenen Tagen Schleifen bevorzugte, sein Jackett auszog. Gulliver war erbost, sagte aber nichts – Maurice war jedoch in seiner Achtung nicht gerade gestiegen.

Die Gulliver-Initiative kam gerade zur richtigen Zeit, denn die Saatchis suchten tatsächlich Rat. Maurice hatte inzwischen die Probleme der Leitung einer Aktiengesellschaft überschaut und brauchte jemanden, der ihm sagte, wie sich die Börsennotierung bestmöglich nutzen ließe. Es war für Saatchi & Saatchi bei weitem nicht so leicht, Kapital aufzunehmen, wie für ein Industrieunternehmen, das mit seinen ganz konkreten Vermögenswerten und einem vorhersehbaren Geschäftsverlauf jederzeit Geld von den Banken bekommen konnte. Die Aktien der Agentur wurden an der Börse etwa zum Dreifachen ihres Gewinns gehandelt, was in jedem Falle eine klägliche Bewertung war, war das doch weniger als ein Drittel der Quote, die im Durchschnitt für den Rest des Aktienmarktes galt. Das bedeutete, daß die Aufnahme von Kapital oder weitere Akquisitionen unerschwinglich teuer waren. Maurice suchte nun nach einem Ausweg aus diesem Dilemma und wußte, daß ihm Gulliver sehr gut dabei helfen konnte. Gulliver war zu solcher Hilfestellung bereit und übertrug Martin Sorrell diese Aufgabe, der von nun an einen Tag pro Woche im Saatchi-Büro zubrachte. Allmählich wurde das dann mehr als ein Tag.

Die Organisation des finanziellen Bereichs war zu dieser Zeit bei Saatchi & Saatchi alles andere als hochentwickelt. David Perring war beim Start am Golden Square als Verwaltungschef angetreten und nahm diese Funktion noch immer wahr (das tut er noch heute), aber er war doch, obgleich sehr kompetent, kein qualifizierter Finanzmann. Am ehesten war noch Mike Johnson ein Abteilungsleiter Finanzen, ungeachtet der Tatsache, daß ja nach dem Zusammenschluß zunächst Ron Rimmer und Douglas Blaikey zu dem Team dazugekommen waren. Doch auch Rimmer war kein Finanzchef in dem Sinne, in dem die meisten Unternehmen diese Position verstehen. Das galt allerdings auch für Johnson. Sie waren Verwaltungsleute, Männer also, die sich um die Ausgaben kümmerten, überfälligen Zahlungen nachjagten, Rechnungen und Gehälter zahlten und ganz allgemein dafür sorgten, daß der Laden lief. Sowohl Rimmer als auch Perring waren sehr gewissenhaft, aber sie nützten Maurice nur wenig, wenn es um Gespräche mit der City oder um die Ausarbeitung neuer Übernahmeangebote ging. Tim Bell, Jeremy Sinclair und natürlich die Brüder selbst waren in der Lage, sich neue Kenntnisse und Fähigkeiten anzueignen, die durch das Wachstum des Unternehmens erforderlich wurden. Aber das galt nicht für alle Mitarbeiter, die seinerzeit am Golden Square eingestellt worden waren.

Der erste Rat, den Gulliver und Sorrell deshalb Maurice gaben, war der, einen Leiter für den Bereich Finanzen einzustellen. Maurice stimmte dem sofort zu, und es wurden Headhunter eingeschaltet. Damals waren solche Leute im Bereich der Werbung – zumindest in London – noch nicht in großer Zahl vorhanden, und die Personalberater hielten sich an die traditionellen Jagdgründe, an andere Agenturen und an die Zeitungen in der Fleet Street. „Die Leute erschienen zumeist morgens zu einem Gespräch mit Maurice, denn wenn sie nach dem Lunch gekommen wären, dann wäre das peinlich gewesen", sagt ein ehemalige Saatchi-Mann. Schließlich sagte Maurice, der inzwischen Ron Rimmer verloren hatte: „Was ich haben will, das ist so jemand wie Sorrell!" – „Und haben Sie den schon mal gefragt?" Das tat Maurice – und Sorrell trat in die Firma ein.

Ken Gill fand Gefallen an der veränderten Atmosphäre in der Agentur. Gegenüber den Kollegen von der Konkurrenz mit ihren düsteren Vorahnungen kannte sein Lob keine Einschränkungen. „Es ist wunderbar", sagte er – und meinte das auch. Für ihn und die Agentur Garland-Compton war das alles ja wie ein neu gewonnenes Leben. Tim Bell arbeitete von morgens früh bis spät in die Nacht, manchmal auch das Wochenende durch, um die beiden Agenturen zu einer einzigen zusammenzubauen – und er leistete gute Arbeit. Abgesehen von Rimmers Ausscheiden hatte die Fusion kaum nennenswerte personelle Auswirkungen. Die Saatchi-Leute zogen in der Charlotte Street ein, und besetzten die meisten

Schlüsselpositionen: Tim Bell die des Geschäftsführenden Direktors der Agentur, Jeremy Sinclair die des Leiters des kreativen Bereichs und Roy Warman die des Leiters der Media-Abteilung. Auch Terry Bannister und Bill Muirhead rückten in höhere Positionen auf. Über der Agentur war die Holding angesiedelt, der Ken Gill als einer der beiden Vorstandsvorsitzenden (Charles nahm die zweite Position nie wahr, obwohl niemand die geringsten Zweifel daran hatte, wer der Boß war), ferner David Perring und Mike Johnson sowie natürlich auch Maurice angehörten.

Die Brüder bezogen Büros in der 6. Etage und ließen sie erst einmal renovieren. Die Räumlichkeiten waren alles andere als grandios – Charles blickte auf die Dächer und den Innenhof an der Rückseite des Gebäudes hinab. Das Büro von Maurice auf der anderen Seite des Flurs war um nichts größer, aber hier sorgte der nun schon traditionelle Saatchi-Stil für Helle und Freundlichkeit – alles einschließlich des Schreibtisches war in strahlendem Weiß gehalten. Bell bezog ein Büro im Erdgeschoß. In der Regent Street war das seine nur ein paar Treppenstufen von denen der Brüder entfernt gewesen – nun aber war die räumliche Distanz zwischen ihnen erheblich größer geworden. Auch das mag bezeichnend gewesen sein.

Gemessen an den Maßstäben der Zeit, standen die Brüder nun an der Spitze eine Aktiengesellschaft mittlerer Größe und dachten zunehmend in strategischen Kategorien. Sie arbeiteten an weiteren Übernahmeprojekten, an der Ausweitung ihrer unternehmerischen Aktivitäten auf Europa, auf die Vereinigten Staaten und auf den Rest der Welt. Charles war durchaus noch an der kreativen Arbeit beteiligt, aber er entfernte sich immer mehr vom Tagesgeschäft. Viele der Compton-Leute klagten, daß sie ihn noch nie gesehen hätten – und einige sollten ihn tatsächlich niemals zu Gesicht bekommen, außer vielleicht flüchtig einmal im Lift oder wenn er durch die Eingangshalle ging.

Für alle, die in diesen Jahren bei der Agentur arbeiteten, war Tim Bell der Dreh- und Angelpunkt – und die Brüder ließen ihn gewähren. Auch wenn Bell das erst bemerkte, als es schon zu spät war, begannen er und die Brüder ihre eigenen, getrennten Wege zu gehen, zunächst noch kaum merklich, im Verlauf der Zeit aber immer deutlicher. Nach der Umwandlung von Saatchi & Saatchi in eine Aktiengesellschaft wurde die Werbeagentur zu einer Tochtergesellschaft. In diesen frühen Zeiten war sie noch die einzige Tochter der AG, was bedeutete, daß Bell so gut wie allein für die Erwirtschaftung des gesamten Gewinns verantwortlich war. Die Pläne von Maurice sahen jedoch vor, daß weitere Tochtergesellschaften und neue Geschäftszweige entstehen würden, was schließlich die zentrale Bedeutung der Agentur in der Charlotte Street immer mehr verringern würde. Bell, der große Freude an seiner Führungsaufgabe hatte, kümmerte sich kaum um die längerfristigen Folgen dessen, was um ihn herum vor sich ging. Es war eine Zeit außergewöhnlich starken Wachstums, schien die Agentur doch so gut wie jeden Kunden gewinnen zu können, um die sich sich bemühte. Ja, es geschah sogar etwas gänzlich Neues: Klienten kamen zu Saatchi & Saatchi und trugen der Agentur ihre Etats an – und das auch ohne jeden „Schönheitswettbewerb".

Das Hauptverdienst am glänzenden Start der neuen Agentur hatte zweifellos Ken Gill. In den Verhandlungsmonaten vor der Fusion hatte er Gespräche mit Schweppes geführt und den Getränkehersteller dazu zu bewegen versucht, seinen Etat an Garland-Compton zu geben. Dieser Etat war einer der größten und renommiertesten in Großbritannien und in den fünfziger und sechziger Jahren mit der „Schsch... Sie wissen schon wer"-Kampagne eine Legende geworden. Der Marketing-Chef von Schweppes, Keith Holloway, war ein alter Freund Gills, und diesem gelang es nach langem Mühen tatsächlich, Holloway dazu zu überreden, seinen Etat bei Ogilvy & Mather abzuziehen und ihn Garland-Compton anzuvertrauen. Obwohl die Präsentation der Agentur noch ausstand, hatte Holloway unter der Hand wissen lassen, daß er Garland-Compton den Vorzug gäbe. Er wußte nichts von den Verhandlungen zwischen Gill und den Saatchis, und das Glück wollte es, daß das Garland-Team gerade mit der Vorbereitung der Schweppes-Präsentation befaßt war, als der Zusammenschluß erfolgte. Jennifer Laing war an diesen Vorarbeiten beteiligt, konnte nun aber auf die Unterstützung der Saatchi-Seite zurückgreifen. Sie fuhr also mit Tim Bell und zwei weiteren Kollegen zu Schweppes, wo sie gemeinsam ihr Material vorstellten. Sie bekamen den Etat. Für alle Außenstehenden mußte es ganz so aussehen, als sei es allein dem Zaubernamen Saatchi zuzuschreiben gewesen, daß Garland-Compton diesen Etat hatte erringen können, aber Ken Gill schwieg dazu und ließ dem Saatchi-Team diesen Triumph. Er wußte genau, welchen Auftrieb das der neuen Agentur geben würde. Der Schweppes-Etat hatte nach innen wie nach außen eine geradezu elektrisierende Wirkung. „Das ließ die Zweifler endgültig verstummen", sagt Jennifer Laing.

Der erste Geschäftsbericht von Saatchi & Saatchi Compton Ltd. stellt eine höchst interessante Lektüre dar. Das Format war sorgfältig gewählt und blieb bis heute unverändert. Der Umschlag war weiß, darin eingestanzt nach oben sich verjüngende Treppenstufen, die wohl steigende Gewinne signalisieren sollten (oder jedenfalls irgend etwas Aufsteigendes). Oben auf dem Umschlag war der Name Saatchi & Saatchi Compton aufgedruckt – in jener zurückhaltenden, ultra-konservativen Schrift, die Bill Atherton 1970 gewählt hatte, um dem Branchenneuling einen seriösen Eindruck zu verschaffen. Bei folgenden Berichtsheften wurde dann der Name „Compton" durch das Wort „Company" ersetzt (was nur auffiel, wenn man sehr genau hinschaute), wurde doch nach einem Jahr die Muttergesellschaft in Saatchi & Saatchi Company Ltd. umbenannt. Dahinter stand ein größerer und komplizierterer Umbau, der darauf hinauslief, daß die Amerikaner bei der Muttergesellschaft als Anteilseigner ausschieden und nur noch an der Tochter Saatchi & Saatchi Garland-Compton beteiligt waren. Diese neue Konstruktion war das Werk von Martin Sorrell, der sechs Monate daran gearbeitet hatte. Nach seinen Plänen wurde eine neue Aktiengesellschaft gegründet, die das Angebot unterbreitete, die Aktien der alten im Verhältnis eins zu eins gegen die ihren auszutauschen, wobei Compton sich bereit erklärte, dieses Angebot nicht wahrzunehmen, d.h. auf eine Beteiligung an der neuen Mutter zu verzichten. Damit war die alleinige Kontrolle durch die Brüder endgültig gesichert – und das war letztlich der Zweck der ganzen Übung. Ihr Aktienpaket vergrößerte sich natürlich entsprechend. Ken Gill, Martin Sorrell und James Gulliver machten sich einige Sorgen hinsichtlich der Reaktionen auf diesen Schritt und reisten nach New York, um ihn dem Compton-Vorstand schmackhaft zu machen. Das war dann viel leichter, als sie gefürchtet hatten. „Man hat uns diesen Vorschlag unterbreitet", sagte Milt Gossett. „und es soll uns nur recht sein." Compton war bereits dabei, saatchifiziert zu werden.

Maurice nutzte die ersten Geschäftsberichte dazu, aller Welt zu verkünden, daß die Agentur ein schnelleres Wachstum zu verzeichnen habe als jede andere. Er ging dabei auch auf die besten Kampagnen des abgelaufenen Jahres ein – etwa auf den „Superdeal" mit den Leyland-Autos, auf Schweppes, Brutus-Jeans, den Start eines neuen Seifenpulvers namens „Fairy Snow" von Procter & Gamble, Kronenbourg-Bier und viele andere. Und er setzte sich mit den allgemeinen Perspektiven der Entwicklung auseinander. Im ersten Bericht stand beispielsweise zu lesen: „Tatsache ist, daß die Werbeindustrie ein Eckpfeiler für das Überleben der freien und sozialen Marktwirtschaft in Großbritannien ist." Es sollte noch mehr Käufe und Übernahmen in diesem Industriezweig geben, „um die so oft beschworene Konzentration herbeizuführen, die die Industrie notwendig braucht." Die Werbungstreibenden sollten endlich mit ihren stets wiederholten Klagen über „Etat- und Interessenkonflikte, die häufig eher eingebildet als tatsächlich gegeben" seien, aufhören (die Saatchis waren in diesem Jahr gezwungen gewesen, einen Bier-Etat aufzugeben, weil sie gleichzeitig einen anderen übernommen hatten). Die beiden abschließenden Seiten des Berichts waren gezielt an die Adresse der City gerichtet. Sie verwiesen darauf, daß die Bewertung der Saatchi-Papiere höchst unbefriedigend sei – sie wurden zum 3,9-fachen ihres Gewinns gehandelt, was bedeutete, daß der Wert des gesamten Unternehmens nur auf 1,3 Millionen Pfund veranschlagt wurde (und ihr Anteil auf 36 Prozent davon). Ihre Wirtschaftsleistung liege weit über dem Durchschnitt, und doch „werden wir immer noch nur halb so gut ‚bewertet' wie der Durchschnitt der übrigen an der Börse notierenden Unternehmen!"

Diese Hälfte war allerdings schon eine Verbesserung gegenüber der Anfangsphase. Der Kurs der Saatchi-Aktien setzte zu dieser Zeit zu seinem Höhenflug an (er hatte anfangs beim Äquivalent von 6p gelegen und erreichte 1986 mit 700p einen Höhepunkt), aber für Maurice ging das alles nicht schnell genug. Im vorangegangenen Jahr waren – und dies zum Teil auf Grund seines unablässigen „Werbens" – die Kurse in dem vergleichsweise winzigen Werbesektor um fast 60 Prozent gestiegen, also fast doppelt so schnell wie die des restlichen Aktienmarktes. Im Laufe der folgenden Jahre sollten sich die Bemühungen von Maurice auszahlen. „Die Einstellung der Investoren zu den Werbeagenturen hat sich deutlich gewandelt", schrieb die *Sunday Times* im April 1978 und führte Saatchi & Saatchi als ein bezüglich Ertrag, erzielter Leistung und Zukunftsperspektiven „von der Menge abgehobenes Beispiel" an. Wobei von „Menge" eigentlich noch nicht so recht die Rede sein konnte – außer Ogilvy, Brunnings und Geers Gross (Collett war nach einer Untersuchung der Finanzbehörde nicht mehr an der Börse notiert) gab es da nichts mehr, zumal die großen Agenturen alle amerikanische Tochterunternehmen waren.

Es überraschte die Brüder immer wieder, wie schwer es war, bedeutendere Klienten zu einem Wechsel ihrer Agentur zu bringen – und das ganz unabhängig von der Arbeit, die für sie produziert wurde. Kellog war 1989 bereits 41 Jahre bei JWT, Lever Brothers 52 Jahre. Procter & Gamble und Rowntree waren sogar noch weit länger bei Compton gewesen. Maurice errechnete, daß pro Jahr durchschnittlich nur Etats im Werte von zwei Prozent der gesamten Werbeaufwendungen die Agentur wechselten. Das war eine Offenbarung für ihn – und auch für andere, als er dieses Ergebnis seiner Recherchen mitteilte. Für ihn lag darin der Schlüssel, mit dem er die City öffnen konnte. Die Erträge im Bereich der Werbung, so ließ sich nämlich argumentieren, waren alles andere als schlecht, und entgegen der allgemeinen Meinung fuhr diese Branche keineswegs an jedem Abend mit dem Fahrstuhl in den Keller. Sie war ganz im Gegenteil weit stabiler, als das je irgend jemandem bewußt geworden war. Er betonte, daß man, wenn man erst einmal mit großen Etats nach oben gelangt war, auch an der Spitze blieb, selbst wenn einen die heißesten Kreativen oder Kontakter im Stich ließen. Größe war für die Branche tatsächlich von entscheidender Bedeutung. Und was die genannten zwei Prozent anbetraf, so waren das immerhin 1 Million Pfund pro Woche, also ein Betrag, dem es sich durchaus nachzujagen lohnte. Der Anteil von Saatchi & Saatchi am gesamten britischen Werbemarkt lag noch immer unter fünf Prozent – es gab also noch genug zu tun.

Im ersten Jahr nach der Übernahme von Garland-Compton erzielte Saatchi & Saatchi einen Gewinn von knapp unter 1 Million Pfund, was eine Steigerung um 145 Prozent bedeutete, auch wenn das erstmals Compton mit einschloß. Im darauf folgenden Jahr waren es 1,2 Millionen, dann 1,9 Millionen, und 1979, in dem Jahr, in dem Saatchi & Saatchi zur größten Agentur in Großbritannien avancierte, 2,4 Millionen Pfund – und jetzt zog auch das Interesse der Börse merklich an. Zu diesem Zeitpunkt hatte die Bewertung nicht nur den Börsendurchschnitt erreicht, sondern ihn endlich überstiegen. 1980 wurde Saatchi & Saatchi zum „begehrten Papier", wodurch die Agentur dann den gesamten Werbesektor mitzog, der immer größer zu werden begann, da auch andere Agenturen nun an die Börse gingen.

Die Brüder betrauten mit der Suche nach weiteren Akquisitionsmöglichkeiten Martin Sorrell. Anfangs war er von der Übernahmepraxis der Saatchis entsetzt. Er war ja bei James Gulliver in die Lehre gegangen, der wohl der gründlichste Mensch in ganz Großbritannien war (und ist), was die Vorbereitung eines Übernahmeangebotes anbetraf – das intensive Studium der Whisky-Destillerien, das seiner Initiative von 1985 vorausging, ist ein gutes Beispiel dafür. Gulliver war damals mit einer Reihe von Projekten befaßt, und seine Methode war gewesen, Sorrell und den Chef seiner Finanz-Abteilung, David Webster, in die City zur County Bank zu schicken, einer Tochter der National Westminster Bank, wo sie die Exchange Telegraph-Kartei durchzusehen hatten, eine viel benutzte Informationsquelle, die Aufschluß über Entwicklung und Zustand aller an der Börse notierenden Unternehmen gibt. Unter Berücksichtigung der von Gulliver erarbeiteten Kriterien hatten sie dann eine Liste von fünfzig möglichen Kandidaten erstellt, diese noch genauer studiert und ihre Aufstellung immer weiter zusammengestrichen, um endlich vielleicht fünf Unternehmen in die engere Wahl zu ziehen. Diese fünf waren dann noch um einiges gründlicher unter die Lupe genommen worden, bevor Gulliver auch nur daran gedacht hatte, Verhandlungen aufzunehmen oder Aktien zu kaufen. Er hatte sich auch einmal für Compton interessiert, weshalb er die Aktien gekauft hatte. Nach Bekanntwerden der Fusion hatte er sie dann abgestoßen, weil er von diesem Handel nicht überzeugt war.

Bei Saatchi & Saatchi war das alles ganz anders. „Maurice wollte eigentlich das ganze Universum haben", sagt Sorrell. „Das war damals wie bei den Weight-Watchers – es gab jede Woche eine Sitzung, und die Leute mußten Bericht erstatten. Die Liste wurde dann aufgeteilt, und wir mußten alle raus, mit diesen Unternehmen sprechen und sehen, ob da jemand an einem Verkauf interessiert war. Und wer das geforderte große Gesprächspensum nicht geschafft hatte, bekam was zu hören."

Zunächst hielt Sorrell das für eine Schrotschuß-Methode gegenüber den gezielten Schüssen Gullivers. Als er jedoch erkannte, daß Maurice nach einem eigenen, sehr sorgfältig ausgedachten Plan vorging, änderte er seine Meinung. „Es ist in der Tat ein sehr intelligentes System, denn es führt dazu, daß man deine Visitenkarte registriert. Du sagst zu den Leuten: Ich bin interessiert. Eine einigermaßen gutgehende Firma steht natürlich nicht just an dem Tage zu Verkauf, an dem du bei ihr vorsprichst – aber vielleicht später. Die besten Akquisitionen, bei denen ich mitgewirkt habe, beanspruchten ihre drei, ja, manchmal sogar fünf Jahre." Charles engagierte sich ein einziges Mal, das aber vehement, als sie ein Übernahmeangebot an Collett Dickinson Pearce richteten. Bei einer Sitzung, die die ganze Nacht hindurch dauerte, blieb er dabei und unterstützte Sorrell. Aber die Warburg-Leute, die Frank Lowe von CDP berieten, vertraten am Ende die Auffassung, daß der gebotene Preis zu niedrig sei. „Wir waren nahe dran", sagt Martin Sorrell.

Aber auch ohne Zukäufe expandierte Saatchi & Saatchi schnell. Die Werbeetats strömten auch weiterhin in großer Zahl herein – Allied Breweries, weitere Etats von British Leyland, BP, Black & Decker, Dunlop, neue von Procter & Gamble. Der Abstand zum Spitzenreiter JWT wurde immer kleiner. 1979 erhob Saatchi & Saatchi mit einem ausgewiesenen Etatvolumen (das entspricht dem Umsatz eines konventionellen Unternehmens und dient zur Bestimmung der Größe einer Agentur) von 67,8 Millionen Pfund Anspruch auf den Spitzenplatz. *Campaign* und die Fachpresse brachten diese Nachricht groß auf der Titelseite. Charles war jedoch ungewöhnlich bescheiden, als er *Campaign* gegenüber erklärte: „Da die führenden vier Agenturen so dicht beieinander liegen, ist es nicht übermäßig bedeutend, welche jeweils gerade den ersten Platz einnimmt." In der Charlotte Street herrschte trotzdem großer Jubel. Seit Jahren hatte Charles immer wieder gesagt, daß man größer sein werde als alle anderen – und war ausgelacht worden. Deshalb war dieser Sprung nach vorn nun doch bedeutend, denn jetzt war Saatchi & Saatchi keine kleine kreative Ideenschmiede mehr, über die sich der Rest der Branche lustig machen konnte. Die Agentur nahm jetzt den ersten Platz und damit in der Zukunft auch eine ganz andere Position ein, denn nun war *sie* für alle die Zielscheibe, war sie der Marktführer, den es zu stürzen galt. Im folgenden Jahr machten andere Agenturen – vor allem

Masius und McCann, aber auch JWT – Saatchi & Saatchi den Spitzenplatz streitig, aber dann ließ der anhaltende Aufschwung nicht den geringsten Zweifel mehr, wer wirklich die Nummer Eins war. JWT fiel 1978/79 nach zwanzigjähriger Vorherrschaft auf den vierten Platz zurück, und seit damals erscheint die Position von Saatchi & Saatchi, schließt man alle Akquisitionen ein, so unangreifbar wie einstmals die von J. Walter Thompson.

Zu Ende des Jahres 1979 beschäftigte Saatchi & Saatchi 744 Mitarbeiter, deren jährliches Durchschnittseinkommen bei £ 6041 lag. Der Umsatz erreichte nun 71 Millionen Pfund, der Gewinn 2,4 Millionen. Seit dem Start hatten sich die Gewinnspannen Jahr um Jahr erhöht und 1979 mit 3,4 Prozent mehr als das Doppelte des Branchendurchschnitts erreicht. Saatchi & Saatchi war jetzt ein richtiggehendes Wirtschaftsunternehmen, das Jahr für Jahr im Kurs stieg. Das Akquisitionssystem der „25 Telefonanrufe pro Tag" war längst durch ein höher entwickeltes und systematischeres ersetzt worden, bei dem Unternehmen nach einem gut organisierten Rotationsprinzip angesprochen wurden. Maurice hatte Procter & Gamble einen Besuch abgestattet und bei diesem Anlaß eine ganz neue Welt des Managements und der Organisation für sich entdeckt. Natürlich wertete er seine Erkenntnisse dann für das eigene Unternehmen aus.

Die Werbeindustrie war seit 1970 sehr viel professioneller und größer geworden, und das galt auch für ihr Management. Die Wirtschaftskrise Mitte der siebziger Jahre hatte alle Agenturen – Saatchi & Saatchi eingeschlossen – gezwungen, Ballast abzuwerfen. Manch eine war auch untergegangen. Die britische Industrie war nach den Verheerungen dieser Jahre noch immer im Neuaufbau begriffen, und unvermutet fand sie sich unter der konservativen Regierung mit einem Problem konfrontiert: Das britische Pfund stieg im Verlauf der zweiten Ölkrise (jetzt hatten die Briten ihr eigenes Öl) von $ 1,53 auf $ 2,40. Hinzu kamen noch strenge Kontrollen der Geldumlaufmenge und hohe Zinsen. Die Werbeaufwendungen waren während der siebziger Jahre real um 17 Prozent gestiegen, was die Werbeindustrie zwar noch nicht unbedingt zu einer Wachstumsbranche machte, ihr aber in dieser schwierigen Dekade doch immerhin einen größeren Zuwachs bescherte als den meisten anderen Zweigen der britischen Wirtschaft. In dieser Zahl sind Gebiete enthalten, die erst ganz neu erschlossen wurden.

Beherrschten 1970 noch die Wasch- und Nahrungsmittelhersteller das Werbefernsehen, so war am Ende des Jahrzehnts der Einzelhandelsbereich tonangebend, und ganz neue Produkte und Leistungen wurden nun beworben: Schallplatten, Filme, Autos, Kapitalanlagemöglichkeiten, Finanzierungen und Reisen – das waren nun die Wachstumsbranchen.

Ein weiterer Faktor, der Maurice Mut machte, als er ihn analysierte, war die veränderte Einstellung der Werbungtreibenden zur Rezession. Üblicherweise wurden ja in solchen schweren Zeiten von den Unternehmen erst einmal die Ausgaben für Forschung und Entwicklung zusammengestrichen – und auch die für die Werbung. Maurice dagegen vertrat die Ansicht, daß das die schlechteste Einstellung sei, denn sie verschlimmerte lediglich den Absatzrückgang und schädigte das Image der betroffenen Marken. Ohne starkes Markenimage aber würden die Verbraucher einfach zu weitaus aggressiver vermarkteten Produkten wechseln oder aber die Eigenmarken der Supermarkt-Ketten aus den Regalen holen. Wenn sie der Werbung der großen Einzelhandelsketten Paroli bieten wollten, dürften die Hersteller ihre Werbemittel nicht kürzen. Bis zum Jahre 1979 waren viele Produzenten aus eigenem zu dieser Schlußfolgerung gelangt, und der Anstoß der Saatchis fiel auf fruchtbaren Boden. „Stärkung des Markenbildes", so sagten sie voraus, werden in den achtziger Jahren Priorität erlangen. Und sie hatten recht damit.

In jedem ihrer jährlichen Geschäftsberichte nahmen die Saatchis zu den Trends der Branche Stellung. Sie waren natürlich nicht die einzigen, die das taten, aber niemand tat es so wirkungsvoll wie sie. Maurice ließ auch der Londoner City entsprechende Botschaften zukommen und erläuterte, warum Saatchi & Saatchi erst einen Bruchteil dessen erreicht hatte, was die Agentur eigentlich hätte erreichen können.

Man blickte in der Charlotte Street nur selten zurück. Charles hatte ein Ziel gesetzt, das Ziel war erreicht – und weiter ging's. Was gestern gewesen war, das war vorbei, und er mochte nicht einmal mehr darüber sprechen. Jetzt war Maurice der Schrittmacher, und Charles derjenige, der aus dem Hintergrund antrieb. Während Tim Bell die Agentur leitete, richtete Maurice den Blick über die Grenzen der britischen Werbewelt hinaus auf die Werbung in der übrigen Welt und entwickelte Pläne, wie auch andere

Industrien zu erobern seien. Das ist ein weiterer Teil der Antwort auf die Frage, worin sich die Saatchis denn nun eigentlich von anderen unterschieden. Es war Maurice, der darauf hinwies, daß die Werbung am Ende immer eine kleine Branche bleiben würde, auch wenn man der Größte in ihr war. Charles allein hätte wohl die Grenzen der Werbung nicht überschritten. Maurice dagegen war ja nicht mit der Werbung verheiratet und erkannte ihre engen Grenzen. Charles, mit all seiner aufgestauten Energie, forcierte mehr, immer mehr. Mehr? Mehr Klienten, mehr Märkte, mehr Marktanteile, mehr Gewinn, mehr Qualität, mehr Beschäftigte – und mehr Akquisitionen. „Charles war der Stachelstock", sagt ein leitender Saatchi-Mann aus jener Zeit, „das Sandkorn in der Muschel, das die Perle wachsen läßt." Er hielt sich zwar im Hintergrund, aber er war doch da – und alle wußten das, wenn sie auch nicht bemerkt hatten, daß sich ein kaum merklicher, doch bedeutender Wandel vollzogen hatte und jetzt Maurice derjenige war, der die Unternehmensziele formulierte und die Richtung bestimmte.

Weitere Neuerwerbungen kamen hinzu. Hall Advertising verhalf der Gruppe zu starker Präsenz in Edinburgh. Dann kam mit der Übernahme von O'Kennedy Brindley in Dublin der Sprung nach Irland. Dieser interessante Zukauf brachte nicht nur weitere fünfzig Mitarbeiter und einige gute irische Etats ein, sondern stellte den ersten, wenn auch noch bescheidenen Schritt in Richtung auf ein internationales Netzwerk dar.

Bei der Fusion mit Compton hatten die Brüder die Hilfe der Londoner Handelsbank N.M. Rothschild in Anspruch genommen, an die sie sich auch weiterhin mit ihren Übernahmeideen und -plänen wandten. Das war Martin Sorrell aber schon bald leid. „Wir pflegten dieses Bankgebäude mit dem herrlichen Portal in der Swithin's Lane in der City aufzusuchen (unsere Gehälter hätten niemals ausgereicht, um auch nur einen Quadratmeter davon bezahlen zu können), wo wir dann mit James Joll – heute Finanzchef von Pearson, der Gruppe, der die *Financial Times* gehört – konferierten, der uns Geschichten von Jonas und dem Wal erzählte. Er war stets der Ansicht, daß unsere Vorstellungen Wahnsinn wären – womit er wahrscheinlich ja auch recht hatte." Jacob Rothschild bedauert heute noch, daß „wir sie fortgelassen hatten". Saatchi & Saatchi war zu klein, als daß er selbst sich der Sache hätte annehmen können, und Joll, früher Finanzjournalist, erkannte das eigentliche Potential des Unternehmens nicht.

Die Brüder behinderte das aber in keiner Weise – es gab schließlich genug andere Banken, auch solche, die bereit und willens waren, ihre Unternehmungen mit ein wenig mehr Phantasie zu betrachten. Bislang hatten sie die Börsennotierung noch nicht voll genutzt, aber nun waren sie auf dem Wege dorthin. Der Geschäftsbericht dieses Jahres erklärte den Aktionären: „Wir untersuchen augenblicklich die Möglichkeiten auf dem amerikanischen Markt – wir sehen das jedoch als einen eher langfristig zu planenden Schritt und sind noch nicht über die allerersten Überlegungen hinausgelangt."

1979 fingen die Brüder an, wirklich gut zu verdienen. Im Jahr 1976 hatten sie sich selbst jeweils weniger als £ 25 000 gezahlt, und ihre gemeinsamen Dividenden hatten £ 64 000 ausgemacht – bei einem Höchststeuersatz von 83 Prozent. 1979 verdienten beide noch jeweils unter £ 45 000 jährlich, aber die Dividenden hatten sich auf £ 120 000 verdoppelt. Andere in der Branche verdienten weitaus mehr, aber die Brüder hatten ein sehr viel größeres Interesse daran, daß ihr Kapital durch den Kursanstieg wuchs – sie hielten zusammen über zwei Millionen Anteile, die zu diesem Zeitpunkt einen Wert von über 1 Million Pfund hatten – und die konnte man beleihen. Im übrigen nahmen sie wie alle leitenden Angestellten des Unternehmens einen Firmenwagen und andere Vergünstigungen in Anspruch.

Beide Brüder waren jetzt verheiratet. Charles hatte seit seinen Jünglingsjahren eine Reihe von Freundinnen gehabt, aber auch Maurice war – in seiner stillen Art – für Frauen attraktiv. Als Maurice im Jahre 1972 Gillian Osband, die Tochter des im Londoner Norden ansässigen, wohlhabenden Grundstücksmaklers Samuel Osband, heiratete, war das ein rauschendes Fest, an dem die meisten Angehörigen der jüdischen Gemeinde teilnahmen, mit denen zusammen sie aufgewachsen waren. Die Osbands waren fast Nachbarn der Saatchis in Highgate, und Nathan und Daisy müssen sehr glücklich über diese Verbindung gewesen sein. Maurice war bei seiner Hochzeit 25, Gillian 24 Jahre alt. Sie zogen in ein schönes Haus im Londoner Norden, wo Maurice nun auch einen

Teil seiner Autosammlung unterbringen konnte – so vor allem seinen besonderen Stolz, eine AC Cobra, ein Sportwagen aus den fünfziger Jahren, der über 240 km/h schnell war. Er hatte ihn liebevoll restauriert und fuhr damit gelegentlich am Sonntagmorgen spazieren. Ein Freund, der sie später einmal besuchte, war ganz erstaunt, als er erfuhr, daß die beiden keine Kinder hatten – das ganze Haus war mit Spielzeug und Kinderbüchern vollgestopft. Das erklärt sich aber wahrscheinlich aus der Tatsache, daß Gillian Kinderbuch-Verlegerin war – und daß Maurice Spielzeugeisenbahnen und altes Spielzeug sammelte.

Charles heiratete ein Jahr später unter gänzlich anderen Voraussetzungen. Die Hochzeit von Maurice hatte in der Spanisch-portugiesischen Synagoge in der Lauderdale Road in Nordlondon stattgefunden, wo Nathan Gemeindeältester war. Die Trauung von Charles war eine sehr viel stillere Angelegenheit im Standesamt von Kensington, nur wenige Gäste waren zugegen. Seine Braut war Doris Dibley, die er bei Benton & Bowles kennengelernt hatte, wo sie als Texterin tätig gewesen war. Sie lebten miteinander in einer Wohnung in Bedford Place in Kensington. Maurice war Trauzeuge. Charles war nun 29 Jahre alt, und Doris, deren erste Ehe geschieden worden war, war drei Jahre älter. Diese Heirat kann Charles' Eltern nicht sehr erbaut haben. Seine Frau gehörte nicht der jüdischen Religion an, was in den alten Zeiten in Bagdad ganz undenkbar gewesen wäre, was aber nun bei den Vertretern der jüngeren Generation von Juden, die wohlhabender, höher gebildet und assimilierter waren als ihre Eltern, immer häufiger vorkam.

Die Verehelichung änderte den Lebensstil der beiden Brüder kaum. Charles traf sich auch weiterhin an mehreren Abenden der Woche mit seinen Freunden zum Billard- oder Pokerspiel. Er fand Gefallen am Tennissport und spielte mit einer Aggressivität, die in gar keinem Verhältnis zu seinem Können stand. Er war nicht davon abzubringen, den zweiten Aufschlag mit der gleichen Wucht über den Platz zu dreschen wie der ersten, was ihm oftmals vier Doppelfehler in einem Game einbrachte. Er verlor gar nicht gern, und wird heute von seinen Mitspielern (etwa Frank Lowe) häufig bezichtigt, sich immer wieder Halb-Profis als Doppelpartner zu suchen, die seine Schwächen ausgleichen sollen. Trotz alledem aber konnte er auf dem Tennisplatz genauso amüsant sein wie in der kleinen Gruppe von Freunden, die er um sich geschart hat.

Maurice verbrachte mehr Zeit daheim und entwickelte großes Interesse für Innenausstattung und Design. Er und Gillian waren sehr viel geselliger als Charles und Doris, und sie ließen sich oft bei Cocktail-Parties und anderen gesellschaftlichen Ereignissen sehen. Sie luden oft Gäste zu sich nach Hause ein, vornehmlich an den Wochenenden. Beide Paare blieben fürs erste kinderlos (was Daisy und Nathan bekümmerte, zumal auch David und der jüngste Bruder Philip, der sich gerade zu einem vielversprechenden Pop-Sänger entwickelte, keine Kinder hatten). Sie hatten immer in komfortablen Verhältnissen gelebt, und das taten sie auch weiterhin.

In den späten sechziger Jahren entwickelte Charles noch ein anderes Interesse; ursprünglich von Doris dazu angeregt, beschäftigte er sich mit Leidenschaft mit zeitgenössischer Kunst. Es war das Zeitalter der Minimal Art, die Zeit, da New Yorker Künstler wie Sol LeWitt, Don Flavin, Donald Judd und Carl André als Hauptvertreter in dieser neuen Kunstrichtung hervortraten. Zunächst sammelte Charles noch recht planlos, dann aber mit wachsender Überzeugung und Erregung. Er kaufte Werke für ein paar tausend Dollar, noch bevor der große Run amerikanischer Investoren auf sie einsetzte und die Preise in die Höhe schnellten. Mit wachsendem Wohlstand wuchs auch die Sammlung, und Charles und seine Frau zogen nach Nordlondon zurück. Am Langford Place in der Nähe von Regent's Park kaufte er eine alte kleine Kirche auf und verband diese dann mit dem Erdgeschoß des danebenliegenden Hauses. Dieser Bau diente Doris und ihm als Privatgalerie. Das unauffällige Haus lag hinter einer Mauer, und wenn der Besucher durch die Pforte eintrat, begrüßte ihn zunächst eine massige Skulptur aus Röhren. Im Inneren gab es einen Salon, etwa acht mal neun Meter groß und mit sehr hoher Decke – die Apsis der Kirche. Der Raum war mit fest eingebauten Sofas, einem Tisch voller Illustrierten – Doris war ihnen verfallen – und einem Fernsehgerät ausgestattet. Den Rest füllte eines von Carl Andrés Ziegelarrangements (buchstäblich 120 Klinkersteine in der Farbe schmutzigen Zuckers, die in doppelten, rechtwinklig zueinander verlaufenden Reihen angeordnet waren, fünf Ziegel in der Breite, zwölf in der Länge). André hatte gewaltiges Aufsehen erregt, als eine ähnliche

Ziegelskulptur in der Tate Gallery ausgestellt worden war. Aber auch das übrige Haus war mit Kunstwerken angefüllt – ein zertrümmertes Auto hier, ein Andy Warhol da. Es gab ein Speisezimmer, das mit Keramikkacheln der jungen Amerikanerin Jennifer Bartlett ausgeschmückt war. Der Boden der meisten Flure und Gänge war alter Stein, Überrest der Kirche. In der modern eingerichteten Küche fanden sich Kühlschränke aus durchsichtigem Glas, die nach dem Bekunden eines Besuchers aussahen, als seien sie „geradewegs von Fortnum & Mason" gekommen. Diese Kühlschränke und die Kücheneinrichtung überhaupt fanden bei Besuchern des Hauses oftmals ebenso großes Interesse wie die Kunst.

Es gab noch weitere vier oder fünf Räume, ausschließlich für Bilder und Skulpturen. Im Obergeschoß befanden sich nur noch ein Schlafzimmer, ein Bad und ein Ankleidezimmer. Ein Besucher erinnert sich, daß ihn vor allem das Schlafzimmer völlig überwältigt hatte. „Da stand ein riesiges Doppelbett mit einer Felldecke darüber unter einem großen Gemälde von Anselm Kiefer – ein sehr grimmiges, starkes Bild dieses deutschen Künstlers, das beinah wie ein Echo des Fells von dem Beinahe-Wolf auf dem Bett war." Ein Gästezimmer gab es nicht. Auf den Treppenstufen standen lebensgroße Figuren, und hinter dem Haus befand sich ein winziger Garten mit einem Swimmingpool. Alles in allem war es ein Haus, in dem unmöglich eine Familie hätte wohnen können. „Es wirkte wie eine phantastische Theaterkulisse", meint ein häufiger Gast des Hauses.

Charles fuhr jeden Morgen mit dem Auto ins Büro. Er benutzte damals einen Jeep, einen Jaguar E oder einen der anderen Wagen aus seinem beachtlichen Fuhrpark. Auch Maurice fuhr mit dem Auto ins Büro, wobei er häufiger eine Jeep-Version des Minis von British Leyland benutzte. Obwohl ihnen ein Chauffeur zugestanden hätte (Tim Bell und Ken Gill hatten einen), wollten beide Brüder keinen haben, und Maurice fuhr manchmal zu Besprechungen bei Bell oder Gill mit oder benutzte ihre Wagen, wenn sie verfügbar waren. Oder er nahm ein Taxi. Beide Brüder waren nach Aussagen von Mitarbeitern nicht an den üblichen Manager-Statussymbolen interessiert. Aber schließlich standen ihre Namen über der Tür, und da brauchte es keine zusätzlichen Zeichen mehr, um ihren Status zu signalisieren.

Ihr Lebensstil hatte sich seit den frühen siebziger Jahren durchaus verändert, aber sie bleiben sich treu. Jene, die die Brüder gut kennen, behaupten, daß sie heute noch die gleichen Leute wie vor achtzehn Jahren seien. Besonders Maurice arbeitete auch weiterhin sehr hart und gönnte sich keinen Urlaub. „Seine Vorstellung von Urlaub war eine fünftägige Erholungspause in Capri. Oder er nahm sich, wenn er zu Besprechungen in Amerika war, ein paar Tage frei und fuhr nach Long Island. Zu einem richtigen Urlaub mußte er gezwungen werden", meint ein früherer Saatchi-Direktor.

Charles dagegen lag sehr viel an seinen Ferien. Jeden Sommer mietete er im Mittelmeer eine Yacht, auf der er dann mit Doris und seinem engen Freund Michael Green, dem Chef der gutgehenden Firma Carlton Communications, und dessen Frau Janet die Urlaubszeit verbrachte. Zu Weihnachten flogen Charles und Doris in die Karibik – mit einem Zwischenstop in New York, um die Eltern von Doris und Kunstgalerien zu besuchen. Janet Green, die Tochter von Lord Wolfson, dem Herrn über Great Universal Stores, war eine fast so leidenschaftliche Sammlerin moderner Kunst wie Charles, und heute haben die beiden wohl die besten Privatsammlungen in Großbritannien, wenn nicht gar die besten der Welt (die Greens haben sich inzwischen getrennt).

Aber auch der Arbeitsstil von Charles änderte sich kaum. Vielleicht war er jetzt schwieriger zu erreichen als in den Anfangszeiten der Agentur, aber die Leute um ihn herum waren weitgehend die selben. Seine Bereitschaft, anderen Aufmerksamkeit zu widmen, war nicht größer geworden. Seine Mitarbeiter wußten, daß ihnen durchschnittlich etwa drei Minuten zur Verfügung standen, um das vorzutragen, was sie ihm zu sagen hatten. Kenneth Gill kann sich nicht erinnern, daß Charles je an einer Vorstandssitzung teilgenommen hätte, und er entsinnt sich nur einer Jahreshauptversammlung, die er mit seiner Anwesenheit beehrte – und das war, als seine Wiederwahl als „Direktor" anstand. Charles hatte keinen Titel, was auch für Maurice galt, bis er 1986 den Vorstandsvorsitz übernahm, nachdem Ken Gill einen Herzinfarkt erlitten hatte.

„Sie haben nie in einem anderen großen Unternehmen in leitender Position gearbeitet, und deshalb gab es für siei keine Leiter, auf der sie hätten nach oben steigen können", sagt Nicholas Crean, der in den späten siebziger und frühen achtziger Jahren persönlicher

Assistent der Brüder war. „Sie machten sich ihre eigene Leiter. Sie strebten nicht danach, eines Tages dem Vorstand eines Unternehmens anzugehören, und dachten deshalb auch nicht in hierarchischen Kategorien. Sie konnten nicht begreifen, was für einen Wirbel Leute machten, weil sie Direktoren oder Mitdirektoren bei Garland-Compton, der Werbeagentur, werden wollten. Maurice und Charles waren einfach Maurice und Charles. Und weil sie keinen besonders ausgeprägten Sinn für Hierarchie oder Stellung hatten, trugen sie auch nicht all den ‚Schmuck' dessen, was man wohl so Unternehmerstatus nennt."

Im privaten Bereich änderte Charles seine Lebensweise kaum – mal spielte er abends mit seinen Freunden Billard, mal Karten, und in der Mittagspause zumeist in seinem Büro Schach mit Jeremy Sinclair. Seine Ungeduld und sein schnelles Gelangweiltsein zeigten sich natürlich auch in seinem Privatleben. Er ging zwar gerne ins Kino, aber ebenso gerne schon lange vor dem Ende des Films wieder hinaus. Wenn er es tatsächlich über sich gebracht hatte, einen Streifen von Anfang bis zum Ende anzusehen, dann kam er am anderen Morgen ins Büro gestürmt und beschwor alle, daß sie sich den Film unbedingt ansehen müßten. Er ging auch des öfteren ins Theater, bleib aber auch da nur selten bis zum Ende der Vorstellung. Und nach wie vor war er ein Fernsehfan, der immer wieder von Mitarbeitern verlangte, daß sie ihm Videocassetten von *Star Trek*, seiner Lieblingsserie, beschafften, die er dann mit nach Hause nahm, um sie später anzuschauen. „Wenn wir vergessen hatten, *Star Trek* aufzunehmen, dann war das etwa so, als wenn wir bei einer Präsentation mit dem falschen Programm erschienen wären", meint Nick Crean.

Charles forderte noch andere eigentümliche Dinge von seinen Mitarbeitern. Eines Abends ging er in den Embassy Club in der Bond Street, der in den siebziger Jahren sehr populär bei den jüngeren Leuten war, zu denen er damals so gerade noch gehörte. Am nächsten Tag trug er Crean auf, ihm alle Platten zu beschaffen, die er am Vorabend im Club gehört hatte. Crean mußte den Club anrufen, eine Liste der gespielten Platten erbitten und diese dann aufzutreiben versuchen, was bedeutete, daß einige sogar aus New York herbeigeflogen werden mußten.

Der Job eines persönlichen Assistenten der Brüder war überhaupt recht ungewöhnlich. Maurice etwa schickte ihn in die City, wo er genaue Nachforschungen über potentielle Übernahmekandidaten anstellen und die Exchange Telegraph-Kartei durchsehen sollte, wie Martin Sorrell das einst für James Gulliver getan hatte. „Ich war gerade damit beschäftigt, da rief Charles an und wollte wissen, wo denn nun eigentlich seine Platten blieben", erzählt Crean.

Der persönliche Assistent hatte sich auch um den Hund von Charles zu kümmern, eine Schnauzerdame namens Lulu, die dieser meistens mit ins Büro brachte. Der Hund war eher der von Charles als der von Doris und stand in seltsamem Widerspruch zu seiner sonstigen Lebensweise. Einige sahen darin ein Ersatzkind, aber Charles, der Kinder anderer durchaus gern mochte, hat niemals zu erkennen gegeben, daß er es bereue, keine eigenen zu haben. Tagsüber war Lulu im allgemeinen bei der Telefonistin in der Zentrale untergebracht, aber es kam durchaus vor, daß der persönliche Assistent aufgefordert wurde, mit der Hündin Gassi zu gehen oder am Abend auf sie aufzupassen.

So also sah das Leben der Brüder in den späten siebziger Jahren aus. Charles hatte sicher eine recht eigenwillige Form, die Tage zu verbringen, aber viele erfolgreiche Vertreter der Wirtschaft halten sich nicht an die Konventionen. Saatchi & Saatchi war in jeder Beziehung ein ungewöhnliches Unternehmen, an dessen Spitze begabte junge Leute standen, die ihr Geschäft so zu betreiben verstanden, daß es eine elektrisierende Wirkung auf die gesamte Branche gehabt hatte. Man sprach im Londoner Werbeland viel über sie, und auch in der City waren sie allmählich ein Begriff geworden. Außerhalb dieser beiden Welten sagte der Name nichts. Wer ihn hörte, der dachte wohl eher an Japaner oder an Italiener.

In den Jahren 1978 und 1979 geschah etwas, das für die Brüder und ihre Agentur weit tiefergehende Konsequenzen haben sollte als alles, was sie bis dahin angefangen hatten. Zu all ihren Etats kam ein neuer hinzu, der sie auf ganz ungewöhnliche Weise in das öffentliche Interesse rücken sollte.

10

„LABOUR ISN'T WORKING"

An dem Tag, an dem Saatchi & Saatchi den Etat der Konservativen Partei erhielt, erschienen weder Maurice noch Charles in deren Hauptquartier. Und auch Tim Bell nicht, der sich später als der Verantwortliche für die Werbekampagne der Konservativen einen Namen machte. Ein junger Kontakter war der einzige Vertreter des Saatchi-Teams, der rechtzeitig in die Parteizentrale kam, um den formellen Auftrag für die Verwaltung dieses Etats entgegenzunehmen, welcher für die Agentur zu ihrem wichtigsten werden sollte.

Gordon Reece, den Margaret Thatcher erst jüngst zum Leiter der Kommunikationsabteilung in der Parteizentrale ernannt hatte, wartete schon ungeduldig. Charles Saatchi, das hatte er bereits erfahren, würde nicht kommen – er träfe nicht mehr mit Kunden zusammen und würde da auch bei der Konservativen Partei keine Ausnahme machen. Maurice, immer gewissenhaft und pünktlich, sollte die Agentur vertreten – aber zur verabredeten Zeit um 9.30 Uhr erschien auch er nicht am Smith Square.

Reece hatte die Vergabe des Etats an Saatchi & Saatchi bereits mit Margaret Thatcher abgesprochen. Sie wußte nichts über diese Agentur und hatte Reece wissen lassen, daß sie, wenn er die Leute für geeignet halte, einverstanden sei.

Der Auftrag mußte jedoch noch vom Parteivorsitzenden, dem früheren Schatzkanzler Lord Thorneycroft, genehmigt werden. Der hatte schließlich die Rechnungen zu bezahlen und war der offizielle Kunde der Agentur.

Reece hatte Thorneycroft versprochen, ihm das Team, welches für ihre Partei arbeiten wollte, an diesem Vormittag vorzustellen. Tim Bell, der zuständige Etatverwalter, befinde sich aber augenblicklich auf den Westindischen Inseln in Urlaub. Allerdings sagte Tim Bells Name auch Reece nicht sehr viel, dem Saatchi & Saatchi einfach nur als die intelligenteste und für den Job am besten geeignete Agentur erschienen war. Nun konnte er Thorneycroft lediglich einen jungen Kontakter präsentieren. Aber er war nicht gewillt, die Zeit mit Warten zu vertrödeln. Er schnappte sich den jungen Saatchi-Mann und stellte ihn Lord Thorneycroft als „den Top-Mann, der alle diese Sachen bei Saatchi managt" vor.

Das Gespräch mit dem Lord war eine Formalität. Reece hatte Thorneycroft schon längst davon überzeugt, daß die Partei eine professionelle Werbeagentur brauchte. Nachdem der Parteivorsitzende das eingesehen und zugestimmt hatte, hatte er die Auswahl gern seinen Leuten überlassen. Der aristokratische Eton-Absolvent, Minister unter Harold Macmillan, gab sich kaum mit der Welt der Werbung ab. Er nickte beiläufig, als Reece und der Saatchi-Mann ihm das Konzept erläuterten, und äußerte dann im geeigneten Augenblick, daß er der Vergabe des Etats an Saatchi & Saatchi zustimme.

Als Reece und sein Besucher nach dieser Unterredung vor die Tür der Parteizentrale traten, fuhr ein Taxi vor, Maurice Saatchi sprang verwirrt heraus, entschuldigte sich wortreich und erklärte seine Bereitschaft, die Präsentation auf der Stelle durchzuführen.

„Nun, das haben wir gerade erledigt, Sie können getrost wieder nach Hause fahren", sagte Reece kühl. „Der Etat gehört Ihnen."

Trotz der scheinbaren Gleichgültigkeit war den Brüdern durchaus bewußt, daß die Arbeit für die Konservativen eine große Sache war. Vanni Treves traf am selben Tag Ken Gill im Carlton Club, und Gill war völlig außer sich. Treves begriff zunächst nicht, was an diesem Etat denn nun so großartig sein sollte, war aber von der Begeisterung Gills beeindruckt. Beim Lunch erklärte dieser ihm dann, es sei das erste Mal, daß eine politische Partei in Großbritannien eine Agentur mit der Durchführung ihrer gesamten Werbekampagne beauftragt habe. Das bringe ein hohes Maß an Publicity mit sich und werde Saatchi & Saatchi dazu verhelfen, sich auf einer ganz neuen Ebene zu etablieren.

Aber Gill unterschätzte ebenso wie die Brüder noch immer die

Konsequenzen des neuen Etats auf ihr Leben – geschäftlich wie privat. Innerhalb von sechs Monaten wurde der Name Saatchi & Saatchi mit all dem in Verbindung gebracht, wofür Mrs. Thatcher und ihre „erneuerte" Konservative Partei standen – ein Schlüsselelement in einem Wahlkampf, der sicherlich der wichtigste der britischen Nachkriegsgeschichte war.

Das alles hatte ein paar Wochen zuvor seinen Anfang genommen, als Margaret Thatcher Gordon Reece aus Kalifornien zurückbeordert hatte, um sie bei den Vorbereitungen für eine Wahl zu unterstützen, mit der alle noch im selben Jahr rechneten. Reece war 46 Jahre alt und eigentlich Fernsehproduzent, doch hatte ihn Armand Hammer als Vizepräsident und PR-Fachmann der Occidental Oil in Los Angeles geholt.

Manche, auch Reece, sind überzeugt, daß ohne die Saatchis und ihre Werbekampagne die Wahlen von 1979 auch anders hätten ausgehen können – und damit auch die weitere Entwicklung der britischen Geschichte. Niemand konnte zu diesem Zeitpunkt voraussehen, daß die Agentur nicht nur bei den bevorstehenden, sondern auch bei den Wahlen von 1983 und 1987 eine Schlüsselrolle spielen sollte.

Die Beziehung zwischen Reece und Margaret Thatcher geht auf die Wahl von 1970 zurück. Ein Team von Werbeprofis unter Leitung von Barry Day von McCann Erickson und Tim Garrett, einem Freund von Edward Heath, schrieb die Texte und übernahm die graphische Gestaltung, woraufhin die Spots dann in einem kleinen Studio in Soho gefilmt wurden. Reece, der in den sechziger Jahren zahlreiche Fernsehsendungen – von *Emergency Ward 10* bis zu Serien mit Eamonn Andrews, Dave Allen und Bruce Forsyth – produziert hatte, fungierte als Redakteur und Produktionsleiter.

Auch von Mrs. Thatcher wurden Aufnahmen für diese Fernsehspots gemacht, aber der Streifen von ihr endete auf dem Fußboden des Schneideraums. Sie erschien schrecklich gestelzt, schrill und gänzlich unfähig, sich überzeugend darzustellen. Als die Tories unter Führung von Edward Heath unerwarteterweise die Juni-Wahlen gewannen, wurde sie Erziehungsministerin. Reece gründete zu dieser Zeit zusammen mit Cliff Michelmore, einem Moderator der BBC, eine Video-Produktionsfirma, die von der EMI unterstützt – und später übernommen – wurde. In den vier Jahren der Regierung Heath lernte Reece Margaret Thatcher flüchtig kennen, die dann 1974 – bei Fernsehauftritten schon telegener, aber noch immer nicht überzeugend – eine weitaus gewichtigere Rolle bei den zwei Wahlen dieses Jahres spielte, welche die Tories beide verloren. Wiederum hatte Reece die Aufgabe übernommen, die Wahlsendungen der Partei zu produzieren, und er schulte Mrs. Thatcher in der Selbstdarstellung vor laufender Kamera.

Nach der zweiten Wahlniederlage im Oktober 1974 wurde die Kritik an der Parteiführung von Edward Heath stärker, und Sir Keith Joseph trat am rechten Flügel der Partei als Herausforderer auf. Reece regte jedoch etwas ganz anderes an und schlug für diese Funktion Margaret Thatcher vor, die Frau, die einmal prophezeit hatte, daß Großbritannien zu ihren Lebzeiten noch keine Premierministerin erleben werde. „Ich glaube, daß ich der erste Mensch gewesen bin, der diesen Vorschlag gemacht hat", sagt Reece. „Sie wollte nicht und sprach sich für Keith Joseph aus. Und erst als dieser auf eine Kandidatur verzichtete, erklärte sie sich zu einer Bewerbung bereit."

Reece wurde von der EMI beurlaubt, um ihren Wahlkampf zu organisieren. Und als sie dann gesiegt hatte, forderte sie ihn zum Bleiben auf – er beriet sie drei Jahre lang in allen Fragen der Öffentlichkeitsarbeit. Das verhalf ihm zu beträchtlicher Publicity – man sprach weitgehend ihm das Verdienst zu, Mrs. Thatcher dazu gebracht zu haben, ihre Frisur und Kleidung zu ändern, ihre Stimme zu senken und bei Reden öfter eine Gedankenpause zu machen. „Das zunehmende Selbstvertrauen, das Mrs. Thatcher bei öffentlichen Auftritten an den Tag legt, verrät eine bestechende Professionalität", bemerkte der *Daily Telegraph* schon bald, nachdem Reece seine Arbeit aufgenommen hatte. Das Blatt verriet sodann einige der Tricks, mit denen er Mrs. Thatcher angeblich dazu gebracht hatte, die Fernsehkameras zu verführen. „Wichtig beim Fernsehen ist, nichts allzu Verschnörkeltes zu tragen. Klare Linien machen sich gut, tiefe Ausschnitte sind out. Die ideale Kleidung ist das Kostüm mit Bluse." Es ist nicht ganz klar, woher der *Daily Telegraph* diese Informationen hatte, denn Reece behielt eigentlich seine Geheimnisse stets für sich und war unerschütterlich in seiner Auffassung, daß Margaret Thatcher jemanden brauche, dem sie sich anvertrauen könne, ohne ständig befürchten zu müssen, ihre Worte in Zeitungen oder Autobiographien wiederzufinden. Insgeheim kränkte es ihn aber doch, daß er das Image des privaten Maskenbildners von Mrs. Thatcher zu haben schien, der „sie mit einer strategischen Puderquaste umtänzelte", wie der *Daily Telegraph* meinte. Aber nicht er hatte ihre Frisur geändert – das war ihr eigenes Werk gewesen, wobei sie dem Rat von Leuten gefolgt war, die sehr viel mehr von Frisuren verstanden als er. Und er hatte auch ihre Stimme nicht weicher gemacht. Er hatte sie lediglich dazu angehalten, sich ganz natürlich zu geben, vor der Kamera entspannter aufzutreten, ihrem eigenen politischen Instinkt zu folgen. Er hatte ihr natürlich beigebracht, in Mikrophone zu sprechen, und er hatte sie ermahnt, sich langsamer und bedachter zu äußern, das heißt er hatte ihre Effizienz gesteigert, was schließlich auch der Sinn der ganzen Sache war. „Er korrigierte sie wie ein Regisseur eine Schauspielerin, ließ sie Dinge neu und anders machen und zeigte ihr, wie man vor der Kamera agierte", meint einer der Beteiligten.

Später entstand dann die unerschütterliche Überzeugung, Saatchi & Saatchi habe Mrs. Thatcher umgemodelt und neu verpackt, und die Brüder unternahmen nur wenig dagegen, auch wenn sie in privatem Kreis durchaus auf die wahren Hintergründe hinwiesen. Die Geschichte wurde zum festen Bestandteil des Legendenschatzes, und man stritt sie ab, wenn sie schädlich erschien, hatte im allgemeinen aber seine Freude daran, vor allem, nach dem ersten Wahlsieg von Mrs. Thatcher. Die Wahrheit ist natürlich, daß Fragen ihres Auftretens und ihrer Erscheinung nicht zu dem Aufgabenbereich der Brüder gehörten, und diese Veränderungen waren vorgenommen worden, bevor sie die Szene betraten.

In ihrer Zeit als Oppositionsführerin verließ sich Mrs. Thatcher weitgehend auf Reece, von dem es wiederum hieß, er begegne ihr „fast schon mit Anbetung". Sein Einfluß in diesen Oppositionsjahren war groß. „Wenn es etwas wie einen ‚Thatcherismus' wirklich gibt, dann ist Reece auf Grund seines Wirkens in den Jahren 1975 bis 1980 zumindest teilweise mit dafür verantwortlich", schrieb der *Observer*. Seine Arbeit zog natürlich auch eine Menge Kritik und Spott auf sich. Mrs. Thatcher, so hieß es, werde nach dem Bilde der Medienleute geformt und sei nicht mehr ganz sie selbst. Kritik dieser Art verstummte jedoch sehr schnell, nachdem sie erst einmal Premierministerin geworden war – statt dessen wurde geklagt, daß sie eine so starke Persönlichkeit sei und über ein Kabinett von Jasagern herrsche.

Reece war 1930 als Sohn eines Autoverkäufers in Liverpool geboren worden. Er besuchte eine katholische Schule, die Ratcliffe School, ein paar Klassen unter Norman St.John Stevas, der später unter Margaret Thatcher Minister werden sollte. Stevas, der damals nur den schlichten Namen Norman Stevas führte, schwärzte Reece einmal beim Direktor der Schule wegen angeblichen Atheismus' an, was nicht gerade fair war. Reece war gläubiger Katholik, der sonntags oft bis zu viermal in die Kirche ging, hauptsächlich um die gesungene Messe zu hören. „Gottesdienste sind etwas so Wundervolles", schwärmte er, „daß sie Eintritt dafür nehmen sollten." Bei anderer Gelegenheit sagte Gordon Reece einmal voraus, daß „der Religion die Zukunft gehört. Die Menschen sind reif dafür."

Er studierte Jura in Cambridge, wandte sich nach dem Abschluß des Studiums dann aber dem Journalismus zu und arbeitete für den *Evening Sentinel* in Stoke, die *Liverpool Post* und – für kurze Zeit – beim *Sunday Express*. In den sechziger Jahren riskierte er den Absprung und ging zum Fernsehen. 1978 hatte Margaret Thatcher ihm die Schlüsselposition in der Parteizentrale übertragen, und er begann unverzüglich mit Änderungen. Eine der ersten war die Entscheidung, die Werbekampagne einer professionellen Agentur zu übertragen.

Reece war ein Mann mit Stil. Schlank und elegant, stets untadelig mit zur Krawatte passendem Brusttuch, im gut sitzenden Anzug mit Uhrkette, unvermeidlich eine Zigarre in der Hand, nannte man ihn gern den „Image-Macher". Er schätzte Champagner, vorzugsweise eine der besseren Marken. Alastair McAlpine, der Schatzmeister der Konservativen Partei, erzählt noch heute die Geschichte, wie Lady (Janet) Young, damals Stellvertreterin von Lord Thorneycroft, einmal anklagend feststellte, wieviel Spesengelder Reece für diese Getränke aufwende, und daß man dem einen Riegel vorschieben müsse.

„Haben Sie ein Auto, Janet?" habe er sie daraufhin gefragt.

„Ja, ein kleines."

„Aber auch dafür brauchen Sie Benzin. Und wenn man einen Gordon Reece hat, dann braucht man für den eben Champagner."

Weder Maurice noch Charles wußten, daß Reece schon bei früheren Gelegenheiten mit Arbeiten von Charles zu tun gehabt hatte. In den späten sechziger Jahren hatte er einen Werbefilm fürs

Fernsehen gedreht, dessen Auftraggeber, die *Daily Mail,* im Verlauf der Arbeit der Sache einen anderen Dreh geben und einen neuen Text hatte unterlegen wollen. „Und dafür heuerten sie einen Menschen mit dem befremdlichen Namen Saatchi an, der seinen eigenen Kreativladen hatte. Und der war prima."

Reece hatte nie mehr an diese Episode gedacht, bis er nach einer Werbeagentur Ausschau hielt, die für die Konservative Partei arbeiten sollte. So etwas hatte noch keine Partei in Großbritannien versucht, aber Reece hatte während seiner Zeit in den Vereinigten Staaten viel gelernt und wollte gern einige Methoden übernehmen, die bei Johnson und Nixon so gut funktioniert hatten. Es gibt allerdings einen großen Unterschied zwischen der Werbung für Politiker in Großbritannien und in den Vereinigten Staaten. In Amerika kann eine Partei einfach Zeit im Fernsehen und im Rundfunk kaufen, während sie in Großbritannien kostenlos eine festgelegte Anzahl von Sendezeiten zugewiesen bekommt. In der Zeitungs- und Plakatwerbung gibt es in beiden Ländern keine Beschränkungen. Reece hatte Mrs. Thatcher jedoch davon überzeugen können, daß eine gute und kreative Agentur trotz aller Begrenzungen ihr Engagement wert sein würde.

Bis 1978 hatten sich die Tories wie die Labour Party bei den Werbesendungen auf die unbezahlte Unterstützung von Gefolgsleuten verlassen, die in der Werbebranche tätig waren. Das heißt nun nicht, daß diese Sendungen schlecht gewesen wären. Barry Day und Jim Garrett hatten sich 1970 die für das Rennen zwischen Nixon und Humphrey im Jahr 1967 produzierte Werbung angesehen und dann eine Reihe von Sendungen für Heath gemacht, in denen die beiden Moderatoren Geoffrey Johnson-Smith und Chris Chataway, beide auch Unterhausabgeordnete, aufgetreten waren. Diese Sendungen hatten einen bedeutsamen Wandel in der Fernsehwerbung für politische Parteien markiert und wahrscheinlich zu dem unerwarteten Sieg von Edward Heath beigetragen. Wie Saatchi & Saatchi später, so hatte Day vor allem ein Spot der Johnson-Kampagne sehr beeindruckt, der von Bill Bernbach stammte: Er zeigte ein kleines Mädchen, das die Blütenblätter einer Blume abzupft, während im Off der Countdown für einen Atomtest läuft – eine Anspielung auf die harte politische Linie Barry Goldwaters. In den Vereinigten Staaten war die kommerzielle Werbung schon in den sechziger Jahren in die politische Wahlwerbung eingegangen, und Day hatte 1970 einiges davon übernommen, um die Tories und ihr Programm wirksam vorzustellen. Es war, so meint Day, „der erste bewußte Versuch, die erprobten Techniken des kommerziellen Marketing für die britische Politik nutzbar zu machen." Die Konservativen arbeiteten zwar auch damals schon mit einer Agentur zusammen, nämlich mit Colman Prentis & Varley, aber diese war nur für die Zeitungsanzeigen und die Plakate zuständig, welche zum damaligen Zeitpunkt nur auf geringes Interesse stießen, während Day und sein Team die Fernsehspots schrieben und entwarfen, die Reece dann realisierte.

Das selbe Team war auch wieder bei den beiden Wahlen von 1974 tätig geworden, aber nun war keiner mehr – auch Day nicht – mit den Ergebnissen ihrer Arbeit zufrieden. Zu viele Leute mischten inzwischen bei der Produktion der Werbung mit, und zudem waren diesmal die Wahlkampagnen der Konservativen recht düster geraten. Reece wollte, daß man die Sache anders anging. „Ich war schon immer der Ansicht gewesen, daß es gar keine gute Idee ist, Parteiausschüsse auf die Wahlwerbung anzusetzen. Ein Grund dafür ist der, daß diese Leute alle große Häuptlinge sind und es keinen einzigen Indianer mehr gibt. Und wenn es dann dazu kommt, daß man jemanden loswerden möchte, dann wächst sich das gleich zu einer wahren Schlacht bei Hastings aus, denn der Betreffende tritt pikiert zurück, und man muß das der Presse erklären und schon ist's eine Riesengeschichte. Wenn man aber mit einer Agentur zusammenarbeitet, dann bittet man deren Chef einfach, er möchte doch den Mitarbeiter, mit dem man nicht zurechtkommt, gegen einen anderen austauschen, und dann wird er ausgetauscht."

Die Wahl fiel praktisch von selbst auf Saatchi & Saatchi. Reece brauchte eine Agentur, die groß genug war, um etwas auf die Beine stellen zu können, aber nicht so groß, daß sie keinen Hunger mehr hatte. „Wir brauchten eine, die sagte: Himmel ja, wenn wir das ordentlich hinbekämen, dann könnte uns das wirklich berühmt machen." Er war ferner der Ansicht, daß es eine Agentur sein müsse, „deren Stärke eher auf der kreativen Seite als auf der des Media-Einkaufs lag", denn anders als in den Vereinigten Staaten spielte der letztere ja hier keine Rolle. Und schließlich war er noch der Meinung, daß die Agentur in britischem Besitz sein sollte – womit viele Konkurrenten schon nicht mehr in Frage kamen.

Reece entschied sich also schon sehr bald für Saatchi & Saatchi. Tim Bell, Jeremy Sinclair und natürlich Charles waren inzwischen ja auch zu bekannten Vertretern ihrer Branche avanciert. Ein Freund von Reece, der Fotograf und Werbefilmer Terence Donovan (der Mann im Rolls Royce mit den elektrischen Fensterhebern, den Charles in den Tagen des Golden Square so beneidet hatte), riet ihm dringend, mal mit Charles Saatchi zu reden, woraufhin Reece die Agentur anrief. „Ich würde gern Charles Saatchi sprechen. Wann ist es recht?" Die Antwort kam prompt: „Gleich heute vormittag."

Als Reece in die Charlotte Street kam, war von Charles keine Spur zu entdecken – und es sollten sechs Monate vergehen, bis Reece ihn endlich kennenlernte. Dafür begrüßte ihn Maurice freundlich in der 6. Etage. Reece wußte nicht genug über die beiden Brüder, um die „Zurückhaltung" von Charles richtig einordnen zu können, aber er war doch froh, einen der beiden kennenzulernen. Er erklärte Maurice, daß er für die Wahlkampagne der Konservativen Partei eine Agentur wolle, und er habe seine Liste der in Frage kommenden schon bis auf zwei zusammengestrichen (er nannte die andere nicht).

Das Interesse, welches Maurice damals der Politik entgegenbrachte, lag vielleicht über dem Durchschnitt, aber nicht höher, und so reagierte er zunächst rein geschäftsmäßig. Saatchi sei natürlich an dem Etat interessiert. Sie würden den Etat verwalten wie jeden anderen auch, selbstverständlich die besten Leute darauf ansetzen und sich dann während des Wahlkampfes voll und ganz darauf konzentrieren. Reece erinnert sich, daß Maurice damals sagte: „Wir würden ihn sehr gern betreuen. Und wir sind auch alle Konservative."

Reece hatte durchaus keine zweite Agentur auf seiner Liste stehen gehabt. Er hatte zwar mal mit dem Gedanken gespielt, sich auch an Masius Wynne-Williams zu wenden, aber diese Agentur war eher für ihren geschickten Media-Einkauf bekannt als wegen ihrer Kreativität. „Ich wollte auch keinen ‚Schönheitswettbewerb'. Ich kann überhaupt nicht begreifen, wie ein Unternehmen, das seinen Verstand einigermaßen beisammen hat, Agenturen zu Präsentationen auffordern kann. Denn da wird doch die beste Arbeit hineingesteckt, die zumeist vergeudet ist. Wie dem auch sei, was mich anbetraf, so gab es da nur diese eine, wundervolle Agentur, und ich begab mich hinunter, in den ‚Maschinenraum', um zu sehen, wer denn da für alles verantwortlich war. Ich hatte schon von diesem Tim Bell gehört, der so ungeheuer gut sein sollte, aber der war nicht da." Reece wurde mit Jeremy Sinclair, Andrew Rutherford, einem jungen Texter, und noch ein paar anderen bekannt gemacht. Auch ohne Bell und Charles war Reece beeindruckt genug. Je mehr er zu sehen bekam, desto sicherer war er, für seine Zwecke an der richtigen Adresse zu sein. „Das strahlte alles so etwas ungemein Dynamisches aus. Das war wie eine aufgezogene Feder, ein brodelnder Kessel. Ich wußte, daß es keine andere Wahl gab."

Charles und Maurice durchschauten den Hinweis auf die zweite Agentur als Trick. Als sie erst einmal wußten, was er wollte, war ihnen auch klar, daß es gar keine andere Werbeagentur gab, die seinen Vorstellungen so genau entsprach wie die ihre. Der Etat gehörte ihnen – wenn sie ihn haben wollten.

Tim Bell, der auf Barbados Urlaub machte, erhielt noch am selben Tag einen Anruf von Charles. „Was meinst du dazu?" fragte dieser.

Bell hielt nicht viel davon. „Das ist keine gute Idee", sagte er. „Es wird sich nur negativ auf die Arbeit der gesamten Agentur auswirken. Ich meine, wir sollten davon Abstand nehmen."

Bell hatte als junger Media-Einkäufer bei Colman Prentis gearbeitet, als diese Agentur einen Teil des Etats der Konservativen Partei betreut hatte, und er hatte dort miterlebt, welche Probleme vor allem in den Wahlzeiten entstanden. „Ich wußte nur zu gut, daß mir die Abwicklung dieses Geschäftes zufallen würde, da Charles und Maurice sich ja nicht an der Etatverwaltung beteiligten. Ich hielt die Sache für nicht sehr förderlich und glaubte auch, daß da kein Geld zu holen sei. Meine Einstellung zu der ganzen Geschichte war negativ, aber die beiden waren höchst begeistert, vor allem auch deshalb, weil Gordon Reece ihnen den Etat ohne Präsentation angeboten hatte.

Tim Bell war von allen der politisch bei weitem engagierteste. Wie schon erwähnt, war sein Stiefvater Londoner Stadtrat und Bürgermeister von Marylebone gewesen. Bell hatte für Ian Mac Leod geworben, der im Jahre 1970 nur wenige Wochen nach seiner Ernennung zum Schatzkanzler gestorben war, ferner für Reginald Maudling, einen früheren Schatzkanzler, und sogar auch schon für

Mrs. Thatcher, die er dabei aber nicht persönlich kennengelernt hatte. „Ich war ein engagierter Konservativer, aber darüber sprach ich niemals mit den Brüdern. Wir sprachen überhaupt nie über Politik. Wir waren Geschäftsleute, die zwar dem Einfluß ihrer politischen Umgebung ausgesetzt waren, dachten aber niemals darüber nach, wie wir unsererseits Einfluß auf die Politik nehmen könnten." Eine solche Möglichkeit bot sich ihm jetzt – und da war er alles andere als begeistert.

Als Bell nach London zurückkehrte, hatte Lord Thorneycroft die Vergabe des Etats an Saatchi & Saatchi bereits genehmigt. Natürlich baten Charles und Maurice Bell, sich selbst der Sache anzunehmen, und der änderte seine Meinung. Er erkannte durchaus, daß der Etat, richtig und in der von Reece vorgeschlagenen Weise eingesetzt, große Möglichkeiten bot. „Das mache ich gern", sagte er also. Reece war sehr daran gelegen, die mißglückte Besprechung in der Parteizentrale vergessen zu machen und bestand darauf, dem Parteivorsitzenden so bald wie möglich das gesamte Team – allen voran Tim Bell – vorzustellen. Sie fuhren alle miteinander hin, und Reece lernte Tim Bell endlich kennen. „Er war natürlich brillant, absolut brillant", meint Reece dazu.

An diesem Tag gab es für Bell zwar nichts zu präsentieren, aber er brauchte auch so nie lange, um neue Ideen zu entwickeln. Reece wünschte sich eine Wahlsendung im Fernsehen, die im April gesendet werden sollte – in einem Monat. Und er hatte noch mehr Pläne. „Wir sahen uns mit einem gewichtigen politischen Problem konfrontiert. Die Labour-Regierung hatte schon seit einiger Zeit an Popularität verloren, aber wir glaubten alle, daß es trotzdem noch in diesem Herbst zu Neuwahlen kommen werde. Ich war ganz fest davon überzeugt. Und meine Erfahrungen mit der Politik hatten mich gelehrt, daß Regierungen im Sommer immer außergewöhnlich gut dastehen, vor allem wenn es warm ist. Die Leute sagen dann: ‚Die Dinge sehen doch eigentlich gar nicht so schlecht aus, vielleicht sollte es doch keinen Regierungswechsel geben, vielleicht sollte man alles so lassen, wie es ist.' Deshalb wollte ich eine Kampagne mitten im Sommer, also im August alles auf die Wähler abschießen, was wir zu bieten hatten. Aber es war schon März, und es braucht mindestens drei Monate, bis eine Agentur so etwas richtig im Griff hat. Ich wollte, daß alles sehr schnell in Bewegung kam."

Wieder in der Charlotte Street, machten sich Bell und sein Team sofort an die Arbeit. Die Meinungsumfragen zeigten erstmals seit zwei Jahren ein Zurückfallen der Konservativen und einen Vorsprung der Regierung Callaghan. Die Labour Party, die noch vor wenigen Monaten ganz den Eindruck gemacht hatte, als sei sie am Ende, erholte sich wieder. Die Wirtschaftskrise von 1976, als sich Großbritannien sogar genötigt gesehen hatte, die Weltbank um Hilfe zu ersuchen, war überstanden, und der Lebensstandard stieg wieder an. Die Regierung hatte die Ausgaben der öffentlichen Hand gekürzt, war bei entscheidenden Abstimmungen im Parlament unterlegen und hatte dort keine sichere Mehrheit mehr, da sich ihr Bündnis mit den Liberalen, der „Lib-Lab Pact", dem Ende näherte. Und obendrein hatten Inflation und Arbeitslosigkeit eine Rekordhöhe erreicht. Trotz alledem aber besserte sich nun, da Wahlen vor der Tür standen, ihre Position. Den Konservativen sank der Mut.

So sah die Lage aus, als der erste von Saatchi & Saatchi für die Konservative Partei produzierte politische Werbespot im Frühjahr 1978 gesendet wurde. Die Agentur hatte sich dabei etwas Neues einfallen lassen, um zusätzliches Interesse zu erregen – man brachte in den Boulevardblättern einen „Teaser" mit der Botschaft, daß all jene, die an diesem Abend um neun Uhr ihr Fernsehgerät nicht einschalteten, dies wohl bis zum Ende ihrer Tage bereuen würden. Dieser „Teaser" wäre ohne die Nennung des Inserenten noch sehr viel wirkungsvoller gewesen, aber das ist nach den britischen Gesetzen nicht zulässig. Trotzdem erregte die Anzeige die erhoffte Aufmerksamkeit.

Die Sendung selbst war ganz Saatchi & Saatchi in kreativer Hochform. Weitgehend von Jeremy Sinclair konzipiert, zeigte sie, wie alles in Großbritannien rückwärts lief. Da waren Bilder von Leuten, die rückwärts über die Waterloo Bridge eilten, von Stephensons erster Lokomotive „Rocket", die rückwärts davondampfte, von der „Comet", dem ersten Düsenverkehrsflugzeug der Welt, das rückwärts landete, von Bergsteigern, die sich den Mount Everest hinunterkämpften usw.

„Diese Nation war einst die beste der Welt", sprach dazu die Stimme im Off. „Wir waren berühmt für unsere Freiheit, unsere Gerechtigkeit, unser ‚fair play'. Unsere Erfindungen führten die Menschheit aus dem Mittelalter heraus und zu industriellem

Wohlstand. Heute aber sind wir berühmt dafür, daß wir den Menschen keinen Mut machen, nach oben zu streben. Berühmt dafür, daß wir Können, Talent und Fleiß nicht belohnen. Mit einem Wort: Großbritannien läuft rückwärts."

Die Schlußeinstellung zeigte Michael Heseltine, der sagte: „Rückwärts oder vorwärts lautet die Frage, denn so kann es nicht weitergehen. Hoffen Sie nicht auf ein besseres Leben – wählen Sie es!"

Das war flott gemacht und fesselte die Aufmerksamkeit. So etwas wie die kurzen Einblendungen von verschiedenen Politikern, die oftmals nur einen einzigen Satz sagten, war noch nie versucht worden – die Zuschauer waren bei diesen Wahlsendungen an „sprechende Köpfe" gewöhnt. Was sie jetzt sahen, fanden sie sehr viel spaßiger.

Es gibt keinerlei Beweise dafür, daß diese Werbesendung die Stimmungslage der Wähler veränderte. Was sie aber mit Sicherheit bewirkte, war eine Profilierung von Saatchi & Saatchi und Gordon Reece. Die Professionalität der Sache brachte die Labour Party ziemlich aus der Fassung. Öffentlich warfen sie den Tories vor, sie verkauften dem Wähler statt Politik eher Seifenflocken. Hinter den Kulissen aber schlugen die Wogen der Unruhe hoch. Edward Booth-Clibborn war im vergangenen Mai von Callaghan beauftragt worden, die Öffentlichkeitsarbeit der Partei zu organisieren. Er kannte die Arbeit von Charles Saatchi sehr genau, denn er gehörte schon seit dessen Anfängen bei Collett Dickinson Pearce zu seinen Bewunderern. Booth-Clibborn war Vorsitzender der Designers & Art Directors Association (D&AD). Schon seit einer Reihe von Jahren waren Arbeiten, an denen Charles Saatchi beteiligt gewesen war, von dieser Stiftung mit Preisen für die beste Werbung ausgezeichnet worden.

1978 also stand Booth-Clibborn an der Spitze eines kleinen Teams freiwilliger Mitarbeiter aus Werbeindustrie und Universität, das die Wahlwerbung entwerfen und steuern sollte. Am 4. April 1978 schickte Booth-Clibborn eine Notiz an Callaghan, in der er seine Besorgnis darüber zum Ausdruck brachte, daß Charles Saatchi im gegnerischen Lager zu finden sei. „Saatchi & Saatchi ist nicht nur in finanzieller Hinsicht die am schnellsten wachsende und erfolgreichste Agentur in London, sondern sie ist auch mit Blick auf die Qualität ihrer Arbeit eine Macht, mit der man rechnen muß", schloß er seine Anmerkungen. Callaghan scheint das damals nicht sonderlich beeindruckt zu haben, obgleich er möglicherweise später seine Meinung geändert hat.

Tim Bell und sein Team schufteten jetzt schwer. Beträchtliche Forschungsarbeit mußte geleistet werden, und so reisten einige Agenturleute auch in die Vereinigten Staaten. Intern wurden eine Reihe von Gruppendiskussionen veranstaltet, bei denen sie etwas über die, wie Bell sagt, "emotionalen Einstellungen, die sich zeigen, wenn ganz normale Menschen über Politik sprechen", herausfinden wollten. Es gab stundenlange Debatten über den "richtigen Ton", der "warm, zuversichtlich, nicht polarisierend – und doch erregend" zu sein hatte, und auch darüber, was alle diese Adjektive eigentlich wirklich bedeuteten. Es gab quantitative und qualitative Untersuchungen und viele Gespräche über "Richtungssignale" und "Zielgebiete", darüber, wie man Frauen oder Facharbeiter am besten ansprach, und über vieles andere mehr.

Charles Saatchi hatte es zwar abgelehnt, mit dem Kunden zusammenzutreffen, aber das hieß durchaus nicht, daß er sich auch sonst abseits gehalten hätte. Bell erinnert sich: "Es war wunderbar, mit ihm zu arbeiten, denn er sprudelte nur so über von großartigen Ideen. Es war ein bißchen wieder so wie in den frühen Tagen der Agentur, als Charles, Maurice, Jeremy und ich die Arbeit machten. Jetzt halfen uns eine Menge Leute, aber es war doch ein wenig wieder so wie damals, als noch die alte Mannschaft rund um die Uhr zusammen arbeitete. Es war herrlich." Eines Tages meinte Maurice zu Reece: "Kennen Sie eigentlich Charles?" Er nahm ihn mit über den Flur, und da lernten sich die beiden endlich doch noch kennen. Reece hatte das Gefühl einer ganz außerordentlichen Ehrung.

Als sie mitten in der Arbeit steckten, beschloß Mrs. Thatcher, ihre neue Agentur mit einem Besuch auszuzeichnen. Das ganze Team – mit Ausnahme von Charles – versammelte sich zu ihrem Empfang in einem Besprechungsraum im Erdgeschoß, während Bell sie unter der Tür erwartete. Zuerst fuhr das Auto mit den Sicherheitsbeamten vor, dann das von Margaret Thatcher. Bell half ihr aus dem Wagen und geleitete sie ins Gebäude, wo sie interessiert die vergrößerten Anzeigen im Empfangsbereich betrachtete. Sie hatte die Angewohnheit entwickelt, die Menschen im Stile Jimmy Carters mit "Guten Morgen, ich bin Margaret Thatcher" und ausgestreckter Hand zu begrüßen, und arbeitete sich durch den Empfangsbereich von Saatchi & Saatchi durch, mit einem „Guten Morgen, ich bin Margaret Thatcher" für jeden. Ein Reporter, der sich gerade auf dem Weg zur Media-Abteilung befand, war völlig sprachlos, als er von der Oppositionsführerin mit einem herzlichen „Guten Morgen, ich bin Margaret Thatcher" angesprochen wurde. Nervös schüttelte er die ihm angebotene Hand. Schließlich gelangte sie in das Besprechungszimmer. „Guten Morgen, ich bin Margaret Thatcher" begrüßte sie dort Jeremy Sinclair. „Guten Morgen, ich bin Jeremy Sinclair" war alles, was diesem als Antwort einfiel. Von diesem Augenblick an war Sinclair aber ein Thatcher-Fan – er sollte einige seiner besten Texte für sie schreiben.

Später, als die Besucher wieder aufbrachen, sah sich Lord Thorneycroft mit Erstaunen die in der Tiefgarage abgestellten Autos an. Da entfaltete das Lieblingshobby der Brüder seine ganze Pracht. Die beiden Mini Mokes standen da und eine ganze Reihe ihrer anderen Wagen. Viele der Saatchi-Manager, Bell eingeschlossen, waren ebenfalls von dieser Leidenschaft ergriffen worden, und sie wurden großzügig bezahlt. So standen dort auch etliche Ferraris und Aston Martins herum – und mitten zwischen ihnen ein Jeep, mit dem Charles an diesem Morgen ins Büro gekommen war. Der hatte vor dem Kühler ein großes Fanggitter, vor dem der Parteivorsitzende einen Augenblick stehenblieb. „Wer fährt denn den?" fragte er. Jemand erklärte ihm, daß das Fahrzeug Charles Saatchi gehöre. Woraufhin Thorneycroft nur brummte: „Ich wußte gar nicht, daß es da in Hampstead so viele streunende Kühe gibt."

Das Saatchi-Team arbeitete nun an der umstrittendsten Kampagne, die es je produzieren sollte und die ganz ohne Zweifel seinen wichtigsten Beitrag zum Wahlkampf von Mrs. Thatcher darstellte. Die Pläne von Reece, mit einer sommerlichen Werbeaktion die Labour Party aus der Ferienruhe aufzuschrecken und ihrem Popularitätsgewinn entgegenzuwirken, waren der Verwirklichung ein gutes Stück nähergekommen. Das Bündnis von Liberalen und Labour begann zu zerbröckeln, und eine Wahl im Herbst erschien immer wahrscheinlicher. Thorneycroft war gegen eine solche Sommeraktion, weil alle in den Ferien seien, die Geschichte also zwar kostspielig, letztlich aber doch nutzlos sei. Alastair McAlpine jedoch, unerschütterlich wie immer, versprach Reece, daß er das Geld dafür schon auftreiben werde. Und Mrs. Thatcher ließ Reece gewähren.

Im Juni erschien dann Tim Bell zu seiner ersten Präsentation bei Margaret Thatcher. Reece hatte die Entwürfe für die vorgesehene Plakataktion schon gesehen, und vor allem einer hatte es ihm ganz besonders angetan. Er zeigte eine lange Schlange von Arbeitslosen vor dem Eingang zu einem Arbeitsamt, die sich in weiter Ferne verlor. Darüber stand die Zeile: „Labour isn't working", und darunter in sehr viel kleinerer Schrift: „Großbritannien steht sich mit den Tories weitaus besser". Das war genau das, was Reece hatte haben wollen.

„Das ist ein wunderbares Plakat", sagte er zu Bell. „Heben Sie's bis zum Schluß auf, zeigen Sie's als allerletztes."

Die Präsentation fand in den Räumen der Oppositionsführerin im Parlament statt. Mrs. Thatcher war kein Mensch, dem man leicht etwas präsentieren konnte, und Bell kannte sie zudem kaum. Er ging mit ihr die Plakatentwürfe durch, als letzten, mit schwungvoller Geste, „Labour isn't working". Sie betrachtete den Entwurf lange und sagte dann: „Wundervoll!" Das wurde dann das Plakat, mit dem sie im August antreten wollten.

Bell fand jedoch schon bald heraus, daß das gar nicht so einfach war. „Es war ein fürchterlicher Kampf, die Zustimmung der Partei zu bekommen", sagte er später. „Man wandte ein, daß nur wenige Menschen die kleiner gedruckte Zeile unter dem Bild lesen würden, dafür aber den Namen der Labour Party in der Überschrift, so daß das Plakat eine eher gegenteilige Wirkung erzielen würde. Mag das nun stimmen oder nicht, dieses Plakat wird wahrscheinlich als das wirkungsvollste politische Poster in die Geschichte eingehen, das je produziert wurde."

Als das Plakat dann herauskam, gingen die Minister der Regierung förmlich in die Luft. Denis Healey beschwerte sich bitter über die Taktik der Gegner, und angesichts der sommerlichen Sauregurkenzeit griff die Presse die Geschichte nur allzu gerne auf und brachte sie auf den ersten Seiten. Eine ganze Woche lang erschienen Fotos von dem Poster und detaillierte Berichte über die Angriffe, die Labour immer wieder dagegen startete. „Das Besondere daran ist eigentlich, daß wir gar keine große Auflage davon machten", sagt Reece. „Ich glaube, wir gaben etwa £ 50 000 dafür aus und es wurde nur an zwanzig verschiedenen Orte aufgehängt, aber es wurde zum berühmtesten Plakat im ganzen Lande. Für uns war der Nutzen unglaublich groß – es wurde ja zu einer Art „Aufhänger" für alle Berichte über die Kampagne oder über die Arbeit von Saatchi & Saatchi."

Healey kam mit der Enthüllung, daß die Schlange der Arbeitslosen gar nicht echt sei, sondern aus Mitarbeitern des Hauses Saatchi bestehe. Das führte zu einem neuen Sturm. Saatchi & Saatchi konnten das widerlegen, was zu noch mehr Publicity beitrug. „Das stimmte ganz und gar nicht", sagt Bell. Aber ganz echte Arbeitslose waren es wiederum auch nicht. „In Wahrheit waren es junge Konservative aus South Hendon." Healey hatte beinahe Recht gehabt. Vor dem Gebäude in der Charlotte Street waren tatsächlich Filmaufnahmen gemacht worden, bei denen Angestellte von Saatchi & Saatchi mitgewirkt hatten. Nur war es da um einen TV-Spot gegangen. Nicht, daß das von großer Bedeutung gewesen wäre – Reece und die Agentur hatten schon mehr erreicht, als sie sich je vorgestellt hatten. „Healey machte einen großen Wirbel, und da wurde es bei jeder aktuellen Fernsehsendung gebracht", erzählt Bell. „Dann wurde es bei Übertragungen von politischen Diskussionen gezeigt. Das Ding muß völlig kostenlos für eine Publicity im Wert von 5 Millionen Pfund gesorgt haben."

In der Parteizentrale gab es natürlich auch Leute, die später behaupteten, daß Labour da mit großem Bedacht eine Falle gestellt worden und alles vorausgeplant gewesen sei, aber das ist wohl mit ziemlicher Sicherheit Wunschdenken. Natürlich hatte Reece gehofft, mit dieser sommerlichen Plakataktion Labour zu überrumpeln, aber er hatte nie und nimmer mit der gewaltigen Überreaktion gerechnet, zu der es dann kam. Sie hatten immerhin bei ihren Voruntersuchungen einen interessanten Präzedenzfall ausgegraben – David Windlesham berichtete in seinem Buch *Communications and Political Power*, daß Labour schon 1959 die von Colman Prentis & Varley produzierte Werbung der Konservativen Partei attackiert und auch damals schon genau das Gegenteil von dem erreicht hatte, was man hatte erreichen wollen. „Die wütenden Reaktionen, die diese Werbung der Konservativen auslöste, hat wohl sehr viele Leute erst dazu gebracht, sie sich anzuschauen", schreibt Windlesham in seinem Buch.

„Ich wünschte, ich könnte behaupten, ich hätte vorher gewußt, daß das so laufen würde, aber das war nicht der Fall", sagt Bell. „Das war ein Glückstreffer, aber wir lernten aus der Sache." In der Wahlkampagne von 1983 stellte Saatchi Labour tatsächlich eine raffinierte Falle – diesmal war es ein Plakat mit dem Text: „Labour sagt, er ist schwarz – die Tories sagen, er ist britisch". Und wieder fiel Labour darauf rein, griff die Konservativen und ihre Kampagne heftig an und verschaffte ihnen dadurch nur noch mehr zusätzliche Publicity.

Wurde mit der Sommeraktion nun aber auch das Ziel erreicht, das man mit ihr erreichen wollte? Viele bejahen diese Frage, und die Kampagne mag tatsächlich einen starken Eindruck gemacht haben. Anfang September jedenfalls zeigten alle Umfragen die Tories mit einem Vorsprung von zwei bis sieben Prozent in Führung. Der Sommer hatte der Regierung keinen Rückgewinn der Wählergunst beschert, wie das in zwölf der vorangegangenen achtzehn Jahre der Fall gewesen war. „Daß die Regierung ihre Position nicht verbessern konnte, wurde zum Teil der geschickten ‚Labour isn't working'-Kampagne der Konservativen zugeschrieben, die von ihrer Agentur Saatchi & Saatchi geschaffen worden war", schreiben David Butler und Dennis Kavanagh in ihrem Buch über die Wahl von 1979.

Als die Abgeordneten Ende Juli 1978 in die Parlamentsferien gingen, waren einige derjenigen, die nicht wieder kandidieren würden, so fest davon überzeugt, daß es noch im Herbst zu Neuwahlen kommen würde, daß sie ihre Schreibtische räumten und Abschiedsparties gaben. Man glaubte, daß Callaghan in der Abstimmung, die stets der Eröffnungsrede der Königin als erste Amtshandlung des Parlaments nach Wiederbeginn der Sitzungsperiode im Herbst folgt, keine Mehrheit bekommen werde. Bis zum Ende der Sommerpause in der ersten Septemberwoche hatte das Saatchi-Team deshalb auch die Konzeption der gesamten Wahlkampagne abgeschlossen.

Hier waren die besonderen Fähigkeiten von Maurice ins Spiel gekommen, denn in strategischen Fragen unterwarf sich Bell ganz seinem Urteil. Und das tat auch Charles, dessen Stärken ja auf der kreativen Seite lagen. „Maurice ist einfach brillant, wenn es um das Verständnis für Kommunikationsstrategien geht", sagt Bell. „Er hat kein großes politisches Gespür. Ich war sehr gut, wenn es darauf ankam zu sagen, was die Politiker dachten und wie sie sich den Ablauf der Dinge vorstellten, aber er sagte dann: ‚Sehr schön. Sie wissen jedoch überhaupt nicht, wovon sie reden – deshalb laßt uns mal eine brauchbare Kommunikationsstrategie ausarbeiten.'"

Die Strategie, die er in diesem Falle entwickelte, stand unter dem Motto „Es ist Zeit für einen Wechsel", was eigentlich eine Anleihe bei dem früheren australischen Labour-Premier Gough Whitlam war, obwohl der Spruch auch da sicher schon nicht mehr so ganz neu gewesen war. „Es ist Zeit für einen Wechsel" ist wahrscheinlich in der einen oder anderen Form schon seit dem alten Rom bei Wahlen benutzt worden.

Maurice ging aber noch ein Stück weiter. Seit den frühesten Tagen der Agentur hatten Charles und er eine Technik entwickelt, neue Etats auf einen einfachen logischen Nenner zu bringen, indem sie die einfachsten Wörter gebrauchten und davon so wenige wie möglich. Das war ein Verfahren, auf das auch Michael Heseltine schwor, der Maurice ja stark beeinflußt hatte, und es begeisterte Charles mit seiner Ungeduld und seinem Abscheu vor der Lektüre langer Schriftstücke. Maurice faßte auf höchstens einer Seite die Gedanken und Ideen zusammen, die das gesamte Team in stundenlangen Diskussionen und nach eingehenden Untersuchungen entwickelt hatte. Diese Zusammenfassung fing mit der trügerisch einfachen These an, daß „Regierungen Wahlen verlieren, Oppositionen sie nicht gewinnen", woraus dann abgeleitet wurde, daß alles darauf abgestellt werden müsse, das Maß an Unzufriedenheit zu erhöhen, also die Ausgangsthese umzudrehen in die These, daß „Oppositionen Wahlen dadurch gewinnen, daß sie dafür Sorge tragen, daß Regierungen sie verlieren".

Der „Thatcherismus" war zu dieser Zeit noch nicht klar definiert, und das Saatchi-Team hatte Stunden darüber diskutiert, wie die Botschaft lauten sollte. Auch das hatte Maurice in seiner Zusammenfassung sorgfältig festgehalten: Eine konservative Stimme würde eine Stimme für Freiheit, Pluralismus, verbesserte Chancen und Wohlstand sein. „Der Gedanke war, daß die Leute, wenn man sie fragte, was eine Stimmabgabe zugunsten der Tories denn eigentlich bedeutete, sofort eine Antwort parat haben müßten, die in irgendeiner Weise die genannten Assoziationen enthalten würde", sagt Bell. „Wir sprachen nicht über Lohnpolitik, Steuersenkungen, gesetzliche Regelungen der Beziehungen zwischen Arbeitgebern und Arbeitnehmern oder die Ausgabenpolitik der öffentlichen Hand. Wir sprachen über die gefühlsmäßige Bedeutung eines konservativen Votums."

Maurice erklärte Gordon Reece, daß er gar nicht wisse, ob er dieses Papier eigentlich im Namen der Konservativen verfaßt habe oder aber deshalb, weil man bei Saatchi zu der Auffassung gelangt war, daß das eine gute Philosophie sei, oder weil Gordon selbst oder sonst irgendwer dieser Ansicht sei. Es sei in ihren Augen ganz einfach die beste Zusammenfassung alles dessen, wofür die Konservativen und Mrs. Thatcher stehen könnten und stünden. Maurice erinnert sich daran, daß Reece dieses Papier durchlas und dann ausrief: „Also, wenn sie die Leute davon überzeugen können – genau das ist es!"

Maurice war durchaus auf erboste Einwände gefaßt, er habe das Ethos des „Thatcherismus" vollkommen falsch interpretiert. Aber nichts dergleichen geschah. „Irgendwie schien das ganze Papier angenommen worden zu sein, denn es kam glatt durch", sagt ein Saatchi-Mann. Heute sieht er darin „eine sehr gute Exposition dessen, was jetzt als Thatcherismus bezeichnet wird". Jedenfalls wurde das Konzept von Maurice zur Grundlage für die Vorbereitung der gesamten Wahlkampagne.

Ungefähr zu dieser Zeit kam Gordon Reece auch dahinter, wie Alastair McAlpine die sommerliche Werbeaktion finanziert hatte. McAlpine war nämlich zu Maurice marschiert und hatte diesen gefragt, wieviel die Konservative Partei seiner Agentur schulde. Maurice hatte ihm darauf geantwortet, daß es sich um annähernd eine halbe Million Pfund handle.

„O je", hatte McAlpine erwidert. „So viel haben wir gar nicht. Wir sind jetzt ganz in Ihrer Hand. In einem Jahr können wir zahlen, aber zinslos, versteht sich."

Saatchi & Saatchi war inzwischen groß genug, um einen solchen Aufschub aushalten zu können, aber er schlug sich natürlich in den Zahlen für das laufende Geschäftsjahr nieder.

Gegen Ende des Sommers 1978 wartete alles auf Jim Callaghans Entscheidung. Als der Wirbel um die „Labour isn't working"-Plakate seinen Höhepunkt erreichte, befand er sich auf seinem Hof in Sussex, um bei der Ernte zu helfen – und um sich darüber klar zu werden, was er tun sollte. Sollte er schon im Herbst Neuwahlen ansetzen oder lieber auf das kommende Frühjahr warten? Er hatte seinem Kabinett zugesagt, seine Entscheidung gleich bei der ersten Sitzung nach der Sommerpause, also am 6. September, zu verkünden, und so hörte er sich den ganzen August über die Ansichten und Ratschläge führender Abgeordneter und Parteifunktionäre an, vornehmlich die von Michael Foot, der ihn drängte, den Herbst zu vergessen und das Frühjahr abzuwarten (wenn er im Parlament eine Mehrheit zusammenbringen könne, dann brauche er die Wahl nicht einmal vor Oktober 1979 anzusetzen).

Obwohl die meisten, mit denen er Rücksprache hielt, dem Frühjahr den Vorzug gaben, intensivierte der Parteiapparat von Labour doch die Vorbereitungen für eine Wahl Ende September oder Anfang Oktober. In der Parteizentrale der Konservativen und bei Saatchi & Saatchi war man sogar noch emsiger tätig. Die Agentur mußte eine Kampagne für den Augenblick fertig haben, in dem Callaghan das Startsignal gab – und alle gingen ja davon aus, daß das in der ersten Septemberwoche geschehen werde. Beeinflußten die Saatchi-Plakate die Entscheidung von Callaghan? Reece etwa war fest davon überzeugt. Butler und Kavanagh meinen, daß die Plakataktion und der Wirbel, den sie auslöste, schon dadurch, daß sie Auswirkungen auf das politische Klima hatten, mit Sicherheit eine Rolle spielten, wenn auch vielleicht nicht die entscheidende.

Callaghan selbst meinte später, daß er sich bereits im August entschlossen habe, die Wahl bis zum Frühjahr aufzuschieben, wobei er den 5. April, den letzten Tag des Steuerjahres, als den geeignetsten Termin angesehen habe. Ein paar Tage später, am 18. August, habe er sich selbst bei Denis Healey, der in der Nähe wohnte, zum Tee eingeladen. „Es war ein wunderschöner Sommertag, wir saßen im Garten und ich informierte ihn über meinen Entschluß."

Als Callaghan dann am 5. September vor dem TUC-Kongreß in Brighton sprach, da erwarteten die Medien, seine eigenen Helfer und mit Sicherheit die Konservativen, daß er nun einen Wahltermin in diesem Herbst nennen werde. Stattdessen äußerte sich der Premierminister mehrdeutig, sang das Liedchen von der Braut, die er in der Kirche warten lassen müsse, und ließ wieder alle im Ungewissen. „Mein Fehler war, daß ich die Spekulation sich bis zu einem fast schon fiebrigen Crescendo verdichten ließ und kein

Wort sagte, um ihr entgegenzuwirken", meinte Callaghan später.

Am 7. September hielt Callaghan eine Rede im Fernsehen, bei der er seine Entscheidung endlich verkündete. „Ich werde zum gegenwärtigen Zeitpunkt keine Wahl anberaumen." Das kam für alle als Riesenüberraschung. In der Parteizentrale der Konservativen herrschte Jubel, denn die politischen Strategen dort waren der Ansicht, daß die Tories eine Wahl im Oktober verloren hätten, eine Wahl im Frühjahr aber gewinnen würden. Nach Butler und Kavanagh „beglückwünschten sich in der Zentrale diejenigen selbst, die für die Saatchi-Kampagne gewesen waren, hatte diese vielleicht doch die ungünstigen Entwicklungen des August und September gestoppt". Reece erinnert sich an diesen Augenblick: „Es herrschte ein so großer Jubel, daß man das Gefühl hatte, er müsse meilenweit zu hören sein."

In der Charlotte Street dagegen wurde nicht gefeiert. Jeremy Sinclair saß an seinem Tisch, arbeitete an einem weiteren Entwurf für die Wahlwerbung und behielt den Fernseher im Auge, der in einer Ecke seines Büros stand. Als Callaghan seine Entscheidung verkündete, warf er verärgert und enttäuscht seinen Stift hin. Und Bell erinnert sich, „fürchterlich deprimiert" gewesen zu sein, und daß das Team 48 Stunden gebraucht habe, um erneut in Schwung zu kommen.

Die weitere Entwicklung läßt kaum einen Zweifel daran, daß Callaghan einen verhängnisvollen Fehler beging, als er der Wahl im Herbst auswich. Bei den Meinungsumfragen lag Labour vorn, und im November hatte Callaghan einen Vorsprung von 5,5 Punkten. Mrs. Thatcher hat später die Ansicht vertreten, daß sie die Wahl im Herbst wahrscheinlich verloren hätte, und in der Parteizentrale der Konservativen glaubte auch kaum einer daran, daß ein Sieg zu schaffen gewesen sei. Niemand konnte den „Winter des Mißvergnügens" vorhersehen, der schon bald darauf einsetzte, als nämlich die Gewerkschaften die Regierung Callaghan desavouierten und sich über deren Lohn- und Einkommenspolitik hinwegsetzten, die darauf abzielte, die Tarifabschlüsse unter 5 Prozent zu halten. Der Damm brach, als Ford seinen Arbeitnehmern ein den Vereinbarungen entsprechendes Angebot machte, die Arbeiter daraufhin unverzüglich in Streik traten, bis man sich nach drei Wochen auf eine Anhebung der Löhne um 15 Prozent einigte. Als Callaghan um die Ermächtigung zu Sanktionen gegen Ford einkam, verlor die Regierung die Abstimmung mit 283 zu 285 Stimmen (die Abstimmung über die Vertrauensfrage am folgenden Tag gewann sie dann allerdings wieder). Jetzt durchbrach ein Abschluß nach dem anderen die Fünf-Prozent-Grenze. Als streikende Techniker damit drohten, die BBC zu Weihnachten verstummen zu lassen, erhielten sie 15 Prozent mehr, was einen Callaghan-Mitstreiter zu dem bitteren Kommentar veranlaßte: „Wir haben unsere Lohnpolitik verkauft, nur um am Weihnachtstag *The Sound of Music* hören zu können."

Der gesamte öffentliche Sektor nahm sich die BBC zum Vorbild und erhob nun lautstark seine Forderungen. Es kam zu Walkouts, zu militantem Einsatz von Streikposten und zu Gewalttätigkeiten seitens der Fahrer von Tanklastzügen – alles, um Lohnforderungen Nachdruck zu verleihen, denen die Wirtschaft nicht nachkommen konnte. In Liverpool streikten die Totengräber. In London wurden drei Mitglieder von NUPE, der National Union of Public Employees, entlassen, weil sie mitten im Januar angeblich die Heißwasserspeicher in ihrem Krankenhaus abgestellt hatten – woraufhin alle Bediensteten dieses Krankenhauses in den Ausstand traten. Städtische Arbeiter forderten gar 40 Prozent Lohnerhöhung. Überall im Lande kam es im schlimmsten Winterwetter seit Jahren zu handgreiflichen Auseinandersetzungen an den Streikpostenketten. Die Abschlüsse im privaten Sektor erreichten zweistellige Zahlen, was eine neue Forderungswelle im öffentlichen Bereich auslöste – vor allem seitens des Krankenhauspersonals und der Arbeiter im öffentlichen Dienst. Am 22. Januar 1979 beteiligten sich über eine Million dieser Arbeiter an einem Aktionstag – es war die größte eintägige Arbeitsniederlegung seit dem Generalstreik des Jahres 1926.

Als Callaghan am 10. Januar – auf dem Höhepunkt der Streiks und Gewalttätigkeiten – von einem Gipfeltreffen in Guadeloupe zurückkehrte, unterlief ihm ein weiterer verhängnisvoller Fehler. Mangelhaft informiert und noch unter dem Einfluß der Zeitverschiebung, gab er auf dem Flugplatz eine improvisierte Pressekonferenz, bei der er sagte: „Ich glaube nicht, daß die Menschen anderswo auf der Welt den Eindruck teilen würden, es herrsche hier wachsendes Chaos." In der Presse wurde diese Äußerung ungefähr zu „Eine Krise? Was denn für eine Krise?" Obwohl Callaghan nichts dergleichen von sich gegeben hatte, wurde diese Legende doch sofort zum festen Bestandteil der Berichterstattung. Mrs. Thatcher meldete sich unverzüglich mit Vorschlägen zu einer Gewerkschaftsreform zu Wort, die Saatchi & Saatchi dann Stoff zu einer politischen Werbesendung gaben, welche am 17. Januar ausgestrahlt wurde.

Im Frühling wurde immer deutlicher, daß Callaghan zu viel riskiert hatte. Es war nur noch eine Frage der Zeit, wann er im Parlament unterliegen würde – und dann würde es ihm nicht mehr freistehen, die Wahl auf den Zeitpunkt anzusetzen, den er für den geeignetsten hielt – ein wertvolles Machtmittel in der Hand jedes Premierministers. Die Inflation stieg wieder an, sobald die Tarifabschlüsse vorlagen, und Callaghans Selbstvertrauen war durch die Weigerung der Gewerkschaften, mit einer Labour-Regierung zusammenzuarbeiten, einigermaßen erschüttert.

Schließlich war es die Scottish National Party, die eine Entscheidung dadurch herbeiführte, daß sie im Verlauf der Debatte über die Stärkung der Autonomie Schottlands die Vertrauensfrage stellte. Die Tories zogen mit, und am 28. März wurde Callaghan mit 311 zu 310 Stimmen das Mißtrauen ausgesprochen. Zum ersten Mal seit 1924, als die Minderheitsregierung von Ramsay McDonald abgewählt worden war, war eine Regierung wieder über die Vertrauensfrage gestolpert.

Die Saatchi-Kampagne war längst für eine Wahl im Frühjahr konzipiert worden. Callaghan sorgte für eine kurze Vorwahlzeit, was dem Saatchi-Team nur recht war. Es bezog ein eigenes Büro im rückwärtigen Teil des Gebäudes in der Charlotte Street. Hier war die Sicherheit und Abschirmung gegenüber den anderen Kunden und Unbeteiligten gewährleistet. Jetzt wurde rund um die Uhr gearbeitet. Bell mußte jeden Abend um 22 Uhr und dann wieder am Morgen um 7.30 Uhr an Besprechungen in der Parteizentrale teilnehmen. Hier wurde der Wahlkampf von einem Gremium, dem Lord Thorneycroft vorstand und Alastair McAlpine (Finanzen), Reece (Wahlwerbung), Chris Patten und Adam Ridley (Recherche) sowie die beiden stellvertretenden Parteivorsitzenden Janet Young und Angus Maude angehörten, geplant und gesteuert. Der Tagesablauf war wahrhaftig aufreibend. Alle Mitarbeiter erhielten um zwei Uhr morgens sämtliche Tageszeitungen und dazu eine Presseschau nach Hause zugestellt. Dazu bekamen sie ein Video-Band mit der entsprechenden Fernsehberichterstattung des Vortages, das sich alle um sechs Uhr morgens anschauten. Für 7.30 Uhr war eine erste Besprechung und für 9 Uhr eine Pressekonferenz angesetzt. Mit Mrs. Thatcher traf man sich gegen 10 Uhr, bevor diese auf ihre jeweilige Tagestour ging. Dann blieb der Rest des Tages für die Arbeit an der Werbung, für die Überwachung der Fertigstellung der Plakat- und Zeitungswerbung, den Einkauf von Anzeigenraum und die Produktion der Wahlsendungen in Rundfunk und Fernsehen. Um 18 Uhr traf man sich erneut zu einer Besprechung – und dann noch einmal um 22 Uhr.

Dabei sollte diese noch die einfachste der drei Kampagnen sein, die Saatchi & Saatchi für die Tories durchführte. Bei den beiden folgenden galt es ja, eine Regierung zu verteidigen, die bereits seit vier Jahren (1983) bzw. acht Jahren (1987) im Amt war. 1989 jedoch war Mrs. Thatcher noch Oppositionsführerin, und schlimmstenfalls wäre sie das auch weiterhin geblieben. Das Hauptinteresse war, die Wahl zu gewinnen, und sei es auch nur mit ein paar wenigen Stimmen Vorsprung.

Alle, die damals mitarbeiteten, erinnern sich gern daran. „Das war die klassische Art, in der ein Etat verwaltet werden sollte", meint einer von ihnen. „Man hat einen Kontakter, der sich um den Etat kümmert – das war Tim. Dann hat man eine Kreativabteilung – in diesem Falle geführt von Charles (der sehr stark involviert war – mehr als viele glauben) und Jeremy. Und man hat einen klugen Kopf, zu dem man mit allem, was man da macht, hingeht – das war Maurice. Es war schon eine tolle Teamarbeit, 24 Stunden jeden Tag, sieben Tage die Woche, bei nur drei Stunden Schlaf, und die oft im Büro."

Reece kam jeden Tag vorbei und sah sich die Arbeit an. „Glauben Sie, daß das so funktioniert?" war dann eine seiner Fragen, und wenn die bejaht wurde, sagte er: „Okay, dann machen wir's so." Zwischen Reece und dem Saatchi-Team entwickelte sich eine so enge Arbeitsbeziehung, wie sie sich bei den späteren Wahlen nicht wieder herstellen lassen sollte. „Gordon versteht etwas von Bildersprache", sagt ein Saatchi-Mann. „Was wir brachten, das waren – im Unterschied zu Wörtern – bildliche Konzepte. Politiker leben von Wörtern und denken über Bilder meistens nicht nach." Bell und Reece machten sich immer wieder die Kenntnisse zunutze, die sie in den Vereinigten Staaten nicht nur über Werbung allgemein, sondern vor allem auch über Wahlen und Wahlkampftechniken gesammelt hatten. So organisierten sie beispielsweise auch Jugend-Kundgebungen und überredeten Pop-Stars und Leute aus dem Showgeschäft zu einer Teilnahme, was es bis dahin in Großbritannien noch nicht gegeben hatte.

„Gordon saß da und sagte: ‚Los, gebt mir noch mehr, noch mehr Ideen, wir müssen was ganz Neues bringen'", erzählt Bell. „Und so etwas kann man als Opposition natürlich gut machen, weil man noch keine Geschichte hat. Es hatte ja keinen Sinn, darüber zu debattieren, warum die Tories 1974 verloren hatten, weil sie 1974 eben verloren hatten. Und 1970 hatten sie einen anderen Parteiführer gehabt. Die Bedingungen, unter denen wir jetzt antraten, waren ganz andere, und deshalb konnten wir neue Sachen ausprobieren."

Im Verlauf der Kampagne konnten Reece und Thorneycroft nicht immer Einigkeit erzielen, während Bell von Anfang an ausgezeichnet mit dem alten Tory zurechtkam. Immer wieder ging er mit einem Stapel von Layouts in das Büro des Parteivorsitzenden, legte ihn neben dessen Schreibtisch auf den Boden und führte ihm dann ein Blatt nach dem anderen vor. „Wissen Sie, das erinnert mich so an meinen Vater", sagte Thorneycroft eines Tages. „Er nahm mich oft in einen Süßwarenladen mit, und da stand ich dann vor so einem Bonbonglas und wollte eines haben. Dann fiel mein Blick auf ein anderes schimmerndes Glas voller Süßigkeiten, und ich wollte die. Und dann war da noch ein Glas und noch eines. Sie hocken da, haben einen Haufen Süßigkeiten neben meinen Schreibtisch gelegt, und ich möchte sie so gerne alle haben."

Am Ende stellt sich angesichts all der investierten Energie, kreativen Arbeit, Professionalität und neuen Ideen natürlich die Frage, wieviel das Saatchi-Team nun eigentlich tatsächlich zum Wahlsieg von Margaret Thatcher am 3. Mai 1979 beigetragen hat.

Von den fünf Fernseh-Spots, die im Laufe des Wahlkampfes ausgestrahlt wurden, stammten vier aus der Zeit vor der Niederlage von Callaghan im Parlament. Es gab noch drei weitere, die aber nie gezeigt wurden. Die letzte, die fünfte Sendung, war eine Videoaufzeichnung von Mrs. Thatcher, die allein die ganze Zeit direkt in die Kamera sprach. Wie Bell und Reece später zugaben, erreichte keine dieser Sendungen die Originalität und die Wirkung der früher produzierten. „Ich bin überzeugt, daß die Fernsehspots, die wir vor Anlaufen des Wahlkampfes gemacht hatten, doppelt so wirkungsvoll waren wie die, die während des Wahlkampfes entstanden", schrieb Bell ein Jahr später. Die erste Sendung war ein satirischer Film, der Sprinter auf einer Aschenbahn zeigte, die britischen hoffnungslos von Gewichten mit der Aufschrift „Inflation" und „Steuern" niedergedrückt. Dieser Streifen kam bei den Parteianhängern im Lande gar nicht gut an. Reece verteidigte ihn zwar mit dem Hinweis, daß er nicht an die Adresse von Parteifreunden, sondern an die der Wechselwähler gerichtet gewesen sei, aber trotzdem hielten ihn viele Leute in der Parteizentrale für „unpassend". Der zweite Film war nicht viel besser – er griff, ohne sich um die Authentizität besonders zu kümmern, die angebliche Callaghan-Frage „Eine Krise? Was denn für eine Krise?" auf, konzentrierte sich ganz auf den vergangenen Winter und zeigte Bilder von Abfallhaufen auf den Straßen, leeren Supermärkten, unausgehobenen Gräbern, bestreikten Krankenhäusern und ähnliches. Auch diese Sendung war zu schnodderig und kein Erfolg. Da waren die Spots der Labour Party, auf billigste Weise hergestellt und im Transport House, der Parteizentrale, heftig diskutiert, sehr viel effektiver. „Die Wahlsendungen von Labour wurden der Stimmung in der Wählerschaft weitaus gerechter", räumte Bell ein. „Sie waren ernster, sachlicher, ‚gewichtiger' als die unseren. Wir veränderten also im weiteren Verlauf der Kampagne die ‚Tonlage' unserer Arbeit."

Butler und Kavanagh bemerken dazu in ihrem Buch: „Der seriöse Stil der Labour-Sendungen mit ihrer gezielten Betonung von Staatskunst und ‚Autorität' stand in deutlichem Gegensatz zu dem eher verspielt-trickreichen Stil der beiden ersten Wahlsendungen der Konservativen, und die Zuschaueranalyse ergab eine deutlich höhere Zustimmung zu den ersteren (die nur £ 50 000 gekostet hatten)."

Die Analysen, die die Partei selbst vornahm, waren zu Zeiten recht entmutigend. Die folgenden Sendungen, d.h. die dritte und die vierte, stellten Lord Thorneycroft und Humphrey Atkins vor, dies mit der Begründung, daß sie nun für „Stil" sorgen würden – ein Thema, mit dem sich Saatchi & Saatchi schon im Zusammenhang mit der dem Wahlkampf vorausgegangenen Werbung befaßt hatte. Da war eine Sendung ausschließlich einer Rede gewidmet gewesen, die Harold Macmillan bei der Jahresversammlung der Jungen Konservativen gehalten hatte – für Tim Bell eine der besten, die er je gesehen und gehört hatte. Zu aller Überraschung erhielt dann auch die Sendung mit Lord Thorneycroft die beste Bewertung.

Allen fünf Fernsehspots aber fehlte der „Funke", der alle früheren Versuche auf diesem Gebiet ausgezeichnet hatte. Das bekümmerte Reece allerdings nicht allzu sehr. „Zu dieser Zeit hatten sie den Krieg doch schon gewonnen. Es gab – wie immer – kleinere Probleme im Verlauf der Kampagne und zugegeben, die Wahlsendungen waren nicht ihre besten. Zwar waren sie, verglichen mit vielen anderen früher, wirklich sehr gut, aber sie entsprachen nicht dem, was zu erwarten wir uns angewöhnt hatten." Die Saatchis lernten, daß die Produktion von Wahlsendungen in „Friedenszeiten" etwas ganz anderes sein kann als die während eines Wahlkampfes, und daß die Wählerschaft die Wahlen sehr ernst nimmt – Lektionen, die sie nicht so schnell wieder vergessen würden.

Die Plakate und Zeitungsanzeigen waren da schon wirksamer. „Labour isn't working" wurde den neuen Bedingungen angepaßt und zu „Labour still isn't working". Und dann produzierte Saatchi & Saatchi ein Plakat, auf dem zu lesen stand: „Kopf hoch! Labour kann nicht ewig bleiben!" Dieses Plakat war eigentlich schon vor Anbruch des Winters entworfen worden, erwies sich aber angesichts der Verhältnisse im Frühjahr als geradezu ideal geeignet. Zweifellos hatten die Konservativen den Presse- und Plakatkrieg gewonnen, dafür jedoch auch einiges mehr ausgegeben, nämlich allein für die Plakatwerbung schon £ 250 000 (gegenüber £ 112 000 bei Labour).

Nach der Wahl gab es etliche Analyseversuche, wie sehr die Saatchi-Kampagne wohl zum Sieg beigetragen hatte, aber da hatte das eigentlich schon keine Bedeutung mehr. Immerhin meinten viele derjenigen, die an der Kampagne der Labour Party mitgearbeitet hatten (so etwa Tim Delaney, heute bei Leagas Delaney Advertising), daß es „für die Funktionäre der Labour Party sehr wertvoll war zu erkennen, daß die Leistung von Saatchi & Saatchi nicht darin bestanden hat, die Tories wie Seifenpulver zu verkaufen, sondern eher darin, den Zusammenhang herzustellen, der – erstens – für die Entwicklung einer professionellen Kommunikationsstrategie und – zweitens – für ihr praktisches Funktionieren erforderlich ist." Die Labour Party nahm sich diese

Lehren bei den folgenden Wahlen durchaus zu Herzen, vor allem 1987.

Zunächst aber wurde der Sieg gefeiert. Mrs. Thatcher gab in der Downing Street eine Party für alle, die ihr auf dem Weg dorthin geholfen hatten. Maurice Saatchi, Jeremy Sinclair und Tim Bell gingen hin, Charles blieb ihr fern. Er ging nun einmal nie zu Parties, außer von engsten Freunden. Und er traf nicht mit Klienten zusammen – selbst wenn es sich dabei um die Premierministerin handelte.

11

TIM BELL AM SCHEIDEWEG

Zu den Besitztümern, die Tim Bell am höchsten schätzt, gehört ein Dankschreiben von Margaret Thatcher. Und an seiner Wand hängt ein Foto mit handschriftlicher Zueignung, das er mit dem Brief zusammen erhalten hatte. Für ihn ist beides sichtbare Bestätigung der Tatsache, daß er mehr als irgendein anderer bei Saatchi & Saatchi hinter der Wahlkampagne gestanden hatte, welche so wesentlich zu ihrem Einzug in die Downing Street beigetragen hatte.

Die mit dieser Kampagne verbundene Publicity vergrößerte Bells Ruhm. In der Londoner Werbewelt und bei den Kunden setzte sich die Meinung durch, daß er der Mann sei, der den Saatchi-Laden schmiß. Der mochte ja noch den Namen der Brüder tragen, aber die Agentur in der Charlotte Street war eigentlich die seine, zumal sich Charles und Maurice ja auch nur noch selten bei Kunden oder Mitarbeitern sehen ließen. Nach der Übernahme von Compton im Jahre 1975 hatte Bell sein Büro im Erdgeschoß des Gebäudes in der Charlotte Street eingerichtet, und von dort aus leitete er die Agentur. Nach dem Ausscheiden Ron Rimmers war als möglicher Rivale im Kampf um die Führung allenfalls noch Ron Leagas geblieben, der 1979 Geschäftsführer bei der Agentur geworden war. Aber Leagas war 1980 wieder gegangen, um seine eigene Agentur zu gründen, woraufhin Bell seinen Posten mit übernommen hatte und nun Chairman und Hauptgeschäftsführer in einer Person war.

Die Distanz zwischen dem Parterre und der 6. Etage, wo die Brüder saßen, war bald mehr als nur eine räumliche. Gelegentlich sprach man von Bell zwar immer noch als von dem „dritten Bruder", aber das hatte nun schon einen eher wehmütigen Unterton. Die Brüder kümmerten sich immer mehr um die Vereinigten Staaten, um weitere Akquisitionen, um den Ausbau eines international operierenden Unternehmens. Das war ein strategisches und finanzielles Ziel von bisher noch unbekannter Größe, und es war nun nicht mehr so sehr Bell, sondern zunehmend Martin Sorrell, der an ihren diesbezüglichen Überlegungen beteiligt war. Charles wachte noch immer wie ein Habicht über die Agentur, stürzte sich noch immer auf kreative Arbeiten, die ihm nicht gefielen, und zerfetzte Entwürfe, die seinen Anforderungen nicht gerecht wurden. Aber Saatchi & Saatchi war nun, zu Beginn der achtziger Jahre, ein großes Unternehmen und erforderte ein weitaus höheres Maß an Führung und Planung. Auch wenn Bell zögerte, sich das selbst einzugestehen, so hatte er doch mit dem Wachstum nicht Schritt gehalten und war immer weniger an der Entwicklung der strategischen Unternehmenskonzepte beteiligt.

„Tim kam fast jeden Tag zu einem Schwätzchen in die Chefetage", erinnert sich Martin Sorrell. „Wie die meisten Menschen in der Werbung – oder vielleicht im Leben überhaupt – war er sehr unsicher. Er brauchte ständig Rückenstärkung und Bestätigung, Seelenmassage und Ermunterung. Im 6. Stock herrschte ein wunderbares Arbeitsklima, und es wurden eine Menge ‚Flurgespräche' – wie ich das nannte – geführt, bei denen so vieles geregelt wurde. Es konnte deshalb auch sehr frustrierend sein, wenn ein solches Gespräch stattfand und man nicht zufällig gerade auf dem Flur war." Bell, den die Leitung der Agentur stark beanspruchte, konnte nicht immer auf diesem sein, obwohl er sein möglichstes tat. „Jedem war das Problem bewußt, daß es die Leute in der 6. Etage gab, die an der Saatchi & Saatchi AG und ihrem Wachstum interessiert waren, und die Leute in den übrigen fünf Stockwerken, deren Interesse der Agentur galt", sagt Nick Crean, damals persönlicher Assistent der Brüder.

Bell hatte vorzügliche Arbeit geleistet, als es darum gegangen war, Saatchi & Saatchi und Garland-Compton zusammenzuführen und zu einer Einheit zu verschmelzen. Es war ihm gelungen, die meisten Mitarbeiter und Etats von Garland-Compton zu halten und zwei entgegengesetzte „Kulturen" miteinander zu verbinden. „Es war wirklich phantastisch, wie Tim die ganze Sache zusammengebracht hat", meint Sorrell. „Er war ungemein charismatisch, und seine Persönlichkeit ebenso wie die Tatsache, daß er so hart arbeitete, ließen ihn, glaube ich, hoffen, daß auch sein Name über der Tür erscheinen werde."

Bell übernahm alle wichtigeren Präsentationen, hielt die öffentlichen Ansprachen und vertrat die Agentur bei allen prestigeträchtigen Ereignissen. Sein Name wurde immer häufiger in der Branchenpresse genannt. In den Jahren 1978 und 1979 wuchs unter ihm das Etatvolumen der Agentur stärker als je ein anderes in der Geschichte der Werbeindustrie, und nach dem Wahlsieg der Tories gehörte er plötzlich zu den sechs Spitzenkontaktern des Landes. „Er war ein hervorragender Moderator, der beste aller Etatverwalter und ein sehr guter Manager", sagt einer der Saatchi - Leute. „Er konnte einfach alles verkaufen, jede Botschaft, jede Idee." Wie kein anderer konnte er Beziehungen zu den Klienten aufbauen. Sorrell erinnert sich auch heute noch, da er selbst an der Spitze des JWT-Imperiums steht, mit einem Anflug von Ehrfurcht an die großen Fähigkeiten von Tim Bell. „Für jemanden, der so außergewöhnlich ist, ist es wirklich beachtlich, was für enge und dauerhafte Beziehungen er aufzubauen vermochte, ob nun zur Premierministerin oder zu wem auch immer. Er ist ungeheuer wortgewaltig, und das finden die Leute überwältigend. Aber er packt auch wirklich zu, ist hilfreich... brillant. Für mich gab es niemanden, der so gut war wie er."

Aber es gab auch Gefahrenzeichen. Ken Gill machte sich zunehmend mehr Sorgen angesichts des Tributs, den Bells Arbeitspensum von seiner Gesundheit forderte. In einem 1987 im *Independent* erschienenen Porträt wird ein früherer Kollege von Bell mit den Worten zitiert: „Tim ist ein Besessener. Er gab niemals nach. Bei Saatchi gab es den Scherz, daß er schon klappere. Er nahm eine Pille zum Einschlafen, eine Vitaminpille am Morgen undsoweiter. Es ist schon gefährlich, wenn man eine solche Persönlichkeit hat."

Bells Lebensstil war mit Sicherheit weitaus extravaganter als der der Brüder. Man erzählt die Geschichte, daß er einen Fahrer warten ließ, um sich von diesem dann die paar Meter die Charlotte Street hinunter bis zum Restaurant L'Etoile chauffieren zu lassen, wo er nicht selten in Anwesenheit von Kabinettsmitgliedern an seinem Lieblingsplatz am Fenster saß und speiste, so daß ihn jeder, der vorüberging, sehen konnte. Einem Interviewer gegenüber schwärmte er einmal von seinem Ferrari: „Ich arbeite sehr viel, und da mag ich es, wenn ich den Weg zur Arbeit und wieder nach Hause in einem hübschen Auto zurücklegen kann und bewundert werde." Nach dem Scheitern seiner Ehe füllten er und seine Freundin Virginia Hornbrook die Klatschspalten. Er stand jedenfalls hoch im Kurs. Ein Kurzporträt aus dem Jahr 1982 beschreibt ihn als „den lebenslustigen Saatchi-Spitzenmann, der bei Wochenendaufenthalten in Chequers mit Denis Thatcher pichelt und mit Maggy blödelt".

Er war aber auch zu außergewöhnlich großzügigen Gesten fähig, die ihm nicht nur die Zuneigung derjenigen, denen sie zugedacht waren, eintrug, sondern auch die Bewunderung all jener, die ihn kannten. Zum Beispiel war es eine große Enttäuschung für ihn, als Jennifer Laing zu Leo Burnett wechselte. Sie hatte sich bei Saatchi & Saatchi sehr bewährt, hatte einige der größten Etats betreut und war ganz ohne Frage auf dem besten Wege zu einer Spitzenposition in der Agentur, als sie ging. Zwei Jahre später erfuhr Bell, daß sie sich erneut verändern wolle, und lud sie zum Mittagessen ein. Warum sie nicht wieder zu Saatchi & Saatchi zurückkomme? Sie wies diesen Gedanken sofort weit von sich – sie werde nicht zurückgekrochen kommen. Er aber ließ nicht locker, sprach von einer ganz neuen, sehr viel größeren Aufgabe für sie, von einem Job, der so hoch angesiedelt sei, daß niemand meinen könne, sie komme als Besiegte zu Saatchi & Saatchi zurück. Am Ende ließ sie sich umstimmen, verlangte aber ein Zeichen, etwas Besonderes, das der Welt anzeigen würde, daß Saatchi & Saatchi sie unbedingt zurückhaben wolle, nicht umgekehrt. „Was verlangst du?" fragte er. „Ein Auto", lautete die Antwort, „ein wirklich schickes Auto". Gut, aber was für eines?

Jennifer verstand nichts von Autos. In Wahrheit hatte sie nicht mehr am Steuer eines Wagens gesessen, seit sie mit 17 den Führerschein gemacht hatte.

„Ein rotes", sagte sie.

Bell zog eine Zigarettenschachtel aus der Tasche und schrieb darauf: „Jennifer möchte ein schickes rotes Auto haben."

Wenige Monate später kehrte sie zu Saatchi & Saatchi zurück. Als sie in ihrem Büro saß, erschien jemand und fragte nach ihr. Er wolle den neuen Wagen übergeben, den sie bestellt habe, sagte er. Jennifer Laing ging zwar mit dem Mann nach unten, wußte aber nicht so recht, was sie davon halten sollte. Da stand vor dem Saatchi-Gebäude ihr neues Statussymbol geparkt – ein leuchtend roter Ferrari.

Sie mußte ihren Bruder bitten, sie abzuholen und nach Hause zu fahren.

Bell kümmerte sich um das Geschäft der Saatchis wie um sein eigenes, er widmete ihm alle seine Kräfte. Was ihn antrieb war, wie er es formulierte, „Begeisterung, ungeheure Energie und der Glaube, daß das Leben aufregend sein sollte". Den Brüdern gegenüber war er von absoluter Loyalität, und er ließ sich auch später nicht von der Überzeugung abbringen, daß er seinen Erfolg den Saatchis verdankte, „die mich zu glauben lehrten, daß alles möglich ist".

Für Außenstehende war er die treibende Kraft der Agentur, und wenn es auch Mißbehagen in der Charlotte Street ausgelöst haben mag, als Bell in einem Interview verkündete, daß, was ihn angehe, die Agentur Saatchi, Saatchi & Bell, heiße, so schien es doch auch wirklich nur eine Frage der Zeit zu sein, bis das tatsächlich so sein würde.

Für die wenigen wirklich Eingeweihten ergab sich ein anderes Bild. Von Anfang an hatte Charles Saatchi vor allem auf Grund seiner Persönlichkeit Bell beherrscht – und er tat das noch immer. Sie waren beide fast gleichaltrig, aber Charles war für Bell fast so etwas wie eine Vaterfigur. Sie gerieten manchmal in heftigen Streit, aber der Sieger hieß unausweichlich Charles, während Bell am Ende stets nachgab. Trotz allem aber bestand eine sehr enge Arbeitsbeziehung zwischen ihnen, und die Brüder waren durchaus bereit, Bell den Ruhm zu lassen, ihr Vorkämpfer zu sein.

Seit 1984 jedoch haben die Brüder Saatchi und Bell kein Wort mehr miteinander gewechselt, weder ein höfliches noch ein anderes. Sie gehen sich aus dem Weg und vermeiden es sogar, gleichzeitig im selben Restaurant zu sitzen. Maurice sagte 1987 seine Teilnahme an einer Abschiedsfeier zu Ehren eines alten Freundes ab, als er erfuhr, daß Bell dort sein werde.

Wie war es dazu gekommen?

„Das ist ein bißchen so, als bäte man jemanden um eine Erklärung dafür, warum seine Ehe schiefgegangen ist", meint Bell.

Jeder nennt natürlich andere Ursachen dafür, die Saatchis eingeschlossen, die heute eher dazu neigen, auf die persönlichen Schwierigkeiten zu verweisen, die Bell damals hatte – seine Ehe war zerbrochen, und er hatte vielleicht mehr getrunken, als gut für ihn war. Manche glauben, daß die Brüder seine Macht mit Argwohn betrachtet hätten und aus Eifersucht auf seine Beliebtheit und seinen Ruf zu dem Entschluß gelangt wären, ihn rechtzeitig abzusägen, bevor er ihre Kontrolle über das Unternehmen hätte gefährden können. Es gab Gerüchte über Kokainprobleme, denen Bell damals nicht entgegentrat, die er aber heute als „Verleumdungen" bezeichnet. Wieder andere glauben, daß ihm das Saatchi-Unternehmen schlicht und einfach über den Kopf gewachsen sei. „Er war viel eher in einem kleinen Unternehmen zu Hause, wo jeder jeden kennt", sagt einer seiner damaligen engsten Mitarbeiter. „Das Unternehmen wurde einfach zu groß, und das Management mußte umstrukturiert werden, mit Finanzexperten und allem, was sonst noch so dazugehört. Er aber war der ‚Praktiker', der die Agentur von seinem Büro da im Erdgeschoß in der Charlotte Street aus leitete, während alle anderen in die 6. Etage gezogen waren, um über die Zukunft nachzudenken."

Die Wahrheit ist wohl komplizierter als alle diese Erklärungen. Die Brüder lassen heute durch nichts mehr erkennen, daß sie Bell je abgelehnt hätten – ganz im Gegenteil. Beide verweisen darauf, daß sie schon zu einem sehr frühen Zeitpunkt beschlossen hätten, die Agentur nicht auf Dauer zu führen, sondern sich lieber den strategischen Aufgaben zu widmen. Andererseits machte Bell die Leitung der Agentur großen Spaß – und er war ja auch gut darin. Sie wären also nur allzu froh gewesen, das ganz ihm überlassen zu können. Sie geben unumwunden zu, daß der Erfolg von Saatchi & Saatchi bis zum Zeitpunkt der Übernahme von Garland-Compton und auch in den folgenden Jahren zum großen Teil Tim Bell zu verdanken war. Aber es gibt da auch noch einen anderen Punkt, auf den alte Saatchi-Hasen hinweisen: Bell sei gegen alle größeren Schritte gewesen, die die Brüder unternommen hätten. Er war zunächst gegen die Übernahme von Garland-Compton. Er war auch gegen die Annahme des Tory-Etats und gegen den Erwerb von Compton New York im Jahr 1982. „Das waren alles nicht seine Ideen gewesen, und er brauchte ständig Bestätigung und viele Streicheleinheiten. Die Brüder mußten ihm immer wieder sagen, wie sehr sie ihn brauchten und wie großartig er sei", sagt ein

Saatchi-Mann. Es scheint, daß Bell unbedingt der Mittelpunkt des Saatchi-Universums bleiben wollte, die entscheidenden Expansionsschritte dem aber entgegenwirkten.

„Charles und Maurice gaben sich große Mühe, seine Rolle nicht irgendwie zu schmälern", meint der Saatchi-Mann. „Aber in Tim kam doch die Befürchtung auf, keine Ein-Mann-Band mehr zu sein – alles mußte seine Idee sein, von ihm kommen, und alle hatten herumzugehen und dafür zu sorgen, daß er sich gut fühlte."

Bell arbeitete immer mehr, um seine zentrale Position zu halten, aber die Agentur wurde gleichzeitig immer größer – und es war unmöglich, daß einer allein das alles noch bewältigen konnte. „Er konnte einfach nicht überall gleichzeitig sein, aber er versuchte es trotzdem immer wieder", sagt der Saatchi-Manager. „Und dann geschah etwas für ihn ganz Wunderbares – der Tory-Etat fiel ihnen zu."

Bells ursprünglich ablehnende Haltung wird darauf zurückgeführt, daß sich Gordon Reece direkt an die Brüder gewandt hatte und nicht an Tim Bell. Als er jedoch die Arbeit erst einmal aufgenommen hatte, da war das für ihn wie ein neues Leben. Ein Jahr lang schwamm er auf einer Woge der Euphorie und arbeitete noch härter als jemals zuvor. Politische Etats unterscheiden sich jedoch sehr von anderen. Es gibt da gewaltige Hochs, aber dann sind sie drei oder vier Jahre wieder völlig „tot", bis zu einer neuen Wahl. Damit kam Bell nicht zurecht, was zu neuerlichen Problemen führte. „Es war von da an nicht mehr möglich, länger als ein paar Minuten mit ihm zu sprechen, ohne daß nicht Margaret Thatcher oder irgendein Minister erwähnt wurde", sagt ein Saatchi-Mann. „Das wurde für uns alle ein bißchen ermüdend, und erst recht für die Klienten, die irgendwann einmal die Nase voll hatten von dieser Protzerei." Die frühen Jahre der Thatcher-Regierung wurden zu den härtesten, die die britische Industrie je erlebt hatte, da die neue Administration schärfere Kapitalkontrollen einführte, die sowohl die Zinsen als auch das Pfund dermaßen in die Höhe trieben, daß die Confederation of British Industry einmal sogar der Regierung einen Kampf bis aufs Messer androhte. Es sollte noch Jahre dauern, bis die britische Industrie die positiven Auswirkungen der „Thatcher-Revolution" spürte – in den Anfangsjahren erlebte sie zunächst einmal nur die Probleme, die mit dieser Revolution einhergingen. Thatchers Name war deshalb auch keineswegs überall beliebt, was aber Bell nicht davon abhielt, bei Besprechungen mit Kunden stundenlang über Margaret Thatcher zu reden. „Die Konservative Partei war Tim Bells Schicksal", meint ein Saatchi-Mann. „Nach Erhalt dieses Etats wurde ihm alles bis auf die Politik und die Beratung der Premierministerin langweilig."

Die Brüder füllten die Lücken im Management bald wieder auf, die durch ausscheidende Mitarbeiter entstanden waren. Dem Anschein nach war Bell zwar noch immer der Dreh- und Angelpunkt der Agentur, aber in Wirklichkeit wurde er schon langsam zur Seite geschoben.

In den Jahren nach der Wahl von 1979 verschlechterte sich die Beziehung zwischen Bell und den Brüdern unaufhaltsam. Die Krise erreichte endlich ihren Höhepunkt mit der Übernahme von Compton New York im Jahre 1982. Bell hatte wiederum keinerlei Anteil daran, war weder zu den Planungen noch zu den Verhandlungen hinzugezogen worden – und mußte, was noch schlimmer war, plötzlich entdecken, daß er nach der neuen Unternehmensstruktur nicht mehr den Brüdern direkt unterstand, sondern Milton Gossett, der zum Chef der Welt-Agentur, einer Tochter der Hauptgesellschaft, ernannt worden war. „Das war mein Job", sagte Bell später, „und den gaben sie einfach einem anderen".

Folgt man Bell, so versuchte Charles ihn mit den Worten zu trösten: „Reg dich nicht auf, in zwei Jahren geht er in den Ruhestand." Aber auch sechs Jahre später ist Gossett immer noch da. Auch Ken Gill versuchte in seiner Eigenschaft als Vorstandsvorsitzender der Holding und „großer alter Mann" des Unternehmens beruhigend auf Bell einzuwirken. Er war zunehmend besorgt angesichts des wachsenden Risses zwischen Bell und den Brüdern und tat, was in seinen Kräften stand, ihn wieder zu kitten. Über Monate hatte er sich bemüht, Bells Zorn zu besänftigen, als sich die Brüder geweigert hatten, den Gedanken, seinen Namen in den der Agentur aufzunehmen, auch nur in Erwägung zu ziehen. „Siehst du denn nicht, daß der Name Saatchi & Saatchi so, wie er ist, eine echte Macht darstellt? Es ist ein höchst ungewöhnlicher Name, und deshalb erregt er Aufmerksamkeit. Wenn man daran herumdoktert, verliert er nur." Sie hatten die Aufnahme von Garland-Compton in den Namen akzeptieren müssen, aber sie hatten ihn von Anfang an wieder verschwinden lassen wollen, und ihm, Gill, sei das durchaus recht. „Was bedeutet es denn schon, wenn dein

Name da oben draufsteht? Das bedeutet doch wirklich nichts. Du hast hier eine große Zeit und bist doch, das mußt du zugeben, derjenige, dem das Verdienst an dem Erfolg zugeschrieben wird." Aber Gill und die anderen leitenden Mitarbeiter waren durchaus auch in der Lage, die Sache von Bells Standpunkt aus zu sehen. „Milton Gossett nahm in der Organisation eine höhere Stellung ein als er", sagt einer von ihnen, „und das war ihm unerträglich".

Im Zusammenhang mit der Übernahme von Compton New York boten die Brüder Tim Bell etwas ganz anderes an, nämlich den Chefsessel von Saatchi & Saatchi-Compton Worldwide. Auf dem Papier sah das ganz gut aus, aber Bell kam schon bald dahinter, daß das in der Praxis weniger bedeutete als der Name implizierte. „Worldwide" schloß nämlich die Vereinigten Staaten aus, wo jetzt 2/3 des Gruppengewinns erzielt wurden – sie blieben in der Hand von Milt Gossett. Ebenso war aber auch die Londoner Agentur ausgeklammert, die er in den späten siebziger Jahren so erfolgreich geleitet hatte. „Was mir bleibt, ist die Dritte Welt", beklagte er sich. In Wirklichkeit blieben ihm Europa, Australien und auch der Ferne Osten, und mit Compton war den Saatchis ja ein ausgedehntes, weltweites Netz von Agenturen zugefallen, das sie bereits eifrig durch weitere Akquisitionen (Vander Biggelaar in Holland, Iroda in Irland) vergrößerten. Aber es war Tatsache, daß Bell in der Hierarchie der vergrößerten Gesellschaft eine Stufe hinuntergerutscht war.

Zum ersten Mal seit seinem Eintritt in die Agentur Saatchi & Saatchi hatte Bell das Gefühl, in einer echten Krise zu stecken. Er hatte noch niemals daran gedacht, die Brüder zu verlassen, obwohl er eine Fülle von Angeboten erhalten hatte. So hatte ihm etwa Bill Bernbach eine Million Dollar für die Leitung seines Londoner Ablegers offeriert – „Er gab mir den Scheck in die Hand", erzählte Bell später voller Staunen einem Freund.

Er war mit achtundzwanzig zu den Brüdern gestoßen, und in der Zwischenzeit war sein winziger Unternehmensanteil auf einen Wert von immerhin über 3 Millionen Pfund angewachsen. Er bewohnte ein großes, vom Unternehmen zur Verfügung gestelltes Haus, bekam ein Gehalt von jährlich über £ 100 000 – und er hatte sich einen Namen gemacht. Saatchi & Saatchi schien bis zu diesem Punkt in der Lage gewesen zu sein, ihm all das zu bieten, woran ihm gelegen war. Im Zuge der Umstrukturierung war nun auch sein Büro in ein anderes Gebäude verlegt worden, was ihn noch weiter von den Brüdern entfernte und seine Macht langsam und unaufhaltsam dahinschwinden ließ.

Eine Zeit lang versuchte er noch, das Beste aus seiner Situation zu machen. Er besuchte zweimal die Saatchi-Compton-Agenturen auf der ganzen Welt (einschließlich derer, für die er gar nicht verantwortlich war) und nahm schließlich an einer Konferenz in Genf teil – ein Ereignis, über das man unternehmensintern noch immer spricht. David Frost hielt eine Tischrede, und dann stellte Bell Philosophie und Organisation des Hauses Saatchi vor, sprach von einem weltweit operierenden Media-Unternehmen (inzwischen vorhanden) sowie weltumspannenden Geschäftsaktivitäten (inzwischen ebenfalls gegeben) und nannte erstmals so offen das Ziel von Saatchi, in allen größeren Ländern zu den zehn größten Agenturen gehören zu wollen (inzwischen ebenfalls erreicht). „Maurice und Charles waren weder anwesend noch sonst irgendwie involviert, sondern hatten die Sache ganz Bell überlassen", sagt ein Freund. Bell reiste 1982 und 1983 wenigstens einmal pro Monat in die Vereinigten Staaten, wobei er manchmal am selben Tag hin und wieder zurück flog. Die Kluft zwischen ihm und den Brüdern wurde jedoch immer größer.

Das verletzte Bell mehr als alles andere. Die Beziehung zu den Saatchis – und ganz besonders die zu Charles – bedeutete ihm mehr als Geld, Status oder Prestige. Beide Saatchis – und wiederum vor allem Charles – sind getriebene Menschen, geborene Unternehmer, die bereit sind, gewaltige Risiken einzugehen, und die das Spiel ebenso zu schätzen wissen wie die Spannung, die entsteht, wenn man seinen Verstand gegen einen sehr viel stärkeren Widersacher zum Einsatz bringen muß. Vielleicht wird dieser Charakterzug noch verstärkt durch den Drang des Eingewanderten, sich in der neuen Umgebung durchzusetzen. Der Hintergrund Bells dagegen war von solider britischer Bürgerlichkeit, und bei seinem Charme und guten Aussehen fiel ihm der Erfolg leicht zu. So war er wohl im Laufe der Zeit immer abhängiger davon geworden, daß die Saatchis ihn motivierten, was ihm selbst aber wohl erst bewußt wurde, als es schon zu spät war.

Ein weiteres Ereignis beschleunigte den Auflösungsprozeß. Spät im Jahr 1982 traf sich Bell eines Abends mit John Perry, den Lord King im Zuge der Vorbereitungen für die Privatisierung von

British Airways als Leiter der Abteilung „Öffentliche Angelegenheiten" eingesetzt hatte. Dieser nun vertraute Bell an:

„Ihr bekommt den Etat von British Airways."

Bell war entsetzt. Zum einen wußte er überhaupt nichts davon, und zum anderen hatte er selbst den Etat des Erzrivalen von British Airways, British Caledonian, ins Haus geholt, den dann Saatchi & Saatchi mit Anzeigen unter dem Motto „Wir vergessen niemals, daß Sie die Wahl haben" zu einem großen Erfolg gemacht hatte. Die Agentur konnte unmöglich beide Etats verwalten – und Bell war entschlossen, den von ihm akquirierten Etat von British Caledonian zu verteidigen.

„Das ist ja wirklich großartig", brachte er schließlich heraus. „Ich wußte gar nicht, daß wir im Gespräch mit Ihnen sind."

Es sollte der spektakulärste Coup von Saatchi & Saatchi werden, ein Ereignis, das, wie Bell wußte, nicht nur in der Branchenpresse, sondern auch bei den Tageszeitungen Schlagzeilen machen würde. Saatchi & Saatchi verwaltete zu dieser Zeit ein paar sehr große und angesehene Etats, aber keiner von ihnen hatte ein Profil, das dem von British Airways vergleichbar gewesen wäre. Die Fluggesellschaft sorgte unter Lord King für einigen politischen und finanziellen Wirbel. King focht eine Reihe von entscheidenden Kämpfen aus – nicht nur mit den Gewerkschaften, denn er hatte für die Entlassung von 20 000 Mitarbeitern gesorgt, sondern auch mit der Regierung, bei denen es um so komplizierte Fragen wie die Abschreibung öffentlicher Schulden und das Liniennetz ging. Eine neue Werbeagentur würde im Mittelpunkt dieses Geschehens stehen.

Perry erzählte Bell, daß Saatchi & Saatchi eine herausragende Präsentation durchgeführt und diesen so überaus wichtigen Etat an Land gezogen hätte. Bell bluffte sich während des ganzen Abendessens durch, um seine Betroffenheit zu verbergen. Am nächsten Morgen ging er zu Charles und fragte ihn, ob Perrys Erzählung zutreffe.

Charles verneinte. Aber eine Woche später gab Saatchi & Saatchi offiziell bekannt, daß man den Etat von British Airways gewonnen habe.

„Da zerbrach das Vertrauensverhältnis endgültig", erzählte Bell später einem Freund. „Rückblickend ist mir klar, daß sie mir nie so stark vertraut haben, wie ich glaubte. Ich hatte immer gedacht, sie hätten ein besonderes Verhältnis zu mir, aber da wurde mir plötzlich klar, daß sie das wohl nie so gesehen haben. Sie sahen unsere Beziehung nie in der gleichen Weise wie ich."

Auch ein anderer Vorfall hatte dieses Verhältnis nicht gerade verbessert, auch wenn er ihm bei Mrs. Thatcher nicht geschadet hat. Bell war Gast bei der Geburtstagsfeier von Kenny Everett, einem Fernsehstar, und fing an, sich über die Premierministerin und ihre Familie auszulassen, wobei er auch ein paar saftige Anekdoten zum besten gab und ihren Sohn Mark als „Trottel" bezeichnete. Ihm war völlig entgangen, daß einer der Leute an seinem Tisch ein Journalist war, der ein Tonband mitlaufen ließ. Und so fand er seine Ausführungen mehr oder minder wörtlich in einem Magazin wieder. Bell entschuldigte sich unverzüglich bei Margaret Thatcher, die ihm ebenso schnell vergeben zu haben schien.

Im Mai 1983, also vier Jahre nach ihrem ersten Sieg, setzte Mrs. Thatcher Wahlen an, und wiederum stand Saatchi & Saatchi in vorderster Front. Zu dieser Zeit sprachen Bell und die Brüder kaum noch miteinander. Aber trotzdem sollte er für die Kampagne verantwortlich sein – auf besonderen Wunsch der Premierministerin.

Tim Bell sammelte also erneut sein Team um sich und zog in ein kleines Büro in der D'Arblay Street in Soho. Diese zweite Thatcher-Wahl unterschied sich erheblich von der ersten. Vier Jahre „Thatcherismus" standen auf dem Prüfstand. 1979 war sie noch eine ungeprüfte und weitgehend unbekannte Oppositionsführerin gewesen, und die Hauptfrage war viel eher gewesen, ob das Land je eine Frau an die Regierungsspitze wählen würde. 1983 aber war sie die beherrschende Gestalt auf der politischen Bühne des Landes und überragte ihre eigene Regierung ebenso wie die Opposition, die sich in einer beklagenswerten Verfassung befand. Der Begriff des „Thatcherismus" hatte nun eine Bedeutung und wurde je nach Standpunkt abwertend oder ehrfurchtsvoll gebraucht. In jedem Falle bezeichnete er eine Reihe von Gedanken und Einstellungen, die mit dem Namen Margaret Thatchers verbunden waren und um die es bei dieser Wahl ging. Der Sieg der Briten im Falkland-Krieg hatte ihr Image als starke Führungspersönlichkeit, als „Eiserne Lady", bestätigt, aber es gab auch noch andere Aspekte, die sich für die breite Öffentlichkeit mit diesem Bilde verbanden, nämlich ihre „viktorianischen Werte", die Verkleinerung der Regierung, die Betonung der Eigenverantwortung aller Staatsbürger, das Bestreben, Großbritannien zu neuer Größe zu führen, und natürlich TINA, d.h. „There is no alternative" – der oft wiederholte Slogan, mit dem sie viele der einschneidenden Regierungsmaßnahmen rechtfertigte.

Gegen Thatcher wurde der Vorwurf erhoben, sie habe viele ihrer Wahlversprechen von 1979 nicht eingelöst. Die öffentlichen Ausgaben – als Teil des Bruttosozialprodukts – wurden nicht verringert, sondern sogar von 41 Prozent auf 44 Prozent erhöht, was größtenteils auf die Rezession und die hohe Arbeitslosigkeit zurückzuführen war. Die Einkommenssteuer war zwar im ersten Haushaltsjahr gesenkt worden, aber die Gesamtsteuerbelastung war trotzdem gestiegen. Die staatlichen Industrien wurden noch immer stark subventioniert – vor allem British Leyland, British Steel und die Bergwerksindustrie. Das Reprivatisierungsprogramm stand noch ganz am Anfang, und die Konservativen hatten erst zögernde Schritte auf dem Wege zu Thatchers vielgepriesener „kapitalbesitzender Demokratie" getan, in der jeder Bürger Aktien, jede Familie ihr eigenes Haus besitzen würde. Die einzig wirklich deutlich erkennbare Leistung war die Senkung der Inflationsrate von über 20 Prozent im ersten Thatcher-Jahr auf 5 Prozent im Jahr 1983, die niedrigste seit zehn Jahren. Aber dafür lag die Arbeitslosenquote bei 13 Prozent – also Werte, die allenthalben auf der Welt die Wähler dazu veranlassen würden, ihrer Regierung den Laufpaß zu geben.

Und doch zeigten die ersten Meinungsumfragen im Frühjahr 1983, daß sich in der Einstellung zur Regierung Thatcher eine bedeutende Veränderung ergeben hatte. Ein großer Teil der britischen Wählerschaft hatte den wirtschaftlichen Wandel als einen zwar schmerzhaften und langwierigen, gleichwohl aber auch notwendigen Prozeß erkannt. Das Privatisierungsprogramm fand zunehmend Anklang, und man glaubte nun auch, daß die Regierung erst die Inflation in den Griff bekommen müsse, bevor sie das Arbeitslosenproblem lösen könne, daß eine niedrigere Inflation und geringere Lohnsteigerungen dazu beitragen würden, mehr Arbeitsplätze zu schaffen (wie das Mrs. Thatcher immer wieder betonte), und daß der Regierungsapparat – auf kommunaler wie nationaler Ebene – zu groß sei. Mit anderen Worten: der „Thatcherismus" hatte Boden gewonnen, und verschiedene an die Öffentlichkeit gedrungene Kabinettsvorlagen zeigten, daß die Regierung noch viel radikalere Pläne hatte. Die wirkungsvolle Verringerung von Steuern und öffentlichen Ausgaben war weiterhin das große Ziel, und die Minister strahlten ein solches Selbstvertrauen aus, daß es sich auch auf die Beamten in Whitehall übertrug. Ließ sich dies alles nun in einen zweiten Wahlsieg ummünzen?

In der Parteizentrale hatte es personelle Veränderungen gegeben, die für die Saatchis nicht unbedingt von Vorteil waren. Gordon Reece durfte erst wieder nach Großbritannien zurückkehren, nachdem Mrs. Thatcher das Wahldatum bekanntgegeben hatte: „Was die ganze Zeitplanung anbetraf, war sie überaus empfindlich, und immer, wenn Gordon wieder ins Land kam, wurde sofort gemunkelt, man habe am Flugplatz Zigarrenrauch aufsteigen sehen und eine Wahl stünde unmittelbar bevor", wie Michael Dobbs sagt. Der einstige Aufgabenbereich von Reece war aufgeteilt worden – Chris Lawson war jetzt für Marketing zuständig und Anthony Shrimsley für Kommunikation. Reece selbst sah sich weitgehend ohne genau definierte Aufgabe, und Bell somit ohne klare Richtlinien, wer nun eigentlich sein Gesprächspartner war.

Dobbs sollte nicht nur bei der Wahlkampagne des Jahres 1983 eine bedeutende Rolle spielen, sondern auch bei der von 1987. Der große, rundliche, sommersprossige Mann, dem man seine vierunddreißig Jahre nicht ansah, war einer der akademisch gebildeten Mitarbeiter von Saatchi & Saatchi. Er hatte ein Studium in Oxford abgeschlossen und in den Vereinigten Staaten den Grad eines Dr. phil. erworben, und danach einige Jahre in Boston als Journalist gearbeitet. Mitte der siebziger Jahre war er nach Großbritannien zurückgekehrt und Assistent von Mrs. Thatcher geworden. In dieser Eigenschaft hatte er im Verlauf des Wahlkampfes 1979 Bell recht gut kennengelernt, der ihm nach dem Wahlsieg einen Job bei Saatchi & Saatchi angeboten hatte. Dobbs blieb auch danach in der politischen Arena aktiv und arbeitete als Berater von Norman Tebbit, der sehr schnell einer der Stars der Regierungsmannschaft wurde. Als der Wahlkampf dann wieder anlief, war Dobbs sowohl für die Agentur tätig, die ihm sein Gehalt zahlte, als auch für die Konservativen, die zu den Klienten von Saatchi & Saatchi gehörten.

Obwohl in der Parteizentrale niemals in Frage gestellt wurde, daß Saatchi & Saatchi wiederum die gleiche Aufgabe übernehmen sollte wie 1979, war man diesmal doch auch entschlossen, die Kampagne an strafferem Zügel zu führen und Kosten zu sparen. Der Etat, der Saatchi & Saatchi zur Verfügung stand, belief sich auf 2,4 Millionen Pfund, von denen 150 000 für die im selben Jahr stattfindenden Kommunalwahlen bestimmt waren. Die respektlosen Anzeigen von 1979 waren noch keineswegs vergessen, und man ließ Bell mit Entschiedenheit wissen, daß sich das nicht wiederholen dürfe. Im Januar 1983, sechs Monate vor der Wahl, verbrachte Bell ein Wochenende in Chequers, um Mrs. Thatcher die Entwürfe zu präsentieren, die unter dem Leitgedanken standen: „Wir müssen eine Stimmung treffen, die von der Aussicht auf einen Wandel bestimmt wird, gleichzeitig aber auch betonen, daß eine Beibehaltung der Richtung notwendig ist." Im April machte sich das Saatchi-Team daran, sich auszudenken, wie Labour den Wahlkampf führen werde, und Bell machte einen Plan, wie man über die Rekordarbeitslosigkeit unter Labour herziehen wollte, war das doch eines der Themen, auf das die Opposition ihre Angriffe konzentrieren würde.

Die Wahlkampagne verlief im großen und ganzen reibungslos, aber es gab Höhen und Tiefen. Für die erste Wahlsendung im Fernsehen hatte Saatchi & Saatchi zum Beispiel einen zehnminütigen Spot vorbereitet, nur um dann zu entdecken, daß die Partei nur fünf Minuten Sendezeit gebucht hatte. In der Nacht vor dem Sendetermin wurde also in der D'Arblay Street emsig geschnitten. Dann wollte das Saatchi-Team für einen Tag einen Krankensaal in einer Klinik in Tower Hamlets im Londoner Eastend anmieten, um filmisch darzustellen, wie sehr sich die Regierung um das Gesundheitswesen kümmerte. Unangenehmerweise mußten sie feststellen, daß das Krankenhaus vor fünf Monaten geschlossen worden war. Der wirkungsvollste Fernsehspot befaßte sich mit dem Katastrophenwinter 1978/79 und zeigte Aufnahmen von wütenden Streikposten, geschlossenen Krankenhäusern, aufgegebenen Industriebetrieben und erschreckenden Schlagzeilen. Eine düstere Stimme fragte aus dem Off: „Erinnern Sie sich noch…?"

Bells Verhältnis zum neuen Parteivorsitzenden Cecil Parkinson glich auch nicht mehr demjenigen zu dessen Amtsvorgänger, Lord Thorneycroft. Parkinson, sehr viel jünger und von ganz anderer

Herkunft als der aristokratische Thorneycroft, verstand weitaus mehr von Kommunikation und ihrer Funktionsweise, weshalb er sich auch viel intensiver um die Parteiwerbung kümmerte. Zugleich war er nicht im gleichen Maß überzeugt von der Reputation des Hauses Saatchi und brachte Bell, obwohl er ihn persönlich durchaus schätzte und respektierte, nicht das gleiche Vertrauen entgegen wie Lord Thorneycroft. Parkinson war der Premierministerin direkt verantwortlich, so daß Bell und sein Team selten Gelegenheit hatten, mit ihr zu sprechen – Bell schätzt, daß er sie während dieses ganzen Wahlkampfes nur dreimal zu Gesicht bekam, nämlich einmal anläßlich der Präsentation am Anfang, einmal, als die Meinungsumfragen plötzlich einen Stimmungsumschwung zu Ungunsten der Regierung anzudeuten schienen, und noch einmal gegen Ende der Kampagne.

Zu Beginn des Wahlkampfes ergaben die Umfragen einen Vorsprung von 16 Prozent für die Tories, und das Hauptziel der Strategie war es, diesen zu halten. Eine Woche vor der Wahl kam es zu dem traditionellen „Zittern", weil nach einer anderen Umfrage der Abstand zu Labour geschrumpft war. Doch diese Umfrage stimmte nicht, und die Tories behielten ihren soliden Vorsprung bis zur Wahl. Die Schlagzeilen der Zeitungen erzählen diese Geschichte übrigens sehr eindrücklich: „17,5%-FÜHRUNG FÜR DIE TORIES" (*Daily Telegraph*, 12. Mai), „ERDRUTSCH DROHT!" (*Daily Mail*, 18. Mai), „MRS. T MEILEN VORN, SAGEN SCHLÜSSELWÄHLER" (*Sunday Express*, 5. Juni) und „DAS LETZTE WORT – 16%" (*London Standard* am 9. Juni, dem Wahltag). Trotzdem hatte das eine abweichende Umfrageergebnis ausgereicht, um die Parteiführung einschließlich der Premierministerin in Panik zu versetzen. Das Saatchi-Team eilte zurück ans Zeichenbrett. „Wir mußten eine Strategie finden, die der Aussage ‚Es ist Zeit für einen Wechsel' entsprach", sagt Bell. „Wobei das Argument jetzt natürlich lauten mußte, daß es *nicht* Zeit für einen Wechsel war. Aber wie bringt man das zum Ausdruck? Wir konnten ja nicht sagen, daß alles erreicht worden war, was wir hatten erreichen wollen, denn das hätte nicht gestimmt. So kam es schließlich zu der großartigen Aussage: ‚Großbritannien ist auf dem richtigen Weg – drehen Sie nicht um'."

Bell hält einige der bei dieser Wahlkampagne entstandene Zeitungsanzeigen für „die größten politischen Anzeigen, die in diesem Land je geschaffen worden sind". Das gilt vor allem für zwei. Die eine verglich das Manifest der Kommunistischen Partei mit dem Programm der Labour Party und zeigte die bemerkenswerten Ähnlichkeiten auf. Die Überschrift lautete: „Wie dein Manifest, Genosse", und der Text stammte von Charles Saatchi und Jeremy Sinclair. Die andere trug die Überschrift: „Ich bin damit einverstanden, daß der Wert meiner Ersparnisse unverzüglich im Sinne der von Labour gewünschten Abwertung des Pfundes verringert wird". Darunter stand eine Liste von 15 Vorschlägen, für oder gegen die der Leser stimmen sollte, indem er das entsprechende Kästchen ankreuzte. Autoren dieser Anzeige waren Simon Dikketts und Fergus Flemming. Charles und Sinclair waren so intensiv an der kreativen Arbeit für diese Kampagne beteiligt wie eh und je, auch wenn Charles auch diesmal den Tory-Politikern nur nahe kam, wenn er es gar nicht vermeiden konnte.

Mrs. Thatcher persönlich untersagte einen Entwurf, den das Saatchi-Team als seinen besten ansah – drei Seiten mit Anzeigen, die in der Schlußphase des Wahlkampfes geschaltet werden und verdeutlichen sollten, warum der Wähler für keine der anderen Parteien stimmen durfte, sondern einfach die Tories wählen mußte. Parkinson, Bell und Charles wollten sie unbedingt erscheinen lassen, aber zu diesem Zeitpunkt prophezeiten die Umfrageergebnisse wieder einen hohen Wahlsieg für die Premierministerin. Schließlich gewannen die Konservativen zu ihrem sicheren Vorsprung von 43 Abgeordneten 101 hinzu.

Von außen gesehen, war die Kampagne für Saatchi & Saatchi sehr befriedigend, aber intern war spürbar, daß es mit Tim Bell nicht zum besten gestanden und es Zeiten während des Wahlkampfes gegeben hatte, in denen es ihm überaus schlecht gegangen war. Auch wenn er die Kampagne trotzdem noch immer besser zu leiten vermocht hatte als jeder andere in der Organisation, war er doch stark angeschlagen. Einmal hatte sogar Cecil Parkinson Michael Dobbs auf den schlechten Gesundheitszustand von Bell aufmerksam gemacht. Dobbs hatte den Brüdern davon berichtet.

Vor allem Charles machte sich jetzt Bells wegen immer größere Sorgen. Er ließ Maurice wissen, daß er sich um dieses Problem kümmern werde. Maurice war das nur recht, und Charles rief Bell jetzt fast täglich an. Anfangs war er noch voller Mitgefühl und ermutigte ihn immer wieder, sich doch in ärztliche Behandlung zu begeben. Barry Day von McCann Erickson, der bei der Wahl 1970 die Kampagne für die Tories gestaltet hatte, war einmal mit Bell zum Mittagessen verabredet und erhielt, nachdem er zwanzig Minuten gewartet hatte, einen Anruf, daß sich sein Gast verspäten werde. Aber Bell erschien dann überhaupt nicht. Day erwähnte das Charles Saatchi gegenüber, der sich wortreich für seinen Mitarbeiter entschuldigte und hinzufügte, daß so etwas bedauerlicherweise in jüngster Zeit andauernd passiere – Tim sei total überarbeitet (Bell bestreitet die Wahrheit dieser Geschichte).

Trotz allem war Tim Bell noch immer in der Lage, Etats zu akquirieren. 1983 war er für die Bewerbung um den Weltetat von Mattel verantwortlich und bekam ihn. Er half auch dabei, den Europa-Etat von Gillette an Land zu ziehen, und er war Bill Muirhead beim Start der weltweiten British Airways-Kampagne behilflich. Zugleich aber geriet er wiederum in neue Schwierigkeiten. Im Herbst 1983 zerstritt er sich mit seiner Freundin Virginia Hornbrook, mit der er schon ein paar Jahre zusammenlebte, und sie kehrte nach Australien zurück. Diese private Krise fiel mit der unausweichlichen Einsicht zusammen, daß das Zerwürfnis mit Charles inzwischen irreparabel war.

Im Dezember 1983 hatten dann Bell und Charles Saatchi ihren bis dahin schwersten Krach miteinander. Bell hatte sich endlich ein Herz gefaßt und den Aufstieg in den Vorstand der Holding-Gesellschaft gefordert. Viele seiner Kollegen, so argumentierte er, seien der Ansicht, daß er diesem schon lange hätte angehören müssen, und außerdem sei es in der Werbeindustrie Tradition, daß die Stars in die Namen ihrer jeweiligen Agentur aufgenommen würden. Die Saatchis aber waren an einem Vorstand mit begrenzter Mitgliederzahl interessiert. Obwohl das Unternehmen jetzt eine große Aktiengesellschaft war, gab es nur fünf Direktoren – die beiden Saatchis, Kenneth Gill als Vorstandsvorsitzenden, Martin Sorrell als Chef der Finanzen und den altgedienten Verwaltungsdirektor David Perring.

Charles war wütend über Bells Ansinnen. „Du kommst nie und nimmer in den Vorstand", äußerte er. Da kämen ihm keine Werbeleute hinein. „Wenn das anders wäre, müßten wir ja bei jeder Akquisition den Verkäufer in den Vorstand der Aktiengesellschaft aufnehmen. Nein, da werden immer nur Maurice und ich und die Geldleute drin sein."

Diese Unterredung markierte für Bell das Ende. „Es war ein sehr verletzendes Gespräch", sagte er später. „Ich konnte einfach nicht begreifen, warum er das sagte. Ich hätte ja verstanden, wenn er gesagt hätte, daß das im Augenblick oder in den nächsten Jahren noch nicht ginge, aber zu sagen, ‚nie und nimmer', das war arg." Später sollten andere sehr wohl in den Vorstand aufgenommen werden, was Bell noch mehr empörte.

„Ich möchte nicht mehr hier arbeiten", ließ er Charles nun wissen. Er war sich noch nicht im klaren darüber, was er nach seinem Ausscheiden machen sollte, und Charles unternahm noch einen sehr ernsthaften Versuch, ihn zu halten, wenn auch unter ganz anderen Bedingungen.

„Warum machst du keinen Beratungsdienst für Öffentlichkeitsarbeit auf? Das ist doch deine Stärke. Wir finanzieren dir das. Du kannst 45 oder 50 Prozent oder wieviel du willst bekommen. Die Firma wird dir gehören, wir besitzen ein Stück davon, und es wird eine gute Sache werden."

Das war aber nicht das, was Bell wollte. Später sagte er einmal, daß er ein Gefühl gehabt habe, „als wenn man von der Ehefrau zum Hausmädchen degradiert würde".

Er stand noch immer auf der Sonderliste von Mrs. Thatcher, und in den Weihnachtstagen war er nach Chequers eingeladen, ein Privileg, in dessen Genuß nur sehr wenige enge Vertraute und Freunde kamen. In einem stillen Augenblick erzählte er Margaret Thatcher von seiner Auseinandersetzung mit Charles und von seiner Entscheidung, aus der Agentur auszuscheiden. Auch sie hatte sich wegen seiner Gesundheit Sorgen gemacht und riet ihm – wie Charles – dringend, eine Pause einzulegen. Er blieb also den ganzen Januar 1984 zu Hause, überredete Virginia, zu ihm zurückzukehren, und machte im Februar Urlaub in Kenia. Im März nahm er die Arbeit wieder auf, gerade, als die Regierung Thatcher ihrer bislang größten Kraftprobe ausgesetzt war – die Bergarbeiter traten in einen Streik, der ein Jahr lang dauern sollte. Bell bot dem Chef des National Coal Board, Ian McGregor, seine Beratung in Fragen der Öffentlichkeitsarbeit an, und dieser attestierte ihm später „tüchtige Mitarbeit" und „große Hilfe" dabei, die Bergarbeiter zu schlagen. In dieser Zeit war Bell aber nur noch ein Schatten seiner selbst. Es waren schlimme Tage für ihn, und er entfernte sich weiter und weiter von jeder Macht im Hause Saatchi.

Charles Saatchi suchte einen Nachfolger für ihn. Er verhandelte ein paar Monate lang mit seinem alten Freund David Puttnam, der gerade die selbstgewählte Aufgabe, die britische Filmindustrie zu verändern, wieder aufgegeben hatte. Puttnam wurde mit den Worten zitiert: „Die beiden Brüder möchten sich von der Alltagsarbeit in der Agentur freimachen und suchen deshalb eine Führungskraft." Es ist interessant, darüber zu spekulieren, wie Mrs. Thatcher das wohl aufgenommen hätte, wenn Puttnam bei Saatchi & Saatchi eingestiegen wäre: Er war einmal Labour-Anhänger gewesen und dann zur Sozialdemokratischen Partei gewechselt. Eine Zeit lang begeisterte ihn der Gedanke, zu Saatchi & Saatchi zu gehen, und er sprach viel davon, daß er „ganz klare Vorstellungen von der Werbung" habe und von den notwendigen Änderungen. Stattdessen ging er dann aber nach Hollywood, um bei Columbia Pictures die hoffnungslose Position des Chefs zu übernehmen.

Im Herbst 1984 – Bell war noch immer für den Beratungsservice bei Saatchi zuständig – fand er sich plötzlich mit seinem alten Freund Frank Lowe bei der Arbeit an einer Anzeigenkampagne für die Kohlebehörde vereint. Auf Grund der bestehenden politischen Verbindungen hatte Saatchi & Saatchi den Etat des Coal Board abgelehnt, und so war er an Lowe Howard-Spink Marschalk gegangen, eine Agentur, die sogar noch schneller wuchs als Saatchi & Saatchi (obwohl sie erheblich kleiner war). Lowe hatte von dem Zerwürfnis erfahren, und das nicht nur von Bell, sondern auch von Charles. Die Saatchis hatten versucht, Lowes neue Agentur schon sechs Monate nach ihrer Eröffnung zu kaufen (wie sie schon CDP zu übernehmen versucht hatten, als er noch dort Chef gewesen war), hatten aber schließlich die Gespräche wieder abgebrochen. Nun rief Lowe ohne Wissen Bells Charles Saatchi an und fragte diesen, ob er es ihm übelnehmen werde, wenn er Bell ein Angebot mache. Charles war mehr als einverstanden. Ende 1984 bot also Lowe Bell an, was die Saatchis ihm verweigert hatten, nämlich gleichrangigen Status, seinen Namen auf dem Türschild und einen Sitz im Vorstand.

Auch das Ende seiner Zeit bei Saatchi & Saatchi war nicht friedlich. Bell mußte dem Unternehmen sein Haus zu dem 1985 gültigen Preis abkaufen (um erheblich viel mehr also, als es die Saatchis gekostet hatte), ferner die beträchtlichen Sachzuwendungen ent-

Bagdad (oben), wo einmal 80 000 Juden lebten. Die Familie Saatchi verließ den Irak 1947, und bald schon folgte ihr fast die gesamte jüdische Bevölkerung.

Die Saatchis gehörten 1951, im Jahr der jüdischen Massenemigration aus dem Irak, bereits zu der jüdisch-irakischen Gemeinschaft, die sich in London zusammengefunden hatte. Maurice, 5, steht hinten links neben seinem Bruder David, 14, Charles, 8, ist in der hintersten Reihe ganz rechts zu sehen.

Oben rechts: Die Eltern: Nathan und Daisy Saatchi in ihrem geräumigen Haus in London, in dem auch Charles und Maurice bis zu ihrer Hochzeit lebten.

Oben links: Charles (hinten in der Mitte), 8, im Oktober 1956 in seiner Schule im Londoner Norden (Christ's College, Finchley). Im Unterschied zu seinem Bruder Maurice war er kein begnadeter Schüler.

Unten links: Der älteste Bruder: David, sieben Jahre älter als Charles, lebt als erfolgreicher Rohstoffmakler in New York. Er möchte sich eines Tages ganz der Bildhauerei widmen. Als er nach London kam, sprach er noch kein Wort Englisch.

Unten rechts: Der jüngste Bruder: Philip ist der einzige der Brüder, der in England geboren wurde. Sieben Jahre jünger als Maurice, arbeitete er zunächst als Journalist, bevor er sich der Musik zuwandte und erst ein eigenes Aufnahmestudio betrieb, sich dann aber als Texter, Sänger und Gitarrist betätigte. Er begleitete Joan Armatrading auf einer Tournee und brachte im April 1987 sein erstes Album heraus.

Oben: Die ersten Geldgeber: Mary Quant und ihr Ehemann Alexander Plunket-Greene, die den Großteil der für den Start von Saatchi & Saatchi benötigten £ 25 000 aufbrachten.
Unten links: Lindsay Masters, dem Maurice seinen ersten Job verdankte, steuerte den Rest bei.
Unten rechts: Michael Heseltine, Partner von Masters bei Haymarket, investierte, obwohl er das gern getan hätte, nicht, weil er gerade zum Minister ernannt worden war.

Oben: Charles und sein Partner Ross Cramer im April 1970. Ihre Beratungsfirma Cramer Saatchi arbeitete für das Health Education Council, für das sie eine höchst erfolgreiche Kampagne gegen das Rauchen und das berühmte Plakat mit dem schwangeren Mann produzierten.

Unten links: Jeremy Sinclair, der 1970 das Plakat mit dem schwangeren Mann und in den folgenden zwanzig Jahren noch viele weitere getextet hat. Charles Saatchi holte ihn 1968 direkt vom Watford College of Art als Texter ins Haus, und er ist heute noch da – inzwischen ist er einer der beiden Stellvertretenden Vorstandsvorsitzenden der weltweit operierenden Gruppe, die Nummer drei nach den Brüdern.

Unten rechts: John Hegarty (sitzend), Art Director und der erste Mitarbeiter, den Charles einstellte. Dahinter (stehend) Chris Martin, der kurz nach Hegarty ins Haus kam. Beide leiten heute ihre eigenen Agenturen.

...d Puttnam (rechts) und Alan Parker ...) überredeten Charles beinahe zu ... Karriere als Drehbuchautor. Sie ...ndeten sich bei Collett Dickinson ...ce an, wo Charles seine erste Stelle ...Verbetexter bekommen hatte, und ...gen in den späten sechziger Jahren ...räume im selben Gebäude in der ...dge Street. Puttnam und Charles ...bis heute enge Freunde geblieben.

Oben: Die Brüder Charles und Maurice im Büro von Maurice in der Charlotte Street, in die sie 1976 umzogen. Dieses Bild gehört zu den wenigen, die die Brüder zur Verfügung stellen – beide sind keine Freunde von Fotografen und Reportern.

Rechts: Doris Saatchi, die Charles 1973 heiratete. Zusammen bauten sie eine Sammlung zeitgenössischer Kunst auf, die als die beste ihrer Art auf der Welt gilt. Sie befindet sich in der Privatgalerie der Saatchis in der Boundary Road. Charles und Doris haben sich inzwischen getrennt.

Oben: Josephine Hart, eine Irin, die Maurice 1967 bei Haymarket Publishing kennenlernte. Sie wurde im Oktober 1984 seine zweite Frau, und sie haben zusammen einen Sohn, Daisys und Nathans erstes Enkelkind. Josephine ist heute eine bekannte Theaterproduzentin im Londoner Westend.

Unten: Maurice (hier ein Bild aus dem Jahr 1972) ist heute Vorstandsvorsitzender von Saatchi & Saatchi plc, dem größten Werbeunternehmen der Welt.
Charles hat sich stets mit dem Titel eines „Direktors" begnügt.

Links oben: Ron Collins, einer der Mitarbeiter des ersten Saatchi-Teams. Er blieb nur ein Jahr, schied aus, ohne auch einen Penny für seine Firmenanteile zu sehen, und wurde Mitbegründer der Agentur Wight Collins Rutherford Scott.

Links unten: Jennifer Laing wurde mit einem leuchtend roten Ferrari zu Saatchi & Saatchi zurückgelockt.

Rechts oben: Bill Muirhead, ein Australier, der der er Kontakter der Agentur war. Er ist heute Chef der Lo: Agentur.
Rechts Mitte: Ken Gill, Chairman von Garland-Com spielte bei der ersten Übernahmeaktion der Saatchis wichtige Rolle.
Rechts unten: James Gulliver wurde von Gill geholt sollte ihn bei der Übernahme von Garland-Compton die Saatchis beraten. Gulliver hielt diesen Zusamme schluß für eine schlechte Idee und verkaufte seine A

Links oben: Der Wahlkampf 1979: Tim Bell probt mit Margaret Thatcher auf dem Dach des Gebäudes, von dem aus er die von Saatchi produzierte Werbekampagne der Tories leitete. Bell wurde zum Bewunderer von Mrs. Thatcher, die ihrerseits darauf bestand, daß er auch bei den folgenden Wahlkämpfen den Etat verwaltete.

Rechts: Sir Gordon Reece war der PR-Mann, der Mrs. Thatcher auf die Übernahme der Regierungsgeschäfte vorbereitete. Er hatte die Idee, sie den Wählern durch eine Werbeagentur präsentieren zu lassen – und er heuerte dafür Saatchi & Saatchi an.

:en: Lord Thorneycroft, Parteivorsitzender der Konservativen, war von Bell :hr beeindruckt, als er ihn schließlich doch noch persönlich kennenlernte.

Giganten der Madison Avenue:

Oben: Bill Bernbach erklärte Avis, eigentlich wisse man nichts Besseres über das Unternehmen zu sagen, als daß es das zweitgrößte sei und seine Mitarbeiter sich große Mühe gäben. Seine Volkswagen-Werbung, die sich über den Käfer lustig machte, gehört zum Besten, was in den sechziger Jahren in den Vereinigten Staaten an Werbung produziert wurde – ebenso wie seine Anzeigen, auf denen schwarze Jungen und Indianer zu sehen waren, die in Roggenbrot bissen; darunter stand: „Man muß nicht Jude sein, um Levy's zu mögen." Er war der Guru der jungen Generation von Werbeleuten, der auch Charles Saatchi angehörte.

Unten: David Ogilvy gilt allgemein als der Doyen der Werbung. In Schottland geboren, arbeitete er als Koch im Hotel „Majestic" in Paris, dann als Vertreter für Herde der Marke „Aga" in Schottland, bevor er 1949 in New York die Agentur Ogilvy & Mather gründete – im gleichen Jahr wie Bill Bernbach die Agentur Doyle Dane Bernbach. Sein 1963 erschienenes Buch *Geständnisse eines Werbemannes* wurde ein Bestseller und gehört noch immer zur Pflichtlektüre jedes jungen Werbemanagers.

Rechte Seite:
Chefs von New Yorker Agenturen, die von Saatchi übernommen wurden:

Links oben:
Milt Gossett, Vorstandsvorsitzender von Compton, wollte ursprünglich Saatchi kaufen, ließ dann aber zu, daß die Brüder 1982 Compton übernahmen, womit sie zu den ganz Großen der Branche aufschlossen.

Rechts oben: Carl Spielvogel war ursprünglich Journalist und gründete dann die Agentur Backer & Spielvogel, die noch schneller wuchs als Saatchi & Saatchi – bis er sie 1986 an die Brüder verkaufte. Heute ist er Chef von Backer Spielvogel Bates Worldwide, ein Unternehmen, das aus von den Saatchis übernommenen Agenturen – einschließlich Ted Bates – entstand.

Links unten: Ed Wax ist ein ehemaliger Compton-Mann, der 1982 von Milt Gossett und Maurice Saatchi zur Rückkehr überredet wurde. Er leitet heute Saatchi & Saatchi DFS Compton in New York, die größte Agentur der gesamten Saatchi-Gruppe.

Rechts unten: Bob Jacoby erhielt 110 Millionen Dollar für seine Anteile an Ted Bates – und nochmals 5 Millionen Dollar Schadenersatz, nachdem ihn die Brüder widerrechtlich gekündigt hatten. Die der Entlassung folgende Auseinandersetzung bei Bates – die New Yorker Branchenpresse verpaßte Jacoby den Spitznamen „MacBates" – bescherte den Brüdern die schlimmste Zeit ihrer Unternehmerlaufbahn, den Verlust etlicher Etats und sehr schlechte Publicity.

Oben: Anthony Simonds-Gooding war als Hauptgeschäftsführer bei Whitbread tätig, als Maurice Saatchi „mit einer Rose zwischen den Zähnen ins Fenster kletterte" und ihn überredete, als Chef des Unternehmensbereichs Kommunikation zu Saatchi zu kommen. Er verbrachte das folgende Jahr mit dem Versuch, Ordnung in das durch die „MacBates"-Affäre entstandene Chaos zu bringen. 1987 übernahm er die Leitung von British Satellite Broadcasting.

Unten: Victor Millar war einer der beiden Chefs von Arthur Andersen, der größten Unternehmensberatung der Welt, als die Saatchis ihn für angeblich rund 1 Million Dollar Jahresgehalt dafür gewannen, ihren Vorstoß im Consulting-Bereich anzuführen. Nach dem Ausscheiden von Simonds-Gooding übernahm er auch die Verantwortung für den Unternehmensbereich Kommunikation.

Eines der zentralen Objekte der Ausstellung NY ART NOW, bei der von Künstlern aus dem New Yorker East Village stammende Werke aus der Sammlung von Charles und Doris Saatchi gezeigt wurden. Der Hase aus rostfreiem Edelstahl stammt von Jeff Koons, einem Lieblingskünstler der Saatchis, der bekannter für seinen Staubsauger unter Plexiglas oder im Wasser schwebenden Basketbälle ist.

Die Wahl von 1983

Links: Michael Dobbs war vor der Wahl von 1979 persönlicher Assistent von Mrs. Thatcher, aber sie bot ihm danach keinen Job in der Downing Street an. 1983 wurde er Assistent von Tim Bell, und im Wahljahr 1987 war er als Stabschef in der Parteizentrale der Konservativen unmittelbar an den Auseinandersetzungen zwischen Norman Tebbit, Lord Young und den drei Werbeagenturen beteiligt, die allesamt den Sieg von Mrs. Thatcher für sich reklamierten. Heute ist er als Direktor im Unternehmensbereich Kommunikation von Saatchi tätig.

Rechts oben: Tim Bell, der hier die Aktion eines jungen Mannes bewundert, welcher einen Job in der Werbung sucht, wurde einst als der „dritte Bruder" angesehen. Er scherzte später, daß er wohl eher das &-Zeichen in Saatchi & Saatchi sei. 1983 trennte er sich von den Brüdern.

Rechts unten: Cecil Parkinson, Parteivorsitzender der Konservativen, hatte keine so enge Beziehung zu Tim Bell wie 1979 sein Vorgänger Lord Thorneycroft; aber er verhalf Mrs. Thatcher dessen ungeachtet zu ihrem zweiten Wahlsieg.

Die Wahl von 1987

Links: Die Professionalität, mit der die Labour Partei ihren neuen Führer Neil Kinnock in der ersten Fernsehwerbesendung des Wahlkampfes präsentierte, überraschte die Tories – und auch Saatchi. Allerdings konnte Labour das nicht in Stimmengewinne umsetzen.

Mitte: Norman Tebbit, der einmal als „Thronfolger" von Mrs. Thatcher galt, hatte einen Tiefpunkt erreicht, als dieses Bild im August 1986 im Büro des Parteivorsitzenden der Tories aufgenommen wurde. Am folgenden Tag aber rief ihn die Premierministerin an, um sich mit ihm auszusprechen.

Unten: Lord Young traf sich heimlich mit Tim Bell und anderen „Verbannten", die Mrs. Thatcher im Wahlkampf berieten. Er war kein Saatchi-Anhänger. Die Brüder verzichteten nach dieser Wahl auf die weitere Verwaltung des Tory-Etats.

Links oben: Martin Sorrell hat viel von den Brüdern gelernt. Er machte den Riesensatz vom Finanzchef der Saatchi zum Käufer von J. Walter Thompson, der „Universität der Werbung". Mit einem Angebot von 566 Millionen Dollar behielt er in der dramatischen Übernahmeschlacht die Oberhand.
Rechts oben: Als die Brüder beschlossen hatten, ins Bankgeschäft einzusteigen, wandten sie sich zunächst an Sir Peter Middleton vom Finanzministerium. Er hielt sich bedeckt.
Links unten: Der Vorstandsvorsitzende der Midland Bank, Sir Kit McMahon, brachte Maurice aus dem Konzept, als er ihn fragte: „Was würden Sie tun, wenn wir noch eine Milliarde Pfund abschreiben müßten?"
Rechts unten: David Davies, Hauptgeschäftsführer von Hill Samuel, war von den Bank-Plänen Maurice Saatchis sehr beeindruckt. Nur ein Kurseinbruch der Saatchi-Aktien verhinderte eine Übernahme dieser Bank durch Saatchi & Saatchi.

campaign

the newspaper of the communications business September 11 1970 3s

Why Campaign is first

Campaign celebrates its second birthday this week with the inside story of the setting up of an important new agency. Over the last 12 months, in fact, all the major events the industry have been recorded first and frequently only in *Campaign*. At the same time *Campaign's* appointments pages, now designed in columns, are carrying more job ads than any similar paper. The story is the same with display advertising.

More and more companies are realising that the best medium in which to advertise is *Campaign*, because *Campaign* is the only publication to give full, in-depth coverage of advertising and marketing

news 2-7, International 8, Leader 11, Letters 11, Criticism/Press 13-15, Criticism/ 16, TV Ratings 19, The Saatchi and Saatchi agency 21, Charles Marowitz on advertising *Campaign* Interview— George Cannon of Alliance and Carty 25-29, Advances 44, Appointments 35-43, and 44. Philip Kleinman 44

-Pritchard Wood director goes to Eden Vale

Mr. HOOPER, a former director of Pritchard Wood, has been appointed marketing director of Eden Vale, the dairy foods subsidiary of Express Dairies. He replaces Fred Barker who retired recently.

Hooper, who joined Pritchard Wood after the Brase Massimi breakaway in 1968, was in charge of account services and was thought at one time to be successor to Austen Barnes, then managing director of the agency. But he left the agency in April this year following a top management reshuffle, when Barnes became chairman and was succeeded as account director Ian Pratt and creative director Bill Lans. Since then he has been doing consultancy work.

Saatchi starts agency with £1m

CHARLES SAATCHI, the copywriting partner of the highly reputed Cramer Saatchi creative consultancy, is setting up his own agency.

It will start with five accounts and a billing approaching £1 million.

The accounts are Jaffa oranges, Granada TV rentals, the Health Education Council, a division of the Amoco oil company and a cosmetic and fashion company for which it will launch a new range of products.

Saatchi, 27, is starting the agency, Saatchi and Saatchi and Company, with his brother Maurice, 24, business development manager at Haymarket Press and a former promotions manager of *Campaign*. Maurice will be responsible for new business and "marketing the agency". The agency is being backed by a City financial group plus a considerable investment from the elder brother.

The agency is strongly orientated towards the creative side and much interest will centre on whether it can be as successful as the Cramer Saatchi consultancy which is now folding.

For while admiring the work of Saatchi and art director Ross Cramer, critics have claimed that it is one thing to run a consultancy doing new presentations in a marketing vacuum and another to run advertising that must appear in the open market. Charles Saatchi points out, however, that he has produced campaigns, which have run, for a number of packaged-goods clients.

The Cramer Saatchi consultancy was formed over two years ago when Saatchi and Cramer left Collett Dickenson Pearce. Cramer will now direct commercials through the Terence Donovan production company (Hotline, June 26).

The split appears to be an amicable one. Cramer, who will make most of the commercials for the new agency says: "When it came to the point of forming an agency I realised I didn't want to go on working in an office for years. And I had become far more interested in the television side of advertising."

The consultancy specialised in presentation work for agencies and, according to Saatchi, worked for 15 of the top 20 agencies in London and helped more than £6 million of billing. It became best known for its creative work for the Health

Charles Saatchi (left) and his brother Maurice ... on their own

Charles Saatchi: We'll cut ourselves off Page 21

Education Council, creating the anti-smoking campaign, the Pregnant Man ad for contraception, the award-winning Fly poster for food hygiene and the controversial venereal disease posters.

The consultancy also worked direct for a number of clients and, though the agency has not pitched for the business, it hopes that these clients will use it.

The agency will have three directors in addition to the Saatchi brothers: Tim Bell, 30, media manager at Geers Gross, a supermarket executive whom the agency will not yet name and a financial adviser still to be appointed.

Two new creative people are joining those already at the consultancy. They are Ron Collins,

31, senior art director at Doyle Dane Bernbach, and Alan Tilby, 25, a copywriter at Colletts. Collins will be an associate director with John Hegarty, an art director at the consultancy.

Collins was responsible for the famous Martell brandy campaign with French scenes such as an outdoor wedding reception, Dunn's suits which won the DADA ad of the year award in 1969, and Acrilan.

Tilby has worked on Hamlet cigars, the launch of Mellow Virginia Flake, Pretty Polly stockings and Ford.

The agency will have an unusual structure with working and control groups for each account. When a new account is taken on there will be a general discussion with all the staff after which a working group of six or seven will be appointed. The group would consist of four creative

TURN TO PAGE 5

Let the radio sponsors in, says Bow Group report

THE ban that prevents advertisers from sponsoring TV programmes should not be applied to commercial radio, says a report published today by the Bow Group, the independent group of left-wing Tories.

The report, prepared by eight Bow members including advertising and Press people, says: "If BP wanted to finance an opera performance in London and sponsor it on radio, as Texaco does with the New York Metropolitan, why forbid this?"

Stations should carry a maximum of six minutes of advertising an hour, plus a specialised ration of time for advertising magazines of the shopping guide variety, says the report.

Commercial radio should be supervised by a Central Radio Authority operating through a Local Radio Authority in each station's area. Content should lie between "the pap and paternalistic extremes."

To help the bigger advertisers, the central authority would have under it a central timeselling agency offering deals for national or regional coverage, says the report.

Authors of the report are David Weeks, a Bensons account director; Donald Etheridge, marketing director of the David Macaulay agency; Max Hanna, an IPC marketing research executive; Pamela Dyas, an IPC research and development administration officer; Eric Reynolds, marketing executive at Sadlers Wells; Terence Kelly, journalist and broadcaster; John Costello, a TV producer; and Patricia Hodgson, formerly of the Conservative research department.

Commercials firm to close down

THE Runnymede production company is to fold at the end of the month. Gordon Murray, the commercials director and founder of the firm, says: "We have not gone broke and all commitments will be met when we stop trading."

Murray started Runnymede with lighting cameraman Sam Martin in 1959. In production company terms this makes it one of the old established commercials shops. It has made films for Coca Cola, Dunlop, Philips, Ambrosia sago and the Dutch Dairy Bureau.

It was regarded as an efficient and low cost company but suffered from a lack of fashion image and a general slowing up of commercials production in recent months.

Why I think it's time for a new kind of advertising.

By Jeremy Sinclair

The first Lord Leverhulme, Britain's original margarine and soap king, won undying literary fame by observing that half of the money which he spent on advertising was wasted, but that he didn't know which half. For all he knew, Lord Leverhulme may have wasted still more of his advertising money, and many of today's advertisers doubtless waste more than Lord Leverhulme.

Wasted ads are the ones which nobody sees, reads or notes. Ads are unseen unless the agencies which create and place them, and the clients who approve and pay for them, remember the prime purpose of advertising. Lord Leverhulme never forgot that prime objective. In his day, the age of the entrepreneur, the great ads and the great advertisers were the great sellers. They still are.

Expenditure of shareholders' money is only justified if it ultimately produces a quantifiable and adequate return in the same terms – money. In advertising language, this means that a campaign only succeeds if it ultimately helps to create new sales for the client, and does so effectively and economically. This self-evident truth rests on another: advertising cannot create sales unless (first and above all) it catches the consumer's attention; then, interests the consumer; then, changes the consumer's attitudes; and finally, sells to the consumer. These are the four Stages of Man in advertising; Attention, Interest, Desire and Action.

The sheer power of advertising is so great, anyway, that it can triumph over a lack of penetration which would kill off many other industries. Research by Gallup shows that only 26 per cent of readers of a national newspaper read the average *full page* ad: in other words, if the ad pulls, it does so despite the 74 per cent of the readership which completely ignores the advertiser's expensive message, and which never passes advertising's Stage One. Gallup's files also contain examples of full-page colour ads in a national daily which were noted by only 5 per cent of the readers, and actually read by none of them. Plainly, an ad which everybody reads is far superior to one which somebody reads: but an ad which nobody reads does nothing except cost money. Oddly enough, some companies expect little else from their advertising.

A familiar management failing...

This emerged in a recent survey in *Management Today* by Simon Majaro, director of Strategic Management Learning, and a partner with management consultants, Urwick Orr. He found that many manufacturing firms glibly claimed advertising objectives (making no attempt to measure their achievement) like "improving image of company's products", "improving company's image" and "creating brand awareness" – these objectives were put above "increasing sales", which was regarded as somehow inferior. This is an example of a familiar management failing – putting the means before the end.

Images and brand awareness are meaningless if they fail to achieve greater turnover: the test is the cash in the till, and passing that test is far harder than image-building or winning awards. The great split between so-called creative hot shops and the big marketing agencies is wholly fictitious. A creative ad is only an exercise in self-indulgence unless it achieves the client's marketing purposes, expressed in concrete terms of sales penetration; and a marketing agency cannot achieve any result, except the expensive duplication of its clients' own marketing and merchandising skills, unless it creates ads that seize the public mind.

The proper role of the middle-man

The self-induced schizophrenia in the advertising world can create confusion in the agency itself. For example, what is the proper role of the account executive, the middle-man between the advertiser and the people who are paid to create the ads? It must not be to block the creators from direct access to the client: for the risk then is that ads will get created, not to sell more *for* the client, but to give the middle-man something which he can sell *to* the client.

The current experiments with internal agency organisation point to this anxiety: the famous open plan offices at KMP, with creative people hopefully jostling against account executives to some better effect than bruised shoulders; or the division of Lonsdale Crowther into self-contained groups of creative and account-servicing staff; or the total abolition of the account executive by the new Saatchi and Saatchi agency, which adds to its gratifying start of almost £1 million of initial billings, a self-declared role as "just salesmen". The account executive's replacement is a coordinator who is not briefed by the client, does not brief the creative people, does not pass judgement on ads and does not present ads to the client, but works with the creators as a day-to-day administrator.

Obviously, the mode of organisation counts for nothing compared to the results and, in the agency world, there is always a fashion of not being in fashion. No new agency, bursting with all the usual bravado would dream of appearing without new organisational clothes. The Saatchi and Saatchi salesmanship dress gets its individual cut (what you might call a Unique Selling Proposition) from the peculiar nature of its birthplace – a hard-selling creative consultancy called Cramer Saatchi.

Two years ago, creative consultancy itself was a virgin idea. Its subsequent flowering also points to problems inside the big agency. An agency presumably calls in consultants because of doubts whether its own creative staff can produce effective advertising unaided. Several causes arise naturally from time to time even in the best-regulated shops like simple shortage of able bodies; or else thinking on an account gets too inbred, until the agency realises it cannot judge campaigns objectively – it is trapped by its total immersion in the client's own business philosophy and prejudices.

Great advertising nearly always involves looking at a marketing problem in a totally new light – often from a viewpoint which is distasteful to the conventional client. Thus Bill Bernbach of Doyle Dane Bernbach came back to Avis with the unwholesome news that the only thing which the agency could find to say about Avis was that it was Number Two: the rest is advertising (and selling) history. The consultant trades on his blissful ignorance – on coming in fresh to every account, unexposed to the client's sales objectives, marketing problems, management preoccupations and fixed ideas.

Diminishing the power of the retail chains

The major snag when consultants, like Saatchi and Saatchi, proliferate into agency form, is how to preserve this freshness. Their device is to split the agency into two groups on every campaign. The so-called working group, advised by an ex-supermarketeer whose role is to tilt at the growing power of the big retail chains, gets fully involved with the client; its Siamese twin, the control group, knows nothing about the marketing ideas behind the campaign, and asks only one awkward question. Will these ads sell to a consumer who knows equally little about the marketing logic behind them and cares even less?

The potential for what is euphemistically known as "creative tension" between the groups is enormous, but again the results are the only criterion. For this particular agency, that criterion looms especially large, since it is not cheap – charges will average about 22 per cent of total billings – far above the norm: it results from dropping that dear, dying, illogical commission system in favour of cost-plus fees. Its clients pay the agency's costs, amortised over the period of expenditure and net of commission; the quid pro quo for the 22 per cent touch is a promise of the cheapest possible buying of space and time. The growth of the new media brokers has shown how far shrewd and determined media buying can stretch a budget (and stretch a middle-man's profit).

The mechanical task of placing ads most effectively, in terms of price and impact, has been most curiously neglected. For instance, back covers of magazines are seen by far more people than inside pages: yet all media owners know that most back covers are hard to sell. Advertising is beset by other hoary prejudices – for instance, that there's no point in advertising in August and January. Prevalence of myths, which could be smartly destroyed by investigation (or even by common sense), means a disregard for fact – and fact is the foundation of all successful advertising.

A salesman's job

You cannot, except for the briefest span of time, persuade consumers to buy a bad product. If the product is genuinely good, the most effective method of selling and advertising that product is invariably to present the facts about its advantages. Advertising which does its salesman's job presents accurate, meaningful facts about the goods or services of the client: and these few factual ads must be bold or original enough to persuade readers or viewers to pay attention to the facts.

Similarly, effective advertisers must judge agencies by the facts of their own sales performance – and many don't: Saatchi and Saatchi make the unlikely boast that their salesmanship line will cut them off from half their potential clients. Certainly, it is folly to hide behind the smoke-screen of Lord Leverhulme's celebrated dictum (another non-factual myth) and the intangibles of the image. What should concern all advertisers are the tangibles of their advertising expenditure and of the revenue which that spending generates or (as in the case of the Wasted Ads) fails to generate.

Saatchi & Saatchi and Company
6, Golden Square, London, W1R 3AE.
01-734 9111

gelten und ein Unternehmensdarlehen in Höhe von 1 Million Pfund zurückzahlen. Um dazu in der Lage zu sein, mußte er Anteile im Wert von 3 Millionen Pfund verkaufen, und er errechnete später einmal, daß ihn sein Ausscheiden bei Saatchi runde 1,5 Millionen netto gekostet hätte. Er war darüber äußerst verbittert, obwohl Saatchi & Saatchi – als eine Aktiengesellschaft – gar nicht anders hätte verfahren können. Immerhin verblieben ihm nach Abschluß der Transaktionen noch 2,4 Millionen Pfund übrig. Charles ließ ihn im übrigen noch einen Vertrag unterschreiben, nach dem er sich gegen einen Honorarvorschuß von £ 24 000 p.a. zur Mitarbeit an der nächsten Wahlkampagne für die Konservative Partei verpflichtete. Gleichzeitig war es Bell untersagt, diesen Etat „mitzunehmen".

Ganz zum Schluß gab es da noch eine Geste von Charles, die Bell bis heute nicht verwunden hat. Sein Ausscheiden bei Saatchi war für die Branchenpresse durchaus ein gewichtiges Ereignis, war doch jedes kleinste Vorkommnis in diesem Hause schon immer einen Bericht auf der Titelseite wert gewesen. Fünfzehn Jahre lang war Charles Saatchi die beste Informationsquelle von *Campaign* gewesen, und nun revanchierte sich das Magazin: Man brachte die Geschichte von Bells Abschied erst auf Seite 3.

Bell hat inzwischen seinen natürlichen Humor wiedergefunden, und sein Haß auf die Saatchis hat abgenommen. Aber er ist über die Sache nie ganz hinweggekommen. „Ich war einfach untröstlich", sagte er später einmal. „Es erschien mir alles so unnötig. Ich weiß nicht, warum sie sich gegen mich gewandt haben. Ich weiß nicht, warum wir uns entzweit haben. Ich weiß nicht, warum ich aus ihrer Zukunft ausgestrichen worden bin. Sie konnten mir das alles nie sagen." Die Brüder fühlen sich ihm gegenüber insofern schuldig, als sie nicht besser mit ihm umzugehen verstanden hatten, daß es ihnen langweilig geworden war, sich immer wieder mit ihm beschäftigen zu müssen. „Tim hätte den Mut aufbringen müssen, schon Jahre früher auszusteigen und seine eigene Agentur aufzumachen", meint ein leitender Saatchi-Mann. „Er hätte ein geradezu legendärer Werbemann werden können. Der Tory-Etat war ein goldenes Zeitalter für ihn, und er war so außergewöhnlich begabt, daß er ein ganz Großer hätte werden können. Wenn er sich in den letzten Jahren nicht alles vermasselt hätte, hätte er die Hälfte der Klienten von Saatchi & Saatchi mitnehmen können."

Der vielleicht objektivste Maßstab dafür, wie sehr sich Bells Position innerhalb der Werbeindustrie verändert hatte, ist wohl tatsächlich die Anzahl der Saatchi-Kunden, die ihm bei seinem Ausscheiden folgten. Als Frank Lowe Collett Dickinson Pearce seinerzeit verlassen hatte, war ihm fast die Hälfte der Kunden von CDP gefolgt. Bell war Chairman und Hauptgeschäftsführer von Saatchi & Saatchi Compton und auch der Mann gewesen, der dort mit allen Kunden direkt verhandelt hatte. Er fiel bei Lowe Howard-Spink & Bell wieder auf die Füße, aber er hatte keinen einzigen Saatchi-Kunden mitgebracht.

Trotzdem wird man den Eindruck nicht ganz los, daß er sofort zurückgehen würde, wenn man ihn nur fragte. Er ist aber wohl auch realistisch genug, um zu wissen, daß die Brüder das nie tun werden.

„Vielleicht haben sie mich nie gemocht", sagt Bell. „Vielleicht ist es das. Vielleicht haben sie mich niemals gemocht."

12

AUF ZUR MADISON AVENUE!

1954 schuf Thomas Rosser Reeves, damals Chef der Agentur Ted Bates in New York, einen Werbespot für das Fernsehen, der allgemein als der erste seiner Art angesehen wird. Er ist nicht nur charakteristisch für den Stil von Ted Bates, sondern auch dafür, wie man zu jener Zeit in der Madison Avenue über Werbung dachte. Der 60-Sekunden-Spot zeigte Hämmer, die munter auf gequälte Schädel einschlugen – er warb für Anacin, ein Mittel gegen Kopfschmerzen. Die Produktion kostete 8 400 Dollar, aber Reeves meinte später voller Stolz, daß er „diesem in sieben Jahren mehr Geld einbrachte als *Vom Winde verweht* David O. Selznick und der MGM in einem Vierteljahrhundert".

Dieser Werbefilm machte Ted Bates zur „heißesten" New Yorker Agentur der mittleren fünfziger Jahre. Jetzt war das Fernsehen überall, und es erwies sich als das wirksamste Verkaufsinstrument, das es je gegeben hatte. Reeves, der wegen der Art und Weise, wie er seine simple Botschaft durch ständige Wiederholung einzuhämmern verstand, der „Hufschmied" genannt wurde, war Meister einer aggressiven und harten Verkaufstaktik. Die effektivste Methode, so befand er, bestände darin, das für ein Produkt einzigartige Verkaufsargument, die USP (*unique selling proposition*) herauszufinden, also das, was dieses Produkt besonders auszeichne, der Konkurrenz aber als Argument nicht eingefallen sei.

Reeves herrschte in den fünfziger und sechziger Jahren auf jenen Höhen der Madison Avenue, von denen die Brüder Saatchi nur träumen konnten, als sie in den frühen achtziger Jahren auf die

Suche nach einer größeren New Yorker Agentur gingen. Ein anderer Gigant war ein Schotte namens David Ogilvy, heute eine der legendären Gestalten der Branche, dessen *Geständnisse eines Werbemannes* zu der Zeit, da die Saatchis anfingen, Pflichtlektüre aller jungen Leute war, die in die Werbeindustrie gehen wollten. Sein Stil war eleganter als der von Reeves – er beschrieb einmal den perfekten Werbemann als einen Menschen, in dem sich die Zähigkeit der Bulldogge und der Charme des Spaniels verbänden. Er glaubte an wissenschaftliche Daten und die Forschung und verwies immer wieder darauf, daß „die faktische Werbung der schwülstigen Marktschreierei" jederzeit überlegen sei. Ogilvy war von Verkaufstechniken fasziniert, und er führte neue Marketingdisziplinen sowie den Glauben an das „Langzeit-Image" von Produkten in die Werbung ein. „Jede Werbung ist Teil der langfristigen Investition in die ‚Persönlichkeit' einer Marke", schrieb er.

Sohn eines gälisch sprechenden Hochländers, wohnte Ogilvy als Junge im Hause von Lewis Carroll, dem Dichter von *Alice im Wunderland*, in Surrey, besuchte verschiedene Public Schools, flog von der Universität Oxford und wurde in Schottland Verkäufer von Kochern der Marke Aga. Im Alter von 24 Jahren schrieb er *The Theory and Practice of Selling the Aga Cooker:* „Er versklavt nicht den Koch, sondern er zivilisiert das Leben in der Küche." Seine Lebensgeschichte bis zu dem Zeitpunkt, da er im Alter von 33 Jahren die Madison Avenue erreichte, ist schon recht außergewöhnlich – er arbeitete als Koch im Hotel „Majestic" in Paris und ging später dann nach Amerika, um dort für Dr. George Gallup tätig zu werden, der 1932 bei Young & Rubicam mit dem Einsatz wissenschaftlicher Methoden begonnen hatte, die es ermöglichten, die Zahl der Hörer einer Radiosendung oder der Leser einer Zeitung (und damit einer Werbung) zu bestimmen.

Ein Kapitel in Ogilvys Buch beginnt mit dem Satz: „Vor fünfzehn Jahren war ich noch ein namenloser Farmer in Pennsylvania. Heute bin ich Chef einer der besten Werbeagenturen der Vereinigten Staaten, die Etats im Wert von mehr als 55 Millionen Dollar verwaltet." Also ein Präzedenzfall für die Saatchis. Und noch in anderer Hinsicht: Ogilvys Unternehmung in der Madison Avenue war zunächst von seinem Bruder Francis finanziert worden, der damals Chef der Agentur Mather & Crowther war. Die Saatchis waren also keineswegs das erste britische Brüderpaar, das die scheinbar so geschlossene und übermächtige Welt der amerikanischen Werbung erfolgreich anging, von der man geographisch inkorrekt als von der Madison Avenue spricht – so wie man die britische Presse wohl auch in Zukunft als Fleet Street bezeichnen wird, obwohl bereits die letzte Zeitung dort ausgezogen ist.

In seiner kurzen Geschichte der Agenturen Ogilvy, Benson und Mather von 1975 schreibt Stanley Pigott: „Francis Ogilvy hatte seine Vision verwirklicht. Er hatte das Unwahrscheinliche fertiggebracht und in der amerikanischen Werbewelt eine in britischen Händen befindliche Agentur gestartet. Er wußte, daß das Genie seines Bruders diese Agentur zum Erfolg führen würde." Hat das die Saatchis inspiriert und ermutigt? Ironischerweise sollte kaum einer aus der Branche dem Sprung der Saatchis nach New York ablehnender gegenüberstehen als der jüngere Ogilvy.

David Ogilvy machte in den sechziger und siebziger Jahren vielen aufstrebenden jungen Werbeleuten Hoffnung. Er erinnerte daran, daß Walter Chrysler im Jahre 1937 den Plymouth-Etat Sterling Getchel anvertraut hatte, der damals erst ganze 31 Jahre alt gewesen war; daß Ed Little 1940 den größten Teil des Colgate-Etats einer unbekannten Größe namens Ted Bates anvertraut hatte, Vorgänger von Reeves und Gründer der Agentur. Und General Foods hatte die Agentur Young & Rubicam, später einmal die größte der Welt, ein Jahr nach deren Gründung entdeckt. Die Rangordnung der Agenturen der Madison Avenue war also keineswegs geheiligt und unumstößlich, was Ogilvy in ungefähr der gleichen Anzahl Jahre bewiesen hatte, die auch die Saatchis dafür benötigen sollten.

Im Grunde genommen waren es aber weder Reeves noch Ogilvy, die die Generation von Charles Saatchi am stärksten beeinflußten, sondern ein dritter Gigant jener Zeit. War Reeves der Hufschmied der Madison Avenue, so war Bill Bernbach ihr Picasso – jener Mann, der die Branche zur „Kreativen Revolution" zurück führte. Wieder und wieder bezeichnen Leute wie Charles Saatchi, Ross Cramer, Jeremy Sinclair, Ron Collins und noch viele andere im Kreativbereich tätige Werbespezialisten Bernbach als den wichtigsten Einfluß ihrer „Lehrjahre". Im Falle von Charles Saatchi erstreckte sich dieser Einfluß tatsächlich nur auf das Kreative – was die Agentur anbetraf, die er und sein Bruder in ein paar wenigen Jahren aufbauten, so verdankte diese Bernbach wenig oder gar nichts. Da waren sie noch (auch wenn ihnen dieser Gedanke gar nicht behagen mag) weit eher Ogilvy verpflichtet. Angesichts der späteren Entwicklung entbehrt es nicht ganz der Ironie, daß der Gigant, dem sie absolut gar nichts verdanken, Rosser Reeves sein sollte – aber dessen Arbeit und Agentur lag doch noch zu weit außerhalb ihres Horizontes.

1911 in der Bronx geboren (sein Vater entwarf Damenmoden), besuchte Bill Bernbach verschiedene amerikanische Privatschulen, bevor er an der Universität von New York Anglistik, Musik und Philosophie studierte. Er zeigte, wie es einer seiner Biographen formulierte, „jene Art von mühelosem Eklektizismus, der es ihm später während seiner Karriere in der Werbung möglich machte, in ganz verschiedenen Disziplinen tätig werden zu können". Wie so viele andere auch, kam er eher durch Zufall zur Werbung und bewährte sich schon bald als begnadeter Werbetexter. In den späten vierziger Jahren beunruhigten ihn zunehmend die wissenschaftlichen Methoden, die sich in der Werbung durchsetzten und sie beherrschten. 1947 verfaßte er eine an seinen Boß gerichtete Denkschrift, in der er einige der Themen ansprach, die ihn für den Rest seines Berufslebens beschäftigen sollten: „Ich habe die Befürchtung, daß wir statt der Substanz immer mehr den Techniken huldigen. Ich will keine Wissenschaftler haben. Ich will keine Leute, die das Richtige tun. Ich will Leute, die etwas Anregendes hervorbringen können. Lassen Sie uns neue Wege gehen."

Im Juni 1949 machte sich Bernbach, nun 38 Jahre alt, auf, seinen eigenen neuen Weg zu gehen. Zusammen mit Ned Doyle für die Etatverwaltung und Maxwell Dane als Administrator und Finanzmann gründete er Doyle Dane Bernbach, wobei sie gleich den Willen, von den herrschenden Vorstellungen abzuweichen, dadurch signalisierten, daß sie in ihren Firmennamen weder Komma noch &-Zeichen aufnahmen. Sie starteten mit 13 Mitarbeitern und einem Etatvolumen von 500 000 Dollar, und ihr erstes Büro befand sich im obersten Stockwerk des Gebäudes Nr. 350 an der Madison Avenue, wohin der Lift nicht mehr fuhr. Bernbach wohnte den größten Teil seines Lebens in einem altmodischen Stadtviertel, fuhr mit der U-Bahn und behauptete, daß er und seine beiden Partner sich wahrscheinlich weniger um die Unterhaltung von Klienten bemüht hätten als jede andere Agentur. „Wir sind drei Männer, die sehr bescheiden leben, und wir bewirten keine Kunden, bloß weil wir deren Geld brauchen."

In mancherlei Hinsicht war er das genaue Gegenteil von Charles Saatchi. Klein und gedrungen, mit sanften Zügen, milden blauen Augen und ergrauendem Blondhaar, war er zudem überaus vernünftig, ausgeglichen und bis zur Langweiligkeit unexzentrisch. Zu seinen Hobbies gehörten Musik, Literatur und die Philosophie von Bertrand Russell, den er häufig zitierte: „Selbst in den Bereichen der reinsten Logik ist es die Erkenntnis, die zuerst zu dem gelangt, was wirklich neu ist."

Das Zeitalter Bill Bernbachs war gerade erst angebrochen. In den fünfziger Jahren hatten die amerikanischen Werbeagenturen im Zuge der Hochkonjunktur im Konsumgütersektor erheblich expandiert, deren integraler Bestandteil sie ja waren – für manche sogar ihre Ursache. Man war der Auffassung, in der neuen „Überflußgesellschaft", d.h. in einer Zeit, in der die Entbehrungen von zwei Jahrzehnten der Depression und des Krieges einer enormen Nachfrage gewichen waren, eine lebenswichtige ökonomische Funktion zu erfüllen. In den Vereinigten Staaten der fünfziger Jahre gab es so gut wie keine Arbeitslosigkeit, betrug die Inflationsrate 1 Prozent, war Energie billig und reichlich vorhanden. Je mehr große Fabriken überall im Lande aus dem Boden gestampft wurden, desto intensiver legten die Werbemenschen den Verbrauchern den Verbrauch ans Herz. Zu Ende dieses Jahrzehnts entfielen 25 Prozent der Weltproduktion auf die Vereinigten Staaten, wurden 95 Prozent der verkauften Autos, des Stahls und der elektrischen Gebrauchsgüter – das war noch vor dem Durchbruch der Japaner – in eigenen Werken hergestellt. Die Madison Avenue wurde nun sogar zum Hintergrund von Filmen, Theaterstücken und Romanen – Doris Day und Rock Hudson durchlebten ihre unschuldigen Romanzen in Agenturbüros, und Gregory Peck war *Der Mann im grauen Flanell*.. Frederick Wakemans Buch *The Hucksters* zeichnete 1946 das Bild einer skrupellos manipulierenden Industrie, was aber die Öffentlichkeit bei weitem nicht so in Unruhe versetzte wie Vance Packards *Geheime Verführer*, das 1957 auf den Markt kam und die Auswirkungen der wissenschaftlichen Methoden in der Werbewirtschaft enthüllte.

Bill Bernbach produzierte in dieser ganzen Zeit eine völlig neue und andersartige Form der Werbung. Sie entsprach dem „weichen Verkaufen" und ersetzte allmählich die hämmernden Wiederholungen der USP. Bernbach verwarf die von vielen großen Agenturen vertretene Auffassung, daß „der Job erledigt ist, sobald man das Verkaufsargument bestimmt hat". Die Forschung verfertigte in seinen Augen nur Mittelmäßigkeit und führte zu Langeweile. „Es gibt eine Fülle guter Techniker in der Werbung. Sie kennen alle Gesetze und beherrschen ihr Metier. Aber die Sache hat einen kleinen Haken. Sie vergessen nämlich völlig, daß Werbung Überraschung ist, und Überredung ist keine Wissenschaft, sondern eine Kunst. Werbung ist die Kunst der Überredung." Er zog die „intuitiven Eingaben der Inspiration" vor, die „sich einer wissenschaftlichen Erforschung widersetzen".

In dem Klima der Zeit nach Packard und Galbraith kam Bill Bernbach groß in Mode. Er schuf die meisten seiner besten Werbungen in einem Zeitraum von nur wenigen Jahren. 1959 bekam er den Volkswagen-Etat, und „erschloß damit in jeder Beziehung Neuland", wie es einer seiner Bewunderer, der britische Werbemann David Abbott, ausdrückte, der für ihn arbeitete. VW verkaufte in den Vereinigten Staaten bereits 150 000 Autors pro Jahr, als Bernbach auf den Plan trat und diese Zahl mit einer Serie von bilderstürmerischen und gewagten Werbefilmen und Anzeigen noch beträchtlich in die Höhe steigen ließ. Er nutzte dabei die offensichtlichen Schwächen des Autos, das damals noch immer sehr stark mit Hitler-Deutschland in Verbindung gebracht wurde. Er machte sich über das Gefährt lustig und produzierte beispielsweise einen Werbefilm, der eine vollkommen verlassene Landschaft mit Wagenspuren im Schnee zeigte – nirgends war ein Auto zu sehen. Der Text verkündete, daß man am Ende ein prächtiges Bild von einem VW zu sehen bekommen werde. Und dann erschien ein Volkswagen, der von einem Abschleppwagen gezogen wurde. Darunter stand: „Ein sehr seltenes Bild." Seine Werbung sprach davon, daß „unser komischer kleiner Motor unser komisches kleines Auto ganz bestimmt schnell vorwärtsschieben kann". Eine Anzeige, mit der er in der Mitte der sechziger Jahre Neuland betrat, zeigte lediglich eine Linie, die ganz grob dem häßlichen Umriß eines VW-Käfer entsprach. Darunter stand: „Wie lange können wir Ihnen wohl diese Linie noch anbieten?"

Das Branchenblatt *Advertising Age* erklärte später die VW-Werbung von Bernbach zur besten Kampagne dieser Jahrhunderthälfte. Es ist nicht schwer zu verstehen, daß eine solche Werbung in einem Lande wie Großbritannien, das von satirischen Sendungen wie *That Was The Week That Was, Beyond the Fringe* und später *Monty Python's Flying Circus* hingerissen war, eine besondere Anziehungskraft auf kreative junge Leute wie etwa Charles Saatchi oder Ross Cramer haben mußte.

Ende der sechziger Jahre waren ungefähr zwei Dutzend amerikanische Agenturen an die Börse gegangen, und niemand ahnte, was ihnen bevorstand. Denn die frühen siebziger Jahre brachten eine Rezession und damit einen starken Konsumrückgang. Nach 25 Jahren beispiellosen Wachstums war es ganz plötzlich mit der „Gesellschaft im Überfluß" vorbei. Die Hersteller beschnitten ihre Werbeetats. 1971 mußten viele große Agenturen – JWT, McCann, Young & Rubicam, Bates und BBDO eingeschlossen – empfindliche Verluste hinnehmen und erlebten eine abwärtsführende Spiralbewegung – je mehr sie ihre Schwierigkeiten zu erkennen gaben, desto mehr Klienten zogen sich zurück. Vor allem die kreativeren Agenturen büßten Etats ein und waren gezwungen, sich wieder einem traditionelleren, marketing-orientierten Stil anzunähern. Die „Kreative Revolution" fand nach einem Jahrzehnt ein abruptes Ende.

Eine Reihe von Agenturen kaufte ihre eigenen Aktien auf und zog sich von der Börse zurück. Viele suchten nun keine kreativen Talente mehr, sondern lieber Marketing-Experten – und David Ogilvy gehörte zu denen, die das begrüßten. „Heute sind wir, dem Himmel sei's gedankt, wieder als Verkäufer in unserem Geschäft tätig, und nicht als prätentiöse Unterhalter. Das Pendel schwingt zu unserer Seite zurück." In Wahrheit pendelte die Werbung keineswegs hin und her, sondern sie entwickelte sich weiter – und Ogilvy selbst gehörte zu den ersten, die zugaben, daß eine kreative Werbung nach wie vor entscheidend für die Branche sei.

Die siebziger Jahre erlebten zudem in der Werbebranche eine gewaltige Fusionswelle. Edward Ney übernahm im November 1970 die Leitung von Young & Rubicam und baute durch eine Reihe ehrgeiziger Zusammenschlüsse ein Unternehmen auf, das hinsichtlich des nationalen Etatvolumens schon bald JWT übertraf. Die Übernahme von Marstellar im Jahre 1979 verschaffte ihm dann auch weltweit das größte Etatvolumen. Andere Agenturen folgten diesem Trend. Interpublic kaufte Campbell-Ewald, Ogilvy übernahm Scali McCabe Sloves (die „heißeste" neue Agentur der siebziger Jahre), während Wells Rich Greene die Agentur Gardner kaufte. Bates schluckte Campbell-Mithun, und die drei größten PR-Firmen wurden von Thompson, Y&R und Foote Cone & Belding aufgekauft.

Ende der siebziger Jahre hatte die amerikanische Werbung endlich zu einer neuen Hochkonjunktur zurückgefunden. Der „weiche" Verkauf war dem „harten" gewichen, und das neuerliche Wachstum der Unternehmen förderte eine Werbung, die sich auf rationale Inhalte stützte. Das gefiel den kreativen Werbeleuten natürlich gar nicht, und *Advertising Age* verkündete 1977, daß die Werbeindustrie „auf den neuen kreativen Giganten wartet, der uns alle aufrüttelt". 1980 behauptete *Advertising Age* dann, daß sich die Branche „an der Schwelle einer neuen kreativen Revolution" befinde.

Das war tatsächlich der Fall – aber der Wandel nahm seinen Ausgang jenseits des Atlantiks. Die Saatchis standen bereit, die Neue Welt zu erobern.

Katalysator des ersten großen Vorstoßes, den Saatchi & Saatchi in Richtung der Vereinigten Staaten unternahm, war das in Cincinatti ansässige Unternehmen Procter & Gamble. Saatchi hatte im Laufe der Jahre etliche Produkte dieses Konzerns betreut, so beispielsweise die Waschpulver Ariel und Fairy Snow, das Shampoo Head & Shoulders, die Babywindeln Pampers und noch verschiedene andere. Ken Gills Versprechen von 1975, daß P&G von dem Zusammenschluß von Saatchi und Compton profitieren werde, war eingelöst worden. In Großbritannien waren die Saatchis und P&G sehr gut miteinander zurechtgekommen, und P&G hatte der Agentur immer wieder neue Etats anvertraut.

Aber P&G war nicht nur der größte Etat von Garland-Compton, sondern auch von Compton Advertising in New York. Und Milt Gossett begann darüber nachzudenken, wie er diesen Etat schützen könne, denn er befürchtete, daß die Expansionspläne der Brüder früher oder später zu Schwierigkeiten mit der Gruppe in Cincinatti führen würden – und daß das nicht ohne Folgen für Compton New York bleiben könne. Im New Yorker Werbeland schwirrten schon länger Gerüchte umher, daß die Saatchis mit ein paar Agenturen ins Gespräch gekommen seien. Diese Gerüchte entsprachen der Wahrheit. Zu ersten Verhandlungen kam es 1977 mit einem

Unternehmen der Nahrungsmittelbranche, das eine mittelgroße Werbeagentur aufgekauft hatte, die es nun wieder abstoßen wollte. Sorrell führte die entsprechenden Verhandlungen, die gerade zu einem positiven Abschluß gebracht werden sollten, als sich noch eine bessere Aussicht eröffnete. Daniel & Charles, die Martin Sorrell 1978 mehrere Monate lang bearbeitete, war eine Agentur mittlerer Größe. Auch diese Verhandlungen entwickelten sich durchaus vielversprechend, als eines Tages Bob Gross von Geers Gross anrief, der davon gehört hatte, daß die Saatchis an einer amerikanischen Agentur interessiert waren. Er hatte enge Beziehungen zu der New Yorker Agentur Cunningham & Walsh, die ebenfalls für P&G arbeitete, und wußte, daß man dort nach einem Käufer Ausschau hielt. Sorrell wandte sich unverzüglich dieser weitaus größeren und besseren Möglichkeit zu, und wiederum kam es zu detaillierten und langwierigen Gesprächen, die nun Maurice und Sorrell über Wochen in New York festhielten. Dabei ließen die beiden die Kontakte zu anderen Aspiranten keineswegs abreißen, während sie an diesem Projekt arbeiteten.

Das war eine detailreiche, gewissenhafte und oftmals auch frustrierende Arbeit, aber sowohl Maurice als auch Sorrell waren bestens dafür geeignet. Die disziplinierte Vorgehensweise von Maurice und Sorrells außergewöhnlich großer Sachverstand in finanziellen Fragen machten die beiden am Verhandlungstisch zu einem höchst eindrucksvollen Gespann. Die Brüder wollten unbedingt sichergehen, daß ihr erster Schritt in New York auch der richtige war. Viele waren im beinharten Übernahmegeschäft gescheitert, und die Brüder wollten nicht dazugehören. Die Verhandlungen mit Cunningham & Walsh bereiteten Milt Gossett einigen Kummer, als er gerüchteweise davon erfuhr. Entsetzt rief er das Saatchi-Büro in London an und wollte wissen, ob sich dort denn niemand im klaren darüber sei, wie sehr P&G darauf achtete, seine Werbeaufträge an eine größere Zahl verschiedener Agenturen zu vergeben. Wenn man davon erführe, daß Saatchi dabei sei, eine weitere dieser Agenturen zu übernehmen, dann würde man wohl alle Etats abziehen – von Compton in New York ebenso wie von Saatchi & Saatchi Compton in London. Und das wäre eine Katastrophe.

Maurice und Sorrell gaben am Ende Cunningham & Walsh auf und machten Jagd auf eine andere, noch bessere Agentur, und zwar auf Wells Rich Greene, die von der legendären Mary Wells gegründet worden war, einer der wenigen Frauen, die sich an der Spitze einer amerikanischen Agentur hatte behaupten können. Maurice und Sorrell reisten nach Südfrankreich, wo sie eine Villa am Cap Ferrat bewohnte, und auch diese Gespräche zogen sich wieder über Monate hin. Aber auch sie führten nicht zum Erfolg. Die ganze Zeit über hatten die beiden auch mit Compton New York verhandelt, aber das erschien nie eine wirklich ernstzunehmende Möglichkeit, auch wenn sie den Brüdern sehr recht gewesen wäre. Dann tauchte mit Doyle Dane Bernbach eine noch bessere Möglichkeit auf. Sorrell hatte seinerzeit auf der Harvard Business School einen Verwandten von Bill Bernbach, Neil Austrian, kennengelernt, mit dem er nun Kontakt aufnahm, um mit ihm über eine Übernahme zu sprechen. Tim Bell kam nach New York, und sie gingen alle zusammen ins La Cirque essen. Aber auch aus dieser Geschichte wurde nichts. Bernbach wollte nicht verkaufen, und Maurice war bald schon klar, daß er selbst gar nicht kaufen wollte, selbst wenn er sich das hätte leisten können. „Bernbach machte auf mich den Eindruck eines ziemlich verrückten Vereins", berichtete er dem Bruder. Die Suche ging also weiter.

Bei Compton waren die leitenden Mitarbeiter ebenso nervös wie Gossett. Die Reputation der Saatchis war mit dem Tory-Etat und dem Sieg von Margaret Thatcher enorm gewachsen, und niemand in der New Yorker Agentur zweifelte an ihrer Kreativität. „Das sind ein paar verrückte Kerle, die gar nicht daran denken, sich an die Regeln zu halten", sagte Gossett zu seinen Direktoren. „Sie sind brillant, aber auch verrückt." Sein Team hatte gut mit ihnen zusammengearbeitet, und er hatte die beiden Brüder kennen und schätzen gelernt. Maurice und seine Frau Gillian hatten Wochenenden im Hause der Gossetts verbracht, und er war seinerzeit ihr Gast gewesen. Er hatte sich auch mit Charles und Doris getroffen, und sie hatten sich lebhaft über Kunst unterhalten. Tim Bell war des öfteren herübergekommen, und sie hatten gemeinsam Präsentationen durchgeführt, die denkwürdigste bei Coca Cola. Die Beziehungen zwischen den beiden Agenturen waren gut, jedenfalls in technischem Sinne. Das alles aber konnte durch eine einzige unbedachte Übernahme zunichte gemacht werden, die zwar Saatchi & Saatchi nutzen mochte, Compton aber durchaus schaden konnte.

Gossett traf daher allmählich eigene Verteidigungsvorkehrungen. Er sprach mit P&G und erläuterte dort die Situation – für den Fall, daß ihn ein Präventivschlag treffen sollte. Des weiteren kam er zu dem Schluß, daß er entweder seine Beteiligung an Saatchi & Saatchi Compton erhöhen und die Kontrolle wieder an sich bringen oder aber eine andere Agentur in London finden müsse. Compton war ja nicht mehr an der Muttergesellschaft, sondern nur noch an der Tochter Saatchi & Saatchi Compton beteiligt, so daß Gossett nicht mehr sehr viele Druckmittel in Händen hatte. Er schnitt das Thema auch im Gespräch mit Maurice an, und man begann zu verhandeln. Gossett schlug vor, die Compton-Beteiligung an Saatchi & Saatchi Compton auf 40 Prozent zu erhöhen. Die Verhandlungen gestalteten sich zeitweise recht hektisch, und die Compton-Leute verloren bald den Überblick, wie oft die eine oder andere Seite unter Protest aus dem Verhandlungsraum gestürmt war. Am Ende stimmten die Saatchis aber der Erhöhung auf 40 Prozent zu. Die entsprechenden Papiere wurden ausgefertigt und alles für eine Zusammenkunft im Büro von Milt Gossett vorbereitet. Beide Brüder erschienen, um die Vereinbarung zu unterzeichnen. Da sagte Charles im letzten Augenblick: „Nein, ich möchte das doch nicht so haben", stand auf und ging hinaus, dicht gefolgt von Maurice.

Es war dann Maurice, der die Gespräche nach einiger Zeit wieder eröffnete. Er rief eines Tages – das war im Jahr 1981 – Gossett an, um ihm einen neuen Vorschlag zu unterbreiten: „Warum kaufen Sie uns nicht ganz?" Warum kaufte Compton nicht Saatchi & Saatchi zu 100 Prozent? Die Brüder waren vor sechs Jahren in der Lage gewesen, sich mit ihrer eigenen Agentur in Großbritannien mit verblüffendem Erfolg von Compton übernehmen zu lassen – warum sollte man das nicht noch mal in einem weit größeren Maßstab versuchen? Gossett kalkulierte das Projekt sorgfältig. Viele seiner leitenden Angestellten gehörten der Nachkriegsgeneration an, die sich jetzt – ihn selbst eingeschlossen – dem Ruhestand näherte. „Ihre Beziehungen zu den Saatchis waren eher so, als handle es sich bei denen um Marsmenschen oder als kämen sie vom Saturn", meint ein früherer Compton-Mitarbeiter. „Sie hatten keinen blassen Schimmer, wie sie mit ihnen umgehen sollten. Milt jedoch hatte eine zwanglose und direkte Beziehung zu ihnen, und er war von ihrer kreativen Arbeit unwahrscheinlich beeindruckt. Die kreative Arbeit von Compton war damals recht dürftig, die von Saatchi war das genaue Gegenteil."

Gossett entschied sich jedoch gegen den Vorschlag von Maurice. Er glaubte, daß er niemals die Zustimmung seines Managements bekommen würde, und er selbst hielt auch nicht viel davon. Dennoch nahmen sie die Gespräche wieder auf, die für Gossett neue Offenbarungen mit sich brachten. Maurice begann mit einer seiner wunderschön vorgetragenen Darlegungen der Saatchi-Philosophie und einer Beurteilung der Lage der Werbeindustrie. Er zeigte, wie Saatchi den Gewinn pro Aktie im Verlauf der letzten fünf Jahre um durchschnittliche 30 Prozent gesteigert hatte – und desgleichen das Etatvolumen von 13,7 Millionen Pfund im Jahre 1971 auf für das Jahr 1981 prognostizierte 100 Millionen Pfund. Er verwies darauf, wie notwendig es für die Werbeagenturen geworden sei, über internationale Netzwerke zu verfügen – er brauche wohl kaum daran zu erinnern, daß McCann Erickson mit dem Etat von Coca Cola Brasilien als Hebel auch den amerikanischen geknackt hatte.

Compton fehlte es – wie so vielen anderen Agenturen auch – an einer echten Unternehmensplanung. Gossett selbst kam aus dem Kreativbereich und gab unumwunden zu, daß er, wenn es um Zahlen ging, nicht so gut war. Die Saatchis dagegen schienen alles schon Jahre vorher zu bedenken. Gossett wollte sich noch immer nicht auf den Handel einlassen, gelangte aber zu der Ansicht, daß er hinsichtlich Comptons besser bald etwas unternähme, bevor es vielleicht zu spät dafür sei. Er ließ also durch seine Finanzexperten einen Expansionsplan ausarbeiten, ehe er sich auf den Übernahmepfad begab und erst Klemtner Advertising, dann Rumrill-Hoyt aufkaufte.

Dann rief eines Tages erneut Maurice an und fragte: „Warum kaufen eigentlich nicht wir Compton auf?" Gossett brach daraufhin in schallendes Gelächter aus, denn das war der ungeheuerlichste Vorschlag, der ihm je zu Ohren gekommen war. „Sie sind verrückt", sagte er. Trotz des rapiden Wachstums von Saatchi hatte Compton doch noch immer die doppelte Größe und war zudem weitaus etablierter. Er gedenke nicht, auch nur einen einzigen Gedanken an die Sache zu verschwenden, beschied er Maurice. Als dieser aber aufgelegt hatte, tat er eben dies doch – und je länger er darüber nachdachte, desto vernünftiger erschien ihm der

Vorschlag. Das Problem schien jedoch einmal mehr, die Zustimmung des Managements zu bekommen.

Inzwischen brachte jede Woche ein neues Gerücht, die Saatchis seien mit diesem oder jenem ins Gespräch gekommen. Es gab aber, so schien es Gossett, kaum eine Agentur, die sie hätten kaufen können, ohne in Konflikt vor allem mit P&G zu geraten. Für ihn gab es deshalb nur eins: Er mußte seine eigene Agentur in London haben.

Er reiste also hauptsächlich aus Verzweiflung nach London und kaufte dort die in Großbritannien auf dem siebten Platz stehende Agentur KMP, die 1964 mit einem ähnlichen Wirbel wie bei Saatchi & Saatchi gegründet worden war und die in der Liste der Etatvolumen 1974 sogar auf den fünften Platz vorgestoßen war. In der dann folgenden Wirtschaftskrise war es mit KMP aber abwärts gegangen, und die Agentur hatte beim Konkurs eines ihrer Klienten, Brentford Nylon, 210 000 Pfund eingebüßt. Für kurze Zeit war sie in den Besitz der Guinness-Gruppe übergegangen, dann aber wieder selbständig geworden – und wurde nun Bestandteil von Compton.

Nachdem er den Kaufvertrag unterzeichnet hatte, schaute Gossett in der Charlotte Street vorbei, um seinem alten Freund Ken Gill einen Besuch abzustatten. Aus Gründen der Höflichkeit erzählte er diesem auch von KMP. Aber auch Gill hatte etwas für Gossett – er nahm einen Brief von seinem Tisch, der ein Kaufangebot von Saatchi für Compton Advertising in New York enthielt. Die Saatchis hatten sich mit seinem abschlägigen Bescheid nicht zufriedengeben mögen und verstärkten nun den Druck auf ihn, indem sie ein formelles Angebot vorlegten.

Gossett war irritiert. „Das ist doch ein Trick", sagte er. „Du wußtest, daß ich dir heute nachmittag erzählen würde, daß wir eine Londoner Agentur kaufen wollen. Aber du wirst mich nicht dazu bringen, meinen Entschluß zu ändern. Wir kaufen sie trotzdem."

Nach New York zurückgekehrt, ließ Gossett das Schreiben mit dem Übernahmeangebot der Saatchis in einer Schublade seines Schreibtisches verschwinden und sechs Monate dort ruhen. Er berichtete nicht einmal seinem Management davon. Immer wieder einmal erwähnte einer seiner Mitarbeiter, daß er gehört habe, er, Milt, halte da ein sehr wichtiges Papier in seinen Händen, und daß man in London der Ansicht sei, sie sollten eigentlich alle darüber informiert sein. Gossett war jedoch noch immer dermaßen verärgert, daß er sich weigerte, den Brief auch nur aus seinem Schreibtisch hervorzuholen.

Die Saatchis hatten inzwischen einen weiteren Kauf getätigt, aber nicht in den Vereinigten Staaten. Sie konzentrierten zwar ihre entsprechenden Bemühungen ganz auf New York, hatten aber ihre Londoner Bemühungen nicht abreißen lassen, was jetzt zu einem Erfolg geführt hatte. Zunächst hatten sie 1978 langwierige Verhandlungen mit der Agentur geführt, bei der Charles angefangen hatte, nämlich mit Collett Dickinson Pearce. Daraus war nichts geworden, aber 1981 hatte sich eine neue Möglichkeit ergeben, die die Brüder jetzt nutzten. Als John Bentley seinerzeit Dorland Advertising erworben, ausgeschlachtet und wieder verkauft hatte, war der Käufer (der 850 000 Pfund gezahlt hatte) Eric Garrott gewesen, der eine eigene kleine Agentur hatte. Er hatte die beiden Unternehmen zu Garrott Dorland Crawford vereinigt, und diese Agentur war in den siebziger Jahren einigermaßen erfolgreich gewesen. 1981 erkrankte Garrott aber ernsthaft und beschloß, da er weder über einen Erben noch über einen Nachfolger verfügte, sie zu verkaufen. Als überzeugter Brite lehnte er es ab, sie an die Amerikaner – Compton eingeschlossen – abzugeben, die hinter ihr her waren. Und da waren die Saatchis schnell zur Stelle. Sie zahlten für Dorland über 7 Millionen Pfund, 5,6 Millionen sofort, den Rest in Raten nach Maßgabe des erzielten Umsatzes.

Die Brüder entschieden sich gegen eine Fusion mit ihrer eigenen Agentur, denn beide Unternehmen waren dafür zu groß. Die Zahl der Saatchi-Mitarbeiter betrug nach wie vor ungefähr 700. Dorland verwaltete Etats im Wert von über 50 Millionen Pfund, d.h. halb so viel wie Saatchi & Saatchi, aber der Gewinn lag hier nur bei etwa 1 Prozent der Etatsumme, während er bei Saatchi 3 Prozent betrug. Garrott lebte gerade noch lange genug, um den Handel perfekt machen und erklären zu können: „Das ist ein Bündnis der Stärke und ein großer Tag für die britische Werbung!", bevor er auf dem Operationstisch verstarb. Für Saatchi & Saatchi bedeutete diese Transaktion, daß es nun keinen Herausforderer mehr gab, der der Agentur in Großbritannien den ersten Platz hätte streitig machen können. JWT hatte zwar große Anstrengungen unternommen und mit einem Etatvolumen von 83

Millionen Pfund im Jahre 1980 wieder gleichgezogen, mit Saatchi plus Dorland aber konnte niemand mithalten.

Die Übernahme von Dorland war die erste, bei der sich die Saatchis die Börse zunutze machten. Der Plan war der, Aktien im Wert von 1,5 Millionen Pfund am Markt zu plazieren und den entsprechenden Ertrag dann an das Management von Dorland weiterzugeben. Zunächst schien das gar nicht so einfach. Die von den Saatchis damit betrauten Börsenmakler Phillips & Drew, die zu den größten in London gehörten, waren höchst beunruhigt und keineswegs sicher, daß der Plan funktionieren würde. Maurice und Sorrell fuhren deshalb in die City, um noch vor der Eröffnung des Marktes die Makler von Phillips & Drew aufzumuntern. „Sie waren alle käsebleich und hatten die schlimmsten Befürchtungen", erinnert sich Sorrell. Aber die Plazierung ging glatt, und Maurice war gewillt, das auch später wieder so zu versuchen. Es sollte seine Standardmethode zur Finanzierung von Übernahmen werden.

In dieser Zeit gab es keinerlei Kontakte zwischen Gossett und seinem Team in New York und dem Saatchi-Team in London. Compton hatte ja jetzt seinen eigenen Londoner „Zweig" und brauchte Saatchi nicht mehr, obwohl die New Yorker natürlich noch mit 20 Prozent beteiligt waren. Maurice Saatchi machte nach wie vor bei den New Yorker Agenturen die Runde, erläuterte ihnen geduldig seine Pläne und machte manchmal kleine Fortschritte, bekam manchmal aber auch die Tür vor der Nase zugeschlagen. Niemand behandelte ihn jedoch je herablassend – davor bewahrte ihn der Ruf der Saatchis. Alle Werbeleute in New York kannten den schwangeren Mann und die „Labour isn't working"-Kampagne. Das bedeutete natürlich noch nicht, daß er ihnen da in New York irgend etwas hätte bieten können, aber es öffnete ihm doch manche Türen, womit für den überzeugenden und ernsten Maurice schon sehr viel erreicht war.

Das war eine einsame Arbeit. Für gewöhnlich zog er allein oder aber zusammen mit Sorrell los, um sein Anliegen in – manchmal gedrängt vollen – Vorstandszimmern vorzutragen. Charles beteiligte sich nie an diesen Unternehmungen. Ken Gill lag noch immer viel an Verhandlungen mit seinen alten Freunden bei Compton, und er drängte unablässig auf eine Wiederaufnahme der Gespräche.

Nach ungefähr sechs Monaten Schweigens rief Gossett Maurice an. „Das ist doch lächerlich", sagte er. „Wir haben die internationalen Verbindungen, wir haben die Etats, wir haben die wunderbare Möglichkeit eines Zusammengehens, und wir können viel von euch lernen." Damit waren die Verhandlungen wieder eröffnet. Gossett war jedoch nicht gewillt, die Dinge zu überstürzen. Er vertraute die Verhandlungsführung seinem Finanzchef Bob Huntingdon an, weil er nur zu gut wußte, daß dieser gegen eine Fusion war – sollte er trotzdem zu Ergebnissen kommen, dann konnte das nur ein für Compton vorteilhafter Handel sein. David Perring fragte schriftlich bei Gossett an, wieviel sich der Compton-Vorstand erwarte. Gossett nannte eine Zahl, woraufhin er und Maurice ihre Gespräche aufnahmen. Die Compton-Leute hatten schon bald großen Respekt vor dem jüngeren Bruder, vor seinem Sachverstand in Finanzfragen und seiner Fähigkeit, ohne Rückfragen schnell zu Entscheidungen zu gelangen. Charles trat nie in Erscheinung, war aber dauernd auf dem laufenden und trieb aus dem Hintergrund an. Er sollte nicht mit Details behelligt werden. Wie stets, lief bei ihm alles auf ein „Nun macht schon!" hinaus.

Was in diesem Falle beinahe unmöglich geworden wäre. Es kam nämlich zu einem entscheidenden Treffen in New York, bei dem letzte Einzelheiten geklärt werden sollten, und zu diesem erschien auch Charles. In gewissem Sinne war es fast eine Reprise der Verhandlung anläßlich der Compton-Übernahme in Großbritannien. Eine der allerletzten offenen Fragen war die des Namens des neuen, aus der Fusion hervorgehenden Unternehmens. Nach langem Hin und Her hatte Gossett zwar (wie damals Ken Gill) akzeptiert, daß der Name Saatchi an erster Stelle erscheinen sollte, aber wieviele Saatchis würden es sein? Bei einer früheren Zusammenkunft hatte er sich mit dem Namen Saatchi Compton einverstanden erklärt, also mit der einmaligen Nennung. Nun ergriff Charles, der bis dahin nur wenig gesagt hatte, plötzlich das Wort: „Es tut mir leid, Ihnen das antun zu müssen, aber wir brauchen beide Saatchis im Namen."

Gossett starrte ihn einen Moment lang an. „Gut, dann rutscht mir halt den Buckel runter, jetzt reicht's mir." Diesmal stürmte er aus dem Raum. Wieder einmal waren die Gespräche unterbrochen.

Diesmal aber hielt die Verärgerung von Gossett nur ein paar

Wochen an. Wenn die Agentur einfach nur „Saatchi" hieße, dann wäre sie ganz zweifellos nicht mehr so unverwechselbar. Dieses zweite „Saatchi" verlieh der Firmenbezeichnung ihre ganz besondere Wirkung, Charles hatte da schon recht. Gossett gab also nach und nahm hin, daß die beiden Saatchis im Firmennamen an erster Stelle stehen würden.

Für die Saatchis war das Ganze ein großes Geschäft, viel größer als jedes andere zuvor. Compton hatte schließlich die doppelte Größe. Die Brüder mußten 30 Millionen Dollar auf der Stelle aufbringen, weitere 24,8 Millionen verteilt über einen Zeitraum von fünf Jahren wiederum „abverdienen". Einmal mehr zogen Maurice und Sorrell eines Morgens in der Frühe in die City – diesmal, um die Ausgabe von Bezugsrechten in Höhe von 26 Millionen Pfund zu veranlassen. Das war für die Brüder ein Wendepunkt. Zu dieser Zeit gehörten ihnen noch 36 Prozent des Unternehmens, aber die geplante Emission würde diesen Anteil auf 18 Prozent absinken lassen. Das war beiden natürlich gar nicht lieb. Aber Martin Sorrell stellte ihnen am Vorabend des Vertragsabschlusses die entscheidende Frage: „Wollt ihr mit 18 Prozent an Saatchi & Saatchi plus Compton beteiligt sein, oder wollt ihr lieber 36 Prozent nur von Saatchi?" Charles antwortete erregt: „Nun macht schon!" Gossett wurde dank seiner 10 Prozent-Beteiligung ein reicher Mann, und weitere hundert Mitarbeiter kassierten stattliche Beträge.

In Dollar gerechnet, erreichte das Etatvolumen von Saatchi in diesem Jahr etwa 350 Millionen, das von Compton 650 Millionen – beide zusammen verwalteten also Etats von rund einer Milliarde Dollar pro Jahr. Über Nacht war Saatchi, was die Größe anbetraf, auf den 13. Platz in den Vereinigten Staaten und auf den 9. Platz der Weltrangliste geklettert, und in London waren sie durch die nun zusammen mit Compton erworbene Agentur KMP noch unangreifbarer geworden. Die Übernahme wurde formell am 15. März bekanntgegeben, und *Campaign* brachte, was einzig in der Geschichte dieser Zeitschrift war, am darauf folgenden Montag zur Feier des Ereignisses eine Sondernummer heraus.

13

DIE GLOBALISIERUNG

Die Lektüreliste von Maurice Saatchi ist wahrhaft umfänglich. Auf seinem Schreibtisch sind jederzeit ein säuberlicher Stapel von Wirtschaftsmagazinen, dazu Berichte von Analysten aus einem halben Dutzend verschiedener Industriezweige und die neuesten Romane etwa von Tom Wolfe oder Scott Turow zu finden. Der Besucher, der sich höflich zu der einen oder anderen Schrift äußert, erhält eine begeisterte Zusammenfassung des Inhalts und ein paar Tage später ein Exemplar des Buches oder eine Kopie des Artikels zugeschickt. Beide Brüder teilen ihre Begeisterung gern mit anderen, und wenn Charles Filme oder Theaterstücke gefallen haben, die er im Westend oder am Broadway gesehen hat, dann müssen alle hin und sich die unbedingt auch ansehen. Und wenn Maurice einen neuen Roman oder Autor entdeckt hat, dann muß den jeder lesen. Vielleicht ist diese Geste der ausgestreckten Hand der tiefste Einblick in ihr Innerstes, den sie einem Außenstehenden gestatten. Sie sind außerstande, Mitarbeiter und Geschäftsfreunde in ihr Privatleben miteinzubeziehen. Charles hat große Schwierigkeiten, sich mit jemandem länger zu unterhalten, den er nicht schon seit Jahren kennt und der daher auch mit seiner wortkargen Form der Kommunikation vertraut ist. Er und Maurice brauchen untereinander nicht viele Worte. Sie besuchen einander ständig in ihren Büros, telefonieren ständig oder fahren miteinander zu irgendwelchen Sitzungen. Wenn sie aber andere mit Büchern oder Filmen bestürmen, die ihr Interesse gefunden haben, dann ist das wie ein winziger Spalt in dem Vorhang, der ihr Leben verdeckt.

Beide erreichen schnell einen Punkt, an dem sie sich zu langweilen beginnen. An Wiederholungen ist ihnen nicht sehr gelegen. Es muß weitergehen. Jeder einzelne Entwicklungsschritt von Saatchi & Saatchi mußte irgend etwas an sich haben, was ihre Phantasie beflügelte, was mehr war als eine Leitersprosse auf dem Weg zum wachsenden Gewinn. Sie waren aufgebrochen, um Geld zu machen, gewiß. Aber nach ein paar Erfolgsjahren reichte das als Motivation nicht mehr aus. Charles hatte eine kleine kreative Ideenschmiede zur größten Agentur des Landes machen wollen – aber schon Jahre, bevor dieses Ziel tatsächlich erreicht war, hatten es die Brüder gleichsam abgehakt und ihren Blick auf neue Ziele gerichtet. In den späten siebziger Jahren hatte es beiden eine ungeheure intellektuelle Befriedigung verschafft zu beobachten, mit welcher Leichtigkeit ihre Agentur neue Etats hereingeholt hatte, und wie die Mitarbeiter, die ja alle noch junge Leute waren, nun die Größten der Zeit herausforderten und übertrafen – ohne daß sich die Brüder noch besonders einmischen mußten. Ihr Beitrag zu Margaret Thatchers Wahlkampf war eine Herausforderung ihrer professionellen Fähigkeiten und des Unternehmens, wie sie es bis dahin aufgebaut hatten, gewesen. Ihr Name und ihre Reputation waren eng mit den „neuen Tories" verbunden, deshalb war der Sieg von so großer Bedeutung gewesen. Der Ruhm, den sie diesem Triumph verdankten, hatte ihnen dann ganz neue Möglichkeiten eröffnet, Projekte in Angriff zu nehmen. Jede Etappe auf ihrem Weg mußte eine philosophische Rechtfertigung haben, auch wenn diese oftmals erst im Nachhinein erkennbar wurde, denn Wachstum war für die Saatchis niemals eine so einfache Geschichte wie für so viele Unternehmensräuber. Immer würde es einen durchgehenden roten Faden in dieser Philosophie und in ihrem Wachstum geben, auch wenn die Brüder oft genug selbst nur eine vage Ahnung hatten, wohin der Weg führen würde. Es war aufregend, den Sprung zu wagen und zu entdecken, daß die Leiter tatsächlich da stand, wo sie gehofft hatten – und daß sie bereits sicher bis zu halber Höhe geklommen waren.

Es ist durchaus möglich, ihren philosophischen Äußerungen mit größter Skepsis zu begegnen und sie als Verschleierung eines ebenso entschlossenen wie rücksichtslosen Strebens nach Größe, Macht und der Befriedigung egoistischer Wünsche abzutun. Und in der Tat sieht vieles von dem, was die Brüder als ihre Philosophie ausgeben, zumindest bei erstem Hinsehen anders aus.

Es ist sinnvoll, in diesem Zusammenhang das Kapitel „Philosophie" der 1987 von der Harvard Business School vorgelegten Studie über Saatchi & Saatchi anzusehen. Als das Unternehmen gewachsen sei, meinen die Verfasser, seien die Brüder immer mehr in den Hintergrund getreten, um „die offenkundige Abhängigkeit des Betriebes von ihnen zu verringern. Die Unternehmensführung wurde einer Reihe von erfahrenen Managern übertragen." Das leuchtet ein. Die Saatchis meinen, daß sie unablässig und von Anfang an versucht hätten, sich aus ihrem Job „herauszuarbeiten". So hatte Maurice nach ein paar Jahren die gesamte Kundenakquisition, die er mit Hilfe seiner Rolladex-Kartei gestartet hatte, an andere abgegeben, und Charles hatte nicht mehr so viele Anzeigen geschrieben. Tim Bell hatte zuerst die Durchführung der Präsentationen und dann die Leitung der Agentur übernommen, Martin Sorrell war gekommen und kümmerte sich um die Finanzen der Gruppe und um ihre Beziehungen zur City, zu den Banken und zu den Börsenmaklern. Das alles entrückte die Brüder in größere Ferne und trug zu dem Nimbus des Geheimnisvollen bei, der sie umgab, aber mit Blick auf den Aufbau eines so großen Unternehmens war es höchst vernünftig.

War das alles wirklich so? Es kommt der Wahrheit wahrscheinlich doch näher, wenn man sagt, daß die Saatchis letztlich aus ihrem Bedürfnis nach immer neuen Herausforderungen eine Managementtugend gemacht haben. Zur Zeit der Londoner Fusion mit Compton waren sie schon gar nicht mehr an der Leitung einer Agentur interessiert – sie übertrugen diese Aufgabe Tim Bell und gratulierten sich wahrscheinlich selbst zu ihrer Cleverness, ihn dermaßen zu motivieren, daß er seine Sache so gut wie irgend möglich machte und so hart für sie arbeitete. Wie sie ihre Macht ausbauten und die Verantwortung delegierten, war eine Bilderbuchaktion. Zugleich aber war es für die Brüder die einzige Möglichkeit, das Interesse an ihrem Geschäft zu behalten.

Es ist bezeichnend, daß die Saatchis in dem Augenblick, da sie erkannt hatten, daß ihr System funktionierte und ihren Bedürfnissen sehr entgegenkam, ihre eigenen Manager dazu zu ermutigen begannen, ihre Aufgabe in gleicher Weise anzugehen. So erklärte Maurice, wenn er Kandidaten für leitende Positionen interviewte, daß sie sich „sobald wie möglich aus ihrem Job herausarbeiten" können müßten, um für größere und wichtigere Aufgaben frei zu werden.

„Die beiden Elemente, auf die sich die Strategie von Saatchi & Saatchi stützte", heißt es weiter in der Studie, „war zum einen der Glaube, daß Größe wichtig, daß es aber noch wichtiger sei, die Nummer eins, zwei oder drei der Branche zu sein, und zum anderen die Auffassung, daß Märkte global gesehen werden müßten."

Ganz zweifellos waren die Saatchis schon seit jeher der Ansicht gewesen, daß "es wichtig war, groß zu sein", wie das ja die dreisten Angebote zeigen, die sie schon in der Anfangsphase anderen Agenturen machten. Sie waren gar nicht daran interessiert, sehr viel länger eine „kreative Ideenschmiede" zu sein, als es unbedingt sein mußte. Sie wollten Größe und Prestige, und sie wurden durch die Erfahrungen der Anfangszeit bestärkt, hatten sie da doch erleben müssen, daß sie an die großen Etats nicht hatten herankommen können, weil sie als Agentur zu klein gewesen waren. Und sie wollten seit jeher die Nummer eins werden – Charles hatte das immer wieder als ihr Ziel erklärt. Dies aber wohl eher deshalb, weil Charles der Welt irgend etwas beweisen wollte, und nicht so sehr aus kommerziellen Erwägungen. Man stelle sich deshalb ihre Freude vor, als sie endlich eine philosophische Untermauerung dafür gefunden hatten. Ted Bates hatte seinerzeit zusammen mit Harvard-Wissenschaftlern eine Studie erarbeitet, in der er das „Gesetz der Vorherrschaft" entwickelte. Vereinfacht ausgedrückt, besagte dieses Gesetz, daß man nichts war, wenn man nicht zu den drei führenden Unternehmen einer Branche gehörte – wie Bates es formulierte: „Eins, zwei, drei oder raus." Die Saatchis verfeinerten das ein wenig, so daß es nun lautete:

1. Eins ist wunderbar.
2. Zwei kann phantastisch sein.
3. Drei ist bedroht.
4. Vier ist tödlich.

Dieses „Gesetz der Vorherrschaft" wurde durch eine Reihe statistischer Analysen untermauert, die allesamt zeigten, wie wichtig der Marktanteil für die Rentabilität war. Die Studie von Bates stellte ernsthaft in Frage, daß Unternehmen, egal welcher Branche, die nicht zum Spitzentrio gehörten, auf lange Sicht hinreichend rentabel arbeiten könnten. Man argumentierte mit der „Macht der Größe", je größer das Unternehmen, desto leichter könnte es den begabten Nachwuchs für sich gewinnen und an sich binden, größere Risiken eingehen, mehr in Forschung und Entwicklung investieren, ein weltweites Informationssystem aufbauen und zudem von der Großproduktion profitieren.

Das zweite Element der Saatchi-Strategie war laut Harvard-Untersuchung die Auffassung, daß „Märkte global gesehen werden" müßten. Als die Brüder 1982 den Handel mit Compton New York perfekt machten, hatten sie das Wort global allerdings noch nie in einem solchen Zusammenhang verwendet gesehen. Sie hatten schon frühzeitig die Notwendigkeit internationaler Operationen erkannt und hatten Büros in Paris, Brüssel, Frankfurt und anderen größeren europäischen Städten eröffnet, um Zugang zu dortigen Etats zu gewinnen. Das war alles nicht Ergebnis ihrer Einsicht in zukünftige Entwicklungen der Weltmärkte gewesen, sondern sie waren damit in ganz praktischem Sinne wiederholten Forderungen ihrer Klienten entgegengekommen. Sie hatten sich dann aber schnell wieder von diesem Vorstoß auf den Kontinent zurückgezogen, weil ihnen klar geworden war, daß die Dinge in der Werbewelt doch nicht auf diese Weise funktionierten. Niemand wollte eine europaweit operierende Agentur, vor allem nicht eine so winzige wie Saatchi & Saatchi – wenn die Sache von irgendeinem Nutzen für den Kunden sein sollte, dann mußte das schon eine weltweit präsente Agentur sein. Der europäische Vorstoß war ein Fehlschlag.

In den folgenden Jahren wurde ihnen die Notwendigkeit eines gut organisierten, internationalen Unternehmensnetzes wiederholt deutlich vor Augen geführt. Die Saatchis erkannten, daß sie für manche Etats oftmals nicht in die engere Wahl gezogen wurden, weil die Firmen nur an multinationalen Agenturen interessiert waren. Das war schon schlimm genug – aber dann gingen sogar Kunden verloren. Maurice erinnert sich noch gut daran, wie eines Tages einer ihrer großen Klienten zu ihm kam und sagte: „Also, ich weiß ja, daß ihr großartige und wunderbare Leute seid, aber die zu Hause in Amerika haben entschieden, daß wir zu einer Kette gehen. Tut mir wahnsinnig leid, das ist sehr unfair, ihr seid die Besten, aber es hilft nichts, wir müssen uns trennen."

Mit Compton aber erwarb Saatchi & Saatchi nun ein internationales Netz von Agenturen und war damit endlich in der Lage, seine Dienste weltweit zu offerieren. Aber die Brüder hatten wie die meisten Vertreter ihrer Branche noch nie ernsthaft über den Sinn eines solchen internationalen Netzwerks nachgedacht – sie hatten schlichtweg auf den Druck seitens ihrer Kunden reagiert. Sie hatten eine große New Yorker Agentur gekauft, weil sie eher als die meisten Konkurrenten erkannt hatten, in welche Richtung die ganz großen Werbungtreibenden wie beispielsweise Procter & Gamble gingen. Mit dem Versuch, ihr eigenes internationales Unternehmen aufzubauen, waren sie gescheitert – dann hatten sie eben eines gekauft. Nun mußte auch für diesen Schritt eine theoretische Rechtfertigung gefunden werden.

Auf der Lektüreliste von Maurice steht auch die *Harvard Business Review*, ein hochgestochenes Wirtschaftsmagazin, für das viele der führenden Köpfe dieser Zunft schreiben. Maurice war nie in Harvard gewesen, und es gehört zu den wenigen Dingen, die er bereut, daß er sich nach Abschluß seines Studiums an der London School of Economics nicht noch ein paar Jahre Zeit gelassen und ein zusätzliches Studium außerhalb Großbritanniens absolviert hatte. Mitte 1983 nun erregte ein Artikel in der *Review* seine Aufmerksamkeit, und die Lektüre nahm ihn immer mehr gefangen. Der Aufsatz trug die Überschrift *The Globalization of Markets* und stammte aus der Feder von Theodore Levitt, Professor der Betriebswirtschaft und Chef des Marketingbereichs der Harvard Business School. Der Untertitel lautete: „Unternehmen müssen lernen, so zu operieren, als sei die Welt ein einziger großer Markt, d.h. sie müssen sich über oberflächliche regionale und nationale Differenzen hinwegsetzen."

Levitt predigte das alles schon seit Jahren, aber Maurice kam durch diesen Artikel erstmals mit seinen Gedanken in Berührung, die ihm haargenau auf die Situation seines eigenen Unternehmens zu passen schienen. Hier war die Antwort auf die Frage nach dem „Warum?" der international ausgerichteten Expansion – Levitt lieferte eine brauchbare Erklärung für all das, was die Brüder und viele der großen Agenturbosse durch Versuch und Irrtum herausgefunden hatten. Levitts These war im wesentlichen die folgende: Die großen multinationalen Unternehmen der Gegenwart sahen sich der Tatsache konfrontiert, daß ihre alten Märkte saturiert, neue Märkte aber immer schwerer zu finden waren. Und wenn sie welche fanden und ihre Produkte ihren besonderen Erfordernissen anpaßten, dann waren die zusätzlich erzielten Verkäufe zumeist den ganzen Aufwand nicht wert. Sie hatten sich so sehr in den Versuch vertieft, die Bedürfnisse der neuen Märkte rechtzeitig vorherzusehen, daß sie in vollkommener Verwirrung waren und den Wald vor lauter Bäumen nicht mehr sahen.

Klügere Unternehmen gingen die Sache anders an. Sie betrachteten die Welt als einen einzigen Markt und verkauften überall das gleiche fortentwickelte, standardisierte, funktionale und verläßliche Produkt. So stürmen, wie Levitt ausführte, in Brasilien täglich Tausende von Menschen „aus dem prä-industriellen Dunkel von Bahia in die explodierenden Küstenstädte" und schleppten die neuesten Fernsehgeräte in ihre elenden Wellblechhütten oder brachten „gleich neben ihren zerbeulten Volkswagen" den Macumbageistern Obst und frisch geschlachtete Hühner zum Opfer. Im nigerianischen Bürgerkrieg lauschten die Soldaten den gleichen Transistorradios und tranken das gleiche Coke wie die Teenager in Amerika. „Unternehmen, die auf diese neue Realität eingestellt sind, profitieren in Produktion, Vertrieb, Marketing und Management ganz eindeutig von der standardisierten Massenfertigung. Durch eine Umsetzung dieser Vorteile in verbilligte Weltpreise können sie dann jene Mitbewerber aus dem Felde schlagen, die sich noch nicht aus dem lähmenden Griff völlig unzutreffender Vorstellungen über das Funktionieren der Welt befreit haben."

Levitt vertrat die Auffassung, daß es keine nationalen oder regionalen Präferenzen mehr gebe. Die überholten Modelle des letzten Jahres ließen sich heute nicht mehr in der Dritten Welt absetzen, weil auch die Entwicklungsländer – egal, wie arm sie waren – nach den neuesten verlangten. Und zu den gleichen Preisen, wie sie die Multis auf ihren heimischen Märkten forderten. „Die Globalisierung der Märkte steht bevor. Und damit kommt die Welt eines multinationalen Handels an ihr Ende, d.h. auch die der multinationalen Unternehmen." Ein multinationales Unternehmen sei keineswegs dasselbe wie ein globales, schrieb Levitt weiter. Das erstere operiere in einer Reihe von Ländern und passe sich jeweils deren spezifischen Gegebenheiten an, was mit sehr hohen Kosten verbunden sei. Das globale Unternehmen verkaufe dagegen weltweit ein und dasselbe Produkt.

Schon lange vor Levitt hatten andere Wirtschaftswissenschaftler auf diese Entwicklung aufmerksam gemacht. In Peter Druckners Buch *The Age of Discontinuity* etwa, das 1969 erschien, gab es ein Kapitel mit der Überschrift „From international to world economy", in dem es hieß, die Welt entwickle sich sehr schnell auf einen einzigen großen Markt zu – und das auch bei anderen Produkten als Coca Cola, z.B. Volkswagen. Drucker verwies darauf, daß die Bedürfnisse des kaufkräftigen Verbrauchers ziemlich ähnlich seien, ob dieser nun Amerikaner, Franzose oder Russe sei. Levitt führte diesen Gedanken weiter, insbesondere mit seiner Feststellung, daß die multinationalen Unternehmen nicht überleben können würden. Sein Artikel, den Maurice an jenem Tag las, endete mit einer Warnung: „Das globale Unternehmen wird die Vektoren der Technologie und der Globalisierung in seine große strategische Produktivität einbeziehen. Es wird diese Vektoren systematisch zu gegenseitiger Annäherung bringen und allen gleichzeitig qualitativ hochwertige, mehr oder minder standardisierte Produkte zu optimal niedrigen Preisen anbieten, wodurch es sich selbst gewaltig vergrößerte Märkte und Gewinne schafft. Jene Unternehmen aber, die sich den neuen globalen Realitäten nicht anpassen, werden zum Opfer derjenigen werden, die es tun."

Für Maurice war das eine revolutionäre Botschaft – und eine, die er sich zunutze machen konnte. Procter & Gamble, das sah er nun deutlich, war schon seit Jahren ein globales Unternehmen und hatte längst die Lektion gelernt, die Levitt da erteilte. Und das galt auch noch für andere Kunden von Compton, die alle verlangten, daß ihre Werbeagenturen mit ihnen Schritt hielten. Die Welt war dabei, sich in die bezeichnete Richtung zu bewegen, und Saatchi & Saatchi war mitgezogen worden. Jetzt aber galt es für die Agentur, einen Vorsprung zu gewinnen. Levitt hatte in seinem Artikel nicht viel zur Werbeindustrie gesagt (Maurice wußte nicht, daß neben vielen anderen auch Peter Drucker in seinem 1973 veröffentlichten Buch *Management Tasks, Responsibilities, Practices* mit Blick auf die Werbung einen ähnlichen Trend angedeutet hatte), aber seine Theorien paßten auf die Branche wie maßgeschneidert. Maurice beschloß, nach Harvard zu reisen, mit Levitt zu reden und die „Globalisierung" zum Herzstück der Saatchi-Doktrin zu machen.

Levitt war sehr angetan von dem Enthusiasmus seines Besuchers, aber Maurice war durchaus nicht der einzige Werbemann, der in diesem Jahr den Weg zu ihm fand. Vor ihm war schon die große New Yorker Agentur Foote Cone & Belding vorstellig geworden. Deren Geschäftsbericht enthielt dann auch einen Aufsatz mit dem Titel „Globale Märkte, globale Werbungstreibende, globale Agenturen – die Welle der Zukunft" von Ted Levitt. Die New Yorker Agenturen waren keineswegs gewillt, tatenlos zuzuschauen, wie ihnen die Saatchis ihre Gurus entführten.

In diesem Artikel skizzierte Levitt die Anwendung seiner Theorien – und dies genau in dem Sinne, wie Maurice sich das wünschte. „Die Werbungstreibenden und die Werbeagenturen stehen mächtigen neuen Herausforderungen und Möglichkeiten gegenüber", schrieb Levitt da, „die zu Ergebnissen führen werden, welche weitaus weitreichender sein werden als jene großen Neuerungen, für die man mit Recht Albert Lasker, dem Begründer der modernen Werbung, das Verdienst zuschreibt. Plötzlich entwickelt sich der Handel auf der ganzen Welt zu etwas radikal Neuem. Der Wettbewerb ist zu einem weitgehend globalen geworden."

Die Werbung, so fuhr er fort, habe dabei bislang eine bemerkenswert geringe Rolle gespielt, obwohl der Trend ja eigentlich durch die moderne Kommunikation ausgelöst worden sei – durch den Jumbo-Jet, durch „digitalisierte und transistorisierte Telekommunikation", durch den Containerversand und dergleichen mehr. „Was einst nur den begüterten Schichten bekannt und zugänglich war, wird dies heute zunehmend auch den besitzlosen Massen überall auf der Welt."

Levitt regte in seinem Aufsatz an, die Werbeindustrie solle mehr tun als nur die globalen Anforderungen ihrer Klienten befriedigen – sie solle den Weg weisen. „Am wichtigsten ist, daß die Agenturen begreifen, wie notwendig es ist, ihren Kunden zu helfen, die Veränderungen der Welt zu erkennen." Er machte das am Beispiel von Coca Cola deutlich und wies darauf hin, daß Coke ganz sicher nicht schon immer ein für den Weltmarkt produziertes, d.h. transnationales, kostengünstiges Produkt gewesen und auch nicht von selbst allmählich dazu geworden sei, sondern erst „durch phantasievolle Planung seiner Verkaufsstrategien und durch die Zielgerichtetheit ihrer Verwirklichung. Die damit verbundene Kostendegression durch Massenfertigung und Rentabilität sind nicht zu übersehen."

Die Werbeindustrie, so Levitt, müsse sich den veränderten Bedingungen anpassen und ihre multinationalen Klienten zu globalen Wettbewerbern machen. Er endete mit einem Zitat aus dem Gedicht *Die Wiederkunft* von W.B. Yeats: „Die Dinge fallen auseinander, die Mitte kann nicht halten", und fügte noch hinzu, daß „im Hinblick auf die alten Anomalien des Welthandels nichts zutreffender" sei als dies. „Die Worte ‚leidenschaftliche Intensität', mit denen die Strophe von Yeats enden, bezeichnen treffend die Art und Weise, wie wir den Wettbewerb in der ‚Republik der Technologie' neu durchdenken müssen."

Es gab also auch noch andere, die im Jahre 1983 wie die Saatchis über die zukünftige Entwicklung der Werbeindustrie nachdachten, ja ihnen vielleicht schon um einiges voraus waren. Was die praktische Seite anbelangte, so waren zweifellos schon viele sehr viel weiter. Das weltweite Compton-Netz, das den Saatchis nun gehörte, war nicht besonders gut – jedenfalls nicht annähernd so gut wie diejenigen, die viele der führenden New Yorker Agenturen aufgebaut hatten. Die Saatchis wußten das, aber es beunruhigte sie nicht. Sie konnten dem dadurch abhelfen, daß sie das ihre ausbauten und es bei einigen der größeren neuen Etats richtig nutzten. Zu einer ersten echten Prüfung ihres internationalen Netzwerkes sollte der Etat von British Airways werden.

März 1983. In einem kleinen Studio im Hauptquartier von Saatchi & Saatchi in der Charlotte Street wartete ein Grüppchen von Leuten darauf, daß das Licht ausging. Einer davon war ein untersetzter, stämmiger Mann jenseits seiner mittleren Jahre, dessen kantiger Kiefer und große, kräftige Hände den Eindruck von beträchtlicher Energie vermittelten. Er saß in der Mitte der ersten Reihe, denn schließlich wurde die ganze Vorführung ihm zu Ehren veranstaltet – es war Sir John King, der von der Premierministerin damit betraut worden war, die fast bankrotte staatseigene Fluggesellschaft British Airways zu privatisieren, und Saatchi & Saatchi standen im Zentrum seiner Marketing-Strategie. Viel hing von den Werbevorschlägen ab, die man ihm jetzt vorführte.

Neben ihm saß Maurice Saatchi, groß, schlank, fast dreißig

Jahre jünger – ein deutlicher Gegensatz zu der kraftvollen Vierschrötigkeit seines Nachbarn. Bill Muirhead, der bei Saatchi für den British Airways-Etat zuständig war, stand vorne, und die versammelten BA-Manager und Saatchi-Leute hörten ihm aufmerksam bei seiner Präsentation zu.

Das sollte keine gewöhnliche Kampagne, sondern etwas ganz Neuartiges werden. Vor allem sollte es eine der wenigen wirklich weltweiten Markenwerbungen werden, die bislang versucht worden waren. Es war wahrscheinlich die koordinierteste, weiträumigste internationale Marketing-Offensive, die je von einem britischen Unternehmen gestartet wurde. Die gleichen Werbespots sollten am selben Tage auf den Bildschirmen der Vereinigten Staaten, Kanadas, Australiens und Großbritanniens erscheinen. In 25 weiteren Ländern von den Golf-Staaten, Ägypten, Hongkong und Südafrika bis Indien, Thailand... kurz überall, wo es ein entwickeltes Fernsehen, die entsprechende Werbung und ein paar Passagiere gab, die vielleicht für British Airways gewonnen werden konnten, würde man die Werbefilme wenig später ebenfalls zu sehen bekommen. Sie würden im ersten Jahr weltweit 25 Millionen Pfund kosten, keine enorm große Summe, gemessen am Etat von Unternehmen wie Procter & Gamble, aber für eine Fluggesellschaft riesengroß.

Saatchi & Saatchi hatte als Aufhänger einen statistischen Tatbestand gewählt: British Airways konnte sich rühmen, mehr Menschen an mehr Orte zu fliegen als jede andere Fluggesellschaft auf der Welt, was sie dem umfangreichen Erbe an Routen verdankte, die einst das britische Weltreich mit seinem Zentrum London verbanden. Im Unterschied zu den Vereinigten Staaten gibt es in Großbritannien nicht so viele Inlandslinien – die großen amerikanischen Gesellschaften beförderten zwar mehr Passagiere als BA, aber keine brachte mehr internationale Flugreisende an mehr Orte. British Airways flog immerhin 70 Destinationen auf der Welt an, und nur die Air France kam dieser Zahl in etwa nahe. British Airways brachte es auf 130 728 Starts pro Jahr, an zweiter Stelle folgte Air France mit 116 700.

Bei Saatchi setzte man all das in den Slogan um: „The World's Favorite Airline."

Man konnte aber auch noch eine andere statistische Angabe verwenden: British Airways brachte mehr Menschen über den

Atlantik als in Manhattan lebten (1,2 Millionen). Das war auch das Thema des ersten Werbespots, den Muirhead vorführte. Es war ein dramatischer kleiner Science-Fiction-Film, der die Vormachtstellung von British Airways auf der meistumkämpften aller Routen, nämlich der über den Nordatlantik, veranschaulichen sollte. Ein Hund, mit seinem Herrchen auf einem letzten Gang um den Block, blieb plötzlich stehen, winselte und schaute nach oben; eine Hausfrau in gestepptem Morgenmantel stand unter der Haustür und blickte zum dunklen Himmel hinauf; die Musik wurde lauter, und über ihre Köpfe glitt ein Schatten hinweg. Dann Szenenwechsel zur Flugkontrolle. „Roger, Manhattan, continue to 2000 feet", sagte ein Fluglotse. Und während man dann eine Menschenmenge aus einem Dorf im Tudor-Stil herausströmen und zum Himmel aufblicken sah, erschien die Insel Manhattan mit funkelnden Lichtern, die wichtigsten Gebäude deutlich erkennbar, im Anflug auf Heathrow, den Londoner Flughafen. Die Stimme im Off schüttelte die düstere Science-Fiction-Stimmung ab und verkündete nun lautstark: „Jedes Jahr fliegt British Airways mehr Menschen über den Atlantik als Manhattan Einwohner hat."

Die Spezialeffekte stammten von dem gleichen Team, das auch bei *Superman*, *2001 – Odyssee im Weltraum* und *Krieg der Sterne* mitgewirkt hatte, und alles entsprach ganz dem Spielberg-Genre, waren doch auch Musik und Tricks denen des Spielfilms *Seltsame Begegnungen* sehr ähnlich. Regie hatte Richard Loncrane geführt, der gerade seinen Film *Der Missionar* beendet hatte. Danach wurden den im Saatchi-Studio versammelten Zuschauern dann noch andere, weniger dramatische Spots vorgeführt, die alle mit Auftritten von Filmstars wie Joan Collins, Omar Sharif, Peter O'Toole am Schalter von British Airways endeten.

Als das Licht schließlich wieder anging, war King hell begeistert. Vor allem mochte er den Manhattan-Film. „Der Hund ist einfach toll", sagte er. „Das war eine großartige Idee, einen Hund zu nehmen." King hatte schon erste Fassungen des Spots und das Filmskript gesehen, aber jetzt sah er zum ersten Mal das Endprodukt.

Ich gehörte an jenem Abend zu der kleinen Schar von Zuschauern, denn King hatte mich eingeladen, die Saatchi-Produktion mit ihm zusammen anzuschauen. Er war sehr interessiert zu erfahren, welchen Eindruck sie machten, und fühlte sich trotz seiner ostentativen Selbstsicherheit stark unter Druck. Maurice Saatchi und ein paar Leute seines Teams begleiteten uns zum Essen, wo King und sein Chefmanager Colin Marshall über die Bedeutung dieser Kampagne für British Airways sprachen.

King erklärte, daß der Manhattan-Film, den er schon im Planungsstadium abgesegnet habe, einen anderen Zweck verfolge als nur den, die Menschen zur Benutzung seiner Fluglinie zu überreden. „Ich wollte auch etwas haben, was die Angestellten von British Airways aufblicken lassen sollte", sagte er. „Das ist das , was der Mann da tut, der seinen Hund spazierenführt. Ich möchte, daß sie alle hochschauen und sagen: ‚Mein Gott, haben das wirklich alles wir gemacht?'"

Die Bemühungen von King, British Airways zu sanieren und auf den Gang an die Börse vorzubereiten, hatten zu diesem Zeitpunkt gerade einen Tiefstand erreicht. In seinem ersten Jahr hatte er Verluste in Höhe von 300 Millionen Pfund ausweisen müssen und entdeckt, daß BA in Bezug auf die Zahl ihrer Beschäftigten die ineffizienteste Fluggesellschaft der Welt war. Reputation und Image waren schlecht, und die Stimmung der Angestellten war noch viel schlechter, vor allem nachdem er 23 000 Stellen gestrichen hatte.

King war einer der ganz wenigen Saatchi-Klienten, die Charles kennengelernt und eine engere Beziehung zu Maurice entwickelt hatten. Er war kein gewöhnlicher Firmenchef, sondern eine machtvolle politische Figur. Er hatte es von bescheidensten Anfängen aus eigener Kraft zum Millionär gebracht, hatte sich in den frühen achtziger Jahren der besonderen Gunst von Mrs. Thatcher erfreut und kannte sich in Whitehall und im Parlament sogar noch besser aus als Tim Bell. Als er die Leitung von British Airways übernommen hatte, hatte er genau das getan, was Robert Townsend in seinem Buch *Up the Organisation* rät: „Schmeiß die ganze Werbeabteilung und deine alte Agentur raus. Dann zieh los und such dir die beste neue, die du finden kannst. Und nun setze alles daran, daß es ihr Freude macht, eine ehrliche, wirksame Werbung für dich zu machen."

King hatte zwar Townsends Buch nicht gelesen, aber er dachte ähnlich. Foote Cone & Belding hatte den British Airways-Etat 36 Jahre lang verwaltet, so überaus erfolgreiche Slogans erdacht wie „Fly the flag!" und hatte nicht daran gedacht, den Etat verlieren zu können. Die Agentur hatte gute Arbeit geleistet, und British Airways war durchaus glücklich mit ihr gewesen. Aber es gab da noch einen anderen Grund für Kings Entscheidung, die Agentur zu wechseln. „Als ich den Chefposten bei der Fluggesellschaft übernahm, hatte ich das Problem, den Leuten klarzumachen, daß ich nun da war und das Unternehmen tatsächlich retten wollte." Die Mitarbeiter von Foote Cone & Belding waren daran gewöhnt, bei British Airways mit den Leuten von der Marketing-Abteilung zu verhandeln, und King hatte so das Gefühl, daß er sie irgendwie nicht erreichte – und sie ihn nicht. Zwei- oder dreimal schickte er ihnen eine Nachricht und bat sie zu einem Gespräch, aber sie hatten noch niemals zuvor mit dem Chef einer Fluggesellschaft zu tun gehabt und zögerten. Der Chef von FCB in London, Bill Barry, traf zweimal mit King zusammen. Beim ersten Mal eröffnete ihm dieser, daß er die Billigflüge von BA über Bord werfen und einen größtmöglichen Pro-Kopf-Gewinn anstreben werde. Die zweite Gelegenheit ergab sich, als King zu einer Präsentation bei FCB erschien. „King bescheinigte uns, daß unsere Werbespots für British Airways hervorragend seien", erzählte Barry später. „Er sei jedoch über zwei unserer Zeitungsanzeigen gar nicht glücklich." Als King sich verabschiedet hatte, hatte er sich noch einmal zu Barry umgewandt und bemerkt: „Sie haben es mir sehr schwer gemacht, mir vorzustellen, daß andere Agenturen die Sache besser machen würden, aber ich kann Ihnen nicht versprechen, daß ich mich nicht auch weiterhin anderweitig umsehen werde."

Barry mußte unbedingt Verständnis für King und seine Aufgabe bei British Airways haben, wenn er auch verstehen wollte, was diesen zu jener Zeit gerade beschäftigte und was er brauchte. Und das war eine durchschlagende, die Arbeitsmoral wieder hebende Kampagne, über die man auch außerhalb der Branche reden und die die „Präsenz" von British Airways und von King selbst beträchtlich vergrößern würde. Er stand in der politischen Arena und kämpfte Runde um Runde mit Ministern und Regierungsvertretern, um sie dazu zu bringen, Schulden abzuschreiben, das Streckennetz zu garantieren und ihm bei seinen Auseinandersetzungen mit den Gewerkschaften und den Arbeitnehmern den Rücken zu stärken. Foote Cone & Belding, so entschied er, machte zwar gute Werbung, aber er brauchte darüber hinaus noch etwas anderes.

Eines Tages hatte er einem Freund, dem jungen Galeristen Bernard Jacobson, sein Herz ausgeschüttet. King hatte zu diesem Zeitpunkt noch nicht die geringste Ahnung von der Werbeindustrie, von den Beziehungen zwischen dem Klienten und seiner Agentur – und konnte sich überhaupt nicht vorstellen, welchen Wirbel es machen würde, wenn er wechselte. Jacobson kannte die Saatchis noch aus den Tagen seiner Kindheit, und Charles, der ihn zu der Eröffnung der Galerie ermutigt hatte, schaute häufiger bei ihm vorbei, um ihn zu beraten.

„Kennst du Saatchi & Saatchi?" hatte sich also Jacobson erkundigt. King verneinte, wiewohl er in der letzten Zeit diesen Namen schon häufiger hatte nennen hören. „Die sind sehr gut", hatte Jacobson gesagt und gefragt, ob er sie gern einmal kennenlernen würde.

Wenige Wochen später hatten sich Jacobson und King mit Charles und Maurice im Mirabelle, einem der besten Restaurants in London, zum Essen getroffen. Es sagt viel über die Bedeutung des Etats aus, daß sich auch Charles bereitgefunden hatte, an dieser Zusammenkunft teilzunehmen. Es sollte auch das einzige Mal bleiben, daß er und King sich trafen – „Ich habe ihn seither nicht mehr gesehen!" Der Abend war gut verlaufen. King hatte einen sehr sarkastischen Humor und einen ausgesprochenen Sinn für alles Politische, und er hatte gerne mit diesen beiden intelligenten jungen Leuten über seine Probleme diskutiert. „Wir sprachen über die Werbung und wir sprachen über die Medien, wir sprachen über die Werbung und wir sprachen natürlich auch über meine Schwierigkeiten. Sie meinten, sie könnten ein Programm entwickeln, mit dem sich erreichen ließe, was ich erreichen wollte, und da entschied ich mich zu einem Wechsel."

Saatchi & Saatchi verwaltete zu dieser Zeit die Etats von zwei Fluggesellschaften, nämlich den der KLM und den von British Caledonian, und trotz der von Maurice sehr sorgfältig abgestimmten Produktionsmaschinerie mit den parallel arbeitenden Saatchi-Agenturen ließ sich ein Konflikt kaum vermeiden. Andererseits erhielt man auch nicht alle Tage die Chance, einen so großen und angesehenen Etat wie den von British Airways zu bekommen – und noch seltener geschah es, daß der Chef höchstpersönlich damit daherkam.

Deshalb hatte Saatchi & Saatchi der Fluggesellschaft wiederum ein paar Wochen später ein Angebot vorgelegt – neben FCB war die Agentur die einzige geblieben, an die eine entsprechende Aufforderung ergangen war. Maurice hatte die Verhandlungen selbst übernommen, und zwischen ihm und King hatte sich in ihrem Verlauf eine so gute Beziehung entwickelt, daß daraus später sogar Freundschaft wurde. Die Entscheidung von British Airways fiel im September 1982 und machte Schlagzeilen. Bill Barry von Foote Cone & Belding schäumte vor Wut. Der Etat von British Airways war nicht nur höchst sichtbar und bedeutend, sondern hatte ja schließlich auch einen Wert von über 30 Millionen Pfund pro Jahr – sein Verlust bedeutete den Verlust von Arbeitsplätzen und Prestige. Es war für seine Agentur ein schwerer Schlag, und das um so mehr, als er sie unverdient traf. Barry schrieb King einen zornigen Brief, in dem er sich darüber beklagte, daß man ihm eine Erklärung schuldig geblieben sei. Und der Presse gegenüber schimpfte er: „Ich würde zu gern den Grund erfahren. Aber Saatchi & Saatchi hat sehr gute politische Beziehungen, und Sir John ist von der Premierministerin bestellt worden. Da hat man es wohl mit politischer Kungelei zu tun."

King bleibt bei seiner Feststellung, nie mit Mrs. Thatcher über die ganze Angelegenheit gesprochen zu haben. „Ich wußte damals überhaupt nicht, daß man seine Werbeagentur nicht wechseln darf. Ich dachte, man könne das tun, wie man seine Zeitung wechselt, wenn man das gern möchte." Aber er hätte, so sagt er, die Sache in keinem Fall mit der Premierministerin erörtert, obwohl die Regierung ja noch Eignerin der Fluglinie war und sie seine oberste Chefin. „Das war eine reine Management-Frage, und die hätte ich schon aus Prinzip niemals mit ihr verhandelt."

Es gibt auch noch andere Umstände, die dagegen sprechen, daß dieser Wechsel politische Hintergründe hatte. Der einzige Mensch bei Saatchi & Saatchi, der wirklich das Ohr der Regierungschefin hatte, Tim Bell, war an den Bemühungen um den BA-Etat in gar keiner Weise beteiligt. Maurice hatte Margaret Thatcher schon ein Jahr lang nicht mehr gesehen, und Charles hatte noch nie mit ihr gesprochen. Es wäre denkbar, daß sie von sich aus King dazu ermutigte, sich für Saatchi zu entscheiden, aber das ist nicht sehr wahrscheinlich, verstand sie doch von der Welt der Werbung genausowenig wie King.

Noch anderes sprach für einen Wechsel zu Saatchi. Erstens war die Reputation des Hauses – ob nun verdient oder nicht – um vieles besser als die aller anderen Agenturen in London. Zweitens war Saatchi eine britische Agentur. Drittens konnte sie eine weltweite Betreuung des Etats gewährleisten. Keine andere Agentur in Großbritannien war sonst imstande, ein solches Netzwerk zu bieten, wohl aber Saatchi & Saatchi – und British Airways war der erste neue Kunde, den die Agentur damit für sich gewonnen hatte.

Die *Campaign*-Ausgabe dieser Woche sagte, worum es ging: „Es ist durchaus nicht übertrieben, wenn man behauptet, daß die gesamte Werbewelt die neue British Airways-Kampagne prüfend begutachten und versuchen wird, die Auswirkungen vorherzusagen, die sie auf die Präsenz der Fluggesellschaft und so auf ihren Erfolg am Markt haben wird."

Als die Werbespots von British Airways in New York erschienen, wirkten sie sich unmittelbar auf die Reputation von Saatchi & Saatchi aus. Sie waren die ersten in der Charlotte Street produzierten, die die Amerikaner zu Gesicht bekamen. King war mit dem Ergebnis um so mehr zufrieden, als die gesamte Presse sowohl in Großbritannien als auch in den Vereinigten Staaten auf sie einging. Er reiste in der selben Woche nach New York und erlebte dort, wie die „Menschen auf der Straße interviewt und gefragt wurden ‚Haben Sie die British Airways-Werbung gesehen?' Und die Antwort lautete zumeist: ‚Aber ja, die ist wirklich phantastisch!' Sie wirbelte in der Tat einigen Staub auf. Die Spots errangen auch eine Reihe von Auszeichnungen und befinden sich heute in Amerika im Museum of Modern Art." Die Saatchis hatten King geliefert, was zu liefern sie versprochen hatten. „Unsere Leute fingen an, wieder aufzublicken."

Es gab auch Kritiker des Manhattan-Films und der ihm folgenden Kampagne, aber keine spätere erreichte je wieder eine auch nur annähernd vergleichbare Qualität. Und sie kam zu einer Zeit, da sich auf dem amerikanischen Markt viele Dinge veränderten – unter anderem auch durch die Verbreitung der Video-Recorder und die Fernbedienung der Fernsehapparate. „Plötzlich brauchten die Leute nicht mehr aufzustehen und quer durch den ganzen Raum zu gehen, um von einem schlechten Werbefilm auf etwas anderes umzuschalten. Sie mußten jetzt nur noch ihren Daumen um einen knappen Zentimeter verschieben", sagt der Chef einer großen New Yorker Agentur. „Die Zeit war also reif für erstklassige kreative Arbeiten wie etwa den Manhattan-Spot von British Airways – Arbeiten, die den Zuschauer vor Staunen erstarren ließen und die gegen alle Regeln der amerikanischen Werbung wie beispielsweise die, daß der Produktname in den ersten zehn Sekunden zu nennen und dann viermal zu wiederholen sei usw., verstießen. Das alles flog nun zum Fenster raus."

Compton erwies sich als zu schwerfällig, um auf die Veränderungen zu reagieren, und die Saatchis wurden nervös. Etliche der Compton-Kunden waren nicht mehr so ganz glücklich, so unter anderem auch Procter & Gamble und Jeep. Comptons Gewinnspannen waren zudem – nicht nur gemessen an denen von Saatchi & Saatchi – gefährlich niedrig. Es mußte also unbedingt etwas geschehen. Veränderungen im Management waren unumgänglich, was angesichts der Position von Milt Gossett eine schwierige Sache war, wollte ihn doch niemand verlieren.

Der Mann, auf den ihre Wahl fiel, war Ed Wax, groß, hager, bekümmert dreinblickend, mit einem buschigen Schnurrbart. Seine Eltern waren eingewanderte Arbeiter, und er war in Lynn in Massachussetts aufgewachsen. Nach seinem Chemiestudium hatte er bei Du Pont gearbeitet. Mit 27 Jahren hatte er beschlossen, sich der Werbung und dem Marketing zuzuwenden. Von den 200 Unternehmen, bei denen er sich beworben hatte, hatten jedoch nur etwa zehn geantwortet – und nur Compton hatte ihm einen Job angeboten. Den hatte er angenommen und war vierzehn Jahre lang geblieben. 1977 aber war er, frustriert von der allzu beschaulichen Werbung, die bei Compton produziert wurde, ausgeschieden und zu einer kleineren Agentur namens Richard K. Manoff gewechselt, die auf Grund eines seltsamen Zufalls dann von der britischen Agentur Geers Gross übernommen worden war. 1981 war Wax dann zu Wells Rich Greene gegangen. Dort erreichte ihn schließlich ein Anruf seiner alten Agentur Compton und die Anfrage, ob er daran interessiert sei, ihre europäischen Operationen zu leiten. Wenn er dort erfolgreich sei, sollte er nach ein paar Jahren die Leitung der Agentur in New York übernehmen. Compton war weitgehend im Besitz des eigenen Managements, und man bot ihm eine gehörige Beteiligung an. Wax wollte gerade zusagen, als ihn ein weiterer Anruf erreichte: Saatchi & Saatchi hatte Compton gekauft, womit für ihn, wie er glaubte, alle Chancen dahin waren, ins große Geschäft zu kommen. „Der Zug ist abgefahren, ich war zu langsam", meinte er einem Freund gegenüber.

Wax war für die Saatchis kein ganz Unbekannter. Er hatte zu den leitenden Mitarbeitern von Compton gehört, als Milt Gossett etwa 1977 Maurice erstmals herübergeholt hatte und sie dann in die langwierigen Verhandlungen eingestiegen waren, die erst nach fünf Jahren zu einem Abschluß geführt hatten. Er hatte bei Wells Rich Greene 1980 den vergeblichen Übernahmeversuch der Saatchis miterlebt. Er war sehr beeindruckt von dem gewesen, was er von ihnen gesehen hatte, und rechnete nun fest damit, daß der Einfluß der Saatchis Compton zu einer kreativeren Arbeit beflügeln werde.

Er rief also Maurice an und hatte ein langes Gespräch mit ihm. Am Ende bot der ihm den gleichen Job in Europa an, den zu übernehmen er schon einmal entschlossen gewesen war. „Das gibt Ihnen die Möglichkeit, uns genauer kennenzulernen, Ihre guten Beziehungen zu Procter & Gamble wieder aufzubauen, und dann bin ich sicher, daß Milt Sie zu einem späteren Zeitpunkt gern wieder in New York sehen würde, damit Sie ihm bei der Leitung der Agentur zur Seite stehen." Er sollte aber drei Jahre in London zubringen und danach nach New York zurückkehren, um im Prinzip die Leitung von Compton zu übernehmen.

Am Ende entwickelten sich die Dinge aber sehr viel schneller. Die Brüder hörten, wie es bei den Klienten rumorte. Wax war in New York bekannt und mit dem dortigen Geschäft vertraut. Außerdem war er in der Lage, die Situation von außen zu beurteilen, was eine Hilfe sein würde.

Wax übernahm seinen neuen Job im Juni, zog im August nach London und kümmerte sich zunächst vor allem um Procter & Gamble in Europa. Aber bereits nach wenigen Monaten holte Gossett ihn nach New York zurück.

Wieder in New York, bekam Wax schnell mit, daß es bei einigen der größeren Etats erhebliche Probleme gab. Es gelang ihm mit knapper Not und Mühe, sie zu retten. Wax war nun sehr darauf bedacht, daß man in ihm nicht den „Saatchi-Adlatus sah, der hier alles saatchisieren wollte". Er mochte den Saatchi-Stil durchaus, aber so sehr nun wieder auch nicht. Es gab sehr viel mehr Kunden, die mit Compton glücklich waren, als solche, auf die das nicht zutraf, und wenn er auch ein großer Bewunderer der britischen Werbung war, so war er doch gewillt, nur einige der besseren Ideen von dort zu übernehmen.

Da Wax sowohl London als auch New York kennt, vergleicht er gern die beiden unterschiedlichen Stile der Werbung. Als er 1986 von der Zeitschrift *Across the Board* gefragt wurde, warum die amerikanische Werbung anfange, immer britischer auszusehen, antwortete er: „Vergessen Sie nicht, daß auch nicht jede britische Werbung toll ist. Auch da drüben gibt's einen Haufen Mist. Aber das Beste dort ist nun mal allem weit überlegen, was man hier in den Vereinigten Staaten sieht." Aber warum, so hakte der Interviewer nach, seien die Briten denn besser? „Das sind sie gar nicht", sagte Wax daraufhin. „Aber sie haben Graphik, Ton, Kameraarbeit und Produktionsmaßstäbe so entwickelt, daß sie komisch sein können und trotzdem die Botschaft rüberbringen." Auf der anderen Seite, so fuhr er fort, hätten die Briten aber auch gar keine andere Wahl. „Sie mußten einfach bessere Werbefilme machen, weil sie da im Vereinigten Königreich viel weniger auf das Programm verteilte Sendezeit haben als wir. Sie packen dicke Bündel von Werbefilmen in die dafür vorgesehenen Programmpausen, was bedeutet, daß der Zuschauer viel Zeit hat, um mal auf die Toilette zu gehen oder sich ein Bier oder Sandwich zu holen."

Wax nahm einige der britischen Ideen davon, wie man Werbefilme um „Witz und Charme" bereichern konnte, mit nach New York zurück und war entschlossen, ihre Produktionen dort unterhaltsamer zu gestalten. Die British Airways-Werbung kam da gerade zur rechten Zeit, aber er betont immer wieder, daß er die kreative Arbeit von Compton vor allem deshalb zu reformieren begonnen habe, weil er die Veränderungen habe sehen können, die sich in der amerikanischen Werbung vollzogen habe. Charles und Maurice Saatchi hätten damit nur wenig oder nichts zu tun.

Die Neuordnung bei Compton war für die Saatchis nur eine der vielen Entscheidungen, in denen sie ihre Begeisterung für die Levittschen Lehren zum Ausdruck brachten. Mit der gleichen Energie, die sie in den siebziger Jahren in den Aufbau der Agentur in London gesteckt hatten, konzentrierten sie sich nun auf die Expansion in New York. Compton war nur ein erster Schritt.

Ihre Planungen waren zu dieser Zeit ebenso akribisch wie eindrucksvoll – und so kühn wie eh und je. Maurice machte noch immer die Runde durch die großen Agenturen, um mit größter Sorgfalt das Fundament für weitere Übernahmeangebote zu legen. Bei Compton hatten schließlich die Verhandlungen – mit allen Unterbrechungen – fünf Jahre gedauert, und das war die Sache auch wert gewesen. Er suchte immer wieder die selben Agenturen auf und ließ sich von keiner Absage beirren. Im Juni 1983 kam er zum Erfolg und kaufte die mittelgroße New Yorker Agentur McCaffrey & McCall zum Preis von 20 Millionen Dollar, 10 Millionen sofort und weitere 10 Millionen im Laufe von drei Jahren. Das ging in Ordnung – aber ihm schwebte ja eigentlich etwas viel, viel Größeres vor.

Im September 1983 machten die Saatchis einen weiteren ihrer Sprünge. Sie erreichten, daß ihre Aktien an der Börse in der Wall Street notiert wurden – als drittes britisches Unternehmen nach BP und Tricentrol. Sogleich nahmen sie durch die Ausgabe von Aktien Kapital auf. Es handelte sich zunächst nur um eine freihändige Zulassung, d.h. noch nicht um eine vollgültige Börsennotierung, denn auch Saatchi & Saatchi mußte erst den langen Weg bis zur Erfüllung aller Anforderungen der Securities and Exchange Commission zurücklegen. Im Oktober ging Maurice mit einem Mitarbeiterteam auf eine Tournee durch die Vereinigten Staaten, die sie von New York über Chicago nach San Francisco und dann nach Boston führte. Nur eine Woche später folgte ihm an Bord einer Concorde John Harvey-Jones, der Chef von ICI, um auf eine ähnliche Expedition zu gehen, und bald schon griffen noch viele weitere britische Unternehmen diese Idee auf. Die britische Invasion der Vereinigten Staaten, die sich wenig später beschleunigen und die viele auch der renommiertesten amerikanischen Werte – vom Whirlpoolhersteller bis zur Herrenmodefirma Brooks Brothers – in britischen Besitz übergehen lassen sollte, hatte damit ihren Anfang genommen.

Das Treffen mit Analysten in Chicago war typisch für die Art der Begegnungen, zu denen es im Verlaufe dieser Rundreise kam. Am Mittag des 27. Oktober 1983 traf eine Reihe von Investmentexperten in der 66. Etage des 110 Stockwerke hohen Sears Towers ein, des höchsten Gebäudes der Welt. Maurice wurde von Martin Sorrell und Simon Mellor flankiert, der bei Saatchi für den Bereich

Unternehmensentwicklung zuständig war. Ein Vertreter der veranstaltenden Bank Morgan Stanley, ein führendes Haus der Wall Street, hielt eine kurze Ansprache:

„Meine Damen und Herren, ich möchte ihnen jetzt Saatchi & Saatchi vorstellen, die bei weitem erfolgreichste Werbeagentur der Welt."

Er erläuterte nicht näher, auf welchen Kriterien diese Aussage beruhte, aber Maurice hatte nichts gegen diese Formulierung einzuwenden. Seine Präsentation war inzwischen sehr ausgewogen: Er und sein Bruder hätten die Agentur 1970 gegründet; heute seien sie die achtgrößte der Welt. Sie hätten eine eindrucksvolle Liste von Klienten: American Motors, Avis, British Airways, Black & Decker, Du Pont... und so weiter. Die größte Agentur in Großbritannien, die größte auch in Europa, die zehntgrößte in den Vereinigten Staaten, seien die Einnahmen in den letzten fünf Jahren um durchschnittlich 34 Prozent gestiegen ... und das alles wurde mit Schautafeln und Diagrammen verdeutlicht. Die amerikanischen Zuhörer hatten wohl im Zusammenhang mit der Wahl von Margaret Thatcher schon von Saatchi gehört, aber diese Fakten waren ihnen neu. Maurice hielt dann noch seine kleine Vorlesung über Levitt und die Globalisierung, eine Rede, die er und Levitt selbst so oft hielten, daß schon bald die Saatchis als die Entdecker Levitts gelten sollten. „Dieser Trend zur Globalisierung ist etwas, das Saatchi schon seit Jahren beschäftigt. Wir haben da einen Vorsprung vor anderen und sind ganz auf die Entwicklung eingestellt."

Die Emission der neuen Aktien ging über die Bühne und brachte den Brüdern eine Reihe von Vorteilen. Zum einen verhalf sie ihnen zu Geld – es standen ihnen jetzt etwa 40 Millionen Pfund für weitere Akquisitionen zur Verfügung. Zum zweiten hatten sie nun in Amerika notierte Papiere, mit denen sich leitende amerikanische Mitarbeiter belohnen und ans Haus binden ließen. Und drittens verhalf es ihnen in der amerikanischen Finanzwelt zu einer deutlichen Profilierung, ein Faktor, der eine immer größere Bedeutung erhalten sollte, als sie ihre Übernahmeaktivitäten fortsetzten. Ihre Aktien wurden nun von der kleinen Gruppe der in den Bankhäusern der Wall Street auf den Medienbereich angesetzten Analysten verfolgt. Ein paar Monate später begann die Kolumne „Auf der Straße gehört" des *Wall Street Journal*: „Die Anlageexperten empfehlen jetzt die Papiere der Werbeagenturen, und das, obwohl sich dieser Bereich in der letzten Zeit nur höchst schleppend entwickelt hat." Der Artikel endete mit dem Hinweis darauf, daß die Aktien von Saatchi & Saatchi zum Siebenundzwanzigfachen ihres Nominales gehandelt würden, was an die Zeiten erinnere, da die Agenturen zu den „glanzvollen Anlageobjekten" gehörten. Diese Bewertung reflektiere den Status von Saatchi als „heiße" Agentur. Und schließlich wurde noch die Anlageexpertin Mary Vandeventer von Widman, Blee zitiert, die geäußert hatte, möglicherweise werde der britische Glanz auf den Aktien der amerikanischen Agenturen ein wenig verblassen, wenn Saatchi in den Vereinigten Staaten einen größeren Bekanntheitsgrad erlange. „Nun, vielleicht", echote der Kolumnist lakonisch.

Morgan Stanley war ebenso bereit, die Saatchi-Aktien zu empfehlen wie Paine Webber, eine andere Wall Street Bank, die an der Emission beteiligt gewesen war. Aber auch das Haus Wertheim, das nichts damit zu tun gehabt hatte, empfahl die Papiere wenig später wegen ihrer „dynamischen Entwicklung."

Im Verlauf des Jahres 1984 weiteten die Brüder ihr Betätigungsfeld über die Grenzen der Werbung hinaus aus. Sie kauften zwei weitere Firmen, und zwar Yankelovich, Skeely & White sowie McBer & Co, beide auf Marktforschung spezialisiert. Dann kauften sie als erste britische Agentur eine australische auf, nämlich Gough Waterhouse. Es folgten Akquisitionen in Dublin und in Schottland. Ende 1984 kam es dann schließlich zu der bislang größten Übernahme – zum Preise von 100 Millionen Dollar plus weiteren „abzuverdienenden" 25 Millionen kauften sie die in Amerika beheimatete Hays-Gruppe, eine führende internationale Unternehmensberatung, die über 94 Büros in 27 Ländern verfügte. In vielerlei Hinsicht war das ihre wichtigste Übernahmeaktion, machte sie sie doch zum ersten Unternehmen der Werbeindustrie, das sich ernsthaft im Consultingbereich engagierte. Damit hatte ein neuer Abschnitt in der Erfolgsgeschichte der Brüder Saatchi begonnen.

Die weitere Entwicklung war nicht mehr aufzuhalten. Viele der damaligen Zeitungsberichte fingen mit dem gleichen Satz an: „Nichts kann Saatchi & Saatchi stoppen." Es war ein Vormarsch, wie ihn die Werbeindustrie noch nie erlebt hatte, und selbst die größten Gruppen an der Wall Street begannen unruhig zu werden.

Den Klienten kamen immer wieder neue Gerüchte zu Ohren, so daß sich Milt Gossett und Ed Wax pausenlos mit Anfragen über mögliche Interessenkonflikte auseinanderzusetzen hatten. Wenn sie diese Probleme an die Brüder weiterleiteten, passierte gar nichts. Die Saatchis waren in Bewegung und nicht gewillt, sich eher umzublicken, als bis sie ihr Ziel, das größte Werbeunternehmen der Welt zu sein, erreicht hatten. Jede Übernahme brachte sie dem näher, aber selbst jetzt noch gingen weniger als 1 Prozent der weltweiten Werbeaufwendungen durch ihre Hände.

1985 führten sie ununterbrochen Gespräche und Verhandlungen, beendeten das Jahr dann aber, ohne weitere Agenturen in den Vereinigten Staaten gekauft zu haben. Oft scheiterten sie im letzten Augenblick. Im Unternehmensbereich Consulting und in anderen Gebieten sah das jedoch ganz anders aus – sie erwarben 1985 pro Monat ungefähr eine nicht in der Werbung tätige Firma. Die Reihe der Übernahmeangebote im Bereich der Werbung wurde nun durch weitaus umfänglichere ersetzt, die darauf abzielten, die angebotenen Dienste auszuweiten: Der Übernahme von Hay folgten neun weitere, was der Gruppe in allen Sparten vom Direktmarketing über Unternehmensdesign, Verkaufsförderung, Öffentlichkeitsarbeit bis hin zur Tagungsorganisation eine starke Position verschaffte. Die meisten Käufe erfolgten in den Vereinigten Staaten, aber es kam auch zur Übernahme von drei Agenturen außerhalb Amerikas, nämlich in Hongkong, Kanada und Großbritannien.

Das ungeheure, atemberaubende Tempo der Saatchis fand auf der Börse große Zustimmung. Die Kurse der Aktien stiegen, obwohl Saatchi nun fast monatlich neue ausgab. Das Unternehmen hatte jetzt eine solche Größe und Verzweigtheit erreicht, daß die Brüder die Hilfe von erfahrenen Spitzenmanagern brauchten. Wie schon seinerzeit im Falle von Martin Sorrell, schalteten sie wiederum Headhunter ein. Und auf diese Weise kam Anthony Simonds-Gooding zu ihnen, bis dahin Hauptgeschäftsführer der Brauerei Whitbread.

An dem Tage im Jahre 1985, an dem bekannt wurde, daß Simonds-Gooding Whitbread verlassen werde, fiel der Kurs der Brauerei-Aktie stark ab – der Marktwert des Unternehmens verringerte sich um ganze 45 Millionen Pfund. Simonds-Gooding war 47 Jahre alt und hatte einige – direkte und indirekte – Erfahrung in Sachen Werbung. Kurze Zeit hatte er bei Lintas mit Frank Lowe zusammengearbeitet, der damals den Whitbread-Etat, der sich auf 11 Millionen Pfund pro Jahr belief, betreut hatte. 1973 war er dann zu Whitbread gegangen, einem der konservativeren Mitglieder der marktbeherrschenden „Braueraristokratie", und war in den vergangenen drei Jahren deren Spitzenmanager gewesen. Der untersetzte Ire verfügte über beträchtlichen Witz und Charme und interessierte sich intensiv für Werbung, vor allem für die seines Hauses.

Als die Saatchis mit ihm in Kontakt traten, hatte er eigentlich gar nicht die Absicht, von Whitbread fortzugehen – er hatte ja schließlich einen der besten Jobs in ganz Großbritannien. Er war jedoch auch ein ruheloser Mensch, der den Gedanken nicht ertragen konnte, bis zum Ruhestand bei Whitbread auszuharren und all die Jahre hindurch immer das gleiche tun zu müssen. Dennoch hätte er wohl nicht gewechselt, wenn Maurice nicht, wie er oft zu sagen pflegte, „mit einer Rose zwischen den Zähnen in mein Fenster gestiegen" wäre. Simonds-Gooding sprach später in fast ehrfurchtsvollem Ton von der großen Überredungskunst Maurice Saatchis, und am Tage ihres ersten Zusammentreffens erlebte er ihn wahrlich in Hochform. Maurice beglückwünschte ihn zu der „wunderbaren Arbeit", die er für Whitbread geleistet habe, und fügte sodann die Bemerkung hinzu, daß ihm ja nun, da die Arbeit bewältigt sei, nicht mehr viel zu tun übrig bleibe. Dagegen sei man bei Saatchi & Saatchi gerade dabei, das Unternehmen nach einem Übernahme-Blitzkrieg zu reorganisieren. Er, Maurice, werde von Ken Gill den Vorstandsvorsitz übernehmen, und sie brauchten dringend einen Mann wie ihn, um den ganzen Umbau bewältigen zu können. „Wir haben zwar viele Käufe getätigt, aber wir stehen noch ganz am Anfang, vor allem in den Vereinigten Staaten. Wir brauchen einen Mann Ihres Kalibers, der den gesamten Laden verwaltet, leitet und in irgendeine Form von Ordnung bringt. Bisher haben wir noch nicht viel aus unseren Akquisitionen gemacht, aber es liegen ungeheure Möglichkeiten drin." Warum komme er nicht zu ihnen? Wäre das nicht eine sehr aufregende Aufgabe?

Nach etlichen weiteren Gesprächen entschied sich Simonds-

Gooding, den Sprung zu wagen. Sein offizieller Titel war der eines „Chairman and Chief Executive" von Saatchi & Saatchi Communications. Zu diesem Unternehmensbereich gehörten weltweit alle Werbeagenturen sowie die Sparten Öffentlichkeitsarbeit, Unternehmensdesign, Direktmarketing und Verkaufsförderung. Der noch kaum entwickelte Bereich der Unternehmensberatung sollte eigenständig bleiben und seinen eigenen Supermann bekommen, wobei sie beide Maurice direkt berichten sollten.

Sein erster Tag im Hause Saatchi ist ein gutes Beispiel dafür, wie es in diesem Unternehmen zugehen kann. Er war, wie Simonds-Gooding einem Freund anvertraute, der „ganzen Zuwendung und Überredungskunst von Maurice" ausgesetzt gewesen und überzeugt worden, sein schönes Büro und sein bequemes, umsorgtes Leben bei Whitbread aufzugeben – um an diesem Morgen Anfang September 1985 auf die Erde zurückgeholt zu werden. Man gab ihm Tim Bells ehemaliges Büro in der Maple Street hinter dem Saatchi-Gebäude, das im ganzen Unternehmen als „Bells letzte Stellung" bekannt war – ein dunkler, schäbiger Raum halbwegs im Souterrain, von dem aus man auf einen kleinen Hinterhof hinausblickte. Simonds-Gooding erinnert sich, daß er bei diesem Anblick dachte: „Wir sollten alle Overalls anhaben und in der Mittagspause in diesem zugigen Hof herumschlurfen. Es war schrecklich." Es gab einen Schreibtisch, zwei Stühle und ein Telefon. Keine Akten, keine Ordner, auch keine Sekretärin, niemand, der ihn begrüßt oder ihm gesagt hätte, was zu tun sei, keine Übergabe, keine Vorstellung. Nur etwas gab es – haufenweise Blumen, Rosen überall, und eine Karte, auf der zu lesen stand:

„Willkommen, Anthony! Wir übergeben. Grüße – Charles und Maurice."

Die Brüder hatten beide einen zweiwöchigen Urlaub angetreten.

Simonds-Gooding war durchaus klar, daß er bei Saatchi in schwierigen Gewässern kreuzte. Die Firmenangehörigen, die die Werbeagenturen leiteten, also Roy Warman, Terry Bannister, Bill Muirhead, Jennifer Laing und Jack Rubins in London und Milt Gossett und Ed Wax in New York, unterstanden nun nicht mehr direkt den Saatchis, sondern ihm. Zum ersten Mal in der Geschichte des Unternehmens gab es einen „Filter" zwischen dem Personal der Werbeagenturen und den Brüdern, was vor allen die altgedienten Kräfte gar nicht mochten. Selbst Jeremy Sinclair, der fast in jeder Mittagspause mit Charles Schach spielte und der in der Agentur einigen Einfluß hatte, unterstand theoretisch jetzt dem neuen Chef des Bereichs Kommunikation.

Der Sitz der Macht aber war die 6. Etage des Gebäudes an der Charlotte Street. Und Simonds-Gooding saß nicht einmal in diesem Gebäude, vom Stockwerk gar nicht zu reden – das Haus war jedoch völlig überfüllt und bot keinen Platz für ein weiteres Büro.

Wie also unter solchen Bedingungen anfangen? Simonds-Gooding kam schnell dahinter, daß es zu den Grundsätzen der Brüder gehörte, jeden sich selbst zu überlassen. Als erstes wandte er sich also an eine Agentur, die ihm eine Sekretärin beschaffen sollte. Dann schickte er ein Telex an Milt Gossett, in dem er diesem mitteilte, daß er nach New York kommen werde und gerne von ihm alles über die dortige Situation erfahren würde. Gossett, der dem neuen Mann verständlicherweise ablehnend gegenüberstand, telexte zurück, daß er ihm in der übernächsten Woche eine halbe Stunde während der Lunchzeit zur Verfügung stellen könnte. Simonds-Gooding antwortete wütend und sehr bestimmt, er gedenke für vier Wochen zu kommen und wünsche jeden, aber auch wirklich jeden Manager des amerikanischen Unternehmens zu sehen – er, Gossett, möge das alles so bald wie möglich für ihn arrangieren. Gossett verstand.

Mehr gab es für Simonds-Gooding in seinem trübseligen kleinen Büro noch immer nicht zu tun. „Wenn man bei Whitbread anfängt, bekommt man wenigstens Bücher in die Hand gedrückt, *The Green Jackets* von Arthur Bryant und *Brewers since 1703*", meinte er später einmal. Am zweiten Tag aber klingelte sein Telefon. „Hallo, Simonds-Gooding", meldete er sich erleichtert.

Am anderen Ende war jemand mit schwerem australischen Akzent. „Dem Himmel sei's gedankt, daß ich endlich mal einen Scheißer an den Apparat kriege. Hier spricht Cliff Cobbett, ich rufe aus Melbourne an. Alle meine Kreativen streiken, und ich frage mich, ob ich dazu autorisiert bin, den Chef der Kreativabteilung zu feuern, wenn der aus dem Urlaub zurückkommt. Geht das wohl in Ordnung?"

„Hm, Cliff, es ist schön, mit Ihnen zu sprechen", fing Simonds-Gooding an, „aber ich bin erst seit zwei Tagen hier und da ist es etwas schwierig..."

„Gut, gut, ich bin ja auch erst zwei Tage im Amt", sagte der Australier.

Schließlich riet Simonds-Gooding ihm: „Machen Sie, was Sie für richtig halten." Dann legte er auf. Später erfuhr er, daß Cobbett, Chef einer der Saatchi-Agenturen in Australien, den Mann tatsächlich rausgeschmissen hatte, der daraufhin sofort von einer anderen Saatchi-Agentur mit höherem Gehalt wieder eingestellt worden war. Simonds-Gooding fand das einigermaßen verwirrend und befremdlich. Was war aus den klaren Gedanken zum Thema „Globalisierung", aus der Ausnutzung der Vorteile, die die Größe bot, aus der ganzen restlichen Philosophie geworden? Ganz offensichtlich lag eine Menge organisatorischer Arbeit vor ihm. So begab er sich auf seine Informationsreise, zunächst in den Mittleren Osten, und besuchte alle dortigen Tochterunternehmen, bevor er in die Vereinigten Staaten weiterreiste.

Als er im September 1985 zu Saatchi & Saatchi kam, beschäftigte das Unternehmen 4000 Mitarbeiter. Innerhalb eines Jahres sollten daraus 14 000 werden, von denen die meisten ihm unterstanden. Die bisherigen Übernahmen waren nur das Vorspiel zu den größten Akquisitionen gewesen, die die Werbeindustrie je gesehen hatte – die Käufe erschütterten die gesamte amerikanische Werbebranche und lösten eine Reihe von Megafusionen aus, die ihre Struktur unwiderruflich veränderten. 1986 wurde das Jahr der Megafusionen und das Jahr, in welchem Saatchi auf den ersten Platz vorrückte.

14

DAS ÜBERNAHME-KARUSSELL

Robert E. Jacoby ist ein kleiner Mann – einsvierundsechzig groß, napoleonisch, zigarrenrauchend, elfengesichtig, mit einem Faible für militärische Heldengestalten wie Rommel und Patton. Jacoby herrschte autokratisch, aber einfallslos über die Agentur Ted Bates. Er war ein Werbemann, der starke Gefühlsreaktionen provozierte, Ablehnung oder Bewunderung, wobei es den Anschein hat, als hätte sich beides so ungefähr die Waage gehalten. Er hatte in Princeton studiert und summa cum laude promoviert, danach als Analyst bei Shell gearbeitet und war an seinen guten Tagen, was die Analyse der Probleme von Klienten und auch die Vorhersage von Entwicklungen in der Werbeindustrie anbetraf, einem Maurice Saatchi durchaus ebenbürtig.

Die Firma Ted Bates hatte schon immer einen starken Vorstandsvorsitzenden gehabt. Bates selbst hatte als junger Vizepräsident bei Benton & Bowles den Colgate Palmolive-Etat betreut. Er hatte sich beim Chef von Colgate beklagt, wie unmöglich es sei, mit seinen Ideen bei der Unternehmensleitung durchzudringen – und hatte sich mit Unterstützung des Zahnpastaproduzenten selbständig gemacht. Bates hatte eine sehr simple Vorstellung von Werbung: Sie hatte dem Verbraucher stets einen ungewöhnlichen oder „einmaligen" Vorzug des Produktes vor Augen zu führen. Sein Texter Rosser Reeves verbreitete diese Botschaft später in seinem Buch *Werbung ohne Mythos*, das für alle angehenden Werbeleute der sechziger Jahre zur Pflichtlektüre wurde und die amerikanische Öffentlichkeit auf Slogans einstimmte wie „It's not just a job, it's an adventure" für die US-Marine oder „Melts in your mouth – not your hand" für Mars-Bonbons, oder „Get a piece of the Rock" für die Prudential Versicherungen.

Jacoby wurde 1971 Präsident von Bates und drei Jahre später, also 1974 – in dem Jahr, in dem der Gründer der Agentur starb – ihr dritter Chef. Die Agentur erlebte nun die explosivste Wachstumsperiode ihrer Geschichte, und Jacoby stand 1985 nach einer Reihe von Akquisitionen, die nicht weit hinter denen der Saatchis zurückblieben, an der Spitze der drittgrößten Werbeagentur der Welt. In der Madison Avenue stieß Maurice Saatchi sehr häufig auf die Spuren von Jacoby, der schon vor ihm dort gewesen war. Jacoby tätigte in zehn Jahren sieben Käufe, die Bates die Agenturen William Esty, Campbell-Mithun, AC & R, Cole & Weber, Diner/Hauser/Bates, Sawdon & Bess sowie McDonald & Little einbrachten. Er war ein „workaholic", ein absolutes Arbeitstier – er schuftete bis zu achtzehn Stunden täglich, traf sich mit den Klienten an den Wochenenden und verbrachte wöchentlich viele Stunden im Flugzeug. Die besondere Stärke von Bates war der „harte Verkauf", was der Agentur viele Klienten aus dem Bereich der verpackten Produkte, aber nur wenige „Image-Etats" eingebracht hatte – und Jacoby war fest entschlossen, das im Verlaufe der achtziger Jahre zu ändern. 1982 holte er Mike Becker von Young & Rubicam und gab dann 5 Millionen Dollar für die Verstärkung seiner Kreativabteilung um acht neue Mitarbeiter aus.

Jacoby, der nun in seinen Fünfzigern war, hatte auch noch andere Trends entdeckt. Er war schon früh, wahrscheinlich vor den Saatchis, ein Anhänger der neuen Lehre von den globalen Märkten gewesen, aber ohne damit eine vergleichbare Publicity zu erreichen. Das weltweite Agenturnetz von Bates war ohne Frage demjenigen von Compton weit überlegen. Da innerhalb der Vereinigten Staaten Interessenkonflikte zwischen den Klienten einer Agentur zunehmend den Weg zu weiteren Übernahmen blockierten, wandte Jacoby 1985 seine Aufmerksamkeit vermehrt dem Rest der Welt zu. Er erwarb eine Beteiligung von 51 Prozent an der in Hamburg niedergelassenen Agentur Scholz & Friends und verkündete, daß er sich auch für Frankreich, Großbritannien und Kanada interessiere, „wo wir nicht unserer Bedeutung entsprechend vertreten sind".

Es mag jedoch auch noch andere Gründe für diese Expansionsbestrebungen gegeben haben. Das Bild, das sich Winston Fletcher, dem Chef des britischen Ablegers von Bates, bot, war ein anderes als dasjenige, das Jacoby der Welt präsentierte. Er hätte, wie er im April 1988 in *Campaign* schrieb, als Insider beobachten können, wie Jacoby, den er als „einen Stalin, aber ohne dessen Mitgefühl" bezeichnete, das Unternehmen in New York „so regelmäßig, wie die Karten beim Pokerspiel gemischt werden", umgebaut habe. Und jeder Umbau sei als „der Anbruch eines neuen Zeitalters" gepriesen worden, das aber dann nie heraufgezogen sei. Fletchers Analyse der Lage bei Bates ist angesichts der Überlegungen der Saatchi-Brüder zu dieser Zeit und ihrer Botschaft an Jacoby nicht ganz uninteressant. Fletcher meinte, daß Bates so von der eigenen USP-Philosophie erfüllt gewesen sei, daß man sie gar nicht wieder habe loswerden können, was der Agentur weltweit sehr geschadet habe. Bates sei von den Veränderungen, die sich während der siebziger und achtziger Jahre in der Branche vollzogen, einfach überrollt worden. „Da war eine ganz neue Generation von Verbrauchern angetreten, junge Männer und Frauen, die mit dem Fernsehen groß geworden waren. Sie hatten gelernt, subtilste Werbebotschaften zu entschlüsseln. Sie wollten, während man ihnen etwas verkaufte, unterhalten und amüsiert werden." Bates aber sei auch weiterhin mit der starren USP-Philosophie hausieren gegangen und habe den Verlust von Marktanteilen „durch ein paar spektakuläre Akquisitionen vertuscht". Die Agentur sei stets ertragsstark gewesen und hätte so, wie Fletcher meinte, „ein volles Sparschwein gehabt, um damit ihr Wachstum zu bestreiten", das sie nun in der Tat eher durch Zufall als durch den Gewinn neuer Klienten erzielt habe. „Ihre anhaltende Verpflichtung auf eine überholte und einengende Werbephilosophie mußte jedoch langfristig zu einer Katastrophe führen." Diese Ansicht Fletchers entspricht genau dem, was Maurice Saatchi Jacoby klarzumachen versuchte und was auch andere Mitarbeiter von Bates schon erkannt hatten. „Mitte der achtziger Jahre", schrieb Fletcher, „brauchte man kein promovierter Betriebswirt zu sein, um zu dem Schluß kommen zu können, daß Bates in der Gefahr war, zu einer Agentur zu werden, die zwar eine große Vergangenheit, aber keine Zukunft mehr hatte. Und ich zweifle nicht im geringsten daran, daß auch die wichtigsten Anteilseigner von Bates in New York zu eben dieser Ansicht gelangt waren."

Ted Bates war daran gelegen gewesen, das Kapital seiner Agentur beim eigenen Management zu streuen, aber nun näherten sich fünf der leitenden Mitarbeiter einschließlich Jacobys der Altersgrenze. Wollte man sie alle auskaufen, hätte man mindestens 150 Millionen Dollar gebraucht, und Jacoby war zunehmend überzeugt, daß angesichts der Veränderungen in der Werbeindustrie eine Personengesellschaft in Zukunft nicht mehr in der Lage sein würde, das Kapital aufzubringen, das erforderlich war, um überleben und konkurrenzfähig bleiben zu können. Er untersuchte die Möglichkeit, mit Bates an die Börse zu gehen, sah dann aber auch noch eine andere, alle seine Probleme auf der Stelle zu lösen. Fletchers Interpretation war richtig gewesen. „Ich werde dieses Unternehmen innerhalb von zwei Jahren verkaufen", verkündete Jacoby anläßlich einer Konferenz seiner leitenden Mitarbeiter im März 1986 in Hawaii. „Und es schert mich nicht im geringsten, was andere dazu sagen."

Die Saatchis hatten die Agentur Ted Bates bei ihrer Suche nach möglichen Übernahmekandidaten keineswegs übersehen, hatten aber aus den verschiedensten Gründen nie ernste Schritte in dieser Richtung unternommen. Milt Gossett beschwor Maurice regelmäßig, die Finger davon zu lassen – die Klienten von Compton (so zum Beispiel Procter & Gamble) würden es nicht einfach hinnehmen, wenn es durch eine Übernahme zu Konflikten mit jenen von Bates kommen würde. Manchmal kam es vor, daß Compton-Mitarbeiter ihren Chef in seinem Büro vorfanden, wie er das Haupt in den Händen vergraben hatte und dauernd vor sich hinmurmelte: „O Gott, was haben sie denn nun schon wieder vor?" Manchmal weihten die Brüder ihn in ihre Pläne ein, zumeist aber nicht. Die Muttergesellschaft hatte eine Etage im Gebäude von General Motors in Manhattan angemietet und dort Andrew Woods, einen jungen Bankkaufmann, den man von der Country Bank, Martin Sorrells alten Freunden, geholt hatte, installiert, der den Markt nach möglichen Kaufobjekten durchkämmte, die Listen prüfte, mit denen ihn Maurice pausenlos eindeckte, und ohne Unterlaß Gespräche mit potentiellen Übernahmekandidaten führte.

Ganz unabhängig von den Vorhaben der Saatchis wurden in der Madison Avenue die ersten Anzeichen des Ausbruchs der schwersten Fusionsmanie ihrer Geschichte sichtbar. Die Übernahmewelle der frühen achtziger Jahre, die das industrielle Amerika so weitgehend umgemodelt und verändert hatte, erreichte nun auch die Werbewelt. Nur wenige Agenturen sollten davon unberührt bleiben.

Gossett wußte nicht, daß die Saatchis ihre bisher größte Aktion planten – eine, die für ihn, für Ed Wax und für ihr gesamtes Team gewaltigen Kummer und erhebliche Probleme mit sich bringen sollte: Sie hatten jetzt Ted Bates ernsthaft ins Visier genommen.

Das erste Zusammentreffen der Saatchis mit Robert Jacoby im Frühjahr 1985, bei dem über die Übernahme gesprochen werden sollte, bildete den Auftakt zu achtzehn Monate dauernden, immer wieder unterbrochenen Gesprächen, die nicht ohne Bitterkeit, aber ohne jeden Humor geführt wurden. Maurice überzeugte Jacoby schließlich davon, daß der Gedanke einer Verbindung ihrer beiden Unternehmen es wohl wert sei, zumindest einmal ernsthaft durchdacht zu werden, und Jacoby, der von dem Ruf der Saatchis und von der Schnelligkeit, mit der sie auf der Leiter nach oben zu klettern schienen, beeindruckt war, stimmte dem zu.

Man traf sich in London, als Jacoby dort selbst nach Akquisitionsmöglichkeiten suchte. Maurice eröffnete die Gespräche wie üblich mit einer überzeugend vorgetragenen Rede über Situation und Entwicklung ihrer Branche, über die Entwicklung von Saatchi & Saatchi und darüber, wie sie die globalen Märkte sahen. Die drei größten Werbungstreibenden der Welt, Procter & Gamble, Philip Morris/General Foods und R.J. Reynolds, waren in den letzten paar Jahren selbst an Megafusionen beteiligt gewesen, was überhaupt von so gut wie allen bei *Fortune 500*, der vom Wirtschaftsmagazin *Fortune* alljährlich veröffentlichten Liste der größten Unternehmen der Vereinigten Staaten, aufgeführten Firmen gesagt werden könne. Entgegen der allgemeinen Ansicht seien die großen Werbungstreibenden durchaus nicht in der moralischen Position, gegen Fusionen oder Übernahmen in der Werbeindustrie zu wettern. Sie seien es doch selbst, die ihre Agenturen zu immer größerem Wachstum und zum Aufbau internationaler Netzwerke trieben, was ohne eine weitere Konzentration in der Werbebranche nicht mehr so einfach zu schaffen sei. In fünf Jahren sei der Anteil an den weltweiten Werbeaufwendungen, der durch die Hände der acht oder neun größten Agenturen gegangen sei, von

14 Prozent auf 20 Prozent gestiegen, was nur zeige, daß die Werbeindustrie – gemessen an anderen Industriezweigen – noch immer aufgesplittert sei. Die großen Klienten würden immer häufiger mit Untersuchungen konfrontiert, die deutlich machten, daß 60 Prozent aller Unternehmen ihre Werbung zentralisierten und daß 75 Prozent von ihnen ihr gesamtes Werbebudget am liebsten von einer einzigen, global präsenten Agentur verwaltet sähen. In Zukunft werde es nur noch drei oder vier weltweit operierende „Megaagenturen" geben, und wer zu dieser Gruppe gehöre (wobei es wirklich nicht so wichtig sei, ob als die Nummer eins, zwei oder drei), könne einer gewissen Zukunft entgegensehen, da diese Entwicklungen, wenn sie sich erst einmal durchgesetzt hätten, nicht mehr rückgängig zu machen seien. Große, global operierende Unternehmen würden niemals wieder zu einer Zusammenarbeit mit nicht-globalen Agenturen zurückkehren – diese Zeiten seien vorbei. Wenn man also den drei Spitzenagenturen angehöre, dann sei das ein enormer Gewinn. Die Entwicklung in diese Richtung beschleunige sich und würde sie die nächsten zwanzig Jahre vorwärtstragen – zwanzig Jahre des Wachstums seien allein dadurch gewährleistet, daß man zu diesen Größten gehöre. Die Werbeaufwendungen beliefen sich im Jahr 1986 auf 160 Milliarden Dollar – die Beute sei also nicht nur beträchtlich, sondern auch sicher.

Saatchi trage auch noch anderen Trends Rechnung: Die Werbung sei nur ein Service – in Zukunft würden die Unternehmen mehr verlangen, so etwa das Angebot von Seviceleistungen in den Bereichen des Direktmarketings, der Verkaufsförderung, des Unternehmensdesigns, der Öffentlichkeitsarbeit und der Unternehmensberatung. Globale Märkte in der Werbung wären bald nurmehr ein Teilaspekt. Deshalb würden Unternehmen, die unter einem Dach vereint all die genannten Dienste anbieten könnten, die ein großer Konzern weltweit benötige, die Nase vorn haben. Saatchi verfüge über die Ressourcen und die Organisation, um diese Position sicherzustellen – nur sehr wenige Unternehmen würden das Geschäft beherrschen. Saatchi & Saatchi habe die Absicht, einen Anteil von 10 Prozent am Weltwerbemarkt zu erobern (bislang sei noch niemand überhaupt erst an 5 Prozent herangekommen) und gleichermaßen 10 Prozent der Weltmärkte bei Beratung, Marktforschung und Öffentlichkeitsarbeit, was durchaus ein erreichbares Ziel sei.

Welche Zukunft sei dagegen zu erwarten, wenn man nicht zum Spitzentrio gehöre? Eine Welt, in der einen die Klienten fragen würden: Nun, hast du wirklich alles, was erforderlich ist? Bist du nicht nur ein höchst unbedeutender Mitspieler?

Jacoby hörte sich das alles schweigend an, rauchte seine Zigarre, hob gelegentlich die Brauen, wenn Maurice eines seiner ehrgeizigen Ziele ansprach, und wartete auf das Ende dieser sorgfältig vorbereiteten und sehr eindringlich vorgetragenen Rede. Bates, so fuhr Maurice fort, stünden verschiedene Möglichkeiten offen. Die Agentur könne sich vornehmen, selbst zu den überlebenden Megaagenturen zu gehören und also losziehen, ein paar Käufe tätigen und dann so weitermachen wie bisher. Sie hätte, wie sie, die Saatchis, wohl wüßten, auch schon mit einer Reihe von Investmenthäusern über die Möglichkeit eines Ganges an die Börse gesprochen. Das sei durchaus ein Weg, der zu dem genannten Ziel führen könne. Sie könnte sich aber auch mit einer anderen Agentur zusammentun, die, was immer auch geschehe, eine der drei größten sein werde. Durch ein Zusammengehen mit Saatchi würde Bates die dadurch neu entstehende Gruppe zur größten der Welt machen, womit der Agentur ein Platz an der Sonne sicher sei.

Als Maurice geendet hatte, herrschte eine Zeit lang Stille. Dann aber nahm Jacoby, folgt man dem Bericht eines ehemaligen Saatchi-Mannes, die Zigarre aus dem Mund und sagte:

„Das ist ja alles sehr schön, Maurice. Aber jetzt sagen Sie mir doch noch, was mit der Knete ist."

Die erste Gesprächsrunde dauerte über ein Jahr, und die Botschaften sausten nur so über den Atlantik hin und her, entweder per Telefax oder per Kurier. Jacoby übertrug die Verhandlungen mit Saatchi John A. Hoyne, dem ruhigen, grauhaarigen Chef seiner internationalen Agentur. Als die Gerüchte in der Madison Avenue Bates als Übernahmekandidaten nannten, veranschlagten die meisten Experten den Preis der Agentur auf 200 bis 300 Millionen Dollar. Jacoby aber wollte 500 Millionen haben und war nicht im geringsten an einem von Maurice Saatchis klassischen Geschäften auf der Basis des „Abverdienens" interessiert. Jacoby wollte alles sofort, andernfalls würde man zu keiner Einigung kommen. Aber wie sehr Jacoby sie auch nervte – Bates war angesichts seiner relativ hohen Gewinne viel zu gut, um die Sache einfach wieder fallenzulassen. Die Saatchis hatten bisher keines der großen Unternehmen, hinter denen sie her gewesen waren, an sich bringen können und suchten immer noch nach einer Lösung, die sowohl sie als auch Bates zufriedenstellen würde.

Unmittelbar vor Weihnachten 1985 reiste Jacoby zusammen mit John Hoyne in der Erwartung nach London, den Vertrag unterschreiben zu können, der die Verhandlungen abschließen würde, die in den vorangegangenen Monaten bis ins kleinste Detail weitergeführt worden waren. Man traf sich mit dem Saatchis in der Suite eines Londoner Hotels. Wiederum eröffnete Maurice das Gespräch, diesmal aber nicht mit einer großen Grundsatzrede. Er gab zu verstehen, daß er weder dem von Jacoby geforderten Preis noch der von diesem gewünschten Sofortzahlung zustimmen werde. Jacoby hörte ungeduldig ein paar Minuten lang zu und sagte dann unvermittelt: „Entschuldigen Sie, wir müssen uns mal beraten", woraufhin er, gefolgt von Hoyne, den Raum verließ. Für das Saatchi-Team folgten nun zwanzig Minuten unruhigen Wartens, nach denen Hoyne wieder erschien, aber allein.

„Könnte ich bitte Mr. Jacobys Mantel haben?" fragte er die verblüfften Wartenden.

Jacoby war auf und davon, erbost darüber, daß die Saatchis ihre Meinung geändert hatten. Zuhause lagen auch noch andere Offerte auf seinem Tisch, und er kehrte nach New York zurück, um zu sehen, ob sich entweder etwas Besseres erreichen oder aber die Saatchis sich nicht doch noch dazu überreden ließen, seinen Preis zu akzeptieren – ungeteilt, auf die Hand. „Das war ein toller Schachzug von Jacoby", meint ein ehemaliger Saatchi-Manager. „Wir wußten ja nicht, was für Druckmittel er in der Hand hatte, was für andere Angebote, wir hatten nur Gerüchte gehört, daß es eins von McCann und noch andere gäbe. Wenn er versuchte, mehr Geld aus uns herauszupressen, dann war das jedenfalls eine sehr wirkungsvolle Taktik."

Die Geschichte sickerte bis zur amerikanischen Branchenpresse durch. Jacoby bestritt sie, aber von den Saatchis kam eine Bestätigung. Im Januar zitierte *Adweek* einen ungenannt bleibenden Saatchi-Manager mit den Worten: „Es hat Gespräche gegeben. Das ist keine Sache, von der die Saatchis so leicht ablassen können – selbst wenn sie um einen Abschluß kämpfen müssen."

Im Lichte der späteren Ereignisse ist ein Absatz des *Adweek*-Artikels besonders interessant. Da wird nämlich ein Bates-Manager zitiert, der gesagt hatte: „Es könnte sein, daß Jacoby mehr Bargeld als Aktien von den Saatchis haben möchte", worin der Autor eine Bezugnahme auf „das angebliche, 250 bis 300 Millionen-Preisschild der Agentur" sah. Die Fachpresse enthält eine ganze Reihe von Preisangaben dieser Größenordnung, die in etwa dem Wert entsprechen, von dem man bei Saatchi zu dieser Zeit ausging. Jacoby spielte jedoch mit höherem Einsatz und glaubte immer noch, er könne 500 Millionen Dollar für Bates bekommen, eine Summe, die selbst durch die gute Ertragslage der Agentur nicht gerechtfertigt war.

Zu Jahresbeginn 1986 war Saatchi der große Fang noch immer nicht geglückt. Es waren viele Bälle in der Luft, und früher oder später würde man schon einen auffangen. Aber welchen? Da Bates nun nicht mehr ganz oben auf der Liste stand – wenn auch noch nicht ausgestrichen worden war – schien es an der Zeit, ein anderes altes Lieblingsobjekt wieder ins Auge zu fassen, nämlich Doyle Dane Bernbach. Bill Bernbachs einstmals groß gewesene Agentur würde ganz bestimmt nicht zu den von Maurice immer wieder angesprochenen „Großen Drei" gehören. Sie verlor Kunden, verfügte über kein funktionierendes internationales Agenturnetz und war ganz eindeutig reif für eine Übernahme. In der Branche kursierten entsprechende Gerüchte und Geschichten, die durch eine Notiz im *Gallagher Report*, einem Nachrichtenblatt für die Werbe- und die Marketingbranche, im April 1986 bestätigt wurden, in der es hieß, daß der Chef von Doyle Dane Bernbach, Barry Loughrane, überall „auf den Busch" klopfe und versuche, einen Ehepartner für seine Agentur zu finden, die immerhin Etats im Werte von 1,7 Millionen Dollar verwaltete. Er habe sich Mitte März an Keith Richards, den Vorstandsvorsitzenden von Needham Harper Worldwide, gewandt – „mit dem Angebot, die Schubkraft von Needham zu vergrößern".

Maurice beauftragte Simonds-Gooding, sich der Sache anzunehmen und ein Angebot an Bernbach zu machen, bevor es zu spät war. Simonds-Gooding wußte wohl, daß andere Bieter ihm voraus waren, aber die Brüder machten Druck, und er bemühte sich um einen Termin bei Barry Loughrane. Saatchi & Saatchi, so erklärte er diesem dann, sei gewillt, ein Angebot vorzulegen, welches dem Wert der Agentur zumindest entspreche, wahrscheinlich aber sogar noch besser sei. Loughrane hatte eine Vorstandssitzung anberaumt, bei der man die verschiedenen Angebote diskutieren wollte, und Simonds-Gooding erbot sich, zu dieser Sitzung zu erscheinen und zu erläutern, was er zu bieten habe. Er hatte ein fertiges Angebot in der Tasche und hoffte, den Direktoren einige unausgearbeitete Vorschläge auf dem Tisch suspekt machen zu können. Die Bernbach-Direktoren aber wollten Saatchi nicht. „Martin Sorrell hatte schon Jahre zuvor einen entsprechenden Vorstoß im Namen Saatchis unternommen, und das hatte man nicht vergessen", sagte einer der Direktoren von Doyle Dane hinterher. „BBDO und Needham waren Amerikaner wie wir und uns folglich näher."

Anfang Mai 1986 kündigte dann Allen Rosenshine, der Chef von BBDO, die erste Megafusion der Saison an: BBDO, die sechstgrößte amerikanische Agentur, Needham Harper (die Nummer 16) und Doyle Dane Bernbach (die Nummer 12) würden sich zu einer Agentur zusammenschließen – mit einem Etatvolumen von 5 Milliarden Dollar und mindestens einem Dutzend möglicher Etatkonflikte. BBDO selbst verwaltete nämlich den sich auf 225 Millionen Dollar jährlich belaufenden Chrysler-Etat, während Doyle Dane den 110 Millionen-Etat von Volkswagen betreute. Der Pillsbury-Etat bei BBDO (100 Millionen) geriet unter Umständen mit dem Cereal-Etat von Nabisco bei Doyle Dane (35 Millionen) in Konflikt. Augie Busch, der Chef des Brauerei-Giganten Anheuser-Busch, zog den Etat der Brauerei Stroh, der auf 50 Millionen Dollar jährlich kam, zurück. Rosenshine hatte jedoch wenigstens ein Ziel erreicht – wie er es formulierte: „Wir sind jetzt die Größten – wenn auch vielleicht nur für zehn Minuten."

Das Tempo der Fusionen in der Madison Avenue wurde nun atemberaubend. Die American Association of Advertising hatte 1984 acht Zusammenschlüsse registriert, 1985 neunzehn und in den ersten vier Monaten des Jahres 1986 bereits elf. Rosenshines neue Holding, die Omnicom, kopierte in gewissem Sinne das Konzept von Interpublic, der Holding von McCann Erickson, wo man schon vor einem Jahrzehnt drei verschiedene Agenturnetze unter einem Dach vereint hatte. Jetzt kamen Gerüchte auf, daß noch andere Agenturen ein gleiches Ziel ansteuerten. Jeder schien entweder zu übernehmen oder übernommen zu werden. Es gab auch entsprechende, dunkle Andeutungen, was die Saatchis anbetraf, in denen man selbst noch nach dem Scheitern der Gespräche mit

Bates die größten Räuber von allen sah. „Es ist schwer zu erkennen, wo ein Unternehmen wie Saatchi, mit den Taschen voller Geld, als nächstes zuschlagen wird", zitierte *Time* am 12. Mai 1986 Abott Jones, den Präsidenten der in Chicago ansässigen Agentur Foote Cone & Belding. Es war gleichermaßen schwer zu erkennen, wo ein Dutzend anderer Agenturen einmal landen würden – und die Saatchis hatten zu diesem Zeitpunkt keineswegs klarere Vorstellungen von der Entwicklung der Dinge als andere.

Es gab immerhin noch ein paar Möglichkeiten, von denen einige auch zum Erfolg führten. Während sie Bates und Bernbach verfolgt hatten, hatten sie andere Gespräche weitergeführt, von denen nun einige – nicht zuletzt auch dank der ausgebrochenen Fusionsmanie – abgeschlossen werden konnten. In den ersten Monaten des Jahres 1986 kauften sie zwei New Yorker Agenturen, beide keine der ganz großen, aber doch wichtige Erweiterungen des Saatchi-Imperiums. Die erste, im Februar 1989 übernommene war Dancer Fitzgerald Sample, mit einem Etatvolumen von 876 Millionen Dollar die Nummer 13 der amerikanischen Rangliste. Auch sie war ein Procter & Gamble-Haus und hatte einen guten Ruf, was ihre kreative Arbeit anbetraf, sowie sehr talentierte Mitarbeiter unter der Leitung von Stu Upson. Milt Gossett hatte viel Zeit und Mühe aufwenden müssen, John Smale, den Vorstandsvorsitzenden von Procter & Gamble, dahin zu bringen, daß er dieser Transaktion zustimmte. Maurice argumentierte, daß sie durch den Zusammenschluß von Dorland in London und Dancer Fitzgerald ein zweites internationales Netzwerk neben dem von Saatchi & Saatchi Compton aufbauen wollten. Das war ein Plan, mit dem sich die Brüder schon seit einiger Zeit befaßt hatten, ließ sich auf diesem Wege doch das lästige Problem der Klientenkonflikte lösen. So war bereits 1984 eine Übernahme von Dancer Fitzgerald erörtert worden, aber damals hatte Smale sie verhindert. Dancer Fitzgerald verwaltete P&G-Etats in Höhe von etwa 60 Millionen Dollar, und da Smale entschieden dagegen war, daß ein zu großer Teil seines Gesamtbudgets unter ein Dach geriete, hatten die Brüder – zum damaligen Zeitpunkt jedenfalls – keine Neigung verspürt, die Sache zu forcieren. Später sah das dann anders aus.

Dieser Kauf gab Jack Rubins, dem Chef von Dorland in London, erheblichen Auftrieb, dessen Agentur schon seit 1981 zum Saatchi-Imperium gehörte, aber in ihrer Arbeit und ihrer Klientenbetreuung ein eigenständiges Unternehmen geblieben war. Die nun neu entstandene Agentur trug den Phantasienamen DFS Dorland Worldwide und stand, was die Größe ihres Netzwerkes anbetraf, an sechzehnter Stelle, war also noch sehr weit entfernt von jenem „eins, zwei oder drei", von dem Maurice so gerne sprach. Und doch war es ein weiterer Schritt auf dem Wege dorthin und brachte den Saatchis ein paar der großen Etats dieser Welt ein, und zwar Nabisco, Toyota und Wendy's. Das alles kostete sie 75 Millionen Dollar.

Die Übernahme von Dancer Fitzgerald ist auch noch aus einem anderen Grunde erwähnenswert: Die amerikanische Werbeindustrie schien sich plötzlich weit weniger gegen entsprechende britische Vorstöße zu wehren als in der Vergangenheit. Gewiß, Compton war von Saatchi übernommen worden, aber viele Jahre war das die Ausnahme geblieben, Resultat einer besonderen Situation, welche sich aus den Beziehungen zwischen Compton und Saatchi in London ergeben hatte. Bei Dancer Fitzgerald handelte es sich dagegen um einen direkten Erwerb. *Campaign* schrieb in einem Leitartikel, daß „die Herrschaft der amerikanischen Agenturen nicht mehr unangreifbar ist. Den großen Agenturnetzen, die die amerikanischen Pioniere vor und nach dem Krieg aufgebaut haben, geht deutlich erkennbar die Luft aus, da der Wettbewerb schärfer wird, und die Generation derer, die sie geschaffen haben, abtritt." Selbst die große Agentur Doyle Dane Bernbach, so hieß es da weiter, stehe zum Verkauf.

Am Ende dieses *Campaign*-Artikels liest man dann: „Können angesichts der veränderten Szenerie auch andere britische Agenturen zu Weltgeltung gelangen? Aller Wahrscheinlichkeit nach wird wohl keine den Erfolg erzielen können, den Saatchi gehabt hat, denn keine hat ihre Zeit und ihre Energie darauf verwandt, sich für den großen transatlantischen Sprung zu sammeln (oder hat, so ließe sich auch sagen, das erforderliche Zeug dazu). Aber es gibt ganz ohne Zweifel Raum für weitere Partnerschaften, bei denen es nicht notwendigerweise immer die Amerikaner sein müssen, die das letzte Wort haben."

Campaign hatte da einen interessanten Trend ausgemacht. Martin Sorrell etwa hatte zu dieser Zeit Saatchi & Saatchi bereits verlassen, um sich selbständig zu machen, und er gehörte zu denen, die die amerikanische Werbewelt sehr genau analysierten, um nicht zwischen den Stühlen zu landen. Erst vier Jahre, nachdem die Saatchis nach New York gegangen waren, kamen auch andere britische Agenturen auf den Gedanken, ihnen nachzufolgen. Nirgends stand geschrieben, daß die neuen, global operierenden Agenturen unbedingt in New York oder Chicago an den Start zu gehen hatten, um sich von dort aus auf Europa und den Fernen Osten auszuweiten. Es konnte auch andersherum gehen.

Im April 1986 lösten die Brüder eine neuerliche Flutwelle von Geschichten mit Anfangszeilen wie „Nichts kann die Saatchi-Brüder stoppen" oder „Der Ehrgeiz der Saatchi-Brüder kennt keine Grenzen" aus. Sie hatten eine weitere Agentur gekauft, die größer als Dancer Fitzgerald Sample, aber auch noch kein Gigant war. Es handelte sich um Backer & Spielvogel, mit einem Etatvolumen von 500 Millionen Dollar in den Vereinigten Staaten auf dem 23. Rang. Erst vor acht Jahren gegründet, rühmte sie sich des schnellsten Wachstums in der Branche, noch schneller, als es die Saatchi-Agentur in der Charlotte Street vorzuweisen hatte. Dieser Neuerwerb brachte Saatchi nun auf den zweiten Platz. Mit einem Etatvolumen von 3,4 Milliarden Dollar hatten sie Young & Rubicam mit ihren 3,6 Milliarden beinahe erreicht (Rosenshines Omnicom-Fusion erfolgte erst eine Woche später). An der Spitze von Backer & Spielvogel stand ein Mann, der später sehr wichtig für die Saatchis werden sollte, nämlich Carl Spielvogel. Er war eigentlich einer der Architekten des Werbegiganten Interpublic, denn er hatte seinerzeit als Assistent Marion Harpers, einer weiteren legendären Gestalt der Branche, gearbeitet.

In Brooklyn als Sohn eines Verarbeiters von Tierhäuten geboren, war er zunächst als Werbekolumnist bei der *New York Times* tätig gewesen und dann zwanzig Jahre lang für Interpublic, der Muttergesellschaft von McCann Erickson, wo er es bis zum stellvertretenden Vorstandsvorsitzenden gebracht hatte, bevor er zusammen mit fünf anderen McCann-Managern ausgeschieden war. Die Agentur, die sie gründeten, hatte sich schnell den Ruf erworben, eine kreative Ideenschmiede zu sein – so wie die der Saatchis ein Jahrzehnt zuvor. Sie hatte die ganze Madison Avenue aufgeschreckt, als sie sich bereits zwei Monate nach ihrer Gründung den gesamten Bier-Etat von Miller im Werte von 85 Millionen Dollar geholt und enge Beziehungen zu einer kleinen Anzahl wichtigerer Klienten hergestellt hatte. Mitte der achtziger Jahre wurde Backer & Spielvogel dann aber ein Opfer eben jener Entwicklungen, die Maurice Robert Jacoby beschrieben hatte. Die sechs Partner, die bei McCann ausgeschieden waren, hatten sich ihrer Unabhängigkeit erfreut und nicht die geringste Absicht zu verkaufen, als sie von drei Ereignissen überrascht wurden. Erstens wollte sich ihr Klient NCR international weiterentwickeln, und Spielvogel mußte ein Flickwerk aus verschiedenen unabhängigen Agenturen zusammenstoppeln, um die Forderungen des Kunden erfüllen zu können. In London hatte man sich, eifrigst bemüht, Saatchi eingedenk seiner Position in New York auszuweichen, an Martin Boase, von Boase Massimi Pollitt gewandt. Dann übernahm Philip Morris, ein weiterer sehr wichtiger Klient, General Foods, und plötzlich gehörten fünf weitere Agenturen zur PM-Familie, die alle weitaus größer waren als Backer & Spielvogel. Der schwerste Schlag aber war der dritte: Die Etats von Miller High Life und von Löwenbräu wurden abgezogen und gingen an J.Walter Thompson. „Der Verlust von Miller ließ uns wieder nüchtern werden", sagte Spielvogel. „Es wurde uns klar, daß man eine kritische Masse an Stabilität braucht, um nachts ruhig schlafen zu können. Wir wußten schon lange, daß wir verkaufen mußten. Der Verlust von Miller ließ uns dann erkennen, daß wir das besser früher als später taten."

Backer & Spielvogel war also eine durchaus attraktive Agentur mit hoher Zuwachsrate und großem Potential – wenn jemand das internationale Netzwerk hinzufügte. Saatchi war keineswegs die einzige Agentur, mit der Spielvogel verhandelte. In jenen Monaten schien in der Madison Avenue jeder mit jedem zu reden. Er führte Gespräche mit Don Johnston von JWT, mit Bill Phillips von Ogilvy und mit noch anderen.

Als Carl Spielvogel zum allerersten Male mit den Saatchis zusammengetroffen war, war es um etwas völlig anderes gegangen. Er ist ein sozial sehr engagierter Mann und unter anderem Treuhänder des Mount Sinai Medical Center, Vorstandsmitglied bei der Municipal Art Society und Vorsitzender des Committee of the Public Interest, mit dessen Hilfe New York vor dem Bankrott gerettet wurde. Gleichzeitig ist er auch noch Chef des Finanzkomitees des Metropolitan Museum of Art, und in dieser Eigenschaft hatte er nicht den Werbemann, sondern den bedeutenden Kunstsammler Charles Saatchi aufgesucht. Er hatte ihn überredet, Mitglied des Komitees des Metropolitan Museum zu werden, und von da an war der Kontakt nicht wieder abgerissen.

Maurice erzählte eines Tages im Frühjahr 1986 Spielvogel, daß aus dem geplanten Bates-Geschäft nichts werden würde, da er sich mit Jacoby nicht über die Bedingungen einigen könne. Das war sowieso schon in der ganzen Madison Avenue bekannt. Und auch, daß Backer & Spielvogel eine Heimstatt suchte. Und so machte Maurice ein Angebot. „Wir wären bereit, ihrer Agentur jederzeit ihre Selbständigkeit zu belassen. Sie brauchen Zugang zu internationalen Einrichtungen, und den werden wir Ihnen eröffnen. Sie brauchen Zugang zu Sparten wie Direktmarketing und Promotion, und wir werden Ihnen auch das bieten." Alle Bereiche, in denen Spielvogels Agentur Schwächen aufwies, konnten von Saatchi gleichsam aufgefüllt werden.

Verglichen mit vielen anderen, waren die Verhandlungen und dann der Kauf von Backer & Spielvogel eine relativ gradlinige Angelegenheit. Maurice und Spielvogel führten die meiste Gespräche selbst, und Spielvogel, der siebzehn Jahre älter war, merkte schnell, daß der so harmlos wirkende Maurice ein gerissener und erfahrener Verhandlungspartner war. Die Gespräche wurden zwar mehrfach abgebrochen, aber am Ende kam man doch zu einer Einigung, und Spielvogel zog, bevor er seine Unterschrift unter den Vertrag setzte, zu seinen Kunden, um sie zu informieren. Im Unterschied zu Jacoby hatte er dem „Abverdienen" zugestimmt – er und seine sechs Partner würden 56 Millionen Dollar sofort bekommen, den Rest über sechs Jahre verteilt.

Als der Verkauf im April verkündet wurde, brodelte die Branche nur so vor Gerüchten. Zu diesem Zeitpunkt kamen, was Spielvogel nicht wußte, dann auch die Gespräche mit Bates wieder in Gang.

In der ersten Mai-Woche waren unmögliche, ja geradezu absurde Geschichten im Umlauf. Ogilvy & Mather wollte sich angeblich mit Interpublic zusammentun und einen Agenturkoloß aufbauen, der alle anderen in den Schatten stelleten würde. JWT und Young & Rubicam strebten, so wollte man wissen, eine Fusion an. Bates wurde mit BBDO und einer ganzen Reihe von anderen Agenturen zusammengebracht. Einige dieser Gerüchte enthielten durchaus das berühmte Körnchen Wahrheit, da ja in diesem Stadium der Entwicklung die meisten Unternehmen tatsächlich im Gespräch mit mindestens einem andern waren. Bei Bates stieg der genannte Preis immer höher. Etliche der vermuteten Gespräche hatten tatsächlich stattgefunden und führten auch zum Erfolg. So übernahm Foote Cone & Belding die Agentur Leber Katz in New York, fand sich das Omnicom-Trio zusammen, kaufte in London Lowe Howard-Spink & Bell – zu deren Partnern ja nun Tim Bell gehörte – die Agentur Allen Brady & Marsh, tat sich Wight Collins Rutherford Scott, bei der eine Reihe von ehemaligen Saatchi-Leuten zu finden war, mit FCO zusammen.

Robert Jacoby verkündete seelenruhig, daß er einer Einigung mit Interpublic den Vorzug geben würde. Bei Compton war natürlich Milt Gossett, der engen Kontakt zu seinen wichtigsten Kunden – vor allem Procter & Gamble – hielt, höchst erleichtert, als er das hörte. Er hatte die Brüder immer wieder darauf hingewiesen, daß P&G ganz ohne Frage einige Etats zurückziehen werde, sollten sie die Torheit begehen, Bates zu kaufen. Bates betreute Colgate Palmolive, den großen Rivalen von P&G, und das Unternehmen in Cincinatti hatte unmißverständlich kundgetan, daß es einen solchen Konflikt nicht hinnehmen werde. Gossett konnte sich nicht vorstellen, daß jemand wagen könne, sich gegen P&G aufzulehnen, und er war mit Blick auf die Entwicklungen bei Bates stets in größter Sorge gewesen. „Tut das nicht", hatte er die Brüder beschworen. Diese aber hatten inzwischen beschlossen, diese Einwände nicht zur Kenntnis zu nehmen – sie würden eben später ihren Frieden mit P&G machen. Die ganze Frage der Klientenkonflikte war natürlich in dem Fusionstreibhaus höchst aktuell, aber entweder würden sie Bates als unabhängige Agentur weiterarbeiten lassen (eine Lösung wie im Fall von Backer & Spielvogel), oder sie würden die Agenturen Bates und Backer fusionieren, um so das zweite globale Netzwerk unter dem Saatchi-Schirm zu vollenden. Einmal mehr wagten sie den kühnen Sprung ins Ungewisse und genossen den Nervenkitzel.

Im April, nach sechsmonatiger Verhandlungspause, signalisierte John Hoyne, daß Bates an einem Handel mit Saatchi interessiert sei – aber ohne jedes „Abverdienen" und bei einem Preis von 450 Millionen Dollar. Nach einigem Überlegen rief Maurice dann Jacoby an. Sie seien interessiert, sagte er. Die Fusionsexperten unter

Andrew Woods analysierten erneut alle Zahlen. Bates würde die Saatchis so mehr als das Doppelte von dem kosten, was sie für alle ihre bisherigen 37 Akquisitionen zusammen gezahlt hatten. Ihre Kriegskasse war leer. Um Backer & Spielvogel bezahlen zu können, waren sie schon genötigt gewesen, Bezugsrechte auszugeben. Jetzt beschlossen sie kurzerhand, das gesamte benötigte Kapital auf einen Sitz aufzunehmen – über eine Emission in Höhe von 406 Millionen Pfund, eine der größten, die die Londoner Börse je erlebt hatte (nur übertroffen von Lord Hanson und Sir Gordon White, die mehr als 500 Millionen Pfund aufgenommen hatten, um die SMC Corp., den alten Schreibmaschinenhersteller Smith-Corona, kaufen zu können). Sollte die Bates-Übernahme doch noch scheitern, so würde Saatchi das dann vorhandene Kapital eben anderweitig nutzen. Die Aktienemission ließ den Marktwert von Saatchi erstmals über die Marke von einer Milliarde Pfund klettern (und den Anteil der Brüder auf unter 5 Prozent absinken), was aber nur eine kurze Zeit währte. In puncto Marktwert war Saatchi das größte Werbeunternehmen, das die Welt je gesehen hatte.

Zu der endgültigen Einigung mit Bates kam es dann nach weniger als einer Woche. Alles war geklärt – Jacoby hatte seinen Preis und seine Bedingungen genannt, und Saatchi hatte sich mit beidem einverstanden erklärt. So gewitzt, wie die Brüder auf dem Gebiete des Verhandelns auch waren – mit einem Bob Jacoby hatten sie bislang noch nie zu tun gehabt. Er kannte die Ziele der Brüder, kannte ihre Optionen, und wußte, daß sie Bates unbedingt brauchten – wenn sie nicht die von Maurice für so notwendig erachtete Zugehörigkeit zum Spitzentrio verpassen wollten. Bates würde sie zur Nummer eins machen und ihnen für die nächsten zwanzig Jahre zu der Sicherheit verhelfen, die sie so dringend benötigten. Dafür sollten sie wohl eine Prämie zu zahlen bereit sein. Jacoby selbst sollte 70 Millionen Dollar erhalten und weitere 40 Millionen für seine Stimmrechtsaktien von Bates, von denen jedermann geglaubt hatte, daß sie keinen oder nur einen geringen finanziellen Wert hätten. Insgesamt waren das also 110 Millionen Dollar, viel mehr, als jemals jemand in der Geschichte der Werbeindustrie verdient hatte. Das Geschäft machte ihn wohlhabender als die Brüder. Schließlich einigte man sich auch noch darüber, daß er im Amt bleiben sollte, und schloß einen Fünfjahresvertrag mit ihm ab, der ihm Jahresbezüge in Höhe von einer Million Doller zuerkannte – womit auch sein Einkommen höher war als das der Brüder.

In den letzten Wochen vor dem endgültigen Abschluß des Vertrages gab Jacoby dreißig seiner Mitarbeiter – viele von ihnen in untergeordneten Positionen – die Möglichkeit, jeweils über 1000 Bates-Aktien zu erwerben, womit er einige von ihnen zu Millionären machte. Die von dieser Aktion Ausgeschlossenen waren stocksauer, aber Jacoby ließ wissen, daß er lediglich den Leuten geholfen habe, die „als erste zu mir kamen". Es ging das Gerücht in der Agentur um, daß zu den solchermaßen Begünstigten auch eine Freundin von ihm gehört habe, was Jacoby aber wiederholt abgestritten hat.

Als die Einigung schließlich offiziell verkündet wurde, hatte es schon so viele Hinweise darauf gegeben, daß sie niemanden mehr überraschte. Trotzdem war es noch immer eine große Geschichte, teils des Umfanges und der beteiligten Namen wegen – sowohl Saatchi als auch Bates waren ja weit über die Madison Avenue hinaus bekannt. Vor allem aber war die Geschichte auch deshalb so bedeutungsvoll, weil sie die Besorgnis, die angesichts der Unmenge von Fusionen und Übernahmen innerhalb und außerhalb der Werbeindustrie geäußert wurde, erheblich vergrößerte. Am Morgen der Bekanntgabe (es war der 12. Mai 1986) berichtete das *Wall Street Journal*, daß Jacoby bereits Pläne für den weiteren Ausbau seines bald schon erheblich vergrößerten Unternehmens schmiedete: „Wir haben bereits eine Liste von weltweit dreißig möglichen Objekten. Die Möglichkeiten sind allerdings nicht berückend, weil die Rosinen schon rausgepickt sind. Da ist nichts von Qualität dabei." Die *New York Post* des folgenden Tages, die ein Bild von Jacoby mit dicker Zigarre in seinem Büro in der 27. Etage des Gebäudes Nr. 1515 am Broadway brachte, meinte: „Die Analysten der Wall Street, die lange gebraucht haben, bis sie ihre Aufmerksamkeit Uptown-Manhattan und dem zuwandten, was einst als ein eher verrücktes Geschäft eingeschätzt wurde, empfehlen nun den Instituten, ihre Gelder bei den größten Agenturen anzulegen."

Vor ein paar Monaten wäre das noch richtig gewesen – jetzt war es das nicht mehr. Das Grollen aus Cincinatti hallte nun durch das ganze Land – Procter & Gamble hatte ja gesagt, daß man Saatchi für die Übernahme vom Bates strafen werde. Jetzt konnte man nicht mehr zurück, selbst wenn man das gewollt hätte. Und auch andere Klienten waren unzufrieden. Die Saatchis wären zu weit gegangen. Milt Gossett sei, so hieß es, völlig verzweifelt.

Von Jacoby wurde immer wieder berichtet, er verteidige den Verkauf mit dem Argument, Agenturen ohne globale Kapazitäten könnten „das nicht mehr alleine schaffen", aber diese Botschaft kam in der Wall Street nicht an. „Diese zum Fetisch erhobene Größe ist abwegig. Das ist Größe um der Größe willen", sagte Alan Gottesman, Spezialist für Papiere der Werbeindustrie bei L.F. Rothschild, Unterberg Towbin. „Wann sind Sie zum letzten Mal auf Synergie gestoßen, Kreuzworträtsel ausgenommen?" Roy Grace, der gerade erst Doyle Dane Bernbach, wo er Chef der Kreativabteilung gewesen war, den Rücken gekehrt hatte, weil er der Agentur die Jagd nach „dieser unabwägbaren Größe, dieser Größe ohne Sinn und Verstand" vorwarf, äußerte sich ebenfalls kritisch: „Die Werbung ist eigentlich ein sehr persönlicher Dienst, und je größer sie wird, desto unpersönlicher muß sie werden. Sie ist etwas anderes als die Herstellung von Würsten."

Diese Kritik wandte sich ebensosehr gegen Rosenshine und die Holding Omnicom wie gegen die Saatchis. Die Kritik an Saatchi enthielt jedoch noch eine ganz besondere Spitze, deren Berechtigung immer deutlicher wurde. „Unsere Branche durchläuft grundlegende Veränderungs- und Konzentrationsprozesse", sagte John Bernbach, Präsident von Doyle Dane Bernbach International, der die Methoden der Saatchis während seiner Zeit in London beobachtet hatte, „und sie verdankt ihr verändertes Umfeld einzig und allein den Saatchis. Wir leben heute alle in der Umwelt, die sie geschaffen haben."

Wenn man sich allerdings vor Augen führt, was zu dieser Zeit in allen Teilbereichen der amerikanischen Industrie vor sich ging, dann muß man sagen, daß das eine starke Übertreibung ist. Früher oder später mußte das allgemeine Fusionsfieber notgedrungen auch die Madison Avenue erfassen, und selbst die schärfsten Kritiker der Saatchis einschließlich Ogilvy & Mather (selbst das Produkt einer Reihe von Fusionen und Akquisitionen) sollten sich als keineswegs immun erweisen. Veränderte Boone Pickens die Ölindustrie? Oder Rupert Murdoch und Ted Turner die Medienindustrie? Oder Carl Icahn die Luftverkehrsindustrie? Vielleicht. Aber ein Historiker mit längerfristigen Perspektiven könnte wohl auch argumentieren, daß diese Leute und all die anderen „Desperados" der Zeit wie beispielsweise Jimmy Goldsmith, Lord Hanson, Irwin Jacobs oder Ron Perelman auch nur Schachfiguren eines sehr viel längeren Umstrukturierungsspiels waren, das von unwiderstehlich auf Veränderung hinwirkenden Kräften bestimmt wurde – und daß die Saatchis lediglich das am deutlichsten sichtbare Element dieser Veränderung waren. Um es anders auszudrücken: Hätte Saatchi & Saatchi niemals den Golden Square verlassen, sähe dann die amerikanische Werbung – und damit auch die der übrigen Welt – anders aus, als sie es heute tut? Wir haben ja schon gesehen, daß die Saatchis keineswegs die ersten waren, die Ted Levitt für sich entdeckten – und daß wiederum Ted Levitt auch nicht der Entdecker der „Globalisierung" war. Sie haben die Kräfte nicht erfunden oder geschaffen, die die Werbeindustrie zur Bildung immer größerer Einheiten treiben. Der Rückzug der amerikanischen Multis war genausowenig ihr Werk wie der Fall des amerikanischen Dollars, der dazu führte, daß ausländische Firmen in die Vereinigten Staaten strömten und viele jener amerikanischen Unternehmen aufkauften, die für die Welt draußen geradezu zum Symbol der Amerikanisierung geworden waren, was *Time* im November 1987 zu der Klage veranlaßte, daß „die Vereinigten Staaten plötzlich zu einem Land geworden zu sein scheinen, das zum Verkauf steht, zu einem riesigen Supermarkt, in dem die Ausländer tatkräftig ihre Einkaufswagen vollpacken."

Die Saatchis gehörten ganz sicher zu den ersten, die die Wirkungsweise einiger dieser verändernden Kräfte erkannten und sie sich für ihre eigenen speziellen Zwecke nutzbar zu machen wußten. Was ihnen gelang, war, der Welt einzureden, daß sie es gewesen seien, die die Globalisierung erfunden hätten. Dabei waren sie keineswegs die erste britische Agentur, die sich in Amerika eingekauft hatte: Geers Gross hatte das schon im Jahre 1978 getan, und ein anderes britisches Unternehmen namens Lopex hatte wenige Jahre später eine Minderheitsbeteiligung an der New Yorker Agentur Warwick Welsh & Miller erworben. Man könnte ferner behaupten, daß auch Ogilvy & Mather so etwas wie ein britisches Eindringen in die Madison Avenue gewesen war.

Auch hier ist es der Blickwinkel, der entscheidet – die Saatchis schrieben die Geschichte neu, vielleicht nicht absichtlich, sondern einfach nur dadurch, daß sie die Leute sich selbst davon überzeugen ließen, daß sie eben dies getan hätten.

Sie taten aber auch noch mehr: Sie trugen wesentlich dazu bei, das Vertrauen der New Yorker Agenturen in ihre eigene Kreativität zu unterminieren. „Wir sind mit der Ehrfurcht vor der amerikanischen Werbung groß geworden", sagte Maurice Saatchi 1982. „Das war unsere Muttermilch. Jetzt aber akzeptiert man allgemein, daß die britische Werbung die beste der Welt ist, und auch wir möchten da ein wenig stolz darauf sein dürfen." Nun, so allgemein wurde das nie akzeptiert. Die Fernsehwerbung hatte sich in Großbritannien aus einer Reihe von Gründen anders entwickelt. Zum einen kam sie erst ein Jahrzehnt später richtig in Gang und konnte da aus den amerikanischen Fehlern lernen. Zum anderen wuchs sie mit einer Technologie heran, die gegenüber derjenigen, welche die Amerikaner gewohnt waren, erheblich verbessert war. Und schließlich war das britische Werbefernsehen durch die andere Programmstruktur zu größerer Unterhaltsamkeit gezwungen, wollte es die Aufmerksamkeit der Zuschauer erregen.

Als die Saatchis nach New York gekommen waren, da waren sie als die Bannerträger einer ganzen Schule „britischer Werbung" erschienen. Und das hatte Erfolg gehabt – zumindest einen begrenzten. Ob man will oder nicht, Saatchi & Saatchi hat heute in New York den Ruf einer „kreativen Agentur". Man frage die Leute nach ihren Kampagnen, und sie werden sich an drei erinnern – an den schwangeren Mann, an „Labour isn't working" und an den Manhattan-Film von British Airways. Die Agentur heimst immer noch so viele Auszeichnungen für ihre kreative Produktion ein wie früher, und unter den wachsamen Augen von Charles und Jeremy Sinclair entstehen nach wie vor erstklassige Arbeiten. Hat die Agentur aber deshalb die Amerikaner auch wirklich eine neue Kreativität lehren können? Die Saatchis waren klug genug, ihre eigenen Grenzen zu erkennen. Selbst wenn sie das gewollt hätten, hätten sie den großen New Yorker Agenturen, die sie übernahmen, niemals ihre Vorstellung von kreativer Werbung aufdrängen können. Das hätte einfach zu nichts geführt.

Wie dem auch sei, im Mai 1986 hatten sie also nun Ted Bates mitsamt Bob Jacoby und allem anderen übernommen. Sie hatten damit das Ziel erreicht, das sich Charles vor Jahren gesteckt hatte: Sie waren nun größer als alle anderen. Niemand, weder JWT noch Ogilvy noch irgend jemand sonst in der Welt, würde je wieder auf sie herabblicken. Natürlich hatten die Saatchis schon wieder aufgehört, diesem Aspekt besondere Aufmerksamkeit zu widmen, und sich stattdessen ganz auf die Planung der weiteren, zukünftigen Schritte konzentriert. Ein paar Stunden bleiben ihnen aber trotzdem zum Feiern, bevor sie daran gingen, all die Probleme zu lösen, die sie sich selbst aufgehalst hatten. Viele davon hatten sie vorhergesehen, nichts hatte sie auf die Schwierigkeiten vorbereiten können, die vor ihnen lagen.

15

DIE NEUORDNUNG

„Nach Besiegelung ihrer neuesten Akquisition schickten die Saatchis Champagner an die Manager von Bates", stand in der *Business Week* vom 26. Mai 1986. „Wenn alles glatt geht, wird das wohl das letzte sein, was sie dort von Maurice und Charles gehört haben." Die Zeitschrift spielte damit auf die Art und Weise an, in der die Saatchis mit ihren Tochterfirmen umgingen, denen sie ihre Autonomie und ein beträchtliches Maß an Freiheit ließen. Sie zitierten Michael Wahl, Chef des Verkaufsförderungsunternehmens Howard Marlboro in New York, das sie 1985 für 14 Millionen Dollar erworben hatten: „Ihr Stil ist es, sich nicht einzumischen, es sei denn, es gebe Probleme."

Bei Bates aber sollte es bald Probleme geben – vielleicht die schlimmsten, die die Saatchis während ihrer gesamten unternehmerischen Laufbahn je erlebt hatten. Es brauchte nur wenige Monate, bis sich der Jubel darüber, den ersten Platz erreicht zu haben, in Zorn und Bitterkeit verkehrte. Nach einem Jahr sollte Charles über die „Schmerzen" klagen, die der Bates-Handel ihnen zufügte, und sich traurig fragen, ob sie denn nie nachlassen wollten. So lange war für die Brüder alles so gut gelaufen, nun folgten achtzehn Monate, in denen alles schiefging.

Die ersten negativen Folgen der Übernahme von Bates zeigten sich beim Kurs der Saatchi-Aktien. Elf Jahre lang war dieser rapide angestiegen und hatte das Vermögen der Saatchis mit in die Höhe gezogen, so daß sich im April 1986, am Vorabend der Bates-Transaktion, der Wert der Saatchi-Holding, die unter dem Namen beider Brüder registriert war, auf 35 Millionen Pfund belief. Bis zum Herbst 1986 fiel er um mehr als 12 Millionen Pfund, und noch ein Jahr später – nach dem Börsenkrach vom 19. Oktober 1987 – betrug er kaum mehr die Hälfte. Bates war beileibe nicht die einzige Ursache für diesen Absturz, aber der Kauf dieser Agentur markierte doch den höchsten, danach immer nur kurzzeitig wieder erreichten Gipfel des Saatchi-Wunders. Als sich Anthony Simonds-Gooding an die Aufgabe machte, Ordnung in das Durcheinander der aufgekauften Unternehmen zu bringen, wandte er sich an Charles und sagte:

„Wissen Sie, ein ganz richtiges Unternehmen sind Sie eigentlich erst, wenn Sie mal in Schwierigkeiten geraten sind und diese heil überstanden haben. Sie haben doch bislang ein so vergoldetes Dasein gehabt, daß Sie noch gar nicht wissen, was Schmerz eigentlich ist." Charles hatte ihn finster angeblickt, zahlte es Simonds-Gooding aber später heim, indem er einen Scherz daraus machte. Immer, wenn eine wirklich schlechte Nachricht eintraf, ging Charles am nächsten Morgen zu ihm und fragte ihn: „Haben wir jetzt genug gelitten? Sind wir jetzt große Jungen?"

Die Aufgaben, die auf das Unternehmen zukamen, waren immens. Bates war die achtunddreißigste Übernahme der Saatchis seit ihrem Beginn, was – auf sechzehn Jahre verteilt – eine recht ansehnliche Rate ergab. Dabei ist zu berücksichtigen, daß es in einigen Jahren keine Übernahmen gegeben hatte. Die erste Akquisition erfolgte überhaupt erst 1973, als sie schon drei Jahre im Geschäft waren. Auch 1976 und 1977 – nach der Fusion mit Compton – kam es zu keinen Übernahmen, und 1978 und 1979 waren Hall in Edinburgh für 2 Millionen Pfund und O'Kennedy Brindley in Dublin für £ 250 000 die einzigen. 1980 kam es wiederum zu keinem Neuerwerb, und 1981 war das Jahr der Dorland-Übernahme, die 7,1 Millionen Pfund gekostet hatte. Erst mit der Übernahme von Compton in den Vereinigten Staaten begann sich das Tempo zu beschleunigen: drei Akquisitionen 1982, zwei im darauf folgenden Jahr, dann sieben 1984, zwölf 1985 und nun bereits drei bedeutende Agenturen in den ersten fünf Monaten des Jahres 1986. Wenn man dann noch berücksichtigt, daß Bates genauso räuberisch gewesen war wie Saatchi, daß das Etatvolumen dieser Agentur zum Zeitpunkt der Übernahme fast auf den Dollar genau dem weltweiten von Saatchi entsprach, und daß sich die Chefs dieser so unterschiedlichen Agenturen nicht ausstehen konnten, dann gewinnt man eine Ahnung von den Problemen, mit denen man sich nun konfrontiert sah. Nach der Flut der Megafusionen herrschte in der Branche, aber auch bei vielen Klienten eine fast feindselige Stimmung vor, die sich auch auf die Wall Street und auf die Presse übertrug. Martin Sorrell war am aktivsten darum bemüht gewesen, die Verbindung zu den Analysten der Wall Street zu halten, aber er hatte die Saatchis nun verlassen, und sein Fehlen machte sich in diesen Monaten sehr bemerkbar. Greg M. Ostroff, Analyst des Wall Street-Hauses Goldman Sachs, hatte die Entwicklung von Saatchi einige Jahre lang verfolgt und viele seiner Klienten auf diese Aktie angesetzt. Jetzt bekam auch er etwas von dem „Schmerz" zu spüren: „Um sechs Uhr in der Früh stand ich auf, ging schlaftrunken zur Tür, holte die *New York Times* herein und nahm mit unverzüglich die Spalte mit den Werbeagenturen vor. Wenn Saatchi etwas Übles widerfahren war, dann wurde das eingerahmt gebracht. Wenn ich so einen Kasten sah, dann fing mein Herz gleich zu klopfen an. Und ich raste ins Büro, rief London an, wo der ganze Handel abgewickelt wurde, erkundete, was schief gelaufen war, schrieb einen Bericht und versuchte, mit dem Rest meiner Arbeit weiterzukommen. Wenn kein Kasten da war, ging ich wieder ins Bett und verbrachte dann einen ganz normalen Tag im Büro. Die Branchenpresse, die so ausgiebig über die Saatchis berichtet hatte, hatte es nun auf diese Burschen abgesehen und verpaßte ihnen ihre Strafe. Ich meine, die ersten acht Seiten von *Adweek* und *Ad Age* waren wöchentlich und über einen Zeitraum von sechs Monaten voll mit Saatchi-Geschichten: Wer das Haus verlassen würde, wer befürchtete, von ihnen geschluckt zu werden, welche Klienten ihnen den Laufpaß geben würden, alles so'n Zeug."

Charlie Crane von Pru Bache, einem anderen bedeutenden Haus der Wall Street, beobachtete ebenfalls die Veränderungen im Status von Saatchi und machte sich seiner Investoren wegen Sorgen: „Die Geschwindigkeit, mit der sie in den frühen achtziger Jahren ihr Unternehmen aufgebaut hatten, schaffte es, ein paar Leuten den Kopf zu verdrehen. Aber die Vehemenz, mit der sie behaupteten, daß sie in kürzester Zeit die Nummer eins sein würden, rief anfangs doch eher Skepsis hervor. Erst als sie sich in Bewegung gesetzt hatten und diese ganzen Akquisitionen in Gang zu kommen begannen, fingen die Leute an zu denken: ‚Vielleicht schaffen sie's doch, wir wollen mal diese Aktien kaufen und den Kurs im Vertrauen auf ihren Erfolg in die Höhe treiben. Wenn jemand das schaffen kann, dann wahrscheinlich nur sie.' Ich meine heute (das war im Januar 1988), daß viele Finanzentscheidungen im nachhinein bedenklich sind. Wenn die Investoren ihnen tatsächlich die Absicht, die Nummer eins zu werden, abkauften und auf dieser Grundlage Aktien erwarben, was war dann zu tun, wenn dieses Ziel erreicht war? Was folgt danach? Was kann man noch tun, wenn man auf dem Gipfel des ganzen Haufens steht? Einen neuen Haufen schaffen? Wahrscheinlich – und das ist wohl auch das, was sie mit ihrem Consulting-Zweig da versuchen. Aber was dann? Ein dritter Haufen?"

Saatchi & Saatchi hatten bis zu diesem Zeitpunkt sowohl in der Wall Street als auch in der City von London viele Bewunderer gehabt. Crane meint dazu: „Eines der Dinge, für die sie riesige Anerkennung verdienen, ist, daß sie ihr Unternehmen so positioniert haben, daß die Aktie einer hohen Bewertung für wert erachtet wurde. Sie überzeugten die City davon, daß die Werbeindustrie für die Investoren des Vereinigten Königreiches eine der wenigen Wachstumsbranchen sei. Und sie überzeugten auch hier eine nicht geringe Anzahl von Leuten davon, nur mit anderen Argumenten. Das Agenturgeschäft war in den Vereinigten Staaten schon ziemlich ausgereift, wo zwar noch ein paar Wachstumsmöglichkeiten verblieben waren, aber Silicon Valley war's nicht. In Großbritannien und auf dem europäischen Kontinent war es eine echte Wachstumsbranche, aber sie konnten durchaus auch in den Vereinigten Staaten schnell wachsen, hier eben mehr durch Akquisition von Agenturen, die sie dann dazu brachten, ein bißchen rentabler zu arbeiten – das war das, was sie hier machten, und sie haben so etwa die Ertragslage von Compton erheblich verbessert. Das war auch ein geeigneter Weg, sich der Finanzwelt zu empfehlen, und sie machten ihre Sache da sehr gut. Sie lernten vor allem, daß es durchaus keine so schlechte Sache war, mit der eigenen Geschichte zu werben – und ihre Verbindungen zur Branchenpresse sind ja schon legendär."

Crane und andere Analysten der Wall Street, die die Saatchi-Entwicklung nach dem Kauf von Compton verfolgten, verdienten mit dem steigenden Aktienkurs gutes Geld für ihre Kunden, wozu

Crane anmerkt: „Sie verbesserten die Lage bei Compton in der Tat erheblich. Nicht so sehr durch verheerende Personaleinsparungen, obwohl es mit Sicherheit auch zu solchen gekommen ist, sondern vor allem dadurch, daß sie genau beobachteten, wohin das Geld floß, und dann sicherstellten, daß es im richtigen Tempo und durch die richtigen Hände floß. Was ich da sah, das war nicht nur ein Wandel in der Ertragsstärke dieser schon seit langer Zeit durchaus zufriedenstellend operierenden Agentur, sondern auch die Wirkung eines ganz neuen kreativen Geistes. Die Qualität dessen, was Compton hinfort produzierte, war nun besser, wagemutiger, als ob sich die Mitarbeiter all ihrer finanziellen Sorgen enthoben und freier fühlten."

Dies alles hatte den Saatchi-Preis in die Höhe steigen lassen und der Agentur zu einem Image verholfen, wie es noch keine andere gehabt hatte. Die meisten großen Agenturen in New York wurden von Werbe- und nicht von Finanzexperten geleitet. David Ogilvy etwa meinte mit Stolz: „Ich kann keine Bilanz lesen, keinen Computer bedienen, nicht skilaufen, segeln, Golf spielen oder malen. Aber wenn es um Werbung geht, dann bin ich, wie ‚Advertising Age' meint, der ‚kreative König'." Die Saatchis konnten dagegen sehr wohl Bilanzen lesen und wußten von Anfang an sehr genau auch über die finanziellen Aspekte ihrer Handlungen Bescheid. Sie hatten die Börse zur Finanzierung ihres Wachstums eingespannt, wie das noch keinem anderen Unternehmen ihrer Branche je in den Sinn gekommen war. Dazu noch einmal Greg Ostroff:

„Eines der Probleme, die sich einem als Analysten stellen, der sich mit Werbeagenturen befaßt, ergibt sich aus der Tatsache, daß diese von Werbeleuten geleitet werden. Und die betreiben ihr Geschäft nicht so, wie man Geschäfte betreiben sollte. In dieser Hinsicht waren die Saatchis einmalig. Sie hatten bis zur Übernahme von Bates sehr erfolgreich operiert, die Finanzwelt umworben, Kapital aufgenommen, Unternehmen gekauft und auf diese dann die sehr rigiden Methoden des Finanzmanagements angewandt, um einen ordentlichen Gewinn aus ihnen herauszuholen und sie dahin zu bringen, daß sie sich selber trugen. Ich könnte mir vorstellen, daß man das in der Madison Avenue allgemein und auch von einem puristischen Standpunkt aus nicht gerade mit Wohlwollen betrachtete."

Und das tat man tatsächlich nicht. David Ogilvy ließ in der in der 1987 erschienenen, überarbeiteten Fassung seiner *Geständnisse* sehr deutlich erkennen, welch ein Greuel ihm das alles war. Er bezog sich eindeutig auf die Saatchis, wenn er schrieb, eines der gewichtigeren Probleme der Werbeindustrie sei das „Auftreten von Größenwahnsinnigen, deren Denken eher wirtschaftlich als kreativ ist. Sie schaffen Weltreiche, indem sie andere Agenturen aufkaufen, und dies sehr zur Bestürzung der Klienten. Sie haben noch nie etwas von Südseeschwindel gehört."

Diese Meinung hörte man im Sommer und Herbst 1986 überall in der Madison Avenue. Die Saatchis seien einen Schritt zu weit gegangen, hieß es. Gerüchte wollten wissen, daß sie mit ihrem letzten Sprung nicht auf das nächste Gebäude gelangt, sondern in Schwierigkeiten geraten seien. Und wenn da nicht der Schaden gewesen wäre, den sie offensichtlich der gesamten amerikanischen Werbeindustrie zufügten, dann hätte man ganz offen seine Schadenfreude bekundet. Bob Jacoby war nicht sonderlich beliebt und hatte sogar noch an Popularität eingebüßt, als sich herumgesprochen hatte, wieviel die Saatchis ihm gezahlt hatten. Wenn jemand in der Werbeindustrie 110 Millionen Dollar verdiente, dann galt das als schändlich – und wenn es Jacoby war, der eine solche Summe bekam, dann war das schon fast obszön. Es war schließlich das Geld der Klienten, so argumentierte man, und wenn da Werbeagenturen so ungeheure Gewinne machten, dann zahlten deren Kunden vielleicht zuviel. „Man wartete ganz offenkundig mit angehaltenem Atem darauf, daß diese Burschen endlich doch einen Fehler machten", sagt Ostroff. „Das wäre dann für alle ein gefundenes Fressen gewesen."

In den ersten Monaten nach der Bates-Übernahme wollte es den Saatchis ganz so scheinen, als hätten alle dieses Fressen durchaus schon gefunden, die Madison Avenue ebenso wie die Wall Street und die City von London.

Am Wochenende nach der Bates-Übernahme traf ich Maurice in seinem Büro in der Charlotte Street an. Er wirkte entspannt und nachdenklich. Die Brüder erwarteten ganz offenkundig keinerlei Schwierigkeiten. Maurice hatte um drei Uhr in der vergangenen Nacht einen Anruf von Bob Jacoby erhalten, der ihm mitgeteilt hatte, daß mit den Anwälten nun alles geregelt, der Handel also perfekt sei. Er hatte am Morgen eine große Torte bekommen, die von Sir John King (heute Lord King), an „Charles, Maurice und die Jungs" geschickt worden war – die Festgabe eines ihrer liebsten Kunden. Und nun zählte Maurice noch einmal die inzwischen so geläufigen Gründe auf, die für die Übernahme von Bates gesprochen hatten: Die Notwendigkeit der Größe, die Vorteile der großen Fusionen für die Klienten, die die Agenturen ja auch dazu trieben, immer noch größere Einheiten zu bilden, die Tatsache, daß Saatchi & Saatchi das angestrebte Ziel, auf einen Anteil von 10 Prozent des Weltwerbemarktes zu kommen, bei weitem noch nicht erreicht hatte und in den anderen Bereichen, in denen man sich engagiert hatte, also Beratung, Forschung und Public Relations plus all den ergänzenden Diensten, die damit verbunden waren, von solchen 10 Prozent sogar noch weiter entfernt war. Jetzt aber hatte Saatchi & Saatchi wenigstens eine „kritische Masse" erreicht, die dem unternehmen seine Position für einige Jahre sichern konnte. Er ließ sich über die Beziehungen zu Procter & Gamble aus, die vor allem deshalb so wichtig für sie waren, weil P&G zu den Vorreitern einer globalen Entwicklung gehörte, und Saatchi das Unternehmen hatte beobachten und von ihm lernen können. Gerade erst in dieser Woche hatte P&G einen für die Babywindelmarke Pampers zuständigen Generaldirektor ernannt, der ganz Europa als einen Markt bearbeiten sollte. In allen Bereichen der Werbeindustrie entstand eine über die nationalen Grenzen hinweg tätige Managementstruktur.

Maurice hatte keine große Lust, über Bates zu sprechen – der Handel war abgeschlossen, und er wollte sich Neuem zuwenden. Ein wesentlicher Gesichtspunkt für sie war dabei gewesen, daß sie diese Übernahme zum Marktführer gemacht hatte, denn jetzt würden die Leute nicht mehr lachen, wenn sie, die Saatchis, davon sprachen, daß sie auch in den viel größeren und schneller wachsenden Märkten der Unternehmensberatung und der Marktforschung die Marktführerschaft anstrebten. Die Gruppe insgesamt würde dann auch die Führung im Bereich des Direktmarketing übernehmen, d.h. die Akquisition von Bates hatte sie zwei Ziele erreichen lassen und weitere in erreichbare Nähe gerückt. Das alles würde wohl noch einige Zeit dauern, aber bis zum Ende des Jahrhunderts sollte es eigentlich geschafft sein. Sie hatten sechzehn

Jahre gebraucht, um den derzeitigen Stand zu erreichen, und würden wahrscheinlich noch einmal die gleiche Zeit benötigen, um auch noch den Rest zu schaffen. Charles und er wären dann... Er hielt inne, um ihr dann erreichtes Alter zu errechnen.

„Zwei alte Tattergreise", bot ich an.

Maurice lachte schallend. „Genau. Zwei Tattergreise, die auf den Bahamas unter einer Palme hocken!"

Das war nun ganz gewiß nicht sein Ernst, denn schon im nächsten Augenblick sprach er über Motivation, den bei ihnen beiden ungebrochen starken Wunsch, ihren Job zu Ende zu bringen, und über die Erregung, die ihre Arbeit, das Zusammenbauen des ganzen Gebäudes, mit sich brachte. Schiere Größe, so meinte er, bedeutete ihnen beiden nicht sonderlich viel – sie reize vor allem die Umsetzung ihrer Pläne und Ideen in die Praxis, das sei die Verbindung von Größe und Dynamik in einer Weise, wie sie nur wenige Unternehmen zu erreichen imstande wären, wozu gehöre, daß alle Mitarbeiter motiviert seien und auch blieben.

Er hatte ein neues, sehr anregendes Buch gelesen, in dem gezeigt wurde, wie viele der guten Unternehmen nach einem „Straff/locker-Prinzip" geführt wurden. Das, meinte Maurice, beschreibe Saatchi & Saatchi sehr zutreffend, denn da gebe es eine Kombination von lockerer Kontrolle, die den einzelnen Unternehmen eine gewisse Autonomie belassen, und straffer finanzieller Kontrolle. Das sei das System, das Simonds-Gooding im vergrößerten Unternehmensbereich Kommunikation einführen und das für die gesamte Gruppe weltweite Gültigkeit haben werde.

Derweil erfreute sich Bob Jacoby auf der anderen Seite des Atlantik seines Erfolges. Am 22. Mai 1986 fand eine Versammlung der Bates-Aktionäre statt, mit Diavorführung und allen Schikanen. Der Buchwert der Agentur, so zeigte er, belief sich auf $ 390 pro Aktie (die Analysten setzten ihn sehr viel niedriger an). Dann zeigte ein weiteres Dia den Preis, den die Saatchis gezahlt hatten: $ 853,02 pro Aktie. Da brandete spontaner Applaus auf. Jacoby mochte ja in der Madison Avenue kein großer Held sein, aber für seine Aktionäre hatte er immerhin Großes geleistet.

Es dauerte noch ein paar Wochen, bis die Auswirkungen der Transaktion allmählich insgesamt sichtbar wurden. Noch im Mai schickte Bernard Gallagher den Abonnenten seines Branchendienstes *Gallagher Report* eine ziemlich düstere Beurteilung der

Lage zu. Die augenblickliche Fusionswelle, die die Werbeindustrie erfaßt habe, hieß es da, sei „die wichtigste neue Entwicklung in der Werbung seit zwanzig Jahren", die in den kommenden drei bis fünf Jahren jedoch eine negative Wirkung zeitigen werde. Viele der Käufe seien mit viel zu hohen finanziellen Belastungen verbunden (für jene von Saatchi, die über die Ausgabe von Aktien finanziert worden seien, gelte das nicht) und von „Geschäftemachern befördert" worden, die die Fusionsmentalität ausgenutzt hätten, die sich in dieser wie in anderen Branchen ausgebreitet habe. Dabei seien die Interessen der Klienten in Vergessenheit geraten – es gebe keinerlei Anzeichen für eine Verbesserung der angebotenen Dienste oder eine erhöhte Effizienz. Das Konzept der Superagentur, hieß es weiter, habe nur dann Aussicht auf Erfolg, wenn die Interessen der Klienten vor dem finanziellen Gewinn der Betreiber rangierten. Der Bericht sagte eine Umkehrung des Trends zur Globalisierung und die Wiederkunft des „Boutiquen-Zeitalters" der sechziger Jahre mit der Gründung ganz neuer Agenturen voraus, die von einer neuen Generation von Bill Bernbachs und Mary Wells' geführt werden würden.

Und in der Tat war, wie die Saatchis schnell entdecken mußten, keineswegs alles zum besten bestellt. Forrest Mars, Chef von Mars Inc., ließ schon bald wissen, daß er persönlich über den Bates-Verkauf höchst beunruhigt sei. Der von Bates betreute Anteil am Werbeetat von Mars war 100 Millionen Dollar pro Jahr wert – und Forrest Mars ordnete nun eine Überprüfung des Gesamtbudgets von 200 Millionen Dollar an. Schlimmeres sollte folgen. Colgate Palmolive zog 80 Millionen zurück, und auch Warner-Lambert, mit jährlich 68 Millionen Dollar der größte amerikanische Klient von Bates, deutete an, daß man über einen Wechsel nachdenke.

Im Juni wurde Robert Jacoby zum Vorsitzenden der American Association of Advertising Agencies, des Verbandes der Werbeindustrie gewählt. Seine Kollegen in dieser Organisation standen, wie er feststellen konnte, seinem Verkauf an Saatchi höchst kritisch gegenüber, wovon er aber zunächst keine weitere Notiz nahm. „Die sind doch bloß eifersüchtig", meinte er zu seiner Frau. Es schien jedoch mehr dahinter zu stecken. Als die Saatchis von den Überlegungen bei Warner-Lambert, einem der Hauptrivalen von Procter & Gamble, erfuhren, sprachen sie Jacoby darauf an, der ihnen versichert haben soll, dieser Etat stehe „auf sicherem

Grund". Der Präsident von Warner-Lambert, Melvin R. Goodes, sah die Sache durchaus anders. Als er von der Übernahme erfahren hatte, hatte seine erste Frage gelautet: „Wieviel schlägt Jacoby dabei für sich heraus?" Als er von den mehr als 100 Millionen Dollar erfahren hatte, war er entsetzt. „Was unternimmt Procter & Gamble in dieser Angelegenheit?" hatte seine zweite Frage gelautet. Und an der Antwort auf diese Frage waren durchaus auch noch andere interessiert. Aber Goodes wartete sie gar nicht erst ab, sondern entzog noch im Juni seiner Werbeagentur Bates den Etat.

Procter & Gamble hatten keineswegs die Absicht, die Übernahme hinzunehmen und ihren Zorn hinunterzuschlucken. Milt Gossett bekam natürlich das meiste davon ab, war P&G doch seit jeher sein ganz spezieller Etat gewesen. Für ihn war die Übernahme von Bates ein wirklich schwerer Schlag. Er war ja auch mehrfach bei den Brüdern in London gewesen und hatte versucht, ihnen ihren Plan auszureden, wobei er sich dann auch hatte anhören können, wie die beiden ihrerseits über Bob Jacoby hergezogen waren, der ihnen, wie sie gemeint hatten, das letzte Hemd ausziehe. „Bates ist doch all das, was Sie nach eigenem Bekunden nicht sein wollen", hatte er ihnen vorgehalten. „Sie kaufen die Antithese dessen, was Ihre Agentur sein sollte. Wir haben vor allem den Ruf, kreativ zu sein, und das ist Bates nun nicht gerade." Aber die Brüder hatten ihm versichert, daß sie das alles ändern würden, deshalb brauche er sich wirklich keine Sorgen zu machen. Das aber hatte Gossett doch getan, vor allem als P&G ihn gewarnt hatte, was man alles zu tun gedenke, wenn die Brüder die Übernahme durchziehen würden.

Gossett drängte Maurice, nach Cincinatti zu reisen, mit John Smale, dem Chef von Procter & Gamble, zu reden und sowohl ihm als auch dem für das riesige Werbebudget zuständigen Mann, Robert V. Goldstein, zu erklären, was er vorhabe – und dann auf deren Gnade zu hoffen. Die Brüder waren aber gegen ein solches Vorgehen. Sie hatten P&G überaus gern auf ihrer Liste stehen, einen Kotau jedoch würden sie vor keinem Klienten machen.

Beide Seiten hatten ihren Stolz. Smale hatte öffentlich seine Mißbilligung kundgetan, und es gab kein Zurück für ihn, selbst wenn er das gewollt hätte. Am 16. Juli brachte der *Gallagher Report* eine weitere Notiz über Saatchi. Smale, so hieß es, habe die Brüder gebremst und „den Jungs bedeutet, sie müßten aufhören, wie wild

Agenturen zu kaufen (vor allem für P&G arbeitende), oder Abwanderung von Klienten befürchten. Maurice machte sich auf, um Klienten zu beschwichtigen."

Maurice hatte sich tatsächlich auf Reisen begeben. Charles war natürlich noch nie in Cincinatti gewesen, drängte aber jetzt den Bruder, doch hinzufahren. Er wußte, wie sehr man Maurice bei Procter & Gamble schätzte, und es war klar, daß nur noch ein persönlicher Besuch ernsthaften Schaden abwenden könnte.

Maurice flog im Juni nach New York, sammelte dort Milt Gossett und Simonds-Gooding ein, der sein Quartier inzwischen mehr oder weniger in dieser Stadt aufgeschlagen hatte, und flog mit den beiden nach Cincinatti, um mit Smale und, wie es schien, der Hälfte der Führungsmannschaft von P&G zusammenzutreffen.

Der Charme von Maurice verfehlte seine Wirkung nicht. Simonds-Gooding hatte schon immer bewundert, wie gut er mit Menschen umgehen konnte, und trotzdem war diese Reise für ihn wieder einmal so etwas wie eine Offenbarung. Wie er überrascht feststellte, war Maurice in Cincinatti im Handumdrehen der Liebling der P&G-Frauen: „Irgend jemand lud uns immer zu sich nach Hause zum Essen ein, und da kamen dann die anderen alle dazu, und immer war ein halbes Dutzend der Topleute von P&G mit ihren Frauen anwesend, sie alle in einem Alter, daß Maurice ihr Sohn hätte sein können. Und die Frauen behandelten ihn auch ein bißchen wie ihren kleinen Buben. ‚Na, Maurice, was haben Sie denn da nun wieder angestellt? Sie sind mal wieder sehr unartig gewesen, wie wir gehört haben, und haben einen Haufen von Schwierigkeiten gemacht, was Sie nun wirklich nicht tun dürfen.' Sie beteten Maurice an, und er genoß das."

Gossett tat ebenfalls sein Bestes, die Dinge im Gleichgewicht zu halten. Nichts aber konnte so leicht den Zorn von John Smale und seinen Kollegen besänftigen. Procter & Gamble ist sehr stolz darauf, die professionellste Marketing-Organisation der Welt zu sein – ja, fast schon eine eigene Universität für dieses Gebiet. Das Unternehmen verfügt über Systeme, die in jahrzehntelanger Arbeit entwickelt, verfeinert und ergänzt worden sind. Es ist der größte Werbungtreibende der Vereinigten Staaten und gab 1986 819 Millionen Dollar aus, etwas mehr als Philip Morris, wo es 815 Millionen waren, aber erheblich mehr als die Nummern drei und vier, R.J. Reynolds und General Foods, die beide auf etwa 450 Millionen kamen. P&G hat hocheffiziente Verfahren für die Kontrolle seiner Werbeaufwendungen entwickelt, die es dem Unternehmen ermöglichen, die Effizienz der Werbung, ihren Anteil am alles entscheidenden jeweiligen Markenbild zu messen. Kaum ein anderes Unternehmen der Welt arbeitet so eng mit seinen Werbeagenturen zusammen wie P&G. Die Manager in Cincinatti rühmen sich, mit ihnen allen in täglicher Verbindung zu stehen, und die Manager der Werbeagenturen sind gehalten, immer wieder in Cincinatti zu „Indoktrinationssitzungen" zu erscheinen. Eine Agentur, die einen P&G-Etat verwaltet, muß in sehr engen Grenzen arbeiten, dafür kann sie aber mit viel Geld und einer hohen Loyalität rechnen. P&G wechselt nicht so schnell seine Agenturen – die Zeitschrift *Marketing Week* hat einmal ausgerechnet, daß die Agenturen von P&G (im wesentlichen Leo Burnett; Grey; Wells Rich Greene; D'Arcy Masius Benton & Bowles – und natürlich Saatchi & Saatchi Compton) im Durchschnitt 37 Jahre für das Unternehmen gearbeitet hatten. Es ist groß und mächtig genug, um strikte Bestimmungen erlassen zu können, welche anderen Klienten die von ihm erwählten Agenturen noch betreuen dürfen – und es reagiert scharf, wenn gegen sie verstoßen wird. Noch niemals in seiner Geschichte waren die Übereinkommen so schamlos mißachtet worden wie jetzt von den Saatchis.

Das erste Treffen war zunächst auch sehr steif, verlief schließlich aber besser, als die Saatchi-Mannschaft erwartet hatte. Saatchi kam nicht gänzlich ungestraft davon – P&G zog den Encaprin-Etat in Höhe von 6 Millionen Dollar bei Dancer Fitzgerald (die Agentur hatte jetzt den Namen DFS Dorland Worldwide) ab, was aber wahrlich nur ein leichter Klaps war. Außerdem wurde festgestellt, daß P&G mit dem Kauf von Bates in gar keiner Weise glücklich sei und die weitere Entwicklung insbesondere bei Bates sehr genau verfolgen werde. Auch wenn das Unternehmen sowohl Compton als auch Saatchi sehr schätzten, werde es doch nicht zögern, seine Produkte vor Schaden zu bewahren.

Maurice setzte nun seine Tour durch die Vereinigten Staaten fort und versucht verzweifelt, weitere Abwanderungen von Klienten zu verhindern. Er suchte Mars in Virginia zu einem ungemütlichen Gespräch auf. In Mineapolis hatte er eine unangenehme Unterredung mit Art Schultze, dem Präsidenten des Food-Bereiches von General Mills, von dem zu hören gewesen war, daß er drastische Maßnahmen ergreifen und Etats im Wert von über 125 Millionen Dollar bei DFS Dorland Worldwide und weitere 50 Millionen bei eine anderen Saatchi-Agentur, und zwar Campbell-Mithun, abzuziehen gewillt sei. Auch Simonds-Gooding schien nur noch im Flugzeug zu leben – er hetzte von einem Klienten zum anderen und versuchte zwischendurch, seinen so ungeheuer vergrößerten Bereich sinnvoller zu strukturieren.

Aber die Verluste hörten trotz aller Bemühungen nicht auf. Am 23. Juni berichtete Gallagher von neuen Schwierigkeiten: Bates stand der Verlust von Teilen seines General Foods-Etats bevor. „Grund: Bates ‚kompromittiert' Hauptgrundsatz für GF-Agenturen – unbedingte Erhaltung der Flexibilität bei der Kaffeewerbung." Bates betreute nämlich die Kaffeemarken Maxim und Mellow Roast, dazu die Fleischwaren der Marken Oskar Meyer und Louis Rich, während die Saatchi-Gruppe, genauer Compton, die Etats für Folgers und High Point verwaltete, zwei P&G-Marken.

Woche um Woche wurden die Etatverluste größer, schwirrten die Gerüchte, daß es noch mehr werden würden. Die Bates-Übernahme wurde erst am 6. August rechtswirksam, also drei Monate nach ihrer Bekanntgabe, und zu dieser Zeit hatte der Strom der abwandernden Etats ein beachtliches Ausmaß erreicht, wobei vor allem Bates betroffen war. RJR Nabisco zog 96 Millionen Dollar ab, Michelob weitere 38 Millionen, Ralston 12 Millionen und McDonald 8 Millionen. Backer & Spielvogel verlor ebenfalls ein paar Klienten, desgleichen alle anderen Saatchi-Agenturen: ABC ließ McCaffrey & McCall fallen, und Helene Curtis gab DFS Dorland den Laufpaß. Bis Mitte August beliefen sich die Etatverluste auf insgesamt schon 359 Millionen Dollar – und das war noch immer nicht alles. Anfang September berichtete Gallagher, daß Saatchi einen harten Kurs gegenüber Brewster Atwater, dem Vorstandsvorsitzenden von General Mills, einschlage. „Saatchi bietet an, 170 Millionen an General Mills zurückzugeben. Grund: Atwater unnachgiebig in Frage der Eliminierung von Klientenkonflikten." Es war kaum noch ein Trost, daß man auch ein paar neue Etats hatte an Land ziehen können – Bates hatte einen in Höhe von 48 Millionen von Xerox gewonnen, und RJR Nabisco hatte zwar 96 Millionen bei Bates abgezogen, dafür aber DFS Dorland einen Etat über 32 Millionen zugesprochen. Insgesamt aber war der Nettoverlust dieses Sommers doch beträchtlich.

Anfang September erreichte der Kurs der Saatchi-Aktien einen – für dieses Jahr – neuen Tiefststand, und der Gleichmut der Brüder war langsam erschöpft. Ihr Unwille richtete sich vor allem gegen Jacoby, der ihrer Ansicht nach nicht genug getan hatte, um den Schaden zu begrenzen. Es schien eine nicht enden wollende Spirale zu sein – die Etatverluste schadeten dem Einsatzwillen und dem Ruf von Saatchi, was zu weiteren Verlusten und schließlich zur Entlassung von Mitarbeitern führte. In der gesamten Madison Avenue mußten Agenturen – vor allem jene, die an den Megafusionen beteiligt gewesen waren – Mitarbeiter kündigen, was die allgemeine Verbitterung noch erhöhte.

Dann aber brach überhaupt erst das größte Unheil über die Saatchis herein – eines, das wahrscheinlich von Anfang an unvermeidlich gewesen war, mit dem die Brüder aber nicht gerechnet hatten: Es kam zum Krieg mit Jacoby.

Der Abschied Jacobys von Ted Bates erfolgte nicht auf direkte Veranlassung der Saatchis. Die Brüder und Tony Simonds-Gooding sahen sich vielmehr durch eine Schlacht im Bates-Vorstand zwischen Jacoby und zweien seiner eigenen Leute, Larry Light und Donald M. Zuckert, zu einem entsprechenden Schritt getrieben. Light war ein 46jähriger intellektueller Kanadier, der vor allem das Herz von Forrest E. Mars erobert hatte, dem dominierenden Chef von Mars Inc., Hersteller des Tierfutters der Marke Kal Kan, von Uncle Ben's Rice und sieben der weltweit meistverkauften Schokoladenriegel. Folgt man der *New York Times,* so „wußte der ihm besonders zugeneigte Mars Lights strategische Neupositionierung der Snickers-Riegel als auch für Erwachsene geeigneten Snack und seine Fähigkeit, sich selbst mit beschwörenden Lobeshymnen auf Milky Way und den amerikanischen Verbraucher zu Tränen zu rühren, überaus zu schätzen". Der legendenumwobene, genügsame Milliardär war zudem noch, wie es hieß, von Lights ostentativer Bescheidenheit sehr angetan. „Larry trägt tagaus, tagein den selben blauen Anzug, dessen Knöpfe dauernd abspringen", zitiert das Blatt einen Bates-Manager. „Für Forrest ist er ein Mann des Volkes."

Zuckert war 53 Jahre alt, ein übergewichtiger, vierschrötiger Mann, den Jacoby 1983 zum Präsidenten von Bates New York gemacht hatte, also zur Nummer zwei des Unternehmens. Die beiden waren aber nicht sonderlich gut miteinander zurechtgekommen: Jacoby warf Zuckert beständig mangelnde Durchschlagskraft vor, und Zuckert beklagte sich bitter, daß Jacoby dauernd an ihm herumnörgele. Jacoby, so sagte er, könnte einen „mit seiner scharfen Zunge in Streifen schneiden". Bei anderer Gelegenheit erklärte er: „Bob glaubte an den Wert des persönlichen Konflikts und der Angst."

Zuckert und Light gerieten nun in den Mittelpunkt einer Tragödie, der *Advertising Age* in treffender Anspielung den Titel „MacBates" gab und die für die Brüder zum Höhepunkt eines Sommers wurde, der auch ohne dieses Geschehnis schon der schlimmste ihrer Laufbahn gewesen war.

Am Vorabend der Unterzeichnung des Abkommens mit Bates weigerte sich Light, seinem neuen Arbeitsvertrag zuzustimmen, womit das ganze Geschäft zu platzen drohte. Er forderte die Beförderung auf jenen Posten, den John Hoyne, der die Verhandlungen mit Saatchi geführt hatte, bekleidete, nämlich den des Präsidenten von Bates International. Hoyne hatte Jacoby während der gesamten Verhandlungsrunde wertvolle Dienste geleistet, gab aber – mit einem neuerlichen Abbruch der Gespräche konfrontiert – doch nach. Er hatte den Verdacht, daß Light und Zuckert, die ihm beide nicht mehr sehr nahe standen, sich abgesprochen hatten, wie sie ihre Karrieren innerhalb der Agentur befördern könnten, und beschuldigte sie später, sich mit dem Ziel einer Entführung von Etats – einschließlich dessen von Mars – verschworen zu haben. Beide haben das entschieden bestritten.

Simonds-Gooding versuchte den ganzen Sommer über – zwischen den Schadensbegrenzungsaktionen – eine organisatorische Form für seinen riesigen Bereich Kommunikation zu finden. Er war jetzt immerhin für 14 000 Mitarbeiter bei vier Agenturen zuständig. Bates würde als selbständiges globales Netzwerk unter dem Dach von Saatchi fortbestehen können und dabei Zugang zu den mit Spezialaufgaben befaßten Saatchi-Firmen erhalten – so zu Siegel & Gale (Unternehmensdesign), Clancy Shulman und Rowland (PR), Howard Marlboro (Verkaufsförderung) und anderen. Was aber mit den anderen machen, also mit Saatchi & Saatchi Compton, der ersten amerikanischen Agentur, die in ihren Besitz übergegangen war, mit Dancer Fitzgerald Sample, schon mit Dorland vereint, aber noch nicht wirklich global operierend, und mit Backer & Spielvogel? Welche Lösung er auch durchspielte, es gab immer und unvermeidbar alle möglichen Klientenkonflikte und Personalprobleme.

Im August skizzierte er Jacoby gegenüber, dessen analytischen Verstand er zu bewundern gelernt hatte, einige seine Überlegungen. „Sie sind ganz eindeutig die Schlüsselfigur bei alledem, und ich zähle auf Sie als auf meinen Verbündeten. Ich bin Engländer und kenne den Markt hier nicht so gut. Ich brauche Ihre Unterstützung." Simonds-Gooding hatte Worte ähnlichen Inhalts wahrscheinlich auch schon gegenüber Milt Gossett, Stu Upson und Carl Spielvogel geäußert, aber wie jeder gute Manager legte er großen Wert darauf, alle Mitarbeiter auf seiner Seite zu haben. Jacoby schien äußerst kooperativ. „Sie haben das alles bezahlt, Sie sagen mir also, was Sie wollen, und dann machen wir das. Wenn etwas falsch daran sein sollte, werde ich es Ihnen sagen, aber wenn Sie's haben wollen, dann wird's gemacht." Simonds-Gooding hatte zwar gehört, daß Jacoby in dem Ruf stand, ein Tyrann zu sein, empfand seine Gesellschaft aber stets als angenehm und amüsant. In den Monaten vor der Vertragsunterzeichnung hatte er eine Reihe von ausführlichen und konstruktiven Gesprächen mit Jacoby geführt und war zunehmend beeindruckt gewesen von dessen Kenntnis des Geschäfts und seinen Überlegungen über die Organisation der verschiedenen Agenturen. Was immer man sonst von ihm sagen mochte – der Amerikaner war ein Profi durch und durch.

Bei Bates sahen einige Leute in Jacoby einen Mann, der ganz anders und keineswegs so kooperativ war. „Da war ein Bursche, der hatte ein Zepter und verkaufte es, und wenn man sein Zepter erst mal verkauft hat, dann kann man's auch nicht mehr schwingen", sagt Don Zuckert. „Jemand hier meinte mal, daß Bob nach dem Verkauf der Agentur die Tatsache nicht hätte akzeptieren können, jetzt nur noch ein Angestellter zu sein."

Simonds-Gooding jedoch berichtete den Brüdern, daß Jacoby arg verleumdet zu werden scheine und daß er nun endlich wohl doch auf ihrer Seite stünde. „Ich habe keinerlei Probleme mit ihm. Er ist wirklich reizend."

„Na, Sie wissen doch wohl auch, warum?" meinte Charles dazu. „Er hat schließlich 110 Millionen Dollar von unserem Geld in seinem Portemonnaie stecken. Bar!"

Am 7. August schrieb Jacoby gleichlautend an Maurice Saatchi und Simonds-Gooding, daß er gern ein paar Veränderungen im Management von Bates vornehmen würde. Zuckert, so schrieb er, habe gute Arbeit für ihn geleistet, sei aber jetzt mit seinen Kräften am Ende. „Zuckert ist ein Hausmeister, und ich hätte seinen Posten auch dann neu besetzt, wenn Sie uns nicht gekauft hätten", ließ er wissen und schlug vor, einen neuen Mann auf diese Stelle zu befördern, der 1985 zu ihnen gekommen war, und zwar John H. Nichols, einen 49jährigen Texaner, den er von der Agentur Leo Burnett in Chicago geholt hatte und der im Augenblick noch für die Kundenwerbung zuständig war. Er wolle ferner, so Jacoby, John Hoyne zu seinem Stellvertreter machen, was bedeuten würde, daß dann Larry Light diesem und nicht mehr ihm, Jacoby, zu berichten hätte. Das alles würde ihm, so erklärte er, Freiräume schaffen, so daß er dann Simonds-Gooding, der ja immer mehr Zeit in New York verbringe, bei der Bewältigung all der großen Staatsaktionen zur Seite stehen könne. Das Saatchi-Management hielt sich bedeckt – es teilte Jacoby mit, daß er die Agentur natürlich so führen könne, wie er das für richtig halte, aber demnächst werde ja sowieso alles reorganisiert, und die neue Aufgabenverteilung würde dann möglicherweise nicht ins Konzept passen. Er solle doch warten, bis Simonds-Gooding eine klare Vorstellung von der neuen Gesamtstruktur entwickelt habe. Den Brüdern lag jedoch daran, Jacoby auch zu zeigen, wie sehr sie ihn schätzten. „Wir sind noch nie jemandem begegnet, der so dynamisch und entschlossen gewesen wäre wie Sie", schrieb Maurice in einem Brief vom 19. August 1986. „Das ist für uns eine ganz neue Erfahrung, und eine sehr angenehme obendrein." Letzteres sollte sie aber nicht mehr lange bleiben.

Anfang September flog Simonds-Gooding nach einem kurzen Aufenthalt in London wieder nach New York, um dort mit den Spitzen der vier Agenturen zu konferieren – mit Stu Upson, dem Chef von DPS Dorland, mit Carl Spielberg bei Backer & Spielberg, mit Milt Gossett bei Saatchi & Saatchi Compton und mit Robert Jacoby bei Bates. Er hielt ihnen allen die gleiche Rede. Sie seien seine Spitzenleute, und er vertraue ihnen voll und ganz. Sie müßten ihm dabei behilflich sein, alle Agenturen in eine Organisation einzubinden, die funktionieren und für das Gesamtunternehmen von Nutzen sein werde – und jedem einzelnen von ihnen natürlich auch. Alle müßten einen Gewinn davon haben. Er gebe, so sagte er, ihnen allen vieren die gleichen Informationen und bitte sie, sich auch untereinander zu beraten. In einer Woche wolle er dann wiederkommen, um mit ihnen allen zusammen ernsthaft zu beraten und festzulegen, wohin die Reise gehen solle.

Jacoby war an diesem Morgen weniger aufgeschlossen als bei früheren Gelegenheiten. Simonds-Gooding verbrachte zwei Stunden mit ihm, um die Grundzüge der Planung mit ihm durchzusprechen. Als er aufbrechen wollte, sagte Jacoby: „Sie erinnern sich doch an diese organisatorischen Maßnahmen, die ich mal angesprochen habe und bei denen es auch um Zuckert und Light ging? Ich möchte diese Veränderungen jetzt vornehmen."

Simonds-Gooding zögerte – er kannte ja auch keinen der Männer, um die es da ging, und konnte die Sache nur schwer beurteilen. „Ich möchte Ihnen zwei Fragen stellen", sagte er deshalb. „Wird das irgendeinem unserer Manöver zuwiderlaufen?"

Jacoby verneinte das.

„Kann es dadurch zu irgendwelchen Zwistigkeiten kommen?"

„Zuckert wird glücklicher sein als ein Schwein in seiner Scheiße", antwortete Jacoby. „Er hat 22 Millionen und kann darüber nachdenken, wie er sie ausgeben soll, und er wird die Verwaltung besorgen. Nichols ist sehr gut. Larry Light ist froh, daß jetzt auch ein tüchtiger Finanzmann da ist, der sich mit ums Geschäft kümmert. Und natürlich bin ich dann frei und kann Ihnen dabei helfen, daß Ihr Traum wahr wird."

Simonds-Gooding gab also seine Zustimmung und begab sich wieder auf seine Runde. Am Abend dieses Tages – es war der 3. September 1986 – kritzelte er Jacoby mit Bleistift eine Nachricht auf einen Notizblock, die für Zuckert bestimmt war, danach eine weitere an die Adresse seiner Sekretärin und verschwand dann zu einem Camping-Urlaub nach Colorado, wo er für alle Welt unerreichbar war, seine Sekretärin ausgenommen, die das aber für sich behielt. „Bei Bates gab es den Spruch, daß zu Jacobys Hobbies Alkohol, Geld, Frauen und Racheakte gehörten. Und das war Rache. Der Verkauf war besiegelt, und jetzt bekamen Light und Zuckert eins ausgewischt", sagt ein früherer Mitarbeiter. Als die beiden am nächsten Morgen im Büro erschienen, waren sie nicht wenig bestürzt, als sie sahen, was Jacoby hinterlassen hatte. Light mußte entdecken, daß jetzt Hoyne sein unmittelbarer Vorgesetzter war, und etliche Bates-Manager können sich noch gut daran erinnern, wie Zuckert in seinem Büro in lautes Wutgeheul ausgebrochen war. Jacobys Notiz setzte ihn davon in Kenntnis, daß er als New Yorker Präsident durch Nichols ersetzt worden sei.

An diesem Tage kam Simonds-Gooding, der noch immer seine Runde bei den Saatchi-Agenturen machte, am Büro von Bates am Broadway vorbei. Er mußte mal auf die Toilette und es kam ihm im Vorbeigehen in den Sinn, das gleich hier zu erledigen, in einer Saatchi-Einrichtung. Er begab sich also hinaus in die Chefetage, und als er da vor dem Becken stand, bemerkte er plötzlich Zuckert neben sich.

Der Bates-Manager war noch immer wütend. „Sie sollten sich das hier vielleicht auch mal ansehen", sagte er und fuchtelte mit ein paar Papieren herum. „Schließlich wird Sie das ein paar Millionen kosten."

Simonds-Gooding dachte, es handele sich um irgendeinen Rechtsstreit, weshalb er sagte: „Ich möchte darüber nicht so gern hier reden. Gehen wir doch in Ihr Büro."

Was Zuckert ihm dort zeigte, war Jacobys Ankündigung der Reorganisation im Management, dazu Fotos von Nichols und Hoyne sowie die für Zuckert bestimmte Notiz. Und dann war da auch noch die Kopie des Antwortschreibens von Zuckert, der Jacoby wissen ließ, wie wütend es ihn mache, nach zwanzigjähriger Arbeit für ihn, Jacoby, so behandelt zu werden. Jacoby habe den bestehenden Vertrag gebrochen, und er, Zuckert, erwarte, daß er unverzüglich wieder in seine alte Position eingesetzt werde. Zuckert hatte auch noch eine Mitteilung an alle Mitarbeiter geschickt, die ihnen nach dem Muster „Sie werden ebenso überrascht gewesen sein wie ich, erfahren zu müssen, daß..." andeutungsweise mitteilte, was ihm da angetan worden war.

Zuckert hielt Simonds-Gooding nun eine lange und wenig schmeichelhafte Vorlesung über Jacoby und ging dann auch auf die Probleme ein, die auf Saatchi zukommen würden. „Sie haben die ganze Sache nicht ordentlich durchdacht, Sie haben es an der erforderlichen Sorgfalt fehlen lassen", sagte er und deutete mit anklagendem Finger auf den Saatchi-Manager. Saatchi sei, so Zuckert, selbst schuld an allen diesen Schwierigkeiten, weil das Unternehmen Jacoby unterschätzt habe, dessen in letzter Minute erfolgte Vergabe von Bates-Aktien „eine traurige, sich mit wahnsinniger Geschwindigkeit ausbreitende Berühmtheit erlangte". Er sagte Simonds-Gooding auch, daß Jacoby trinke, was dieser immer wieder bestritten hat, auch der *New York Times* gegenüber, die ihn mit den Worten zitierte: „Um in der Werbeindustrie erfolgreich sein zu können, mußte ich einfach trinken. Aber ich glaube nicht, daß Sie jemanden finden werden, der mich je betrunken oder gar arbeitsunfähig erlebt hätte."

Der Brite war von seinem Flug und den anschließenden Verhandlungen völlig erschöpft und saß gänzlich reglos da. Selbst Zuckert war von dieser Ruhe tief beeindruckt. Schließlich sagte Simonds-Gooding, er werde mit Hoyne reden, der in diesem Augenblick der ranghöchste in der Agentur anzutreffende Bates-Manager war.

„Gut", sagte Zuckert, „machen Sie das. Die Sache ist damit hochoffiziell. Nichts von dem, was ich Ihnen gesagt habe, ist in irgendeiner Weise vertraulich, ich teile es Ihnen als Mitglied des Vorstandes mit."

Simonds-Gooding schritt also zum Büro von Hoyne, der sich bemühte, beruhigend auf ihn einzuwirken. „Keine Sorge, entspannen Sie sich, das geht alles vorbei. Wenn Sie wünschen, daß ich mit Larry spreche, dann spreche ich mit Larry."

Als Simonds-Gooding zu seinem nächsten Termin bei Milt Gossett erschien, hatte sich die Sache schon wie ein Lauffeuer verbreitet. Gossett begrüßte ihn mit den Worten: „Haben Sie schon das von Bates gehört? Die ganze Stadt spricht davon."

An diesem Nachmittag erhielt Greg Ostroff in seinem Büro bei Goldman Sachs den Anruf eines Investors: „Wir haben gehört, daß Bob Jacoby verschwunden sein soll." Das war eine aufsehenerregende Neuigkeit, die von großer Bedeutung für den Kurs des Saatchi-Papiers war. Ostroff rief deshalb sofort eine Bekannte bei Bates an. Ja, sagte die, Jacoby sei nicht da.

„Habt ihr ihn gefeuert, oder ist er gegangen?"

„Weder noch", sagte die Frau.

„Wo steckt er denn dann?"

Eine Pause trat ein.

„Also... das wissen wir nicht."

Jacoby war nicht erreichbar – es hieß, er halte sich auf einer Farm auf, wo es kein Telefon gebe. Es war die Rede davon, einen Hubschrauber loszuschicken, der ihn finden sollte. Bei den späteren Vernehmungen im Zusammenhang mit Jacobys Klage wegen unbegründeter Entlassung stellte sich heraus, daß er täglichen Kontakt mit seiner Sekretärin gehabt hatte. Zunächst einmal aber verursachte die Geschichte Schlagzeilen, und es kam zu einer Welle von Beschwerden seitens der Klienten. In Abwesenheit von Jacoby war es Zuckert und Light möglich gewesen, eine große Zahl von Bates-Mitarbeitern hinter sich zu bringen. Und die Manager von Werbeagenturen wissen natürlich auch, wie sie Druck auf ihre Führung ausüben können – mit Hilfe der Klienten.

So erhielt Maurice Saatchi ein paar Tage später einen Anruf von Forrest Mars. Der kam direkt zur Sache. „Mein guter Freund Larry Light mag gar nicht, was Jacoby da getan hat, und ich mag es gar nicht, wenn Larry unglücklich ist. Bringen Sie das in Ordnung." Dann legte Mars auf. Und aus Cincinatti war das zornige Grollen von Saatchis größtem Kunden, von Procter & Gamble, zu vernehmen. Das ging langsam wirklich zu weit. Die Kunden hatten ein Rundschreiben von Jacoby erhalten, in welchem die Veränderungen mitgeteilt wurden, und hatten nicht das geringste Verständnis dafür. „Wer sind diese Burschen?" fragte einer von ihnen. „Ich kann Hoyne und Nichols nicht von einem Erdloch unterscheiden."

Am Montagmorgen rief Greg Ostroff erneut seine Freundin bei Bates an. Die über das Wochenende aufgetauchten Gerüchte hätten viele seiner Investoren, die ihr Geld bei Saatchi & Saatchi angelegt hätten, nervös werden lassen, und er brauche dringend Informationen, um die Veränderungen genauer beurteilen zu können. Was denn da nun eigentlich los sei. „Hör mal, es ist Montagmorgen, und er ist nicht da. Ihr sagt, ihr hättet ihn nicht gefeuert und er habe nicht gekündigt. Dann hat er sich doch verpißt."

Am 10. September brach schließlich der Vulkan namens Procter & Gamble, der ja schon den ganzen Sommer gegrollt hatte, mit voller Wucht aus. Diesmal würde man Saatchi nicht so glimpflich davonkommen lassen. P&G entschied, die 85 Millionen Dollar eines Food-Etats bei Saatchi & Saatchi Compton New York abzuziehen. Dann verlor Compton Crisco Oil und Duncan Hines, während DFS Dorland Luvs Babywindeln und Bounty Papierhandtücher einbüßte. Bezeichnenderweise war P&G auch diesmal bereit, den Schaden in Grenzen zu halten. Greg Ostroff konnte an diesem Tag seinen Investoren die folgende Nachricht übermitteln: „Wir haben mit P&G gesprochen, wo man uns versichert hat, daß die getroffenen Entscheidungen nichts mit der Qualität der von den

Saatchi-Agenturen produzierten Werbung zu tun hätten, sondern allein im Zusammenhang mit der auf Konfliktvermeidung ausgerichteten Politik des Hauses zu sehen seien. Saatchi wird die Seifen- und Waschmittel-Etats von P&G behalten und auch weiterhin weltweit die führende Agentur des Unternehmens bleiben." Dennoch war das ein schwerer Schlag, und er überzeugte die Brüder davon, daß augenblicklich etwas geschehen mußte. Sie durften nicht riskieren, auch noch den Mars-Etat zu verlieren, was fast mit Sicherheit geschehen würde, wenn Light ginge. Und Light würde gehen, wenn Jacoby bliebe.

Endlich gelang es Simonds-Gooding, Verbindung zu Jacoby aufzunehmen, als dieser am Abend des 10. September in Lake Tahoe, Nevada, eintraf, wo die Jahrestagung der American Association of Advertising Agencies (Western Region) stattfinden sollte. Die Brüder hatten Simonds-Gooding informiert, daß sie es gut fänden, wenn Bates möglichst bald mit einer der anderen Agenturen fusionieren würde. „Egal welche Kombination – nur schnell muß es gehen", hatte Charles gesagt. Charles neigte ursprünglich mehr dazu, Bates unter den Schirm von Compton zu bringen, da er wohl hoffte, daß das im Hinblick auf die Probleme mit Procter & Gamble hilfreich sein würde, aber Simonds-Gooding kam in der Frage, wem er am liebsten die Verantwortung übertragen würde, bald zu einer anderen Antwort – ihm schien kein anderer geeigneter als Carl Spielvogel. Denn in dem „Kabinett" aus Werbeagenturen, das er in New York zu bilden versuchte, war Spielvogel, wie er inzwischen erkannt hatte, der einzige, vor dem die anderen alle „das Knie beugen" würden. Davon unterrichtet, drängte Charles Simonds-Gooding dazu, noch einen Schritt weiter zu gehen und eine ganz große Sache daraus zu machen. Er sollte Bates mit Compton und Backer & Spielvogel zusammenführen und eine riesige, weltweit operierende Saatchi-Agentur unter der Führung von Spielvogel schaffen – und damit einen Markennamen, der sogar noch größer sein würde als der von Young & Rubicam oder Ogilvy. Das wäre ein aufsehenerregender – und wahrscheinlich höchst verwegener – Schritt gewesen, von dem die Brüder allerdings sagen, daß sie ihn nur als ihr „Szenario für den Fall eines Weltunterganges" angesehen hätten, dem man nur dann gefolgt wäre, wenn die Etatverluste katastrophale Formen angenommen hätten. Simonds-Gooding aber arbeitete, wenn er es recht bedachte, schon seit etlichen Monaten an eben diesem Plan.

Als Simonds-Gooding nun mit Jacoby in Lake Tahoe zusammentraf, kam er ohne Umschweife zum Thema. „Ich möchte", sagte er, „mit Ihnen über eine Fusion von Bates sprechen." Das hatte selbst der hartgesottene Jacoby nicht erwartet. Sein Vertrag, so hielt er Simonds-Gooding empört entgegen, sehe vor, daß er Bates fünf Jahre lang als unabhängige Agentur leiten solle. Daran aber war der Saatchi-Mann nicht mehr interessiert. Bates gehörte nun einmal Saatchi, und da werde man alle Veränderungen vornehmen, die man für geboten halte. Jacoby könne angesichts der augenblicklichen Unruhen nicht länger an der Spitze von Bates bleiben. Er müsse sich aus der Agentur zurückziehen und direkt für ihn, Simonds-Gooding, in der Saatchi-AG tätig werden, ihm dabei helfen, die Agenturen zusammenzubauen, ein Job, so argumentierte der Saatchi-Mann, der sehr wesentlich sei und der ihm Glaubwürdigkeit und Verantwortung belasse. Die einzige Aufgabe, die er nicht übernehmen könne, sei die des Chefs von Bates – das sei vorbei. Und er, Simonds-Gooding, werde auch die Entscheidung bezüglich Zuckerts und Lights wieder rückgängig machen, und Nichols und Hoyne entsprechend zurückstufen.

Jacoby war nicht zu überzeugen. Er war an dem Job, den ihm Simonds-Gooding offerierte, nicht interessiert. Voller Verachtung veranlaßte er, daß sein Porträt in seinem in der 20. Etage gelegenen New Yorker Büro von der Wand genommen wurde und schickte Saatchi dafür einen Scheck über $ 300 sowie die Mitteilung, daß er es für seine Tochter erworben habe. Danach reiste er nach Washington, wo eine weitere Versammlung des Verbandes der Werbeagenturen stattfand, und ließ die Mitarbeiter von Bates mit einem leeren Fleck an der Wand zurück.

Am Freitag der gleichen Woche rief Simonds-Gooding das Direktorium von Bates zu einer Sitzung zusammen – achtundzwanzig ohne Jacoby. Simonds-Gooding machte nicht viele Worte. Jacoby werde eine andere Aufgabe innerhalb von Saatchi übernehmen, von der Leitung der Agentur Ted Bates sei er entbunden. Dafür werde Zuckert nun die Aufgabe eines Hauptgeschäftsführers übernehmen. Sie alle müßten sich bemühen, dem weiteren Verlust von Klienten entgegenzuwirken und die Mitarbeiter neu motivieren. Nach dem Bericht der *New York Times* erreichte Jacoby die entsprechende Nachricht später am Tage, als ihn Steven W. Colford, Washingtoner Bürochef von *Advertising Age*, bei der AAAA-Tagung mit der Frage unterbrach: „Wissen Sie schon, daß Sie gefeuert worden sind?" Als Jacoby an diesem Abend nach New York zurückkam, bestätigte ihm sein Fahrer, der ihn am Flugplatz abholte, daß Zuckert die Leitung von Bates übernommen habe.

Natürlich war Jacoby nicht gefeuert worden. Er bekam nach wie vor sein Gehalt in Höhe von einer Million Dollar jährlich und ging auch weiterhin in sein Büro. Aber seine Macht war dahin, und die Aufgabe, die Simonds-Gooding ihm zugedacht hatte, konnte er einfach nicht ernstnehmen. Er und Zuckert hatten über Weihnachten einen gemeinsamen Skiurlaub gebucht, aber sie gingen sich aus dem Weg. Und die Gerüchte nahmen kein Ende. Jetzt hieß es, Jacoby habe eine Untersuchung seitens der Securities and Exchange Commission zu gewärtigen – was reine Erfindung war –, während gleichzeitig die Geschichten über sein üppiges Verschenken von Bates-Anteilen am Vorabend der Übernahme durch Saatchi immer kühner – und absurder – wurden.

Am 22. September wußte der im allgemeinen gut unterrichtete *Gallagher Report* zu melden, Jacoby habe das Angebot, als Assistent von Simonds-Gooding zu arbeiten, abgelehnt, woraufhin ihm „die Tür bei der größten Management-Säuberungsaktion in der Geschichte der Werbung gewiesen" worden sei. Zunächst aber hatte die Rückkehr von Larry Light die Mars-Zeitbombe entschärft – jedenfalls für den Augenblick war dieser Etat gesichert.

Jacoby hielt in Wirklichkeit die Stellung bis zum 21. Oktober – erst dann schied er aus und verklagte Saatchi wegen Vertragsbruchs. Er gewann diesen Prozeß und bekam zu den 110 Millionen Dollar, die er beim Verkauf von Bates schon für sich herausgeschlagen hatte, noch einmal 5 Millionen dazu. Es war dieses Geld, das nun vor allem anderen den Unmut der Branche erregte. „Jedermann weiß, daß Bob Jacoby genug Geld hat, um mit dem Scheich von Arabien mithalten zu können", sagte Leonard S. Matthews, Präsident der AAAA (Jacoby hatte nach seinem Ausscheiden bei Bates den AAAA-Vorsitz niederlegen müssen). „Wir sehen heute weit eher wie halsbrecherische Werbefritzen aus als vor 25 Jahren, da Frederick Wakeman sein Buch schrieb."

Vom Chef von Young & Rubicam kam eine noch weitaus schädigendere und bis auf den heutigen Tag in New York unvergessene Bemerkung: „Ich habe diese spezielle Übernahme stets für einen unglücklichen Vorgang gehalten, weil ich niemals irgendeine Verlautbarung des Inhalts gesehen habe, sie sei vor allem erfolgt, um den Kunden einen verbesserten Service bieten zu können. Der Grund, warum so etwas nie verlautbart wurde, ist der, daß es einfach nicht verlautbart werden konnte. Was gesagt wurde, war: Wir sind die Größten. Wo es um Dienstleistungen im Konsumbereich geht, ist das schlicht ein Blödsinn."

Zuckert, dessen erste Amtshandlung die Entlassung von John Nichols war, wehrte sich zwar heftig, sah sich aber in der Defensive. „Keine Frage, daß ich mir wünschte, dies alles wäre nie geschehen. Es wäre sehr viel einfacher, den eigenen Laden im Stich zu lassen und still zu verschwinden. Natürlich sind wir nun als neue Agentur für alle anderen in der Stadt die Zielscheibe. Alle meinen, das sei schlecht für die Branche, und geben dann diese ganzen Geschichten an die Presse, wie schrecklich doch solche Megafusionen seien. Aber ich wünschte, Ed Ney würde uns in den Gewinnbeteiligungsplan von Young & Rubicam aufnehmen. Die verdanken uns doch die Hälfte ihres diesjährigen Neugeschäfts."

Die Wall Street war der Ansicht, daß das ganze Durcheinander dem Interesse an einer Investition im Werbesektor insgesamt geschadet habe. „Auf kürzere Sicht wird es die alten Befürchtungen wieder aufleben lassen, die die Investoren gegenüber Werbeagenturen haben", sagte Charlie Crane von Prudential Bache. „Nämlich daß die Agenturen so leicht mit dem Fahrstuhl in den Keller sausen können und daß die Werbung nicht gerade ein sehr stabiles Geschäft ist."

Je mehr sich die Krise verschärfte, desto größeren Druck übte Charles auf Simonds-Gooding aus, zu einer Lösung zu kommen. Den ganzen September und Oktober arbeitete dieser mit Hochgeschwindigkeit an seinem Konzept einer „großen Fusion". Er wußte, daß viel dagegen sprach, aber er glaubte (nach Ansicht der Brüder irrtümlicherweise), daß es genau das sei, was Charles und Maurice von ihm erwarteten. Alles sollte mustergültig organisiert und unter dem Markenzeichen Saatchi & Saatchi zusammengeführt werden, auch der Beratungsbereich. Es sollte so ein riesiges, vereintes Unternehmen entstehen, das der Wirtschaft weltweit jeden Service anbieten konnte, den sie brauchte. Wenn man die einzelnen Regionen nahm, dann war Saatchi nicht überall die Nummer eins, aber wenn es nur noch einen „Laden" gäbe, wie das ja bei Young & Rubicam auch der Fall war, dann wäre die Marke Saatchi ganz eindeutig führend auf dem Weltmarkt. „Das war ein herrliches Wahnsinnskonzept, das Charles überaus gefiel", meint ein ehemaliger Saatchi-Manager.

Der Haken war nur der, daß es einfach nicht funktionieren konnte – und dies auch nie tat. Simonds-Gooding war erschöpft, und das wirkte sich auch auf sein strategisches Denken aus. Und die Brüder in London hatten so viele Schläge einstecken müssen, daß sie nicht mit der sonstigen Nüchternheit über das Projekt nachdachten. Die Gutwilligkeit der New Yorker Agenturchefs vorausgesetzt, wäre die Sache wohl organisatorisch machbar gewesen, aber die Klienten waren einfach nicht dafür zu gewinnen.

Bei Compton zogen Milt Gossett und Ed Wax zögernd mit, obwohl sie den Plan nicht mochte. „Für sie war das Konzept schlichtweg die Hölle", sagt ein früherer Saatchi-Mann. Beide hatten aber auch zu begreifen begonnen, daß selbst Saatchi & Saatchi Compton mit Blick auf die Globalisierung noch immer keine ausreichende Größe hatte, d.h. weitere Saatchi-Teile brauchte, um auch weiterhin vorne mitmischen zu können. Don Zuckert hatte keine Einwände, obwohl das das Ende von Bates bedeuten würde, vor allem dann, wenn Carl Spielvogel die Führung des gesamten Ladens übernahm. „Ohne Jacoby ist Bates wie ein Huhn ohne Kopf", meinte Simonds-Gooding zu den Brüdern in London.

Einmal mehr war es John Smale in Cincinatti, der einschritt und Simonds-Goodings „Paukenschlag" im Keim erstickte. Gossett und Wax, also ausgerechnet die beiden, die am wenigsten von dem ganzen Plan angetan waren, waren zu Procter & Gamble entsandt worden, um dort das neue Konzept zu verkaufen. P&G wollte absolut nichts davon wissen. Die Abneigung gegenüber der Agentur Bates war dort so groß, daß man sie keinem der Etats auch nur in die Nähe kommen lassen würde. Man wies darauf hin, daß, wenn die drei Agenturen weltweit zu einer einzigen verschmolzen würden, alle Saatchi-Büros in Amerika, Australien, Großbritannien und sonstwo erst einmal völlig umgekrempelt werden müßten – und man sei nicht gewillt, den Schaden hinzunehmen, den das der Betreuung der P&G-Etats zufügen mußte. „Sie meinten nur: ‚Vergeßt die Sache'", berichtete Gossett. „Sie sagten, daß sie, wenn wir die drei Agenturen zusammentäten, raus wären. Ganz und gar. Sie wollen's nicht haben."

Damit war Simonds-Gooding wieder bei Null angelangt. Er hatte keine Fortschritte bei der Fusion von Bates mit einer der anderen Saatchi-Agenturen gemacht, und die Brüder änderten nun ganz abrupt den Kurs. Sie würden gar nichts fusionieren, sondern alle Agenturen das seinlassen, was sie waren: getrennte, autonome Einheiten unter dem Dach der Saatchi-Holding. Da verlangsamten sich endlich die Etatverluste, konnten neue Kunden gewonnen werden, kletterten die Kurse bei anhaltender Hausse wieder nach oben und erreichten zum Jahresende mehr oder weniger wieder ihren alten Stand. Sie würden sich verstärkt dem weiteren Ausbau der anderen Unternehmensbereiche widmen und die Stadt, die sie die „Migränestadt" nannte, ein Weilchen sich selbst überlassen.

Simonds-Gooding äußerte im Frühjahr 1987 die Ansicht, daß auch dieser Weg nicht der richtige sei. Im Herbst hatten sie ungefähr so viele Etats neu gewonnen wie ihnen zuvor verloren gegangen waren, wobei die neuen allerdings nicht die gleiche Qualität hatten wie die verlorenen. Entscheidend jedoch blieb, daß das Wachstum gestoppt war. Einziges Motiv für die Übernahme all der Agenturen war es ja gewesen, die Wachstumsrate des Gesamtunternehmens zu verbessern, aber nach einem Jahr des Stillstandes lagen sie jetzt um 20 Prozent hinter ihrem Soll zurück. Das Management von Compton hatte inzwischen Ed Wax bedrängt, über eine Fusion nachzudenken und festzustellen, welche Agenturen dafür in Frage kommen könnten.

Simonds-Gooding flog nach London, um Charles und Maurice über die Lage zu berichten. „Wir haben da ein echtes Problem, das nicht dadurch zu lösen ist, daß wir gar nichts unternehmen. Niemand weiß, was wir eigentlich wollen. Wir haben da Backer & Spielvogel, eine große Agentur. Wie haben Bates, noch immer ein Huhn ohne Kopf und mit endlosen Etatverlusten post Jacoby. Wir haben DFS Dorland Worldwide, wo wir so tun, als sie das ein drittes, weltumspannendes Agenturnetz, was es aber nicht ist. Compton New York hat P&G verloren und blutet. DFS klagt, daß man auch dort P&G-Etats und einen großen Teil des Cadbury-Etats habe abgeben müssen, weil jetzt Mars bei uns gelandet ist, was doch alles gar nichts mit ihnen zu tun habe. Ihre Kundenwerbung ist nicht mehr so erfolgreich wie früher."

Er schlug vor, nach New York zurückzukehren und für die

Agentur eine neue Organisationsstruktur auszuarbeiten. Er würde mit den Klienten, mit dem Management der Agenturen und überhaupt mit jedem sprechen, der etwas zu diesem Thema beitragen könne. Dann wolle er mit einem Plan zurückkommen und diesen dem gesamten Saatchi-Verwaltungsrat präsentieren. Simonds-Gooding wußte natürlich, daß es bei Saatchi & Saatchi keine Sitzungen des Verwaltungsrates wie bei anderen Gesellschaften gab – Charles war von seiner Konstitution her einfach nicht in der Lage, eine solche Sitzung durchzustehen, und niemand bei Saatchi hatte je erlebt, daß ihm das einmal gelungen wäre. Simonds-Gooding meinte jedoch, daß dies eine Sache von so entscheidender Bedeutung sei, daß alle dazu Stellung nehmen müßten – und er würde auch die Unterstützung des gesamten Vorstandes brauchen, um den Plan zu verwirklichen.

Die Brüder waren von diesem Lösungsvorschlag der leicht zu handhabenden „Einheiten" keineswegs begeistert, dennoch aber bereit mitzuziehen – nur Zeit sei keine mehr zu verlieren. So flog Simonds-Gooding denn nach New York zurück.

Im Januar 1987 saß Carl Spielvogel eines Morgens in seinem Büro in der West Street 1140, als Simonds-Gooding ihn anrief und fragte, ob er gleich vorbeikommen und mit ihm sprechen könnte. Er habe ihm etwas sehr Wichtiges vorzutragen. Spielvogel war neugierig. Er hatte im vergangenen Sommer mit einiger Sorge beobachtet, wie der Aktienkurs eingebrochen war, wie Kunden gegangen und sie in der Presse angegriffen worden waren – es war ja schon so schlimm gekommen, daß sich Simonds-Gooding, von Journalisten in seinem Hotel aufgespürt, eine Plastiktüte über den Kopf gestülpt und die Flucht ergriffen hatte. Spielvogel war nicht ganz so betroffen gewesen, aber unberührt hatte ihn das alles doch nicht gelassen. Ihm war die gesamte Kontroverse höchst zuwider, in die er sich da ganz ungewollt selbst hineinmanövriert hatte, und der ganze Lärm, den die Kritiker machten, nicht minder. Charles Peebler von Bozell Jacobs Kenyon & Eckhardt hatte den Trend zu Megafusionen als das Tschernobyl der Werbeindustrie bezeichnet, dessen Niederschlag der gesamten Branche Schaden zufügen würde, eine Bemerkung, die direkt an die Adresse von Saatchi und all jener gerichtet gewesen war, die an die Brüder verkauft hatten.

Als Simonds-Gooding bei ihm erschien, fiel Spielvogel auf, wie müde und abgespannt sein Besucher aussah. Die Tage, da der Brite in Tim Bells früherem Büro gesessen und nichts zu tun gehabt hatte, waren ganz offensichtlich schon lange vorbei. Inzwischen hatte er den Plan einer Riesenagentur aufgegeben und sich etwas anderes ausgedacht. Er saß auf Spielvogels Sofa und sagte: „Ich möchte Sie bitten, sich den folgenden Gedanken einmal durch den Kopf gehen zu lassen. Ich möchte, daß Sie eine Übernahme von Bates in Erwägung ziehen."

Spielvogel war verblüfft – an eine solche Möglichkeit hatte er niemals auch nur im entferntesten gedacht. Aber er kam zu dem Schluß, daß das eigentlich gar keine so schlechte Idee war. Backer & Spielvogel hatten einen Namen als kreative Agentur, Bates nicht. Es schien ihm durchaus vernünftig, das Problem auf diese Weise zu lösen – und so begeisterte er sich immer mehr für den Plan, den ihm Simonds-Gooding nun im einzelnen erläuterte.

Es bedurfte dann Monate höchst behutsamer und sorgfältiger Verhandlungen, und die Brüder überließen ihn dabei ganz sich selbst. Ende des Frühjahrs war es dann soweit, daß er seine Vorhaben in die Tat umsetzen konnte. Dazu gehörte auch der Zusammenschluß einiger der kleineren Agenturen – so kamen McCaffrey & McCall und Rumrill-Hoyt zusammen, und aus drei weiteren entstand AC&R/DHB & Bess.

Insgesamt brauchte Simonds-Gooding bis zum Juni 1987, um die erste, wichtigere Phase seiner Planung abzuschließen. Dancer Fitzgerald Sample wurde nun mit Saatchi & Saatchi Compton zu der neuen Agentur Saatchi & Saatchi Worldwide verbunden, deren wichtigste amerikanische Tochter jetzt Saatchi & Saatchi DFS Compton Inc. hieß. Das Etatvolumen der Agentur betrug 2,3 Milliarden Dollar pro Jahr, und sie verfügte über 98 Büros in 54 Ländern. Dorland blieb ausgeklammert und wurde wieder zu einer rein Londoner Agentur – der Versuch, ein speziell auf die Bedürfnisse der Dritten Welt zugeschnittenes Netz aufzubauen, war damit beendet, Jack Rubins schied enttäuscht aus. Ein Teil des Reiches aber war nunmehr wenigstens einigermaßen zufriedenstellend geordnet.

Was aber war mit Bates? Simonds-Gooding machte sich jetzt auch hier daran, letzte Hand an die Realisierung seiner Pläne zu legen. Am 15. Juli wurde nach Monaten der Verhandlungen und

Manöver, der Dementis und Kurswechsel die Fusion von Backer & Spielvogel mit Bates offiziell verkündet. Carl Spielvogel sollte die Leitung übernehmen, und folglich der Name seiner Agentur im neuen Firmennamen auch an erster Stelle stehen: Backer Spielvogel Bates Worldwide. Damit war eine Agentur geschaffen, die über ein Etatvolumen von 2,7 Milliarden Dollar und 104 Büros in 46 Ländern verfügte. Zuckert übernahm die Geschäftsführung (er ist inzwischen ausgeschieden), aber jeder wußte, wessen Agentur das sein würde – der 58jährige Carl Spielvogel hatte die Oberhand gewonnen, was, wie man hoffte, auch Bates sehr zugute kommen würde. „Wir haben den Wind im Rücken", sagte Spielvogel an jenem Tage. „Breiten wir also unsere Flügel aus und lassen wir uns mittragen."

Die Pläne, die Simonds-Gooding für die Neuordnung des restlichen Imperiums ausgearbeitet hatte, waren kompliziert, zugleich aber auch praxisbezogen. Er hatte festgestellt, daß innerhalb des Gesamtunternehmens Saatchi die Agentur in der Charlotte Street, wiewohl nurmehr die Tochter eine Tochter, noch immer die Quelle der Firmenphilosophie und das Kraftzentrum war, davon aber zu wenig in den Konzern einfloß. Wenn die Philosophie, so setzte er den Brüdern auseinander, auch für die anderen Teile der Gruppe wirksam werden solle, dann müsse das Management der Charlotte Street weit stärker in den Vordergrund gestellt werden. So fanden sich Roy Warman und Terry Bannister an die Spitze einer neuen internationalen Abteilung befördert, was auch Ausdruck der Anerkennung dafür war, daß sie Tim Bell erfolgreich ersetzt hatten. Bill Muirhead wurde Chef der Agentur in der Charlotte Street.

Aber es blieben auch noch andere Teilbereiche zu ordnen. Eine Reihe der kleineren Agenturen wurden gänzlich aus den beiden großen herausgelöst und der Mutter direkt unterstellt, und zwar Campbell-Mithun, William Esty, AC&R/DHB & Bess und Stern Walters/Earle Ludgin.

Im Herbst 1987 war im Agentur-Sektor von Saatchi & Saatchi relative Ruhe eingekehrt, und die neu geschaffenen Netzwerke spielten sich gut an. Da aber verkündete der Mann, der so wesentlichen Anteil an dieser Neustrukturierung hatte, seine Absicht, aus dem Unternehmen auszuscheiden.

Die Kopfjäger hatten Simonds-Gooding bereits im Mai erlegt, als er noch ganz mit der Neuordnung der Saatchi-Agenturen befaßt gewesen war. „Ich war wild entschlossen, diese Aufgabe auch zu Ende zu führen", sagt er. „Das Adrenalin floß reichlich, und ich würde entweder mein Ziel erreichen, oder – durchaus wörtlich – auf dem Wege dorthin sterben." Als der Druck allmählich nachließ, wurde ihm langsam bewußt, daß er diesen Stil nicht durchhalten würde und daß sein Privatleben dabei über Bord gegangen war. Seine Frau war ihm zwar nach New York gefolgt, aber er hatte seine Kinder trotzdem nur sehr selten gesehen, und die Belastung war ungeheuer groß gewesen. Wenn die Organisation stand, war seine Arbeit im wesentlichen ja auch getan – die Agenturen mußten dann für sich selber sorgen.

Er hatte die Brüder bewundern und schätzen gelernt, wußte aber auch, daß diese seine Funktion durchaus in einem anderen Lichte sahen. Für sie würde er immer der Mann bleiben, den sie losschicken konnten, um die Unordnung zu beseitigen, den ihre großen und kühnen Sprünge jeweils hinterlassen hatten. Jetzt bot man ihm eine neue aufregende Aufgabe, nämlich die Leitung von British Satellite Broadcasting, eines privatwirtschaftlichen Konsortiums, das einen Satelliten in den Weltraum zu schicken und drei neue Fernsehkanäle anzubieten plante. Das war unternehmerisches Neuland und eine gänzlich andere Herausforderung.

Die Brüder und er trennten sich im besten Einvernehmen, und Charles dankte ihm für die Bereinigung der Probleme in New York. Aber die Brüder hatten vielleicht ebenfalls das Gefühl, daß es in ihrem Unternehmen keine echte Aufgabe mehr für Simonds-Gooding gab. Er bleib noch über den Sommer und bis zur Bekanntgabe der neuen Zusammenschlüsse, um dann im Oktober in aller Stille seinen Abschied zu nehmen, als sich die Wogen der Aufregung um Saatchi & Saatchi wieder geglättet hatten.

Jacoby tat sich mit seinen beiden alten Gefolgsleuten Hoyne und Nichols zusammen, um zwei Übernahmeversuche zu starten. Aber bei dem einen setzte sich der frühere Finanzchef von Saatchi, Martin Sorrell, im Zuge eines weiteren britischen Vorstoßes auf die Madison Avenue gegen sie durch und übernahm die Kontrolle über J. Walter Thompson. Daraufhin erwarben Jacoby und Hoyne eine Beteiligung an Ogilvy & Mather, die sie aber wieder abstießen, als sie merkten, daß der Vorstand von O&M nichts mit ihnen zu tun haben wollte. Jacoby zog sich schließlich auf seine ausgedehnte Farm in Saddle River, New Jersey, zurück, kaute Monate lang an seiner Niederlage herum und plante ein Comeback.

„Es wäre schon ein Spaß, wenn sich etwas finden ließe, was mich dem Ziel, die Saatchis zu erledigen, näherbringen würde", sagte er. „Das ist nicht zu schwer, denn es ist ja offensichtlich, was für Amateure diese Burschen sind."

Für die Brüder war jedoch im Augenblick New York wieder zweitrangig. In London gab es drängendere Probleme.

16

JOSEPHINE UND MAURICE

Die Übernahme von Ted Bates und den anderen Agenturen in den Vereinigten Staaten mag lange nicht nach Plan verlaufen sein, aber als die neue Unternehmensstruktur dann endlich Gestalt angenommen hatte, mußten die Analysten in der City von London und an der Wall Street neidvoll zugeben, daß Saatchi die Sache im großen und ganzen doch noch ordentlich hinbekommen hatte. Denn in dem mit dem September 1986 endenden Geschäftsjahr – bei dem Bates erst ein paar Monate mitzählte – stieg der Gewinn immerhin um 73 Prozent auf 70 Millionen Pfund. Ein wesentlicher Teil dieses Anstieges war den Akquisitionen zuzurechnen, was aber für die Analysten keine Rolle spielte, die sich vor allem ja für das Gesamtergebnis interessierten – und das zeigte, daß der Gewinn pro Aktie um 21 Prozent, die Dividende um 20 Prozent und die Gewinnspanne, die mit 15 Prozent schon zu den höchsten der Branche gezählt hatte, auf 18 Prozent gestiegen war. Saatchi & Saatchi war, ungeachtet aller Schwierigkeiten, finanziell erfolgreich.

Das folgende Jahr war dann das Jahr der großen Reorganisation der Agenturen und das Jahr, in dem sich die vielen Etatverluste und der „Schmerz", den das New Yorker Geschäft Charles bereitete, eigentlich im Ergebnis hätten niederschlagen müssen. Aber der Ertrag stieg um weitere 77 Prozent auf 124 Millionen Pfund, eine Zahl, von der Unternehmen der Werbeindustrie bislang nicht einmal hatten träumen können. Erneut stiegen Gewinn und Dividende pro Aktie um über 20 Prozent. In finanzieller Hinsicht blieben die Brüder also so gesichert wie eh und je. Seit Ende des Jahres 1986 wurde die Saatchi-Aktie auch wieder von den Börsenmaklern und Analysten zum Kauf empfohlen. Im Dezember 1986 ließ etwa Emma H. Hill, Analystin des New Yorker Investmenthauses Schroder Wertheim, ihre Klienten wissen, daß Saatchi „unsere erstrangige Empfehlung bleibt". Es war, meinte sie, „das bislang ereignisreichste Jahr in der dynamischen Geschichte von Saatchi" gewesen, aber das Management habe sich da in zweifacher Hinsicht ausgezeichnet – „erstens im Hinblick auf seine Vision, und zweitens hinsichtlich seiner finanziellen Disziplin". County Securities USA, eine Tochter der National Westminster Bank, empfahl das Papier gleichfalls und wies dabei darauf hin, daß diese Empfehlung „sowohl quantitativ als auch konzeptionell begründet" sei. Mit dem „quantitativen" Aspekt waren natürlich der Gewinn und die Gewinnerwartung gemeint, die sich beide sehr gut ausnahmen. „Der konzeptionelle Teil unserer Empfehlung meint, daß Saatchi immer mehr zum Prototyp des Kommunikations-/Wirtschaftsdienstleistungs-Unternehmens der Zukunft wird." Saatchi war das einzige Unternehmen aus dem Bereich der Werbung, dessen Aktie auf der von Paine Webber für den Dezember 1986 herausgegebenen Liste der „attraktiven" Papiere erschien – und es gab noch eine ganze Reihe anderer Häuser, wo man der gleichen Ansicht war. Die Zeit sollte zeigen, daß die Analysten irrten, zumindest was die folgenden Jahre anbetraf. Der Kurs der Saatchi-Aktie hatte sich zwar wieder erholt, blieb aber während der restlichen Zeit der Hausse hinter ihren Möglichkeiten zurück und erreicht nicht wieder den Gipfel der Zeit vor Bates. Immerhin änderte sich im Verlauf des Jahres 1987 mit zunehmender Konsolidierung der neuen Unternehmensstruktur auch die Beurteilung der Bates-Übernahme. Gut, man war sich einig, daß Saatchi einen hohen Preis bezahlt und Jacoby viel für sich und die Bates-Aktionäre herausgeschlagen hatte. Andererseits aber war Saatchi jetzt mit seinen beiden von sehr guten Leuten geführten, parallel operierenden weltumspannenden Netzen so gut positioniert, daß es die Sache wahrscheinlich dort wert gewesen war.

In London zogen derweil die Brüder im Frühjahr 1987 aus dem Haus in der Charlotte Street aus, das schon lange aus allen Nähten platzte, obwohl man bereits sämtliche Nachbargebäude mit Beschlag belegt hatte. Seit der Übernahme von Compton New York im Jahre 1982 war das Haus in der Charlotte Street im wesentlichen die Heimstatt einer Satelliten-Agentur. Saatchi & Saatchi war nun zur Holding geworden, und als eine Akquisition der anderen folgte, war die Notwendigkeit eines eigenen Hauptquartiers für sie immer unübersehbarer geworden. Der Kauf einer kleinen Werbeagentur und PR-Firma namens Grandfield Rork Collins brachte dann einen Kurzzeit-Pachtvertrag für eben jenes Gebäude in der Regent Street mit sich, in dem sie schon 1974 gesessen waren. Die Brüder fanden in dem Haus ein Obergeschoß, das nur als Lager genutzt wurde. Maurice untersuchte die Zimmerdecke genauer und entdeckte erst ein, dann noch ein zweites Oberlicht. Das war genau das Richtige für sie. Sie ließen die Dachfenster freilegen, das ganze sechste Stockwerk herrichten und zogen sodann in die hellsten und luftigsten Büros, die sie je gehabt hatten. Wie schon üblich, lagen ihre Räume, nur durch einen schmalen Gang getrennt, einander gegenüber. Simonds-Gooding zog mit ihnen um.

Die neuen Räumlichkeiten boten Charles nun ausreichend Platz für Exponate aus seiner Kunstsammlung. Er und Doris hatten inzwischen ihre eigene Galerie in St. John's Wood im Londoner Norden eröffnet, in der sie aber trotz ihrer beträchtlichen Größe nur etwa ein Fünftel der schnell wachsenden Sammlung unterbringen konnten. Da in jedem Falle 20 Prozent der Kunstwerke der AG, also Saatchi & Saatchi plc gehörten, waren sie also in den Fluren und Räumen des Unternehmens durchaus am rechten Platze. Natürlich waren sie nicht nach jedermanns Geschmack, aber niemand beschwerte sich bei Charles.

Ein Dutzend Jahre waren vergangen, seit die Brüder in diesem Gebäude in der Regent Street residiert hatten, und so vieles hatte sich inzwischen sowohl in ihrem Privatleben als auch im Unternehmen verändert. Dabei hatten sie selbst sich wahrscheinlich am wenigsten gewandelt. Beide waren nach wie vor in guter körperlicher Verfassung, hatten weder zugenommen noch graue Haare bekommen, und beide hatten trotz ihres Reichtums und ihrer Berühmtheit nichts von ihrer Scheu verloren. Charles spielte nach wie vor mit seinen alten Freunden Billard, Karten und Schach, hielt engen Kontakt zu Leuten, die ihn interessierten – beispielsweise telefonierte er fast täglich mit David Puttnam – und lernte eine Menge neuer Leute aus der Welt der Kunst kennen. Das Interesse von Doris an der Kunst hatte seinem Leben eine ganz neue Dimension erschlossen, die ihm bald so wichtig war wie das Werbegeschäft. So, wie Maurice die Räumlichkeiten fast aller größeren Werbeagenturen New Yorks kennengelernt hatte, so hatte Charles die meisten Galerien in Greenwich Village erforscht. Und beide Brüder besuchten mindestens einmal in der Woche ihre Eltern, die in Würde alterten und eine Konstante im Leben ihrer Söhne bildeten.

Und doch hatte es auch Veränderungen gegeben, bei Maurice mehr als bei Charles. Als Maurice Gillian Osband geheiratet hatte, schien sie die ideale Partnerin für ihn zu sein. Sie hatten sich seit den Tagen ihrer Kindheit gekannt und waren in der gleichen jüdischen Gemeinschaft im Norden Londons aufgewachsen. Beide Brüder hatten vor ihrer Heirat nie an einem Mangel an Freundinnen gelitten, aber von allen Mädchen, die sie je mit nach Hause brachten, muß Gillian den Eltern als die geeignetste Ehepartnerin erschienen sein. Groß gewachsen, mit vollem roten Haar und viel Humor, hatte sie viele Verehrer. Von zu Hause aus wohlhabend, blieb sie auch nach der Heirat mir Maurice unabhängig und arbeitete unter ihrem Mädchennamen erst als Lektorin in einem Kinderbuchverlag, dann als Autorin, wozu Maurice sie durchaus auch ermutigt zu haben schien. Kollegen erinnern sich an ihre Auftritte bei der Kinderbuchmesse in Bologna, dem größten einschlägigen Ereignis des Jahres, wo „sie die Herzen stillstehen und die Köpfe sich drehen ließ mit ihren Miniröcken und lockeren Angora-Sweatern". Sie machte sich mit einem ganz eigenen Stil einen Namen in dieser Welt. „Das typische Gillian-Buch ist voller Scherze und Aktivitäten", meint einer ihrer Kollegen. „Sie trägt das alles selbst zusammen, hat die Ideen – unendlich viele Ideen – und macht aus allem etwas Kindgerechtes."

Nach der Hochzeit bezogen Maurice und Gillian ein Haus in einer abgeschlossenen Wohnanlage namens „Vale of Health" in Hampstead – ein sehr geschützter und teurer Besitz. Das villenähnliche Haus war doppelstöckig, sehr geräumig und von einer etwa zweieinhalb Meter hohen Mauer umgeben, aber das Grundstück war doch so weitläufig, daß man den Eindruck gewinnen konnte, auf dem Lande zu leben. Ein Freund beschreibt ihr Domizil als „eines der schönsten Häuser, in denen ich je gewesen bin" – obwohl auch dies durchaus nicht jedermanns Geschmack entsprach. In der Garage war genügend Platz für einige von Maurices

Autos (die meisten standen in der Tiefgarage der Firma), und im Haus konnte er seine Sammlung von historischem Spielzeug, vor allem Spielzeugeisenbahnen unterbringen. Gillian war ein überaus geselliger Mensch, hatte viele Freunde und Bekannte und lud gern Menschen ein – aus der Welt der Verlage, aus der Filmbranche, aus der Welt der Musik und aus noch vielen anderen Bereichen. Außenstehenden mußten die beiden als idyllisch-glückliches Paar erscheinen. Aber zu Anfang der achtziger Jahre begann die Krise, was den engsten Freunden von Maurice nicht verborgen blieb.

Beide Brüder hatten stets das private vom beruflichen Leben getrennt. Zum Beispiel hatte Tim Bell während all der Jahre, die er für Charles Saatchi gearbeitet hat, diesen nicht ein einziges Mal zu Hause besucht, was auch für viele andere engere Mitarbeiter gilt. Ähnlich hatte sich Maurice, wiewohl zu Klienten und Mitarbeitern nett und reizend, einen abgeschirmten Privatbereich erhalten, in den nur wenige vordrangen. Anders als Bell machte keiner der Brüder von ihrem Naheverhältnis zu Margaret Thatcher Gebrauch, und sie mieden die Cocktail-Parties, die von Politikern und City-Leuten so gern frequentiert werden. Niemals vermischten sie Privates und Geschäftliches. Weder Doris noch Gillian suchten sie sehr häufig in ihren Büros auf, auch wenn Doris gelegentlich vorbeikam, um Charles zu einer neuen Kunstausstellung oder Show im Westend abzuholen. Doris war noch eher bereit als Gillian, nötigenfalls die Frau des Chefs zu spielen, und auch solche Aufgaben zu übernehmen wie den Einkauf von Weihnachtsgeschenken für die Mitarbeiter. „Maurice ging selber am Weihnachtsabend los und kaufte den Leuten eigentümliche Geschenke (exotische Seifen oder irgend etwas in der Art), wickelte sie dann in seinem Büro in Geschenkpapier oder steckte sie in einen Umschlag und kam dann wieder heraus, war ein wenig verlegen, sagte ‚Fröhliche Weihnachten' und rannte wieder weg", erzählt Nick Crean. Bei Charles und Doris waren die Weihnachtsgeschenke eine große Sache. Im allgemeinen kümmerte sich Doris darum, und sie kamen dann, wie sich ein ehemaliger Mitarbeiter erinnert, „unwahrscheinlich hübsch eingepackt und mit Bändern umwickelt von Tiffany oder solchen Läden". Je seltsamer das Geschenk, desto mehr Spaß hatte Charles daran, es zu überreichen. „Ich bekam einmal eine Klemme aus Silber, mit der ich meine Zahnpastatuben aufwickeln konnte", erzählt wiederum Nick Crean. „Für Doris war das die Art von Geschenk, die zu machen Freude bereitete. Und auch Charles lachte dann und sagte: ‚Ich wette, Sie können nicht erraten, was es ist.' Was zutraf. Das war so eines seiner kleinen Spielchen."

Gillian und Doris Saatchi hatten nur wenige Gemeinsamkeiten. Doris war zehn Jahre älter, und war trotz der vielen Jahre, die sie nun schon in London lebte und arbeitete, doch eine amerikanische Einwanderin in einem fremden Land geblieben. Fragt man ihre Freunde, wie sie sie finden, dann sagen sie: „Sie ist sehr amerikanisch", als reiche das völlig aus, sie zu beschreiben. Sie meinen damit wohl einen Menschen, der sich niemals ganz seiner Wahlheimat angepaßt, sondern sich Eigenarten bewahrt hat, die die Briten nun mal gern als amerikanisch einstufen – gesprächig, aber kühl, sehr viel eher zu kritischen Äußerungen über Freunde und Bekannte geneigt, weniger zurückhaltend. Den amerikanischen Akzent natürlich nicht zu vergessen. Sie hatte am Smith College Französisch und Englisch studiert und war dann nach Paris an die Sorbonne gegangen. Dort studierte sie die französische Kunst bis zu den Impressionisten. Nach der Rückkehr nach New York und später dann nach London befaßte sie sich mit der New Yorker Minimal art – und das zu einer Zeit, da die meisten ihrer Landsleute diese noch verachteten. Sie schrieb als freie Mitarbeiterin Artikel für eine ganze Reihe von Zeitschriften, etwa „The World of Interiors", „Artscribe" und „Architectural Review", war eine Zeit lang Herausgeberin der England-Ausgabe von „House and Garden". Ein Kurzporträt schildert sie als „blond, körperlich fit durch zweimal wöchentliche Besuche bei Dreas Reyneke, Bodybuilder der Prominenz. Maushaft oder bezaubernd, je nachdem, wen man fragt. Typisches transatlantisches Image – freundlich, aber glashart. Überaus kontaktfreudig."

Gillian lebte ganz ihr eigenes Leben und hielt Distanz zum Saatchi-Büro und den Mitarbeitern des Unternehmens. Beide Frauen hatten keine Kinder, und Daisy Saatchi beklagte sehr, daß noch keiner ihrer vier Söhne sie zur Großmutter gemacht hatte.

Am Ende scheiterten beide Ehen, die von Maurice ein paar Jahre früher als die von Charles. Maurice hatte Josephine Hart, eine große, schlanke Irin, die im Mittelpunkt einer anderen Erfolgsstory von Lindsay Masters steht, bald kennengelernt, nachdem er 1967 bei Haymarket angefangen hatte. Maurice war damals einundzwanzig Jahre alt, machte aber einen wesentlich jüngeren Eindruck, während Josephine bereits fünfundzwanzig war. Sie berichtete den anderen Mädchen nach ihrer ersten Begegnung, daß er „ganz und gar nicht ihr Typ" sei. Schon bald arbeiteten sie jedoch eng zusammen und wurden Freunde. Bis daraus noch mehr wurde, brauchte es allerdings weitere zehn Jahre.

Josephine entstammte gänzlich anderen Verhältnissen als Maurice oder Gillian Osband. Sie war in einer typischen irisch-katholischen Familie groß geworden. Ihr Vater besaß eine Auto-Werkstatt in Mullingar, einer wenig reizvollen kleinen Stadt im Zentrum der irischen Insel. Sie hatte ein katholisches Internat besucht, auf dem sie zwar wenig über das Leben außerhalb seiner Mauern gelernt haben mochte, das ihr aber eine hervorragende literarische Bildung vermittelt hatte. Ihr Vater war ein großer Freund der Dichtkunst und machte seine Kinder durch häufiges Rezitieren schon früh mit einer Fülle von Werken vertraut. Englisch war jedoch das einzige Fach, das auch in dieser Sprache unterrichtet wurde, während Mathematik, Geschichte, Latein und sogar Französisch in Gälisch unterrichtet wurden, was ihr aber bei den Prüfungen immerhin fünf Prozentpunkte extra einbrachte. Ihre große Lebe gehörte neben der englischen Literatur der Schauspielerei, und sie gewann bei verschiedenen Wettbewerben eine Reihe von Preisen und Auszeichnungen. Eine der Schauspielerinnen, die ihr einen solchen Preis überreichte, meinte bei dieser Gelegenheit: „Sie verstößt wirklich gegen alle Regeln – und das in großartiger Weise." Josephine war das älteste von fünf Kindern, von denen dann aber während ihres letzten Schuljahres ein Bruder und eine Schwester kurz hintereinander bei Unglücksfällen ums Leben kamen, weshalb sie zu ihren Eltern zurückkehrte. Für vier Jahre suchte sie sich einen Job am Ort, bis sich ihre Eltern einigermaßen von ihrem Schock erholt hatten und allein zurechtkommen konnten. Mit zweiundzwanzig Jahren ging sie nach London, wo sie eine Bühnenkarriere zu machen hoffte. Tagsüber arbeitete sie bei einer Bank und nahm abends Schauspielunterricht in Guildhall. Schließlich aber kam sie doch zu der Erkenntnis, daß die Bühne nicht das Richtige für sie sei, trat einen ziemlich prosaischen Job bei der Thomson-Gruppe an und arbeitete in dem selben Gebäude in der Gray's Inn Road, in dem die Brüder sechs Jahre später dabei zusahen, wie ihre ganzseitige Anzeige in der „Sunday Times" aus der Druckmaschine kam. Josephine lernte dort, wie man Kleinanzeigen verkauft, worin sie es schon bald zur Meisterschaft brachte. Sie hatte schon von klein auf ein ungewöhnlich gutes Gedächtnis und entdeckte nun, daß sie auch eine gute Organisationsgabe hatte. Als sie endlich in den späten sechziger Jahren zur Zeitschrift „Campaign" kam, wurde sowohl Lindsay Masters als auch Michael Heseltine schnell klar, daß sie über eine weitaus solidere Ausbildung verfügte und ihre Arbeit weit besser beherrschte als alle Mitarbeiter, die sie bislang auf diese Aufgabe angesetzt hatten.

Masters machte sie zur Stellvertreterin des für den Kleinanzeigenteil von *Campaign* zuständigen Managers, wußte dabei aber schon, daß sie diesen bald überflügeln würde. „Sie übernahm sehr schnell das Kommando", sagt er. „Sie war ganz eindeutig besser als der Mann, der ihr Chef war, und schon nach wenigen Monaten hatte sie seine Funktion übernommen." Haymarket hatte bis dahin noch nie eine Wochenzeitschrift herausgebracht, die einen aktuellen Nachrichtenteil und zudem einen Kleinanzeigenteil hatte. Josephine zeigte ihnen, wie man das machte. „Sie war einfach großartig darin", sagt Masters, der nicht so leicht von Anzeigenverkäufern zu beeindrucken ist. „Ich hatte da so eine kleine Abmachung mit ihr, daß sie für jede zusätzlich verkaufte Seite einen zusätzlichen Akquisiteur bekommen sollte. Am Ende mußte ich aber sagen ‚Jetzt reicht's', weil es einfach zu viele wurden. Sie war die beste Organisatorin, Motivatorin und Ausbilderin von Anzeigenverkäufern, die mir je begegnet ist." Heseltine bläst in das gleiche Horn. „Sie war eine außerordentlich geschliffene und befähigte Ausbilderin. Und wir waren ungemein froh, sie zu haben." Im Impressum der frühen Nummern von *Campaign* finden sich Josephine Hart als Kleinanzeigen-Managerin und Maurice Saatchi als Manager für Kundenwerbung, im Inhalt dann und im redaktionellen Teil gab es öfters einen Artikel von Charles Saatchi.

Im Jahr 1970 vertraute Maurice ihr an, daß er mit seinem Bruder eine eigene Agentur aufzumachen plane, und sie fragte ihn, welchen Namen sie ihr denn geben würden. „Wir denken an Saatchi & Saatchi", hatte er geantwortet. Josephine war – wie alle anderen Leute bei Haymarket auch – überzeugt davon, daß er Erfolg haben würde, was immer er auch anfinge. Sie erinnert sich noch an die

Gespräche beim Mittagessen kurz nach dem Weggang von Maurice und daran, daß einer der Direktoren von Haymarket gemeint hatte, daß der Saatchi-Bruder über eine „unangestrengte Überlegenheit" verfüge. Sie kannte ihn damals schon gut genug, um dem nur zustimmen zu können.

Josephine blieb fünfzehn Jahre bei Haymarket und brachte es bis zu einem Sitz im Verwaltungsrat. In dieser Zeit heiratete sie Paul Buckley, einen Verwaltungsratskollegen, der auch einmal als persönlicher Assistent von Michael Heseltine angefangen hatte. Maurice und Gillian Saatchi verbrachten des öfteren einen Abend oder auch ein Wochenende zusammen mit den Buckleys. Josephine bekam einen Sohn, aber bald kriselte es auch in ihrer Ehe. Maurice interessierte sich immer lebhafter für das Mädchen aus Irland, das seine trockenen, witzigen Bemerkungen mit einem warmen, vollen Lachen quittierte und mit dem ihn eine gewisse Geistesverwandtschaft zu verbinden schien. Josephines Leidenschaft für das Theater war mit den Jahren noch gewachsen, und er teilte sie. Ihre Versuche, ihn für die Dichtkunst zu interessieren, waren da schon weit weniger erfolgreich, aber er begleitete sie trotzdem oft zu Lesungen. Nach ein paar Jahren sagten ihm zwar Eliot und die irischen Dichter etwas, die ihm Josephine zu lesen gab, aber er gehört nicht zu den Menschen, die Freude daran haben, in einer Ecke zu sitzen und in einem Gedichtband zu lesen. Nicht, daß das von Belang für ihre langsam erblühende Beziehung gewesen wäre. Wesentlich war, daß Josephine ihm Spaß machte, und daß sie ihrerseits ihn spaßig fand. „Für mich war er immer der komischste Mann, dem ich je begegnet bin", sagte sie einmal zu Freunden. „Er ist einfach immer komisch, er hat einen so schnellen Witz."

1984 wurden seine und ihre Ehe geschieden und sie heirateten im Oktober. Das war nun eine ganz andere Zeremonie als bei seiner ersten Hochzeit. Nathan und Daisy hatten sich in gewisser Weise inzwischen mit einer Welt abgefunden, die sich seit ihrer Ankunft in Großbritannien so sehr verändert hatte. Die einstmals so geschlossene jüdische Gemeinschaft Londons wurde immer kleiner, da mehr und mehr junge Juden „nach draußen" heirateten. Und doch bedeutete es einen Schock für eine jüdische Mutter, eine geschiedene irische Schwiegertochter zu bekommen. Daisy und Nathan gewannen Josephine mit der Zeit sehr lieb, und als sie

1985 einen Sohn zur Welt brachte – Edward, den ersten Saatchi-Enkel –, „waren die Großeltern im siebten Himmel", erzählt ein Freund. „So etwas an Freude habe ich noch nie gesehen." Gillian hat später auch wieder geheiratet und lebt heute als erfolgreiche Kinderbuchautorin auf einer Farm in Wales.

Maurice hatte jetzt nicht nur einen Sohn, sondern dazu noch einen Stiefsohn, nämlich Adam, der 1985 acht Jahre alt war. Beiden Kindern wurde er ein aufmerksamer Vater. „Er kann sehr gut mit Kindern umgehen", sagt ein Freund der Familie, „und es hat ihn selbst überrascht, welche Freude sie ihm bereiten. Keiner seiner Brüder war sonderlich an Kindern interessiert."

Die Familie wohnte nun in der Bruton Street im Londoner Westend, und Maurice verbrachte Stunden damit, den Umbau des Hauses zu planen und dann die Ausführung der Arbeiten zu überwachen. Maurice fühlte sich zunehmend nur noch in einem Hause wohl, das er nach seinen eigenen Vorstellungen ausgestaltet hatte. Sein ästhetischer Sinn war dem von Charles genau entgegengesetzt – der ältere Bruder bevorzugte reine, weitgehend leere Räume, und seine Behausungen neigen dazu, sich nicht wesentlich von der Minimal art zu unterscheiden. Besucher gewinnen leicht das Gefühl, daß schon ein achtlos über eine Stuhllehne geworfener Mantel die ganze ästhetische Wirkung zerstören würde – Kinder würden sie mit Sicherheit zunichte machen. Maurice dagegen strebte weit eher eine friedliche, anheimelnde Atmosphäre an und Räume, die Kindern Spaß machten. Adam meinte einmal zu seiner Mutter, daß es in einem Haus von Maurice hinter jeder Ecke eine hübsche Überraschung gebe.

Der Besitz, der ihm das größte Vergnügen bereitet, ist ein Haus in der Nähe von Staplefield in Sussex, das den Namen „Old Hall" trägt und das die beiden, Mitte der achtziger Jahre auf Häuserjagd, entdeckt hatten. „Das ist es", hatte Maurice sofort gesagt. Es handelte sich um ein rotes Backsteinhaus im Tudor-Stil mit Türmchen, Wetterfahne und schmalen, spitzbogigen Fenstern, efeuüberzogenen Mauern und kleinem, dazugehörendem Landbesitz. Maurice kaufte das Anwesen und begann schon bald mit einer umfangreichen Umgestaltung nicht nur des Hauses, sondern insbesondere auch des Gartens. Innerhalb eines Jahres las er alles über englische Gärten und fuhr durch Kent und Sussex, um die großen historischen Anlagen zu studieren. An den Feiertagen verließ er schon früh das Büro, holte Josephine und die Kinder von zu Hause ab und fuhr mit ihnen nach Sussex, wo er unverzüglich durch Garten und Felder zu wandern begann, um seine Pläne zu skizzieren. Er kaufte die angrenzende Farm dazu, und nach kurzer Zeit verwandelten Bagger und Baumaschinen ganze Felder in Seen und Wasserläufe. Josephine meinte schließlich im Scherz, daß ihre Gäste sie bald nur noch per Boot erreichen könnten. Er baute ein riesiges Gewächshaus nach dem Muster von Kew Garden, in dem er halbtropische Gewächse zieht. Um das Haus herum legte er einen etwas intimeren Garten mit eigenen „Räumen" für verschiedene Farben und Jahreszeiten an, für den Vita Sackville-Wests Sissinghurst als Vorbild diente. Als er beschloß, auch einen Rosengarten anzulegen, las er sich wiederum erst einmal durch riesige Stapel von Fachbüchern, bevor er an die Verwirklichung seiner Pläne ging. Schon bald kannte er die lateinischen Namen aller Rosen.

Maurice widmete sich allen diesen Arbeiten mit noch größerem Eifer, als er ihn bei seinen Londoner Häusern an den Tag gelegt hatte. Er engagiert nie einen Innenarchitekten, sondern fertigt alle Pläne selbst an und wählt auch die Materialien aus. Josephine war anfangs dagegen, daß er alles selber und allein machte, aber dann rühmte sie Freunden gegenüber doch bald sein „wunderbares Auge".

Sie kauften dann auch noch ein Haus am Cap Ferrat, im Süden Frankreichs, das halb verfallen war und seit einigen Jahren leergestanden hatte. Es war genau das, was Maurice vorschwebte – es hatte einen eigenen kleinen Anlegesteg, einen eigenen kleinen Strand und wunderschöne Ausblicke aufs Mittelmeer, das den ganzen Sommer über voller Surfer und Boote war. Außerdem ist es vom Flughafen Nizza aus schnell zu erreichen, so daß man auch mal ein Wochenende dort verbringen kann. Es machte ihm und Josephine großes Vergnügen, das Haus wieder instandzusetzen. Sie richteten sich im Obergeschoß ein Schlafzimmer mit Blick über die Bucht ein und im Parterre einen großen Wohnraum. Maurice kaufte eine Riva Aquamara, ein 24-Fuß-Schnellboot aus schwerem Mahagoni, gleichsam der Rolls-Royce seiner Klasse, das er, wenn er unten ist, fast täglich benutzt. Er fährt dann an der Küste entlang und ankert in kleinen Buchten, um dort zu schwimmen und ein Sonnenbad zu nehmen. Einige Male bekamen er und Josephine einen großen Schrecken, als sie bei solchen Ausflügen von plötzlichen Wetteränderungen überrascht wurden. Maurice hatte noch nie zuvor ein Boot besessen und die See erst für sich entdeckt, als er schon weit über dreißig Jahre alt war, so daß ihm einiges an Erfahrung fehlte. Aber diese anfänglichen Schocks verdarben ihm die Sache nicht, und er lernte das Boot mit der gleichen Sicherheit zu handhaben wie seine Autos.

So, wie Doris bei Charles das Interesse für Kunst geweckt hatte, so brachte Josephine Maurice allmählich dazu, sich zum „Angel" des Westend, will sagen zum Finanzier von Theaterproduktionen zu entwickeln. Obwohl er noch immer pflichtschuldigst an Lesungen teilnahm, die von einigen der besten Schauspieler in London veranstaltet wurden, brachte ihn seine kaufmännische Leidenschaft auf andere Gedanken. Josephine war die einzige Frau in der Chefetage von Haymarket und galt da als sehr erfolgreich, aber dann hatte man ihr eine eigene Zeitschrift, und zwar *Engineering Today* anvertraut, die ein Mißerfolg wurde. Das war die Chance, auf die Maurice gewartet hatte. Er hatte sich jahrelang angehört, wie sie über das Theater gesprochen hatte, und wußte deshalb sehr wohl, daß das ihre große Liebe war. Die Verlagsarbeit machte ihr Freude, und sie war auf diesem Gebiet auch sehr gut, aber ihr Herz war doch anderswo. Er hatte ihr schon oft gesagt, an welche Maxime er und Charles sich immer gehalten hatten: „Wenn du etwas wirklich haben willst, dann bekommst du es auch. Aber du mußt es wirklich ganz unbedingt haben wollen." Sie hatte das abgeändert zu: „Wenn du etwas erreichen willst und sowohl den Willen als auch die Vision dazu hast, dann erreichst du es auch." Sie hatte den Tod ihres Bruders und ihrer Schwester nie verwunden und Maurice einmal gestanden, daß sie zwar die Vision gehabt habe, Schauspielerin zu werden, daß ihr dann aber der Wille verloren gegangen sei, dieses Ziel zu verfolgen – jetzt sei es dafür zu spät.

Als dann aber die Zeitschrift *Engineering Today* ihr Erscheinen einstellen mußte, drängte Maurice sie, bei Haymarket auszusteigen und ihr eigenes Managementunternehmen für das Theater aufzumachen, dessen Ziel es sein sollte, neue Stücke im Westend zur Aufführung zu bringen. „Das ist etwas, was du schon seit Jahren machen wolltest. Du bist dem viel zu lange ausgewichen. Jetzt mach's!" Josephine hatte schon an mehreren Stücken als Co-Produzentin mitgewirkt, so etwa 1985 bei der Inszenierung von

State of Affairs am Duchess Theatre, war also nicht gänzlich unerfahren – und nun gründete sie Josephine Hart Productions. Sie beschloß, nur neue Stücke herauszubringen, „auf die ich stolz sein kann". Zudem war sie entschlossen, die Sache auch unter wirtschaftlichen Gesichtspunkten zu betreiben, auch wenn das nicht ihr vordringliches Anliegen war – und das von Maurice gleichfalls nicht. Schon wenige Monate nach dem Start erhielten sie und ihre Partner bis zu zwanzig Manuskripte pro Woche zugeschickt, und die Bitten um Mitwirkung als Co-Produzenten häuften sich. Es kam auch vor, daß Josephine die Stücke, die sie gern machen wollte, nicht aus dem vorliegenden Material auswählte, sondern selbst anregte. So kaufte sie etwa die Aufführungsrechte an einem neuen Buch über Oscar Wilde und bewegte dann einen Autor dazu, ein Stück daraus zu machen. Interessanterweise war es Maurice, der sie auf eines der fünf Stücke ansetzte, an denen sie im Sommer 1988 arbeitete, nämlich auf eine Bühnenfassung von Iris Murdochs Roman *Der schwarze Prinz*. Josephine war schon seit jeher ein Murdoch-Fan und rief die Schriftstellerin unverzüglich an. „Ich bin ganz vernarrt in diese Roman", sagte sie ihr. „Maurice und ich haben schon darüber gesprochen, wie wir das machen können." Sie lud die in Dublin geborene Autorin zum Lunch ein, die Josephines Begeisterung nicht unberührt ließ. Josephine erklärte ihr, daß sie den „Schwarzen Prinzen" gern herausbringen würde, weil in seinem Mittelpunkt ein „wunderbar strenger moralischer Imperativ" stehe. Der Erzähler und Held des Buches, Bradley Pearson, ein ältlicher, an einer „Blockierung" leidender Schriftsteller, wird zu einer Gefängnisstrafe verurteilt für ein Verbrechen, das er gar nicht begangen hat, kann sich aber auch der moralischen Verantwortung der am Ende stehenden gewaltsamen Katastrophe nicht entziehen. „Ich möchte etliche dieser Sätze auf der Bühne gesprochen hören", sagte Josephine zu Iris Murdoch. Im Frühjahr 1988 nahm sie dann die Arbeit an diesem Projekt auf.

Maurice unterstützte sie aber auch noch in anderer Hinsicht. Josephine erkannte bald, daß eine der größten Schwierigkeiten bei der Produktion von Theaterstücken darin liegt, die richtigen Schauspieler zu finden. Deshalb befaßte sich auch Maurice bald sehr eingehend mit Besetzungsfragen, machte ihr dann Vorschläge, drängte sie immer wieder, nur die besten Schauspieler zu nehmen und abzuwarten, bis die „richtige" Besetzung gefunden war. Sie war ihm für alle seine Hilfe zutiefst dankbar. Ihm, so sagte sie, habe sie es zu danken, daß sie ihre Träume verwirklichen konnte.

Sie war von den vielen Tugenden ihres Mannes sehr beeindruckt, vor allem aber von seiner außerordentlichen Selbstdisziplin. Schon in jungen Jahren war Maurice stets in der Lage gewesen, seine Arbeit für die Schule wirksam zu organisieren und einzuteilen. Er war nie zerstreut und wußte seine Zeit immer optimal zu nutzen. Bei Saatchi & Saatchi waren es ja auch gerade diese Eigenschaften, die es ihm ermöglichten, ihre großen und kühnen Vorhaben in wirkungsvolle Aktionen umzusetzen. Auch im Privatleben plante er alle seine Aktivitäten auf der Grundlage der Annahme, daß Zeit und Energie für all das gegeben sein mußten, was er gerne tat. Beide Brüder waren der durch nichts zu erschütternden Auffassung, daß ihnen sowohl die Arbeit als auch die Freizeit ein Maximum an Befriedigung bringen müsse – und sie organisierten sich und ihre Tage dementsprechend.

Josephine wußte wohl, daß Maurice äußerst intelligent war, aber ihr wurde erst ganz allmählich klar, daß sich hinter seiner selbstverleugnenden Miene und seinem absoluten Mangel an prahlerischem Stolz ein sehr viel schärferer Verstand verbarg, als das selbst seinen engsten Freunden bewußt war. Jemand vertraute ihr einmal an, daß er einen IQ von 165 habe, und erst nachdem sie ihn fünf Jahre lang hartnäckig gefragt hatte, gab er das zu. Sie glaubte es sofort. Lange schon vor ihrer Hochzeit hatte er von seinen Träumen und Plänen gesprochen, über die sich damals noch viele lustig gemacht hatten – die er dann aber stetig und unbeirrt verwirklicht hatte. Er und Charles zitierten gerne *Krieg der Sterne*, sie wollten „kühn dahin gehen, wo noch niemals ein Mensch gewesen war", worin sich die sehr ernsthafte Entschlossenheit ausdrückte, Grenzen zu überwinden und Dinge zu erreichen, die in ihrem Gewerbe noch niemals erreicht worden waren. Maurice, der immer wieder davon sprach, daß sie die Größten und Besten werden wollten, war es nicht weniger ernst mit diesem Ziel als Charles, und Josephine beobachtete fasziniert, wie unnachgiebig die Brüder alle Schwierigkeiten auf ihrem Wege dorthin überwanden. In all den Jahren, die sie ihn nun kannte, hatte sie an Maurice niemals auch nur die geringsten Anzeichen einer Unsicherheit oder eines Zögerns bemerkt – was auch für Charles galt. Von Anfang an hatten beide gewußt, wohin sie gehen wollten, und sie waren wild entschlossen, auch dorthin zu gelangen. Mit ihren Worten ausgedrückt: „Sie hatten die Vision – und den Willen."

Die Auseinandersetzungen um Bates und mit Jacoby mögen für die Brüder in unternehmerischer Hinsicht schmerzlich gewesen sein. Aber sie konnten nie ihr Lebensmuster in Unordnung bringen oder sie gar dazu veranlassen, ihre Aufmerksamkeit von ihren anderen Vorhaben abzuwenden. So, wie Charles das Problem mit Tim Bell gelöst hatte, so nahm er sich nun auch der „post Bates"-Probleme an, weshalb Simonds-Gooding auch ihm direkt berichtete. Charles war immer bestrebt, seinen jüngeren Bruder mit Personalproblemen zu verschonen, nicht zuletzt deshalb, da dessen Zeit sehr viel besser genutzt war, wenn er sich mit den langfristigen, strategischen Planungen befaßte, als wenn er sich mit individuellen Schwierigkeiten herumschlug.

Auch als das Unternehmen immer größer wurde, trennten sich die Brüder nur schwer von Mitarbeitern. Immer wieder hatten sie zur Lösung persönlicher Probleme dadurch beigetragen, daß sie, wie sie das nannten, „um sie herumgebaut" hatten. Das bedeutete beispielsweise, daß sie Leute anheuerten, um eine Lücke zu füllen, die manchmal dadurch entstanden war, daß einer der Manager in Alkohol- oder Drogenprobleme geraten war. Oder da war der Fall Mike Johnsons, der in den frühen Tagen eine wichtige Rolle als ihr Finanzmann gespielt hatte, dem dann aber die Aufgaben über den Kopf gewachsen waren. Sie hatten ihn an seiner Stelle gelassen und Martin Sorrell geholt und über ihm eingesetzt. Sie hatten ganze Teams um Tim Bell herumgebaut, als dieser seine persönliche Krise durchgemacht hatte. Wenn Freunde sich um Rat an sie wandten, wie sie mit einem speziellen Management-Problem fertig werden könnten, dann lautete die Auskunft der Brüder schlicht: „Bau drumherum." Oft führte das zu unklaren Kompetenzabgrenzungen und zu Verwirrung, auch in ihrem eigenen Unternehmen. Aber das zogen sie einer Entlassung vor. Wenn ein Mitarbeiter anfing, eher zu schaden als zu nützen, dann fanden sie in irgendeinem anderen Gebäude ein Büro für ihn, und oft veränderte sich der Mann von sich aus.

Tim Mellors, heute Chef der Kreativabteilung von McCormick Publicis in London, erinnert sich mit großer Dankbarkeit daran, wie ihm die Saatchis und Jeremy Sinclair geholfen und aus den Tiefen von Drogen- und Alkoholproblemen, einer kaputten Ehe, eines Bankrotts und eines Nervenzusammenbruchs gerettet haben. Sinclair hatte ihn damals zu sich geholt, er hatte aufgehört zu trinken, in der Folgezeit ein paar Auszeichnungen gewonnen und dann sogar an der Kampagne für die Konservative Partei mitgearbeitet. „Schließlich wurde ich jedoch rückfällig und bekam erneut Alkoholprobleme, aber auch da half mir die Agentur. Ich machte eine Entziehungskur und habe seither keinen Alkohol und keine Drogen mehr angerührt. Ich glaube, daß so etwas nur bei Saatchi möglich war. Es war wirklich phantastisch, wie sie mich behandelten. Charlie sagte zu mir: ‚Mach die Kur, und es ist völlig egal, wie lange es dauert.'"

Es besteht eine gewisse Neigung, erfolgreiche Geschäftsleute – vielleicht mehr noch als die Vertreter anderer Berufszweige – als eindimensionale Wesen anzusehen. Dahinter steht der Glaube, sie gelangten nur auf Grund ihres zielbewußten Strebens und ihrer Skrupellosigkeit nach oben, also durch Eigenschaften, die alle anderen und menschlicheren Regungen ausschließen. Die typischen Erfolgskanonen interessieren sich nicht für Kunst, auch wenn sie in Covent Garden, in der New Yorker Met und in Glyndebourne anzutreffen sind. Sie haben loyale, aber langweilige, aus dem Unternehmen stammende Ehefrauen, lesen nur Bilanzen oder Finanzberichte und leben einzig und allein ihrem Unternehmen, das ihnen all die Dinge bezahlt, die sie nicht zu würdigen wissen. In der Praxis ist es allerdings unmöglich, einen erfolgreichen Unternehmer zu finden, der dieser Klischeevorstellung in allen Punkten entspricht. Unternehmer und Geschäftsleute sind so verschieden und so vielschichtig wie andere Menschen auch – ja, in Wirklichkeit sind sie es vielleicht sogar noch weit mehr, weil sie es sich nämlich im Unterschied zu anderen leisten können, allen ihren Marotten und Interessen nachzugehen. Wie dem auch sei – von den Brüdern Saatchi darf wohl gesagt werden, daß sie anders sind als andere und zumindest weder die Klischees von Selfmade-Millionären noch die von Werbeleuten auf sie passen. Sie konnten so skrupellos sein wie jeder Mensch, der einem Ziel nachjagt. Charles konnte seine Wutanfälle kriegen und Maurice seine Pläne aushecken – und das alles, um zu noch mehr Millionen zu kommen. Dessen ungeachtet blieben sie aber so menschlich wie jeder andere Mensch, und das mit all den Schwächen und Stärken, die damit verbunden sind.

Die Ereignisse des Jahres 1987 sollten ihre ganze Verletzbarkeit zeigen und sie auf eine noch härtere Probe stellen als die Bates-Affäre.

17

DIE WAHLEN VON 1987

Das Jahr 1987 brachte für die Brüder eine große Herausforderung. Obwohl Mrs. Thatchers fünfjährige Amtszeit erst im Juni 1988 ablief, war sie fest entschlossen, für das Frühjahr oder den Herbst 1987 vorgezogene Wahlen anzuberaumen. Die Meinungsumfragen besagten, daß ihr der dritte Sieg in Folge nicht zu nehmen sein würde, was einen solchen Schritt sinnvoll erscheinen ließ. Für Saatchi & Saatchi verdüsterten nicht die Aussichten auf eine vorgezogene Wahl den Horizont, sondern ganz andere Faktoren. Obwohl Tim Bell noch für einen weiteren Wahleinsatz unter Vertrag stand und bezahlt wurde, beschlossen die Brüder doch, auf seine Mitwirkung zu verzichten. Somit mußten sie zum ersten Mal den Tory-Etat ohne ihn betreuen. Dieser Umstand an sich bereitete ihnen noch keine Kopfschmerzen. Maurice und Jeremy Sinclair würden sich der Präsentationen annehmen, und an Bells Stelle sollte, das war schon beschlossen worden, John Sharkey als Kontakter und Team-Chef tätig werden, ein sehr intelligenter, einfallsreicher junger Mann, der allerdings nicht über den Charme seines Vorgängers und auch nicht über dessen persönliche Beziehungen zur Premierministerin verfügte. Aber mit oder ohne Bell – es gab bereits hinreichend viele Anzeichen dafür, daß die Wahlkampagnen 87 großen Belastungen ausgesetzt sein würde.

Schon die Begleitumstände des Wahlkampfes waren alles andere als verheißungsvoll. 1983 hatte Mrs. Thatcher eine enge Arbeitsbeziehung zum Parteivorsitzenden Cecil Parkinson gehabt, was sehr wesentlich zu einem relativ reibungslosen Ablauf des Wahlkampfes beigetragen hatte. Im September 1985 aber hatte die Premierministerin diese Aufgabe Norman Tebbit übertragen, der seinerseits John Selwyn Gummer ablöste, welcher als „Leichtgewicht" galt und in jedem Falle nicht der richtige Mann für die Führung eines Wahlkampfes gewesen sein dürfte. Mrs. Thatcher hatte einige Gründe für die Besetzung dieses Postens mit Tebbit. Zum einen schätzte und respektierte sie Tebbit, darüber hinaus war sie aber auch überzeugt davon, daß er von allen Kabinettskollegen die besten politischen Voraussetzungen für die Führung des Wahlkampfes hatte und ihr so zum historischen Platz des am längsten amtierenden Ministerpräsidenten verhelfen würde. Weiters wußte sie, daß Tebbit immer noch unter den Nachwirkungen der Verletzungen litt, die er bei der Explosion einer von der IRA am Parteitag 1984 im Grand Hotel in Brighton gelegten Bombe erlitten hatte. Seine Frau Margaret war noch schwerer getroffen worden und seither querschnittsgelähmt. Obwohl er danach seinen Kabinettsposten als Minister für Handel und Industrie wieder übernommen hatte, war er doch nach Aussagen seiner Kollegen stark verändert, d.h. reizbarer und launischer als früher, und nicht mehr imstande, mit der gleichen Ausdauer zu arbeiten, für die er bekannt gewesen war.

Am Vorabend des Attentats von Brighton war Tebbit ganz eindeutig zur Nummer zwei des Kabinetts aufgerückt, und sowohl die Presse als auch die Partei hatte in ihm einen möglichen Erben von Mrs. Thatcher gesehen. Gewiß, die potentiellen Nachfolger von Mrs. Thatcher kamen und gingen in schneller Folge, aber Tebbit war ein ideologisch engagierter – manche meinten sogar fanatischer – Thatcheranhänger, ein Befürworter der freien Marktwirtschaft, der zu der kleinen Gruppe von Tory-Abgeordneten gehört hatte, die schon vor der Wahl Margaret Thatchers zur Parteiführerin im Jahre 1975 für den Monetarismus, die Privatisierung und eine „Zurückverlegung der Grenzen des Staates" eingetreten war. Er war dann sehr schnell vom Handelsminister (1979, in dieser Eigenschaft gehörte er noch nicht dem Kabinett an) zum Minister im Kabinett (1983) aufgestiegen – und nun zum Parteivorsitzenden geworden.

Ein paar Monate nach seinem Umzug in die Parteizentrale kam es zwischen ihm und Mrs. Thatcher zu Spannungen. Zum einen ging es ihm sehr viel schlechter, als er zugeben wollte, litt er doch nach wie vor erheblich an einer stark schmerzenden Wunde an der Hüfte, die hartnäckig alle Gewebetransplantate wieder abstieß. Zum anderen war er in großer Sorge wegen der Verletzungen seiner Frau, wozu noch die Beunruhigung durch die ganz praktischen Probleme hinzukam, die dieser Zustand für sie beide mit sich brachte – eine pflegerische Betreuung rund um die Uhr, den Einbau von Aufzügen und die Bereitstellung all der anderen Dinge, die ein gelähmter Mensch braucht. Es war stets ein herzergreifender Anblick, wenn beide in der Öffentlichkeit erschienen und er den Rollstuhl schob, während seine Frau Margaret nur lächeln und nicht einmal eine Hand heben konnte, um sich die Tränen abzuwischen.

Es gab da aber auch noch eine andere Schwierigkeit. Tebbit war ein Vollblutpolitiker, ein Mann, für den die Redeschlachten der Parlamentsdebatten ein ausgesprochenes Vergnügen bedeuteten. Aber er war von seinem ganzen Wesen her ganz und gar kein Verwalter – und die Führung der Parteizentrale war nun einmal ein im wesentlichen administrativer Job, ging es doch darum, aus einer amateurhaft und unzureichend geführten Maschinerie eine professionelle, gut funktionierende Organisation zu machen. Parkinson war, bevor er in die Politik gegangen war, Manager gewesen und hatte gute Arbeit geleistet, aber selbst er hatte es nicht geschafft, Ordnung in die Parteizentrale hineinzubringen. Unter Gummer war ein Zustand der Demoralisierung und Desorganisation erreicht worden. Tebbits Freunde meinen, daß seinem Mangel an administrativen Fähigkeiten eine unverhältnismäßig große Bedeutung beigemessen worden sei, und daß seine Reformvorschläge genau wie die seiner Vorgänger regelmäßig niedergestimmt worden seien. – Mrs. Thatcher habe gar keinen starken Parteivorsitzenden mit einem hochprofessionellen Parteiapparat im Rücken zulassen können, da sie in beidem eine potentielle Bedrohung gesehen hätte. „Die Zentrale hatte ihr zweimal zu guten Wahlergebnissen verholfen und machte sich nun daran, ihr diese auch ein drittes Mal zu bescheren", sagt ein Mitarbeiter. „Norman war die Verbesserung der Umfrageergebnisse zuzuschreiben, aber sie rechnete ihm das nie sehr hoch an."

Diese Verbesserung der Meinungsumfragen trat jedoch erst zu einem späteren Zeitpunkt ein – vor Beginn des Wahlkampfes gab es ein paar recht düstere Augenblicke für Mrs. Thatcher. Noch nie in der Geschichte Großbritanniens war ein Premier dreimal in Folge gewählt worden. War Margaret Thatcher schon die erste Premierministerin geworden, so war sie nun offensichtlich auf diesen weiteren Rekord aus. Dann aber sah sie sich 1985 plötzlich durch den drohenden Bankrott von Westland, dem Hersteller von Hubschraubern, in großen Schwierigkeiten: Ihr Kabinett spaltete sich in die Befürworter einer Teilübernahme durch die amerikanische Sikorski-Gruppe und die vom Verteidigungsminister Michael Heseltine angeführten Verfechter einer europäischen Lösung. Dieser Streit kostete sie zwei ihrer Minister, nämlich Heseltine und Tebbits Nachfolger im Handels- und Industrieministerium, Leon Brittan, und dazu noch einiges an Glaubwürdigkeit. Als sie sich auf die entscheidende Debatte am Morgen des 15. Januar 1986 vorbereitete, gestand sie einem engen Mitarbeiter, daß sie vielleicht am Abend nicht mehr Premierministerin sein würde. Aber der Oppositionsführer Neil Kinnock vergab alle Chancen, und sie überlebte die Krise. In diesen wichtigen Wochen gewann sie jedoch den Eindruck, daß Tebbit gegen sie sei, sich auf die Seite Heseltines geschlagen habe und ihr im Moment der Not die Unterstützung versage. In Wirklichkeit war er weder gegen noch für sie. Er sah seine Rolle vielmehr als die eines ausgleichenden Vermittlers, und er beschwor Heseltine verzweifelt, in der Regierung zu bleiben, weil er die Folgen fürchtete, die sein Ausscheiden für die Partei und damit auch für den Wahlkampf haben würde. Er glaubte auch schon, zum Erfolg gelangt zu sein, als Heseltine plötzlich mitten in einer Kabinettsitzung aufstand, den Raum verließ und eine völlig verblüffte Premierministerin zurückließ. Am folgenden Tage, gerade als die Auseinandersetzungen ihren Höhepunkt erreichten, mußte sich Tebbit zu einer neuerlichen Hüftoperation ins Krankenhaus begeben. Und so war ausgerechnet in dem Monat, in dem Thatcher die schlimmste Krise ihrer Amtszeit als Regierungschefin durchzustehen hatte, eben der Mann aus dem Verkehr gezogen, der ihr engster Verbündeter hätte sein sollen. Sie besuchte ihn zwar mehrmals an seinem Krankenlager und telefonierte auch mit ihm, aber der Riß zwischen ihnen vertiefte sich.

In diesen Wochen geriet Saatchi & Saatchi als die Werbeagentur der Konservativen Partei unter Beschuß. Die Zustimmung zur Regierung seitens der Wählerschaft war angesichts der Westland-

Debatte und des Rücktritts von Heseltine stark zurückgegangen. Bis Weihnachten 1985 hatten die Tories und Labour in den Umfrageergebnissen noch gleichauf gelegen, aber dann eröffnete Labour das neue Jahr mit einem Vorsprung von fünf Prozentpunkten – die MORI-Umfrage der *Sunday Times* ergab im Januar ein Verhältnis von 38 zu 33 Prozent. Andere Umfragen zeigten sogar ein Absinken der Tories auf den dritten Platz hinter Labour und der Allianz von Sozialdemokraten (SDP) und Liberalen. Plötzlich waren die Tories in Not.

Mrs. Thatcher war nicht gewillt, die Schuld an der schlechten Bewertung der Partei zu übernehmen und suchte nach einem Schuldigen. Sie beklagte sich darüber, daß von der Parteizentrale keinerlei Initiative ausgehe, dem Trend entgegenzuwirken. Und in diesem Zusammenhang merkte sie auch an, daß allen neueren Arbeiten von Saatchi der „Biß" fehle und sie immer mehr das Gefühl habe, als sei die Agentur inzwischen so groß geworden, daß sie sich nicht mehr mit vollem Engagement um die Wiederwahl der Tories kümmere. 1979, ja, da sei sie noch klein und hungrig gewesen, aber jetzt sei sie ein riesiger internationaler Laden, der die vitale Kreativität der frühen Zeit verloren habe. Bei Saatchi lösten diese Kommentare einige Verwirrung aus – die Agentur hatte schon seit Monaten nichts mehr für die Tories produziert, denn an der Werbefront hatte Totenstille geherrscht. Worin ihr die meisten Beobachter aber zustimmten, war, daß die Parteizentrale nicht so funktionierte, wie sie eigentlich sollte.

Das Verhältnis der Premierministerin zu Saatchi war seit dem Ausscheiden Tim Bells nicht mehr das gleiche – sie hatte jetzt ständig etwas an der Agentur auszusetzen. Während der ersten Monate des Jahres 1986 fand sie sie zu „effekthascherisch" und meinte, daß die Werbung von Labour, die viel von früheren Saatchi-Kampagnen gelernt hatte, inzwischen oftmals besser sei. Wieder war das Saatchi-Lager nicht wenig überrascht – von welcher Werbung sprach sie da eigentlich? Es hatte nur einige politische Spots im Fernsehen gegeben, und die hatten dem Wunsch Tebbits entsprochen, der gemeint hatte, daß sie, da bis zur nächsten Wahl wahrscheinlich ja noch zwei Jahre Zeit waren, ruhig „etwas Abenteuerliches" machen sollten. Das waren also eher Experimente gewesen – und das war ihr doch bestimmt klar?

Mrs. Thatcher hatte einen Tiefpunkt erreicht, als sie am 15. Februar 1986 ihre politischen Berater in Chequers zusammenrief. Sir Ronald Miller, einer ihrer engsten Vertrauten und Verfasser ihrer Reden, war ebenso anwesend, wie Geoffrey Tucker, Veteran vieler Wahlkämpfe und der Mann, der 1959 für die Werbung der Tories verantwortlich gewesen war. Tucker war inzwischen Werbeberater in den Diensten von Young & Rubicam, und er bot an diesem Wochenende die Hilfe seiner Agentur an: eine detaillierte statistische Auswertung der Beurteilung der Regierung durch die Wähler, der Bewertung einiger ihrer Vorhaben und Programmpunkte und dazu Vorschläge, wie Mrs. Thatcher das Stimmungstief überwinden könnte. Das war die Art von Arbeit, die Mrs. Thatcher eigentlich von der Parteizentrale und von Saatchi & Saatchi erwartet hatte – und die in der Tat auch geleistet worden war. Tucker bot jedoch noch etwas ganz anderes an. Y & R hatte ein stark verfeinertes, neues System der Wähleranalyse entwickelt, und einige Kabinettsmitglieder – Lord Young und Lord Whitelaw eingeschlossen – waren so beeindruckt davon, daß sie die Premierministerin dazu überredet hatten, es sich doch einmal anzusehen. Das Verfahren war der Parteizentrale ursprünglich schon 1984 von Tucker und Ed Ney, dem Chef von Young & Rubicam Worldwide, der 1980 und 1984 Präsident Reagan beraten hatte, angeboten worden, aber auf Tebbit und seine Mitarbeiter hatte es keinen sonderlichen Eindruck gemacht. „Es stand in keinerlei Widerspruch zu dem, was wir ohnehin schon machten", äußerte ein Vertreter der Parteizentrale später. „Wir waren einfach nicht überzeugt davon." Jetzt wurde die Sache der Chefin persönlich offeriert.

Das Y&R-Verfahren war eine Adaption von in Amerika einigermaßen gebräuchlichen „psychograhischen" Untersuchungen zu „Werten und Lebensstilen". Y&R nannte es „cross-cultural consumer characteristics" oder CCCC („kulturübergreifende Verbraucher-Merkmale") und ging von der Prämisse aus, daß Verbraucher (oder Wähler) in der ganzen Welt gleiche Einstellungen zeigen, die sich in neun Kategorien unterteilen lassen. Y&R hatte das Verfahren unter höchster Geheimhaltung in zehn Jahren entwickelt und behandelte es weiterhin als Geheimsache. „Es hat uns einige wahrhaft einzigartige Einblicke in die Haltung gegenüber drängenden sozialen Fragen wie etwa dem Drogenmißbrauch gewährt", sagte

John Banks, der 41jährige Chef von Young & Rubicam London. „Es gibt uns einen klaren Vorsprung vor unseren Konkurrenten." CCCC ersetzte die konventionelleren Unterteilungen in Kategorien A, B, und C durch feiner abgestufte Gruppierungen, von denen die wichtigste, 40 Prozent der Bevölkerung umfassende die der „belongers" war, daß heißt der patriotischen, ihr Heim und ihre Familie liebenden, von Pflichtgefühl erfüllten Männer und Frauen im Lande. Das war genau die Gruppe, die schon zweimal zugunsten von Mrs. Thatcher gestimmt hatte.

Als John Banks der Premierministerin seine Aufschlüsselung der britischen Wählerschaft vorgestellt hatte, zeigte sie sich sehr angetan. Die Analyse hatte nicht unbedingt ein optimistischeres Bild gezeichnet als das, was Saatchi zu dieser Zeit ermittelt hatte, aber sie lieferte scheinbar eine Erklärung für die niedrige Bewertung von Mrs. Thatcher mit und zudem noch mögliche Lösungen. Und sie unterstrich, was vielleicht das Entscheidende war, daß Mrs. Thatcher die Stütze ihrer Partei war – und die Tories ohne sie verlieren würden.

An diesem Wochenende in Chequers legte Tucker der Premierministerin die neueste Y&R-Analyse vor, und sie war damit einverstanden, daß man diese geheime Zusammenkunft wiederholte, da er ihr bei diesen Gelegenheiten eine zusätzliche, von jener der Parteizentrale und Saatchi unabhängige Lagebeurteilung liefern konnte. Es kam im März und im April tatsächlich zu weiteren Treffen dieser Art, stets ohne Wissen Tebbits. Und dann – es war Sonntag, der 13. April 1986 – wandte Mrs. Thatcher erstmals ihre Aufmerksamkeit voll und ganz Saatchi & Saatchi zu. Die Brüder befanden sich zu dieser Zeit gerade in der Schlußphase ihrer Verhandlungen mit Bob Jacoby und waren überdies dabei, ihren Handel mit Backer & Spielvogel unter Dach und Fach zu bringen. Als Nachfolger von Tim Bell stand nun John Sharkey an der Spitze des Saatchi-Teams, das den Tory-Etat betreute. Als die Wahlen dann näherrückten, übernahmen allerdings zunehmend Maurice und Jeremy Sinclair die Leitung.

Die Konferenz mit Saatchi fand ebenfalls in Chequers statt, wo Mrs. Thatcher gern alle parteipolitischen Briefings und sonstigen Treffen anberaumte – abseits der Downing Street, wo die Woche mit Staatsgeschäften randvoll angefüllt war. Um den Tisch herum saßen Mrs. Thatchers ranghöchste Minister: Lord Whitelaw, ihr

Stellvertreter und Führer der Lords; John Wakeham, der parlamentarische Geschäftsführer; Nigel Lanson, der Finanzminister; Lord Young, der Arbeitsminister; und Stephen Sherbourne, ein persönlicher Mitarbeiter aus der Downing Street (der heute für Tim Bell tätig ist). Ebenfalls anwesend war Norman Tebbit in seiner Eigenschaft als Kabinettsmitglied und als Parteivorsitzender. Die Versammlung entsprach ungefähr Mrs. Thatchers sogenanntem A-Team, d.h. ihrer Strategie-Kommission.

Im Zentrum des Geschehens sollte an diesem Tage jedoch der Mann stehen, der in den folgenden achtzehn Monaten überhaupt eine sehr wichtige Rolle in der Saatchi-Geschichte spielen sollte, nämlich Michael Dobbs. Dobbs, der entspannt und zurückhaltend auftrat, war noch keine vierzig Jahre alt. Er hatte eine Zeit lang als Journalist beim *Boston Globe* gearbeitet und war 1975 nach Großbritannien zurückgekehrt, um für die Parteizentrale tätig zu werden, gerade als Mrs. Thatcher Oppositionsführerin geworden war. Nach zwei Jahren in der Forschungsabteilung der Zentrale wurde er ins Büro von Mrs. Thatcher akommandiert, wo er die Fragestunden im Parlament und wichtige Debatten vozubereiten half. Auch dieser Aufgabe widmete er sich zwei Jahre lang, aber dann bot ihm Mrs. Thatcher nach ihrem Wahlsieg im Jahre 1979 zu seiner großen Enttäuschung keinen Job in der Downing Street an. Obwohl er damals von seinen Kollegen als einer der gescheitesten jüngeren Leute der Konservativen Partei angesehen wurde, mußte er sich schweren Herzens damit abfinden, daß irgend etwas in seiner Beziehung zu Mrs. Thatcher nicht stimmte.

Bell war 1979 während des Wahlkampfes mehrmals mit Dobbs zusammengetroffen und bot ihm schließlich den Job als sein Assistent an. Und so war Dobbs zu Saatchi gekommen. Von Bell ermutigt, gab er jedoch seine politischen Interessen nicht auf und übernahm zusätzlich die Aufgaben eines Beraters von Norman Tebbit. Als Tebbit dann den Parteivorsitz übernahm, bot er Dobbs den Posten des Stabschefs an, den dieser bereitwillig übernahm. Tebbit wollte ihn neben Jeffrey Archer zum zweiten stellvertretenden Parteivorsitzenden machen, aber dem stimmte Thatcher nicht zu, und Dobbs mußte sich mit der Funktion des Stabschefs zufriedengeben. Saatchi war damit einverstanden, ihn zur Partei abzustellen, aber eine Garantie, daß er jederzeit in die Agentur zurückkehren könne, gab man ihm nicht.

Das Saatchi-Team hatte sich drei Monate auf die Konferenz in Chequers vorbereitet, wobei man sich auch eines Forschungsprogramms bedient hatte, das die Bezeichnung „Leben in Großbritannien" trug und im Wahlkampf von 1983 erfolgreich erprobt worden war. Es war das Ergebnis sehr gründlicher Marktforschungen und Analysen und enthielt ein paar schlechte Nachrichten für Mrs. Thatcher. Unter Einsatz von Videos und Graphiken erläuterten Sharkey für Saatchi und Dobbs für die Parteizentrale ihre jeweiligen Befunde, die in beiden Fällen deutlich werden ließen, daß sich seit 1983 einiges verändert hatte. In jenem Jahr war die Botschaft klar und positiv gewesen – und nun wurde sie als zu unscharf bewertet. Eine Mehrheit der Befragten wünschten sich „Calvinismus" herbei, womit die Marktforscher den Wunsch nach einer Rückkehr zu Arbeitsmoral und Selbstgenügsamkeit umschrieben. Und dieser Begriff wurde nun nicht mehr einzig mit den Tories assoziiert. Dobbs und Sharkey waren eifrigst darauf bedacht, nicht zu personalisieren und mit Mrs. Thatcher und ihrem Image zu vernüpfen, aber sie bezog die vorgetragenen Ergenisse doch auf sich. Sie war der Meinung, daß die beiden ihr da zu verstehen gaben, daß sie als radikal angesehen wurde, aber als unempfänglich für Richtung und Zweckmäßigkeit und unfähig, mit den großen Problemen des Landes fertigzuwerden, vor allem mit jenen in den Bereichen Arbeit, Erziehung und Gesundheit. Nach der Sitzung berichtete Dobbs seinen Mitarbeitern bekümmert: „Wir gingen da rein und wußten, was wir sagen wollten, aber wir kamen mit dem Gefühl wieder heraus, es zu gut gesagt zu haben."

Ein von Dobbs präsentiertes Ergebnis kam ganz besonders schlecht an – es besagte nämlich, daß Mrs. Thatcher bei der Frage nach den drei Führungsqualitäten Stärke, Zuversichtlichkeit und Intelligenz zwar hohe Bewertungen erhalten, bei der nach der Fähigkeit der „Vorausschau" aber wesentlich schlechter abgeschnitten hatte als die anderen politischen Führer des Landes. Das war der Tiefstpunkt dieses so ungemütlichen Tages. Vielleicht wäre Tim Bell mit seiner engeren Beziehung zur Premierministerin und mit seinen lockeren Präsentationsweisen besser in der Lage gewesen, ihren Unwillen aufzufangen, aber wie dem auch sei, Mrs. Thatcher hatte erst einmal genug von schlechten Nachrichten und wollte keine mehr hören, erst recht nicht von Sharkey oder Dobbs – oder auch Tebbit. Bei jeder Zusammenfassung einzelner Ergebnisse schnappte sie unwillig „Ja, das wissen wir schon", und zur Mittagszeit war die Konferenz schon total entgleist. Am Nachmittag wurde es dann noch schlimmer, und als man um vier Uhr zur Teepause schritt, fühlten sich die Herren von der Parteizentrale und Saatchi wie aus dem Wasser gezogen. An diesem Tag hörte Mrs. Thatcher zum ersten Mal, wie jemand hinter ihrem Rücken das Kürzel „TBW" („That Bloody Woman") flüsterte – allerdings war es weder Dobbs noch Sharkey.

Gerüchte über diesen fürchterlichen Tag in Chequers machten schnell die Runde. Bald sickerte durch, daß Thatcher auch mit Young & Rubicam gesprochen hatte. Jetzt, so hieß es, werde Saatchi & Saatchi den Tory-Etat mit Sicherheit verlieren – ein Schritt, der zwar nur einen geringen finanziellen Verlust, aber eine erhebliche Prestigeeinbuße bedeuten würde, und dies angesichts der Tatsache, daß die Agentur gerade erst anfing, sich von den New Yorker Blessuren zu erholen. In Wirklichkeit bestand zu keinem Zeitpunkt die ernsthafte Gefahr, daß Saatchi von Y&R als Werbeagentur der konservativen Partei abgelöst werden könnte. Erstens war Y&R in amerikanischem Besitz, was allein schon genügte, sie für eine solche Aufgabe zu disqualifizieren. Zweitens übernahm Y&R prinzipiell keine politische Werbung. Ein paar Monate zuvor hatten in Österreich einige ihrer Manager den Wahlkampf von Kurt Waldheim um das Amt des Bundespräsidenten organisiert und hatten sich prompt von der Agentur trennen müssen. Und drittens wußte Mrs. Thatcher sehr wohl, daß sie Saatchi, selbst wenn sie dies gewollt hätte, den Etat nicht ohne eine schwere Auseinandersetzung mit Tebbit hätte entziehen können. Tebbit aber ließ keinen Zweifel daran, daß die Agentur ihm als dem Parteivorsitzenden und nicht der Premierministerin unterstand, und daß der Hinauswurf von Saatchi seinen Rücktritt nach sich ziehen würde, da er und sein Amt dann kompromittiert wären. Nachdem Mrs. Thatcher in schneller Folge zwei ihrer Minister verloren hatte, stand ihr der Sinn wohl kaum danach, auch noch einen dritten gehen zu lassen.

Charles und Maurice hatten schon mehrfach ernsthaft überlegt, den Tory-Etat zurückzugeben, und zwar immer nach den Wahlsiegen. Nach 1979 war es unwahrscheinlich erschienen, daß sie je wieder eine so triumphale Publizität würden schaffen können, so daß alles, was nun folgte, eigentlich nur weniger erfolgreich sein konnte. Warum also nicht aufhören, solange man ganz oben war? Nach der Wahl von 1983 waren ihnen solche Überlegungen noch plausibler erschienen, zumal der Riß zwischen ihnen und Tim Bell gewachsen war. Aber wieder entschieden sie sich gegen einen Ausstieg. „Irgendwie war nie der richtige Zeitpunkt, um von dem Etat zurückzutreten, obwohl wir das dauernd wollten", sagt ein Saatchi-Mann.

Als im Sommer 1986 plötzlich die Gerüchte kursierten, daß Saatchi den Stuhl vor die Tür gesetzt bekommen würde, schien die Verwaltung des Tory-Etats keine Empfehlung mehr zu bedeuten, sondern eher eine Belastung. Die Zukunft von Saatchi & Saatchi schien als Werbeagentur der Konservativen Partei unlösbar mit dem Bruch zwischen Mrs. Thatcher und Norman Tebbit verbunden zu sein. Es kam der Punkt, da Dobbs diesem sogar schon seinen Rücktritt anbot, sollte der Parteivorsitzende glauben, damit zumindest eine der bestehenden Schwierigkeiten beseitigen zu können. Davon wollte Tebbit aber nichts wissen.

Als die Entfremdung zwischen den beiden ihren Höhepunkt erreicht hatte, und die öffentliche Diskussion über die Zukunft von Tebbit begann, verbrachte ich im Zusammenhang mit den Vorarbeiten zu einem längeren „Focus"-Artikel für *Sunday Times* über den Konflikt zwischen Mrs. Thatcher und Tebbit mehrere Stunden beim Vorsitzenden der Konservativen Partei. Tebbit wollte am folgenden Tag zusammen mit seiner Frau zu einem Urlaub nach Frankreich aufbrechen, was eine schwierige Sache war und spezielle Flugzeuge, Krankenwagen und vieles mehr erforderte. Er war zudem gerade dabei, in London in ein Haus am Belgrave Square umzuziehen, das ihm der Duke of Westminster zur Verfügung gestellt hatte und das mit Aufzügen, verbreiterten Türen und entsprechenden sanitären Einrichtungen ausgestattet war. Im Unterschied zu vielen seiner Kabinettskollegen war Tebbit kein reicher Mann. Er war vor seinem Eintritt in die Politik Pilot in der Zivilluftfahrt gewesen und hätte sich das selbst nie leisten können. Aber seine Frau brauchte nach wie vor eine intensive Betreuung rund um die Uhr, und das zehrte an seinen Kräften, zumal er darauf bestand, den Nachtdienst selbst zu besorgen. Von Natur aus schon hager, sah er, als ich ihn besuchte, geradezu abgezehrt aus, und sein Gesicht war grau und müde. Er hatte den Morgen damit verbracht, Gardinen aufzuhängen, Möbelstücke zurechtzurücken und die Wohnung für seine Frau herzurichten. Obwohl ihm Kämpfe und Kontroversen nicht ganz unvertraut waren, bedeutete der Streit mit seiner Premierministerin, der er ein so hohes Maß an Emotionen gewidmet hatte, für ihn eine große Belastung.

An jenem Morgen saß er in der Parteizentrale im Büro des Vorsitzenden unter dem Bilde von Margaret Thatcher und trennte mit großer Sorgfalt die Wahrheit, wie er sie sah, von dem vielen Klatsch und Tratsch der vergangenen Monate. Er schob Thatcher auch nicht einmal andeutungsweise irgendeine Schuld zu, obwohl ihn eine Reihe von Vorfällen sehr verletzt hatten – vor allem ihre Entscheidung, den amerikanischen F 111-Bombern bei ihrem Einsatz gegen Libyen die Benutzung britischer Stützpunkte zu erlauben, ohne ihn von dieser Entscheidung zu unterrichten. Auch Gerüchte, daß sie Cecil Parkinson zurückzuholen plane, um ihn, Tebbit, auszuschalten, hatten ihn äußerst irritiert.

Er hatte nicht die geringste Ahnung über seine politische Zukunft, ließ aber erkennen, daß er bereit sei, alles zu tun, was die Premierministerin von ihm verlange – einschließlich dem Rücktritt. Er werde, so sagte er, loyal bleiben und sich auch weiterhin mit aller Kraft für sie einsetzen, was immer sie tun werde. „Er ist wahrscheinlich ihr beherztester und treuester Anhänger", sagte an diesem Tag ein führender Tory zu mir. „Und das durchaus nicht, weil er dadurch etwa zur Macht zu kommen hoffte. Er glaubt wirklich fest an sie, auch jetzt noch".

Ihre Haltung ihm gegenüber war ohne Zweifel von ihren anhaltend niedrigen Umfragewerten beeinflußt. Im April hatten die Konservativen dann auch die Nachwahl in Fulham verloren, und in West Derbyshire war eine Mehrheit von 15 325 Stimmen auf bloße 100 zusammengeschrumpft. Zwei Monate später waren die Tories bei einer weiteren Nachwahl in Newcastle under Lyme gar auf den dritten Platz zurückgefallen. Bei den Kommunalwahlen dieses Jahres hatten sie ebenfalls Prügel bezogen, 789 Sitze verloren und nur 62 gewonnen. Je schlimmer die Lage geworden war, desto mehr hatte sie Tebbit die Schuld an dem Debakel zugewiesen. Tebbit selbst hatte philosophisch reagiert: „Wenn man Nachwahlen verliert, dann fängt man an, dem Parteivorsitzenden und dem ganzen Parteiapparat Fragen zu stellen. Niemand schaut dann in den Spiegel." Aber es war nur ein begrenzter Trost.

Am Tage nach meinem Gespräch mit Tebbit rief Thatcher ihn an – zum ersten Mal seit Wochen sprachen sie wieder miteinander. Sie war angesichts der umlaufenden Gerüchte ebenso besorgt wie er. Sie befand sich im Aufbruch zu ihrem üblichen Jahresurlaub in Cornwall, und Tebbit verschob seine Abreise nach Frankreich um einen Tag, um ausführlich mit ihr sprechen zu können. Die Ministerpräsidentin versicherte ihm, nicht die geringste Absicht zu haben, sich von ihm als Parteivorsitzenden zu trennen – nein, es sei ihr ganz im Gegenteil sehr daran gelegen, daß er bleibe. Es tue ihr leid, daß sie sich nicht öfter gesehen hätten, aber das solle von nun an anders werden. Sie nahm seine Loyalitätserklärung entgegen, und diese Unterhaltung, deren Inhalt Downing Street am Nachmittag zur Presse durchsickern ließ, entkräftete auch alle Mutmaßungen hinsichtlich der Saatchis. Die Agentur war in Sicherheit, zumindest solange Tebbit Parteivorsitzender war – und das hieß: bis zur nächsten Wahl.

Saatchi war an diesen Zwistigkeiten gänzlich unschuldig. Ohne Chance einzugreifen, hatten sie die Auswirkungen aber sehr wohl zu spüren bekommen. Das Aufkommen all dieser Gerüchte fiel mit dem Einsetzen der Etatverluste bei Bates zusammen, und auch der sommerliche Kursverlust der Saatchi-Aktien wirkte sich nicht gerade positiv auf das Image der Agentur in Großbritannien aus. Charles standen aber noch weitere Probleme bevor.

Unmittelbar vor Weihnachten 1986 überreichte die Parteizentrale Mrs. Thatcher einen blauen Aktenordner. Dieses „blaue Buch" ging über frühere Vorüberlegungen zu bevorstehenden Wahlkämpfen weit hinaus. Saatchi & Saatchi hatte seine entsprechenden Vorschläge unterbreitet, und Dobbs hatte sie in das von ihm angefertigte hundertseitige Strategie-Papier eingearbeitet. Es gab nur ein halbes Dutzend Kopien, die sorgfältig registriert und unter Verschluß gehalten wurden, handelte es sich doch schließlich um die Grundzüge der Planung für die bevorstehende Wahlkampagne, die unter keinen Umständen an die Öffentlichkeit gelangen durften. Die Studie erläuterte sehr detailliert die Resultate der vorliegenden Untersuchungen und legte dar, welche Bedeutung diese nach Ansicht der Parteioberen für die nächste Wahl haben würden. Das Wahlprogramm soll „ebenso ein Essay über die Zukunft wie ein ausführliches politisches Programm" sein. Als Motto wurde Mrs. Thatcher „Der nächste Schritt vorwärts" vorgeschlagen, ein Slogan, den man schon beim letzten Parteitag verwendet hatte. Das Papier enthielt auch einen – wie sich herausstellen sollte – ziemlich zutreffenden Abschnitt über die Wahlstrategie von Labour und Vorschläge, wie ihr zu gegegnen sei – so würden die Tories beispielsweise auf den Gebieten Gesundheit, Erziehung und Altersversorgung als verwundbar angesehen werden, weshalb diese Themen schon sehr früh aufgegriffen und behandelt werden müßten. Die Verteidigungs- und Steuerpolitik müßten die zentralen Fragen der Konservativen sein, wobei hinzugefügt war, daß die Inflation und die Gewerkschaftsreform von den Wählern als mittlerweile weniger bedeutsam unterbewertet würden. Das „blaue Buch" wandte sich ganz entschieden gegen die zu diesem Zeitpunkt aufkommenden Ansicht, Mrs. Thatcher solle sich um ein „sanfteres" Image bemühen. „Während die Kampagne, was ihre Person anbelangt, ihren guten Kontakt zu den einfachen Menschen hervorheben sollte, sollte man sonst, wie wir meinen, ihre Stärken ausspielen, vor allem ihre Führungskraft, Entschlossenheit und Erfahrung!"

Angesichts des Verlaufes, den der Wahlkampf dann nahm, gewinnt diese Dokument eine besondere Bedeutung. Es skizzierte nämlich eine Strategie, zu der die Tories in der letzten Woche vor der Wahl nach einem für sie sehr schädlichen Schwanken dann doch zurückfanden. Und es wies auf sehr viele der Stärken von Labour hin – Kinnocks Image, so hieß es da etwa, würde „ohne Zweifel professionell präsentiert" werden, seine Kampagne „seine Jugend und sein Image als Familienmensch hervorheben und eher Wirbel machen als sich auf Einzelfragen einlassen." Der Labour-Führer müsse durch Konzentration auf die Themen Verteidigung, Steuern, Gewerkschaftsreform und durch die Betonung der langen Liste der radikalen Kandidaten in die Defensive gedrängt und dort festgenagelt werden. „Wir müssen soviel Druck auf Kinnock ausüben wie irgend möglich", hieß es in dem Papier, und das entsprach der (irrigen) Auffassung von Tebbit, daß der noch unerfahrene Kinnock im Verlauf des Wahlkampfes dazu gebracht werden könne, einige verhängnisvolle Fehler zu begehen.

Es wurde sogar die Empfehlung ausgesprochen, daß Mrs. Thatcher eingedenk der kurzen Panik, die 1983 eine Woche vor der Wahl ausgebrochen war, „Zeit zum Nachdenken" in ihr Programm einplanen und nicht sich – und damit auch alle anderen – zu dem hektischen Tempo antreiben sollte, daß sie bei den vorangegangenen beiden Wahlen vorgelegt hatte.

Am 8. Januar 1987 versammelte sich eine kleine Gruppe von Parteifunktionären im Hause von Lord (Alistair) McAlpine in der Great College Street, nur einige hundert Meter von der Parteizentrale entfernt. Kein Vertreter von Saatchi war anwesend, obwohl es die erste echte Vorbereitungssitzung für den Wahlkampf war, die Tebbit einberufen hatte, um mit Mrs. Thatcher das „blaue Buch" durchzugehen. Sie fing um zehn Uhr vormittags an und dauerte bis vier Uhr nachmittags. Thatcher schlug eine Fülle von Ergänzungen und Abänderungen vor, akzeptierte im Grundsatz aber die vorgeschlagene Strategie. Am Ende waren alle Teilnehmer der Ansicht, daß man sich also auf eine Wahlkampfstrategie verständigt hätte. „Wären wir dem Kurs gefolgt, den wir an jenem Tage festgelegt hatten, dann hätten wir den ganzen Wahlkampf sehr viel erfolgreicher führen können als es dann der Fall war", meinte ein Parteifunktionär später.

Einmal im Jahr zieht sich Jeremy Sinclair ganz allein in einen einwöchigen Urlaub zurück, um über das Leben im allgemeinen nachzudenken. Diese Woche Einsamkeit verteidigt er mit Zähnen und Klauen – selbst seine Frau und Charles Saatchi wagen es dann nicht, ihn zu behelligen. Er liest in diesen Tagen keine Zeitung, sieht keine Nachrichten im Fernsehen an und vermeidet, ans Telefon zu gehen. Im April 1987 aber durchbrach Maurice die geheiligte Regel und spürte ihn in Oxfordshire auf. Das war nun ein Jahr nach dem höchst unbehaglichen Treffen in Chequers, und es gab sehr ernstzunehmende Spekulationen, daß Mrs. Thatcher vorhatte, im Juni Neuwahlen anzusetzen – was bedeutete, daß sie innerhalb der nächsten zwei Wochen eine entsprechende Ankündigung machen mußte. „Und sie haben ausdrücklich nach dir gefragt." Sinclair hatte Mrs. Thatcher seit der letzten Wahl nicht mehr gesehen – und davor auch nur kurz. „Ich dachte, sie hätte vergessen, wer ich bin", sagte er – aber das war offensichtlich nicht der Fall.

Er und Maurice bereiteten sich auf das Gespräch sorgfältig vor. Sie wollten eine Wiederholung des vorjährigen Debakels vermeiden und waren darauf bedacht, die Premierministerin durch ihre Einsatzbereitschaft zu beeindrucken. Was aber würde sie von ihnen wollen? Eine ausführliche Präsentation der Werbung, die sie fertig vorliegen hatten? Sie fragten bei einem ihrer Assistenten nach, ob sie eine Präsentation erwartete. „Nein", sagte der, „kommen Sie einfach nur her". Beide wußten aus Erfahrung, wie gern Maggie Thatcher Leute überrumpelte, weshalb sie sich auf einen Kompromiß einigten: Sie würden keine fertigen Arbeiten mitnehmen, sondern nur handliches Präsentationsmaterial mit allen Diagrammen, Entwürfen und Strategieplänen, damit sie etwas vorzuweisen hätten, sollte Frau Thatcher ihre Meinung ändern und doch etwas sehen wollen. Norman Tebbit, der sie zur Downing Street begleiten sollte, hatte die Entwürfe bereits gutgeheißen, so daß sie voller Zuversicht waren, daß auch der Regierungschefin das Material gefallen werde.

Aber einmal mehr wurde daraus eine ungemütliche Sitzung. Als Mrs. Thatcher den Raum betrat, fragte sie sogleich: „Nun, was haben Sie mir mitgebracht?" Dabei sah sie sich nach den Entwürfen und Arbeiten um, die sie ganz offensichtlich gezeigt zu bekommen erwartete. In diesem Augenblick waren die beiden heilfroh, daß sie zumindest einen Teil des Materials mitgebracht hatten, das Maurice ihr sogleich vorzuführen begann. Das Thema war der Ausbau der ohnedies schon gewaltigen Mehrheit. Sie war skeptisch – wie, um alles in der Welt, wollte man das erreichen? „Das ist zumindest eine Herausforderung", sagte Maurice. „Sie müssen die Latte hoch legen." Der nächste Vorschlag fand ebenfalls keine Gnade. Sie wollten der Öffentlichkeit verkünden, daß der Sozialismus ein überholtes Konzept sei, das seinen Zweck erfüllt habe und daß selbst die Chinesen und Russen nun anfingen, sich von ihm abzuwenden. Ihre eigene jüngst unternommene Reise in die Sowjetunion, allseits als ein großer Erfolg bejubelt, passe sehr gut zu diesem Thema, ließe sich doch daran zeigen, daß die Sowjets ihr eigenes System umbauten und sie, Mrs. Thatcher, ihr Bemühen um Glasnost unterstütze. Die meisten Menschen seien bereit anzuerkennen, daß der Sozialismus auch einiges für Großbritannien geleistet habe, sagte Maurice, aber Dinge wie staatliches Eigentum, gewerkschaftliche Macht, hohe Besteuerung und ein allumfassender Wohlfahrtsstaat gehörten doch der Vergangenheit an. Der bevorstehende Wahlkampf müsse zeigen, daß die Labour Partei, wie immer sie das darstelle, doch nur eine überholte Idee aufzumöbeln versuche – die Zukunft gehöre aber dem Thatcherismus.

Mrs. Thatcher gefiel das alles aber überhaupt nicht. Sie weigerte sich zuzugestehen, daß der Sozialismus überhaupt jemals etwas zu bieten gehabt hatte, und war wütend, daß Saatchi so etwas ins Spiel brachte. Sie wollte nichts Derartiges haben und verlangte neue Vorschläge. Nach zwanzig Minuten waren Maurice und Sinclair froh, daß sie kein fertiges Werbematerial mitgebracht hatten, denn in ihrer augenblicklichen Stimmung hätte sie alles in der Luft zerrissen, wie immer es auch aussehen mochte. David Butler und Dennis Kavanagh schrieben in ihrem Buch über die Wahl von 1987: „Mrs. Thachter lobte den Entwurf, der die anderen Parteien attackierte, äußerte sich aber auch unzufrieden, weil es nicht mehr positives Material gab, das die Leistungen der Regierung herausstellte. Sie verlangte, daß die Parteiwerbung zu zwei Dritteln positives und zu einem Drittel negatives Material verarbeiten sollte. Die Werbefachleute waren nicht überzeugt, erhoben aber keine Einwände." Das ist eine gelinde Untertreibung. Maurice und Sinclair waren nicht nur „nicht überzeugt", sondern geradezu entsetzt – und sie leisteten Gegenwehr. Aber damit kamen sie nicht weit.

Mrs. Thatcher kam dann auch auf Tim Bell zu sprechen. Warum betreute er den Etat nicht? Sie habe gehört, daß er zur Verfügung stehe, und Saatchi ihn als Berater für diese Wahl unter Vertrag habe – und sie habe erwartet, ihn hier zu sehen. Das Saatchi-Team hatte den Eindruck, daß sie schon über das Verhältnis von Bell und den Brüdern informiert war – aber sie plädierte trotzdem für ihn. Maurice blieb jedoch standhaft. Saatchi werde Bell während des Wahlkampfes nicht hinzuziehen, erklärte er ihr. Inzwischen hätten andere Leute seine Arbeit übernommen, das Unternehmen habe sich seit seinem Ausscheiden weiterentwickelt, und es würde sich nur nachteilig auswirken, wenn man ihn jetzt noch mit da einspannte. „Maurices Weigerung, Bell bei dem bevorstehenden Wahlkampf einzusetzen, verschlechterte die Beziehung zwischen ihr und den Saatchis", sagte ein Beobachter der Ereignisse später. In Wahrheit aber war diese Beziehung längst kaputt, und jener Tag gab ihr nur noch den Rest.

Drei Stunden lang diskutierten sie die Vorschläge von Saatchi, und Mrs. Thatcher war kritisch und streitsüchtig. Als die beiden danach wieder auf der Straße standen, platzte Sinclair vor Wut der Kragen. „Und dafür holen die mich aus meinem Urlaub!" schrie er, um sich sodann wieder in seine Einsiedelei zurückzuziehen. Was das Saatchi-Team nicht wußte, war, daß sich in der Downing Street zur gleichen Zeit noch ein anderes kleines Drama abspielte. Mrs. Thatcher hatte Tebbit nach der Sitzung gebeten, noch auf ein Wort dazubleiben. Kollegen fiel auf, daß der zuvor grimmige und grüblerische Tebbit aus der halbstündigen Unterredung mit der Premierministerin lächelnd und entspannt herauskam – das blieb er auch während der folgenden Monate, obwohl Thatcher schon wenig später Lord Young eine zentrale Rolle bei der Wahlkampfplanung zuwies, was immerhin eine Einmischung in die Kompetenzen des Parteivorsitzenden war. Man schloß aus alledem, daß sie Tebbit für die Zeit nach der Wahl einen neuen Kabinettsposten zugesichert haben mußte.

In Wirklichkeit aber traf das genaue Gegenteil zu. Tebbit trug schon seit neun Monaten ein Geheimnis mit sich herum, das er bislang nur seinen engsten Freunden anvertraut hatte. Er hatte sich nämlich zu dem Entschluß durchgerungen, sich zumindest für den Augenblick von der vordersten politischen Front zurückzuziehen, vielleicht ein bißchen Geld in der Industrie zu verdienen und seiner Frau mehr Zeit zu widmen. Die Ärzte hatten ihm gesagt, daß 90 Prozent der möglichen Heilung in den ersten zwei Jahren eintreten müßten und danach nicht mehr viel erwartet werden könne. Inzwischen waren zweieinhalb Jahre seit dem Bombenanschlag vergangen, und wie durch ein Wunder verbesserte sich der Gesundheitszustand seiner Frau noch immer. Tebbit, der ein sehr verschlossener Mann war, hatte seine Hoffnungen zwar für sich behalten, aber es hatte ihn sehr bestärkt, daß sie einen Arm tatsächlich wieder so bewegen konnte, um ohne Hilfe Nahrung zu sich nehmen zu können, und daß sie, als die Ärzte sie erst einmal wieder so weit gebracht hatten, daß sie sich aufrecht halten und sogar ein paar Schritte gehen konnte, wenn auch auf Krücken und mit Unterstützung der Krankenschwestern. Sie gewann wieder Freude am Leben, wollte ausgehen, ins Theater, ihre Enkelkinder und Freunde besuchen – und wünschte sich, daß ihr Mann sie begleitete. Und dieser Aussicht auf Besserung wollte er sich widmen.

In der Unterredung sagte er Mrs. Thatcher also, daß er nach der Wahl keinen Kabinettsposten mehr anstrebe. Ganz entgegen der allgemeinen Erwartung war sie tief enttäuscht und ließ nichts unversucht, ihn umzustimmen. Am Ende beschloß sie dann, erst nach der Wahl einen erneuten Vorstoß zu unternehmen, wenn er dann vielleicht anders über die Sache dachte.

Nachdem Tebbit losgeworden war, was ihn so lange beschäftigt hatte, brütete er nicht mehr dumpf vor sich hin. Plötzlich hatte er sein altes fröhliches, anregendes und witziges Wesen wiedergefunden, akzeptierte die Rolle von Lord Young mit offensichtlicher Freude und leistete seinen Beitrag zur Vorbereitung der Wahlkampagne. Am 1. Mai, also eine Woche nach dem unerfreulichen Besuch in der Downing Street, legte das Saatchi-Team das geforderte „positive" Material vor, und im Verlauf des Wochenendes akzeptierte Mrs. Thatcher ein Wahlkampfkonzept einschließlich eines ersten Fernsehspots. Alles war geklärt, und die Entwicklung führte schnurstracks auf eine Wahl im Juni zu. Butler und Kavanagh meinen, daß Thatcher der Druck der Erwartungen am Ende jede Kontrolle über die Zeitplanung genommen habe. Die endgültige Entscheidung fiel nach intensiven Gesprächen mit ihren Ministern und Beratern am Wochenende des 9. und 10. Mai. Wieder war kein Vertreter von Saatchi dabei zugegen. Aber einer war doch da, dessen Anwesenheit vor allen anderen verborgen gehalten wurde und dessen Anwesenheit in Chequers die Brüder, hätten sie davon gewußt, wohl ebenso erbittert und irritiert hätte wie der Verlust eines weiteren großen Etats bei Bates.

Tim Bell und seine Verlobte Virginia Hornbrook kamen am Sonnabend, den 9. Mai, abends um halb sieben Uhr in Chequers an und wurden schnell in einen Raum im Erdgeschoß gewiesen, in dem sie eine halbe Stunde warten mußten. Ein Stockwerk über ihnen arbeitete Mrs. Thatcher noch mit einer kleinen Gruppe, zu der auch Norman Tebbit und Professor Brian Griffiths, Chef ihrer politischen Abteilung in der Downing Street, gehörten, am Wahlprogramm ihrer Partei. Um sieben Uhr ging Mrs. Thatcher dann schließlich nach unten, um ihre Gäste zu begrüßen und sich bei Bell dafür zu entschuldigen, daß sie ihn so „versteckt" halten müsse. Sie wolle aber vermeiden, daß Tebbit und die meisten anderen – ein paar wenige vertraute Berater ausgenommen – von seiner Anwesenheit erführen.

An diesem Abend fand eine kleine Abendgesellschaft zu Ehren von Denis Thatcher statt, der am folgenden Tag 62 Jahre alt wurde. Dieser verspätete sich jedoch – er war bei dem jährlichen Rugby-Finale in Twickenham und kam nicht nur spät, sondern auch angeheitert nach Hause. Das bekümmerte Mrs. Thatcher aber nicht weiter. Ihr diente diese Veranstaltung vor allem als Vorwand, um ausführlich mit Bell zu sprechen. Den größten Teil des Abends diskutierten sie die bevorstehende Wahl. Die Presse erwartete, daß die Premierministerin am Montag die Königin aufsuchen und den Wahlprozeß formell in Gang setzen werde, wozu sie selbst sich auch bereits entschlossen hatte. Bell hatte zwar seit seinem Ausscheiden bei Saatchi ein paarmal mit ihr gesprochen, zumeist bei Empfängen, doch hatte er erst an diesem Tag Gelegenheit, ihr seine Vorstellungen detailliert auseinanderzusetzen.

Mrs. Thatcher machte sich eifrig Notizen, während sich Bell darüber, wie sie sich präsentieren solle, über die „Tonlage" ihrer Wahlkampagne und überhaupt über all die Fragen ihrer Darstellung ausließ. Sie redeten stundenlang miteinander, gingen die Fernsehsendungen durch, auf die sie sich nach Bells Meinung konzentrieren sollte, besprachen ihren Umgang mit der Presse und noch vieles mehr – es waren, kurz gesagt, die Ratschläge, die sie von Bell zu bekommen gewöhnt gewesen war, als dieser noch für Saatchi & Saatchi gearbeitet hatte.

Mrs. Thatcher hatte mehrere Gründe, warum sie die Anwesenheit von Bell auf dem Landsitz Chequers derart geheimhalten wollte. Erstens hatte ihr Tebbit eröffnet, daß auch er gegen eine Mitarbeit Bells sei – es hieß, die Zeitungen der *Mirror*-Gruppe bereiteten einen Artikel über ihn vor, der schädliche Folgen haben konnte. Zweitens hatte Bell ganz am Rande etwas mit dem Hause Guinness und dessen Übernahme einer Gruppe schottischer Whiskybrennereien zu tun gehabt, einer Angelegenheit, die sich gerade zu dem größten Finanzskandal des Jahrzehnts auszuwachsen begann, und sie mußte vermeiden, auch nur im entferntesten damit in Zusammenhang gebracht zu werden. Saatchi war zwar an der vorangegangenen Übernahme der Whisky-Gruppe Bell durch Guinness beteiligt gewesen, hatte dann aber bei der Schlacht um die Brennereien auf der Seite von James Gulliver gestanden. Drittens wußte sie von seinem Vertrag mit Saatchi und wollte auch von dieser Seite keine Schwierigkeiten bekommen.

Bell steckte mitten in der Arbeit für sie und entwickelte die Idee zu einem Video, das die meisten der ranghöheren Mitglieder ihres Kabinetts zeigen sollte, wie sie über die Leistungen der Regierung sprachen. Dieses Band sollte allen Tory-Kandidaten und der Presse zur Verfügung gestellt werden und das Programm der Konservativen in klarer Form darstellen. Mrs. Thatcher hatte dem Gedanken sofort begeistert zugestimmt, und der Film wurde dann nicht weit von der Parteizentrale entfernt im Hause von Alastair McAlpine gedreht. Als ein paar Tage später Tebbit mit seinem Beitrag an der Reihe war, zog sich Bell still zurück. Ein wesentlicher Bestandteil der Parteiwerbung entstand so ohne jede Mitwirkung von Saatchi, was noch nicht vorgekommen war, seit die Tories diese Agentur engagiert hatten.

Am 11. Mai gab die Premierministerin den 11. Juni als Wahltermin bekannt, und zu Beginn dieses Wahlkampfes lagen die Tories bei den Umfragen mit 42 Prozent vor Labour mit 32 Prozent und der Allianz (SDP/Liberale) mit 23 Prozent – wenn also die Kampagne nicht katastrophal verlief und die Partei nicht eine Fülle von Fehlern beging, dann schien es schlichtweg unmöglich, daß Mrs. Thatcher die Wahl verlieren könnte. Das Saatchi-Team ging aber nicht von dieser optimistischen Grundhaltung aus. Bei der ersten Zusammenkunft wiesen die Vertreter der Agentur darauf hin, daß diese Führungsposition erst zarte sechs Monate alt war und daß die Tories im Verlauf der beiden vorangegangenen Wahlkämpfe jeweils um sieben Prozentpunkte zurückgefallen waren. Eine Wiederholung dieser Entwicklung konnte die Wahl leicht kippen lassen, es durften also keinerlei Fehler passieren.

Das ursprünglich von Tebbit und Dobbs im „blauen Buch" empfohlene und von Mrs. Thatcher abgesegnete Konzept geriet sehr schnell aus den Geleisen. Der Plan hatte darauf beruht, die durch Umfrageergebnisse bestätigte Führung zu verteidigen, eine Politik, die das Saatchi-Lager rückblickend als „Backsteinmauer"-Strategie bezeichnete. Die Tories sollten demzufolge später starten, in der Anfangsphase Labour und die Allianz das Tempo machen lassen, und erst dann, wenn die Wähler anfingen, sich zu langweilen, mit allem aufmarschieren, was sie zu bieten hatten. Die Saatchi-Papiere skizzierten die Strategie, die für die letzte Woche vor der Wahl gelten sollte. Dazu gehörte auch der „Überrumpelungsschlag", das heißt der Start des größten medialen

Blitzkrieges, den es je gegeben hatte (bei dem „88 Prozent der wahlberechtigten Bevölkerung vierzehn Gelegenheiten bekamen, die Botschaft der Konservativen zu sehen"). Später sollte es zu heftigen Auseinandersetzungen über fast alle Aspekte dieses Wahlkampfes kommen, vor allem aber darüber, wann dieser Teil der Strategieplanung eigentlich zustandegekommen war. Das „blaue Buch" stützt die Auffassung, daß dieses Vorgehen von Anfang an geplant war, auch wenn sich schon bald keiner mehr daran hielt. Es gab ja auch noch andere Ansätze, etwa: Man lasse Neil Kinnock sich übermäßig exponieren, halte die Premierministerin zurück und attackiere die Labour Partei wegen ihrer Verteidigungspolitik und der Anfälligkeit gegenüber ihren „verrückten Linken".

Nach Plan verlief dann allerdings nur sehr wenig. Margaret Thatcher startete die Kampagne zwar in durchaus gemessenem Stil, aber schon nach wenigen Tagen unterlief ihr der erste Fehler. In ihrem ersten großen Fernsehinterview äußerte sie sich euphorisch, predigte über die großen und bedeutenden Aufgaben, die noch zu bewältigen seien, genug für noch eine dritte, wenn nicht gar eine vierte Amtsperiode.

„Ja", versicherte sie dem für Politik zuständigen Redakteur der BBC, John Cole, „ich hoffe sehr, weiter und weiter machen zu können." In den folgenden Tagen hatten ihre Widersacher ihren Spaß und fügten dem noch ein paar eigene „weiter" an, so daß es bald hieß, sie habe gesagt, sie wolle auf ewig „weiter... und weiter... und weiter..." machen. Im Gegensatz zu ihr aber schlug Neil Kinnock eine geradezu phantastische Gangart ein, und es zeigten sich auch keinerlei Anzeichen dafür, daß er an Schwung verlieren würde. Bald riefen besorgte Abgeordnete bei Tebbit an und beschworen ihn, endlich den Kampf aufzunehmen und Mrs. Thatcher, die nach ihrem Fauxpas so gut wie unsichtbar geworden war, groß herauszubringen. Am Ende der zweiten Woche breitete sich in der Parteizentrale langsam Unbehagen aus. Hatte man vielleicht doch zu lange abgewartet? In den ersten Tagen hatte man im Saatchi-Lager noch gewitzelt, Labour sei „zu schnell zum Trog gestürzt", aber das Lachen verstummte, als Kinnock immer mehr in Fahrt geriet, während die Tory-Kampagne, als sie eine Woche später dann endlich anlief, nur unsicher stotternd in Gang kam. Die Labour Partei hatte sich Hugh Hudson geholt, der mit

Die Stunde des Siegers eine Reihe von Oscars gewonnen hatte, um von ihm den ersten Werbefilm über Neil Kinnock produzieren zu lassen. Mit dieser professionellen Arbeit wurde für die politische Werbung im britischen Fernsehen Neuland erschlossen. Der Film ging überhaupt nicht auf die Parteipolitik ein, und die Wahlen wurden nicht einmal erwähnt. Der Streifen zeigte ausschließlich Kinnock, den Menschen, den Parteiführer, seine Herkunft, seine Familie und seine Kunst als Redner. Dazu gab es einige anerkennende Äußerungen altgedienter Labour-Leute, und dann den berühmten, später im Jahr beim amerikanischen Präsidentschaftswahlkampf von Joe Bidden plagiierten Ausspruch, daß er der erste Kinnock „in tausend Generationen" sei, der es geschafft habe, eine Universität zu besuchen, weil seinen Altvorderen noch eine „Plattform, auf der sie stehen konnten", gefehlt habe. Der Streifen endete nicht einmal mit dem flammenden Aufruf, Labour zu wählen – es erschien lediglich der Name „Kinnock", und im Hintergrund das Parlamentsgebäude.

Erstmals schlug Labour Saatchi mit seinen eigenen Waffen – zumindest hatten viele diesen Eindruck. Und es schien zu klappen. Der erste Werbespot von Saatchi konzentrierte sich auf das Doppelthema des Patriotismus und des wirtschaftlichen Wiederaufstiegs während der Thatcher-Jahre. Das war alles sehr vernünftig – aber wirkungslos. Das Unbehagen in den Reihen der Tories wurde daraufhin größer. Wer hätte das von Labour je erwartet? Und wo blieb die Antwort der Konservativen – und die der Saatchis?

Die Berater von Mrs. Thatcher trafen an diesem Wochenende mit einer Premierministerin zusammen, die müde war und deprimiert angesichts dessen, was sie und die Partei bislang geschafft hatten. Ihre Tochter Carol, die sie aufzumuntern versuchte, sah sich einer Frau gegenüber, die sich plötzlich sehr wohl vorstellen konnte, die Wahlen zu verlieren. All jene, die sie schon bei den früheren Wahlen begleitet hatten, waren mit dieser Stimmung vertraut, aber die anderen, die sie nur von ihren zuversichtlichen Fernsehauftritten und Wahlreden her kannten, wurden davon völlig überrascht. Tim Bell und Lord Young eilten ihr zu Hilfe, um ihr den Weg aus ihrer Niedergeschlagenheit zu weisen. Folgt man Rodney Tyler und seinem Buch *Campaign*, so gelang es Bell an diesem Wochenende in einem Kraftakt, „der Premierministerin zu verdeutlichen, was falsch gelaufen war, und sie sich zugleich mehr oder weniger auf den Preis konzentrieren zu lassen, der ihr winkte, wenn erst die Fehler korrigiert worden waren." Bell war von dem Film Hudsons sehr beeindruckt und sagte ihr das auch. Und er wies ferner – zu ihrem großen Ärger – darauf hin, daß Labour zu diesem Zeitpunkt den Wahlkampf gewann, obwohl der Tory-Vorsprung noch unangefochtene 12 Prozent betrug. Und er konfrontierte sie mit einer ganzen Reihe weiterer unangenehmer Einzelheiten, ja, fuhr sie einmal sogar an: „Es führt zu gar nichts, wenn Sie sich mit Leuten umgeben, die Ihnen nur versichern, es sei alles in bester Ordnung – so werden Sie den Zug bestimmt verpassen, Premierministerin!" Er drängte auf eine Änderung der Strategie, auf einen Abbruch der von der Parteizentrale und Saatchi entworfenen Kampagne. Die Tories müßten zum Angriff übergehen, sich über die Politik von Labour hermachen, das Thema wieder aufgreifen, mit dem sie die Kampagne eröffnet hatten, Labours „Eisberg-Programm – ein Zehntel sichtbar, der Rest unter der Oberfläche verborgen." Ohne daß ihm das klar gewesen wäre, plädierte er für eine Rückbesinnung auf viele der Punkte, auf die man sich im „blauen Buch" verständigt hatte.

Von diesem Tage an spielte Bell eine sehr wesentliche, wenn auch noch immer streng geheime Rolle im Wahlkampf der Konservativen. Gordon Reece (jetzt Sir Gordon) steuerte ebenfalls telefonisch Rat und hilfreiche Hinweise bei. Er war vom Chefmanager von Guinness, Ernest Saunders, als PR-Berater in der Affäre der Whiskybrennerei-Übernahme angeheuert worden, und obwohl er nie mit Guinness selbst in engeren Kontakt gekommen war, herrschte doch Übereinstimmung, daß er der Downing Street nicht nahekommen sollte – es konnten sich ja in der Guinness-Geschichte noch Dinge entwickeln, mit denen man besser nichts zu tun hatte. Und auch Cecil Parkinson gehörte nun zu den inoffiziellen Beratern von Mrs. Thatcher, obgleich er wegen der Affäre mit seiner früheren Sekretärin Sara Keays noch nicht wieder in Amt und Würden war. Die Tatsache, daß diese kleine Gruppe von Leuten, die sich selbst als „die Verbannten" bezeichneten, das Ohr von Mrs. Thatcher hatte, sorgte in der Parteizentrale für Unruhe und Besorgnis – vor allem, als die Premierministerin nun eine Änderung der Wahlkampf-Strategie forderte. Als Charles Saatchi von der Mitwirkung Bells hörte, kochte er vor Wut, wußte aber auch, daß er nicht das geringste dagegen tun konnte – niemand hätte Bell aus der Gunst der Premierministerin verdrängen können. Diese Möglichkeit hatten sie schon 1979 vergeben, und das war jetzt nicht mehr rückgängig zu machen.

Für Saatchi & Saatchi brachte dieser dritte Einsatz für die Konservative Partei nur noch wenig von der Erregung und dem Spaß der ersten beiden Wahlkämpfe. Die Werbung, die die Agentur produzierte und die früher einmal für Gesprächsstoff gesorgt hatte, zog weiterhin mehr Kritik als Lob auf sich. In gewissem Sinne spiegelte sie die Unbeweglichkeit der vorhandenen Maschinerie wider. Das Wahlkampf-Team von Saatchi hatte sich in dem Gebäude in der Regent Street in einer eigenen Etage abgeschottet, und die Brüder hatten mehr zusätzliche Mitarbeiter angesetzt als bei den vorangegangenen Wahlkämpfen. Aber die Verbindung zum Auftraggeber war viel zu kompliziert – Sharkey und sein Team fertigten die Entwürfe an, die dann über Charles und Jeremy Sinclair an Tebbit und Lord Young gingen, welche sie endlich Mrs. Thatcher vorlegten.

Vor allem die ersten Plakate gerieten bei der Parteibasis unter heftigsten Beschuß, obwohl sie Tebbit und den Funktionären in der Parteizentrale durchaus gut gefielen. Das erste zeigte drei Hunde, wobei eine britische Bulldogge einen deutschen Schäferhund und einen französischen Pudel überragte, was hervorheben sollte, um wie vieles stärker doch die britische Wirtschaft war als die ihrer Widersacher. Ein weiteres griff die von Labour verfochtene Idee der Gesamtschulen an. Das eindrücklichste Plakat der ersten Woche war mit dem einfachen Slogan bedruckt: „Machen Sie die Arbeit von acht Jahren nicht in drei Sekunden zunichte – wählen Sie konservativ." Trotz einiger erfolgreicher Fernsehspots erweckte Saatchi den Eindruck von Schwerfälligkeit – und Mrs. Thatcher ließ wissen, daß sie gar nicht zufrieden mit der Agentur sei.

Zu Beginn der dritten Wahlkampfwoche unterlief Kinnock sein erster schwerer Fehler, und da kam die Maschinerie der Konservativen Partei, aber auch die von Saatchi endlich richtig in Schwung. Ausgelöst wurde das alles von David Frost. Als dieser am Morgen des 24. Mai, eines Sonntags, um 7.15 Uhr in die TV-AM-Studios kam, freute er sich schon auf das Interview mit dem Hauptgast seiner Sendung, mit Neil Kinnock. Er hatte die ganze Woche an seinem Fragenkatalog gearbeitet und war fast die ganze Nacht aufgeblieben, um noch die Morgenausgaben der Sonntagsblätter in seine Befragung mit einbeziehen zu können. Dabei sollte eine ganze Reihe von Themen angesprochen werden, vor allem aber das Thema Verteidigung. Kinnock begann mit seinen gut vorbereiteten Äußerungen zu der von ihm verfolgten Anti-Atom-Politik und argumentierte, wie er das schon so häufig getan hatte, daß der Einsatz nuklearer Waffen Völkermord und die Vernichtung des eigenen Landes bedeuten würde. Was aber, wollte Frost da wissen, würde geschehen, wenn sich ein nicht nuklear bewaffnetes Großbritannien einem Gegner konfrontiert sähe, der über Atomwaffen verfügte? Würde das nicht auf einen höchst ungleichen Kampf oder aber auf sofortige Unterwerfung hinauslaufen? „Unter solchen Umständen", sagte Kinnock, „hat man die Wahl zwischen der Vernichtung alles dessen, wofür wir stehen...und dem Einsatz aller Mittel, die uns zur Verfügung stehen, um eine Okkupation unhaltbar zu machen." Kinnock verließ das Studio, ohne sich der Tragweite seiner Worte bewußt zu sein. Auch die Tories reagierten keineswegs sofort, denn niemand von der Parteispitze hatte an diesem Morgen die Sendung verfolgt. Erst später am Tage stieß ein Mitarbeiter darauf, als er die Transkripte des Sendungstextes durchging. Er rannte damit dann zu Tebbit, der ausrief: „Wir sind auf Gold gestoßen!"

Es dauerte nur Minuten, da arbeitete Saatchi & Saatchi schon an einem Plakat, das sich dieses „Gold" zunutze machen sollte. Sharkeys Team, Charles und Jeremy Sinclair hatten schon bald einen Vorschlag parat – das Plakat sollte einen unbewaffneten britischen Soldaten zeigen, der die Hände in die Höhe hob, als wolle er sich ergeben. Die Schlagzeile dazu lautete schlicht und einfach: LABOURS RÜSTUNGSPOLITIK. Ein Schauspieler und ein Kampfanzug waren schnell gefunden, aber dann wurde es schwierig. Es war Bank Holiday, und wie alle Geschäfte hatten auch die Kostümverleiher, auf die man sich normalerweise verließ, geschlossen – nirgends war ein Stahlhelm aufzutreiben. Man beschloß, den Krieger eben mit einer Uniformmütze zu photographieren, aber das hatte bei weitem nicht die gleiche Wirkung wie ein Helm. Schließlich trieb jemand doch noch einen Stahlhelm auf, sogar mit einem originalen Tarnnetz. So entstand das Plakat in der gewünschten Form – und es wurde das beste der ganzen Kampagne.

Abrupt änderten sich nun Stil und Richtung der konservativen

Antwort auf die Werbung von Labour. Das Thema Wirtschaft und die „verrückten Linken" wurden beiseitegeschoben und das Thema „Verteidigung" in den Mittelpunkt gestellt. Tebbit wurde an die vorderste Wahlkampffront geschickt, wo er seine beträchtlichen politischen Fähigkeiten nutzbringend einsetzen konnte, und auch Mrs. Thatcher trat nun wieder hervor und attackierte ebenfalls die Verteidigungspolitik von Labour. Bei ihrem ersten Auftritt am Dienstagmorgen in Newport meinte sie, Labour würde es zulassen, daß Großbritannien in einen Zustand der Hilflosigkeit gerate – und „der augenblickliche Führer der Labour Partei gibt das sogar zu". Endlich war Schwung in die Kampagne der Tories gekommen.

Von da an hätte nun eigentlich alles glatt über die Bühne gehen müssen. Es kam anders, und das führte zur Ablösung von Saatchi & Saatchi als Werbeagentur der Tories.

Vor Beginn des Wahlkampfes hatte Lord McAlpine, der Schatzmeister der Konservativen Partei, auf dem Kalender an der Wand seines Büros den 4. Juni – einen Donnerstag – mit einem kleinen Schnörkel verziert. Dieser Donnerstag werde, so sagte McAlpine voraus, ein „Zittertag" werden. In jedem Wahlkampf komme der Tag, an dem sich ein ungenaues Umfrageergebnis und ein paar andere unglückliche Umstände verbänden, um die Parteifunktionäre in Panik zu versetzen. Für gewöhnlich komme dieser Tag eine Woche vor der Wahl, und deshalb habe er diesen Donnerstag angestrichen. Dieses Phänomen war auch anderen Wahlkampfveteranen in der Parteizentrale vertraut. Tebbits Sekretärin, die schon 1979 für Lord Thorneycroft und 1983 für Cecil Parkinson tätig gewesen war, hatte in ihrem Büro einen kleinen Zettel an der Wand hängen, auf dem die sechs Phasen einer Wahl verzeichnet standen – das fing bei Begeisterung an und führte dann über Desillusionierung, Panik, Suche nach den Schuldigen, Bestrafung der Unschuldigen zu Lob und Ehre für die Unbeteiligten. Die Partei war kurz davor, in Phase drei einzutreten – Panik.

McAlpines Vorhersage des großen Zittertages erwies sich nämlich als überaus genau. Zwei Tage vorher, am Dienstagabend, löste eine Umfrage, die der Journalist Vincent Hanna, welcher nicht gerade wegen seiner Sympathien für die Regierung Thatcher bekannt war, für die *Newsnight* der BBC unternommen hatte, den Beginn der Krise aus. Diese Umfrage ergab nämlich, daß Labour gefährlich zu den Tories aufgeschlossen hatte und nur noch um 2,5 Prozent zurücklag. Am nächsten Tag kursierten in der City Gerüchte, daß die am Donnerstag im *Daily Telegraph* erscheinende Gallup-Umfrage noch weit verheerender ausfallen werde. Daraufhin kam es zu einem Absinken der Aktienkurse. Dobbs erfuhr an jenem Abend von den Umfrageergebnissen – die Tories waren danach auf 40,5 Prozent abgesunken, ihren bisher tiefsten Stand, während Labour auf 36 Prozent geklettert war. Der Abstand hatte sich also im Verlauf einer Woche halbiert. Bei der Frage nach der Bewertung der beiden Wahlkampagnen hatten sich 39 Prozent der Befragten für die Kinnocks ausgesprochen, nur 23 Prozent für die von Mrs. Thatcher – hier lag Labour also um ganze 16 Prozent vorn. In Wählerstimmen übersetzt, bedeuteten diese Zehlen, daß ein „Umkippen" der Wahl drohte, und zwar in einem Ausmaß, wie es das seit dem Labour-Sieg über Winston Churchill im Jahre 1945 nicht mehr gegeben hatte.

Als Tebbit die Nachricht erhielt, war er nicht im geringsten beunruhigt. Alle anderen Umfragen zeigten die Führung der Tories unangetastet, und er hielt die Ergebnisse von Gallup und BBC für unzuverlässig. Die BBC-Umfrage löste jedoch einen schweren Krach zwischen Lord Young und Dobbs aus, den ärgsten der ganzen Kampagne. Dobbs hatte eine Analyse der früheren Hanna-Umfragen angefertigt, um damit seine Ansicht zu untermauern, daß man den BBC-Reporter ignorieren sollte. Er vertrat auch die Meinung, man könne nicht schon auf Grund einer einzigen abweichenden Umfrage die ganze Strategie ändern. Young aber sah das anders und meinte, die Umfrage liefere ihnen den Beweis, wie schwach die bisherige Kampagne gewesen sei und daß nun das Steuer schnell herumgerissen werden müsse.

In der Downing Street hatte die Nachricht die Wirkung eines Erdbebens. Mrs. Thatchers Niedergeschlagenheit hatte sich durch ein paar lange Nächte, einen grausamen Terminplan und die anhaltende Frustration angesichts der wachsenden Schwierigkeiten, die ihrer Meinung nach der Wahlkampf erzeugte, noch vergrößert. Nun wurde Zorn daraus, und der sollte sich in den folgenden 24 Stunden vor allem gegen Saatchi richten.

Obendrein litt die Premierministerin unter schlimmen Zahnschmerzen. Sie hatte den Wahlkampf mit einer Wurzelentzündung begonnen, die dann immer schlimmer geworden war, hatte sich jedoch nicht die Zeit für eine ordentliche Behandlung gegönnt. An jenem Abend hatte sie große Schmerzen und jeder, der ihr über den Weg lief, weiß ein Lied von ihrer rasenden Wut und ihrem schneidenden Sarkasmus zu singen. Auch Jeremy Sinclair erschien an diesem Abend in der Downing Street, um den, wie er hoffte, letzten Werbespot dieses Wahlkampfes vorzustellen. Der Streifen zeigt Ausschnitte aus ihren besten Reden, die sie auf dem Parteitag der Konservativen (mit kurzen Hinweisen auf den Geist des Falklandkrieges und das Attentat von Brighton) und vor anderen Gremien gehalten hatte, wobei sich alles bis zu einem Höhepunkt steigerte, der fast von der bewegenden Melodie von "I Vow To Thee, My Country" überschwemmt wurde. Dann war noch ein fünfminütiges Gespräch vor der Kamera vorgesehen, das erst aufgezeichnet werden mußte und in dem sie mit ihrer sanftesten und eindringlichsten Stimme auf die Themen Freiheit, Frieden und Wirtschaft eingehen sollte. Mrs. Thatcher war anfangs alles andere als überzeugt, während sich alle anderen Anwesenden zurückhielten und ihre Reaktion abwarteten. Langsam aber gewann Sinclair sie für den Film. Um halb neun suchte sie schließlich einen Zahnarzt auf, und Sinclair ging zufrieden ins Büro. „Wir haben's verkauft", sagte er Maurice. Früh am nächsten Morgen flog er zu einer Besprechung nach Paris, überzeugt davon, den Klienten zufriedengestellt zu haben.

Der „Zitterdonnerstag" begann mit Mrs. Thatchers Ankunft in der Parteizentrale, wo um 8.30 Uhr das regelmäßige Briefing mit Tebbit und den Parteispitzen stattfand. Sie wies alle Tröstungsversuche Tebbits zurück, der die Umfrageergebnisse dieses Morgens abzuschwächen versuchte. Lord Young und die Gruppe der „Verbannten" – Tim Bell und Gordon Reece eingeschlossen – hatten am Abend zuvor im Anschluß an die Besprechung mit Sinclair ihre Befürchtungen untermauert. Jetzt forderte sie einschneidende Veränderungen der Kampagne, wobei Tebbit sich jetzt weniger um die Fernseharbeit kümmern sollte, für die einer der jüngeren Minister verstärkt einzusetzen sei. Aber der Tag brachte noch weitere Unglücksnachrichten. Als nächstes stahl Kinnock ihr die Schau, als er einen zehnjährigen Jungen präsentierte, der nun schon seit fünfzehn Monaten auf eine komplizierte Herzoperation warten mußte. Dann wurde sie ein paar Minuten später während ihrer allmorgendlichen Pressekonferenz in eine Falle gelockt. Sie beging ihren ärgsten Fehler in diesem Wahlkampf, als sie bestätigte, daß sie Beiträge an eine private Krankenversicherung zahle, um „in der Lage zu sein, an dem Tag meiner Wahl und zu der Zeit meiner Wahl zu dem Arzt meiner Wahl ins Krankenhaus gehen zu können". Das sei ja recht schön für sie, konterte die Opposition prompt, aber was sei denn mit den Millionen wie etwa dem kleinen Martin Burgess, dem Jungen mit dem Loch im Herzen, die sich alle solche Privilegien nicht leisten könnten?

Mrs. Thatchers ganzer Zorn entlud sich, als sie sich wenig später erneut mit ihren Beratern zusammensetzte. Niemand enging diesem Ausbruch, nicht einmal Lord Young. Sinclair war voreilig gewesen, als er gemeint hatte, sie habe den Fernsehspot am Abend zuvor abgesegnet, denn jetzt verkündete sie plötzlich, daß sie ihn nicht haben wolle und etwas anderes wünsche. Sie wolle neue Ideen vorgelegt bekommen, wenn sie am Nachmittag von einer Tour in die Midlands zurückkehre. Schlimmeres folgte. Sie deutete auf die Andrucke der Saatchi-Plakate und Anzeigen an der Wand und riß sie verbal in Stücke. Lord Whitelaw verteidigte das Plakat, auf dem der Soldat mit erhobenen Händen zu sehen war, und widerwillig stimmte sie dem zu. Alles andere aber, so sagte sie, sei fürchterlich. Als sie die Saatchi-Anzeigen für die Wochenausgaben der Zeitungen zu sehen verlangte, wurde nach Dobbs geschickt. John Wakeham übernahm es, ihn herbeizuschaffen, aber Saatchi hatte das Material noch nicht geschickt. Es sei auf dem Wege, erklärte Dobbs lahm, aber Wakeham, der einen erneuten Wutanfall von Mrs. Thatcher fürchtete, weigerte sich, ohne Dobbs in den Besprechungsraum zurückzukehren. Sharkey und sein Team, so erklärte dieser dann der versammelten Runde, arbeiteten an dem Thema der Alternative, um die Leistungen der Tories mit den Versprechungen von Labour zu vergleichen. Die Taktiker von Saatchi wie auch die der Konservativen Partei waren von der Geschwindigkeit überrascht worden, mit der die Kampagne der Allianz schon in der ersten Woche des Wahlkampfes auseinandergefallen war. Dafür aber hatte das „blaue Buch" mit seiner Vorhersage Recht behalten, daß Kinnock sich sehr gut schlagen würde und daß es in der letzten Woche vor der Wahl eher zu einem Rennen mit zwei Pferden kommen werde als zu einem mit dreien, wie es die Weisen so liebten. Deshalb hatte Debbit auf eine Rückkehr zu der Strategie des „blauen Buches" und zu dem Slogan gedrängt, mit dem die Kampagne eröffnet worden war: „Machen Sie die Arbeit von acht Jahren nicht in drei Sekunden zunichte."

Sinclair saß in Paris und wußte von alledem nichts. Im Verlauf des Vormittages kamen ihm selbst jedoch Zweifel an dem Fernsehspot. Hatte er Mrs. Thatcher vielleicht doch den falschen verkauft? Er kam zu dem Schluß, daß es das Geld wohl wert sei, da noch mal nachzuhaken und rief Sharkey an. „Hören Sie, John, Sie kennen doch den Spot, den ich gestern abend der Premierministerin verkauft habe? Es wäre gut, wenn Sie da doch noch mal einen Kontrolltest durchführen lassen könnten. Könnten Sie das gleich machen lassen?" Sharkey war verwirrt. „Machen Sie sich weiter keine Gedanken", sagte Sinclair. „Sorgen Sie nur dafür, daß dieser Kontrolltest durchgeführt wird." Tests dieser Art sind in der Werbeindustrie nichts Ungewöhnliches. Sie bestehen darin, daß man im ganzen Land einem Kreis von ausgewählten Leuten eine Werbung vorführt, ihre Reaktionen festhält und dann auswertet – also eine Art von Meinungsumfrage. Die Durchführung des von Sinclair angeordneten Tests nahm ein paar Tage in Anspruch. Als die Ergebnisse dann vorlagen, zerstreuten sie alle Zweifel Sinclairs – der Werbespot war überaus wirkungsvoll.

Bevor sie zu einer wenig erfolgreichen Wahlreise in die Midlands aufbrach, befahl Mrs. Thatcher, daß für die letzte Wahlkampfwoche neue Anzeigen und Plakate angefertigt werden sollten. Sie wollte etwas haben, was positiver und eindrücklicher war als all die Sachen, die sie bisher gesehen hatte – eine Werbung, die die Erfolge der Tories und das Versagen von Labour verdeutlichte. Zum Teil griff sie damit die Botschaft auf, die Bell ihr hinterlassen hatte, aber zugleich reagierte sie damit auch ihre Frustrationen angesichts ihres Fehlers bei der Sozialsystemfrage und der wenig ermutigenden Umfrageergebnisse ab. Die Zusammenkunft am Nachmittag dieses Tages war wieder höchst unangenehm. In deren Verlauf soll Lord Young den Parteivorsitzenden Tebbit, dem er bis dahin immer mit großer Zurückhaltung begegnet war, mit der Bemerkung angegriffen haben, er habe der Konservativen Partei nicht acht Jahre seines Lebens gewidmet, um mit einem sinkenden Schiff unterzugehen.

In der Zwischenzeit erhielt Tim Bell in seinem Büro in Knightsbridge kurz hintereinander zwei Anrufe. Der erste kam von Young, der ihn von der Forderung der Premierministerin unterrichtete, die Wahlwerbung zu ändern. Der zweite kam aus Downing Street und beorderte ihn zu einer Sitzung um 15.30 Uhr, in der die Fernsehwerbung für die letzte Woche besprochen werden sollte. Die Premierministerin habe, so erklärte man ihm, den von Saatchi produzierten Werbespot rausgeschmissen und wünsche Vorschläge für einen neuen. Im übrigen halte sich Jeremy Sinclair in Paris auf, so daß er, ohne ein Zusammentreffen befürchten zu müssen, ganz offen zur Nummer 10 kommen könne. Zum ersten Mal in diesem Wahlkampf konnte Bell das Haus durch den Vordereingang betreten und mußte sich nicht durch den Hintereingang hineinstehlen – „an den Mülltonnen vorbei", wie er selber meinte. Er gewann den Eindruck einer echten Krise. Von nun an wurde jede Vertuschung von Bells Mitwirkung aufgegeben.

Kurz vor der Mittagspause erreichten die City neue Gerüchte: Eine weitere Umfrage von Marplan für den *Guardian* des kommenden Tages würde Labour sogar mit zwei Prozent in Front zeigen. Die Aktienkurse stürzten daraufhin ab, vor allem der von Saatchi & Saatchi, sah man in diesem Unternehmen doch den großen Verlierer im Falle einer Niederlage Thatchers. Nun breitete sich in den Reihen der Tories wirklich Panik aus. Was ging da bloß schief? Tebbit aber hörte man Kipling zitieren:

Wenn du den Kopf da nicht verlierst,
wo alle um dich herum dies tun und´s dir anlasten,
wenn du dir trauen kannst, wo alle an dir zweifeln,
und doch zugleich imstande bist, es ihnen nachzuseh´n...

Er konnte sich nicht mehr so genau an die letzten Worte erinnern, aber es war ja eigentlich auch mehr die Empfindung, auf die es ankam. Der Schluß der Strophe lautet: „Dann bist du ganz ein Mann, mein Sohn."

Im Büro von Lowe Howard-Spink & Bell in Knightsbridge arbeiteten Tim Bell und sein Partner Frank Lowe die Mittagspause durch, um die Ideen zu sichten, über die Bell schon ein paar Tage lang nachgedacht hatte. Sie taten das völlig freiwillig, keiner von ihnen beiden wurde von der Partei dafür bezahlt. Sie bereiteten dann acht oder neun Angriffspunkte vor, die alle im Zusammenhang mit dem für die letzte Woche des Wahlkampfes vorgesehenen Slogan standen, der ganz, so meinten sie, dem Wunsche Mrs.

Thatchers nach einer positiven, zugleich jedoch Labour treffenden Aussage entsprach: „Großbritannien ist wieder ein Erfolg. Lassen Sie nicht zu, daß Labour das ruiniert." Das war eine Abwandlung des Slogans, dessen sich die Tories 1959 bedient hatten: „Das Leben ist besser mit den Tories. Lassen Sie nicht zu, daß Labour das ruiniert." Der Graphiker ihrer Agentur Alan Waldie fertigte auf Karton ein paar Skizzen an, und dann machte sich Bell auf den Weg in die Downing Street Nummer 10.

Young führte den Vorsitz bei dieser Besprechung über die Werbesendung der letzten Woche. Wenn Sinclair zurück war, würde ein völlig neuer Spot produziert werden müssen, und man arbeitete bei Saatchi auch schon an einem neuen Streifen, der eine sehr viel „fürsorglichere" Margaret Thatcher präsentieren und zeigen sollte, wie die Tories wirklich für die Menschen „sorgten" – was dem „Blauen Buch" direkt widersprach.

Zur gleichen Zeit fand noch eine andere Besprechung in der Downing Street statt. Bereits eine Stunde früher waren nämlich die Leute von Young & Rubicam im Büro von John Wakeham, dem parlamentarischen Geschäftsführer der Konservativen, eingetroffen, das sich zwei Häuser weiter in der Nummer 12 befand. Geoffrey Tucker hatte Lord Whitelaw bereits am Vortag davon unterrichtet, daß Y&R eine Trendanalyse für ihre Kampagne erstellt hatte, die er ihm gerne zeigen wollte. Das war kein heiter stimmendes Papier. Der Trend, so warnte es, sei „jetzt gefährlich". Y&R riet zu einer neuen Strategie, die allein auf Mrs. Thatcher abgestellt sein sollte, wobei man als Motto für die Kampagne dieser letzten Wahlkampfwoche empfahl: „Wir haben das alles nicht umsonst zusammen durchgemacht. Lassen Sie nicht zu, daß Labour das Erreichte über Bord wirft." Am „Zitterdonnerstag" erläuterten also Tucker und der Londoner Y&R-Chef John Banks ihre Befunde und trugen damit dazu bei, Wakehams und Whitelaws trübe Stimmung noch mehr zu drücken. Die sehr detaillierte und fundierte Analyse war durch Feldforschung abgesichert und auf Schautafeln sehr anschaulich dargestellt. Sie zeigte, daß die Zustimmung der Befragten zu den Tories in ganzen drei Wochen von 48 Prozent auf 42 Prozent zurückgegangen war. Die Zustimmung zu Labour war von 27 Prozent auf 35 Prozent gestiegen. Die „Mainstreamer" von Y&R, d. h. die Vertreter einer sehr großen Gruppe der bürgerlichen Mittelklasse, liefen in Scharen zu Labour über, wobei diese

Partei sie mehr über das Herz als über den Kopf erreicht hatte. „Die verlorengegangenen ‚Mainstreamer' glaubten Kinnock – gefühlsmäßig. Sie glauben, daß er die Partei unter Kontrolle zu halten vermag. Die Labour Partei hat die staatspolitischen Erfolge der Tories unterminiert und wird als die Partei angesehen, die sich um die ‚Mainstreamer' kümmert, die für sie ‚sorgt'." Es gab noch sehr viel mehr Resultate dieser Art geboten, und als die Präsentation beendet war, entschied Wakeham völlig niedergeschlagen, daß die Botschaft wichtig genug sei, um damit in Nummer 10 zu gehen, wohin er auch die Herren von Young & Rubicam mitnahm.

Die Strategie-Sitzung war um fünf Uhr zu Ende, und als Bell herauskam, nahm er kurz Lord Young beiseite. Er habe da noch ein paar Anzeigenentwürfe, die er ihm gern zeigen würde. Ob er sie sehen wolle? Young bejahte das, er würde sie sogar sehr gern sehen, am liebsten noch vor der Rückkehr von Mrs. Thatcher. Also wurde ein Assistent, Howell James, zu Bells Büro entsandt, um das Material von dort zu holen, und dann sahen Young und Stephen Sherbourne, der politische Sekretär von Mrs. Thatcher, sich die Unterlagen genau an. Die Anzeigen kämen, so meinte Young schließlich, dem sehr viel näher, was Mrs. Thatcher haben wolle. Damit ließe sich etwas anfangen.

Als die Premierministerin aus den Midlands zurückkehrte, fing Young sie auf der Treppe ab und zog sie in einen Raum, wo die Entwürfe von Bell und Lowe auf Bücherregalen aufgestellt waren. Sie gefielen ihr. Sie waren direkt und sachlich. Mrs. Thatcher mochte einen ganz besonders, der feststellte: „Die Konservativen geben dreimal soviel für das Gesundheitswesen aus wie die letzte Labour-Regierung. Die einzige Regierung, die je die Ausgaben für die Gesundheit kürzte, war die letzte Labour-Regierung."

Die Premierministerin stand jedoch schon wieder unter Zeitdruck. Sie mußte zu einem Interview mit David Dimbleby, das für *This Week* aufgezeichnet werden sollte – ein Auftritt, der zu den wichtigsten der ganzen Kampagne gehörte, und sie mußte sich unbedingt darauf vorbereiten. Saatchi stand parat, das neue Material vorzustellen. Auch dafür hatte sie keine Zeit mehr und überließ am Ende die ganze Sache Young, stellte allerdings klar, daß, wer immer was mache, die Entwürfe von Bell dem entsprächen, was sie haben wolle.

Von den dann folgenden Ereignissen gibt es verschiedene und

einander widersprechende Versionen. Maurice Saatchi und John Sharkey kamen um 18.30 Uhr an. Tebbit, der im Verkehrsgewühl steckengeblieben war, traf wenige Minuten später ein. Maurice verlangte die Premierministerin zu sprechen, aber die bereitete sich auf das Fernsehinterview vor, und er und Sharkey mußten warten. Als Tebbit ankam, eröffnete ihm Young, daß Mrs. Thatcher die Bell-Anzeigen wünsche. Nach einem heftigen Wortwechsel gingen beide die neuen Saatchi-Entwürfe durch und verwarfen zwar ein paar, waren sich sonst aber einig, daß andere dem gerecht wurden, was Mrs. Thatcher an diesem Morgen verlangt hatte, und daß sie sich auch nicht so sehr von dem abhoben, was Young & Rubicam geraten und Bell empfohlen hatte. Eigentlich brauchte es auch keine genialen Einfälle, um sich die Botschaft auszudenken, die die Tories den Wählern einhämmern mußten. Überall in der Fleet Street und bei ungezählten Abendgesellschaften kamen noch viele andere Leute zu sehr ähnlichen Schlußfolgerungen.

Maurice war wütend, als er die Entwürfe von Bell sah. Es komme überhaupt nicht in Frage, daß sie die bei Saatchi realisierten, sagte er – ihre Anzeigen machten vergleichbare Aussagen und seien zudem um vieles professioneller. Sie diskutierten noch darüber, als Young, der ein Stockwerk höher zurückgeblieben war, plötzlich den Kopf zur Tür hereinsteckte. Er habe gerade von der neuesten Marplan-Umfrage gehört, und nach der lägen die Tories keineswegs zurück. Sie hätten vielmehr noch immer einen Vorsprung von zehn Prozentpunkten. Plötzlich war der Druck weg. Mrs. Thatcher begab sich zu ihrem Interview – und lächelte. Maurice ging wenig später, nachdem er sie nur ganz kurz hatte sprechen können. Er sei höchst irritiert, was die Intervention Bells und das in seinen Augen doch recht eigentümliche Verhalten seines Klienten anbeträfe. Doch die Premierministerin war nicht von ihrer Forderung abgerückt, daß die Bell-Entwürfe genommen werden sollten – sie wünsche, sagte sie, daß Saatchi die bearbeite. Und sie wolle einen neuen Werbefilm fürs Fernsehen.

Die Konservative Partei durchbrach alle Regeln, die für die Beziehungen zwischen einem Klienten und seiner Werbeagentur gelten. Robert Townsend lehrt in seinem Buch *Up the Organisation*, was den Umgang mit Werbeagenturen anbelangt, folgendes: „Man hole sich nicht einen Meister, damit dieser einem ein Meisterstück male, und beauftrage dann eine Schar jugendlicher

Kunsteleven damit, ihm über die Schulter zu schauen und Verbesserungen vorzuschlagen." Tim Bell und Frank Lowe können nicht als „jugendliche Kunsteleven" bezeichnet werden, denn sie gehören beide zu den profiliertesten Vertretern ihrer Branche. Aber die Tatsache ihrer Anwesenheit und ihrer Arbeit, die parallel zu der von Saatchi lief, gehen doch in diese Richtung.

Am nächsten Tag wieder neue Gerüchte – erst in Whitehall, dann in der City und in der Fleet Street: Saatchi & Saatchi sei nach einem gewaltigen Krach mit der Premierministerin der Stuhl vor die Tür gesetzt worden. Alle Seiten dementierten, aber der Streit ließ sich doch nicht leugnen. Jeremy Sinclair tat sein Bestes, die ganze Sache zu verharmlosen, als er von einer Zeitung auf sie angesprochen wurde. „Mrs. Thatchers Gespräch mit Maurice hat Auswirkungen gehabt", räumte er ein. „Es ließ alle ganz schön springen. Aber die Etat-Verwaltung liegt nach wie vor in unseren Händen." Und Lord Young versicherte: „Unsere Beziehungen zu Saatchi sind unverändert. Wir sind durchaus glücklich mit der Entwicklung der Dinge." Weder er noch Tebbit hätten die Absicht, die der Agentur übertragenen Aufgaben zu schmälern.

Sinclair war entschlossen, sich nicht von seinem Fernsehspot abbringen zu lassen. Der Kontrolltest von Sharkeys Team hatte bessere Ergebnisse erbracht, als er zu hoffen gewagt hatte – der Streifen war bei den Testsehern außerordentlich gut angekommen. Er rief Lord Young an und fragte diesen, ob sie wohl noch einmal über die Wahlsendung reden könnten, die Mrs. Thatcher abgelehnt habe. Hatte Young den Streifen eigentlich je gesehen? Young erklärte sich einverstanden, bei Saatchi vorbeizukommen und sich den Film anzusehen, und als er dann kam, startete Sinclair eine Präsentation, wie sie typisch für einen Werbemann ist: Man zeige dem Kunden erst die Testergebnisse und dann die Werbung! Als Sinclair ihm die Zuschauerreaktionen dargestellt und erläutert hatte, war Youngs Interesse hinreichend geweckt. Der Film brachte ihn ins Dilemma. Er hatte zwar die Anweisung gegeben, diesen Streifen nicht zu senden, aber als er ihn nun sah und an Sinclairs Testergebnisse dachte, fand er die Arbeit zu gut, um sie nicht zu bringen. Schließlich faßte er seinen Entschluß: „Das muß gesendet werden. Es ist mir egal, aus welchen Gründen er zurückgezogen werden sollte, der Film muß gebracht werden." Aber wie sollte man – und wer – Mrs. Thatcher davon überzeugen?

Young hatte dann die Idee, Gordon Reece einzuspannen, der sich den Werbefilm am folgenden Morgen ansah, um danach Mrs. Thatcher zu einer Änderung ihres Urteils zu überreden. Wieder präsentierte Sinclair erst die Testergebnisse, bevor er den Film vorführte, und Reece war genauso beeindruckt wie Young. Noch am gleichen Tage spielten die beiden ihn also der Premierministerin noch einmal vor, die diesmal wesentlich entspannter war. Auch Denis Thatcher war anwesend, und am Ende herrschte Übereinstimmung. Das bedeutete, daß Sinclairs Werbespot wieder in das Programm aufgenommen wurde – mir ihm sollte nun die Wahlkampagne der Konservativen Partei beendet werden.

Die Printmedien brachten an diesem Wahlwochenende Anzeigen, die weitaus umstrittener waren. Die Ergebnisse der Bemühungen von Bell und Saatchi (und wer weiß von wem noch) wurden um etwa zwei Millionen Pfund geschaltet – es war die bislang größte Pressekampagne der britischen Geschichte. Bells Zeile „Großbritannien ist wieder ein Erfolg. Lassen Sie nicht zu, daß Labour das ruiniert" war zu „Großbritannien ist wieder groß. Lassen Sie nicht zu, daß Labour das zunichte macht" geworden. Einige der Anzeigen zeigten mehr als nur eine grobe Ähnlichkeit mit Bells Entwürfen, aber das konnte auch wiederum daran liegen, daß ähnliche Köpfe zu gleichen Ergebnissen gelangt waren. „Wir bekamen drei Sätze von Entwürfen, die wir an dem Tag noch bearbeiten sollten", sagte Sharkey am Ende der Woche erschöpft. „Da haben wir dann schließlich die Anzeigen realisiert, die wir schon die ganze Zeit hatten machen wollen."

Hinsichtlich der Arbeit von Young & Rubicam wurde beschlossen, deren auf die Rückgewinnung der „Mainstreamer" abzielenden Vorschläge zunächst einmal in den Entwurf einer Thatcher-Rede einzuarbeiten. Als dann aber die Ergebnisse der neuesten Marplan-Umfrage bekannt wurden, nahm man alles wieder heraus. Sämtliche Umfragen des Wochenendes ergaben einen Vorsprung der Tories vor Labour von zehn bis zwölf Prozent, während die Allianz weit abgeschlagen zurücklag.

Am 11. Juni endete dann im großen und ganzen auch alles da, wo es vor all den Kampagnen, Schlachten und internen Kämpfen begonnen hatte. Die Tories waren mit einem Vorsprung von 12 Prozent an den Start gegangen und sie beendeten das Rennen auch mit einem Vorsprung von 12 Prozent. Mrs. Thatcher zog wieder in

Downing Street ein und konnte sich auf eine Mehrheit von 101 Sitzen stützen. Und den Brüdern blieb es überlassen, über die Zukunft von Saatchi als Werbeagentur eines so schwierigen Klienten gründlich nachzudenken. Am tiefsten Punkt der Kampagne hatte man Saatchi & Saatchi für alles verantwortlich gemacht, was schief gegangen war, und das gefiel den Brüdern ganz und gar nicht. „Die Konservative Partei entwickelte sich im Verlauf von acht Jahren vom besten Klienten der Welt zum schwierigsten von allen", sagte ein ehemaliger Saatchi-Mitarbeiter später. Es hatte sich viel verändert seit 1979, als Saatchi & Saatchi von den Tories gepriesen und von der Opposition geschmäht worden war, als die Agentur, die dem Thatcherismus den Weg bereitet hatte. Vielleicht war es an der Zeit, dem Rechnung zu tragen.

18

KAUFEN WIR DOCH EINE BANK!

Der Wahlkampf des Jahres 1987 war zwar am 11. Juni zu Ende gegangen, die Auseinandersetzung zwischen Tim Bell und den Brüdern ging jedoch weiter. Einmal mehr sorgten die Saatchis tagtäglich für Schlagzeilen, aber diesmal in einer Art und Weise, die sie selber alles andere als glücklich machte. Die vergangenen Wochen waren schlimm genug gewesen: Die Kritik an der glanzlosen Werbekampagne, die Nachforschungen der Presse noch während der Wahlkampagne, ob die Führung der Tories sich von Saatchi & Saatchi getrennt habe, und schließlich die Einmischung der Tories und die Hinzuziehung Tim Bells. Ein altgedienter Tory wurde mit den mitfühlenden Worten zitiert: „Wenn die Werbung nicht ganz den Erwartungen entspricht, dann sagt das nichts über die Agentur, sondern eher etwas über den Klienten aus." In den Augenblicken der Verbitterung mögen auch die Saatchis so gedacht haben, aber für sie war die ganze Angelegenheit doch viel zu heikel, um sich je offen dazu äußern zu können. Sie mußten die entscheidende Tatsache hinnehmen, daß Mrs. Thatcher kein Vertrauen mehr zu Saatchi hatte und daß es unter diesen Umständen wenig sinnvoll war, die Arbeit für die Konservative Partei fortzusetzen. Sie hatten zwar stets erklärt, der Tory-Etat sei ein Etat wie jeder andere auch, aber das stimmte nicht. Es war eine besondere Aufgabe, eine Kampagne mit ausgeprägtem Profil, sofortigem Feedback und umfassenden Analysen von allen Seiten. So etwas konnte sehr aufregend sein, es konnte aber auch die Arbeitsmoral der ganzen Agentur untergraben, wenn es zu einer einzigen Schinderei wurde. Der finanzielle Gewinn war wenig attraktiv, dafür drückte die Kontroverse um ihre Qualität sofort auf den Aktienkurs und das Börsenimage der Agentur.

All dies machte die Feiern zum Siege der Tories im Saatchi-Lager zu einer eher gedämpften Angelegenheit. Die hausinternen Analysen der Kampagne ergaben keinerlei Hinweis darauf, wie man selbst sie hätte besser machen können, auch wenn es anderen vielleicht möglich gewesen wäre. Ich hatte am Tage der Wahl im Büro von Norman Tebbit ein längeres Gespräch mit Maurice, Sharkey und Dobbs, bei dem sie alle drei die Saatchi-Werbung und die von ihnen erarbeitete Kampagne verteidigten. Sie würden nie und nimmer einen ihrer Klienten kritisieren, aber sie blickten doch finsterer drein, als ich das je erlebt hatte. Ihnen hatte die Geschichte geschadet. Der Aktienkurs stieg zwar unmittelbar nach der Wahl wieder um 30p auf 600p an, aber die Gerüchte, daß sich Saatchi & Saatchi und die Tories bald trennen würden, waren damit noch nicht aus der Welt geschafft.

Am Samstag nach der Wahl widmete die *Times* die obere Hälfte ihrer Titel- und den größten Teil ihrer Rückseite einem Artikel mit der Überschrift „Wie Projekt Blau die Tory-Kampagne rettete", in dem darüber berichtet wurde, wie Young & Rubicam Saatchi angeblich das Heft aus der Hand genommen und Mrs. Thatcher vor einer Wahlniederlage bewahrt hatte. Das erbitterte sowohl Bell als auch die Brüder, und beide Seiten stellten klar, daß dieser Bericht nicht den Tatsachen entspräche. Aber es gab an diesem Wochenende noch mehr Meldungen von dieser Art. „Die Zukunft von Saatchi als der Werbeagentur der Konservativen Partei scheint auf des Messers Schneide zu stehen", meinte etwa der *Observer* vom 14. Juni. „In der vergangenen Woche gab es jedenfalls Vermutungen über eine bevorstehende Trennung."

An diesem Samstag sollte Mrs. Thatcher ihr neues Kabinett vorstellen. Der Entschluß von Norman Tebbit, aus der Regierung auszuscheiden, war inzwischen durchgesickert. Mrs. Thatcher hatte sich noch am Wahltag drei Stunden lang um ihn bemüht und zusätzlich noch Lord Whitelaw auf ihn angesetzt, aber Tebbit hatte sich nicht erweichen lassen und war bei seinem Entschluß geblieben. Am Abend würde er nicht mehr der Regierung angehören.

Ich suchte ihn am Morgen des besagten Samstages in seinem Büro in den Amtsräumen des Kabinetts auf. Dort bot sich mir ein eigenartiger Anblick. Eigentlich hätte fast so etwas wie Volksfeststimmung herrschen müssen. Es war ein wunderschöner Sommertag, und die Fenster, von denen aus man die Parade der Horse Guards beobachten konnte, standen alle weit offen. Die von unten heraufdringende Musik des alljährlichen „Trooping the Colours", der Parade zu Ehren des Geburtstages der Königin, stand aber in merkwürdigem Gegensatz zu der feierlichen, eher an eine Totenwache gemahnenden Atmosphäre in den Büroräumen hier oben. Die Männer, die in den vergangenen hektischen Monaten mit Tebbit zusammengearbeitet hatten, hatten ihre Frauen und Kinder mitgebracht, um mit ihnen die Parade anzuschauen und die Königin zu sehen. Margaret Tebbit saß in ihrem Rollstuhl an einem der Fenster mit dem besten Ausblick auf die Zeremonie. Es gab Erfrischungen, und aus den benachbarten Amtsstuben war das fröhliche Lärmen anderer Gruppen zu hören, die dieses Privileg der Regierungspartei genossen. In diesem Raum aber merkten sogar die Kinder, daß irgend etwas nicht stimmte, und sprachen mit so gedämpfter Stimme wie die Erwachsenen.

Ich fand Tebbit in einem der angrenzenden Räume mit gesenktem Kopf an seinem Schreibtisch sitzen und einen Brief schreiben. Als er mich bemerkte, entschuldigte er sich und bat mich, doch wieder zu den anderen hinüberzugehen. Er werde gleich kommen, er schreibe nur noch an die Premierministerin. Offensichtlich entwarf er sein Rücktrittsgesuch. Am nächsten Tag würden diese schönen Räume, der ganze Apparat und alle Privilegien, die mit der Stellung des Kanzlers des Herzogtums Lancaster verbunden waren, einem anderen zugefallen sein.

Auch diese Entwicklung wirkte sich zu Ungunsten von Saatchi aus. Tebbit behielt zwar sein Amt als Parteivorsitzender bei und war deshalb – zumindest nominell – auch weiterhin für das Engagement der Werbeagenturen zuständig, aber auch diese Position wurde zunehmend angreifbar, und politische Auguren wollten wissen, daß Tebbit keine sechs Monate mehr in der Parteizentrale regieren würde. Lord Young hatte in seiner Eigenschaft als Chef des Küchenkabinetts und als Chefmanager der Zentrale im Verlauf des Wahlkampfes an Macht und Einfluß gewonnen. Jetzt beförderte Mrs. Thatcher ihn vom Arbeitsminister zum Minister für Handel und Industrie, womit er das Amt übernahm, das Tebbit innegehabt hatte. Gerüchte, daß er auch den Parteivorsitz übernehmen werde, stießen bei seinen Kabinettskollegen auf so heftigen Widerstand, daß Young ihn später im Sommer aufgeben mußte. Saatchi verlor mit Tebbit einen mächtigen Fürsprecher im Kabinett und betrachtete Youngs Aufstieg mit gemischten Gefühlen. Dieser hatte sich während des Wahlkampfes nicht gerade als ein Anhänger der Agentur erwiesen, und seine enge Freundschaft mit Tim Bell war den Brüdern nicht angenehm.

Tebbit war aber durchaus bereit zu kämpfen. Bei einer Pressekonferenz an diesem Wochenende setzte er sich für „seine" Werbeagentur ein und trat den wilden Spekulationen darüber, wer denn nun eigentlich die Werbung der Tories gemacht oder nicht gemacht hatte, entschieden entgegen. „Während des Wahlkampfes waren genau genommen zwei oder drei Kampagnen im Gange", sagte er. Einer davon sei der Kampf einer amerikanischen Werbeagentur gewesen (deren Namen er zartfühlend verschwieg, obwohl doch alle Anwesenden wußten, daß es sich nur um Young & Rubicam handeln konnte), „die wegen des Erfolges von Saatchi sauer war und sich wohl dachte, die beste Möglichkeit, der Konkurrenzagentur eines auszuwischen, sei die, ihr den angesehensten Etat abzujagen, den sie verwaltete, nämlich den Etat der Konservativen Partei." Und Tebbit fuhr fort: „Nachdem dieser Versuch gescheitert war, wurde verbreitet, daß uns die Kampagne von Saatchi die Wahl verlieren lassen würde. Und als wir die Wahl dann doch gewannen, kam man mit der Behauptung, das sei ganz und gar nicht Saatchi & Saatchi zu verdanken, sondern dafür hätte die amerikanische Agentur hinter den Kulissen gesorgt."

Diese Rede förderte den Aktienkurs von Saatchi am Montag. Gleichzeitig aber versetzte eine weitere Pressemeldung die Brüder erneut in Wut. Nigel Dempster, Chronist der *Daily Mail*, stimmte nun in den Chor ein. Am Sonntag hatte ihn sein alter Freund Frank Lowe angerufen und sich bei ihm darüber beklagt, daß der große Einsatz Tim Bells für Mrs. Thatcher gänzlich übersehen würde. Der Wahlsieg sei weder Saatchi zu verdanken noch Young & Rubicam. Vielmehr sei der Slogan „Großbritannien ist wieder groß. Lassen Sie nicht zu, daß Labour das ruiniert" eine Schöpfung von Tim Bell und ihm. Dempster nun tat Lowe den Gefallen und ging in seiner viel gelesenen und durchaus einflußreichen Kolumne auf diesen Aspekt ein. Ganz privat, so schrieb er da, gratuliere Margaret Thatcher Tim Bell zu ihrem Sieg.

Anders als sein Partner Bell war Lowe kein Feind der Saatchis, sondern ganz im Gegenteil einer der engsten Freunde von Charles. Und das ist er heute noch – sie spielen regelmäßig miteinander Karten und haben sehr ähnliche Ansichten über die Welt der Werbung. So war es ihnen beiden auch gar nicht lieb, bei dieser in aller Öffentlichkeit geführten Auseinandersetzung in gegnerischen Lagern zu stehen. Als die Auseinandersetzung nun neu entflammte, merkte Lowe, daß er da in ein Minenfeld hineingeraten war, aus dem er nicht ganz leicht wieder hinausfinden würde. Die Schuld daran gab auch er Tim Bell. Dieser wiederum sah sich in einer zunehmend unangenehmeren Lage, die er sich keineswegs selbst zuschrieb.

An diesem Abend berichtete die *Panorama*-Sendung der BBC anläßlich eines zusammenfassenden Berichtes über die Wahl und ihre Vorgeschichte, Mrs. Thatcher habe bereits am „Zitterdonnerstag", also am 4. Juni, „auf die Dienste von Saatchi & Saatchi verzichtet und die Fortführung der Kampagne den Beratern einer anderen Agentur anvertraut". Das brachte Charles und Maurice erneut in Rage. Saatchi & Saatchi mochte ja am Ende der Kampagne nicht mehr in bester Verfassung gewesen sein, aber die Agentur hatte bis zum letzten Augenblick die Anzeigen der Konservativen Partei geschrieben oder überarbeitet und war ganz und gar nicht gefeuert worden. Die BBC war entschieden einen Schritt zu weit gegangen.

Der Zeitpunkt, zurückzuschlagen, war gekommen. Die Saatchis sind, wie Tim Bell bestätigt, gute Freunde, aber erbitterte Feinde. Brian Basham, führender PR-Berater in der City, der viele Jahre lang auch für die Brüder tätig war (sich aber einer Übernahme durch sie widersetzt hatte, obwohl das Angebot angesichts des Erfolges seiner Beratungsfirma von Jahr zu Jahr gestiegen war), wurde nun mit der Planung einer Gegenkampagne beauftragt. Und auch die Rechtsanwälte des Hauses wurden mobilisiert. Die Brüder verfaßten eine Stellungnahme, die Basham dann an die Presse weiterleitete. Darin hieß es, daß Saatchi nicht entlassen worden sei, sondern nach wie vor für die Konservative Partei arbeite. Die speziellen Untersuchungsverfahren von Young & Rubicam mit ihren „Mainstreamern" und „Zugehörern", über die so viel geredet werde, seien für Wahlen „gänzlich nutzlos". Sowohl Y&R als auch die Agentur Bells betrieben eine „Desinformationskampagne". Die Parteizentrale unterstützte diese Erklärung mit der Feststellung, daß die Darstellung von *Panorama* „reine Erfindung", der Agentur zu keiner Zeit gekündigt worden sei, mehr noch, daß sich die Frage einer Kündigung überhaupt nie gestellt habe.

In den folgenden Tagen stand plötzlich nicht mehr Saatchi unter Druck, sondern die Agentur Lowe Howard-Spink & Bell. Es kamen Gerüchte auf, Lowe habe sich mit Bell überworfen, Topleute seien dabei, die Agentur zu verlassen, und die Boulevardpresse werde demnächst mit einigen Enthüllungen bezüglich des Privatlebens von Herrn Bell aufwarten. Dieser beschuldigte die Saatchis und Basham, Urheber der Gerüchte zu sein, was diese jedoch entschieden bestritten. Bis zur Mitte der Woche war alles außer Kontrolle geraten. In diesem Jahr 1987, d.h. ein Jahr nach dem „Big Bang", der Aufhebung der Börsenbeschränkung, gab es in der City Makler, die auf solche Gerüchte spezialisiert waren, und bald war die klassische Baissespekulation in vollem Gange. Am Mittwoch fielen die Aktien von Lowe Howard-Spink & Bell um 62p, womit sich der Wert des Unternehmens um 12 Millionen Pfund verringerte. Am folgenden Tag meldeten fast alle renommierten Zeitungen diesen Kurseinbruch auf der Titelseite und brachten ihn mit dem Streit um die Wahlkampfwerbung in Verbindung. Das war für Frank Lowe alles andere als komisch. „Ich bedauere, diese Anzeigen je geschrieben zu haben", sagte er später. „Ich hätte die Agentur niemals in die Sache hineinbringen dürfen."

Ebenso wenig komisch war das alles für die Premierministerin. Als Sir Gordon Reece sie am Mittwoch anrief, schäumte sie vor Wut. „Das ist doch wirklich unglaublich", sagte sie. „Da gewinne ich eine Wahl mit einer Mehrheit von hundert Sitzen, und alles, worüber die Leute reden können, ist, welche Werbeagentur wohl welche Anzeigen gemacht hat!" Könne er, Gordon, da nicht irgend etwas unternehmen? „Sie kennen doch die Saatchis und Tim Bell und Frank Lowe und all die anderen. Können Sie dem nicht mal ein Ende machen, Gordon?" Reece pflichtete ihr bei, daß das alles ziemlich absurd sei, und er versprach, zu tun, was in seiner Macht stünde, um „mal ein paar Köpfe zusammenzustoßen".

Beide Seiten schoben einander die Schuld zu. Die Saatchis waren über Bells Einmischung empört, während dieser ihnen vorwarf, seine Anzeigenentwürfe als ihr eigenes Werk ausgegeben zu haben. Die Geschichten um diesen Streit wurden schon in den Vereinigten Staaten, in Kanada, Australien kolportiert, überhaupt überall, wo der Name Saatchi ein Begriff war, was natürlich ihrem, aber auch Lowes Unternehmen nur schaden konnte. Und doch konnte keine der beiden Parteien nachgeben, vor allem die Saatchis nicht. Erst mußte Bell dahin gebracht werden, daß er sich ihnen unterwarf.

Downing Street zeigte sich angesichts dieser Eskalation beunruhigt. Tebbit, Lord Young, Lord Whitelaw und andere wurden telefonisch gebeten, sich da einzuschalten und mit allen Mitteln die Gemüter „abzukühlen". Beide Kontrahenten zogen mittlerweile Journalisten auf ihre Seite und setzten sie auf die nächste, am Wochenende auszutragende Runde des Kampfes an. Lowe, Bell und ihr Finanzchef Julian Seymour suchten den auf Verleumdungsklagen spezialisierten Anwalt Peter Carter-Ruck auf, um die Möglichkeiten eines gerichtlichen Vorgehens gegen die Saatchis prüfen zu lassen.

Zu guter Letzt aber trat dann doch noch ein unerwarteter Friedensstifter auf, Lord Hanson, der Chef des riesigen Mischkonzerns Hanson Trust. Von Hanson hieß es, er liebe „Mrs. Thatcher, das freie Unternehmertum und die Vereinigten Staaten – in beliebiger Reihenfolge". Er nun war ganz und gar nicht erbaut über den Schaden, den der öffentliche Zank zweien seiner drei Lieblinge zufügte – und er war in der Position, einschreiten und allem ein Ende machen zu können.

Hanson hatte gerade seine umfänglichste Übernahmeaktion abgeschlossen, die sein Unternehmen in Amerika – nach *Fortune 500* – auf Platz 48 und in Großbritannien auf Platz 5 katapultiert hatte. Er war nunmehr Eigner der Imperial-Gruppe, des größten Zigarettenherstellers Großbritanniens – und Imperial gehörte zu den wichtigeren Klienten von Saatchi & Saatchi. Aber auch Lowe Howard-Spink & Bell verwaltete eine Reihe von Hanson-Etats.

Hanson meldete sich am Freitag morgen bei Frank Lowe und forderte ihn zu einem Besuch auf. Also marschierte Lowe von seinem Büro im Bowater House hinüber zu dem aus den sechziger Jahren stammenden und auf die Gärten des Buckingham Palace hinabschauenden Bürogebäude am Hyde Park Corner, dem Hansonschen Hauptquartier. Die Saatchis wollten zunächst von Friedensverhandlungen nichts wissen. Sie waren fest entschlossen, ihre Version der Geschichte durchzusetzen und ein für allemal klarzustellen, daß die während des Wahlkampfes geschaltete Werbung von ihrem Team, von ihren Textern und Grafikern stammte – und nicht von Bell, Lowe, Young & Rubicam oder wem sonst auch immer.

Hanson ist ein redegewandter, ruhiger und intelligenter Mann, der Lowe zu einem Friedensschluß nur allzu bereit fand. Er könne, so sicherte Lowe zu, Tim Bell zum Schweigen bringen. Wie aber die Saatchis dazu überreden, von der Streiterei abzulassen? Der Zwist schadete doch dem Aktienkurs beider Unternehmen.

Hanson rief Maurice Saatchi an, und als er ihn am Apparat hatte, sagte er ihm, daß Frank Lowe bei ihm sei und das Gespräch über die Konferenzschaltung mithöre. Lowe sei, so fuhr Hanson fort, sehr daran gelegen, diese albernen Mißverständnisse zwischen ihnen auszuräumen, und auch er, Hanson, meine, daß die Auseinandersetzung aufhören müsse, und sei es auch nur um der Premierministerin willen, deren Wahlsieg nicht auf diese Weise besudelt werden dürfe. Was mache es schon aus, wer diese Werbung verfaßt habe? Was allein zähle, das sei die Tatsache, daß Mrs. Thatcher die Wahl gewonnen habe. Und könnten sie nicht nun vielleicht doch endlich Frieden schließen?

Charles war bei Maurice, und beide sprachen mit Hanson. Sie zögerten, die Sache einfach so vom Tisch zu wischen, konnten Hanson aber nicht auf Dauer Widerstand leisten. Nach langem Hin und Her stimmten sie einem Waffenstillstand zu.

Später an diesem Vormittag wurde dann eine erstaunliche Pressemeldung herausgegeben: „Alles bestens bei Lowe und Saatchi". Beide Seiten, so hieß es, wollten ihren Streit begraben. Frank Lowe gratulierte Saatchi in aller Form „zu dem großen Erfolg, den die Agentur mit der Tory-Kampagne errungen" hatte, und Saatchi dankte Lowe für „seinen wertvollen Beitrag".

Der Presse entging der entscheidende Punkt dieser Verlautbarung: Saatchi dankte da Lowe für seinen Beitrag. Aber der Beitrag von Lowe Howard-Spink & Bell verdankte doch auch etliches Tim Bell? Der aber war mit keinem Wort erwähnt. Lowe versicherte später, die Saatchis hätten einer gemeinsamen Erklärung nie zugestimmt, in der sein Name genannt worden wäre. „Sie schienen ihn wirklich zutiefst zu verabscheuen", sagte er. Das Saatchi-Lager dagegen erzählte eine ganz andere Geschichte. Lowe sei Bells Verhalten sehr peinlich gewesen und er hätte daher darauf bestanden, daß sein Name nicht genannt werde. Bell schwieg – vielleicht klugerweise – zu dem allen und bezog erst später ganz entschieden gegen die Saatchi-Version Stellung.

Der Kampf um die Wahlwerbung war damit beendet, jedenfalls vorläufig. Die Saatchis zogen ihre Verleumdungsklage gegen die BBC zurück, nachdem diese einen widerwilligen Widerruf gebracht und zugestimmt hatte, bescheidene 1000 Pfund an eine Wohltätigkeitsorganisation zu zahlen. Die BBC war durchaus versucht gewesen, sich dem Kampf zu stellen, hatte sich aber immer noch nicht ganz von einer anderen Schlacht mit der Konservativen Partei erholt, die sie 500 000 Pfund, viel von ihrem guten Ruf und den Generaldirektor seinen Stuhl gekostet hatte. Es half da auch nicht viel, daß der Reporter in beiden Fällen derselbe gewesen war, nämlich Michael Cockerill. Saatchi veröffentlichte eine siegesbewußte Erklärung, während die Pressemitteilung der BBC am nächsten Tag von der *Times* so interpretiert wurde, als habe sie „Zusammenbruch der hartnäckigen Saatchis" gelautet. Ein Vertreter der BBC wurde mit den Worten zitiert: „Bei all dem Druck, den Tebbit auf die BBC ausübte, ist es zu einer gewissen Nervenschwäche gekommen. Früher hätten wir eine solche Sache prinzipiell ausgefochten, aber jetzt winden wir uns lieber schweigend aus ihr heraus." Die BBC-Version war nicht ganz zutreffend, von der Wahrheit aber nicht weit entfernt.

Für Saatchi & Saatchi war es nun an der Zeit, sich wieder ernsthaften geschäftlichen Unternehmungen zuzuwenden. In New York war die von Simonds-Gooding so sorgfältig erarbeitete Reorganisation der Agenturen so gut wie abgeschlossen. Das Evangelium der Globalisierung mochte ja so seine schwachen Punkte haben, aber es bewährte sich, als die Brüder nun schnell weiterschritten und keine Geduld für die Argumente derer fanden, die über Interessenkonflikte, Größenordnungen, Zurückstufungen und sogar Entlassungen – man hatte sich in den Vereinigten Staaten von über 1000 Mitarbeitern der dort übernommenen Agenturen getrennt – Klage führten.

Immer neue Probleme tauchten auf. Der britische Pharma-Konzern Beecham hatte in den Vereinigten Staaten wegen einer unverhältnismäßig optimistischen Prognose die auf dem Gebiet der Marktforschung tätige Saatchi-Tochter Yankelovich Clancy Shulman geklagt. Diese Firma war zu dem Ergebnis gekommen, daß Beecham bei Werbeaufwendungen von 18 Millionen Dollar für ein neues Waschmittel einen Marktanteil von 45 bis 50 Prozent erreichen werde. Beecham hatte daraufhin dieses Geld brav – bei einer anderen Saatchi-Tochter – investiert und für kurze Zeit ganze 25 Prozent erreicht. Dann war der Marktanteil wieder geschrumpft und hatte sich irgendwo zwischen 15 und 20 Prozent eingependelt. Das war nicht gerade eine gute Werbung für die Vorzüge des „Alles unter einem Dach"-Konzepts, war aber insgesamt doch nur ein unbedeutender Nebenaspekt.

In London kam es nämlich zu ganz anderen Herausforderungen. Die Brüder beschlossen, sich an einem neuen Satellitenfernsehprogramm ihres alten Freundes Michael Green von Carlton Communications zu beteiligen. Wenn sich dieses Projekt verwirklichen ließe, dann würden sie British Satellite Broadcasting Konkurrenz machen, jenem Konsortium, das im Vorjahr die britische Konzession für Satelliten-Direktübertragungen errungen hatte und von Tony Simonds-Gooding geführt werden würde, der in seinen zwei Jahren bei Saatchi gute Arbeit geleistet hatte. Für die Brüder bedeutete dieses Engagement den ersten direkten Vorstoß in die Welt der Medien, und sie hatten dabei ein paar mächtige Partner an ihrer Seite, nämlich die Einzelhandelskette Dixon und die beiden Londoner Fernsehsender Thomas Television London Weekend Television. Außerdem kauften die Brüder ein juristisches Beratungsunternehmen in Kalifornien und eine im Bereich der Verkaufsförderung tätige Firma, womit sie ihr Service-Angebot weiter ausbauten.

Sie hatten jetzt den Punkt erreicht, die nächste Phase der Entwicklung einzuleiten und einen lange geplanten Schritt zu tun: Sie wollten ihren Kunden auch im Finanzsektor die entsprechenden Dienste anbieten können, das heißt, eine Bank kaufen.

In dem Unternehmen, das inzwischen weltweit 14 000 Mitarbeiter beschäftigte, war das Management so strukturiert, daß die Brüder nicht allzu sehr von Alltagsarbeit in Anspruch genommen wurden. Sie konnten in ihren Büros in der 6. Etage ihre kühnen Schachzüge planen und das Adrenalin in Fluß halten. Die Planung eines Serviceangebots im Finanzbereich lag in den Händen der City-Bank Kleinwort Benson. Zusätzlich hatte Maurice Michael Dobbs, der die Parteizentrale der Tories wieder verlassen hatte und zu Saatchi zurückgekehrt war, mit der Koordination auf Unternehmensebene betraut.

Saatchi & Saatchi hatte sich in den zwei Jahren, in denen Dobbs fort gewesen war, stark verändert. Bill Muirhead war jetzt Chef der Agentur, Paul Bainsfair und John Sharkey die beiden Geschäftsführer. Jeremy Sinclair, Roy Warman und Terry Bannister waren in den internationalen Bereich gewechselt, während Jennifer Laing, die Bell seinerzeit mit dem roten Ferrari ins Haus zurückgelockt hatte, wieder ausscheiden wollte, um die Leitung und den Ausbau einer kleinen Agentur zu übernehmen. Dobbs bezog ein Büro im Gebäude an der Regent Street, ein Stockwerk unter den weiträumigen Büros der Brüder, und diese informierten ihn sodann sehr eingehend über ihre Pläne bezüglich des Kaufs einer Bank.

Gleichsam als Vorspiel hatten sie bei Touche Ross, einer der sieben großen Wirtschaftsprüfungs-Firmen, eine Untersuchung der im Bankbereich angebotenen Dienstleistungen in Auftrag gegeben. Die Brüder waren von ihrem Plan überzeugt, und Charles hatte in einer schnellen Analyse das Bild einer Industrie entworfen, die in ihrer Struktur und in ihrer Vielschichtigkeit fast identisch mit der Werbeindustrie war, wie sie sich in den siebziger Jahren präsentiert hatte. Keine Bank, und mochte sie auch noch so mächtig sein, hatte einen großen Marktanteil. Beide Brüder erkannten hier Entwicklungen, die in unglaublicher Weise ihre und Ted Levitts Gedanken zum Thema „Globalisierung" widerspiegelten. Die Wirtschaftsteile der Zeitungen beschäftigten sich ununterbrochen mit der Frage, ob man global operieren oder sich aber in seiner Nische behaupten solle – eine Frage, die angesichts der Tatsache, daß die neuen Technologien und die zunehmende Liberalisierung die Finanzmärkte zu einem einzigen großen, internationalen Markt zusammenwachsen ließen, für die gesamte Bankwelt von größter Bedeutung wurde. Der „Big Bang" in London, die Aufhebung der Börsenbeschränkungen, die in etwa dem „May Day" ein Jahrzehnt früher in der Wall Street entsprach, hatte die größten Veränderungen mit sich gebracht, die die City je erlebt hatte. Amerikaner, Japaner und Europäer waren herbeigeströmt, um sich eine Position im Wertpapierhandel zu sichern, und bis auf wenige Ausnahmen hatten die einst so stolzen Londoner Maklerfirmen ihre Unabhängigkeit verloren und waren von den großen Finanzkonzernen geschluckt worden, die davon ausgingen, daß man, um in der neu geordneten Wirtschaftswelt überleben zu können, entweder die Kapazität – und das Kapital – haben mußte, um weltweit operieren zu können, oder aber eine Nische von Spezialdiensten, um hier Gewinn machen zu können.

Für die Brüder war das alles von einer unwiderstehlichen Anziehungskraft. Wie so viele andere waren auch sie selbst davon überzeugt, daß sie insofern die Entdecker des Konzepts der Globalisierung waren, als sie es im Bereich einer Dienstleistungsbranche verwirklicht hatten. Jetzt sprangen offensichtlich alle auf diesen Zug auf. Innerhalb weniger Wochen war das Trauma der Wahlen vergessen. Hier war eine Herausforderung, die noch um vieles größer war als der Erwerb von Bates. Durch die Ausweitung ihres Betätigungsfeldes über die Grenzen der Werbung hinaus auf Beratung, Marketing, Verkaufsförderung, Unternehmensdesign, Öffentlichkeitsarbeit und vieles andere mehr hatten sie den Markt, auf dem sie operierten – und von dem sie 10 Prozent haben wollten – von 40 Milliarden Dollar (das war das Umsatzvolumen der Werbeindustrie) um das Vierfache vergrößert. Allein den Beratungsmarkt schätzten sie bis 1990 auf einen Wert von 230 Milliarden Dollar. Ihre Unternehmensberatungen kamen, weltweit gesehen, auf den 12. Platz, aber der Abschluß bereits weit fortgeschrittener Übernahmeverhandlungen würde ihre Position schon bald wesentlich verbessern. Nach den Vorstellungen der Brüder sollten bis zu den frühen neunziger Jahren in diesem Bereich ebenso hohe Einkünfte erzielt werden wie in dem der Werbung. Und es gab ja auch noch andere Gebiete wie etwa die computergestützten Forschungs- und Informationsdienste für den juristischen Bereich, in denen sie bereits an erster Stelle standen.

Saatchi & Saatchi war keine schlechte Werbeagentur, ja, nicht einmal ein reines Kommunikations-Unternehmen mehr, sondern im Hinblick auf die Vielfalt der angebotenen Dienste beinahe ein „Mischkonzern", ein „Multi-Service-Unternehmen". Darauf basierten auch ihre Bemühungen um den Finanzsektor, mit dem Ziel einer neuerlichen und sehr beträchtlichen Ausweitung des Unternehmenshorizonts. Dobbs war ja bereits damit beschäftigt, die Argumente zusammenzutragen, die sie für sich geltend machen wollten. „Saatchi hat führende Firmen aus dem Bereich der Dienstleistungen für die Wirtschaft miteinander verbunden, die alle ihre eigenen Ziele, zugleich aber gemeinsame Qualitätsmaßstäbe und kulturelle Werte haben", schrieb er. „Ziel des Gesamtunternehmens ist es, seinen Klienten den professionellen, qualitativ hochstehenden und gut koordinierten Service zu bieten, der es ihnen ermöglicht, ihre eigenen unternehmerischen Ziele in möglichst wirkungsvoller Form zu verfolgen." Es folgten noch mehr Aussagen dieser Art, die die Banker der City später dazu veranlaßten, wegzusehen und zu murmeln: „Was hat denn das alles mit den mexikanischen Schulden zu tun?" Maurice jedoch gefiel das Papier von Dobbs sehr gut.

Jetzt war es an der Zeit, sich auf ein Ziel zu einigen. Als Berater fungierte hier David Clementi von der Firmenkundenabteilung des Bankhauses Kleinwort Benson, der sich um die Beschaffung der benötigten Mittel bemühte. Der britische Kapitalmarkt war in großer Unruhe, da nicht weniger als fünf Banken insofern „auf dem Markt" waren, als in allen Fällen irgend jemand angekündigt hatte, daß er die Mehrheit der Aktien oder gar die ganze Bank übernehmen wolle, und es war nur noch eine Frage der Zeit, bis eine solche Übernahme jeweils tatsächlich erfolgen würde.

Unter diesen fünf Geldinstituten war eines, das die anderen weit überragte, und zwar die Midland Bank, die vor dreißig Jahren einmal die größte der Welt gewesen war, heute aber – nach der verhängnisvollen Übernahme der später wieder abgestoßenen Crocker Bank of California, die im Zusammenhang mit südamerikanischen Kreditschulden in erhebliche Schwierigkeiten geraten war – nicht einmal mehr unter den ersten zwanzig zu finden ist. Die Midland Bank hatte in diesem Sommer einiges zu ihrer Sanierung getan, indem sie über eine Milliarde Pfund zur Abdeckung ihrer an Länder der Dritten Welt vergebenen Kredite aufgenommen und zwei ihrer Tochterunternehmen, die Clydesdale Bank und die Northern Bank, verkauft hatte. Ihre Bilanz sah danach wieder viel gesünder aus, was den Vorstandsvorsitzenden, Sir Kit McMahon, der ehemals Stellvertretender Präsident der Bank of England gewesen war, dazu veranlaßte, seine Vorstandskollegen vertraulich vor einer anderen Gefahr zu warnen. Solange die Bank durch ihre schlimmen Dritte-Welt-Schulden belastet gewesen war, hatte kein „Räuber" ein Übernahmeangebot gewagt. Diese Schulden waren eine großartige „Giftpille" gewesen, etwas so Ungenießbares, daß niemand sie je geschluckt hätte. Das aber war nun vorbei, und alle Welt konnte sehen, daß die Midland Bank auch auf lange Sicht wieder eine Zukunft hatte. Das machte sie verwundbar. „Sobald wir vollkommen saniert sind", sagte McMahon, „werden wir interessant. Wir sind dann eine Bank, die zwar immer noch schwach ist, die aber bewiesen hat, daß sie etwas zu unternehmen bereit und einigermaßen gesund ist."

Noch jemand anderer sah die Sache in diesem Lichte. Bereits drei Tage nach der Bilanzveröffentlichung durch die Midland Bank begann Lord Hanson, ihre Aktien zu kaufen. Anfang September kam es zu lebhafteren Spekulationen, als Hanson wissen ließ, daß jetzt zwischen fünf und sieben Prozent des Aktienkapitals in seinem Besitz seien. Das sei, so meinte er, „lediglich eine Investition". Daraufhin suchte McMahon ihn auf, und Hanson versicherte ihm, daß seine Absichten „freundliche" seien. Die City war skeptisch, McMahon aber nicht. Hanson, so dachte er, hatte wohl die gleiche Rechnung angestellt wie er selber. Er hatte den entscheidenden Augenblick erkannt, in dem die Midland Bank sich von ihren Schwierigkeiten zu befreien begonnen hatte und damit in die Phase der Verwundbarkeit eingetreten war, die andauern würde, bis sich die von McMahon eingeleitete Reorganisation positiv auswirkte. Irgend jemand, so sagte sich Hanson, würde ein Übernahmeangebot machen. Und wenn das geschah, dann wollte er ein Stückchen von dem Kuchen abbekommen. Er glaubte, versicherte McMahon seinen Vorstandskollegen, daß Hanson eher als Spekulant denn als ernsthafter Bieter anzusehen sei. Er mochte darauf aus sein, den Preis nach oben zu treiben und als „Destabilisierer" wirken, aber sein eigentliches Ziel sei es wohl, die Bank „ins Spiel" zu bringen und einen Bieter herbeizulocken. McMahon behielt mit seiner Lagebeurteilung recht. Die Übernahme eines Industriebetriebes schreckte Hanson zwar nicht im geringsten, aber die Übernahme einer Clearingbank, das war etwas ganz anderes – da traute selbst er sich nicht ran, denn er wußte sehr wohl, daß er fast mit Sicherheit nicht damit durchkommen würde, auch wenn er es noch so gern gewollt hätte. Die vielen

Mitspracheberechtigten und Interessengruppen ließen nicht einmal den Versuch sinnvoll erscheinen. Er hatte die Aktien in rein spekulativer Absicht erworben.

Wenn die Midland Bank schon für Hanson ein so großer Brokken war, dessen Konzern immerhin einen Kapitalwert von mehr als 6 Milliarden Pfund hatte, so mußte sie für die Saatchis ein noch weit größerer sein, wurde ihr Wert doch an der Börse mit weniger als 1 Milliarde Pfund veranschlagt. Aber schließlich und endlich war Garland-Compton vor ein paar Jahren auch nicht gerade ein kleiner Happen gewesen, und die bedeutenderen Akquisitionen in den Vereinigten Staaten ebensowenig. Die Brüder hatten sich noch nie vor einem Versuch gefürchtet. Wenn ihre Planungen stimmten, dann wäre dieses Unterfangen, so meinten sie, auch nicht schwieriger als andere Dinge. Konnte ihre Rechnung jedoch überhaupt aufgehen?

David Clementis Berechnungen bejahten die Frage. Um die Midland Bank zu bekommen, mußte Saatchi mehr bieten als den augenblicklichen Kurswert, was bedeutete, daß sie die Sache fast 3 Milliarden Pfund kosten würde. Außerdem würde es notwendig sein, weiteres Kapital zuzuschießen, um überhaupt die Unterstützung des Vorstandes zu finden und das Geldinstitut wieder an die Weltspitze heranführen zu können. Clementi schätzte, daß das noch einmal 1 Milliarde erfordern würde – also insgesamt 4 Milliarden Pfund. Konnte Saatchi die aufbringen? Clementi gab ein paar Tage später die Antwort: Ja, das sei machbar. Er hatte höchst vorsichtig die Ausgabe junger Saatchi-Aktien im Wert von 3 Milliarden vorbereitet, dazu die Möglichkeit der Emission weiterer Aktien im Wert von 1 Milliarde Pfund. Die City schwamm im Geld, Saatchi stand in hohem Ansehen, und es war überhaupt kein Problem, das Kapital für den Kauf eines so ehrwürdigen Unternehmens wie die Midland Bank aufzunehmen, die ja noch immer über riesige Vermögenswerte verfügte und deren inländische Geschäftsaktivitäten ihr einen hervorragenden Zustrom an Kapital sicherten. Die Midland Bank war also ein geeignetes Ziel. Selbst wenn der Versuch fehlschlug, würde er die Aufmerksamkeit der Welt darauf lenken, daß Saatchi bereit war, für den bisher größten Schritt in seiner Geschichte – und daß das Unternehmen weit mehr war als nur eine Werbeagentur.

Maurice war von einem Artikel sehr beeindruckt, den er in diesem Sommer im *Economist* gelesen hatte. Darin hieß es, daß Übereinstimmung darüber herrsche, daß in Zukunft „die Finanzindustrie nur für höchstens 25 global tätige Geldinstitute Raum haben" werde. Wenn man die Entwicklung anderer Industriezweige betrachtete, konnte man davon ausgehen, daß wohl die meisten dieser fünfundzwanzig Banken in amerikanischer und japanischer Hand sein würden. Warum aber sollte nicht auch noch eine britische dabei sein?

Nach der Wahl war vor allem Charles sehr daran gelegen, ihrem Unternehmen die alte Schwungkraft zurückzugewinnen. Dazu meinte er, bedurfte es einer Aktion von so ungeahnter Größe und Kühnheit, daß sie selbst noch diejenigen, die Saatchi gut zu kennen glaubten, überraschen würde. Da schien die Midland Bank genau das Richtige. Sie und ihre Clearing-Schwestern, also Barclays Bank, National Westminster Bank und Lloyds Bank, waren weit mehr als nur Wirtschaftsunternehmen – sie waren fast so etwas wie nationale Einrichtungen, eine rare Spezies, fast so geschützt wie der Goldadler.

Und gerade in diesem Augenblick gab es da einen Zugang, der sich vielleicht nie wieder eröffnen würde. Die Bank von England, Wächterin über das Bankenreich, hatte in den zurückliegenden Monaten eine Reihe von Übernahmen zugelassen. Demnächst sollte ein neues Bankengesetz in Kraft treten, nach dem es der Bank von England möglich sein würde, jede Beteiligung am Aktienkapital einer Bank auf 15 Prozent zu begrenzen und jedem, der dieses Limit zu überschreiten wagte, die „Fähigkeit und Eignung" abzuerkennen, die Kontrolle über ein Geldinstitut auszuüben. Obwohl die Befugnisse der Bank von England rückwirkend Gültigkeit haben würden, hielt eine Reihe von Bietern doch die Zeit für gekommen, sich zu rühren. Saatchi mußte rasch handeln.

Der erste Anruf von Maurice galt einem alten Freund, nämlich Sir Donald Barron, der einmal Vorstandsvorsitzender der Midland Bank gewesen war und sich nun halbwegs aus der City verabschiedet und in den Ruhestand zurückgezogen hatte. Die Brüder kannten ihn seit etlichen Jahren. Wenige Tage später erklärte Maurice dem höchst erstaunten Sir Donald, was Saatchi vorhatte. Ob er wohl mit seinen guten Verbindungen zur Midland Bank die Rolle des Vermittlers übernehmen würde? Barron mochte Maurice sehr, zögerte aber doch, sich bei einer Übernahmeaktion gegen seine alte Bank zu engagieren. Zum einen hielt er eine solche Übernahme für keine gute Idee, was er Maurice auch nicht verschwieg. Zum anderen gehörte er dem Bankenaufsichtsrat der Bank von England an, dem Gremium also, dem die Überwachung des britischen Bankwesens oblag und vor dem diese Übernahme in jedem Falle verhandelt werden würde. Er würde also den Saatchis bei ihrem Versuch nicht behilflich sein können, gab Maurice aber einen wichtigen Rat: Sie sollten sich vor jedem weiteren Schritt mit der Bank von England und dem Finanzministerium in Verbindung setzen.

Maurice nahm sich das zu Herzen und saß wiederum ein paar Tage später in Whitehall im Büro von Sir Peter Middleton, dem Staatssekretär im Finanzministerium. Dieser hörte höflich zu, als ihm der junge Saatchi seine gut vorbereitete und schlüssige Begründung für den Wunsch von Saatchi & Saatchi vortrug, Zutritt zu den inneren Kreisen der City gewährt zu bekommen. Der Marktanteil der Midland Bank käme, was das Vereinigte Königreich anbeträfe, auf 15 Prozent, was aber nur 5 Prozent des Weltmarktes seien. In globaler Hinsicht sei die Bank durchaus zu klein, um mit den wirklichen Großen konkurrieren zu können, aber auch der Rückzug in eine „Nische" sei keine Lösung, da sie auch da von den Mitbewerbern, die Zugang zum Weltmarkt hätten, schnell verdrängt werden würde. Als Folge des „Big Bang" hätten sie in der City schon das Investmenthaus Greenwell, ein Tochterunternehmen, schließen müssen.

Middleton, ein asketischer 56jähriger und sehr unorthodoxer Staatsbeamter, den sowohl sein Minister, Nigel Lawson, als auch Mrs. Thatcher sehr schätzten, lauschte mit freundlichem, aber unverbindlichem Interesse den etwa zwanzigminütigen Ausführungen von Maurice Saatchi. Er machte nur eine Zwischenbemerkung, als Maurice erwähnte, daß im vergangenen Jahr die Zahl der in britischem Besitz befindlichen Emissionsbanken im Bereich der Staatsanleihe von dreizehn auf zehn zurückgegangen sei – bei einer Gesamtzahl von 27. Das berührte die Interessen des Finanzministeriums, was Maurice durchaus klar gewesen war. „Das habe ich gar nicht gewußt", sagte Middleton.

Abermals ein paar Tage später sprach Maurice bei der Bank von

England vor, um dort ein ähnliches Gespräch mit George Blunden, dem Stellvertretenden Präsidenten der Bank, und Rodney Galpin, dem für die Bankenaufsicht zuständigen Direktor des Hauses zu führen. Auch sie waren höflich, unverbindlich und sehr darauf bedacht, die Spielregeln genauestens einzuhalten. Sie bzw. die Bank würden Saatchi weder einen zustimmenden noch einen ablehnenden Bescheid geben. Es sei, so meinten beide Herren, zunächst einmal an der Zeit, mit der Midland Bank selbst zu sprechen, denn von ihrer Haltung werde ja einiges abhängen. Die Bank von England wünsche keine erbitterten Übernahmeschlachten und würde dem Schritt von Saatchi wohl kaum zustimmen, wenn er nicht im Einvernehmen mit der Bank erfolge. Sie wiesen der Form halber auch darauf hin, daß ihnen das neue Bankengesetz rückwirkend das Recht einräumen würde, jeden am Erwerb von Bankbeteiligungen zu hindern, die über 15 Prozent hinausgingen. Die Brüder wußten schon, daß ohne die Zustimmung der Midland Bank ihre Übernahmepläne nicht zu verwirklichen sein würden, aber die warnenden Hinweise auf diesen Tatbestand häuften sich.

Die Bemühung um diese Zustimmung war also ganz offenkundig der nächste notwendige Schritt, und Maurice bereitete seine Unterlagen für eine Präsentation bei der Midland Bank sorgfältig vor. Der Mann, mit dem er dort verhandeln würde, war ein recht ungewöhnlicher Bankchef. McMahon ist Australier und war Professor für Englisch, bevor er in die Bank von England eintrat, wo er eine ganze Zeit lang als deren zukünftiger Präsident gehandelt wurde. Er hatte aber nie zu den besonderen Freunden von Mrs. Thatcher gehört und wechselte schließlich zur Midland Bank, wo er die folgenschweren, aber auch notwendigen Gesundschrumpfungsmaßnahmen durchführte. Nach zwei Jahren unter seiner Führung war die Midland Bank zwar kleiner geworden, war aber dafür auf dem Weg aus den Schwierigkeiten heraus.

McMahon wußte bereits von den Plänen der Saatchis, bevor Maurice ihm seinen Besuch abstattete. Die Bank von England hatte ihn – mit Wissen Saatchis – von ihrem Gespräch unterrichtet. McMahon war darüber nicht erstaunt gewesen. Die Bank von England, so ihr Repräsentant, messe der Einstellung der Midland Bank zu einem Übernahmeangebot von Saatchi „eine große Bedeutung" bei und habe dies auch Maurice Saatchi deutlich gemacht.

Der Midland-Chef hatte nicht die Absicht, einen solchen Übernahmeplan zu unterstützen, hatte aber, als Maurice bei ihm anrief, doch das Gefühl, ihn empfangen zu sollen. Der Name Saatchi & Saatchi war so eng mit der Regierung Thatcher verknüpft, daß sich McMahon nicht ganz sicher war, welche Kräfte Maurice da vielleicht gegen ihn mobilisieren konnte. Und er wollte, wie er einem Kollegen anvertraute, den Brüdern auch keinen Anlaß zu dem Schluß geben, daß „dieser alte Langweiler ungewöhnlichen Gedanken unzugänglich" sei. Zugleich wollte er natürlich jeden Eindruck vermeiden, die Midland Bank stehe etwa zum Verkauf, was sehr leicht passieren konnte, wenn er sich häufiger mit Maurice und seinen Beratern traf. Er machte sich also seinen eigenen Schlachtplan zurecht – er würde nur ein einziges Gespräch mit dem Vorstandsvorsitzenden von Saatchi & Saatchi führen, unter vier Augen, er würde sich dabei anhören, was der andere zu sagen hatte, dies in einer am übernächsten Tag anberaumten Vorstandssitzung vortragen, sich der uneingeschränkten Unterstützung seiner Kollegen versichern, an der er keinen Augenblick zweifelte, und alle weiteren Verhandlungen abbrechen. Die Sache mußte sauber und schnell beendet werden.

Am Mittwoch, dem 9. September, fuhr Maurice in die City und vor dem schönen Portal der Midland Bank in der Poultry vor, nur einen Steinwurf von der Bank von England entfernt. Statt die elegante Schalterhalle zu betreten, eine der schönsten in ganz Großbritannien, fuhr er mit einem kleinen Lift an der rechten Seite des Eingangs hinauf ins vierte Stockwerk. Dort wurde er schon von einem dienstbaren Geist erwartet, der ihn zu McMahon geleitete. Sie waren einander noch nie persönlich begegnet. Das Gespräch verlief liebenswürdig, von ausgesuchter Höflichkeit, und kein Zuhörer hätte aus ihrem Tonfall auf die heftige geistige Auseinandersetzung schließen können.

Maurice begann behutsam und ohne Eile, baute sozusagen sein Anliegen Stein um Stein auf. McMahon war die Globalisierungsphilosophie nicht ganz fremd und er begrüßte sie begeistert, so daß man sich in diesem Punkt schnell einig war. Vieles von dem, was Maurice vortrug, war dem Midland-Chef weder eine Offenbarung noch sonst in irgendeiner Weise unliebsam. Die vorgeschlagene Aufstockung des Kapitals um 1 Milliarde Pfund ließ den Banker die Luft anhalten – das war ganz ohne Frage eine sehr große Versuchung für eine Bank, die knapp bei Kasse war und Schwierigkeiten hatte, andernorts Kapital aufzunehmen (McMahon bekam später fast alles, was er brauchte, als die Hongkong & Shanghai Banking Corporation ein Aktienpaket seiner Bank übernahm). Verführerisch war auch die Versicherung, daß nach dem Plan der Saatchis er, Kit McMahon, die Bank auch weiterhin führen und es keinerlei Entlassungen geben solle. Das alles interessierte ihn mehr, als er gedacht hatte. Er hörte sich das Gesamtkonzept aufmerksam an, das Maurice in ungefähr der gleichen Form auch in der Bank von England und im Finanzministerium vorgestellt hatte. Vieles davon klang überaus vernünftig, und er erkannte wohl, daß die hier unterbreiteten Vorschläge keineswegs unattraktiv waren.

Aber er hatte auch einige gewichtige Einwände. „Wissen Sie, unser Geschäft hängt in großem Umfang von sehr vielen Leuten ab, die gar nicht wollen, daß man uns zu sehr in Schwung bringt oder aufregender macht. Unser Herzblut sind die Einlagen, die von Schweizer Bankiers und anderen sehr konservativen Leuten kommen. Wir sind ganz auf das Geschäft zwischen den Instituten angewiesen, und in diesem Bereich ist unsere Unattraktivität eine Qualität. Wenn wir unser Einlagengeschäft verlieren, dann verlieren wir aber auch alles." Das sei auch der Grund, so fuhr er fort, warum sich die Midland Bank von all den Geschäftszweigen, in denen die Saatchis tätig seien, so stark unterscheide. „Wir können aus diesem Teil unseres Geschäftes nicht aussteigen. Wir können uns von ihm fortdiversifizieren, ja, aber wir bleiben immer darauf angewiesen." Er wiederholte diesen Gedanken mehrere Male, wohl nicht ganz sicher, ob Maurice diese komplizierte Materie verstand und begriff, wie wichtig und sensibel sie war. Er ging aber auch noch auf andere Probleme ein. „Mein Management und meine Kundschaft hätten sicherlich auch einige Schwierigkeiten, sich an den Gedanken zu gewöhnen, zu einer Werbeagentur zu gehören." NatWest und die anderen Kommerzbanken würden wohl großen Spaß daran haben, das zum Thema einer Werbekampagne zu machen. Er fand Maurice aufgeschlossen und gut vorbereitet, wo es um die allgemeineren Aspekte der diskutierten Frage ging, aber nicht ganz sicher, wenn es zur Erörterung von Detailfragen kam. Sein Gesprächspartner wußte offensichtlich nicht, woher die Einlagenbasis der Midland Bank stammte oder wie das System der Schatzanleihen funktionierte und verstand auch von anderen Bankdingen nichts.

Und dann spielte McMahon überhaupt erst seine Trumpfkarte aus: „Was passiert aber, wenn in Lateinamerika alles vor die Hunde geht und Sie noch mal eine Milliarde zuschießen müssen?" Maurice schrak sichtlich zusammen. „Ich dachte, dafür hätten Sie vorgesorgt", murmelte er. McMahon war verblüfft. Maurice, so sein Eindruck, verstand offenbar eine Menge davon, wie man das Risiko in seinem Geschäft unter Kontrolle hielt, hatte aber augenscheinlich nie jene Form von Risiko durchdacht, mit der es Banken zu tun haben. Natürlich hatte seine Bank für diesen Fall Vorbereitungen getroffen, aber wenn sich die Situation weiter verschlechterte, dann würde man wohl um die Auflösung weiterer Reserven nicht herumkommen. Nach zwei Stunden verließ Maurice das Büro von McMahon. Er klammerte sich an die Hoffnung, daß dieser doch noch einem Zusammengehen mit Saatchi zustimmen würde. Zugleich aber erkannte er auch voll Unbehagen, daß er sich in tiefe Gewässer vorgewagt hatte. Trotz all seiner Vorbereitungen war er von einem Mann ausgestochen worden, der soviel vom internationalen Bankwesen und von Globalisierung verstand wie niemand sonst auf der Welt. Saatchi würde niemals auch nur in die Nähe der Möglichkeit gelangen, sich die Midland Bank einzuverleiben.

Zwei Tage später unterrichtete McMahon seinen Vorstand. Der reagierte genau so, wie er das vorhergesehen hatte. Es herrschte Einigkeit, daß es nur wenig zur Lösung der Probleme beitragen würde, wenn die Midland Bank zum Bestandteil einer weltweit operierenden Werbeagentur würde – auch wenn die Agentur auf noch so solidem Fundament stand und noch so viel Unternehmungsgeist hatte. Es bedurfte vielmehr der Verbindung mit einer anderen internationalen Bank, und derartige Verhandlungen waren bereits eingeleitet. Die Antwort lautete also nein.

Maurice war tief enttäuscht und versuchte, McMahon zu einem weiteren Gespräch zu bewegen. Dem Midland-Chef hatte ihre Unterredung durchaus großes Vergnügen bereitet, aber er blieb bei seiner Ansicht, daß ein neuerliches Zusammentreffen nur falsch interpretiert werden und zu Gerüchten Anlaß geben würde. Er lehnte deshalb ab. Den Brüdern blieb nichts anderes übrig, als sich mit dieser Niederlage abzufinden.

Noch vor der endgültigen Ablehnung konzentrierten sie sich aber auch schon auf das Ziel Nummer zwei. Am Morgen dieses 11. September erhielt das Büro von Sir Robert Clark, dem Vorstandsvorsitzenden von Hill Samuel, einen Anruf. Sir Roberts Sekretärin nahm ihn entgegen und leitete seinen Inhalt an ihren Chef weiter. Maurice Saatchi, Vorstandsvorsitzender von Saatchi & Saatchi, wünsche ihn dringend zu sprechen. Ob das noch an diesem Nachmittag möglich sei? Clark bat daraufhin seine Sekretärin irritiert, bei Saatchi anzurufen und mitzuteilen, daß Hill Samuel recht zufrieden mit den bestehenden Vereinbarungen betreffs Werbung und PR sei, und er, Clark, nicht glaube, daß es da irgend etwas zu besprechen gäbe.

Die Nachricht von dem vergeblichen Versuch einer Übernahme der Midland Bank hatte noch nicht die Runde gemacht, und Clark saß mit seinem Hauptgeschäftsführer David Davies in endlosen Sitzungen fest, in denen es um die Lösung eigener und sehr drängender Probleme ging. Hill Samuel gehörte zu den größten Handelsbanken Londons und war mit den gleichen strategischen Überlegungen beschäftigt wie die Midland Bank und so gut wie alle anderen Unternehmen der City auch, d. h. ob man auf „global" oder auf „Nische" setzen sollte. Bei Hill Samuel nun hatte man sich für „global"entschieden und war in Monate andauernde Gespräche mit der Schweizerischen Vereinsbank eingetreten, so sehr gegen die Meinung des damaligen Hauptgeschäftsführers Christopher Castleman, daß der seinen Posten zur Verfügung gestellt hatte. Dann hatte sich ganz überraschend die Vereinsbank zurückgezogen – und Hill Samuel war sich albern und bloßgestellt vorgekommen. Eine weitere Katastrophe trat ein, als man sich genötigt sah, alle leitenden Mitarbeiter der Firmenkundenabteilung zu feuern, die man bei Verhandlungen über den Verkauf eines ganzen Unternehmensbereichs der Bank ertappt hatte, ohne den Vorstand auch nur zu informieren. In dieser ersten Septemberhälfte, als Maurice Saatchi seinen Vorstoß unternahm, verbrachte man also bei Hill Samuel gerade jede Minute mit der Suche nach einem Ausweg aus den diversen Schwierigkeiten. Und da wollte Clark verständlicherweise nicht mit irgendwelchen Vorschlägen zu neuen Werbekampagnen behelligt werden.

Eine halbe Stunde später klingelte bei Davies das Telefon. Diesmal war es David Clementi von Kleinwort Benson. Er spreche im

Namen seines Klienten Saatchi & Saatchi, dessen Vorstandsvorsitzender Maurice Saatchi sich gern einmal mit Clark und ihm unterhalten würde – allerdings nicht über Werbung, sondern über eine Übernahme der Bank. „Für ein paar Stunden war bei uns die Hölle los", erinnerte sich ein Mitarbeiter von Hill Samuel. Clementi und Kleinwort Benson bedeuteten, daß das ein ernstzunehmendes Angebot war, denn Davies kannte Clementi gut genug, um zu wissen, daß der meinte, was er sagte.

An diesem Nachmittag um vier Uhr erschien also Maurice allein bei Hill Samuel. Er wurde in das Büro von Davies geleitet, da die Zuständigkeit für Fragen dieser Art eher beim Hauptgeschäftsführer als beim Vorstandsvorsitzenden lag. Davies seinerseits hatte nur Clark zu dem Gespräch dazugebeten. Was Davies unbekannt war, war die Tatsache, daß Maurice sehr gut über ihn Bescheid wußte. Er hatte nämlich einen Headhunter damit beauftragt, einen geeigneten Mann zu suchen, der ihm die Verantwortung für den aufzubauenden Unternehmungsbereich „Finanz-Service" abnehmen könnte. Und ganz oben auf dessen Liste stand Davies, der aus Hongkong zurückgekehrt war, wo er sich um die Lösung der Probleme von Hong Kong Land bemüht hatte.

An diesem Nachmittag hatte Davies eigentlich einen Flug nach Dublin gebucht, da er das Wochenende in seinem Haus in Wicklow zu verbringen gedachte. Er hatte schon zwei Maschinen verpaßt und hörte noch immer mit großem Interesse Maurice zu, der sehr überzeugend für ein Zusammengehen von Hill Samuel und Saatchi plädierte. Davies wolle, wenn er ihn richtig verstehe, Hill Samuel gern zusammenhalten, also keine Zerlegung des Unternehmens in Einzelteile, wie das alle bislang vorliegenden Lösungsmodelle vorsahen. Gut, das entspräche ganz den Vorstellungen von Saatchi. Maurice versicherte, daß sie das gesamte Management übernehmen würden. Und Saatchi werde Hill Samuel überall auf der Welt Türen öffnen – Saatchi verfüge über 150 Büros in vierzig Ländern und einen Klientenstamm von etwa 10 000 Unternehmen. Man arbeite für 280 der von *Fortune 500* aufgelisteten Gesellschaften und für 300 der größten Unternehmen Europas.

Das entscheidende Argument kam aber erst noch. Hill Samuel brauchte eine Finanzspritze, und Saatchi war bereit, 200 Millionen Pfund einzubringen, was das augenblicklich verfügbare Betriebskapital der Bank verdoppeln würde.

Als Davies endlich im Flugzeug nach Irland saß, wußte er nicht, wie er oder seine Kollegen diese Vorschläge ablehnen konnten. Jeder Einwand war entkräftet worden. Allein über den Preis hatte man sich noch nicht geeinigt, aber auch da war er relativ zuversichtlich, hatte Maurice doch versichert, daß Saatchi einen „ansehnlichen" Aufschlag zu zahlen bereit sei. Und als er ihn darauf hingewiesen hatte, daß „ansehnlich" in der Sprache der Banker 20 Prozent bedeutete, hatte Maurice zustimmend genickt.

In den folgenden Tagen sprach Davies dann mit allen leitenden Mitarbeitern seines Hauses. Den heftigsten Widerstand gegen eine Annahme des Saatchi-Angebots leistete John Chiene, ein schottischer Börsenmakler, der Wood Mackenzie zu einer der renommiertesten Maklerfirmen sowohl Londons als auch Edinburghs gemacht hatte. Im Zusammenhang mit dem „Big Bang" in der City war Wood Mackenzie von Hill Samuel übernommen worden, und Chiene war daraufhin für das Effektengeschäft des nunmehr vergrößerten Unternehmens zuständig geworden. Er lehnte Saatchi vor allem mit der Begründung ab, daß dieses Haus in der Welt des Geldes und des Wertpapiergeschäftes einfach keinen Stellenwert habe.

Bis Montag hatte sich Chiene dann aber bekehrt, und noch am Nachmittag des selben Tages erstattete Davies seinem Vorstandsvorsitzenden Bericht: Das Management von Hill Samuel sei für den vorgeschlagenen Schritt. Er habe auch bei Clementi von Kleinwort nachgehakt, der ihm bestätigt habe, daß Saatchi in der Tat einen „ansehnlichen" Aufpreis auf den Kurswert der Aktien zahlen werde, so daß auch hier kein Problem bestünde. Es schien sich da ein geradezu wunderbarer Ausweg aus allen Schwierigkeiten zu eröffnen, die Hill Samuel hatte.

„Gut, wenn das Management dafür ist, dann tragen wir die Sache am besten mal dem Vorstand vor", sagte Clark. Er berief eine Sitzung für Mittwoch ein, zu der auch Maurice geladen wurde, damit er sein Angebot in aller Form unterbreiten konnte.

In der City entwickelten sich unterdessen die Dinge jedoch gegen Saatchi. Die Kontroverse im Verlauf des Wahlkampfes und der anschließende offene Schlagabtausch mit Tim Bell hatte den Brüdern doch mehr geschadet, als sie gedacht hatten. Ebenso wie die Geschichten, daß ihnen die Klienten wegliefen und daß sie nicht in der Lage seien, die riesige Firmengruppe zu führen, die sie geschaffen hatten. Am schlimmsten aber war, daß ein paar Tage vor der Sitzung die Nachricht von dem vergeblichen Übernahmeversuch bei der Midland Bank durchsickerte, denn darauf reagierte die City mit Abscheu. Die *Financial Times* kommentierte, daß das ein Verstoß sei, der „wohl kaum Angst und Schrecken in den Vorstandsetagen von American Express, Citybank und Nomura verbreiten" werde (drei der größten Bankhäuser der Welt), und fügte hinzu, daß das alles sehr nach einem Unternehmen rieche, „dem die Ideen ausgegangen sind." Der *Economist* meinte, niemand in der City gebe sich dem Glauben hin, daß die Firma, die das Image von Mrs. Thatcher aufpoliert habe, auch in der Lage sein werde, „der brasilianischen Schuldenkrise neuen Glanz zu verleihen". Das Wort „Größenwahn" war in dieser Woche überall zu hören.

Saatchi werde, so hieß es, „von seiner Selbstüberhebung hingerissen". Der versuchte Kauf der Midland Bank wurde überall und einhellig als der schlechteste Schritt verurteilt, den sich die Brüder je ausgedacht hatten – ein Urteil, dem sich später sogar ihre Freunde anschlossen.

Als nun dieser Sturm losbrach, brach der Kurs der Saatchi-Aktie ein, womit sich die Höhe des Angebots verringerte, das man Hill Samuel machen konnte und das noch nicht bekanntgegeben worden war. Als Maurice seine Zahlen noch einmal durchsah, bevor er sich zu der Vorstandssitzung bei Hill Samuel begab, mußte er feststellen, daß diese nicht mehr ganz so gut aussahen. Dort angekommen, konnte er aber noch einen „ansehnlichen" Preis von 750p pro Aktie bieten, deutlich über dem augenblicklichen Marktwert. Das ging also in Ordnung. Wie stünde es denn aber mit einem Bar-Angebot, wollte Davies da wissen. Üblicherweise gibt es für Bieter zwei Möglichkeiten, ihr Angebot zu unterbreiten. Zum einen das Aktie-gegen-Aktie-Angebot, bei dem sie eigene Papiere zum Tausch anbieten, was in diesem Falle bedeutet hätte, daß die Aktionäre von Hill Samuel ihre Papiere gegen Aktien von Saatchi & Saatchi eingetauscht hätten. Zum anderen gibt es die „Bar-Alternative", d. h. das Angebot eines finanziellen Entgelts, das im allgemeinen um fünf Prozent niedriger liegt als der Aktienwert.

Auf Grund des Kurseinbruchs der Saatchi-Aktien sah sich Maurice nicht mehr in der Lage, das benötigte Kapital aufzunehmen – jedenfalls ohne Schaden für den künftigen Gewinn von Saatchi. Das beste Angebot, das er machen konnte, waren 640p, also 18 Prozent weniger als beim Tauschangebot. Der Kurs der Aktien Hill Samuel stand aber bei 660p, und wenn im Falle einer „Zerlegung" des Unternehmens auch seine Vermögenswerte einbezogen wurden, betrug ihr Wert etwa 850p. Kam noch hinzu, daß der Vorstand von Hill Samuel nur zu gut wußte, daß im Falle der Annahme eines solchen Angebots zwei der größten Anteilseigner, die australischen Unternehmen Kerry Packer und Larry Adler, sofort ein höheres Bar-Angebot vorlegen und das Haus dann zerstückeln würden.

Der Vorstand von Hill Samuel konnte dem Angebot nicht zustimmen. Es würde also keine eigenen Finanzdienste des Hauses Saatchi & Saatchi geben – sehr zur Erleichterung von David Davies. Er läßt keinen Zweifel, wie nahe sie einer Einigung mit Saatchi waren. „Hätten sie ihren Vorstoß nur ein paar Monate früher unternommen, als ihre Aktien noch hoch im Kurs standen, dann wäre er bestimmt erfolgreich gewesen. Und uns wäre es sehr gelegen gekommen."

Am 21. Oktober 1987 schrieb Maurice Saatchi an Margaret Thatcher, und dieser Brief bedeutete das Ende einer Ära – sowohl für Saatchi & Saatchi als auch für die Konservative Partei, über die Mrs. Thatcher seit 1975 herrschte.

In der vorangegangenen Woche, am Abend des 16. Oktober, war ein unerwarteter Wirbelsturm über den Süden Englands hinweggerast und hatte auch den Garten von „Old Hall" verwüstet. Maurice hatte während des ganzen Wochenendes die Schäden begutachtet und bekümmert die 200jährigen Eichen und Buchen betrachtet, die der Sturm entwurzelt hatte. Aber es dauerte nicht lange, da waren Bagger am Werk und rissen die Wurzelstöcke heraus, um Platz für neu zu pflanzende Bäume zu schaffen. Nach all den durch Menschen verursachten Rückschlägen, die er hatte hinnehmen müssen, würde er sich nicht durch einen bloßen Akt der Natur aus dem Konzept bringen lassen.

Am Montag, den 19. Oktober, erlebte die Börse den schlimmsten Eintageskrach ihrer Geschichte, und die Saatchi-Aktien verloren innerhalb von vierundzwanzig Stunden ein Drittel ihres Wertes. Es war dabei kein Trost, daß auch alle anderen Kurse in die Tiefe gestürzt waren, oder daß das Platzen des Geschäftes mit Hill Samuel eine Aktienemission zu einem denkbar ungünstigen Zeitpunkt verhindert hatte. Was die Brüder wirklich schmerzte, war die Tatsache, daß ihre Möglichkeiten, durch Zukäufe, die über die Neuausgabe von Aktien finanziert wurden, weiter zu wachsen, erheblich eingeschränkt worden waren. Nur durfte auch das dem Versuch nicht im Wege stehen, in einer noch offenen Frage Klarheit zu schaffen – und so verfaßte Maurice mit großer Sorgfalt den schon erwähnten Brief.

„Dear Prime Minister", begann er förmlich. Dann erinnerte er sich daran, daß sie stets „freundlich" gewesen war, lebhaftes Interesse an der Entwicklung von Saatchi & Saatchi „und dem Erfolg, dessen wir uns in den zurückliegenden Jahren erfreuen durften", zu bekunden. Nun erweiterte das Unternehmen einmal mehr seinen Tätigkeitsbereich – man werde sich ebenso beim Satellitenfernsehen engagieren (als Konkurrent von Simonds-Gooding) wie auch auf dem Gebiet der Finanzdienste. Da es sich in beiden Fällen um Bereiche handele, die einer strengen Kontrolle durch die Regierung unterworfen seien, könne es mit Blick auf den Tory-Etat möglicherweise zu Interessenkonflikten kommen. Die Werbeagenturen arbeiteten außerdem für immer mehr Ministerien. „Es ist uns bewußt, daß dies das Unternehmen, die Behörden und die Minister zum Ziel verfälschender Darstellungen machen könnte", fuhr er fort und fügte hinzu, daß die geschäftlichen Beziehungen zwischen Saatchi und der Konservativen Partei „unter Umständen allen Beteiligten die Wahrnehmung ihrer jeweiligen Aufgaben erschweren" könnten. Aus diesen Gründen sehe sich Saatchi „mit dem größten Bedauern" veranlaßt, von der weiteren Verwaltung des Tory-Etats Abstand zu nehmen. Die Agentur habe ein ganzes Jahrzehnt lang für die Partei gearbeitet, ihr dreimal bei der Erringung eines Wahlsieges geholfen und auch „Nutzen aus der Ihnen zu verdankenden ökonomischen Revolution" gezogen – der Gewinn sei in diesen zehn Jahren immerhin von weniger als 2 Millionen auf 125 Millionen Pfund gestiegen. „Charles und ich bleiben Ihnen und der Sache, für die Sie eintreten, stets zutiefst verpflichtet, und wir werden uns auch weiterhin zu Ihren glühendsten Anhängern zählen", schloß er.

Mrs. Thatcher ließ ihm eine höfliche Antwort zukommen.

Maurice hatte seinen Brief in die Downing Street geschickt, also an den offiziellen Sitz der Premierministerin und nicht an den der Führerin der Konservativen. Das aber waren keine Staats-, sondern Parteigeschäfte, und Mrs. Thatcher hielt sich strikt an das Protokoll, als sie für ihr Antwortschreiben das Briefpapier der Parteizentrale benutzte. Sie teile sein Bedauern, ließ sie verlauten, sei den Brüdern für ihre Bemühungen und ihren Enthusiasmus, der ihr unvergeßlich bleiben werde, sehr dankbar und wünsche Saatchi & Saatchi „in den kommenden Jahren jeden nur erdenklichen Erfolg".

Damit war die Verbindung endgültig aufgelöst – eine Verbindung, die sich höchst nachhaltig auf das geschäftliche und das private Leben von Charles und Maurice Saatchi ausgewirkt hatte und die auch für Mrs. Thatcher und ihre Partei von einiger Bedeutung gewesen war, vor allem im Falle der ersten gemeinsam bestrittenen Wahlkampagne. Kein anderer Etat würde je wieder vergleichbare Auswirkungen auf die Agentur haben – und wahrscheinlich keine andere Agentur wieder einen solchen Einfluß auf die britische Parteipolitik.

19

EIN BOLLWERK FÄLLT

Für die Brüder begann nun einer der wenigen Zeitabschnitte ihrer Karriere, in dem sie sich zur Konsolidierung entschlossen – ein Wort, das es sonst in ihrem Wortschatz eigentlich gar nicht gab. Aber aus New York kamen dringende Bitten von Milt Gossett und Carl Spielvogel, doch mal ein Weilchen „nichts zu tun" und ihren Unternehmen die Möglichkeit zu geben, sich in relativer Ruhe neu zu entfalten. Die gescheiterten Übernahmeversuche der Midland Bank und von Hill Samuel hatten ihre Anhänger im Lager der Investoren verwundert und bestürzt, und da allen der Börsenkrach noch in den Knochen steckte, war eine Phase der Beruhigung notwendig. Von nun an wurde die Midland-Aktion als „Verirrung", ja, fast als etwas, was gar nie geschehen war, abgetan. „Wir sind nicht am Kauf einer Investmentbank interessiert", erklärte Andrew Wood, neu ernannter Stellvertretender Vorsitzender der Muttergesellschaft, im April 1988 in New York der Zeitschrift *Management Today*, „auch wenn es in diesem Bereich Aktivitäten und personelle Ressourcen gibt, die durchaus von Interesse für uns sind." Jeremy Sinclair handelte dieses Kapitel sogar noch weitaus kürzer ab. Die Midland-Geschichte sei, so erklärte er gegenüber derselben Zeitschrift, stark aufgebauscht worden. „Wir waren gar nicht auf einen Wechsel ins Bankgeschäft aus. Es war ein Unglück, daß das so dargestellt wurde, als hätten wir unsere Strategie grundlegend geändert." Saatchi habe, fügte er hinzu, im Bereich der Finanzdienste „keine großen Ambitionen".

Er meinte inzwischen auch, was er da sagte. Die Investoren aber konnten nicht so leicht vergessen. „Ihr unglücklicher und zur Unzeit unternommener Vorstoß in den Bereich der Finanzdienste war wahrscheinlich das leuchtendste Beispiel schlechter strategischer Planung, das wir je bei ihnen erlebt haben", meint Charlie Crane von Pru Bache. „Einem Haufen von Klienten muß da durch den Kopf gegangen sein: Wir haben hier dieses Unternehmen, von dem man annehmen darf, daß es Experte im Vermarkten von Images ist, und dann verspielt es auf diese Weise seinen eigenen Ruf. Wie ist so etwas nur möglich? Ich denke, daß das sehr berechtigte Bauchschmerzen sind."

Zwar glaubte die Werbewelt, die Saatchis hätten den Verstand verloren, doch Crane und die Analysten der Wall Street konnten in dem versuchten Kauf von Hill Samuel durchaus einen Sinn entdecken. Dieses Geschäft hätte sich rentieren können. Dagegen stieß das Übernahmeangebot an die Midland Bank auch bei ihnen auf Unverständnis, und alle Werbeanalysten hätten, wäre etwas daraus geworden, „die Aktien an die Bankanalysten abgetreten", wie sich Greg Ostroff von Goldman Sachs ausdrückte. Saatchi & Saatchi hätte damit aufgehört, ein Werbeunternehmen im Finanzbereich zu sein und wäre stattdessen zu einer Bank mit Ambitionen im Werbesektor geworden. Was hätten die Analysten, die ihre investitionsbereiten Klienten zum Kauf der Saatchi-Aktien überredet hatten, diesen sagen sollen? „Ich hätte wohl gesagt, ich weiß nicht, was die beweisen wollen, aber mich haut's um", meint Ostroff dazu. „Wenn Sie eine Bank Ihr eigen nennen wollen, hätte ich gesagt, dann halten Sie die Papiere fest. Wenn es aber eine Werbeagentur sein soll, dann habe ich da ein paar bessere Anlagemöglichkeiten für Sie. Die Kommunikation im Unternehmen war so gewunden, so orientierungslos, daß ich keine Ahnung hatte, was da lief, bis sie sich dann um Hill Samuel bemühten."

Allmählich belebte sich das Interesse der Analysten zwar wieder, aber es sollte doch noch eine Weile dauern, bis ein verstörter Charlie Crane die Aktien erneut zum Kauf empfahl. Das wiedererwachende Interesse der Analysten an dem Saatchi-Papier reflektierte eher die Tatsache, daß es auch nach dem Kurssturz noch ein guter Wert war, als die frühere Einschätzung eines stark expandierenden Unternehmens. Der Börsenglanz war stumpf geworden. „Wir waren viele Jahre lang sehr erfolgreich bemüht, in der City und in der Wall Street unser Glück zu machen", meint ein leitender Saatchi-Mann. „Jetzt hat sich das Glück gegen uns gewandt. Denen ist gar nicht klar, was für ein gute Geschäft Bates für uns ist."

In der Madison Avenue – oder wo immer die New Yorker Werbeindustrie heute ansässig sein mag – blieben die Saatchis, Megafusionen und britische Akquisitionen noch viele Monate lang die wichtigsten Gesprächsthemen zwischen Werbeleuten. So vieles hatte sich innerhalb eines einzigen Jahres verändert – und Saatchi galt als der Katalysator dieses Prozesses. Die Kritik an dem Preis, den Saatchi für Bates gezahlt hatte, und das im Zusammenhang mit dem allgemeinen Fusionsboom aufgekommene Argument, die Werbeleute verdienten zu viel, erhielten neue Nahrung, als Saatchi eine doppelseitige Anzeige veröffentlichte, in der die seit siebzehn Jahren ununterbrochen gestiegenen Gewinne dargestellt wurden. Jetzt beschuldigte man die Industrie, wirklich allzu viel Geld zu verdienen – das Geld der Klienten. Bob Jacoby fühlte sich von dieser Kritik persönlich betroffen, weshalb er sich aufgerufen sah, ein abschließendes Wort dazu zu sagen. Am 18. Januar 1988 veröffentlichte er eine umfassende Stellungnahme unter der Überschrift: „Habe ich zu viel verdient?"

Das war ein eigentümliches Statement, voll Ressentiments und Bitternis, eher gegen seine früheren Kollegen bei den großen Agenturen als gegen die Saatchis gerichtet, die er nun sogar zu seinen Verbündeten zählte. Er warf den Bossen der Konkurrenzagenturen vor, sie seien „kleine Leute", die sich an seinem „Rausschmiß bei Bates geweidet" hätten. Keiner von ihnen habe ihn seit seinem Abschied von Bates je angerufen, was sie früher alle täglich getan hätten, um ihn um diesen oder jenen persönlichen Gefallen zu bitten. Da sei er eben noch Chef von Bates gewesen. Die Mißgunst, die all diese Männer und ihre Frauen beseelt hätte, als sie von den 110 Millionen Dollar erfahren hätten, die er verdient habe, sei einfach „ekelhaft" gewesen.

Es sei, so führte Jacoby des weiteren aus, viel darüber geredet worden, daß die 507,4 Millionen Dollar, die Saatchi für Bates gezahlt habe (die Saatchis blieben stets dabei, daß es nur 450 Millionen gewesen waren), „eine große Empörung bei den Klienten hervorgerufen und eine Reihe von Kürzungen der den Agenturen gezahlten Honorare nach sich gezogen" hätten. Er habe sich aus der Debatte herausgehalten, weil „der ganze Wirbel vor allem von eigensüchtigen Heuchlern aus der Werbeindustrie" verursacht worden sei. Er wies darauf hin, daß ausgerechnet die Manager, die am lautstärksten gegen die Fusionen Stellung bezögen, selbst Agenturen ge- oder verkauft hätten. Auf ihre Kritik gebe er gar nichts. „Aber die emotionale Frage seitens der Klienten bleibt aktuell. Klienten betrachten die Agenturen als ihre Diener, das ist schon lange so. Und wenn der Diener reicher wird als man selbst, dann kocht einem das Blut." Er und John Hoyne hätten zwei Jahre lang mit Maurice Saatchi verhandelt und ihn davon überzeugt, daß Ted Bates 507,4 Millionen Dollar wert gewesen sei. „Natürlich war die Agentur diese 507,4 Millionen Dollar wert – ein Jahr später wurde JWT für 566 Millionen Dollar verkauft, obwohl Thompson kaum Gewinn machte. Das zeigt nur, daß John Hoyne und ich gute Unterhändler sind und Maurice Saatchi geschäftstüchtig ist."

Noch wenige Wochen zuvor hatte er in einem Interview mit der *New York Times* gemeint, die Brüder seien „Amateure". Jetzt aber brauchte er Maurice zur Verteidigung seiner eigenen Position. Mehrfach kam Jacoby in seiner Stellungnahme auf die „emotionale Frage" der Klienten zurück, die er in dem Satz zusammenfaßte: „Warum sollen alle diese Agenturfritzen reich werden, und vor allem: Warum bekommt der Jacoby 110 Millionen Dollar?" Diese Frage sei von „ein paar Klientetypen" gestellt worden, und seine Antwort darauf sei eine ganz einfache: „Ich muß wohl schlauer sein als sie."

Es seien ja auch gar nicht Klientengelder gewesen, die sie bekommen hätten. Das Geld, mit dem die Saatchis sie damals bezahlt hätten, habe britischen Aktionären gehört (daß da in Wirklichkeit auch ein paar amerikanische dabei gewesen waren, übersah Jacoby einfach). „Da sagten unsere Kunden: ,Ja, aber die hätten das viele Geld nicht gezahlt, wenn Bates nicht so viel verdient hätte – und das war unser Geld.' Diese Klienten sehen nicht, daß die Saatchis am Gewinn von Bates überhaupt nicht interessiert waren. Sie wollten ganz schlicht nur die größte Agentur der Welt werden. Wir wußten das, wir schlugen Kapital daraus und verdienten für die Bates-Aktionäre – und es gab eine Menge Bates-Aktionäre – einen Haufen Geld."

Etwa in der Mitte seines Statements brachte Jacoby ein paar gute Argumente. „Ein wichtiger Punkt, den die Klienten berücksichtigen sollten, ist der, daß auch Werbeagenturen als Wirtschaftsunternehmen betrieben werden müssen. Sie haben nicht nur ihren Kunden, sondern auch ihren Aktionären gegenüber Verpflichtungen. Es amüsierte mich, als ich irgendwo las, Ogilvy habe jüngst entdeckt, wie wichtig die ‚Gewinnspannen' seien. Uns bei Bates war das schon seit zwanzig Jahren klar. Die meisten Agenturmanager waren keine guten Geschäftsleute, bis Bates an Saatchi verkaufte und damit auch noch den letzten Chef aus dem Schlaf riß."

Bates war in der Tat eine höchst profitable Agentur mit Gewinnspannen, die etwa doppelt so hoch waren wie der Branchendurchschnitt – dieser Teil von Jacobys Statement ist also ganz sicherlich zutreffend. Aber war es wirklich ihm zuzuschreiben, daß alle Agenturchefs aus ihrem Schlafe aufgeweckt worden waren? Einige waren gewiß schon wach gewesen, wenn vielleicht auch noch schläfrig. McCann Erickson hatte schon 1960 die erste Holding-Gesellschaft der Werbeindustrie gegründet, und es war auch schon in den siebziger Jahren zu einer Übernahmewelle gekommen, als die amerikanischen Agenturen ihre Spitzenposition zu festigen versucht hatten. Maurice hatte einen großen Teil der achtziger Jahre darauf verwandt, sich umzutun und hatte sich in den vergangenen beiden Jahren intensiv um so gut wie jede Werbeagentur bemüht, die ihm dieser Mühe wert erschienen war. Es mochte einige Agenturbesitzer gegeben haben, die tatsächlich erst im Frühjahr 1986 aufgewacht waren und begriffen hatten, worauf es ankam, aber als die Welle der Megafusionen anrollte, hatte fast jeder Werbeagenturchef auf der Welt angefangen, über sein Unternehmen und dessen Stellenwert nachzudenken. Die „Saatchi-Idee" der Globalisierung, Jahre nachdem JWT, Interpublic, Ogilvy und andere längst zum Aufbau globaler Netzwerke übergegangen waren, hatte sich inzwischen durchgesetzt.

Aber selbst nach all diesen Auseinandersetzungen und noch lange, nachdem Jacoby das Feld geräumt hatte, gab es große New Yorker Agenturen, die sich hungrigen „Räubern" als Opfer anboten. So wurde die Madison Avenue im Sommer 1987 Zeuge, wie die Schulung durch Saatchi und die Philosophie dieses Hauses in geradezu klassischer Manier in die Praxis umgesetzt wurden. Im Zuge einer der spektakulärsten Übernahmeaktionen, die die Branche je erlebt hatte, wurde nämlich der klangvollste Name in der Werbeindustrie, ja, eines der ganz großen, schon fast Symbolwert besitzenden Unternehmen Amerikas entführt. Martin Sorrell übernahm J.Walter Thompson.

Die Saatchis beobachteten Sorrells „feindliches" Übernahmeangebot an JWT – ein Werbeunternehmen, das allgemein als die „Universität der Werbung" galt – mit gemischten Gefühlen. Einerseits waren sie stolz darauf, daß einer ihrer ehemaligen Schützlinge einen so kühnen Versuch wagte, auch wenn sie ihm keine sonderliche Zuneigung mehr entgegenbrachten. Andererseits hatten sie es noch nicht überwunden, daß es ihnen selbst nie gelungen war, JWT zu übernehmen – eine Agentur, die doch von Anfang an eine so große Rolle in ihrer Karriere gespielt hatte. In der Zeit vor dem Kauf von Bates hatten die Brüder JWT zunächst von ihrer Liste gestrichen, das Unternehmen dann aber – nach neuerlichem Nachdenken – ein paar Wochen später wieder draufgesetzt. Der Ruf der Agentur war, was ihre Kundenbetreuung und die von ihr produzierte Werbung anbetraf, unerreicht gut, der Gewinn jedoch, den sie erwirtschaftete, verzweifelt niedrig. Maurice hatte viele Stunden mit Don Johnston, dem 59jährigen Chef von JWT, zugebracht, aber Saatchi & Saatchi hatte angesichts der vielen Interessenkonflikte nicht die geringsten Chancen, die Agentur je an sich bringen zu können – auch dann nicht, wenn JWT zu einem solchen Zusammengehen bereit gewesen wäre. Und das war nicht der Fall. Procter & Gamble hätte da ebensowenig mitgespielt – JWT arbeitete schließlich für den Erzrivalen Unilever – wie etliche der anderen gewichtigeren Klienten, weshalb ein solcher Schritt in keinem Falle möglich gewesen wäre. Dennoch wurmte Charles das nach wie vor.

JWT war Übernahmeangeboten gegenüber anfällig – so viel stand fest. Im Januar 1987 dann, also sechs Monate nachdem Saatchi mit Bates handelseinig geworden war, brachte ein absurder Streit im Management von JWT die Agentur plötzlich „ins Spiel" (was im Jargon der Wall Street bedeutet, daß sich ein Unternehmen nun tatsächlich in der Übernahmearena befindet). Joe O'Donnell, der 44jährige Chef der Hauptagentur, hatte Johnston mitgeteilt, daß er, Johnston, nicht mehr das Vertrauen der JWT-Mitarbeiter genieße. O'Donnell war lange der Protegé von Johnston gewesen, von ihm solide ausgebildet und langsam in die Position gebracht worden, die ihn als Nachfolger qualifizierte. Und nun erklärte er seinem Chef, nachdem er sich zuvor mit fünf anderen Direktoren abgesprochen hatte, daß die Ertragslage der Agentur so schlecht sei, daß er die Kontrolle sofort abgeben und ihm, O'Donnell, übertragen müsse. Er und ein paar seiner Kollegen seien dabei, die Mittel für ein Management-Buy-Out zu beschaffen und ständen bereit, das Kommando zu übernehmen. Johnston, von so viel Treulosigkeit schockiert, feuerte auf der Stelle O'Donnell und dessen Hauptverbündeten Jack Peters. Er habe nicht die geringste Absicht, die Führung abzugeben, verkündete er, aber der Schaden war angerichtet, und es war nur noch eine Frage der Zeit, daß jemand ein Angebot für JWT vorlegte.

Eine Weile sah es so aus, als sei dieser „Jemand" Bob Jacoby und seine alten Teamgefährten von Bates, Hoyne und Nichols. Man munkelte, die drei seien dabei, JWT-Aktien aufzukaufen. Salomon Brothers, ein bedeutendes Haus der Wall Street, gehörte zu den großen Käufern. Die Saatchis warfen erneut einen sehnsuchtsvollen Blick auf JWT, entschieden sich dann aber doch, die Finger davon zu lassen. Altgediente JWT-Leute traten an jeden in der Wall Street zu findenden Verwalter von Risikokapital heran und versuchten, Finanziers für ein Management-Buy-Out zu finden.

Martin Sorrell hatte JWT schon seit dem August des Vorjahres sehr genau beobachtet. Ein ihm befreundete Analyst aus der Wall Street hatte ihn, entsetzt über die schlechte Ertragslage der Agentur, mit einem ehemaligen JWT-Manager zusammengebracht. Als Johnston dann die Schwierigkeiten mit O'Donnell bekam und das Gerücht kursierte, daß JWT Klienten verlöre, beschloß Sorrell, einen Versuch zu wagen. Er hatte auch ein geeignetes Vehikel für ein solches Übernahmeangebot parat. Im Frühjahr 1985, damals noch in Diensten von Saatchi, hatte er die Mehrheitsbeteiligung an einer winzigen Firma namens Wire & Plastic Products oder WPP erworben. In Kent ansässig, fabrizierte diese Firma Einkaufswagen für Supermärkte – und der Wert belief sich auf lächerliche 1,4 Millionen Pfund. Es war eigentlich nicht mehr als eine „Hülse", ein börsennotiertes Unternehmen, in das er andere Firmen einzubringen plante. Er war nach seinem Kauf zu Maurice marschiert, hatte ihm davon berichtet – und eine Explosion erwartet. Stattdessen hatte dieser eine Nummer der *Financial Times* hervorgezogen und gesagt: „Mensch, wir hatten auch schon daran gedacht, etwas ganz ähnliches zu tun, ich meine, die Mehrheitsbeteiligung an einer Aktiengesellschaft zu erwerben und die dann zu entwickeln." Obwohl er offiziell bis zum 17. März 1986 Finanzchef von Saatchi war, hatte er doch in diesem Augenblick schon angefangen, sich von dem Unternehmen zu lösen. Die Brüder hatten zwar eine Beteiligung an WPP erworben, allmählich aber erkannt, daß es da Konflikte gab und sie Sorrell nicht würden halten können. „Ich wollte einfach in meinem Leben noch etwas Eigenes auf die Beine stellen", sagt Sorrell. Die Brüder hatten große Schwierigkeiten mit seinem Ausscheiden gehabt, nach einem Jahr aber nachgegeben. Wie Sorrell sagt: „Der Finanzchef war an einem anderen Unternehmen beteiligt, und da stellte sich die Frage, wie das auf lange Sicht gehen sollte."

Sorrell blieb lange genug im Unternehmen, um selbst seine Nachfolge zu regeln – aber das Verhältnis zwischen ihm und den Brüdern war getrübt. Auch er war nie der „dritte Bruder" geworden. Charles und Maurice schätzten ihn als einen erstklassigen Finanzexperten, wie alle, die je mit ihm zusammengearbeitet haben. Aber sie alle sind auch der Ansicht, daß er doch nicht ganz das innovative und kreative unternehmerische Genie war, als das er später angesehen wurde – jedenfalls nicht bei Saatchi. Ken Gill erinnert sich an ihn als an jemanden, der Maurice genau beobachtete und „alles in sich aufsog wie ein Schwamm". Er verfeinerte und vervollkommnete die Verfahren zur Vorausberechnung des Cash flow, aber Maurice war es gewesen, der sie eingeführt hatte (heute sind sie so gut, daß 1987 die Prognose – bei einem Umsatz von immerhin 9 Milliarden Pfund – um weniger als ein halbes Prozent vom tatsächlichen Ergebnis abwich). Sorrell selbst erkennt durchaus an, daß er sehr viel von Maurice gelernt hat, aber seine persönlichen Qualitäten sind doch wohl auch ganz beachtlich. Die Saatchis meinten einmal, es sei ein Teil ihrer Erfolgsgeschichte, daß sie für jede Entwicklungsphase jeweils die richtigen Mitarbeiter hätten finden können, was impliziert, daß ihr Unternehmen irgendwann auch über Leute wie Bell und Sorrell hinauswuchs. Auch Bell gegenüber ist das vielleicht unfair, Sorrell gegenüber aber ganz bestimmt. Ihm war es mit hoher Wahrscheinlichkeit eher gegeben, die großen Operationen in der City von London, die der Beschaffung des jeweils benötigten Kapitals gedient hatten, durchzuführen und mit den Analysten der Wall Street zurechtzukommen. Das *Wall Street Journal* behauptete später einmal von den Wertpapieranalysten, daß sie „ganz vernarrt in Mr. Sorrell" seien, ein Kompliment, das den Brüdern noch keiner gemacht hat. Er mag nicht den Charme von Maurice haben, aber er hatte schon immer einen sehr viel besseren Kontakt zur Finanzwelt als beide Brüder, und es gab sogar Beobachter, die meinten, daß nach seinem Ausscheiden die Ertragsleistung der Saatchi-Aktie nicht mehr die gleiche gewesen sei (eine Entwicklung, zu der es wahrscheinlich aber in jedem Falle gekommen wäre, ob mit oder ohne Sorrell).

In den zwei Jahren nach seinem Schritt in die Unabhängigkeit hatte Sorrell fünfzehn Firmen übernommen und den Wert von WPP auf 134 Millionen Pfund gesteigert, was natürlich noch lange nicht an JWT heranreichte. Diese Agentur nun, so meint er, war zwar von *Advertising Age* regelmäßig zur „besten Agentur" gewählt worden, hatte aber immer wieder die Analysten der Wall Street enttäuscht und auch die institutionellen Geldanleger desillusioniert. Im Bereich der Kreativität erwachte JWT zwar sowohl in New York als auch in London, wo die Agentur wieder, je nach Betrachtungsweise, die Nummer eins oder zwei war – obwohl es da, nahm man alle Saatchi-Agenturen einschließlich Dorlands zusammen, gar nichts zu deuteln gab, zu neuem Leben, aber die finanzielle Situation wurde immer bedenklicher. Im letzten Quartal 1986 schrieb JWT erstmals rote Zahlen, und das Unternehmen eröffnete auch das Jahr 1987 mit weiteren Verlusten – und mit dem Streit im Vorstand. Johnston vereitelte zwar die Übernahmepläne von O'Donnell, Peters und einem halben Dutzend anderer Manager, aber die Chancen von JWT, seine Unabhängigkeit bewahren zu können, waren nun doch gleich null. Wie *Advertising Age* schrieb: „Die schlechte Ertragslage und Aufrur im Management haben JWT ins Spiel gebracht."

Was Sorrell anging, so gab es für ihn einen entscheidenden Gesichtspunkt. Burger King, dessen Etat zu den größten und angesehensten der von JWT verwalteten gehörte, kündigte an, sein gesamtes Werbebudget einer Überprüfung zu unterziehen, und es war Sorrell klar, daß JWT diesen Etat verlieren würde. Der Kurs der JWT-Aktien fiel von $ 40,5 im März 1986 auf $ 27.

Und so begann Sorrell, sich um die Aufnahme des benötigten

Kapitals zu bemühen. Rein zufällig bediente er sich dabei des selben Teams von Finanzierungsexperten, das auch schon das Geld für seinen alten Mentor James Gulliver zusammengebracht hatte, als dieser sein Übernahmeangebot an die Whiskybrenner gemacht hatte, nämlich Rupert Faure-Walker und Ian MacIntosh von Samuel Montagu und das Maklerbüro Panmure Gordon. In New York kamen noch Bruce Wasserstein und seine Mannschaft bei der First Boston dazu, zu diesem Zeitpunkt wahrscheinlich das „heißeste" Fusions- und Akquisitionsteam in der Branche. Sorrell hatte sich schon frühzeitig ausgerechnet, daß er sich den Kauf nicht würde leisten können, wenn es ihm nicht gelang, aus den JWT-Aktien einen Gewinn herauszuholen, deren Kurs, wie er erwartete, nach Bekanntwerden des Übernahmeangebots steigen würde. In aller Stille kaufte er deshalb ein Paket und unternahm bei Johnston einen ersten, sehr sanften Annäherungsversuch. Der aber wurde grob zurückgewiesen – Johnston ließ ihm die Nachricht zugehen, daß er kein Gespräch über diese Angelegenheit führen würde. Da wurde Sorrell klar, daß er etwas würde tun müssen, was die Saatchis nie getan hatten, den Weg der „feindlichen" Übernahme gehen.

Er eröffnete den Kampf am 12. Juni 1987. Er bot $ 45 pro Aktie und erhöhte sein Angebot zwei Wochen später auf $ 50,50, allerdings unter der Voraussetzung, daß es zu einer Einigung käme. In den folgenden hektischen Wochen suchte JWT nach „Weißen Rittern", nach finanzstarken Helfern, die die Umwandlung des Unternehmens in eine Personengesellschaft ermöglichen würden. Jacoby trat wieder einmal auf und sprach davon, daß er einer solchen vom Management übernommenen Gesellschaft mit 10 Millionen Dollar unter die Arme zu greifen bereit sei. Er war nicht der einzige, der sein Interesse bekundete. Aber es war bereits zu spät. Sorrell hatte seine Strategie zeitlich so geschickt geplant, daß seine Widersacher keine Chance hatten, sich zusammenzuschließen und einen erfolgversprechenden Gegenstoß zu unternehmen. Sein Angebot war ernstgemeint und daher nicht leicht abzuwehren – und Johnston wußte das. Nach vielen Androhungen rechtlicher Schritte unterzeichneten schließlich beide Seiten am 26. Juni um 9.30 Uhr in der Kanzlei von Sullivan & Cromwell, den New Yorker Anwälten von JWT, eine „definitive Vereinbarung". Die Klagedrohungen wurden fallengelassen, und Sorrell erklärte sich einverstanden, O'Donnell und Peters nicht zu JWT zurückzuholen, solange es die Leitung der Agentur nicht ausdrücklich wünschte. (Peters war bereits – und ist es noch – als Berater für WPP tätig.) Sorrell hatte gesiegt, und damit war die drittgrößte Agentur der Welt, ein Unternehmen, das für viele ein Symbol der amerikanischen Wirtschaft war, in britischen Händen.

Wo waren die Brüder während dieser Zeit? Immer wieder wurde der Verdacht laut, sie stünden direkt hinter ihrem ehemaligen Finanzchef. „Saatchi besitzt sieben Prozent von WPP, und einige Beobachter sind der Ansicht, daß diese Investition dazu gedacht war, Sorrell davon abzuhalten, das zu tun, was er tut – nämlich in der Arena der Agenturen als Konkurrent aufzutreten", schrieb *Advertising Age* am 29. Juni. „Andere Branchenkenner glauben dagegen, daß Sorrell den Saatchis lediglich als ‚Vorreiter' dient." Das war natürlich Unsinn, wie sich auch schon bald herausstellen sollte, als die Brüder ihre WPP-Anteile mit einem Gewinn von 4 Millionen Pfund wieder verkauften. Sorrell hatte ihre Hilfe nicht gebraucht – er hatte es ganz allein geschafft.

Die Brüder meinten zu einem späteren Zeitpunkt, daß Sorrell gegen alle Regeln verstoßen hätte, die maßgeblich für ihren behutsamen Einzug in New York gewesen seien. „Vielleicht ist es ja nicht nötig, Leute viele Jahre lang zu umwerben und sie mit langfristigen Verträgen an sich zu binden", meinte Charles zu Maurice. „Vielleicht hätten wir gar nicht so viel Arbeit in unsere amerikanischen Akquisitionen stecken müssen. Vielleicht hätten wir es einfach auch wie Martin machen sollen." Das war natürlich nicht ernst gemeint. Die Saatchis haben noch niemals ein „feindliches" Übernahmeangebot vorgelegt. Selbst wenn sie einige Jahre warten, einen höheren Preis zahlen und sogar Verluste hinnehmen mußten – immer haben sie sich entweder mit dem Management geeinigt oder aber sich wieder zurückgezogen. Dafür haben sie durchaus praktische Gründe. Das Werbegeschäft ist sehr stark auf die Menschen angewiesen, und feindliche Übernahmen können dem nur abträglich sein. Durch die Einigungen mit Compton und sogar auch mit Bates war es ihnen möglich, den leitenden Mitarbeitern langfristige Verträge anzubieten und überhaupt die meisten Leute zu halten, an deren Mitarbeit ihnen gelegen war. Im Falle von Bates waren sie allerdings zur Eile getrieben worden und hatten deshalb eine ihrer wichtigsten Regeln unbeachtet gelassen, die Übernahmen nur auf der Grundlage des „Abverdienens" abzuschließen, was in diesem Falle bedeutet hätte, daß dem Bates-Management nur ein Teil der Abfindung ausbezahlt worden wäre.

Jetzt beobachteten sie mit größtem Interesse, wie es Sorrell ergehen würde. Schon nach wenigen Wochen sahen sie ihre Prognosen bestätigt. JWT verlor einige seiner bedeutendsten Klienten, unter anderem Burger King (der Etat wäre allerdings in jedem Falle verloren gegangen), einen Etat von Pepsi und einen von Sears Roebuck. Dann zog der Reifenhersteller Goodyear, verärgert über den Verkauf an Briten, seinen Etat ebenfalls zurück – das Unternehmen hatte erst kürzlich einen Übernahmeversuch von Sir John Goldsmith abgewehrt, und von der dabei entwickelten Fremdenfeindlichkeit bekam nun auch Sorrell seinen Teil ab. Ford zog seine europäischen Etats ab, und JWT hatte, bis sich das Blatt wieder wandte, ein Etatvolumen von 450 Millionen Dollar verloren und 330 Millionen dazugewonnen. Die Auswirkungen auf das Unternehmen, das schon durch die Entwicklung vor dem Verkauf arg ins Wanken geraten war, waren enorm. Der Verlust so vieler Etats in so kurzer Zeit löste eine „Druckwelle" aus, wie die frühere JWT-Mitarbeiterin Pamela Maythenyi sagte: „Es ist niemals gut für die Moral und ebenso wenig für eine Agentur, wenn man von der Arbeit abgelenkt wird." Bis zum Jahresende mußten 200 Mitarbeiter entlassen werden, und die Moral war auf einen Tiefststand gesunken. Das *Wall Street Journal* zitierte einen Angestellten mit den Worten: „Da greift die Bunkermentalität um sich." Obendrein verloren die WPP-Aktien bei dem Börsenkrach im Oktober die Hälfte ihres Wertes, wodurch der Wert des Unternehmens auf 147 Millionen Pfund absank – das war weniger als die Hälfte der 566 Millionen Dollar, die Sorrell für JWT gezahlt hatte.

In der Wall Street hatte Sorrell seinen guten Ruf nicht verloren. „Da haben wir ein Unternehmen", sagte Greg Ostroff, „das mit seinem Service und seiner Etatverwaltung ganz oben auf der Hitliste stand und mit seinem Gewinn ganz unten. Die entscheidende Frage ist nun die: Kann Martin das grundlegend ändern?" Man schien es ihm durchaus zuzutrauen, und Sorrell tat sein Bestes. Er ersetzte Johnston durch Burton Manning, den früheren Hauptgeschäftsführer des amerikanischen Unternehmensbereichs, der das Unternehmen vor zwei Jahren verlassen hatte, was allgemein begrüßt wurde. Dann bestätigte er drei andere Geschäftsführer in ihren Ämtern, und zwar Robert Dilenschneider (Chef des PR-Unternehmens Hill & Knowlton), Dick Lord (Chef der Spezialagentur Lord Geller Federico Einstein) und Frank Stanton (Chef der Marktforschungsfirma MRB). Sonst versucht er ohne große Personalveränderungen durchzukommen und führte zunächst nur eine „milde Reorganisation" durch. Er baute die alte JWT-Organisation so um, daß nun keine Werbeleute mehr für Unternehmensbereiche zuständig waren, die mit Werbung überhaupt nichts zu tun hatten, und alle Bereiche wurden WPP direkt unterstellt.

Im März 1988 vermeldete Sorrell einen Gewinn von 14,1 Millionen Pfund, eine Million mehr, als selbst die optimistischsten Analysten erwartet hatten, und er konnte trotz der Etatverluste einen Ertragsanstieg um 8,5 Prozent vorweisen. „Die Talsohle ist durchschritten und der Laden erholt sich wieder", meinte Emma Hill, Analystin von Wertheim Schroder, die zu Sorrells größten Bewunderern in der Wall Street gehört. Innerhalb weniger Tage ergaben sich dann aber neue Probleme, die alle bisherigen in den Schatten stellten: Das Führungsteam von Lord Geller einschließlich Dick Lord ging weg, um ein eigenes Unternehmen aufzumachen. Lord Geller Federico Einstein war zwar nur eine kleine Agentur, doch von entscheidender Bedeutung für das Image von JWT, denn sie galt als eine der kreativsten der gesamten Branche und umhegte vor allem einen Klienten, nämlich IBM, dem sie die Hälfte ihrer Einkünfte verdankte. Es gab sogleich sehr ernst zu nehmende Gerüchte, daß IBM seinen Etat abziehen werde, was natürlich für die JWT-Tochter verheerende Folgen gehabt hätte. „Ohne IBM muß die Agentur dicht machen", sagte ein Kontakter düster. Im Juni 1988 gab IBM offiziell bekannt, daß ihre gesamten Werbeaufwendungen einer Überprüfung unterzogen würden.

Zu der Zeit, da ich dies niederschreibe, ist noch keine abschließende Beurteilung der JWT-Übernahme zu treffen, aber die Zweifel daran haben auch auf die Saatchis „abgefärbt". Sorrell argumentiert, daß ihm sein Einkauf in der Madison Avenue die besseren Markennamen und eine bessere Unternehmenskultur eingebracht hätte und folglich von größerem Wert sei als der von Bates. Die Saatchis verweisen dem gegenüber darauf, daß sie ihre kritische Phase überwunden hätten, während Sorrell in der seinen noch mitten drin stecke. Die Kontroverse um Lord Geller verstärkte noch die Abneigung der gesamten Branche gegen Fusionen und ganz besonderes gegen britische Übernahmeaktionen. Die JWT-Übernahme wurde viel stärker als rein finanziell motivierte Transaktion bewertet als jede Aktion der Saatchis, obwohl Sorrell schon bald unter Beweis stellte, daß er JWT nicht „ausschlachten" wollte, sondern das Unternehmen tatsächlich wieder zu einer ausgeglichen und rentabel arbeitenden Agentur machen. So hat er sich zunächst voll und ganz darauf konzentriert, die Gewinnspannen von JWT wieder auf eine Höhe zu bringen, die dem Branchendurchschnitt entspricht.

Es ist schon seltsam, wie die Brüder jeden einzelnen Schritt Sorrells mit großer Faszination beobachteten, während ihr Mann in Washington sich nicht im geringsten dafür zu interessieren schien. Die *New York Times* interviewte Victor Millar, Chef sowohl der Werbeagenturen als auch der Unternehmensberatungen, als der Streit um Lord Geller gerade seinen Höhepunkt erreicht hatte, und fragte ihn nach seiner Meinung. Millar habe davon gar nichts gewußt, berichtete das Blatt mit Staunen. Der Journalist schloß daraus, daß Millar „offensichtlich keinerlei Verbindung zur Werbung" habe. „Seine Berufung in diese Position erschien ja auch so wenig schlüssig, daß es gerüchteweise schon hieß, sie sei nur vorläufiger Natur."

Die Saatchis setzen jedoch große Hoffnungen in Millar, ungeachtet seiner Beziehung zur Werbung. Er soll für sie in der Beratungsindustrie erreichen, was sie in der Werbeindustrie schon geschafft hatten. Simonds-Gooding hatte Ordnung in die Fülle der gekauften Agenturen gebracht, und als die Lord Geller-Frage hochkam, konnte Millar es sich schon leisten, dieses Problem anderen zu überlassen und sich nur um den Kommunikationsbereich zu kümmern. „Victor Millar gehört zu den besten Leuten und strategischen Köpfen im Bereich der Dienstleistungen für die Wirtschaft", urteilte Michael Dobbs, der als Saatchi-Sprecher auftrat, als die *New York Times"* eine Stellungnahme zu dem Fauxpas einholte, den Millar ihrer Ansicht nach begangen hatte. „Die besten Köpfe der Werbung hatten wir ja schon."

1935 in Kalifornien geboren, ging Millar unmittelbar nach Abschluß eines Fachhochschulstudiums als Kontakter zu Arthur Andersen. Dann wechselte er in den Consulting-Bereich dieses Unternehmens und nach San Francisco, wo er schnell zum Geschäftsführenden Direktor der weltweit tätigen Unternehmensberatung aufstieg und diese bald an die Weltspitze führte. Damit war es ein Unternehmen, das in die Pläne von Maurice Saatchi paßte. Im Jahr 1983 wurde er für alle Beratungsdienste von Andersen und den gesamten Finanzberatungsbereich zuständig, womit er nach Duane Kullberg die Nummer zwei des Hauses war. Im Sommer 1987 ging er schließlich zu Saatchi, wo er dem Vernehmen nach ein Jahressalär von 1 Million Dollar bezieht.

Saatchi war schon 1984 mit der Übernahme von Hay ernsthaft in das Consulting-Geschäft eingestiegen, aber die Brüder hatten ihm nicht viel Zeit widmen können. Millar, der sein Hauptquartier in Washington aufschlug, wurde nun mit der schwierigen Aufgabe betraut, Saatchi in diesem Bereich zu gleicher Größe zu verhelfen wie in der Werbung. Das machte Maurice auch in seinem Beitrag zum Geschäftsbericht des Jahres 1987 deutlich. In Großbritannien, so schrieb er, waren die Werbeaufwendungen in den Jahren zwischen 1980 und 1987 um 126 Prozent gestiegen, also doppelt so schnell wie die „echten" Investitionen in die Wirtschaft insgesamt. Im gleichen Zeitraum hatte es bei den Honoraren für Unternehmensberatungen einen Zuwachs von 443 Prozent gegeben. Die Unternehmen, so meinte er, investierten zunehmend mehr in Know-how als in Maschinen, Gebäude und andere materielle Vermögenswerte. Das sei ein Prozeß, der sich nur beschleunigen könne – bis 1990, so glaube man bei Saatchi, werde der Consultancy-Markt weltweit ein Volumen von 230 Milliarden Dollar erreichen, und Saatchi bekäme über sein Tochterunternehmen Hay erst ein winziges Stückchen davon ab.

Maurice führte sodann aus, daß der ideale Konzern für ihn der sei, der die Werbung von Saatchi, die Unternehmensberatung von McKinsey, die Steuerberatung von Arthur Andersen und das Finanzgeschäft von Goldman Sachs in sich vereine. Da keines dieser Unternehmen zum Verkauf stand, konnte er ihre Namen getrost nennen, um eine konkrete Vorstellung von der Höhe des Berges zu vermitteln, der da noch zu erklimmen wäre. Um aber dem Gipfel näher zu kommen, müssen die Saatchis Kapital für weitere Akquisitionen aufnehmen können. Nach all den Streitigkeiten mit Bates, der Midland Bank und der Wahl des Jahres 1987 läßt das die Bewertung durch die Börse jedoch nicht zu. „City und Wall Street lieben uns nicht mehr", sagt ein leitende Saatchi-Manager, „und es mag schon ein Weilchen dauern, bis sich das wieder ändert."

Inzwischen haben es Millar die Einnahmen der Werbeagenturen immerhin möglich gemacht, mit dem Kauf eine Reihe von kleinen bis mittleren Beratungsfirmen zu beginnen. Der Einbruch des Aktienkurses hat zwar die Möglichkeit, auch in diesem Bereich einen wirklich großen Coup zu landen, zunichte gemacht, aber die vorhandenen Unternehmen expandieren wieder. Und auch die Werbeunternehmen sind auf den Erfolgskurs zurückgekehrt.

Wenn man die Brüder fragt, ob sie angesichts all der negativen Auswirkungen die Bates-Übernahme bereuen, dann antworten sie mit einem ganz entschiedenen Nein. Was das weltweite Etatvolumen anbetrifft, so nahm 1987 Young & Rubicam mit 4,9 Milliarden Dollar den ersten Platz ein, dicht gefolgt jedoch von den beiden Saatchi-Agenturen Saatchi & Saatchi DFS mit 4,6 Milliarden und Backer Spielvogel Bates mit 4,1 Milliarden. Zusammen ist das ein Volumen von knapp 9 Milliarden Dollar, womit Saatchi einen deutliche Vorsprung vor Young & Rubicam hat. „Wenn man zwei der fünf größten Agenturen der Welt besitzt, wird es einem immer gut gehen, solange man nur ein paar gute Leute an die richtige Stelle setzt und sich um die Etas kümmert", meint ein Saatchi-Mann. „Und Charles und Maurice waren schon immer ziemlich gut darin, die richtigen Leute zu finden, zu motivieren und zu halten – und sich um die Etats zu kümmern. Deshalb brauchen sie sich um die Werbung wirklich keine allzu großen Sorgen zu machen. Da ist jetzt alles so, wie's sein soll, und in gutem Zustand."

Einiges läßt darauf schließen, daß sich vor allem Charles auch weiterhin intensiv mit dem Bereich der Werbung befaßt. Die im Frühjahr 1988 von *Media Register* für Großbritannien veröffentlichten Zahlen zeigen, daß die Agentur Saatchi & Saatchi Advertising in der Charlotte Street, die 1987 abwechselnd mit JWT auf dem ersten oder zweiten Platz gelegen hatte, in dem mit März 1988 zu Ende gehenden Geschäftsjahr eindeutig die Oberhand und mehr neue Kunden gewonnen hatte als je eine andere britische Agentur. Auf dem zweiten Platz landete eine neue, aus der Fusion von Ted Bates und Dorland entstandene Agentur, auf dem dritten Platz ebenfalls eine Saatchi-Agentur, und zwar KHBB – dann erst kam JWT. Das war für die Brüder ein triumphaler Augenblick, hatten sie doch nun auf einem Markt eine beispiellose Position erreicht, der ihnen persönlich noch immer am meisten bedeutet.

Sie konnten aber noch auf etwas anderes stolz sein. Wie es im Februar 1988 in *Campaign* hieß, „beherrschte Saatchi die Preisverleihungszeremonien" des abgelaufenen Jahres, obwohl hart bedrängt von Collett Dickinson Pearce und Boase Massimi Pollitt. Beim Festival in Cannes, *dem* großen Ereignis eines jeden Jahres, gewann das internationale Netzwerk von Saatchi 1987 mehr Auszeichnungen als jede andere Agentur. Nach Berechnungen von *Campaign* entfielen auf Saatchi in den vergangenen fünf Jahren 12,6 Prozent der wichtigsten europäischen Preise für Kreativität, wiederum mehr, als jede andere Unternehmensgruppe auf sich vereinen konnte. Zweimal in fünf Jahren hatte Saatchi vorn gelegen, dreimal auf dem zweiten Platz. Je größer die Agentur wurde, desto härter arbeitete sie daran, sich den Ruf der Kreativität zu erhalten. Jeremy Sinclair, der für so viele Ideen verantwortlich gewesen war, die aus der Agentur hervorgegangen waren, war inzwischen in der Unternehmensleitung zu einem der beiden in der Regent Street residierenden Stellvertretenden Vorstandsvorsitzenden aufgestiegen, was, wie die Brüder hofften, dazu beitragen würde, das Besondere der Saatchi-Kultur in ihrem gesamten Reich zu verbreiten und das Image des Unternehmens in der City zu verbessern. Sinclair ließ in der Charlotte Street eine Kreativabteilung von über 100 Mitarbeitern mit nicht weniger als vier Direktoren an der Spitze zurück.

Weder für Charles Saatchi noch für Jeremy Sinclair haben der Gewinn neuer Kunden und weiterer Auszeichnungen für kreative Leistungen an Bedeutung verloren. In den frühen Tagen war im Bereich der Kreativität „klein" stets mit „gut" verbunden – „groß" aber mit „schlecht". Die Frage, die sich angesichts des unaufhaltsamen Wachstums der Agentur stellte, war nun die, wie Größe und Qualität in Einklang gebracht werden konnten. „Als wir anfingen, erhielten die großen Agenturen, die Thompsons und die Masiusse, innerhalb eines Jahres keinen einzigen Preis mehr", sagt ein Saatchi-Mann. „Es ist eine der großen Leistungen von Saatchi, daß das Haus um so mehr Auszeichnungen gewonnen hat, je größer es geworden ist. Wir haben die Schwerkraft besiegt." Manche meinen, daß bei entsprechend verbissener Jagd auf Auszeichnungen, von denen es in der Werbeindustrie wahrlich genug gebe, jede Agentur gut abschneiden könne, und daß Preise als solche nicht eben viel zu bedeuten hätten. Wie dem auch sei – für Charles waren sie stets wichtig, und nur wenn der Geschäftszuwachs auch weiterhin so lebhaft bleibt wie im Frühjahr 1988, wird er glücklich sein.

Zu Beginn des Frühjahrs 1988 rief Vic Millar aus Washington bei Maurice in London an. Er war immer noch damit beschäftigt, die verschiedenen, nicht in der Werbung tätigen Firmen zu „sortieren", die ihnen mit dem Kauf von Bates und anderer Agenturen zugefallen waren und von denen einige einfach nicht zur Unternehmensstruktur von Saatchi passen wollten. Millar wollte nun eine solche Firma wieder verkaufen. Die Brüder waren entsetzt – siebzehn Jahre lang hatten sie Unternehmen gekauft, aber kein einziges wieder abgestoßen. „Man kann sich gar nicht vorstellen, was für Schmerzen ihnen dieser Gedanke bereitete", sagt ein Saatchi-Mann. Maurice erkannte zwar eine gewisse Logik in dem Vorschlag Millars, aber Charles wollte von der Rolle des Verkäufers nichts wissen. Andererseits aber zahlten sie Millar schließlich ein Jahresgehalt von einer Million Dollar dafür, daß er solche Entscheidungen traf, weshalb sie ihn letztlich gewähren ließen.

Millar ist mit der Saatchi-Philosophie wohl vertraut. Maurice hat sie ihm mit der gleichen Eindringlichkeit erläutert, mit der er früher die City umworben oder die Theorien Ted Levitts an die Öffentlichkeit herangetragen hatte. Immer wieder spricht er über seine „Supermarkt-These", die Werbewelt wird sie in den kommenden Jahren wohl noch des öfteren zu hören bekommen. „Ich würde unsere heutige Situation mit der der Supermärkte in den fünfziger und sechziger Jahren vergleichen. Damals stieß auch jede Erweiterung des Produktangebots seitens der Supermärkte auf Widerspruch." In Zukunft aber, so behauptete er, würde sich niemand mehr darüber erregen, wenn sein Unternehmen neben Werbung und Marketing auch Finanzdienste aller Art anbieten werde. Immer wieder hat er bei den jährlichen Hauptversammlungen seine Auffassung vorgetragen, daß die großen globalen Konzerne zukünftig Wert darauf legen würden, alle wirtschaftlichen Dienstleistungen global von ein und demselben Unternehmen angeboten zu bekommen, also nicht nur Werbung, sondern beispielsweise auch Bankdienstleistungen und Managementberatung. „Dreißig große Konzerne arbeiten heute schon in fünf oder mehr Sparten mit uns zusammen, und ein Fünftel aller neuen Projekte ergibt sich inzwischen daraus, daß die Klienten eines unserer Unternehmensbereiche auch mit einem anderen zusammenzuarbeiten beginnen."

Den Beweis für die Richtigkeit der „Supermarkt-These" erbringt Millar in, wie das ein Beobachter ausgedrückt hat, „peinlichst logischer Manier". Die *New York Times* berichtete, daß er bei seiner ersten Rede als Chef des Unternehmensbereiches Kommunikation einen Teil seiner Zuhörer mit seinen abstrakten Theorien und seiner trockenen Darstellung vertrieben habe, und verglich ihn – nicht gerade zu seinem Vorteil – mit dem „wackeren Briten" Simonds-Gooding. Sein Vorgänger habe über den „für den Erfolg in der Werbewelt so notwendigen Einfallsreichtum" verfügt. Die Brüder brauchen aber nicht unbedingt einen Millar voller Lebendigkeit und Charme, sondern einen, der ihre Philosophie in eine funktionierende Praxis umsetzt. Millar widmet seine Energien deshalb ebenso der Suche nach neuen Akquisitionen (als ich ihn im Januar 1988 in Washington interviewte, standen zwanzig Beratungsfirmen auf seiner Liste) wie auch dem Bemühen, mit den vorhandenen Unternehmen Synergieeffekte zu erzielen. Es gibt eine Fülle von „Ungläubigen" sowohl innerhalb der Saatchi-Unternehmen als auch außerhalb, die meinen, daß das ganze Saatchi-Konzept eines umfassenden Service-Angebots nicht mehr sei als ein Luftschloß oder eine Bemäntelung ihres Bestrebens, nur immer mehr Firmen in ihren Besitz zu bringen. Aber Millar bittet die Chefs aller ihm unterstellter Agenturen und Firmen immer wieder zu Arbeitsessen nach New York, um sie anzufeuern, neue Wege zu finden, auch untereinander mehr und besser zu kooperieren – wovon durchaus nicht alle begeistert sind. „Ich meine, sie sind auf der richtigen Fährte, wenn sie davon ausgehen, daß es eine Tages nur noch Weltmarken geben wird", sagt einer. „Aber sie haben noch nicht hinreichend deutlich gemacht, wie alle die einzelnen Unternehmen, die ihnen im Augenblick gehören, dem Kunden zusammen etwas Sinnvolles und Nützliches bieten können. Ich muß meinen Klienten zeigen, daß ich ihnen wirkungsvoll dienen und ihre Produktionskosten senken kann, und einige der Saatchi-Firmen sind mir dabei durchaus von Nutzen. Das waren sie aber auch schon, bevor sie zu Saatchi gehörten, und es hat sich da gar nicht viel geändert."

Der Chef einer anderen Agentur schlägt in die gleiche Kerbe. „Wenn ich Vitrinen brauche, gibt es zehn Firmen, an die ich mich wenden könnte, die genauso gut sind wie Howard Marlboro (ein im Bereich des Direktmarketings tätiges Tochterunternehmen von Saatchi). Ich muß mir sagen: Gibt es eine Möglichkeit, meinem Klienten die finanziellen oder auch leistungsmäßigen Vorteile weiterzugeben, die sich der Tatsache verdanken, daß wir beide Teile von Saatchi sind? Nun muß ich mich weder für Howard Marlboro oder irgendein anderes Unternehmen der Gruppe entschuldigen, aber bisher hat sie noch niemand richtig zusammengebunden, und es ist wirklich eine große Herausforderung, zu versuchen, Leute aus verschiedenen Unternehmen, aus verschiedenen Kulturen und Disziplinen zusammenzubringen, damit sie gemeinsam für einen Klienten arbeiten." Die Saatchis, so sagt dieser Manager weiter, „sind wirklich erfolgreich bemüht, die Leute zusammenzubringen und sie mit den Unternehmen, die zum System gehören, zu konfrontieren – vielleicht gereicht dem Klienten das einmal zum Vorteil. Aber jeder hat seinen eigenen Terminplan, jeder ist wahnsinnig eingespannt, und es ist eine normale Versuchung, alles lieber so zu machen, wie's einem vertraut ist, als etwas Neues auszuprobieren."

Durch seine „Synergie" möchte Millar das selbstgesteckte Ziel erreichen, bis zum Jahre 1990 die Einnahmen aus dem Beratungsgeschäft auf 1 Milliarde Dollar zu steigern – das ist fünfmal so viel wie die 198 Millionen im Jahre 1987. Dazu bedürfte es noch einiger weiterer, größerer Akquisitionen, die jedoch schwer zu realisieren, da sehr kostspielig sind. Der niedrige Kurswert der Saatchi-Aktien verhindert eine Aufnahme des benötigten Kapitals an der Börse, und so muß Millar langsam vorgehen und kleinere und billigere Firmen aufsammeln, um Lücken zu schließen und ganz allgemein die Botschaft zu verbreiten, während die Brüder an der Vorbereitung ihres nächsten großen Sprunges arbeiten.

Genau das ist der Fragenkomplex, dem die Saatchis in London den größten Teil ihrer Arbeitszeit widmen. Bei einem Lunch mit Finanzleuten aus der City beschwerte sich einer bitter bei Jeremy Sinclair, daß man die Brüder aber auch nie zu Gesicht bekomme. „Warum nimmt Maurice nicht an diesem Essen teil? Wir sind schließlich bedeutende Aktionäre und haben Ihre großen Unternehmungen unterstützt." Sinclair waren Vorwürfe dieser Art geläufig. „Wollen Sie unseren Laden ruinieren?" fragte er zurück. Wenn Maurice an diesem Treffen teilnähme, erklärte er, dann müsse er auch bei fünfundzwanzig weiteren Treffen mit gleichermaßen wichtigen Aktionären anwesend sein – was nur bedeuten würde, daß er nicht mehr in seinem Büro sitzen und über die Zukunft des Unternehmens nachdenken könnte. Was im Falle vieler anderer Vorstandsvorsitzenden vielleicht banal geklungen hätte, war im Falle von Maurice ein sehr zutreffender Hinweis. Er sitzt tatsächlich gern in seinem großen, luftigen Büro und liest seine Zeitschriften und Bücher. Und er denkt über die Zukunft nach.

6 PHASES OF AN ELECTION

I ENTHUSIASM

II DISILLUSIONMENT

III PANIC

IV SEARCH FOR THE GUILTY

V PUNISHMENT OF THE INNOCENT

VI PRAISE & HONOURS FOR THE NON-PARTICIPANTS

20

„MINIMAL ART" UND „GROSSES GELD"

Viele Londoner, die in der Nähe des Regent's Park leben, wissen nichts von der außergewöhnlichen Kunstgalerie, die sich in der Boundary Road hinter einer Reihe von Geschäften verbirgt. Selbst Leute, die in dieser Straße wohnen, sind vielleicht schon unzählige Male an der unauffälligen grauen Stahltür vorbeigegangen, ohne sie besonders zu beachten. Den einzigen Hinweis auf das Innere liefert das kleine Schildchen neben dem Klingelknopf, auf dem man, wenn man nahe genug herantritt, lesen kann: „Saatchi Collection". Hinter der Tür befindet sich ein Hof, über den man zu einem Gebäude gelangt, das – von außen – noch immer an seinen früheren Verwendungszweck erinnert, eine Reparaturwerkstatt für Motoren, die später in ein Lager für Malerbedarf umgewandelt wurde. Der Eindruck aber, den das Innere vermittelt, ist überwältigend.

Man befindet sich dort nämlich in einer der größten Privatgalerien ihrer Art – etwa 3000 m² Ausstellungsfläche, dreimal soviel wie die der Whitechapel Gallery im Londoner Eastend, zehnmal so groß wie die Serpentine Gallery im Hyde Park. Der Empfangsbereich, einst die Verladerampe, ist etwa 70 Meter lang. Von dort gelangt man in fünf voneinander abgetrennte Ausstellungshallen – riesige, kahle Räume, die allein dem Zwecke dienen, den Kunstgeschmack der Eigentümer sichtbar werden zu lassen.

Charles und Doris Saatchi erwarben dieses Gebäude in den frühen achtziger Jahren und beauftragten den Architekten Max Gordon damit, die – wie ein Kritiker meinte – „hübscheste neue

Galerie Londons" daraus zu machen. Das wurde eine sehr teure Operation. Die Wände der alten Werkshalle verkleidete Gordon mit weißen Rigipsplatten, um den richtigen Hintergrund für Kunstwerke zu schaffen, die den Rahmen vieler anderer Museen oder Galerien gesprengt hätten. Das ursprüngliche Hallendach und die unverkleidete Stahlkonstruktion blieben so, wie sie waren, und auf dem Boden wurde ein einfacher, glatter und sauberer Estrich aufgetragen. Die Räume sind raffiniert ausgeleuchtet – das reflektierte Licht von Leuchtstoffröhren, die verdeckt an der Dachkonstruktion montiert sind, vermittelt den Eindruck, als falle beständig Sonnenlicht von draußen herein. So entsteht die Wirkung eines großen, hellen, unverstellten und fast höhlenartigen Raumes, der in geradezu idealer Weise für die darin untergebrachten Kunstwerke geeignet ist.

Trotz der enormen Größe der Galerie kann doch immer nur ein Bruchteil der über 800 Stücke umfassenden Saatchi Collection gezeigt werden. Was nicht hier ausgestellt ist, befindet sich in einem Lager, schmückt die Wände der Häuser von Charles und Doris, die getrennt leben, und der Büros der Brüder oder ist als Leihgabe unterwegs. In der Boundary Road werden die Stücke der Sammlung nach dem Rotationsprinzip ausgestellt, wobei man aber nicht streng und schematisch verfährt – wenn Charles zu der Ansicht gelangt, daß es Zeit für einen Wechsel sei, dann werden die Schnabels und Kiefers ab- und die Warhols und Serras aufgehängt. Oder es werden Ausstellungen zu speziellen Themen gezeigt, so zum Beispiel im Frühjahr 1988 die Ausstellung „NY Art Now", die den Arbeiten einer neuen „Schule" gewidmet war, deren Werke Doris und Charles eifrigst gekauft hatten und die plötzlich in Mode gekommen war – die New York East Village Art, vor allem vertreten durch Jeff Koons, einen Objektmacher, der mit seinen Staubsaugern unter Plexiglas zu Ruhm gelangt war. Da gab es überdimensionale, teilweise mit Erde bedeckte Spülbecken von Robert Gober zu sehen, ferner riesige Öl- und Wachsgemälde von Ross Bleckner und bewegliche Lichtobjekte von Jonathan Kessler. Der Ausstellungskatalog räumte ein, daß diese Kunstrichtung, wiewohl noch sehr neu, der New Yorker und internationalen Kunstszene schon Aufschreie wie „Scharlatanerie!" und „Betrug!" entlockt habe, ja, daß die meisten ihrer Hervorbringungen als „zynisch, abgekupfert, repetitiv, marktorientiert, oberflächlich, gegen den Menschen gerichtet, kalt, durchschaubar, überzogen und/ oder als Fall von des Kaisers neue Kleider" abgetan worden seien. Andererseits aber habe sie „etwas hoch und der Welt vor Augen gehalten, was diese wohl liebend gern für immer verborgen (oder gar unterdrückt) hätte".

So, wie ihm das in der Welt der Werbung gelungen war, hatte Charles auch in der Welt der Kunst einen Nerv berührt. Im März 1988 erschien in einer Nummer von *Newsweek*, deren Titelbild Maurice (allein) zeigte, ein Artikel über die Saatchis, der unter anderem auch auf die Kunstsammlung einging. Der entsprechende Abschnitt begann: „Man könnte es im Moment einem Besucher der Saatchi Collection wohl kaum verübeln, wenn er dächte, er hätte die richtige Abzweigung verfehlt und wäre in einen etwas merkwürdigen Laden für Haushaltsgeräte hineingeraten. Da gibt es eine Vitrine mit zwei funkelnagelneuen Staubsaugern. Um Mißverständnissen vorzubeugen: hier ist nicht von Gemälden oder Skulpturen die Rede, die Staubsauger darstellen, sondern von ganz richtigen Geräten, von wirklichen Hoovern, fabrikneu und liebevoll arrangiert von Jeff Koons."

Koons, dem zu dieser Zeit die besondere Aufmerksamkeit von Doris und Charles galt, beherrschte die Ausstellung. Noch bemerkenswerter als seine Staubsauger war ein aufblasbarer Spielzeughase, in Edelstahl nachgebildet, der die anderen Objekte im Saal reflektierte. Oder eine Reihe von Basketbällen, die in unterschiedlicher Höhe in Glastanks „schwebten". Die Experten waren sich angesichts all dessen völlig uneinig. Ein Londoner Kunstkritiker äußerte über Koons und die Künstler des New Yorker East Village, ihre Kunst sei „für die Händler gemacht, die wissen, daß sich die Saatchis und alle, die ihnen folgen, begierig auf das Neueste, Schnellste und Spaßigste stürzen – in ihrer Sprache auf die Sachen, die auf dem Markt am meisten sexy sind." *Newsweek* befand, daß solcherlei Kritik noch dadurch Vorschub geleistet werde, daß „Charles genauso wenig gewillt ist, mit Journalisten über seine anwachsende Kunstsammlung zu reden wie über seine Werbung."

In der Tat spricht Charles nur mit wenigen Menschen über seine Sammlung, Journalisten oder nicht. Das ist nun mal eine Privatsammlung, die er und Doris im wesentlichen nach ihren persönlichen Interessen zusammentragen. Die beiden haben nicht das geringste dagegen, daß andere Menschen sie sich anschauen – nur nicht in ihrer Anwesenheit. Es scheint ihnen den Spaß an ihrer Sammlung zu nehmen, wenn man sie um Erklärungen bittet. Was nicht heißen soll, daß er nicht – in privatem Kreis – über Kunst reden wollte oder könnte. Wenn er will, kann Charles ein sehr beeindruckender, witziger und beredter Unterhalter sein. Das einzige bekannte Gespräch, das er mit einem Journalisten über Kunst führte, war eines mit Don Hawthorne von *ArtNews* im Mai 1985 (es handelte sich um ein unter der Bedingung gegebenes Telefoninterview, daß er nicht direkt zitiert würde). Hawthorne berichtete, daß Charles, sobald sie sich der Kunst zugewandt hatten, „lebhaft, ja, zuweilen sogar leidenschaftlich wurde. Für die zeitgenössische Kunst kann es gar keine ernsthaftere Bestätigung geben als die grenzenlose Begeisterung Saatchis."

Das Galeriegebäude stellt bereits einen Teil der Sammlung dar, ist die anonyme Werkshalle selbst doch fast schon ein Kunstwerk. Abgesehen von den zwei Tagen der Woche, an denen die Galerie für Besucher geöffnet ist (die Charles und Doris gern meiden), können sie hierher kommen, wann immer ihnen danach zumute ist, und ihre Sammelobjekte so ausgestellt sehen, wie sie ausgestellt sein sollten – seien es die leeren Sperrholzschachteln von Donald Judd, die so groß sind – eine ist über dreieinhalb Meter hoch und etwa 24 Meter lang –, daß eine Wand eingerissen werden mußte, um sie hineinzubekommen, oder die Ziegelsteinobjekte von Carl André, von denen eines in der Tate Gallery für eine Sensation gesorgt hatte, oder die gewaltigen Stahlplatten von Richard Serra, die jeden Betrachter, der darunter steht, zum Zwerg machen.

Ursprünglich hatten die Saatchis keineswegs geplant, ihre Sammlung der Öffentlichkeit zugänglich zu machen. Am Anfang kauften sie nämlich einfach Werke, die ihnen gefielen – und entdeckten erst später, daß sie da bald eine Sammlung zusammengetragen hatten, die so bedeutend war, daß sie sie nicht einfach nur für sich behalten konnten. Wie schon so viele Sammler vor ihnen, begriffen auch sie sehr bald, daß kein Einzelmensch Kunst „besitzen" kann, daß diese vielmehr ein Eigenleben hat. Woche für Woche erreichen die Galerie nun Bitten aus aller Welt, vor allem aber aus den Vereinigten Staaten, Kunstwerke für Ausstellungen auszuleihen. Ohne Stücke aus der Saatchi Collection lassen sich kaum irgendwo auf der Welt wirklich repräsentative Ausstellungen zeitgenössischer Kunst veranstalten. Ihre Bedeutung für London umreißt Marina Vaizey, Kunstkritikerin der *Sunday Times:* „Die Saatchi Collection ist inzwischen zu einer der großen Sehenswürdigkeiten geworden. Ich bekomme dauernd Telefonanrufe von Amerikanern und Europäern, die wissen wollen: ‚Wo ist die Saatchi Collection zu finden? Wann ist sie geöffnet?' Sie gilt als der Ausstellungsort für die Kunst der letzten fünfzehn Jahre schlechthin, da die Galerie ja im Unterschied zu anderen Museen, die zumeist gemischte, historische Sammlungen zeigen, tatsächlich ausschließlich ihr gewidmet ist."

Charles war schon von frühesten Kindertagen an ein Sammler. Sein älterer Bruder David stellte einmal überrascht fest, daß er seine Superman-Comics keineswegs wegwarf, wenn er sie gelesen hatte, sondern sammelte. Bald hatte es den Anschein, als sammelten auch die anderen Kinder alle Superman-Heftchen, was aber nicht unbedingt dem Einfluß von Charles zuzuschreiben war – diese Comics waren plötzlich in großer Mode. Charles schien lediglich der erste gewesen zu sein.

Später waren es dann Musikboxen. Charles brachte als Teenager eine nach Hause – und es dauerte nicht lange, da war das ganze Haus mit solchen Automaten angefüllt. Ein halbes Jahr später, so erinnert sich David, war plötzlich alle Welt hinter Musikboxen her. Auch andere, die mit Charles zusammen aufgewachsen sind, erinnern sich noch an sein feines Gespür für Moden – er griff sie auf, noch ehe die anderen sie als solche erkannten. Er suchte nicht in Zeitschriften oder im Fernsehen nach neuen Trends, obwohl er beiden Medien viel Zeit widmete, sondern er schien einfach eine Antenne für kommende Veränderungen zu haben. Was ihm Spaß machte, machte nicht selten schon wenig später auch anderen Spaß. Das konnte Popmusik sein, Filme oder auch Kleidermoden – seine Familie war ganz entsetzt, als er in den späten fünfziger Jahren anfing, stolz in Jeans herumzulaufen, aber wenig später trugen viele Leute Jeans, und nicht nur Jugendliche.

Es gibt in jedem Bereich Leute wie Charles Saatchi. Manche Händler oder Makler können die Preisentwicklungen eher erkennen als andere, manche Modeschöpfer, Architekten, Künstler oder

Schriftsteller haben den gewissen „Riecher". Wir kennen alle jemanden, der über solche Fähigkeiten verfügt.

Bei Charles aber kommt hinzu, daß sie sich mit einer Sammelleidenschaft verbinden, die weit über die eines Jungen hinausgeht, der Briefmarken in Alben steckt, die später vergessen auf irgendwelchen Dachböden verstauben. Er sammelte noch in einem Alter Superman-Comics, in dem ihn ihr Inhalt eigentlich schon nicht mehr interessiert haben konnte. Ron Collins erinnert sich noch daran, daß er einmal – das war noch am Golden Square, also in den frühen siebziger Jahren, als Charles schon weit über zwanzig Jahre alt war – zu seinem Büro ging, um ihm eine Grafik zu zeigen. Charles telefonierte gerade, weshalb er draußen wartete. Die Trennwände waren aber so dünn, daß er das Gespräch mit anhören mußte. Collins hatte noch nie zuvor jemanden kennengelernt, der Superman-Comics sammelte, weshalb er einige Zeit brauchte, bis er endlich begriffen hatte, worum es da eigentlich ging – Charles feilschte mit einem Händler: „Nein, das habe ich schon. Was wollen Sie für das mit dem Zug haben? Dreißig Shilling? Zu viel – sagen wir ein Pfund..."

Als er fertig war und bemerkte, daß Collins zugehört hatte, störte ihn das nicht im geringsten, sondern er beklagte sich bitter, daß die Preise für diese Comics ständig stiegen. Charles sammelte sie jedoch nicht wegen des etwaigen Gewinns – was ihn interessierte, das war das Sammeln als solches.

Schon als junger Mann sammelte er dann ja auch Autos, eine Leidenschaft, die er mit Maurice teilte. Es gab Zeiten, da war die Tiefgarage in der Charlotte Street zur Hälfte mit Autos der Brüder vollgestellt. Als Jaguar den Produktionsstop des Modell E ankündigte, kaufte Charles einen der drei letzten Wagen, die vom Band rollten – und er fährt ihn heute noch. Maurice kaufte beispielsweise eine alte, 250 km/h schnelle AC Cobra und ließ die Karosserie von einem der beiden letzten Spengler Großbritanniens renovieren, der so etwas noch konnte. Er benutzte dieses Auto sehr selten – meistens nur zu einer rituellen Spazierfahrt am Sonntagmorgen. Er erzählte mir, wie er einmal in einer sehr engen Gasse zu dicht an ein Postauto geraten und mit einer häßlichen Beule im Blech nach Hause zurückgekehrt war. Das hatte ihn so getroffen, daß er in Tränen ausgebrochen war.

Maurice war jedoch nie von der Leidenschaft des wahren

Sammlers erfüllt, jedenfalls nicht in dem Maße wie sein Bruder Charles. Er hatte ja auch, da ihm im Laufe der Jahre immer mehr Aufgaben zufielen, kaum mehr die Zeit, sie zu entwickeln. Die Kunstsammlung war etwas, was die Brüder nicht gemeinsam betrieben. Maurice interessierte sich nicht sonderlich dafür und sagte oft abwehrend: „Mein Name ist B.A.Nause", wenn man ihn nach den Gründen fragte. Das stimmt natürlich nicht so ganz. Sein Büro ist damit vollgehängt – und er fühlt sich damit durchaus wohl. Und schließlich ist er seit seiner Jugend leidenschaftlicher Theatergeher. Die Kunstsammlung ist in der Tat vor allem das gemeinsame Anliegen von Charles und Doris, die schon immer eine leidenschaftliche Sammlerin war. Einige Jahre hatte sie sich auf Weißwäsche spezialisiert, also weiße, mit Stickereien verzierte Stücke wie Tischtücher, Nachthemden und ähnliches, ein sehr spezieller, fast minimaler Bereich textiler Kunst. Sie stellte ihre Sammlung zwar in einer winzigen Galerie in der Nähe des Regent's Park aus, aber in erster Linie sammelte sie zu ihrem eigenen Vergnügen.

Doris und Charles haben miteinander eine Sammlung moderner Kunst aufgebaut, die vielleicht die bedeutendste Privatkollektion der Welt ist. Charles hat viel Zeit investiert – und manchmal den größten Teil seines Geldes.

Das erste Werk kaufte er im Jahr 1969. Es stammte von Sol LeWitt, einem New Yorker Minimalisten, der vor allem durch seine wandmalerischen Ideen hervortrat, mit Anleitungen, die jeder ausführen könnte – vorausgesetzt, er verfügte über eine Wand von genügender Größe. In der Saatchi Collection finden sich etwa Stücke, die nur aus wenigen Wörtern bestehen, zum Beispiel: „Ziehe in Quadraten mit einer Kantenlänge von 6 in. (ca. 15,2 cm) mit gelben, roten und blauen Stiften gerade Linien von Ecke zu Ecke. Jedes Quadrat sollte mindestens eine Linie enthalten. Blei- und Buntstifte." Bei den Objekten von LeWitt handelt es sich häufig um bausteinartige Strukturen, so etwa um unvollendete, offene Würfel aus Aluminium, die im Brennofen emailliert sind. Viele rümpfen die Nase, aber für Anhänger der Minimal Art ist LeWitt einer der ganz Großen. „LeWitts Auffassung von der Kunst als einer Aktivität, als einer unvernünftigen Aktion, die vernünftig durchgeführt wird, ist – im Gegensatz zu Theorie – die Seele des Mainstream-Minimalismus", schreibt Peter Schjedahl 1984 im Katalog zur ersten Saatchi-Ausstellung, *Art of our Time*. LeWitt wurde einer der zentralen Künstler der Saatchi Collection, die inzwischen 21 Werke von ihm umfaßt.

In den späten sechziger Jahren war Charles noch ein „Gelegenheitssammler", der kaum etwas von der minimalistischen Bewegung wußte, der zu der Zeit Künstler wie Andy Warhol, Frank Stella und Carl André in New York zum Durchbruch verhalfen. Warhol war schon teuer, die meisten Werke der Minimal Art waren noch preiswert zu bekommen, und Charles konnte um ein paar tausend Dollar einige der besten und charakteristischsten Arbeiten dieser Richtung erwerben. Zu diesem Zeitpunkt interessierte er sich noch nicht für die britische oder europäische Kunst – alles, was er kaufte, gehörte entweder zum amerikanischen Fotorealismus oder zur Minimal Art.

Doris hatte sich als gebürtige New Yorkerin in den Kreisen bewegt, in denen nun Charles von den frühen siebziger Jahren an als Käufer auftrat. In London hatte er einen Freund namens Alain Merten, der nicht nur ein Bekleidungshaus in der King's Road, sondern auch eine Druckgrafik-Galerie besaß, wo Charles des öfteren vorbeischaute, um zu sehen, was es so Neues gab. Entscheidender aber war noch seine Entdeckung der Lisson Gallery in Marylebone, die sich schon in den späten sechziger Jahren auf die amerikanische Minimal Art spezialisiert hatte. Dort erwarb Charles viele seiner frühen Bilder und Objekte, und er entwickelte eine enge Beziehung zu dieser Galerie, die auch heute noch besteht. Wie auf so vielen Gebieten, entschied Charles sich in der Kunst für eine Linie und blieb dabei. Nachdem er die Minimal Art einmal für sich entdeckt hatte, kaufte er nur noch sie. In der Anfangszeit seiner Sammlung hatte er auch ein paar Werke des Fotorealismus, so zum Beispiel detailgetreue Schiffsgemälde von Malcolm Morley, aber hauptsächlich deshalb, da er den Fotorealismus als eine Form der Minimal Art schätzte. Bei der Lisson Gallery kaufte er jedenfalls seine ersten Andrés und LeWitts für einen Bruchteil ihres heutigen Wertes.

New York war damals tonangebend für die zeitgenössische Kunst und erlebte eine Periode, in der die Moden und „Schulen" relativ schnell wechselten. Charles mied jedoch im großen und ganzen die kürzerlebigen Trends und hielt sich an das, was er als Hauptrichtung der modernen Kunst ansah. Er hatte seinen eigenen, sehr ausgeprägten Geschmack, der sein Interesse bestimmte, und er war um die Mitte der siebziger Jahre, also schon lange, bevor er aus der Anonymität der Londoner Werbewelt hervortrat, in den Galerien und Ateliers im New Yorker Soho, wo die wichtigsten zu finden waren, eine bekannte Erscheinung. Bald weitete er seine Interessen auf Werke der amerikanischen figurativen Kunst aus, vor allem von Susan Rothenburg und Eric Fischl, den beiden Stars dieser Richtung. Es gab auch Fehler und Irrwege, und Charles konnte das Interesse an einem Künstler ebenso schnell verlieren, wie er es gewonnen hatte. Was ihn nicht mehr interessierte, ist heute nicht mehr in der Saatchi Collection zu finden – das meiste davon dürfte wohl wieder verkauft worden sein, um Platz für Neues zu schaffen.

Nach der Umwandlung von Saatchi & Saatchi in eine Aktiengesellschaft, 1975, hatte Charles sehr viel mehr Zeit und Geld für seine Leidenschaft zur Verfügung. Er und Doris kauften nun Arbeiten von Julian Schnabel, den viele Kunstkritiker heute zu den besten Künstlern unserer Zeit zählen – damals war er noch nicht einmal von einer wichtigen New Yorker Galerie ausgestellt worden. Die Saatchis waren nun regelmäßig in New York, besuchten die Künstler in ihren Ateliers und kauften oft direkt bei ihnen statt in den Galerien. Bei diesen Besuchen schlossen sich ihnen häufig auch Michael Green und seine Frau Janet an, deren Sammlung zeitgenössischer Kunst in Großbritannien nur von der Charles Saatchis übertroffen wird. Viele amerikanische Sammlungen stellen die von Janet Green in den Schatten, aber auch von denen kann sich keine mit der Saatchi Collection messen. Green erinnert sich noch gut daran, wie Charles sie alle in irgendein Dachatelier mitschleppte und wie seine Augen vor Erregung zu funkeln anfingen, wenn er etwa entdeckt hatte, das ihn interessierte. Manchmal war das auch nur eine alte Kunstzeitschrift, die er noch nicht kannte und in der sich ein früher Artikel über LeWitt oder Warhol fand. Manchmal war es auch ein neuer Künstler oder auch einer, den er bislang nicht beachtet hatte.

Die Galeristen in New York lernten den jungen Londoner und seine amerikanische Frau schnell schätzen. Charles und Doris lasen so viel wie möglich über die zeitgenössische Kunstszene und interessierten sich sehr lebhaft für die Künstler, deren Arbeit sie verfolgten, auch wenn sie nicht in ihrer Sammlung vertreten waren. Werkverzeichnisse, Fotos von neuen Arbeiten, Kataloge und

Insiderinformationen über auf dem Markt angebotene Werke – all das trugen sie mit Eifer zusammen. Der New Yorker Galerist Leo Castelli, bei dem die Saatchis viele Werke gekauft hatten, sagt, daß Charles, bevor er bei ihm in er Galerie erschien, „genau wußte, was er wollte. Man sollte meinen, so jemand kommt rein, schaut sich ein bißchen um, beschließt dann, was zu kaufen. Dem ist ganz und gar nicht so. Charles studiert die Kunstzeitschriften, er geht zu Ausstellungen und kommt dann her und interessiert sich für ganz bestimmte Stücke. Wenn man ein Sammler seines Zuschnitts ist, dann ist das keine Nebentätigkeit." Andere bestätigen das. Janelle Reiring von Metro Pictures sagt, daß „die Saatchis unglaublich gut über die Künstler informiert sind, mit denen sie sich befassen. Sie können gute Arbeiten sehr schnell ausmachen, können sich sehr schnell entscheiden und kommen so zu den besten Stükken." Die Kuratorin der Saatchi Collection, Julia Ernst, arbeitete bei der Sperone Westwater Gallery in New York, als sie Doris und Charles Saatchi kennenlernte. „Eine Sache fiel mir sofort auf", meint sie, „daß sie beide einen ganz besonderen, sehr anspruchsvollen Geschmack haben, eine ganz eigene Kennerschaft."

Kenner der Saatchi Collection unterscheiden verschiedene Sammelperioden. Die erste ist gekennzeichnet durch Charles' Entdeckung und Sammlung der Minimal Art und dauerte etwa von 1970 bis 1976. „Das war der Bereich, in dem er und Doris am erfolgreichsten waren und sich einen Namen machten", meint ein Freund. „Damals kaufte in den Vereinigten Staaten noch kein Privatsammler Minimal Art, aber in Europa gab es schon zwei bedeutende Sammler – und dann noch das Ehepaar Saatchi. Die Deutschen verliebten sich in die Pop Art, die bei den Amerikanern aus irgendwelchen Gründen nicht sehr populär war, und es ist schon ein erstaunliches Faktum, daß die wesentlichen Sammlungen amerikanischer Pop Art in Europa entstanden."

Zwischen 1976 und 1980 machten Charles und seine Frau, gestützt auf ihr wachsendes Vermögen wie auf ihre fundierten Kenntnisse, gewagtere Käufe, wobei sie aber der amerikanischen Kunst treu blieben. Sie kauften große Stückzahlen, meist direkt bei den jungen New Yorker Künstlern, zahlten selten mehr als einige tausend Dollar und erlebten mit Malern wie Julian Schnabel gewaltige Wertsteigerungen.

1981 trat erneut eine Veränderung ihres Sammelverhaltens ein, denn sie wandten sich auch Künstlern zu, denen sie bislang keine Beachtung geschenkt hatten, vor allem aus Europa. Nick Serota, der Direktor der Tate Gallery, und Norman Rosenthal, Ausstellungsleiter bei der Royal Academy, beide bestens mit der Saatchi Collection vertraut, verknüpfen diesen Sinneswandel mit einer Ausstellung, die sie im Januar 1981 unter dem Titel „Der neue Geist der Malerei" in der Royal Academy gestalteten. Die Saatchis stellten einige Leihgaben zur Verfügung und waren deshalb an der Ausstellung besonders interessiert. Charles war von einigen der Gemälde, die Rosenthal und Serota ausgewählt hatten, nicht besonders beeindruckt. „Ich weiß noch, daß er sich sehr kritisch über ein Bild von Anselm Kiefer äußerte", sagt Serota. „Das war aber auch darauf zurückzuführen, daß er mit dessen Arbeit nicht vertraut war." Doris hingegen war eine große Verehrerin von Kiefer. Sie schrieb eine Ausstellungskritik für das „Royal Academy Year Book", in der sie ihn als einen der aufregendsten Maler dieser Ausstellung besonders herausstellte. Unter ihrem Einfluß änderte Charles sechs Monate später seine Meinung. Er fing nicht nur an, Kiefer zu kaufen, sondern hängte sogar – sehr zum Erstaunen der Besucher seines Hauses – eine riesige, ziemlich düstere Landschaft dieses Malers über sein Bett.

„Nach dieser Ausstellung änderte er seine Sammelpolitik und folgte der neu gewonnenen Einsicht, daß ein Künstler, wenn überhaupt, dann umfassend in der Sammlung vertreten sein sollte", meint Nick Serota. „Und er begab sich entschlossen auf die Jagd nach den Werken dieser herausragenden Künstler." Die Aussage Serotas stimmt so nicht ganz, denn im Grunde genommen war das schon immer die Position von Charles gewesen. Die Minimal Art-Sammlung stammte schließlich aus der Zeit vor der besagten Ausstellung und enthielt je zehn, zwölf oder gar fünfzehn Werke der führenden Vertreter dieser Richtung. Schon damals hatten sich die beiden Saatchis auf das Werk ganz bestimmter Künstler konzentriert. Trotzdem hat Serota vollkommen recht, wenn er in diesem Ereignis eine Art Wendepunkt sieht. „Bis zu dieser Ausstellung waren sie sehr einseitig", sagt einer ihrer Freunde aus der Welt der Kunst. „Sie sahen nur die New Yorker Minimal Art, und dann kamen da diese anderen Leute, die ihrer Ansicht nach einen Ausweg aus der Minimal Art gefunden hatten, aber doch noch stark genug von ihr beeinflußt waren, und da fingen sie an, die zu kaufen. Dann wurde diese neue Ausstellung gezeigt, und da kümmerten sie sich erstmals um das, was sich in der europäischen und britischen Kunst tat."

Mitte der siebziger Jahre hatten sie Künstler wie Jennifer Bartlett (von der die Kacheln in ihrem Haus in St.John's Wood stammten), Elisabeth Murray, Joel Shapiro, Neil Jenney und dann, in den späten siebziger Jahren, David Salle gekauft – alles amerikanische Künstler, die die Minimal Art überwunden und sich wieder der Malerei und Bildhauerei zugewandt hatten. „In den späten siebziger Jahren erhob sich allenthalben ein Klagegeschrei, daß die Malerei tot sei, daß die Künstler sich ins Abseits gemalt hätten und niemand mehr wisse, wohin, da die Minimal Art ja alle Türen zugesperrt hätte", sagt der schon zitierte kunstverständige Freund. „Nach Ansicht der radikalen Avantgarde war bereits alles getan und gesagt, die Minimal Art das Ende aller Malerei. Ich glaube, daß es immer wieder zu solchen Krisen kommt, aber zu dieser Zeit empfand man das wohl besonders stark. Dann tauchte Mitte der siebziger Jahre aber plötzlich diese Gruppe von Leuten auf, die entdeckte, daß sich doch noch etwas mit Farbe machen ließ, und es kam zu einer wahren Farbenexplosion, wie jene Ausstellung in der Royal Academy zeigte, die weltweit einen ungeheuren Einfluß ausübte. Sie bewies, daß die Maler wieder malten. Und sie öffnete vielen Menschen die Augen für die Kunstwerke, die überall in Europa geschaffen wurden."

Auf jeden Fall öffnete sie Charles Saatchi die Augen, der sich plötzlich bewußt wurde, daß er, statt den Trends vorneweg zu eilen, ihnen inzwischen eher folgte. Er hatte eine ganze Menge nachzuholen. Wie Norman Rosenthal sagte: „Das war die Zeit, in der er seine Möglichkeiten erst wirklich entfaltete. Er gewann an Bedeutung, und der Kunstmarkt erlebte eine Hochkonjunktur. In den siebziger Jahren war der Markt für Minimal Art eher eine esoterische und ruhige Angelegenheit gewesen. Doch jetzt schien sich die große Malerei international wieder zu entfalten, vor allem aber in Deutschland, Italien und Amerika, die Preise zogen an, der Markt schien zu explodieren. Und Charles Saatchi tat sich als einer der führenden Sammler hervor."

In ihrer Ausstellungskritik hob Doris drei Künstler besonders hervor: die beiden britischen Maler Frank Auerbach und Lucien Freud sowie den Deutschen Anselm Kiefer. Freud hatte bereits einen großen Namen und war den anderen in jedem Falle um ein oder zwei Jahrzehnte voraus. Also fing Charles an, Auerbach und Kiefer zu kaufen. Aber er erstand erstmals auch Werke anderer europäischer Künstler, so vor allem Arbeiten der Deutschen Georg Baselitz, Sigmar Polke und des Italieners Francesco Clemente. Innerhalb weniger Jahre trug er nun eine bedeutende Sammlung von Werken dieser europäischen Kunst zusammen – zu ihr gehörten beispielsweise 24 Arbeiten von Clemente und 23 von Kiefer. Gleichzeitig kaufte Charles auch britische Künstler, und hier durchaus nicht nur die neuen, noch kaum bekannten. Neben Auerbach kaufte er die „etablierten" Leon Kossoff und Victor Willing, und Howard Hodgkin, der sehr stark von seinen frühen Besuchen im Museum of Modern Art in New York geprägt war. Darüber hinaus machte er weiterhin in der Lisson Gallery wesentliche Entdeckungen – zum Beispiel drei neue Bildhauer, Richard Deacon, Tony Cragg und Bill Woodrow.

In dieser Zeit widmete sich Charles der Kunst mit großer Intensität und Leidenschaft. Die Entdeckung der europäischen und britischen Künstler, alter und junger, war ihm eine rechte Offenbarung gewesen. Vollends geriet er aus dem Häuschen, als er gleichzeitig die Bekanntschaft mit einer neuen New Yorker Kunstrichtung machte, die schon bald mit einer Reihe ganz verschiedener Etiketten versehen wurde: Neo-Geo, Neo-Futurismus, Neo-Konzeptualismus, Smart Art oder auch Neue Abstraktion. Die Künstler dieser Richtung traten in den frühen achtziger Jahren in den Galerien des East Village in Erscheinung, denen nun auch Charles und Doris ihre Aufmerksamkeit zuwendeten. Wie schon im Falle der Minimalisten ein Jahrzehnt zuvor, so wollte auch die Neo-Geos niemand haben, während Charles sich für sie begeisterte, und die Saatchis kauften sie in großen Mengen und sehr preisgünstig ein. Einige dieser Künstler, Jeff Koons eingeschlossen, stellte er dann im Winter 1988 in seiner Galerie aus."

Der Aktienkurs von Saatchi & Saatchi erreichte immer neue Höhen, die Dividenden flossen reichlich, Charles Vermögen wuchs. Er konnte es sich jetzt leisten, sowohl die europäischen Künstler als auch die des East Village zu kaufen. Er fing nun auch an, etliche Lücken seiner Sammlung zu schließen. Im Jahre 1982 kaufte er so seine ersten Werke von Andy Warhol, in dem er ja den Stammvater vieler von ihm geschätzter Künstler sah.

Mitte der achtziger Jahre gaben Charles und Doris mindestens 1 Million Dollar jährlich für Kunst aus, was außenstehende Beobachter einigermaßen verwirrte. Wo bekamen sie all das Geld her? 1984 flossen Charles Dividenden in Höhe von 400 000 Pfund vor Steuern zu. Sein Jahresgehalt belief sich auf 225 000, und das Unternehmen kam für seine Autos und sonstigen Unkosten auf. Man darf getrost annehmen, daß er gute Steuerberater hat, aber trotzdem klaffte noch eine große Distanz zwischen seinen Einkünften und der Summe, die er für Kunst aufwandte.

Alle Exponate der Galerie der Saatchis sind Bestandteil der Saatchi Collection. Wenn sie ausgeliehen werden, dann ist ihnen eine diskrete kleine Karte beigefügt, auf der schlicht steht: „From the Saatchi Collection". Aber nicht alle Stücke sind auch Eigentum von Charles und Doris – einige befinden sich im Besitz von Saatchi & Saatchi. Vor dem Zusammenschluß mit Garland-Compton und der Umwandlung in eine Aktiengesellschaft gehörte zumindest ein beträchtlicher Teil der Kunstsammlung einer Tochterfirma von Saatchi & Saatchi namens Brogan Developers, die ihren Sitz aus steuerlichen Gründen auf der Isle of Man hatte. Dieses Unternehmen kaufte Charles dann aus. In den früheren Geschäftsberichten der Saatchi & Saatchi plc gibt es unter dem Rubrum „Anlagevermögen" den Punkt „Möbel, Ausstattungen und Kunstwerke", in den letzten Jahren ist daraus „Sonstiges, incl. Kunstwerke" geworden. Dieser Posten ist mit 13 Millionen Pfund bewertet, Möbel und Ausstattungsgegenstände werden abgeschrieben, die Kunstwerke nicht. Dabei ist nicht ganz klar ersichtlich, ob eine Wertberichtigung vorgenommen wird. Daraus läßt sich schließen, daß auch Unternehmenskapital zum Ankauf von Kunst eingesetzt worden ist – weder eine ungewöhnliche noch eine schlechte Form der Kapitalanlage. Die 6. Etage des Firmengebäudes hängt voll von Werken der modernen Kunst, deren Wert inzwischen ihren Kaufpreis nicht selten um ein Vielfaches übersteigt. Und in New York hat der Hausherr des neuen Hauptquartiers von Saatchi & Saatchi in der Hudson Street das gesamte Mezzanin zu einer repräsentativen Galerie gemacht, in der vor allem die Kunstwerke im Besitz des Unternehmens untergebracht sind.

Nur etwa ein Fünftel der Saatchi Collection gehört dem Unternehmen, der Großteil aber Doris und Charles. Die Aktionäre haben dabei nichts zu beklagen, außer, des es immer schwierig sein wird, den einen vom anderen Anteil zu trennen. In der Kunstwelt wird jedoch die Frage immer wieder erörtert, wie Charles wohl seine Kunst bezahlt.

In Wirklichkeit ist das alles gar nicht so mysteriös. Die meisten Stücke der Sammlung sind zu bemerkenswert niedrigen Preisen eingekauft worden. Etliche wurden später mit großem Gewinn wieder veräußert, der Erlös wurde zur Finanzierung neuer Käufe verwendet. Charles haßt solche Verkäufe, aber er ringt sich immer wieder dazu durch, wenn ein Künstler nicht mehr in die Sammlung paßt, oder wenn das Geld für andere Zwecke einzusetzen wäre. Und schließlich ist sein Lebensstil nicht übermäßig aufwendig, er hat keine weiteren kostspieligen Hobbies, so daß in den vergangenen 15 Jahren tatsächlich der größte Teil seines Geldes in die Sammlung gehen konnte.

Der Kauf und die Renovierung der Galerie sowie der spätere Erwerb der vielen Werke von Warhol und anderer etablierter Künstler machten es jedoch erforderlich, auch auf andere Finanzierungsmöglichkeiten zurückzugreifen. 1981 verkauften Charles und Maurice Saachti-Aktien im Wert von mehreren Millionen Pfund (sie kauften dann 1987, als der Kurs fiel, für fast 5 Millionen Pfund Aktien zurück). Diese Transaktion blieb weitgehend unbemerkt, weil die Aktien damals gesplittet wurden und sie dadurch zum Jahresabschluß mehr Anteile besaßen als zuvor.

Abgesehen von der Kunst, die in sich kontrovers genug ist, haben die Zurückhaltung der Saatchis und ihre mangelnde Bereitschaft, sich zu erklären, zu Mißtrauen und Mißverständnissen bezüglich ihrer Motive geführt. Grund für ihre Sammelleidenschaft sei, so kommentierte ein Kritiker, „das starke Verlangen auf Seiten der Saatchis, in der Kunstszene eine bedeutende Rolle zu spielen und dafür auch bekannt zu sein." Kunst, so fügte er hinzu, verhelfe dem Sammler zu Status, Macht, ja, sogar zu „einem Hauch von Unsterblichkeit". Vielen ist der neue Stil, Werke eines Künstlers gleich in großer Zahl zu kaufen, suspekt. Schwerer noch wiegt wohl die Kritik, im Prinzip liehen oder stellten die Saatchis nur aus, um den Marktwert ihrer Kunstwerke zu steigern, ein Vorwurf, der vor allem 1982 anläßlich einer Ausstellung in der Tate Gallery erhoben wurde. Charles hatte sich bereit erklärt, den „Förderern der Neuen Kunst" der Tate Gallery beizutreten, einer Gruppe wohlhabender und einflußreicher Leute, die – wie es im

Ausstellungskatalog heißt – dafür sorgen wollten, daß es „der Galerie möglich wurde, Werke der modernen Kunst zu zeigen und zu erwerben". Bei der ersten Ausstellung, die dieses Komitee veranstaltete, wurden auch zwölf Bilder von Julian Schnabel gezeigt, von denen neun aus der Saatchi Collection stammten. Bei der nächsten Ausstellung waren sechs Arbeiten von Jennifer Bartlett zu sehen, eine davon aus dem Besitz der Saatchis. Charles war zur gleichen Zeit auch bei der neuen, in öffentlicher Hand befindlichen Whitechapel Gallery engagiert, der er ebenfalls eine Reihe von Bildern lieh. Die dort gezeigte Ausstellung von Charles „Kreuzwegstationen" griff auf zwölf Bilder aus der Saatchi Collection zurück.

Natürlich erhöhte die Ausstellung dieser Werke auch das Interesse an ihren Urhebern. Die Saatchis waren so bedeutend und einflußreich, daß die bloße Aufnahme eines Künstlers in ihre Sammlung ausreichte, um die Preise aller seiner Werke steigen zu lassen. „Sammler wie sie haben enormen Einfluß auf das, was andere Leute tun, und ebenso auf den Markt", sagte Leo Castelli. Die Unruhe über ihre Rolle wurde nach dem zweiten Wahlsieg von Margaret Thatcher im Jahre 1983 noch größer – Mrs. Thatcher selbst war einem großen Teil des britischen Kunstestablishments ziemlich verhaßt, das im großen und ganzen durchaus für eine staatliche Lenkung seiner Förderung ist. Als sich dann noch herausstellte, daß Saatchi & Saatchi auch die Werbeetats der Tate Gallery und einiger anderer Kunstinstitutionen verwaltete, platzte den Kritikern der Kragen.

Dazu kam es auf recht eigenartige Weise. Charles hatte ursprünglich ein sehr gutes Verhältnis zu Alan Bowness, dem Direktor der Tate Gallery, gehabt und diesem seine Hilfe angeboten, als erste Pläne zu einer Schnabel-Ausstellung ventiliert wurden. Er habe, so sagte er bei dieser Gelegenheit, fünfzehn Schnabel-Gemälde in seiner Sammlung, die er bereits an Museen in aller Welt ausleihe. „Die Tate Gallery hat freien Zugang zu allen diesen Bildern", erklärte er Bowness. „Wenn Sie etwas ausleihen möchten, können Ihre Kuratoren jederzeit in der Sammlung ein- und ausgehen und jedes Werk für jede Ausstellung bekommen." Nach Aussagen seiner Freunde hatte Charles es nie für möglich gehalten, daß man dieses Angebot falsch interpretieren könnte. „Er dachte, daß es die Künstler nur freuen könnte, wenn ihre Werke ausgestellt würden, und daß er der Tate Gallery dazu verhalf, die Highlights der zeitgenössischen Kunst zu zeigen. Aber er war da wohl ein bißchen zu naiv und übersah die Eifersüchteleien, die in der Kunstwelt eine Rolle spielen. Er konnte sich gar nicht vorstellen, wieviel Ablehnung ihm entgegenschlagen würde, wenn da dieser 30jährige Amerikaner auftauchte und seine Ausstellung in der Tate Gallery bekam, wo doch so viele hart kämpfende britische Künstler diese Chance niemals bekamen."

Die Tate Gallery gab keine ernsthafte Erklärung ab, warum sie Schnabel ausstellte und warum die meisten der gezeigten Stücke aus der Saatchi Collection stammten. So wurde Bowness schon bald vorgeworfen, er sei dem mächtigen Charles Saatchi willfährig, der nur seinen Lieblingskünstler aufwerten und damit den Wert seiner Sammlung steigern wolle, die er, wie angedeutet wurde, dann zu stark überhöhten Preisen verkaufen würde. „Die Tate Gallery leistete Doris und Charles Saatchi einen Bärendienst", meinte Marina Vaizey, „denn die beiden mußten sich persönliche Kränkungen dafür gefallen lassen, daß sie ihre Schnabels und ihre Bartletts hergeliehen hatten, und daß da diese kleinen Schildchen darauf hinwiesen, daß die Arbeiten aus der Saatchi Collection stammten. Die Leute griffen die Tate Gallery an, daß sie die Saatchi Collection dadurch aufwerte, und sie griffen die Saatchis an, die die Tate Gallery angeblich nur dazu benutzten, ihrer Sammlung die Weihe eines renommierten Museums zu verschaffen. Das war schrecklich unfair, und in erster Linie der schlechten PR-Arbeit der Tate Gallery zuzuschreiben. Hätte die Tate Gallery einen großen Wirbel gemacht, ‚Wir haben da eine der größten Sammlungen zeitgenössischer Kunst, die sich erstaunlicherweise auch noch ausgerechnet hier in London befindet, was es uns ermöglicht, ein paar ihrer Stücke auch einem breiteren Publikum vorzustellen', dann wäre es nie und nimmer zu der negativen Publicity gekommen, die Charles am Ende dazu veranlaßte, sich aus dem Kreis der ‚Förderer der Neuen Kunst' wie überhaupt als potentieller Helfer und wichtiger Sponsor der Tate Gallery zurückzuziehen."

Viele teilen die Ansicht Marina Vaizeys. „Die Tate Gallery holte sich die Schnabels und tat dann nichts dagegen, daß aus all den kleinen verstohlenen Unfreundlichkeiten langsam ein richtiggehender politischer Sturm wurde", meint der kunstverständige Freund. „Da beschloß Charles, daß er die Künstler nicht noch einmal so etwas aussetzen wollte, daß es ihnen gegenüber nicht fair war, wenn die Tatsache, daß sie mit ihm in Beziehung standen, die Aufmerksamkeit der Leute von ihren Arbeiten ablenkte, um dafür über die Motive des Charles Saatchi und darüber nachzudenken, welchen Einfluß er auf die Tate Gallery nahm. Er kam zu dem Schluß, daß damit niemandem gedient war. Dazu kam, daß er und Doris ohnedies zu der Ansicht gelangt waren, daß es hübsch wäre, wenn sie einen eigenen Ort finden und dort ihre Sammlung zeigen könnten."

Ein weiterer „Tate-Vorfall" erregte noch mehr öffentliches Aufsehen, irritierte Charles und Doris aber viel weniger als die Ungeschicklichkeit von Alan Bowness im Falle der Schnabel-Bilder. Der deutsche Künstler Hans Haacke stellte gern das bloß, was er als die unethischen oder moralisch zweifelhaften Machenschaften von Vertretern und Institutionen der Kunstwelt bezeichnet. Trotzdem sagte er sofort zu, als ihm die Tate Gallery 1984 eine Ausstellung anbot. „Für einen Künstler wie mich", sagte er, „der ein angespanntes Verhältnis zu Institutionen des Establishments wie etwa der Tate Gallery hat, ist es – im Sinne des Prinzips – fast schon eine Überlebensfrage, Distanz zu halten und sich der Institution nicht an den Hals zu werfen, bloß weil sie einem eine Ausstellung zubilligt." Haacke arbeitete sorgfältig den in seinen Augen schwächsten Punkt der Tate Gallery heraus: Den Einfluß von Charles Saatchi und – durch ihn – von Mrs. Thatcher und ihrer Konservativen Partei.

So war in der Haacke-Ausstellung dann etwa ein Bild mit dem Titel „Bestandsaufnahme" zu sehen, ein direkter Angriff auf die Saatchis, auf ihr Werbeimperium und auf Mrs. Thatcher. Es handelte sich um ein Bildnis der Premierministerin in einem parodierten viktorianischen Stil, vor einem Regal voller Bücher, auf deren Rücken die Namen vieler Saachti-Klienten zu lesen waren – dem Alphabet nach von Allied Lyons bis zu Wrangler, dazwischen unter anderem auch die Konservative Partei, die National Gallery, die National Portrait Gallery und die South African Nationalist Party. Auf dem Tisch vor Mrs. Thatcher lag ein Papier mit Angaben zu Brogan Developers, der Firma, die einmal die offizielle Eignerin der Saachti Collection gewesen war, und mit Zahlen aus dem Geschäftsbericht der Aktiengesellschaft Saatchi & Saatchi, die sich auf den Wert der im Besitz des Unternehmens befindlichen

Kunstwerke bezogen. Auf dem obersten Regalbrett standen zwei geborstene Platten, eine Anspielung auf einige der zwei Jahre zuvor ausgestellten Schnabel-Bilder, mit Bildnissen von Charles und Maurice Saatchi und ihren Initialen „CS" und „MS".

Das Bild sollte – in Haackes eigenen Worten – bewußt machen, daß „mit Charles die Tories festen Fuß in den heiligen Hallen der Tate Gallery gefaßt hatten". 1987 wurde dieses Bild auch im neuen Museum of Contemporary Art in New York ausgestellt, nun mit einem Begleittext von Haacke versehen: „Im Juli 1987 wurde Julian Schnabel, der für seine Bilder voller zerborstener Platten bekannt ist, in der Tate Gallery ausgestellt. Neun der elf gezeigten Arbeiten gehörten Doris und Charles Saatchi. Es war dies die erste Ausstellung, die das Museum in Zusammenarbeit mit den ‚Förderern der Neuen Kunst' der Tate Gallery veranstaltete, eine Gruppe, die im selben Jahr gegründet worden war. Die treibende Kraft hinter dieser Gründung und einflußreiches Mitglied des Lenkungsausschusses dieser Gruppe war Charles Saatchi." Haacke stellte Ähnliches über die Bartlett-Ausstellung fest und brachte dann alles mit dem in New York gerade sehr aktuellen Thema des Börseninsiderhandels in Verbindung. Saatchi habe, warf ihm Haacke vor, angesichts bevorstehender Ausstellungen von Clemente und Morley in der Whitechapel Gallery im Februar 1984 eine große Anzahl von deren Arbeiten aufgekauft. Zu dieser Zeit habe er dem Verwaltungsrat der Whitechapel Gallery angehört. „Es besteht der Verdacht, daß er von Insiderinformationen über die Ausstellungspläne der Galerie profitierte, da sie es ihm ermöglichten, die entsprechenden Werke zum richtigen Zeitpunkt einzukaufen."

Haackes Tate-Gemälde rief eine kleine Sensation hervor, wie er sich das ja auch erhofft hatte. Er hatte sehr gewissenhaft recherchiert, dabei aber doch ein paar ganz entscheidende Punkte übersehen. Zum Beispiel hat Charles noch niemals in seinem Leben mit Mrs. Thatcher gesprochen und auch nicht den geringsten Wunsch verspürt, ihren Einfluß in irgendwelchen „heiligen Hallen" zur Geltung zu bringen, Downing Street ausgenommen. Vor allem aber stellt Haacke die Einstellung von Charles zur Kunst unzutreffend dar. So wenig Interesse Charles an einer Einmischung in die inneren Angelegenheiten der Konservativen Partei hat, so wenig interessiert es ihn, Einfluß auf die Ausstellungspolitik der Tate

Gallery oder irgendeines anderen Museums zu nehmen. Das entspricht einfach nicht seinem Wesen.

Charles und Doris reagierten jedoch gelassen auf die Attacken von Haacke. Sie waren gewarnt worden, und außerdem kannten sie die regelmäßigen Angriffe Haackes gegen Sponsoren und Geschäftswelt. Der Streit im Zusammenhang mit den Schnabel-Bildern aber führte dazu, daß Charles seine Zusammenarbeit mit der Tate Gallery beendete. Er eröffnete stattdessen seine eigene Galerie, wo er die Stücke seiner Sammlung nach eigenem Gutdünken ausstellen kann – Leute, die sie sehen wollen, können das tun, aber zu seinen Bedingungen. „Allen großen britischen Sammlern dieses Jahrhunderts ist eine ganz ähnliche Behandlung zuteil geworden wie den Saatchis", meint Norman Rosenthal von der Royal Academy. „Bei allen endete es damit, daß sie ihre Sammlungen nicht der Tate Gallery vermachten. Wir sind auf dem besten Wege, das auch im Falle von Herrn Saatchi zu erreichen. Sie haben ihn sich entfremdet, und in zwanzig oder dreißig Jahren wird ihnen das sehr leid tun."

Als die Saatchis 1985 ihre Galerie in der Boundary Road eröffneten, erregte die Saatchi Collection weltweites Aufsehen. Sie umfaßte 11 Werke von Donald Judd, 21 von Sol LeWitt, 23 von Anselm Kiefer, 24 von Francesco Clemente, 27 von Julian Schnabel, 17 von Andy Warhol und noch viele andere mehr, und damit war sie eine in jeder Beziehung außergewöhnliche Sammlung zeitgenössischer Kunst. „Die Saatchi Collection ist eine der vollständigsten und eindrucksvollsten Dokumentationen des künstlerischen Schaffens der vergangenen zwanzig Jahre in privater oder überhaupt in irgendeiner Hand", urteilte die Zeitschrift „ArtNews". Norman Rosenthal äußert sich in gleichem Sinne: „Die Saatchis sind wahrscheinlich die bedeutendsten lebenden Sammler zeitgenössischer Kunst auf der ganzen Welt." Der Kritiker David Sylvester meint, die Saatchi Collection sei im Rahmen britischer Sammlungen nur mit der von Ted Powers zu vergleichen, der in den fünfziger Jahren die Impressionisten sammelte. „Die Saatchis und Powers sind bei weitem die bedeutendsten Sammler moderner Kunst, die Großbritannien in diesem Jahrhundert hervorgebracht hat."

Der New Yorker Kunsthändler Leo Castelli hält die Saatchis für einzigartig unter den heute lebenden Sammlern. Es gebe, so meint er, ein paar wenige „Präzedenzfälle". Ähnlich wie die Saatchis arbeitete Graf Giuseppe Panza di Buomo, ein italienischer Sammler. Der deutsche Schokoladefabrikant Dr. Peter Ludwig ist um vieles wohlhabender als Charles Saatchi und wird als dessen einziger Rivale auf der Welt angesehen. Ludwig hat wahrscheinlich die größere Sammlung, die sich aber von der der Saatchis deutlich unterscheidet. Die Saatchis sammeln bestimmte Künstler, und das möglichst umfassend, während Ludwig nach anderen Prinzipien vorgeht. Laut Castelli hat der deutsche Sammler „von allem ein bißchen. Wissen Sie, er ist halt ein Allesfresser."

Viele Menschen erkennen eine deutliche Verbindung zwischen dem Ehrgeiz von Charles, die weltgrößte Werbeagentur zu betreiben, und seiner Sehnsucht nach Kunst. In beiden Fällen sei da sein „napoleonischer Drang" ausschlaggebend, bei allem, was er tue, größer und besser zu sein als jeder andre. Da mag etwas Wahres daran sein. Und doch ist die Saatchi Collection – wie jede einigermaßen anspruchsvolle Sammlung – eine weitaus kompliziertere Angelegenheit als die Anhäufung all der Werke einiger moderner Künstler. „Charles ist geradezu versessen auf die Kunst, absolut verrückt nach ihr", sagt Rosenthal. „Er kommt nicht dadurch an die guten Sachen, daß er im Alleingang Tausende Ateliers abklappert, sondern dadurch, daß er weiß, wo sie zu finden sind, und durch harte Arbeit. Er ist ein sehr guter Sammler von moderner Kunst. Es ist überaus leicht, alte Meister und antike Möbel zu sammeln, wenn man das nötige Geld dafür hat, aber das Sammeln von zeitgenössischer Kunst ist eine schwierige Sache."
1987 gab es besorgte Spekulationen über die Saatchi Collection, als die Ehe von Doris und Charles schließlich doch zerbrach. Sie zogen aus ihrer „Kapelle" aus, Doris in ein Häuschen hinter der Park Lane, und Charles in ein Haus um die Ecke. Glücklicherweise denken beide nicht daran, die Sammlung aufzuteilen, und auch der Sammeleifer der beiden scheint nicht gelitten zu haben. In der Kunstwelt kursieren viele mehr oder auch weniger zutreffende Geschichten über komplette Ausstellungen, die aufgekauft würden, über Charles, der Wagenladungen voller Kunst kaufe, nachdem er sich nur ein paar Fotos flüchtig angesehen habe, über Künstler und Agenten, die durchblicken ließen, sie stünden nun

auf der Liste der Saatchis und dergleichen. Wie auch immer – Charles steht so sehr im Mittelpunkt der künstlerischen Entwicklungen der Gegenwart wie eh und je.

21
„DAS BEDEUTENDSTE UNTERNEHMEN"

Als ich Maurice Saatchi mitteilte, daß ich das vorliegende Buch zu schreiben beabsichtige, war er entsetzt. Abgesehen von seinem Wunsch, das eigene Privatleben wie auch das seines Bruders zu schützen, war da noch ein sehr grundsätzlicher Einwand gegen das Projekt. Bücher schreibe man über Leute, die am Ende ihrer Karriere stünden und nicht an ihrem Beginn. Die Brüder waren gerade erst Anfang vierzig. „Geben Sie uns zumindest noch ein paar Jahre. Wir haben doch noch gar nichts geleistet." Bei anderen wäre das wohl eine übertriebene Bescheidenheit, aber Maurice meinte das wirklich. Zu diesem Zeitpunkt hatten die Brüder die großen amerikanischen Agenturen noch nicht übernommen und waren noch ein ganzes Stück von ihrem Ziel entfernt, das größte Werbeunternehmen der Welt zu sein. Dennoch war beachtlich genug, was sie bis dahin schon geschafft hatten. Vielleicht legen die Saatchis ja andere Maßstäbe an als wir Normalsterblichen.

Schließlich dauerte es mehr als drei Jahre, um dieses Buch fertigzustellen. Während dieser Zeit kauften die Saatchis Bates, wandten sich dann dem Beratungssektor zu, fochten ihren Kampf mit Bell und gaben den Tory-Etat zurück. Maurice aber blieb bei seinem Einwand. Er hat immer wieder geäußert, daß das Buch (wenn überhaupt) in zehn oder besser noch zwanzig Jahren geschrieben werden sollte, wenn sie ihre Ziele erreicht hätten und dem Ende ihrer Unternehmerlaufbahn näher als ihrem Anfang seien. Als wir uns einmal im Saatchi-Gebäude begegneten, wo ich einen seiner Mitarbeiter interviewen wollte, warf er in gespieltem

Entsetzen die Arme in die Luft. Ich müßte das alles inzwischen doch schon ziemlich satt haben, meinte er. Und als ich von meinen Recherchen in New York zurückgekehrt war, wollte er wissen, was meine Schreiberei denn so mache. Ich antwortete ihm daß ich sie „sehr interessant" fände. Da schien er zu erschrecken. Was konnte ich „Interessantes" herausgefunden haben? Hatte ich da vielleicht etwas ausgegraben, von dem er nichts wußte? Er ging kopfschüttelnd davon.

Maurice hat mir viele Stunden zu Gesprächen zur Verfügung gestanden und es mir auch ermöglicht, alle Mitarbeiter des Unternehmens zu sprechen, die ich gern sprechen wollte. Die einzige Einschränkung war die, daß ich weder ihn noch einen anderen Saatchi-Mitarbeiter direkt zitieren durfte – aber das machen die Brüder stets zur Bedingung. Ich habe mich bemüht, sie zu erfüllen, daher sind immer wieder Zitate „einem leitenden Saatchi-Mann" oder „einem vom Saatchi-Team" usw. zugeschrieben. Ich habe alle Gespräche auf Band aufgenommen und dann für meine Arbeit die entsprechenden Abschriften verwandt.

Bevor ich dieses Buch zu schreiben anfing, kannte ich Maurice schon einigermaßen gut, Charles aber noch gar nicht. Als ich mich dann in meine Recherchen vertiefte, war es mir immer mehr so, als müsse eigentlich das Gegenteil gelten. Der Charakter und die Persönlichkeit von Charles nahmen allmählich aufgrund der Interviews und des gesammelten Materials immer deutlichere Konturen an, während Maurice immer schemenhafter zu werden schien, jedenfalls sehr viel komplexer und für die ganze Geschichte bedeutender, als ich ursprünglich gedacht hatte. Wie die meisten Beobachter, so hatte auch ich den Legenden halbwegs Glauben geschenkt – den Legenden von dem in brillanter Weise kreativen, überaus zurückgezogen lebenden Charles, dessen gewaltige, ehrgeizige Visionen der Welt von seinem Bruder Maurice nahegebracht wurden. Die Wirklichkeit sah anders aus.

In vielerlei Hinsicht kommt Maurice eine größere Bedeutung zu als Charles. Der kühle, disziplinierte junge Mann, der 1967 bei Lindsay Masters und Michael Heseltine angefangen hatte, ist inzwischen zu einer der zentralen Gestalten des heutigen Wirtschaftslebens herangereift. Aber er ist so zurückhaltend und bescheiden, daß sogar diejenigen, die mit dem Unternehmen groß geworden sind, in Charles die Schlüsselfigur sehen.

Nach Aussagen der beiden Brüder war Maurice von Anfang an genauso ehrgeizig wie Charles – und genauso entschlossen wie dieser, in allem, was er anpackte, der Beste zu sein. Das beschränkte sich also keineswegs nur auf die Werbung. Ob als Schüler, als Student an der London School of Economics, als persönlicher Assistent von Masters und Heseltine – Maurice war stets außerordentlich erfolgreich.Er kann die kompliziertesten Probleme analysieren, sie auf eine einfache Formel bringen, eine Lösung dafür finden und diese umsetzen. Einige seiner „Techniken" erlernte er zwar bei Professor Cohen an der LSE, aber sehr viel bekam er erst später mit. Bei Masters erlebte er, wie Haymarket, damals noch ein kleines Unternehmen, zu einem der größten Verlagserfolge der letzten zwanzig Jahre gemacht wurde, von Heseltine lernte er, wie man Unternehmen aufkaufte, bei Procter & Gamble erfuhr er die Bedeutung ordentlicher Geschäftsführung – und heute schließlich zehrt er bei der Führung eines weltweit operierenden Unternehmens von der Erfahrung und den Ideen Victor Millars. Er hört niemals auf zu lernen.

Was beiden Brüdern das größte Vergnügen bereitet, das ist der Gewinn, der darin liegt, die in ihren Büros in der 6. Etage ihres Hauptquartiers erdachten Pläne Wirklichkeit werden zu sehen – aber sowohl der strenge Denkprozeß, der erst zu durchführbaren Planungen führt, als auch die Führungsaufgabe in der Realisierung sind weitgehend die Sache von Maurice. Charles erkennt das an und ist sich sehr wohl bewußt, daß seine eigenen, ganz besonderen Stärken vor allem das kreative Texten und ein außergewöhnlich gutes Gefühl für kommende Trends sind, nicht so sehr seine Management-Fähigkeiten.

Es besteht aber durchaus auch die Gefahr, nun wiederum Charles zu unterschätzen. Von den Tagen am Golden Square bis zur Übernahme von Compton in New York ist sein Beitrag zum Erfolg des Unternehmens klar zu erkennen. Wenn man aber die „Guru-Funktion" unberücksichtigt läßt, dann ist seine Bedeutung für eine weltweit tätige Gruppe, in der die Werbung nur noch einen Teil des Geschäftes bedeutet, weit weniger deutlich auszumachen. Aber alle, die heute in den oberen Etagen von Saatchi & Saatchi tätig sind, wissen, wie wesentlich seine Rolle nach wie vor ist. Maurice hat trotz seines gewachsenen Selbstvertrauens und der inzwischen gewonnenen Position im öffentlichen Leben niemals einen wichtigeren Schritt ohne die Zustimmung und Unterstützung seines Bruders unternommen – und würde das auch niemals tun wollen. Die Brüder mögen ja streiten, aber am Ende einigen sie sich doch, bevor sie irgend etwas unternehmen. Der eine respektiert die Urteilsfähigkeit des anderen, und wenn sich das Schicksal gegen sie wendet, wie zum Beispiel nach der Bates-Übernahme, dann können sie auf die Stärke ihrer gegenseitigen Unterstützung bauen. Charles hat nichts von seiner Fähigkeit verloren, die Menschen um ihn herum zu motivieren, und er hat auch nicht seine Forderungen nach mehr und besserer Leistung abgeschwächt – und Maurice versucht, dem gerecht zu werden, wie jeder andere auch.

Charles ist in mancher Hinsicht ein Rätsel. Es wäre durchaus verfehlt, ihn angesichts seiner dürftigen Schulleistungen für weniger intelligent zu halten als Maurice. Tim Bell, selbst nicht gerade ein Dummkopf, erzählte von Charles' „Gehirnakrobatik", und andere berichten von Konferenzen, bei denen er nur wenige Minuten brauchte, bis er auch die kompliziertesten Briefings verstanden hatte. Sein Kunstgeschmack ist nicht jedermanns Sache, aber seine Liebe zur modernen Kunst ist groß und dauerhaft. Seine Freunde sind erfolgreiche Männer aus Wirtschaft, Kunst und Unterhaltung. Er schloß mit David Puttnam Freundschaft, als sie beide noch unbekannte junge Leute bei Collett Dickinson Pearce gewesen waren, und heute tauschen die beiden fast täglich ihre Gedanken über die Schlachten in Hollywood und in der Madison Avenue aus.

Zu seinen Freunden in der Wirtschaft zählen Männer wie Michael Green von Carlton Communications oder Gerald Ratner, der meint, daß Charles einen ungeheuer großen Einfluß auf ihn ausgeübt habe, als er das Juwelengeschäft seiner Familie zu einem der größten auf der Welt ausbaute. Er hält enge Verbindung mit Nick Serota, dem neuen Direktor der Tate Gallery, zu Norman Rosenthal von der Royal Academy und mit etlichen Galeristen in London und New York, aber auch mit den Künstlern selbst. Er diskutiert über Kunst, vielleicht nicht auf dem gleichen intellektuellen Niveau wie die Freunde, aber sie respektieren seinen Kenntnisreichtum und sein „Auge". Sein Verhältnis zur Kunst ist eher intuitiv-emotional als verstandesbestimmt und darin seinem Verhältnis zur Werbung nicht unähnlich.

Wie läßt sich das alles aber mit seinen kläglichen Leistungen in der Schule in Einklang bringen? Bei Charles lassen sich die klassischen Zeichen einer in den fünfziger Jahren noch nicht so oft wie heutzutage erkannten, ganz bestimmten Lernschwierigkeit entdecken, bei der die schriftlichen Arbeiten und Prüfungsergebnisse weit hinter offenkundigen geistigen Fähigkeiten zurückbleiben. Die kurze Aufmerksamkeitsspanne, die übermächtige Ungeduld und schnelle Frustration, die plötzlichen Zornesausbrüche, das Kurzzeitgedächtnis und der Unwille, lange Berichte zu lesen oder lange Konferenzen „durchzusitzen", verbunden mit einer außergewöhnlichen visuellen Begabung – all dies würde heute wohl als Ausdruck einer Form der Dyslexis oder Lesestörung interpretiert werden. Vor dreißig Jahren erkannte niemand in Großbritannien Lernschwierigkeiten dieser Art, und es finden sich etliche erfolgreiche Persönlichkeiten des öffentlichen Lebens, die ihre eigenen Symptome erst erkennen, wenn diese bei ihren Kindern diagnostiziert werden. Charles wäre wohl entsetzt über die Vermutung, er könnte je solche Probleme gehabt haben. Wie hätte er denn dann der beste Werbetexter seiner Generation werden können?

Maurice hat nicht so viel aufgestaute Energien wie sein Bruder. Er löst Probleme auf klinische, rein verstandesmäßige Art und Weise, wie beispielsweise seine erfolgreichen Bemühungen zeigen, die City vom Wert der Saatchi-Aktien zu überzeugen, als sie auf Kapitalsuche für ihre Expansionspläne waren. Das Problem: Saatchi braucht Geld, um durch Akquisition zu expandieren. Die Schwierigkeit: Die Investoren verachten die Werbeindustrie, und die Bewertung der Aktien ist so niedrig, daß die Börse eine untragbar teure Quelle neuen Kapitals ist. Die Lösung: Man verändere die Einstellung der Investoren zur Werbeindustrie. Die Aktion: Ein PR-Blitzangriff auf die City und die Wirtschaftspresse, um die Botschaft rüberzubringen, daß Werbung – historisch betrachtet – eine stabile, schnell wachsende Industrie ist, in der intelligente und in finanziellen Dingen versierte junge Leute tätig sind. Das Ergebnis: Der Kurs der Saatchi-Aktien steigt um das Hundertfache, junge Aktien im Wert von vielen Millionen Pfund werden ausgegeben und überall auf der Welt Unternehmen gekauft. Die Werbung wird für die City und die Wall Street zu einem angesehenen Industriezweig, und viele andere Werbeunternehmen wagen nun ebenfalls den Gang an die Börse.

Bei der Wahlkampagne von 1979 war es ja auch Maurice und nicht irgendeines der Wunderkinder der Konservativen Partei gewesen, der erstmals präzise formuliert hatte, was Thatcherismus bedeutete. Sein diszipliniertes Vorgehen bestimmt sogar seine Gartengestaltung. Wie beim Wachstum des Unternehmens, so gilt auch hier, daß ihm die Rosen ebenso viel Freude machten wie die Verwirklichung seiner Ideen. Für Maurice bedeutet Gartenarbeit keinen Ausgleichssport, denn natürlich zieht er nicht sein ältestes Kleidungsstück an und greift zum Spaten. Die Arbeit machen andere Leute nach seinen Anweisungen. Sein Vergnügen sind Planung und Entwurf – und dann zu sehen, daß die Dinge so funktionieren, wie sie gedacht sind.

Maurice kann sich auch noch auf eine andere Stärke verlassen, nämlich auf seinen Charme. Charles erkennt völlig neidlos an, daß der Bruder sehr viel besser mit Menschen umzugehen weiß als er selber, was das Beispiel von Simonds-Gooding bestens illustriert hat. Talentierte Mitarbeiter wurden dem Haus ebenso dank der geschickten Bearbeitung durch den „Einkäufer" Maurice wie dank des guten Rufs von Charles als kreativem Werbemann gewonnen. Beide Brüder haben einen „Riecher" für gute Leute. Jeremy Sinclair kam von der Straße hereinspaziert, zeigte ein paar auf ein Blatt getippte Textproben und eine Anzeige, die Charles gefiel, wurde getestet und bekam einen Job. Die Brüder holten sich Tim Bell mit seiner vielseitigen Begabung, und Martin Sorrell, den wahrscheinlich besten Finanzexperten der gesamten Werbeindustrie. Zu denken wäre hier auch an Hegarty, Collins, Warman, Bannister, Muirhead und noch viele andere mehr. Maurice würde sagen, sie waren stets bemüht, die größten Talente aus dem Bereich des Managements und aus dem der kreativen Arbeit, die sie finden konnten, zusammenzubringen. „Das läßt sich nur schaffen, wenn man über die notwendigen Ressourcen verfügt, um die Leute zu bekommen, sie zu motivieren und ihnen den Anreiz zu bieten, ihr Bestes zu geben." In der Anfangsphase hatten die Brüder zwar noch nicht die Ressourcen, zumindest nicht die finanziellen, vermochten aber sehr wohl, ihre Mitarbeiter zu motivieren. Geld allein hätte wohl niemals jene Form von treuer Ergebenheit entstehen lassen können, die vor allem Tim Bell auszeichnete. Heute stehen ihnen nun all die Mittel zur Verfügung, die sie brauchen.

Aber die wahrscheinlich stärkste Antriebskraft der Saatchis ist ihre uneingeschränkte Zielstrebigkeit. Von Anfang an war ihr Ehrgeiz von einer anderen Art als der der meisten Werbeprofis. Ogilvy versuchte sich in einem halben Dutzend verschiedener Berufe, bevor er zur Werbung kam, und viele der Großen der Branche wie etwa Ted Bates oder Bill Bernbach haben sich keineswegs von Anfang ihrer Karriere an der Werbung mit so voller Hingabe zugewandt wie Charles, und nur wenige haben so profunde Managementqualitäten mitgebracht wie Maurice. Wo kam das her? Die Brüder stehen in der Tradition vieler Generationen nahöstlicher Kaufleute, die vor Tausenden Jahren die Welt des Handels geschaffen haben. Sollten sie jemals die Unsicherheiten des Einwanderers gekannt haben, so ist das ihren Mitmenschen – und auch ihren Frauen – verborgen geblieben.

Die beiden Brüder stehen einander so nahe, daß sie fast schon wie eine Person handeln. David ist sieben Jahre älter als Charles, Maurice sieben Jahre älter als Philip, zwischen Charles und Maurice liegen nur drei Jahre, außerdem sind beide im Juni geboren, also im Sternbild der Zwillinge. Keiner von sich kann sich erinnern, daß sie in ihrem Leben jemals in wichtigen Fragen uneins gewesen wären – jedenfalls nie länger als eine Woche. Auch das mag mit ihrem Hintergrund zusammenhängen, bedeutete doch die Familie in Bagdad sehr viel mehr als in den meisten modernen europäischen Gesellschaften. Als Philip seine Karriere als Popsänger aufzubauen begann, lehnte er die Hilfe der älteren Brüder ab, war aber von ihrer Anteilnahme tief berührt. „Sie haben mich beide in unglaublichem Maße unterstützt, aber wir leben alle unser eigenes Leben, sind alle ganz verschiedene Menschen, durch die Bande des Blutes und bedingungsloser Liebe verbunden", sagt er. Für einen Mann wie Tim Bell ließen diese Bande des Blutes und der bedingungslosen Liebe keinen freien Raum.

In der 1970 zum Start von Saatchi & Saatchi in der *Sunday Times* veröffentlichten Anzeige war von vielen kleinen, kreativen Agenturen die Rede und einer ganzen Reihe großer Werbeunternehmen, die alle ein bißchen langweilig seien – wäre es da nicht nett, wenn jemand beides miteinander verbinden könnte? Diese Zielsetzung hat sich nie verändert. Für die Brüder ist es eine Herausforderung gewesen, ein großes Unternehmen aufzubauen, das dabei aber nie die Dynamik verlieren sollte. Beide ärgern sich über die wiederholten Behauptungen, in der riesigen Organisation Saatchi & Saatchi sei alles ihrer Kontrolle unterworfen, und beharren darauf, daß eher das Gegenteil der Fall sei – die Kontrolle werde bei ihnen so ausgeübt, daß die einzelnen Tochterunternehmen zwar im Bereich der Finanzen in ein sehr straff organisiertes System eingebunden seien, sich sonst aber einer beträchtlichen Autonomie erfreuten. Selbst in den Tagen am Golden Square, als Charles noch Werbetexte schrieb und Maurice um neue Kunden herumtelefonierte oder aber Präsentationen machte, überlegten sie schon sehr gezielt, wie sie sich selbst „aus einem Job herausarbeiten" konnten.

Von Anfang an, so sagen beide, sahen sie die Firma nicht so sehr als ihre persönliche Unternehmung an, sondern eher „als eine Institution", aus der sie sich auch wieder zurückziehen konnten. Vielen mag das angesichts der Tatsache, daß schließlich ihr Name über dem Eingang steht, und daß sie stets darauf bedacht waren, dem keinen weiteren hinzufügen zu müssen, als eine etwas merkwürdige Äußerung erscheinen. Aber das beweist nur ihr Bemühen, ihr Arbeitsleben dem von ihnen bevorzugten Arbeitsstil anzupassen. Wer sich so schnell langweilt wie sie, muß sich ständig selbst neu stimulieren. Und das läßt sich nur durch immer neue Herausforderungen erreichen, seien diese nun kreativer, finanzieller oder geistiger Art. Stillstand und Untätigkeit sind ihnen eine Qual.

Wie die Zeitschrift *Campaign* im September 1970 über die neue Agentur schrieb, sind „beide von dem ansteckenden Enthusiasmus des jeweils anderen ganz erfüllt. Wenn sie merken, daß man ihnen übermäßige Vereinfachung oder gar Platitüden vorwirft, glauben sie trotzdem noch, daß man das von ihnen Gesagte als zutreffend und als ihrer Art des Denkens entsprechend akzeptiert." *Campaign* äußerte sich voller Verwunderung über „das Selbstvertrauen, die Überzeugtheit und die Unschuld", mit der die Brüder ihre Agentur eröffneten, aber auch über das scheinbar unerreichbare Ziel, bereits nach drei Jahren die Umwandlung in eine Aktiengesellschaft zu schaffen. Das dauerte am Ende ein wenig länger, nämlich fünf Jahre.

Die Brüder sind bei jedem Ziel, das sie sich gesteckt haben, in gleicher Weise verfahren – erst haben sie es definiert, dann den besten Weg gesucht und sich schließlich auf diesen Weg begeben.

Sie sind der Meinung, daß man alles bekommen könne, wenn man es nur wirklich haben wolle. Diese Zielstrebigkeit kann einen frösteln lassen, aber es ist ihnen ernst damit. Sie wollten eine Aktiengesellschaft haben, und die haben sie bekommen. Sie wollten die Nummer eins in Großbritannien sein, und sie haben das geschafft. Dann wollten sie die Nummer eins der Welt werden, und sie haben auch dieses Ziel erreicht. Heute nun richtet sich ihr Ehrgeiz auf den Consultingbereich, und wiederum haben sie das Ziel sehr sorgfältig festgelegt, mit Blick auf Personal, Zeit und Geld die entsprechenden Maßnahmen ergriffen und bereits ein gutes Stück des Weges zurückgelegt. Es mag fünf Jahre dauern oder mehr, bis sie an ihr Ziel gelangen, aber angesichts ihrer bisherigen Leistungen und ihrer Entschlossenheit bedürfte es wohl schon einigen Mutes, wollte man gegen sie wetten.

Am Schluß aber muß man die Frage stellen, was sie denn nun eigentlich bisher erreicht haben. Wie bedeutend sind die Gebrüder Saatchi? Haben sie wirklich einen ganzen Industriezweig verändert, beeinflußt oder um neue Philosophien bereichert? Sind sie wirklich mehr als nur ein weiteres Paar von Jungunternehmern, das für ihre Aktionäre große Erfolge erzielt und dabei selbst auch einen Haufen Geld verdient hat?

David Ogilvy zitiert in seinen Geständnissen eines Werbemannes Frances Cairncross vom *Economist* mit den Worten: „Allgemeines Kennzeichen des Erfolges ist die bewußte Schaffung einer Unternehmenskultur." Ogilvy behauptet, daß die Agentur Ogilvy & Mather im Unterschied zu allen anderen Konkurrenten als einzige auf der Welt eine echte Unternehmenskultur aufweise. Das ist schlichtweg falsch. Ogilvy muß die Unternehmenskultur von Saatchi & Saatchi nicht mögen, aber es gibt sie, und sie ist eindeutig definiert, anerkannt und von allen Mitarbeitern des Gesamtunternehmens akzeptiert, selbst bei den erst neu eingetretenen. Die Brüder haben sie mit Sicherheit bewußt geschaffen und gefördert – und dabei auch in Kauf genommen, daß die von ihnen aufgekauften Agenturen einiges von ihrer jeweils eigenen Identität verloren haben. Wenn man jedenfalls die Unternehmenskultur zum Maßstab des Erfolges macht, dann sind die Saatchis ganz ohne Frage sehr erfolgreich.

Auch ihre Bedeutung für die Werbebranche und ihren Einfluß auf sie unterliegt keinerlei Zweifel. In Londoner Werbekreisen ist es heute Mode, von den Agenturen der „zweiten" und der „dritten Welle" zu sprechen. Saatchi & Saatchi gehört zusammen mit Collett Dickinson Pearce und Boase Massimi Pollitt zur „ersten Welle", zur „zweiten" Agenturen wie Wight Collins Rutherford Scott oder Lowe Howard-Spink & Bell, lauter Agenturen also, die zumeist von Leuten gegründet wurden, die bei Firmen der „ersten Welle" ausgeschieden waren, um sich auf eigene Füße zu stellen. In den letzten fünf Jahren ist dann noch eine „dritte Welle" entstanden, nämlich aus den Agenturen, welche wiederum von „Flüchtlingen" der zweiten gegründet wurden – was Saatchi & Saatchi inzwischen zu einer „Großvateragentur" hat werden lassen. Diese aufeinanderfolgenden Wellen aber haben London zu einem bedeutenden Zentrum der kreativen Werbung gemacht, was selbst Ogilvy in der aktualisierten Fassung seiner *Geständnisse* anerkennt. Als er vor 25 Jahren die erste Fassung seines Buches schrieb, da blickten, wie er sagt, „die Werbeleute noch nach der Madison Avenue wie die Mohammedaner nach Mekka". Und heute? „Heute", meint Ogilvy, „blicken sie nach London. Sie heuern britische Texter an und lassen ihre Fernsehwerbung in England produzieren." Ogilvy mag nicht, wofür die Saatchis stehen, aber auch er kommt um die Tatsache nicht herum, daß sie es waren, die den Weg gewiesen haben. Vor ihrem Sprung über den Atlantik hatte die britische Werbung in New York nicht eben viel gegolten. Und wenn New Yorker Agenturen auf der Suche nach Ideen doch einmal nach London schauten – wer zeichnete sich dann dort in den siebziger und frühen achtziger Jahren durch seine Kreativität aus?

Nicht alle betrachten die Tätigkeit der Saatchis als segensreich. Bob Jacoby etwa vertritt die Auffassung, erst durch die Saatchi-Übernahmen seien die New Yorker Agenturen insgesamt profitbewußter und effizienter geworden, was für die Aktionäre zwar von Vorteil sein mag, nicht unbedingt aber auch für die Klienten. Viele Werbeleute werfen ihnen vor, die Phase der Megafusionen ausgelöst und so dafür gesorgt zu haben, daß sich die amerikanische Werbeindustrie innerhalb weniger Monate grundlegend veränderte und es sowohl zu zahlreichen Entlassungen als auch zu einer Verringerung des Wettbewerbs kam. Die Zeit könnte den Beweis erbringen, daß dies eine Verbesserung der Struktur bedeutet hat, aber im Augenblick mißt man das Ergebnis noch einzig an der Frage, was es dem Klienten gebracht hat. Es könnte sein, daß es mehr Zeit brauchen wird, die Kunden davon zu überzeugen, daß ihnen der „Service-Supermarkt" große Vorteile bringt, als einen solchen aufzubauen.

Nach wie vor bleiben die Saatchis der Hauptgesprächsstoff ihrer Branche. Während ich diese Zeilen jetzt im Mai 1988 schreibe, habe ich die neueste Ausgabe von *Campaign* vor mir liegen. Da steht auf Seite eins ein Artikel über Saatchi & Saatchi, ein weiterer auf Seite zwei, zwei auf Seite drei. Auf Seite vier finden sich ein Photo der Brüder und ein Bericht, in dem es heißt, Robert Maxwell sei gewillt, sie zu übernehmen, auf Seite achtzehn berichtet ein ganzseitiger Artikel über Roy Warman und Terry Bannister, die gerade in den Vorstand der Holding-Gesellschaft aufgerückt sind. Auf der letzten Seite schließlich finden sich noch ein Bericht und eine Tabelle, die Aufschluß über den Umfang der neu hinzugewonnenen Etats geben. Daraus geht hervor, daß das Neugeschäft von Saatchi & Saatchi London bis zu diesem Zeitpunkt bereits den doppelten Umfang dessen vom Vorjahr, also 1987, erreicht habe. An zweiter Stelle folgt übrigens KHBB, ebenfalls eine Saatchi-Agentur. Es ist dies eine ganz normale Woche.

„In zehn Jahren könnte Saatchi & Saatchi sehr wohl das bedeutendste Unternehmen Großbritanniens sein", sagte Maurice im Verlauf ihrer zweistündigen Diskussion einer Übernahme der Midland Bank zu Sir Kit McMahon. Dieser zeigte sich verwirrt. „Warum wollen Sie denn das bedeutendste Unternehmen sein? Ich könnte verstehen, wenn Sie sagten, Sie wollten das größte, das rentabelste, das smarteste oder auch das interessanteste sein – aber das bedeutendste? Was meinen Sie damit?"

McMahon sah die Sache mit den Augen des Marketing-Mannes, für den das Erscheinungsbild, das Image wichtiger ist als die Substanz. Maurice aber denkt da wohl anders. Für ihn muß Saatchi & Saatchi alles das werden: Nur das größte, rentabelste, smarteste und interessanteste Unternehmen kann auch das bedeutendste sein.

George Orwell stellte einmal fest, man könne zu Lebzeiten nicht wirklich erfolgreich sein. Die Saatchis versuchen es.

22

DIE KRISE?

Am Mittag des 31. März 1989 erhob sich Maurice Saatchi und wandte sich an die Aktionäre. Es war die jährliche Generalversammlung, und Vertreter der Großaktionäre wie auch eine kleine Gruppe Privatanleger hatten sich versammelt, um zu hören, was der Chairman von Saatchi & Saatchi zu sagen haben würde. Neben ihm saßen Jeremy Sinclair und die anderen Vorstandsmitglieder. Charles war wie immer nicht dabei.

Maurice begann seine Rede mit einem Blick in die Ferne: Ungewißheit über den zu erwartenden Geschäftsgang in den USA dank der „Wait and see"-Politik der Regierung Bush, des Budgetdefizits und des Zinsenanstiegs; wichtige Klienten zögerten ihre Kampagnen hinaus, allerdings bestünde die Hoffnung auf eine Verbesserung dieser Situation. Die Gewinne im Kommunikationsbereich entsprächen ungefähr dem Vorjahr, aber im Consultancy-Bereich gäbe es ernste Probleme. Saatchi kam bald zu einer Kernaussage: Der Gesamtgewinn der Gruppe würde gegenüber dem Vorjahr zurückgehen.

Eine Weile war es ganz ruhig im Raum. Hatten sie ihn richtig verstanden? In der City bekamen die Analysten zur gleichen Zeit die gleiche Meldung – und sie waren genauso konsterniert wie die Aktionäre im Saal. Dann fiel der Aktienkurs: Innerhalb einer Stunde sank er um 60p auf 320p, ein Tiefstand wie zuletzt fünf Jahre zuvor.

Maurice stellte beruhigend fest, daß das Agenturgeschäft nicht schlechter liefe als früher – nur eben etwas langsamer. Aber der

Consultancy-Bereich funktionierte nicht nach Plan. Maurice wählte seine Worte sorgfältig: Er hatte hohe Einnahmen erwartet – seine persönliche Schätzung hatte plus 80 Prozent betragen –, und die Firma hatte ihr Budget auf dieser Grundlage erstellt. Hay in Washington, der „Grundstein" des Saatchi-Einstiegs in den Consultancy-Bereich, war eine „Enttäuschung" gewesen. Saatchi zog aus diesem Unternehmensbereich rund 250 Millionen Pfund Einnahmen, aber der Gewinn war gleich Null, da die Ausgaben in gleicher Höhe lagen.

Diese Meldung beherrschte die Finanzwelt eine Woche lang. Das Wall Street Journal brachte die Geschichte auf Seite 1 unter der Schlagzeile „Die rasche Globalisierung kostet Saatchi & Saatchi den Profit" und fuhr fort: „Jetzt müssen die irakischen Werbewunderknaben einmal zeigen, was sie von Management verstehen!" Analysten und Insider wurden ausführlich zitiert, die meisten mit ähnlichen Aussagen. Die New York Times schrieb, daß „die Saat der aktuellen Saatchi-Probleme zur Zeit ihres größten Triumphes gelegt wurde mit dem Kauf von Ted Bates Worldwide". Scott Black, der Präsident von Delphi Management in Boston, Inhaber von 321 000 Saatchi-Aktien, meinte, daß die Brüder einfach die Kontrolle verloren hätten. Ein anderer Analyst, Richard Dale von James Capel in London, vertrat die Ansicht, „sie haben Kosten zurückgestutzt, Agenturen verschlankt, die Beschäftigtenzahl verringert – aber das Problem ist, daß sie es nicht geschafft haben, den Gewinn zu erhöhen. Man kann Gewinn nicht über die Ausgabenersparnis erzielen."

Die Brüder und der innere Führungskreis stellten während der folgenden Wochen viele Überlegungen an. Sie brauchten eine neue Strategie für den kommenden Kampf. Jahrelang hatte Saatchi & Saatchi die Werbeindustrie beherrscht, aber in den letzten zwei Jahren hatten sie einen Umstrukturierungsprozeß durchgemacht, der jede Firma zurückgeworfen hätte. Aber zuletzt, meinte Maurice, hatte Saatchi die optimale Form erreicht: zwei globale Netzwerke, die auf Platz zwei und drei in der Welt standen. 1987 hatten sie 24 Profit-Centers gehabt. Jetzt gab es fünf, aber „alle wirklich global in ihrer Arbeit". Die Anstrengung der letzten Jahre war durch die Resultate gerechtfertigt worden. Wenn Saatchi nicht den Schritt zur weltweiten Struktur gemacht und nicht die Agenturen in New York übernommen hätte, dann „würde ich mit Sorge in die

Zukunft blicken". Europa steuere auf das große Feuerwerk von 1992 zu – und die Saatchis wären mit ihren Agenturnetzen auf Platz eins und zwei ideal plaziert. Die Investitionen trügen jetzt langsam Früchte: Erst letzte Woche hatte ihnen Johnson & Johnson den gesamten Europaetat für OB-Tampons zugesprochen – der größte gesamteuropäische Etat aller Zeiten.

Die schwierige Aufgabe war nun, aus dem Beratungsgeschäft ähnliche Gewinne herauszuholen wie aus dem Agenturbereich – oder auszusteigen. Der Rückzug würde das Ende seines Traums vom „Dienstleistungs-Supermarkt" bedeuten, und er, Maurice, würde gern im Consultancy-Sektor weitermachen. „Wir müssen uns darin bestärken, daß wir es schaffen können. Ich bin sicher, wir können es."

Das war eine optimistische Aussage. Nach weiteren zwei Monaten gab es eine bittere Botschaft: Die Saatchi-Aktien fielen immer noch. Die Finanzmärkte trauten ihnen einfach nicht zu, den Durchbruch im Beratungsgeschäft zu schaffen, und der Druck, diese Firmen zu verkaufen, nahm zu. Im Juni kamen Maurice und Charles schließlich zu der schwersten Entscheidung ihrer ganzen Laufbahn. Sie würden den ganzen Bereich „Unternehmensberatung" verkaufen. Maurice verkündete es zugleich mit den Gewinnzahlen des ersten Halbjahres, die um mehr als 50 Prozent auf 20 Millionen Pfund gesunken waren. Nach Jahren des Kampfes um den „Marketing-Supermarkt" zog Saatchi sich nun auf sein Kerngeschäft zurück. All die Argumente über die wechselseitige Befruchtung und die Notwendigkeit der Zusammenarbeit innerhalb der Gruppe, die so stichhaltig erschienen waren, hatten nichts gebracht und zählten nicht. Sie waren immer noch die größte Werbeagentur der Welt – aber nur noch knapp. Martin Sorrell saß ihnen im Nacken.

Sorrell hatte in diesem Frühjahr einen Coup geplant, der die Madison Avenue wieder einmal auf den Kopf stellen sollte und die ganze Diskussion über das Übernahmesystem, das die Branche drei Jahre zuvor erschüttert hatte, wieder aufflammen ließ. Sein Ziel war keine geringere Firma als Ogilvy Group, die Stammfirma von Ogilvy & Mather, die Firma, die der große David Ogilvy selbst gegründet hatte. Nachdem er eine der tragenden Säulen der amerikanischen Agenturlandschaft gestürzt hatte, ging Sorrell nun auf die nächste los.

Er bediente sich der gleichen wohlerprobten Taktik wie im Falle JWT. Er setzte dieselben Leute ein, die gleiche Finanzierungstechnik, die gleiche Annäherungsweise. Mit seinem Angebot für JWT hatte er Neuland betreten – es war das erste „feindselige" Übernahmeangebot in der Werbeindustrie gewesen. Jetzt bereitete er sich wieder auf eine feindselige Übernahme vor, auch wenn er zuerst – wie bei JWT – den freundlichen Weg probieren wollte.

1989 war Ogilvy einer der letzten Veteranen des alten Stiles, eine der wenigen Gruppen, die bei dem Übernahmekarussell von 1986 nicht mitgemacht hatte. Der Vorsitzende Kenneth Roman sprach stolz vom Lebenswerk eines Mannes. Das Bild David Ogilvys hing im Empfang der Firma, daneben ein Plakat mit der Aufschrift „How to run an advertising agency, by David Ogilvy."

Ogilvy selbst, mittlerweile 77, hatte sich vierzehn Jahre zuvor zurückgezogen und lebt jetzt in einem Schloß aus dem 12. Jahrhundert, südlich von Paris, aber er hielt regelmäßigen Kontakt mit der Firma. „Er bombardiert uns immer noch mit Memos und Fragen. Er ist überall in der Firma spürbar", stellte ein Manager fest. Ogilvy betrachtete die Firma immer noch als sein Eigentum, und er rechnete fest damit, daß sie unabhängig bleiben würde.

Sorrell traf Kenneth Roman Mitte 1988, um über Möglichkeiten von Joint Ventures nachzudenken, wie sie zu dieser Zeit aufkamen. Daraus wurde zwar nichts, aber sie blieben in losem Kontakt, bis Sorrell im Februar 1989 den Ogilvy-Chef in New York zum Lunch einlud. Er machte einen Vorschlag. Warum sollten die beiden Firmen nicht fusionieren? Sie waren ungefähr gleich groß, sie würden sich mit ihren Etats nicht in die Quere kommen – was sich als falsch herausstellte –, und gemeinsam könnten sie die angeschlagenen Saatchis leicht distanzieren. Roman lehnte diesen Vorschlag ab und war auch nicht verhandlungsbereit.

Im April erhielt Roman in London einen Brief von Sorrell. Er würde die Fusionierungsidee gerne weiter besprechen. Roman wiederholte, daß er Ogilvy als unabhängige Firma weiterführen und eine Fusion mit WPP nicht in Erwägung ziehen wolle. Mittlerweile hatte sich das Gerücht von Sorrells Interesse an Ogilvy verbreitet, und deren Aktien gingen in die Höhe. Aber es schien doch unwahrscheinlich, daß Sorrell so bald nach der JWT-Übernahme einen solchen großen Schritt tun würde. In der City sah es anders aus: Sorrell hatte seine Pläne vorgestellt, und das notwendige Geld lag bereit.

Ende April entschied sich der WPP-Chef zum selben Schritt wie bei JWT: er machte ein förmliches Angebot. Er bot Roman den Kauf von Ogilvy um $ 45 pro Aktie, mit insgesamt 720 Millionen Dollar würde er 150 Millionen mehr zahlen als für JWT. Er betrachtete das noch immer als „freundliches" Angebot und betonte, daß WPP und Ogilvy so ähnlich seien in ihrer Firmenphilosophie wie ihrem Verständnis von der Werbeindustrie, die sich immer mehr in andere Bereiche bewegte, wie Beratung, Direkt Marketing und Public Relations. Auch international würden sie gut zusammenpassen, meinte er.

Roman, der beinahe sein ganzes Berufsleben bei Ogilvy verbracht hatte, reagierte wütend. Zu Sorrells Verwunderung ging er mit der ganzen Sache am Wochenende des 1. Mai an die Öffentlichkeit, sowohl mit Sorrells Brief, den er als Ausverkaufsforderung bezeichnete, als auch mit seinen eigenen Unterlagen. „Meine Unterhaltungen mit Ihnen während der letzten Monate sind allesamt das Resultat Ihrer Hartnäckigkeit, nicht meines Interesses", schrieb er an Sorrell. „Ich habe mehrmals und in aller Deutlichkeit mitgeteilt, daß es die Geschäftspolitik der Firma Ogilvy ist, diese Firma als selbständiges Unternehmen zu führen." So ging das weiter, und doch war Roman noch höflich im Vergleich zu seinem alten Boß. David Ogilvy äußerte sich wütend aus Frankreich. „Ich habe vierzig Jahre gebraucht, um diese verdammte Firma aufzubauen. Ich habe Klienten erworben, und dieser miese Kerl will sie einfach kaufen." Die Beleidigungen aus Frankreich hielten die nächsten Tage an. Am Dienstag war Sorrell ein Megalomaniac und Schlimmeres. „Die Idee, daß dieser Scheißkerl die Firma übernehmen soll, macht mich verrückt. Er hat in seinem ganzen Leben keine Anzeige geschrieben."

Roman und Ogilvy hatten einen Fehler gemacht. Der Schritt an die Öffentlichkeit lenkte die allgemeine Aufmerksamkeit auf die Firma, und als der Kurs von $ 32 auf $ 49 hochschoß, sprangen die Short-Term-Spezialisten der Wall Street auf den fahrenden Zug auf. Innerhalb von 48 Stunden hatten sie mehr als die Hälfte der Aktien in der Hand. Und damit war es nur noch eine Frage des Angebotes.

Einige Tage später erhöhte Sorrell sein Angebot auf $ 50. In aller Stille hatte er mit einigen Direktoren der Firma Kontakt aufgenommen, aber nun kam ein anderes Problem auf ihn zu. Persönlicher Haß. Die anderen Agenturchefs begriffen mit einem Mal, daß – sollte der Handel stattfinden – vier der sechs größten Werbeagenturen plötzlich in britischen Händen liegen würden, je zwei bei Saatchi und Sorrell. Sie würden mit jeweils etwa 11 Milliarden Dollar Etatvolumen nahezu doppelt so groß sein wie der nächste, Interpublic, und Omnicom zu einem armseligen Vierten degradieren. Damit würden nicht nur die großen Namen, sondern auch die Finanzkraft von New York nach London fließen. Das *Wall Street Journal* schrieb über Sorrell in einem wehmütigen Artikel, der die Werbeherrlichkeit vergangener Jahrzehnte heraufbeschwor, wie sie Gregory Peck verkörpert hatte: „Zusammen mit den Saatchis hämmert er den letzten Nagel in den Sarg des golfspielenden, martinitrinkenden Mannes im grauen Flanellanzug."

Aber es war vergeblich. Sorrell hatte noch ein As im Ärmel. Er bot David Ogilvy den Ehrenposten des Chairman der WPP-Gruppe an, die sowohl JWT und Ogilvy besitzen sollte – und widerwillig, aber doch flog Ogilvy nach New York und akzeptierte. Ein abermals erhöhtes Angebot zog schließlich auch den Vorstand auf Sorrells Seite.

Sorrells WPP-Gruppe und die Brüder Saatchi haben nun tatsächlich vier der sechs größten Werbeagenturen der Welt. Sie haben ungefähr gleiche Umsätze und liegen weit vor Interpublic und Omnicom. Der Unterschied zwischen den beiden britischen Rivalen im Kampf um den Platz an der Spitze ist aber der, daß – zumindest zum jetzigen Zeitpunkt, Juni 1989 – Sorrells Vermögen wächst, während das der Saatchis eher abnimmt. Zumindest zeitweise.

Werden sie aus dieser Situation herausfinden und zur alten Stärke zurückkehren? Vielleicht, aber bergauf ist es mühsam. Nur wenige Firmen, deren Glanz einmal so verblaßt ist, wie es den Brüdern im Moment passieren könnte, haben wieder zu ihrem ursprünglichen Zauber zurückgefunden. Die Brüder sind davon überzeugt, es zu können – und sie sind wild entschlossen. Die Finanzwelt und die Werbeindustrie sind skeptisch. Aber die Brüder Saatchi & Saatchi haben die Welt schon früher eines Besseren belehrt.

BIBLIOGRAPHIE

Barnet, Richard und Ronald E. Muller: Die Krisenmacher. Die Multinationalen und die Verwandlung des Kapitalismus. Reinbek: Rowohlt 1975.

Birmingham, Stephen: In unseren Kreisen. Die großen jüdischen Familien New Yorks. Berlin: Ullstein 1969.

Brittan, Samuel: The Economic Consequences of Democracy. London: Maurice Temple Smith 1977.

Butler, David und Dennis Kavanagh: The British General Election of 1979, 1983 und 1987. London: Macmillan 1987.

Central Office of Information: Advertising and Public Relations in Britain. London o.J.

Clark, Eric: The Want Makers. London: Hodder & Stoughton 1988.

Corina, Maurice: Trust in Tobacco. London: Michael Joseph 1975.

Davis, William: The Inovators. London: Ebury Press 1987.

Day, Barry: 100 Great Advertisements. London: Times u.a. 1978.

Della Femina, Jerry: From Those Wonderful Folks Who Gave You Pearl Harbor. New York: Pitman 1971.

Drucker, Peter: Die Zukunftsbewältiger. Aufgaben und Chancen im Zeitalter der Ungewißheit. Düsseldorf: Econ 1969.

Fallon, Ivan und James Strodes: Takeovers. London: Hamish Hamilton 1987.

Galbraith, John Kenneth: Die Arroganz der Satten. Zeitbombe Dritte Welt. München: Goldmann 1982.

Galbraith, John Kenneth: Die Entmythologisierung der Wirtschaft. Grundvoraussetzungen ökonomischen Denkens. Wien: Paul Zsolnay 1988.

Galbraith, John Kenneth: Leben in entscheidender Zeit. Gütersloh: Bertelsmann 1982.

Heller, Robert: The Supermarketers. London: Sidgwick & Jackson 1987.

Henry, Brian: British Television Advertising. The First 30 Years. London: Century Benham 1986.

Kleinman, Philip: Advertising Inside Out. London: W.H. Allen 1977.

Kleinman, Philip: Saatchi & Saatchi. Macht und Einfluß der Werbegiganten. Düsseldorf: Econ 1989.

Levitt, Theodore: The Marketing Imagination. New York: The Free Press 1983.

Levitt, Theodore: Marketing Myopia. In: Harvard Business Review, Boston 1974.

Levitt, Theodore: The Globalization of Markets. In: Harvard Business Review, Boston 1983.

MacGregor, Ian (mit Rodney Taylor): The Enemies Within. London: Collins 1986.

Mayer, A. Martin: Madison Avenue. Verführung durch Werbung. Köln: Verlag für Politik und Wissenschaft 1959.

McMillan, James und Bernard Harris: The American Takeover of Britain. London: Leslie Frewin 1968.

Naisbitt, John: Megatrends. 10 Perspektiven, die unser Leben verändern werden. Bayreuth: Hestia 1984.

Nevett, T.R.: Advertising in Britain. London: Heinemann 1982.

Ogilvy, David: Über Werbung. Düsseldorf: Econ 1984.

Ogilvy, David: Was mir wichtig ist! Provokative Ansichten eines Werbefachmannes. Düsseldorf: Econ 1988.

Ogilvy, David: The Unpublished David Ogilvy. New York: Crown 1986.

Packard, Vance: Die geheimen Verführer. Der Griff nach dem Unbewußten in jedermann. Düsseldorf: Econ 1966.

Pearson, John und Graham Turner: The Persuasion Industry. London: Eyre & Spottiswoode 1965.

Piggott, Stanley: OBM 125 Years. London 1975.

Reeves, Rosser: Reality in Advertising. New York: Knopf 1961.

Rejwan, Nissim: The Jews of Iraq. London: Weidenfeld & Nicholson 1985.

Schjeldahl, Robert Peter: Art of Our Time – The Saatchi Collection. London: Lund Humphries 1984.

Sheth, Jagdish N.: The Future of the Advertising Agency. Los Angeles o.J.

Townsend, Robert: Up the Organisation. London: Michael Joseph 1970.

Turner, Graham: The Leyland Papers. London: Eyre & Spottiswoode 1971.

Tyler, Rodney: Campaign. London: Grafton Books 1987.

West, Douglas C.: The London Office of the J.Walter Thompson Advertising Agency 1919–1970. In: Business History 19, 1987, London.

Worcester, Robert und Martin Harrop: Political Communications. London: Allen & Unwin 1982.

REGISTER

A
Abbott, David 268
AC & R 309
AC&R/DHB & Bess 358, 359
Aga 264
Agnelli, Giovanni 112
Air France 290
Allen Brady & Marsh 323
Allen, Dave 214
Allied Breweries 201
American Association of Advertising Agencies 317, 338
American Motors 152, 301
Anacin 263
André, Carl 207
Andrews, Eamonn 149, 214
Anheuser-Busch 317
Archer, Jeffrey 386
Argyll Foods 193
Atherton, Bill 14, 15, 59, 77, 78, 85, 123, 129, 197
Atkins, Humphrey 238
Atwater, Brewster 342
Audi 135, 151
Augie Busch 317
Austin-Morris 150
Austrian, Neil 272
Avis 102, 301

B
Backer & Spielvogel 320, 321, 322, 323, 324, 342, 344, 346, 351, 356, 358, 359, 385
Backer Spielvogel Bates Worldwide 359, 460
Bailey, David 53, 54
Bainsfair, Paul 427
Banks, John 385, 411
Bannister, Terry 161, 195, 305, 359, 427
Barber, Tony 108
Barclay, Jack 156
Barclay, John 156
Barry, Bill 293, 295
Bartle Bogle Hegarty 160
Bartlett, Jennifer 208
Basham, Brian 11, 421
Bates New York 343
Bates, Ted 111, 146, 263, 265, 269, 270, 283, 308, 309, 310, 311, 312, 314, 315, 316, 318, 322, 323, 324, 325, 328, 330, 331, 334, 335, 336, 337, 338, 339, 341, 342, 343, 344, 345, 346, 347, 348, 349, 350, 351, 352, 353, 355, 356, 358, 359, 362, 363, 376, 378, 391, 397, 428, 447, 448, 449, 450, 451, 455, 456, 457, 459, 460, 462, 488, 491, 494
Batty, William 46, 47
BBDO 269, 317, 322
Becker, Mike 309
Beckett, Terence 46
Bekhar, Jonathan 31
Bell, Tim 10, 11, 83, 84, 85, 87, 88, 99, 102, 114, 117, 122, 124, 125, 127, 129, 132, 133, 135, 136, 137, 140, 142, 146, 147, 148, 151, 153, 154, 155, 156, 157, 158, 159, 161, 162, 163, 168, 175, 177, 187, 190, 191, 192, 194, 195, 196, 203, 208, 212, 213, 220, 221, 222, 223, 225, 226, 227, 228, 229, 230, 233, 235, 236, 237, 238, 240, 241, 242, 243, 244, 245, 246, 247, 248, 249, 250, 251, 252, 254, 255, 256, 257, 258, 259, 260, 261, 272, 282, 292, 295, 305, 323, 358, 359, 366, 376, 379, 383, 385, 386, 387, 389, 395, 397, 398, 399, 401, 403, 407, 409, 410, 411, 412, 413, 414, 415, 417, 418, 420, 421, 422, 423, 424, 425, 427, 440, 452, 488, 491, 493, 494
Bennett, Alan 52
Benson, Kleinwort 427
Benson, S.M. 98, 111, 116, 265
Bentley, John 98, 116, 276
Benton & Bowles 39, 40, 41, 42, 43, 50, 106, 150, 206, 308

Bernbach, Bill 83, 102, 107, 127, 218, 249, 265, 266, 267, 268, 272, 316, 317, 318, 326, 338
Bernstein, David 114
Bertrand Russell 267
Bidden, Joe 401
Biggelaar, Vander 249
Biggles 41
Birmingham Crematorium Company 172, 173
Birmingham, Stephen 29
Black & Decker 201, 301
Blaikey, Douglas 193
Blair, Andrew 50
Boase Massimi Pollitt 55, 117, 133, 160, 171, 175, 321
Boase, Charles 55
Boase, Martin 175, 190, 321
Boone Pickens 326
Booth-Clibborn, Edward 11, 57, 58, 224
Bottomore, Thomas 36
Bozell Jacobs Kenyon & Eckhardt 357
BP 201, 300
Brentford Nylon 275
British Airways 251, 258, 289, 290, 291, 292, 293, 294, 295, 296, 297, 299, 301, 328
British Caledonian 251, 294
British Leyland 135, 148, 149, 150, 151, 166, 198, 201, 208, 253
British Printing Corporation 64
British Satellite Broadcasting 360, 426
British Steel 253
Brittan, Leon 382
Brittan, Sam 164, 166
Brogan Developers 174
Brooks Brothers 300
Brooks, Bob 43
Brunnings 199
Buckley, Paul 370
Bullmore, Jeremy 71, 106
Burgess, Martin 408
Burmah Oil 170

Burnett, Leo 244, 341, 346
Butler, David 229, 233, 238, 395, 397

C

Callaghan, James 223, 224, 225, 229, 231, 232, 233, 234, 235, 237, 238
Campbell-Ewald 269
Campbell-Mithun 270, 309, 342, 359
Cannon Holding 157
Carlton Communications 209, 426
Carter-Ruck, Peter 423
CDP 45, 47, 48, 49, 50, 57, 59, 85, 107, 128, 133, 201, 260, 262
Chataway, Chris 218
Chrysler 111, 166, 265, 317
Churchill, Winston 406
Citrus Marketing Board of Israel 78
Clancy Shulman und Rowland 344
Clark, Ossie 53
Clementi, David 429
Coal Board 260
Cobbett, Cliff 306, 307
Coca Cola 272, 274, 287, 288
Cockerill, Michael 425
Cognac Martell 128
Cohen, Percy 37, 38, 67, 190
Cole & Weber 309
Cole, John 400
Coleman Prentis & Varley 43, 146, 219, 228
Colford, Steven W. 352
Colgate Palmolive 255, 308, 338
Collett Dickinson Pearce 43, 48, 49, 50, 54, 68, 78, 117, 119, 133, 175, 199, 201, 224, 262, 276
Collins, Ronald 44, 45, 48, 50, 85, 97, 99, 119, 122, 124, 127, 128, 129, 130, 134, 147, 157, 158, 159, 160, 161, 265
Columbia Pictures 260
Compton Advertising 172, 270, 275
Compton New York 180, 183, 186, 246, 248, 249, 270, 272, 284, 356, 363
Compton Partners 187
Compton UK Partners 172, 173
Compton 173, 174, 176, 177, 179, 180,

181, 183, 184, 185, 186, 187, 188,
191, 195, 197, 199, 200, 204, 241,
249, 270, 271, 272, 273, 274, 275,
277, 278, 279, 282, 284, 287, 289,
297, 298, 299, 300, 309, 311, 319,
323, 331, 333, 334, 341, 342, 350,
351, 355, 356
Conran, Terence 75
Cook, Peter 52
Cope, Richard 50
Coughlan, Michael 59, 76
County Securities USA 363
Cramer, Ross 14, 16, 41, 42, 43, 44,
45, 47, 48, 49, 50, 51, 52, 55, 58, 59,
60, 61, 62, 68, 69, 70, 71, 73, 84, 90,
107, 190, 265, 269
Cramer Saatchi
13, 46, 48, 58, 59, 60, 61, 62, 69, 70,
72, 76, 77, 78, 79, 102, 105, 118
Crane, Charles 332, 333, 334, 354
Crean, Nicholas
209, 210, 211, 242, 366, 367
Crisco Oil 350
Crossman, Richard 15
Cunningham & Walsh 271
Curtis, Helene 95, 342

D

D&AD 57, 58, 62, 224
D'Arcy Masius Benton & Bowles
171, 341
Dancer Fitzgerald
318, 319, 320, 341, 344, 358
Dangoor, Naim 25
Daniel & Charles 271
Dare, Dan 41
Day, Barra 11, 214, 218, 219, 258
Delaney, Tim 239
Dempster, Nigel 420
Designers & Art Directors
Association 57, 224
DFS Dorland Worldwide
319, 341, 342, 356
DFS Dorland 342, 346, 350, 356
Dibley, Doris 42, 121, 206
Dibley, Hugh 42
Dicketts, Simon 257

Dimbleby, David 412
Diner/Hauser/Bates 309
Dixon 426
Dobbs, Michael
11, 254, 257, 386, 387, 388, 389, 391,
399, 406, 408, 418, 427, 429, 458
Donovan, Terence 44, 53, 69, 156, 220
Dorland Advertising
98, 150, 276, 277, 318, 331, 344, 358
Douglas-Home, Alec 52
Doyle Dane Bernbach
48, 128, 266, 272, 316, 317, 319, 326
Doyle Dane Bernbach International
326
Doyle, Ned 266
Drucker, Peter 287
Du Pont 301
Duffy, Brian 53
Dunlop 201

E

E.G. Dawes 174
EMI 214, 215
Epstein, Isidore 25
Escalade 130, 134
Esty, William 309, 359
Everett, Kenny 252
Ezra, Lord Derek 30

F

FCB 293, 295
FCO 323
Fine Fare 179
First National Finance Corporation
172
Fisher, Stella 146
Fison 161
Fitch, Rodney
55, 56, 74, 75, 89, 99, 137, 153, 168
Flavin, Don 207
Flemming, Fergus 257
Fletcher 310, 311
Foot, Michael 232
Foote Cone & Belding 111, 270, 288,
292, 293, 295, 318, 323
Ford 45, 46, 47, 48, 57, 109, 112
Forsyth, Bruce 214

510

Fortnum & Mason 179, 208
Friedmann, Milton 167
Frost, David 52, 250

G

Galbraith, Kenneth
   72, 105, 107, 110, 268
Gallagher, Bernard 337
Gallup, George 16, 116, 264
Gardner 269
Garland-Compton
   172, 175, 178, 182, 183, 185, 186,
   187, 188, 189, 191, 192, 194, 196,
   199, 210, 242, 246, 248, 270
Garland, Sidney 172, 196
Garrett, Jim 114, 214, 218
Garrott Dorland Crawford 276
Garrott, Eric 276
Geers Gross 83, 89, 136, 146, 182,
   199, 271, 297, 327
General Foods 340, 265, 321, 342
General Mills 341, 342
GF 342
Gill, Kenneth 172, 173, 175, 176, 177,
   179, 180, 181, 182, 183, 186, 187,
   188, 192, 194, 195, 196, 197, 208,
   209, 213, 243, 248, 249, 258, 270,
   275, 278, 304
Gillette 258
Goldman Sachs 332, 349
Goldsmith, Jimmy 327
Goldstein, Robert V. 339
Goldwater, Barry 218
Goodes, Melvin R. 339
Gossett, Milt 11, 176, 177, 180, 181,
   183, 186, 187, 197, 248, 249, 270,
   271, 272, 273, 274, 275, 276, 277,
   278, 279, 297, 298, 303, 305, 306,
   311, 312, 318, 323, 326, 339, 340,
   345, 346, 349, 355
Gottesman, Alan 326
Grace, Roy 326
Granada TV 134
Grandfield Rork Collins 364
Grant, Alistair 193
Great Clowes Warehouse 174
Great Universal Stores 141, 209

Green, Janet 209, 217
Green, Michael 209, 426
Greene, Paul 82, 83
Grey 341
Griffiths, Brian 397
Gross, Bob 182, 271
Guinness 193, 275, 398, 402
Gulf Oil 111
Gulliver, James 179, 180, 189, 192,
   193, 194, 197, 200, 201, 211, 398,
   454
Gummer, John Selvyn 380, 381
GUS 141, 142, 174

H

Habitat 141
Hall Advertising 204, 331
Hammer, Armand 214
Hanna, Vincent 405, 406
Hanson, Lord
   324, 327, 423, 424, 430, 431
Harper, Marion 320
Harris, Bernard 109, 110, 115
Harris, Bowmann 79
Harris, Ralph 167
Hart, Josephine 367, 368, 369, 370,
   372, 373, 374, 375
Harvey-Jones, John 300
Hay 302, 303
Hayer 109
Haymarket Publishing
   64, 65, 66, 67, 91, 100, 103, 123, 124,
   170, 368, 369, 370, 373, 490
Healey, Denis 227, 228, 232
Health Education Council 76, 78, 128
Heath, Edward 66, 92, 94, 108, 158,
   164, 165, 166, 167, 214, 215, 218
HEC 76, 88, 126
Hegarty, John 15, 39, 40, 41, 50, 59,
   60, 68, 70, 71, 73, 75, 76, 80, 82, 83,
   84, 85, 86, 87, 89, 97, 99, 102, 103,
   106, 121, 122, 123, 124, 125, 129,
   130, 134, 138, 142, 143, 147, 149,
   150, 152, 157, 159, 160, 161, 162
Heller, Robert 96, 100, 101, 103
Heseltine, Michael 16, 64, 65, 66, 67,
   72, 92, 123, 124, 125, 158, 170, 190,

224, 369, 370, 382, 383, 489, 490
Hewitson, Tony 168, 169
Hill, Emma H. 363
Hines, Duncan 350
Hobson Bates 146, 182
Holloway, Keith 196
Hoover 165
Hopkins, Keith 148, 150, 151
Hornbrook, Virginia
    244, 258, 259, 397
Howard Marlboro 330, 344
Hoyne, John A. 314, 315, 323, 344,
    346, 347, 348, 349, 350, 352, 360
Hudson, Hugh 400, 402
Huntingdon, Bob 278
Hygena 135

I
IBM 109
Icahn, Carl 326
ICI 300
Ideal Toys 181
Interpublic 269, 317, 320, 322, 323
IPA 171
Iroda 249

J
Jackson, Michael 65
Jacobs, Irwin 327
Jacobson, Bernard 294
Jacoby, Robert 308, 309, 310, 311,
    312, 314, 315, 316, 321, 322, 323,
    324, 325, 326, 328, 335, 337, 338,
    339, 343, 344, 345, 346, 347, 348,
    349, 350, 351, 352, 353, 355, 356,
    360, 361, 363, 376, 385, 447, 448,
    449, 451, 454, 497
Jaffa 78, 82, 128, 129, 152
James, Howell 412
John Collins & Partners 50
Johnson-Smith, Geoffrey 194, 218
Johnson, Mike 138, 193, 195, 376
Johnston, Don 321
Joll, James 204, 205
Jones, Abott 318
Joseph, Sir Keith 215
Judd, Donald 207

K
Kavanagh, Dennis
    229, 233, 238, 395, 397
Keays, Sara 402
Kellog 199
Kiefer, Anselm 208
King, Sir John 250, 251, 289, 291, 292,
    293, 294, 295, 296, 336
Kinnock, Neil 382, 392, 400, 401, 403,
    404, 406, 407, 408, 412
Kirkwood Company 175
Kirkwood, Ronnie 175
Klein, Lou 55
Kleinman, Philip 19
Klemtner Advertising 274
KLM 294
KMP 275, 279
Kronenbourg-Bier 198

L
L.F. Rothschild, Unterberg Towbin
    326
Laing, Jennifer
    191, 192, 196, 197, 244, 305, 427
Lasker, Albert 288
Laski und Tawney 36
Lassandro 93
Laurence Good 12
Lawson, Chris 254
Lazarus 29
Leagas Delaney Advertising 239
Leagas, Ron 161, 241
Leber Katz 323
Lever Brothers 199
Levine, Danny 78
Levitt, Theodore 109, 112, 285, 286,
    287, 288, 289, 299, 301, 327, 427
LeWitt, Sol 207
Light, Larry 343, 344, 346, 347, 350,
    351, 352, 353
Lintas 304
Little, Ed 265
Loncrane, Richard 291
Lonsdale Crowther 101
Loughrane, Barry 293, 295, 316
Lowe Howard-Spink & Bell
    262, 323, 410, 422, 423, 424, 497

Lowe Howard-Spink Marschalk 260
Lowe, Frank
    11, 190, 201, 206, 260, 262, 304, 410,
    414, 420, 421, 422, 423, 424, 425
Löwenbräu 321
LSE 190
Luvs 350

M

MacLeod, Ian 221
Macmillan, Harold 213, 238
Major 44
Manoff, Richard 297
Mars 309, 338, 341, 343, 344, 350, 351, 353, 356
Mars, Forrest E. 338, 343, 350
Marshall, Colin 292
Marstellar 269
Martin, Chris 59, 62, 70, 73, 79, 85,
    82, 89, 94, 96, 100, 129, 141, 149,
    150, 154, 155, 156, 157, 160
Martindale, Rick 45, 46, 47
Masius Wynne-Williams
    150, 171, 202, 220
Masters, Lindsay
    11, 64, 65, 66, 93, 67, 72, 87, 91, 92,
    93, 94, 95, 98, 103, 119, 124, 126,
    157, 158, 190, 367, 369, 489, 490
Masters, Marisa 65, 92, 93, 157, 158
Mather 45, 265
Mather & Crowther 264
Mattel 258
Matthews, Leonard S. 353
Matthews, Pat 172, 173
Maude, Angus 235
Maudling, Reginald 221
Maxwell Dane 266
McAlpine, Alastair
    217, 227, 231, 235, 393, 399, 405
McBer & Co 302
McCaffrey & McCall 300, 342, 358
McCann 202, 269, 315, 320, 321
McCann Erickson
    192, 214, 258, 274, 317, 320
McCormack, Mark 180
McCormick Publicis 377
McDonald & Little 309

McDonald, Ramsay 235
McFarlane 98
McGregor, Ian 259
McKinsey 81
McLaurin, Ian 80, 108, 186
McMahon, Sir Kit
    429, 430, 434, 435, 436, 437, 498
McMillan, James 109, 110, 115
McNair, Archie 92, 143, 144
Media Buying Services 82
Mellor, Simon 300
Mellors, Tim 377
Mercedes 152
MGM 263
Michelmore, Cliff 214
Michelob 342
Miller High Life 320, 321
Miller, Jonathan 52
Miller, Sir Ronald 384
Millward, Colin 43, 44, 45, 48, 107
Minogue, Kenneth 36, 37
Mitchell, Stewart 177, 180
Montgomery, David 54
Muirhead, Bill 100, 136, 137, 138, 139,
    156, 161, 169, 195, 258, 290, 291,
    305, 359, 427
Murdoch, Rupert 62, 66, 326

N

Nabisco 317, 319
National Coal Board 259
National Union of Public Employees 234
National Westminster Bank 363
NCR 321
Needham Harper Worldwide
    316, 317
Nevett, Terry 114
Ney, Edward 269, 354, 384
Nichols, John H.
    346, 347, 348, 350, 352, 354, 360
Nissan 152
Notley Advertising 174, 184, 185
NUPE 234

O

O'Kennedy Brindley 204, 331

Ogilvy & Mather 45, 98, 115, 116,
    128, 196, 322, 326, 327, 360, 361
Ogilvy, David 98, 107, 115, 116, 137,
    199, 264, 265, 266, 269, 321, 329,
    334, 335, 351
Ogilvy, Francis 264, 265
Oliver, Ron 33
Omnicom 317, 320, 323, 326
Osband, Samuel 205
Ostroff, Greg M.
    332, 334, 335, 349, 350

P

Paine Webber 302
Parker, Alan 44, 48, 50, 54, 55, 58, 59,
    60, 61, 69, 160
Parkinson, Cecil
    255, 256, 257, 379, 390, 402, 405
Parry, Murray 222, 171
Patten, Chris 235
Pattie, Geoffrey 45, 47
Pearce, John 43, 45, 47, 48, 175
Pearson 204
Pebbler, Charles 357
Perelman, Ron 327
Perlmutter, Howard 112
Perring, David
    126, 155, 193, 194, 195, 258, 278
Perry, John 250, 251
Peter Foy 81
Peters, Michael 55
Philip Morris 321
Philip Morris/General Foods 312
Phillips & Drew 277
Phillips, Bill 321
Pigott, Stanley 265
Pillsbury 317
Plunket-Greene, Alexander
    92, 119, 126, 144, 157
PM 321
Prentis, Colman 221
Procter & Gamble 173, 180, 181, 186,
    198, 199, 201, 202, 270, 271, 273,
    275, 285, 287, 290, 297, 298, 311,
    312, 318, 323, 325, 336, 338, 339,
    340, 341, 342, 350, 351, 355, 356
Prudential Bache 332, 354

Puttnam, David 44, 49, 50, 54, 55, 59,
    60, 69, 260, 364, 491

Qu

Quant, Mary 36, 53, 91, 92, 93, 94, 95,
    98, 119, 143, 144, 157

R

R.J. Reynolds 312, 340
Ralston 342
Raschid Ali al-Gayani 20, 21
Reece, Gordon 212, 213, 214, 215,
    216, 217, 218, 219, 220, 221, 222,
    224, 225, 226, 227, 228, 231, 232,
    233, 235, 236, 237, 238, 239, 247,
    386, 402, 407, 254, 415, 422
Reeves, Thomas Rosser
    263, 264, 265, 266, 308
Rejwan, Nissim 21, 26
Renault 152
Ridley, Adam 235, 371
Rimmer, Ronald
    175, 192, 193, 194, 241
RJR Nabisco 128, 342
Robertson, Sid 44, 254
Robins, Hilda 61
Robinson Rentals 134
Rosenshine, Allen 317, 320, 326
Rothschild, Jacob 116, 204
Rowland, Tiny 169
Rowntree Mackintosh 181
Rowntree 173, 186, 191, 199
Rubins, Jack 305, 318, 358
Rumrill-Hoyt 274, 358
Rutherford, Andrew 221

S

S.T. Garland Advertising Service 172
Saab 152
Saatchi & Saatchi Company Ltd. 197
Saatchi & Saatchi Compton
    197, 262, 271, 273
Saatchi & Saatchi Compton Ltd. 197
Saatchi & Saatchi-Compton
    Worldwide 249
Saatchi & Saatchi Garland-Compton
    182, 197
Saatchi Compton 250, 278

Saatchi Cramer & Saatchi 68, 73
Saatchi, Daisy 19, 23, 24, 26, 27, 28,
    30, 31, 34, 35, 36, 205, 207, 367, 370
Saatchi Damour 171
Saatchi, Doris 42, 121, 206, 207, 209,
    211, 272, 364, 366, 466, 367, 373,
    467, 468, 469, 472, 473, 474, 475,
    476, 477, 478, 479, 482, 483, 484,
    485, 486
Saatchi, Gillian 205, 206, 207, 272,
    365, 366, 367, 368, 370, 371
Saatchi-Hegarty 40
Saatchi, Nathan 19, 20, 21, 22, 23, 24,
    26, 27, 28, 29, 30, 31, 32, 34, 35, 36,
    205, 206, 207, 370
Saatchi, Philip 29, 207
Saatchi, Saatchi & Bell 245
Safeway 193
Salmon, John 107
Sassoon 23, 24, 30, 32
Saunders, Ernest 402
Sawdon & Bess 309
Scali McCabe Sloves 269
Scholz & Friends 309
Schroder Wertheim 363
Schuster, Vivienne 12
Schweppes 196, 197, 198
Seldon, Arthur 167
Selznick, David O. 263
Servan-Schreiber, Jean-Jacques
    109, 110
Seymour, Julian 423
Shamash, Violette 30
Shamoon, Stella 30
Sharaf Hussein ibn'Ali 24
Sharkey, John
    379, 387, 388, 403, 404, 408, 409,
    385, 413, 414, 415, 418, 427
Sheldon, Robert 30
Shell 109, 308
Sherbourne, Stephen 386, 412
Shrimsley, Anthony 254
Siegel & Gale 344
Simonds-Gooding, Anthony
    170, 303, 304, 305, 306, 307, 316,
    317, 331, 337, 340, 342, 343, 344,
    345, 346, 347, 348, 349, 351, 352,
    353, 354, 355, 356, 357, 358, 359,
    360, 364, 376, 425, 426, 443, 458,
    463, 493
Sinclair, Jeremy 11, 13, 14, 15, 59, 63,
    71, 73, 76, 77, 78, 85, 87, 88, 89, 90,
    97, 94, 101, 103, 124, 127, 129, 161,
    174, 184, 185, 194, 195, 210, 220,
    221, 223, 225, 226, 233, 236, 240,
    257, 265, 306, 328, 377, 379, 385,
    393, 395, 396, 403, 404, 407, 408,
    409, 410, 411, 414, 415, 427, 445,
    461, 464, 493
Singer 139, 140, 143, 169
SKF 109
Slater, Jim 97, 109
Smale, John 318, 339, 340, 355
Smith-Corona 324
Smith, George J. 168, 174
Sokolsky, Mel 54
Sorrell, Martin 11, 179, 180, 190, 192,
    193, 194, 197, 200, 201, 204, 211,
    242, 243, 258, 271, 272, 277, 279,
    282, 300, 303, 311, 317, 319, 332,
    360, 376, 450, 451, 493
Spielvogel, Carl 11, 320, 321, 322,
    345, 346, 351, 355, 357, 358, 359
Stanley, Jack 39, 40, 41, 43
Stanley, Morgan 301, 302
Sterling Getchel 265
Stern Walters/Earle Ludgin 359
Stevas, Norman St.John 217
Stokes, Lord 149, 150
Stroh 317

T

Tebbit, Norman
    254, 380, 381, 382, 383, 384, 385,
    386, 388, 389, 390, 391, 392, 393,
    394, 396, 397, 398, 399, 400, 403,
    404, 405, 406, 407, 409, 410, 413,
    414, 418, 419, 420, 423, 425
Tebbit, Margaret 419
Tesco 81, 108
Thatcher, Denis 244, 398, 415
Thatcher, Margaret 18, 45, 52, 167,
    212, 214, 215, 216, 217, 218, 222,
    225, 226, 227, 231, 233, 235, 236,
    237, 239, 241, 247, 248, 252, 253,

254, 255, 257, 259, 260, 281, 292,
295, 301, 379, 380, 381, 382, 383,
384, 385, 386, 387, 388, 389, 390,
391, 392, 393, 394, 395, 396, 397,
398, 399, 400, 401, 402, 403, 405,
406, 407, 408, 409, 410, 411, 412,
413, 414, 415, 417, 418, 419, 420,
421, 423, 424, 433, 434, 441, 442,
443, 444, 481, 483, 484
Thompson, J.Walter
71, 106, 111, 117, 118, 120, 171, 184,
199, 201, 202, 243, 269, 270, 276,
321, 322, 328, 360
Thomson 67, 368
Thorneycroft, Lord
212, 213, 217, 222, 226, 235, 237,
238, 239, 255, 256, 405
Tilby, Alan 85, 119, 128, 129, 133,
134, 157, 160
Townsend, Robert 292, 413
Treves, Vanni
98, 99, 119, 126, 143, 144, 157, 213
Tricentrol 300
Tucker, Geoffrey 384, 385, 411
Tugendhat, Christopher 111
Turnbull & Asser 122
Turner, Ted 326
Tyler, Rodney 401

U
United Biscuits 173
Upson, Stewart 318, 345, 346
USP 263

V
Vandeventer, Mary 302
Volkswagen 268, 287, 317

W
Wahl, Michael 18, 330
Wakeham, John 386, 408, 411
Wakeman, Frederick 267, 353
Waldie, Alan 411
Warhol, Andy 208
Warman, Roy 136, 140, 142, 161, 195,
305, 359, 427
Warner-Lambert 338
Warwick Welsh & Miller 327

Waterhouse, Gough 302
Wax, Ed 297, 298, 299, 303, 305, 312,
355, 356
Webster, David 200
Weekend Television 426
Welch, David 148, 149
Wells, Mary 272, 338
Wells Rich Greene
269, 272, 297, 298, 341
West, Douglas C. 118
Weston, Garfield 179
Whitbread 303, 304, 305, 306
White, Sir Gordon 324, 402
Whitelaw, Sir William
384, 386, 408, 411, 418, 423
Whitlam, Gough 230
Widman, Blee 302
Wight Collins Rutherford Scott
44, 48, 85, 159, 323
Wight, Robin 48
Wilson, Harold 36, 52
Windlesham, David 228
Wolfson, Brian Lord 79, 209
WPP 451
Wynne-Williams, Jack 171

X
Xerox 342

Y
Yankelovich, Clancy Shulman 426
Yankelovich, Skeely & White 302
Yentob, Alan 30
Young & Rubicam 111, 264, 265, 269,
270, 309, 320, 322, 351, 353, 354,
355, 384, 385, 388, 411, 412, 413,
415, 418, 420, 421, 424, 460
Young, Sir George 384, 397, 401, 406,
407, 408, 409, 410, 412, 413, 414,
415, 419, 420, 423

Z
Zilkha, Selim 30
Zuckert, Donald M.
343, 344, 346, 347, 348, 349, 350,
352, 353, 354, 355, 359